EWALD KOEPKE

GOETHE, SCHILLER
UND DIE ANTHROPOSOPHIE

EWALD KOEPKE

GOETHE, SCHILLER UND DIE ANTHROPOSOPHIE

Das Geheimnis der Ergänzung

VERLAG FREIES GEISTESLEBEN

ISBN 3-7725-1790-0

1. Auflage 2002
Verlag Freies Geistesleben
Landhausstraße 82, 70190 Stuttgart
Internet: www.geistesleben.com

© 2002 Verlag Freies Geistesleben
& Urachhaus GmbH, Stuttgart
Einbandgestaltung: Thomas Neuerer, unter Verwendung des Aquarells
«Temperamentenrose» von Goethe und Schiller
Druck: Clausen & Bosse, Leck

Inhalt

Vorwort 9

TEIL I: ZWEI GEISTESANTIPODEN

Seelenprüfung 15
Bedrohliche Hindernisse 17
Vernunfterkenntnis 21
Eine ungeheure Kluft 31
Die Offenbarung der Gott-Natur 42
Der idealische Mensch 69

TEIL II: DAS MYSTERIUM DER FREIHEIT

Selbstbestimmung 79
Das Wesen Philosophie 88
Kosmische und menschliche Intelligenz 104
Gedanken-Kultus 112
Michaels Tragik 119
Du sollst dir kein Bild machen 134
Zarathustra und Rudolf Steiner 138
Der Pfingstgeist 143
Die zehnte Hierarchie 150
Vom amoralischen zum moralischen Kosmos 156

TEIL III: ZUM SCHAUEN BESTELLT

«Dieses: Stirb und werde» 161
Die Chymische Hochzeit 174
Das Lesen im Buch der Natur 179
Bilderwebende Wirklichkeit 195
Form und Bewegung 207
Die grüne Schlange 212
Vom Geheimnis der Sinne 222
Der neue Kreuzungspunkt 234

TEIL IV: POLARITÄT UND STEIGERUNG

Coincidentia oppositorum 245
Der sich selbst erschuf 255
Hermes Trismegistos 264
Moses 273
Das Gesetzbuch reiner Geister 277
Die Tragödie des Hiob 283

TEIL V: DER BUND

Im Anblick des Bösen 293
Dem Leiden und dem Tod vertraut 306
Eine universelle pädagogische Kraft 324
Das Gespräch 340
Morgensonne über der Frühlingserde 353
Der Habicht mit dem Spiegel 375
Fragment 380
Für eine neue Mysterienkultur 395

ANHANG

Anmerkungen 413
Verzeichnis der einbezogenen Werke 431
Literaturverzeichnis 435
Personenregister 441

Unser Ringen ging auf eins, welches unser Verhältnis so innig machte, dass im Grunde keiner ohne den andern leben konnte.[1]

Goethe

Man wird uns, wie ich in meinen mutvollsten Augenblicken mir verspreche, verschieden spezifizieren, aber unsere Arten einander nicht unterordnen, sondern unter einem höheren idealischen Gattungsbegriffe einander koordinieren.[2]

Schiller

In dem Verhältnis von Goethe und Schiller hat man nicht nur Goethe plus Schiller und Schiller plus Goethe. Jeder wurde durch den Anderen etwas anderes; und was ein jeder durch den Anderen anders wurde, damit befruchtete ein jeder den Anderen.[3]

Steiner

Wer den Gang des Geisteslebens verfolgt, sieht darin *ein* Wesen, das nur dadurch entstehen konnte, dass in der selbstlosen Freundschaft, aus der gegenseitigen Hingabe, sich etwas entfaltete, was als neues Wesen über der Einzelpersönlichkeit stand.[4]

Steiner

Vorwort

Den Freundesbund von Goethe und Schiller im Erkenntnislicht der Anthroposophie zu betrachten, ist die Zielsetzung dieses Buches. Da es – soweit ich sehe – in seiner Form ohne Vorläufer ist, mag es der Leser begrüßen, Einblick in die Entstehungsgeschichte und den Aufbau dieser Schrift nehmen zu können.

Als ich Goethe und Schiller in meiner Jugend kennenlernte, war mir die anthroposophisch orientierte Geisteswissenschaft Rudolf Steiners noch unbekannt. Damals ahnte ich nicht einmal, dass in Goethe und Schiller zwei polare Geistesströmungen aufeinandertrafen und lange an keinen Freundschaftsbund zu denken war. Vielmehr erlebte ich nur ein höheres Ganze, in das mir die Werke Goethes und Schillers wie eingehüllt erschienen.

Andererseits musste ich jedoch bald bemerken, dass sich Eckermann in seinen Gesprächen mit Goethe immer wieder abträglich über Schiller äußerte. Ja, die Brüder Schlegel trachteten bereits zu Schillers Lebzeiten, Goethe zu sich hinüberzuziehen, und verfolgten Schiller gleichzeitig mit Hohn und Spott – über *Das Lied von der Glocke* machten sie sich nicht nur lustig, sie persiflierten es sogar. Offenbar, so sagte ich mir, gab es von Anfang an eine Art «Goethelager». Ihm gehörte später auch Nietzsche an. Er, den ich als einen kompromisslos gegen seine Zeit Anstürmenden erlebte, schien mir für Schiller nicht das geringste Verständnis zu haben.

Überhaupt scheint sich die Gegensätzlichkeit zwischen den beiden großen Geistern in die Schar ihrer Interpreten hinein fortgesetzt zu haben. Einer der wenigen, die beiden gerecht zu werden bestrebt waren, war Karl Schmid, der 1964 im Artemis Verlag zwei Reden publizierte, in denen er das *Geheimnis der Ergänzung* von Goethe und Schiller zu ergründen suchte. (Wie der Leser bemerkt, habe ich im Untertitel meines Buches diese Formulierung übernommen.) Doch selbst Karl Schmid blieb in seinen Darstellungen letztlich bei einem Nebeneinander von Räumlich-Gestaltetem (Goethe) und Raumlos-Geistigem (Schiller) stehen. Worin die Goethe und Schiller übergreifende Ganzheit, ihre gegenseitige Ergänzung bestand, konnte er nicht erfassen.

Auch eine andere Frage, die mich bewegte, blieb offen: Stimmt es denn, dass Goethe ein in die Moderne hereinragender «archaischer Riese – oder ein göttliches Kind» war, wie Schmid meinte? Lebte er wirklich noch in der «Ureinheit», und hatte er deshalb «die Urentzweiung, die er rings um sich fand», nie verstehen können? Hielt dieses Goethe-Bild der Wirklichkeit stand? Ich musste ihm einerseits zustimmen, andererseits aber auch widersprechen. Für beide Auffassungen gab es im Werk triftige Gründe, weshalb auf diese Frage im Folgenden ausführlich zurückzukommen sein wird.

Erst die Berührung mit der anthroposophisch orientierten Geisteswissenschaft in meinem 22. Lebensjahr brachte mich einer Antwort auf solche Fragen näher. Aber es vergingen sieben, acht Jahre, bis ich beginnen konnte, mich in Rudolf Steiners Vorträge und Schriften ebenso konsequent hineinzuarbeiten wie zuvor in Goethes und Schillers Werke, auf die deshalb erst nach und nach das Erkenntnislicht der Anthroposophie fiel. Auch vertiefte sich über lange Jahre durch Steiners vielschichtig umfassende Darstellungen ungleich mehr mein Goethe-Bild; dagegen hatte Steiner das Schiller-Bild weit weniger ausgeführt. So jedenfalls schien es mir.

Im Jahre 1966 war im Verlag Freies Geistesleben *Der Lebenslauf als Kunstwerk* von Herbert Hahn erschienen. In diesem Buch widmet der Autor Goethe und Schiller zwei gesonderte Kapitel, denen ich viel Aufschlussgebendes und Anregendes entnehmen konnte. Kündeten doch Herbert Hahns Darlegungen von einer ebenso gediegenen Sachkenntnis wie von einem jahrzehntelangen Umgang mit dem Wesen der Anthroposophie. Ähnlich wie Karl Schmid bemerkt auch Herbert Hahn Goethes Zuordnung zum Raumeswesen und dem in ihm sich offenbarenden Sinnlich-Übersinnlichen. Ja, im Zusammenhang mit Goethes *Gesang der Geister über den Wassern* denkt er an einen Spruch des Hermes Trismegistos, «der darauf hinweist, dass alles, was unten ist, dem gleicht, was oben ist». Zudem teilt Hahn offensichtlich Schmids Auffassung, Schiller habe die Raumeswelt eigentlich nicht betreten; vielmehr sei sein ganzes Wesen auf die spannungsgeladenen geschichtlichen Prozesse, auf das Zeit-Geschehen gerichtet gewesen, in dem moralische Mächte mit ihren Widersachern kämpfen.

So sehr ich mich durch solche Ausführungen auf meinem Wege gefördert sah, so wenig schienen sie mich in das Zentrum des umkreisten Geheimnisses hineinzuführen. Und auch Rudolf Steiners Forschungsergebnisse konnten mich diesbezüglich lange nicht zufriedenstellen. Immer eindringlicher und geheimnisvoller trat Goethes überragende Individualität vor mich hin. Schillers Wesen dagegen sah ich verstrickt in den toten Intellekt, in den Kantianismus, bis es dann endlich zu dem Bund mit Goethe kam. An der dadurch in Gang gesetzten Verwandlung Schillers war nicht zu zweifeln. Aber es erklärte nicht, warum Goethe zeitlebens meinen konnte, Schillers Ringen und sein eigenes hätten sich auf dasselbe gerichtet. Worin bestand dieses Zentral-Gemeinsame der Freunde?

Jahrelang stand ich wie vor einer dunklen Wand, in der sich kein Durchgang finden ließ, während ich gleichzeitig von Rudolf Steiner vernahm, Goethe habe zum Ausdruck gebracht, welches die menschlichen Impulse unserer Zeit sein sollen und aus Goethe heraus könne alles Geisteswissenschaftliche entwickelt werden. Denn Jahrhunderte, Jahrtausende würden erforderlich sein, «um vieles zu ergründen, was in Goethe liegt».[5]

Solche Worte machten mir deutlich, wie jeder Versuch, Goethe in seinen Tiefen gerecht zu werden, damit aber auch den Freundschaftsbund Goethes mit Schiller zureichend verstehen zu lernen, gegenwärtig zum Scheitern verurteilt ist. Und so war es nicht verwunderlich, dass mein Vorsatz, das Geheimnis dieses Bundes so weit wie möglich zu ergründen, immer wieder zu erlahmen drohte.

Dann aber stieß ich auf Rudolf Steiners Vorträge über Schiller vom 21. Januar bis zum 25. März 1905, sowie den Einzelvortrag vom 4. Mai desselben Jahres, in dem von Schiller als einem «unserer größten Geisteshelden» die Rede ist, und in dem sein *Demetrius* eine einzigartige Würdigung erfährt. Demetrius kämpft – so Rudolf Steiner – um «ein Selbst, das seine eigene Tat sein soll ... Es ist das Problem der menschlichen Persönlichkeit mit einer Grandiosität erfasst wie von keinem zweiten Dramatiker der Welt.» Damit aber auch, so sagte ich mir, das Problem der menschlichen Freiheit, das zu lösen Rudolf Steiner vorbehalten war. Ich erkannte, wie im Geistesbund von Goethe und Schiller das Ringen der Neuzeit Gestalt annahm. Im Zentrum stand die Menschheitsfrage: Wie können wir die Freiheit verwirklichen, ohne uns dadurch aus dem göttlich-geistigen Weltenwesen für immer herauszulösen? Mit anderen Worten: Wie können wir in unserem freien Ich Intelligenz mit Spiritualität verbinden? Wie kann der menschliche Intellekt mit einem neuen, freien Hineinschauen in die übersinnlichen Welten verbunden werden? Es wurde mir klar, dass weder Goethe noch Schiller diese Frage vollgültig beantworten konnten und es Rudolf Steiner vorbehalten war, eine wahre Philosophie der Freiheit und eine Spiritualisierung des Denkens zu erarbeiten.

VORWORT

Damit ist in knappen Zügen die Grundlage skizziert, auf der im Folgenden der Versuch unternommen wird, das Geheimnis der Ergänzung von Goethe und Schiller im Lichte der Anthroposophie zu betrachten und insbesondere im letzten Kapitel dieses Buches die Bedeutung Rudolf Steiners im Zusammenhang mit dieser Thematik darzustellen.

*

Abschließend sei mit wenigen Linien der Aufbau dieses Buches umrissen, um den eingeschlagenen Weg zu verdeutlichen.

Im *I. Teil* bin ich bestrebt, das Ausmaß der Hindernisse anschaubar werden zu lassen, die sich dem Bund von Goethe und Schiller entgegenstellten, indem diese als zwei Geistesantipoden aufeinandertrafen. Ich hielt es für ratsam, die polar-entgegengesetzten Naturen Goethes und Schillers phänomenologisch und morphologisch zu betrachten, um das eigenständige Urteil des Lesers so weit wie möglich zu fördern, aber auch, um erlebbar zu machen, wie ohne das Zuratziehen des Wesens der Anthroposophie ein tieferes Verstehen dieses Freundschaftsbundes nicht möglich ist. Dabei gibt ein Wort Schillers die weitere Richtung an. In einem Brief an Goethe vertritt er die Auffassung, der grundlegende Unterschied ihrer beiden Naturen lasse sich nur dann fruchtbar machen, «wenn sich das Ganze dem Ganzen gegenüberstellt».

Aus diesem Grunde wird im *II. Teil* das Augenmerk im Wesentlichen nur auf Schiller gerichtet – damit zugleich auf das Mysterium der Freiheit, die für Schiller so etwas wie ein «Evangelium» war, das er zu verkünigen strebte, wie Goethe 1817 in seinem Aufsatz *Einwirkung der neueren Philosophie* meinte. Nun ist es aber Rudolf Steiners Verdienst, die Freiheitsfrage in einer nie dagewesenen Tiefe und Weite erhellt zu haben. Fällt also das Erkenntnislicht der Anthroposophie auf diese Thematik, dann wird damit gleichzeitig das Wesen Schillers erkennbar. Keineswegs aber das Wesenszentrum des Goetheschen Lebensauftrags.

Goethe ist nicht zum Denken, er ist zum Schauen bestellt. Im *III. Teil* wird deshalb versucht, die Wesensmitte Goethes beredt zu machen, der Rudolf Steiner von Anfang an und bis zuletzt die ungeteilte Aufmerksamkeit zuteil werden ließ. Ich war bestrebt, im Rahmen dieses Buches dem Rechnung zu tragen.

VORWORT

Damit aber ist das Geheimnis der Ergänzung von Goethe und Schiller noch keineswegs ins Blickfeld gerückt. Vielmehr ist das Entgegengesetzte dieser beiden Naturen nur umso eindringlicher erlebbar geworden. Aber auch auf den Freundesbund lässt sich Goethes Begriff von der in schöpferischen Weltentiefen waltenden Polarität und Steigerung anwenden, was im *IV. Teil* dieses Buches angestrebt wird. Hat doch Rudolf Steiner Goethes Begriffsbildung in die anthroposophisch orientierte Geisteswissenschaft überführt. In unserem Zusammenhang erweist es sich als besonders hilfreich, Steiners Ausführungen über die Weisheit Zarathustras zu berücksichtigen, die dieser auf zwei seiner Schüler verteilte, die später als Hermes Trismegistos und Moses wiedererschienen. Beide Weisheitsströme flossen in verschiedenen Richtungen und harrten seither einer gesteigerten Wiederverbindung. Fällt nun aber das Licht der Anthroposophie auf Goethe und Schiller, dann können wir den Eindruck gewinnen, dass in ihnen diese beiden polarisch entgegengesetzten Weisheitsströme aufeinandertrafen. (Damit wird nicht etwa die Behauptung ausgesprochen, dass wir es in Goethe und Schiller mit den genannten Schülern Zarathustras zu tun hätten. Das hier Gemeinte ist nicht notwendig identisch mit den Wegen, welche die Individualitäten durch die Jahrtausende hindurch gegangen sind.)

Alle bisherigen Untersuchungen dieser Schrift gehen in den *V. Teil* ein, in dem der Bund zur Darstellung gelangt. In großen Zügen wird aufgezeigt, wie das Geheimnis der Ergänzung zwischen Goethe und Schiller zum Tragen kam, welche Höhe des Menschentums dadurch von den Freunden verwirklicht wurde und wie ihr Schaffen nunmehr von diesem Miteinander getragen war. Andererseits wird aber auch deutlich, dass dieser Bund Fragment bleiben musste: Zur Zeit von Goethe und Schiller war das alte Mysterienwesen verklungen, und für eine neue Mysterienkultur war die Menschheitsentwicklung nicht reif. Noch konnte das Wesen der Anthroposophie auf dem physischen Plan nicht zur Entfaltung gelangen. Auf diesem tragischen Hintergrund gewinnt der Bund von Goethe und Schiller aber nur umso mehr an Bedeutung, weil er das neue Michael-Zeitalter und damit zugleich auch Rudolf Steiners Wirksamkeit vorbereiten half.

Ostern 2002 *Ewald Koepke*

I.

ZWEI GEISTESANTIPODEN

Seelenprüfung

Als Goethe im Jahre 1788 von seiner fast zweijährigen Italienreise nach Weimar zurückkehrte, schloss sich ein Ring von Einsamkeit um sein Herz, der sich nie wieder sprengen ließ. Von nun an veränderte sich sein Verhalten gegenüber seiner Umgebung grundlegend. In den verbleibenden mehr als vierzig Jahren bot er das vertrauliche «Du» nur noch einem Freunde an, dem in Berlin lebenden Komponisten Zelter, ohne aber auch ihm jemals Einblicke in sein Innerstes zu geben, wie das vordem bei Freunden geschehen war; Herder hatte er sogar seinen «Bruder» genannt. Nun versiegelte Goethe die geheimen Tiefen seines Herzens. Und auch in seinen Dichtungen verhüllte und verbarg er seit den neunziger Jahren die Schicksale seiner Seele, die Erfahrungen seines Geistes weit mehr als zuvor. Nur einmal noch riss der dichte Vorhang, als aus dem Vierundsiebzigjährigen seine *Marienbader Elegie* hervorbrach.

Alles, was Goethe seit den ausgehenden achtziger Jahren immer wieder den Tadel der Kühle, der Verschlossenheit und sogar der Selbstsucht eintrug, was selbst einen Novalis verstörte,[6] findet seinen Ursprung in diesem Lebensumbruch, der nach einem Hinweis Rudolf Steiners «sein Vorübergehen an dem Hüter der Schwelle im Beginn der neunziger Jahre» beinhaltete, das sich «noch zum guten Glück unbewusst, in einer stark unbewussten Weise, aber auch bis zu einem gewissen Grade bewussten Weise»[7] vollzog.

Im selben Zeitraum sah sich Goethe zutiefst durch die Französische Revolution beunruhigt. Sie schien ihm alles in Frage zu stellen, was ihm heilig war. Und sein ganzes weiteres Leben sollte von den Folgen dieses Ereignisses überschattet bleiben.

Schon während des Feldzugs der Alliierten, an dem er auf Wunsch seines Herzogs teilzunehmen hatte, wurde er herzbeklemmend unmittelbar mit den Auswirkungen der Revolution konfrontiert. In seiner *Campagne in Frankreich 1792* hat er Jahrzehnte später in diese niederschmetternden Erlebnisse Einblick gegeben. Er hatte dem Jugendfreund Jacobi einen Besuch abgestattet. Und nun schildert er, wie er gebeten wurde, aus seiner *Iphigenie* vorzulesen, aus jener Dichtung also, die erst im Sonnenlicht Italiens zu ihrer wunderbar stillen Vers-Gestalt ausgereift war. Mit Entschiedenheit lehnte Goethe ab. Und mit Bestürzung vernehmen wir den Grund: Er fühlte sich «dem zarten Sinne» dieser Dichtung «entfremdet». Deshalb konnte er es auch nicht ertragen, diese Verse von einem andern vorgetragen zu hören. Der Glaube an die darin lebende Botschaft der Humanität war in ihm erloschen. Und als Jacobi den Vorschlag machte, stattdessen den *Ödipus auf Kolonos*, die letzte erhaltene Tragödie des Sophokles, vorzunehmen, konnte das den zutiefst Verstimmten ebenso wenig erfreuen. Auch dem Geist der Antike, der ihn doch wenige Jahre zuvor «bis aufs innerste Knochenmark verändert»[8] hatte, sah sich Goethe entfremdet. Die Sophokleische Tragödie zerriss ihm die Seele, da deren «erhabene Heiligkeit meinem gegen Kunst, Natur und Welt gewendeten, durch eine schreckliche Campagne verhärteten Sinn ganz unerträglich schien; nicht hundert Zeilen hielt ich aus.»

Nachdem Goethe in Italien die Wiedergeburt seines Schöpferwesens erfahren und sich mit «Kunst, Natur und Welt» zuinnerst verbunden hatte, sah er sich nun in seiner verhärteten, verfinsterten Seele alles Hohen und Heiligen beraubt.

Auch die Dichtungen jener frühen neunziger Jahre machen seine innere Lage erschreckend anschaubar. Kaum einen Hauch des Goetheschen Geistes verspüren wir noch in den *Aufgeregten*, im *Bürgergeneral*, im *Groß-Cophta*, in der *Reise der Söhne Megaprazons*. Seine ureigenen dichterischen Kräfte waren erstorben. Weshalb er später, am 6. Januar 1798, an Schiller schreiben konnte: «Sie haben mir eine zweite Jugend verschafft und mich wieder zum Dichter gemacht, welches zu sein ich so gut als aufgehört hatte.»

Goethes nach der Italienreise einsetzende Seelenprüfung erstreckte sich über einen Zeitraum von sieben Jahren. Sie fand ihren Abschluss erst im Sommer 1795, als sein *Märchen* entstand.

Dabei war in all den Jahren an keine abermalige Flucht nach Italien zu denken. Nicht nur sah sich Goethe jetzt an Frau und Kind gebunden;

denn seine Verbindung mit Christiane Vulpius verstand er von Anfang an als eine Ehe, wenn auch ohne konventionelle Bestätigung. Nicht nur hatten die unglücklichen Umstände der aufgenötigten zweiten italienischen Reise im Frühjahr 1790 seiner Liebe zu Italien, wie er dem Herzog am 3. April in einem Brief gestand, den Todesstoß versetzt – die teilweise bitterbösen *Venetianischen Epigramme* können das nur bestätigen. An eine neuerliche Flucht in das Land, das so viele Jahre Ziel seiner Sehnsucht gewesen, war vor allem deshalb nicht zu denken, weil sich eine dergestalt tiefgreifende seelisch-geistige Erneuerung nicht wiederholen lässt.

Innerhalb jenes gefährlich langen Zeitraums befand sich Goethe mithin in einer weit bedrohlicheren Lage als im Laufe der ersten zehn Weimarer Jahre, in denen seine schöpferischen Kräfte, nach dem Feuerflug der Frankfurter Geniezeit, heilsam zurückgedrängt worden waren und alles der Selbsterweckung des Goetheschen Genius in Italien weisheitsvoll entgegenreifte. Jetzt hatte ihn eine tödliche Lähmung ergriffen. Und erst der mit Schiller geschlossene Freundschaftsbund sollte für Goethe die Wende bringen: die höchste Entfaltung seiner Kunst und seines Denkens und mit ihnen das Hineinstellen des *Faust* in kosmische Weltperspektiven. Das aber lag vorerst noch in weiter Ferne.

Bedrohliche Hindernisse

Erst zwölf Jahre nach Schillers Tod hat Goethe einigen Einblick in die Gründe gegeben, die ihn von 1788 bis 1794 veranlasst hatten, denjenigen entschieden zu meiden, dem er alsdann «eine zweite Jugend» verdankte. Selbst das Tagebuch jenes Zeitraums schweigt sich über Schiller aus – während von diesem zahlreiche briefliche Äußerungen über Goethe vorliegen. Bleibt dieser Tatbestand unberücksichtigt, so kann das zu einseitigen Urteilen führen.

Anfangs versprach sich Schiller von einem Austausch mit Goethe nur Förderliches. Dieser war kaum aus Italien zurückgekehrt, als er ihm auch schon durch Riedel Grüße bestellen und sagen ließ, er sei ganz ungeduldig, ihn zu sehen.

Bereits seit einem Jahr hielt sich Schiller in Weimar auf und pflegte Umgang mit denen, die Goethe seit langem nahestanden: Frau von Stein, Herder, Wieland und Knebel, mit dem er am 28. August 1787 sogar Goethes Geburtstag in dessen Gartenhaus festlich begangen hatte.

Umso aufschlussreicher sind die späten Erinnerungen Goethes an die ersten nachitalienischen Jahre – und die entscheidende Begegnung mit Schiller –, die er 1817 unter der Überschrift *Glückliches Ereignis* veröffentlichte. Dort beschreibt er, wie er sich in Italien «zu größerer Bestimmtheit und Reinheit in allen Kunstfächern auszubilden gesucht hatte, unbekümmert, was während der Zeit in Deutschland vorgegangen». Zurückgekehrt sah er Dichtungen zu größtem Ansehen gelangt, die ihn «äußerst anwiderten», ja, ihm «verhasst» waren, weil sie das wieder aufrührten und zu höchsten Ehren brachten, wovon er sich zu reinigen getrachtet. Insbesondere waren es Schillers *Räuber*, die seinen grimmigen Verdruss erregten. Dabei lag die tumultuarische Uraufführung des frühesten Schillerschen Dramas schon fast sieben Jahre zurück. Und Goethe hätte sich leicht überzeugen können, dass Schiller diese glühend-emotionale Jugendphase seines Schaffens längst hinter sich gelassen hatte und seinerseits nach «Klassizität»[9] strebte.

Verhasst waren Goethe folglich Eindrücke, mit denen er Schiller zu Unrecht identifizierte, als er ihm wenige Monate später begegnete – im Beisein von Frau von Stein, deren Herz ihm vor seiner Flucht nach Italien ebenso gehört hatte, wie er es jetzt zu seiner tiefsten Bestürzung verschlossen fand.

Das alles konnte Schiller nicht einmal ahnen. Freudig gestimmt schrieb er gleich nach dieser ersten Zusammenkunft, am 12. September 1788, seinem Freund Körner: «Endlich kann ich Dir von Goethe erzählen, worauf Du, wie ich weiß, sehr begierig wartest. Ich habe vergangenen Sonntag beinahe ganz in seiner Gesellschaft zugebracht, wo er uns mit der Herdern, Frau von Stein und der Frau von Schardt ... besuchte. ... Er ist von mittlerer Größe, trägt sich steif und geht auch so; sein Gesicht ist verschlossen, aber sein Auge sehr ausdrucksvoll, und man hängt mit Vergnügen an seinem Blick. Bei vielem Ernst hat seine Miene doch viel Wohlwollendes und Gutes. ... Seine Stimme ist überaus angenehm, seine Erzählung fließend, geistvoll und belebt; man hört ihn mit überaus viel Vergnügen ... Unsere Bekanntschaft war bald gemacht und ohne den mindesten Zwang ... Er spricht gern und mit leidenschaftlicher Erinnerung von Italien ... Vorzüglich weiß er einem anschaulich zu machen, dass diese Nation mehr als alle andere europäische in *gegenwärtigen Genüssen* lebt ... Alle ihre Laster und Tugenden sind die natürliche Folge einer feurigen Sinnlichkeit. ... Im Ganzen genommen ist meine in der Tat große Idee von ihm nach dieser persönlichen Bekanntschaft nicht vermindert worden; aber ich zweifle, ob wir einander je sehr nahe rücken werden. Vieles, was mir jetzt noch interessant ist, was ich noch zu wünschen und zu hoffen habe, hat seine Epoche bei ihm durchlebt; er ist mir (an Jahren weniger als an Lebenserfahrung und Selbstentwickelung) so sehr voraus, dass wir unterwegs nie mehr zusammenkommen werden; und sein ganzes Wesen ist schon von Anfang her anders angelegt als das meinige, seine Welt ist nicht die meinige, unsere Vorstellungsarten scheinen wesentlich verschieden. Indessen schließt sich's aus einer solchen Zusammenkunft nicht sicher und gründlich. Die Zeit wird das Weitere lehren.»

Doch mehr als ein halbes Jahrzehnt lehrte die Zeit Schiller nur dies eine: Goethe blieb verschlossen, blieb unnahbar. Alle Vermittlungsversuche von Menschen, die beiden gleich nahestanden, blieben ohne den geringsten Erfolg. Schiller, der das dichte Geflecht von gewichtigen Gründen nicht kannte, die Goethes Verhalten hervorriefen, fühlte sich persönlich zurückgestoßen. Gleichzeitig konnte es ihm kaum verborgen bleiben, wie, bis auf Knebel, die engen Freunde Goethes mit der Veränderung seines Wesens nicht zurechtkamen. In einem Brief Frau von Steins an Schillers baldige Braut, Charlotte von Lengefeld, standen die beredten Worte, Goethe sei ihr «wie ein schöner Stern, der vom Himmel gefallen».[10]

Keine fünf Jahre zuvor, im Sommer 1784, als das epische Fragment *Die Geheimnisse* entstand, hatte Goethe Charlotte von Stein die Stanzen *Für ewig* gewidmet, feierlich bekennend:

> Denn was der Mensch in seinen Erdeschranken
> Von hohem Glück mit Götternamen nennt,
> Die Harmonie der Treue, die kein Wanken,
> Der Freundschaft, die nicht Zweifelsorge kennt,
> Das Licht, das Weisen nur zu einsamen Gedanken,
> Das Dichtern nur in schönen Bildern brennt –
> Das hatt' ich all, in meinen besten Stunden,
> In Ihr entdeckt und es für mich gefunden.

Man bedenke: das alles hatte Goethe jetzt verloren. War er doch für Frau von Stein zu einem Stern geworden, der vor ihren Augen in die Tiefe gestürzt und verloschen war.

Auch in Schiller verfinsterte sich alsbald das Bild, das er von Goethes Charakter in sich trug. Bereits am 2. Februar 1789 schrieb er an Körner: «Öfters um Goethe zu sein, würde mich unglücklich machen: er hat auch gegen seine nächsten Freunde kein Moment der Ergießung, er ist an nichts zu fassen; ich glaube in der Tat, er ist ein Egoist in ungewöhnlichem Grade. ... Er macht seine Existenz wohltätig kund, aber nur wie ein Gott, ohne sich selbst zu geben – dies scheint mir eine konsequente und planmäßige Handlungsart, die ganz auf den höchsten Genuss der Eigenliebe kalkuliert ist. Ein solches Wesen sollten die Menschen nicht um sich herum aufkommen lassen. Mir ist er dadurch verhasst, ob ich gleich seinen Geist von ganzem Herzen liebe und groß von ihm denke.»

«Verhasst» waren Goethe die Wirkungen, die Schiller mit seinen *Räubern*, wie es im Rückblick von 1817 heißt, «recht im vollen hinreißenden Strome über das Vaterland ausgegossen hatte». «Verhasst» war Schiller nun jener Goethe, den er für einen ausgemachten Egoisten hielt, bei dem alles «auf den höchsten Genuss der Eigenliebe kalkuliert ist». Der von Goethe ausgegangene ungerechte Hass schlug verstärkt und ebenso ungerecht auf ihn zurück. Wobei sich in Schillers Fall eine Verwirrung der Gefühle einstellte, indem seine Antipathie sich mit einer nicht minder starken Sympathie vermischte. In seinem Brief fährt Schiller fort: «Eine ganz sonderbare Mischung von Hass und Liebe ist es, die er in mir erweckt, eine Empfindung, die derjenigen nicht ganz unähnlich ist, die Brutus und Cassius gegen Caesar gehabt haben müssen; ich könnte seinen Geist umbringen und ihn wieder von Herzen lieben.»

Schiller sehnte sich nach einer «Verbrüderung der Geister»; in ihr sah er das einzige Heil der Zukunft; sie war ihm «der unfehlbarste Schlüssel zur Weisheit. *Einzeln* können wir nichts.» So hatte er schon im Mai 1785 an Körner geschrieben. Dagegen war ihm nichts mehr zuwider als die Herrschaft des Menschen über den Menschen. Im ursprünglich-griechischen Sinne, im Geiste eines Solon, war Schiller Demokrat und verabscheute jegliches Tyrannentum. Ein Gedicht aus dem Jahre 1780, das *Brutus und Cäsar* gewidmet war, endet mit den bezeichnenden Worten:

Brutus will Tyrannenblut nicht erben;
Wo ein Brutus lebt, muss Cäsar sterben!
Geh du linkswärts, lass mich rechtswärts gehn.

Und Schiller ging rechtswärts und ließ Goethe linkswärts gehen – zumal dieser ihn nachdrücklich «vermied».[11]

Vernunfterkenntnis

Im Mai des Jahres 1789 war Schiller nach Jena übergesiedelt und hatte unter ungewöhnlichem Zulauf seine Antrittsvorlesung über den Unterschied des Brotgelehrten und des philosophischen Kopfes gehalten, die er später unter dem Titel *Was heißt und zu welchem Ende studiert man Universalgeschichte?* herausgab. Fünfhundert Studenten waren erschienen und brachten dem Dichter eine großartige Huldigung und am Abend eine Nachtmusik und ein dreifaches Vivat. Aber der Schein trog: Schon bald hatte er nur noch wenige Hörer. Wieder ging er seinen einsamen Weg.

Als Schriftsteller und Dozent mit Arbeit überlastet, beschwerte es Schiller gleichzeitig, dass sein dichterisches Schaffen ins Stocken geraten war. Der Dramatiker ging einem zehnjährigen Verstummen entgegen. Aber auch als Lyriker brachte Schiller nach 1789, nach dem groß angelegten philosophischen Gedicht *Die Künstler*, nichts mehr hervor.

Bedeutsam heißt es in einem Brief an Körner vom November 1790: «Ehe ich der griechischen Tragödie durchaus mächtig bin und meine dunklen Ahnungen von Regel und Kunst in klare Begriffe verwandelt habe, lasse ich mich auf keine dramatische Ausarbeitung ein.»

Schon im Mai desselben Jahres hatte er Vorlesungen über die *Theorie der Tragödie* gehalten, was ihn zur Beschäftigung mit der Poetik von Aristoteles anregte, in der erstmalig «klare Begriffe» ästhetischer Art ausgebildet worden waren. Schillers Schaffen hatte bislang von künstlerisch-intuitiven Eingebungen gezehrt, und diese waren nun versiegt. Eine Überwindung der schöpferischen Krise schien nach seiner Überzeugung nur dann zu erhoffen, wenn er sich die im Kunstwerk waltenden Gesetzmäßigkeiten bewusst machte. Zwar wusste Schiller, dass kein wahres Kunstwerk aus bloßen Begriffen ableitbar ist, aber sein bisheriges, mehr instinktives Schöpfertum war erstorben.

Dieser Tatbestand zog in den folgenden Jahren ebenso bedeutsame wie bedenkliche intellektuelle Bemühungen Schillers nach sich. Sah er sich doch genötigt, alle Ergebnisse des Nachdenkens über ästhetische Fragen, deren er habhaft werden konnte, auf sich wirken zu lassen, um nach Möglichkeit für sein weiteres Kunstschaffen tragende Erkenntnisgrundlagen zu gewinnen.

Im Laufe seiner Polemik gegen Kunst und Künstler hatte Platon das Wort «Nachahmung» mit einem üblen Beigeschmack versehen. Bestand für ihn schon die Sinneswelt aus vergänglichen Nachbildern der ewigen Urbilder, so hatte die Kunst als bloße Nachahmung der Nachbilder einen noch geringeren Wert. Aristoteles hingegen wusste das Wort «Nachahmung» ins Positive zu wenden und fügte es seiner Kunsttheorie als ein konstruktives Element ein. Für ihn wirkten die Urbilder, die Ideen, nur innerhalb der Dingwelt, wodurch diese ihren unantastbaren Eigenwert erhielt. In Platons Höhlengleichnis ist die sinnliche Erscheinungswelt nichts als ein Schatten des Übersinnlich-Realen der Ideen, die der Mensch in seinem vorgeburtlichen Leben geschaut hat und an die er sich innerhalb seines irdischen Daseins als Philosophierender erinnert. Aristoteles weist diese Auffassung ebenso entschieden zurück wie Platons Idee der Präexistenz. Die sich selbst ihre Ziele setzenden Geistesmächte, die Entelechien, wirken stets nur innerhalb der Materie. Die Sinnenwelt ist nicht das bloße Dahinhuschen von Schatten, sondern ein unmittelbarer Ausdruck des wirklichen Geschehens. Die diese Realität nachahmende Kunst ist folglich keineswegs die bloße Imitation von Schattenbildern, vielmehr hat sie eine unschätzbar wertvolle Aufgabe. Das verdeutlicht Aristoteles an dem Wesen der Tragödie, die verhängnisvolle Schicksale nachbildet, um in der Seele des Zuschauers Furcht und Mitleid zu erregen und ihn dadurch zu reinigen, zu heilen. Darüber hinaus fordert Aristoteles erstmalig eine auf sich selbst ruhende, lehr- und lernbare wissenschaftliche Theorie der Kunst, eine Ästhetik, deren «Zweckfreiheit» er postulierte. Mit ihm also beginnt das philosophische Nachdenken über künstlerische Gebilde, über ästhetische, das heißt (sinnlich) wahrnehmbare Schöpfungen, die nicht als Natur-, sondern als Menschen-Werke zu betrachten und wissenschaftlich zu beurteilen sind.

Vernunfterkenntnis

In der Antike wurde nach Aristoteles die Ästhetik kaum weitergebildet. Und im Mittelalter verschwand sie nahezu gänzlich. Anders gesagt, im christlichen Abendland nahm der Begriff des Schönen einen völlig anderen Charakter an. Jetzt ging es nicht mehr um die Betrachtung der Kunst als einer menschlich-schöpferischen Leistung. Erlebte sich der Künstler doch nun als ein Werkzeug des göttlichen Schöpferwesens, als ein Handwerker im Dienste der christlichen Offenbarung. Das vom Menschen Hervorgebrachte, das Sinnlich-Anschaubare sollte unmittelbar die Erhebung in das Übersinnlich-Göttliche anregen, in den Urquell des Schönen, Guten, Wahren, von dem das Kunstwerk überleuchtet war. Für ein ästhetisches Gefühlserlebnis im Sinne Kants, für ein interesseloses Wohlgefallen, war da noch kein Platz. Zwar konnte Thomas von Aquino sagen, schön sei, was in der Anschauung gefällt; aber der Wert des Angeschauten beruhte auf dem im sinnlichen Kunstgebilde unmittelbar anwesenden Göttlichen, das im schöpferischen Menschen wirksam war. Deshalb darf gesagt werden: Für das Mittelalter beinhaltete das Ästhetische, das Schöne, die Anschauung des Wahren und des Guten.[12]

Erst die Renaissance erneuerte und erweiterte das Nachdenken über rein ästhetische Themata, abgelöst von moralischen und religiösen Fragen. Indem das künstlerische Schaffen des Menschen zu autonomer Bedeutung gelangte, gewannen ästhetische Gesichtspunkte ihren unumschränkten Eigenwert. Aber weitere Jahrhunderte mussten vergehen, bis die Ästhetik zum Range einer eigenständigen philosophischen Disziplin erhoben wurde. Das geschah in dem 1750 erschienenen Werk *Aesthetica* von Baumgarten, das die weitere Entwicklung über Winckelmann, Klopstock, Lessing, Mendelsohn anstieß – um nur diese Namen zu nennen.

Die Summe des bisherigen Nachdenkens über die Probleme der Ästhetik wurde schließlich von Kant gezogen in seiner 1790 erschienenen *Kritik der Urteilskraft*, in welcher der Eigenwert des Kunstwerks und des Genies seine erste philosophisch-kritische Grundlegung erfuhr, nachdem sich seit der Renaissance die Autonomie der Kunst in Praxis und Theorie zunehmend abgezeichnet hatte und das schöpferische Menschen-Ich immer selbstbewusster und eigenwilliger in Erscheinung getreten war.

Indem Kant jedoch die *ästhetische* Urteilskraft als ein mit der Vernunft und dem Verstand unverbundenes, also lediglich subjektiv wirksames Vermögen verstand, bestimmte er das Schöne als dasjenige, «was ohne Begriff als Gegenstand eines notwendigen Wohlgefallens erkannt wird».

Kants Begriff von der «Zweckfreiheit der Dinge (Kunstwerke) ohne Zweck» wies dabei direkt auf Aristoteles zurück.

Schon ein solcher kurzer Abriss der Geschichte der Ästhetik mag veranschaulichen, welcher höchst komplizierten, höchst verwickelten Aufgabe sich Schiller gegenübersah, indem er seine bislang «dunklen Ahnungen von Regel und Kunst in klare Begriffe verwandelt» sehen wollte. Und zwar exakt in demselben Jahr 1790, als Kant dieses sein drittes kritisches Hauptwerk herausbrachte. Kant war um diese Zeit in aller Munde und wurde insbesondere in Jena durch den Schiller nahestehenden Philosophen Reinhold enthusiastisch vertreten und popularisiert.

Lange hatte sich Schiller, insbesondere Körner gegenüber, der Kant begeistert aufnahm, erfolgreich gesträubt, sich in das riesige Werk des Königsberger Philosophen zu vertiefen; nur aus kleineren Schriften desselben hatte er Denkanstöße empfangen. Überhaupt war er bislang jedem gründlicheren philosophischen Studium ausgewichen, obwohl doch von ihm selbst *Philosophische Briefe* vorlagen, die seine *Theosophie des Julius* beinhalteten, welche mit den Worten beginnt: «Das Universum ist ein Gedanke Gottes. ... Also gibt es für mich nur eine einzige Erscheinung in der Natur, das denkende Wesen.»

Schiller verstand sich selbst nicht als Philosoph, aber als «philosophischen Geist».[13] Und die wenigen gerade vernommenen Worte aus seiner *Theosophie* geben die Richtung an, in der das zu verstehen ist.

Jedenfalls sah Schiller nunmehr ein, dass er der Auseinandersetzung mit Kants komplexem Werk nicht länger ausweichen konnte, wenn er seine erkenntnistheoretischen ästhetischen Probleme einer Lösung entgegenführen wollte. Daran allerdings sollte er noch durch Jahre gehindert werden, nicht zuletzt wegen seiner im Januar 1791 ausbrechenden Krankheit, die nicht wieder auszuheilen war und nach schweren vierzehn Jahren zu seinem tragisch-frühen Tod führte.

So tief beeindruckt und angeregt Schiller durch Kants *Kritik der Urteilskraft* auch war, so entschieden stellte er sich gegen dessen Auffassung, ästhetische Urteile entsprängen dem Gefühl, der Subjektivität des Menschen und ließen sich durch Begriffe nicht begründen, seien also der vernünftigen Erkenntnis prinzipiell unzugänglich.

Schon in seinem langen Gedicht *Die Künstler* hatte Schiller die Überzeugung ausgesprochen:

> Was wir als Schönheit hier empfunden,
> Wird einst als Wahrheit uns entgegengehn.

Mit anderen Worten: Schönheit und Wahrheit entspringen demselben Quell. Mehr noch: Indem die Kunst den Menschen zu immer höheren Stufen, zu immer reineren Formen seines kulturellen Werdens emporführt, ist sie zuinnerst mit allem Wahren und allem Guten verbunden. Die Verwandlungskraft der Kunst läutert den Menschen innerhalb der Sinneswelt, damit er zuletzt als ein freies Geistwesen in die übersinnliche Welt zurückkehren kann, wo ihm die Schönheit als Wahrheit entgegenkommt. Um den Künstlern ihre bedeutsamste Aufgabe vor Augen zu stellen, wendet er sich mit folgenden Worten an sie:

> In die erhabne Geisterwelt
> Wart ihr der Menschheit erste Stufe!

Kant musste sich also irren. Andernfalls versanken für Schiller die heiligen Fundamente der Kunst, die nach seiner Überzeugung eine religiöse Sendung zu erfüllen hatte, weil die Religion selbst darniederlag. Bereits um die Mitte des 17. Jahrhunderts, nach dem Dreißigjährigen Krieg, waren die religiösen Kräfte weitgehend ausgeblutet. Und im Zeitalter der Aufklärung, die nicht nur – nach dem Wort Kants – den Menschen aus seiner selbst verschuldeten Unmündigkeit herausführen wollte, sondern immer auch Gefahr lief, einem kritisch-kalten, skeptischen und selbstherrlichen Rationalismus zu verfallen, hatte die Religion weiteren tiefgreifenden Schaden genommen. Die gleichzeitige, mächtig beschleunigte Entwicklung der Naturwissenschaft in den Materialismus hinein tat ein Übriges, die Menschenseele immer tiefer, immer einseitiger in das Sinnlich-Diesseitige zu verstricken. *Idealistisch* gestimmte Kunstwerke betrachtete Schiller deshalb als das einzige noch mögliche Heilmittel im Kampf gegen die verödenden intellektualistischen und die niederziehenden sinnlich-profanen Kräfte des Zeitgeistes.

Entsprechend nennt Schiller in einem Brief an den Herzog von Augustenburg vom Juli 1793 die Kunst eine «Tochter der Freiheit»: «Jetzt aber herrscht das Bedürfnis und der Drang der physischen Lage; die Abhängigkeit des Menschen von tausend Verhältnissen, die ihm Fesseln anlegen und ihn je mehr und mehr mit der unidealistischen Wirklichkeit verstricken, hemmt freien Aufschwung in die Regionen des Idealischen. Selbst die spekulative Vernunft entreißt der Einbildungskraft eine Provinz nach der andern».

Schiller fügte dem Brief ein Gedicht ein, in dem er seine Überzeugung in die Worte fasst:

> Wenn Sinnes Lust und Sinnes Schmerz
> Vereinigt um des Menschen Herz
> Den tausendfachen Knoten schlingen
> Und zu dem Staub ihn niederziehn,
> Wer ist sein Schutz? Wer rettet ihn?
> Die Künste, die an goldnen Ringen
> Ihn aufwärts zu der Freiheit ziehn
> Und durch den Reiz veredelter Gestalten
> Ihn zwischen Erd und Himmel schwebend halten.

Durch die Kunst bleibt der Mensch davor bewahrt, entweder im Sinnlich-Vergänglichen, im Staube dieser Welt zu versinken oder sich im Spekulativ-Vernünftigen, im Intellektuellen zu verlieren. Die Kunst stellt ein schwebendes Gleichgewicht her, eine heilsame Mitte zwischen den leiblichen und geistigen Bedürfnissen unseres irdischen Lebens.

«Ich liebe die Kunst und was mit ihr zusammenhängt über alles», schreibt Schiller deshalb auch dem Augustenburger, «und meine Neigung, ich bekenne es, gibt ihr vor jeder andren Beschäftigung des Geistes den Vorzug.» Eindringlich fügt er hinzu: «Aus dem göttlichen Teil unseres Wesens, aus dem ewig reinen Äther idealischer Menschheit strömt der lautere Quell der Schönheit herab, unangetastet von dem Geist des Zeitalters, der tief unter ihr in trüben Strudeln dahinwallt.»

Für Schiller war es unvorstellbar, dass Schönheit und Wahrheit nicht aus demselben Urquell entspringen sollten. Die «Urgesetze des Geistes», so war er überzeugt, mussten auch im Reich der Kunst nachweisbar sein. Er wollte «die wirksamste Triebfeder des menschlichen Geistes, die seelenbildende Kunst zum Range einer philosophischen Wissenschaft erhoben» sehen. Deshalb wollte er die über alles geliebte Kunst «vor dem Richterstuhl *reiner Vernunft*» rechtfertigen, und zwar durch seine eigenen kunstphilosophischen Darlegungen, in denen er sich gegen Kants Auffassung zu stellen hatte, gegen die gewichtig vorgetragenen Darstellungen des bedeutendsten Philosophen der damaligen Zeit.

Offenbar musste man selber Künstler sein, so meinte Schiller, um die wahre Geltung der Kunst in klare Begriffe fassen und überzeugend darstellen zu können. Jedenfalls hatte er wenig Hoffnung, von wissenschaftlich-philosophischer Seite Klärendes bezüglich ästhetischer Fragen erwarten zu können. So schreibt er im selben Brief an den Herzog: «Der Kunstphilosophie scheint also von dieser Seite wenig Licht aufzugehen, und zu einer Zeit, wo der menschliche Geist alle Felder des Wissens beleuchtet und mustert, scheint sie allein in ihrer gewohnten Dunkelheit verharren zu müssen. Ich glaube, dass sie ein besseres Schicksal verdient, und habe den verwegenen Gedanken gefasst, ihr Ritter zu werden.»

Für die Kunst, die «Tochter der Freiheit», sich als ritterlicher Kämpfer auf das ihm fremde Schlachtfeld philosophischer Fachterminologie zu wagen, sah also Schiller in jener Zeit als seine unumgängliche Aufgabe an. Und so trachtete er danach, sich insbesondere in Kant hineinzuarbeiten, allem voran in dessen *Kritik der Urteilskraft* – womit er sich auf einen in der Tat höchst gefährlichen Boden begab. Denn indem er sich der Kantischen Ausdrucks- und Gedankenformen zu bemächtigen strebte, verfing er sich in dem abstrakten Spinnennetz des toten Intellektualismus, bei dem das abendländische Denken mit Kant angelangt war. Und erst in der Zeit der beginnenden Freundschaft mit Goethe, dem geistesgeschichtlichen Antipoden Kants, gelang es Schiller, dieses tödliche Netz zu zerreißen, um auf wunderbar verwandelte Weise zur «seelenbildenden Kunst» zurückzukehren.

Kants Hauptwerk *Die Kritik der reinen Vernunft*, mit ihren in der damaligen Ausgabe annähernd neunhundert Seiten, hat Schiller zweifellos nicht vollständig durchgearbeitet. Glaubte Kant darin nachgewiesen zu haben, dass die reine Vernunft außerstande sei, das so genannte «Ding an sich» erkennen zu können, obwohl die Vernunft gleichzeitig ein subjektiv brauchbares Erkenntnisorgan bleibe, und war er tief befriedigt, dadurch für den Glauben Platz geschaffen zu haben, dass er das Wissen aufgehoben hatte, so war Schiller, wie wir sehen konnten, umgekehrt bestrebt, vor dem «Richterstuhl *reiner Vernunft*» das heilige Wesen des Schönen und der Kunst zur höchsten Anerkennung zu führen. Im Anschluss an Lessing, der nichts mehr ersehnte als die Umwandlung von Glaubenswahrheiten in Vernunftwahrheiten[14] und der die Entwicklung des Menschengeschlechts als einen göttlichen Erziehungsvorgang verstand, schwebte Schiller eine *ästhetische Erziehung* der Menschheit vor in Übereinstimmung mit der reinen Vernunft.

Die immer wieder neu gestellte Frage, ob Schiller, zumindest vorübergehend, Kantianer gewesen sei, ist nur deshalb so verwickelt, weil sich Schiller denkbar positiv über die zentrale Leistung des Königsberger Philosophen ausgesprochen hat. Aber worin sah Schiller das Bedeutungsvollste des Kantischen Werkes? Er selbst hat es in einem einzigen Satz ausgesprochen, indem er am 18. Februar 1793 an Körner schrieb: «Es ist gewiss von keinem sterblichen Menschen kein größeres Wort ausgesprochen worden, als dieses Kantische, was zugleich der Inhalt seiner ganzen Philosophie ist: Bestimme dich aus dir selbst! so wie das in der theoretischen Philosophie: Die Natur steht unter dem Verstandesgesetze.»

Für Schiller war Kant der Philosoph der moralischen Selbstbestimmung des freien Menschen und des kosmischen Realitätswertes der menschlichen Intellektualität. Mit einem so verstandenen Kant konnte sich Schiller zeitlebens in Übereinstimmung fühlen.

Damit klingt zusammen, wie Wilhelm von Humboldt in seiner nach wie vor unschätzbaren Schrift *Über Schiller und den Gang seiner Geistesentwicklung* den Einfluss Kants auf denselben darstellte. Humboldt stand mit Schiller gerade in jenen Jahren in ständigem engem Kontakt; auch hatte er sich selbst bereits intensiv mit Kant befasst. In seiner 1830, also fünf Jahre vor seinem Tode, verfassten Schrift sagt er von Schillers Kant-Studium: «Er eignete sich die neue Philosophie seiner Natur gemäß an. In den eigentlichen Bau des Systems ging er wenig ein; er heftete sich aber an die Deduktion des Schönheitsprinzips und des Sittengesetzes. ... So geschah es, dass Schiller, als er zuerst Kants Namen öffentlich aussprach, in ‹Anmut und Würde›, als sein Gegner auftrat.»

Bis in unsere Tage wird Schiller immer wieder ein Kantianer, sogar ein gebildeter Kantianer genannt. Aber «in den eigentlichen Bau des Systems ging er wenig ein». Wobei wir ganz davon absehen wollen, dass selbst die Altkantianer, die als Fachphilosophen jener Tage den Königsberger priesen und feierten, weit davon entfernt waren, in den widersprüchlichen Geist des Gesamtwerkes eingedrungen zu sein, wie man heute weiß. Auch Johann Gottlieb Fichte konnte sich, «trotz seiner unbedingten Verehrung Kants, nicht verbergen, dass ‹Kant die Wahrheit bloß angedeutet, aber weder dargestellt noch bewiesen› habe».[15] (Im Mai des Jahres 1794 war Fichte als Nachfolger Reinholds nach Jena gekommen und hatte, in Anwesenheit Schillers, mit Vorlesungen über *Moral für Gelehrte* seine Lehrtätigkeit aufgenommen.)

Der versteckte, kaschierte, außerordentlich kompliziert vorgetragene

Nominalismus Kants, der sich zudem eine metaphysische Hintertür offenhielt,[16] dazu das Vielschichtige und Uneinheitliche des Kantischen Riesenwerks, das bis auf den heutigen Tag noch nicht einmal vollständig veröffentlicht ist, leistet nach wie vor Fehlinterpretationen geradezu Vorschub. Selbst das wiederholte Bekenntnis eines Schopenhauer zu Kant steht bekanntlich auf tönernen Füßen. Schopenhauer missverstand Kant, wo er ihn billigte, und er missbilligte ihn, wo er mit ihm konform ging.[17]

Mit einem Wort: Schiller, der nie Nominalist war, war folglich auch nie Kantianer. Weshalb er die im Kunstwerk wirkende Erlösungskraft «unmöglich für ein bloß subjektives Spiel der Empfindung halten» konnte, wie er am 13. Juli 1793 dem Herzog von Augustenburg schrieb. «Die wirksamste Triebfeder des menschlichen Geistes», so heißt es dort weiter, «die seelenbildende Kunst», muss im Lichte der Vernunft ihre volle Bestätigung erfahren. Denn die im Menschen wirksame Intelligenz befindet sich im Einklang mit der kosmischen Geistwirklichkeit.

Diese Schillersche Überzeugung war, wie wir sahen, bereits in seine *Theosophie des Julius* eingegangen. Für Schiller steht hinter der gesamten Erscheinungswelt «das denkende Wesen» – ist doch das Universum «ein Gedanke Gottes». Und dieser Gott spricht sich im *denkenden* Menschen wesenhaft aus.

In dem Epigramm *Kolumbus* begegnet uns eben dieses unbedingte Vertrauen in den Menschengeist auf grandiose Weise:

Steure, mutiger Segler! Es mag der Witz dich verhöhnen,
Und der Schiffer am Steuer senken die lässige Hand.
Immer, immer nach West! Dort muss die Küste sich zeigen,
Liegt sie doch deutlich und liegt sie schimmernd vor deinem Verstand.
Traue dem leitenden Gott und folge dem schweigenden Weltmeer,
Wär' sie noch nicht, sie stieg' jetzt aus den Fluten empor.
Mit dem Genius steht die Natur in ewigem Bunde,
Was der eine verspricht, leistet die andre gewiss.

Der Geist des Menschen urständet für Schiller im «leitenden Gott», der auch allen Naturerscheinungen zugrunde liegt. Die geistgegründete Tat aber des Menschen entspringt dem Urgrund so unmittelbar, dass sie die Wirklichkeit sogar hervorzubringen vermag.

In seiner 1790 veröffentlichten Vorlesung *Über die erste Menschengesellschaft nach dem Leitfaden der Mosaischen Urkunde* erfuhr diese Überzeugung eine bedeutsame Erweiterung und Ergänzung. Schiller geht davon aus, dass der Mensch zuerst eine Pflanze und dann ein Tier gewesen sei, ein durch Instinkte geleitetes Wesen. Er fährt fort: «Aber der Mensch war zu etwas ganz anderem bestimmt ... Er selbst sollte der Schöpfer seiner Glückseligkeit werden, und nur der Anteil, den er daran hätte, sollte den Grad dieser Glückseligkeit bestimmen. Er sollte den Stand der Unschuld, den er jetzt verlor, wieder aufsuchen lernen durch seine *Vernunft* und als ein freier, vernünftiger Geist dahin zurückkommen, wovon er als *Pflanze* und als Kreatur des Instinkts ausgegangen war; aus einem Paradies der Unwissenheit und Knechtschaft sollte er sich, wäre es auch nach späten Jahrtausenden, zu einem Paradies der Erkenntnis und der Freiheit hinaufarbeiten, einem solchen nämlich, wo er dem moralischen Gesetz in seiner Brust ebenso unwandelbar gehorchen würde, als er anfangs dem Instinkt gedient hatte, als die Pflanzen und die Tiere diesem noch dienten.»[18]

Die menschliche Vernunft ist das Erkenntnislicht des Menschen, das mit der gesamten Evolution aufs engste verbunden ist. In dem *ersten* Paradies aß der Mensch vom Baume der Erkenntnis und wurde deshalb vertrieben; im *zweiten* Paradies, zu dem er auf dem Vernunft-Wege als ein eigenverantwortliches Geistwesen gelangt, wird der Erkenntnisbaum keine Früchte mehr tragen, die Veranlassung zu einer abermaligen Vertreibung aus der geistigen Welt geben könnten. Vielmehr wird der wahre Sinn dieses irdischen Durchgangs aufleuchten: «das Paradies der Erkenntnis und der Freiheit», zu dem sich der Mensch durch eigene Anstrengung hinaufgearbeitet hat.

Für Kant war die reine Vernunft des Menschen außerstande, das «Ding an sich» zu ergründen, geschweige denn dem Menschen zu einem Erkenntnislicht zu werden, durch das er den Weg zurück in die Geistwelt findet, in das Sanktuarium der Dinge, in das wesenhaft erhöhte Paradies.

Diese durchaus mysterienhafte Auffassung Schillers vom Wesen der Vernunft bestätigt kein geringerer als der junge Novalis. Er hatte sich am 23. Oktober des Jahres 1790 in Jena immatrikuliert und bald darauf Schiller kennengelernt, mit dem er zu seiner tiefen Freude alsbald befreundet war.

Novalis hatte gleich zu Beginn Schillers Vorlesungen über die *Geschichte der Kreuzzüge* gehört, die nachhaltig auf ihn wirkten, bis hin zu seinem 1799 entstandenen Essay über *Die Christenheit oder Europa*. Im Oktober des Jahres 1791 richtete er an den bereits erwähnten Kantianer Reinhold einen langen Brief, der geradezu als ein Hymnus auf Schiller bezeichnet werden darf. Novalis nennt Schiller einen «der seltenen Menschen ... denen die Götter das hohe Geheimnis *von Angesicht zu Angesicht* offenbarten, dass die Schönheit und die Wahrheit eine und dieselbe Göttin sei, und dass *die Vernunft der einzige Name und das einzige Heil* sei, das den Menschen auf Erden gegeben worden, *der einzige echte Logos*, der von Gott ausgegangen und wieder zu ihm zurückkehrt».[19]

Eine ungeheure Kluft

Schillers Entwicklungsweg war aufs engste verbunden mit dem gesamten Schicksalsgang der «*Vernunfterkenntnis*», wie Rudolf Steiner die Gedankenströmung in einem Vortrag genannt hat, während sich in Goethe die «*Offenbarungserkenntnis*» auswirkte.[20] Auf die diesbezüglichen Darstellungen wird an späterer Stelle ausführlicher einzugehen sein (siehe Teil V). Hier sollen nur einige Aussagen herangezogen werden.

Steiner betrachtet die «Vernunfterkenntnis» als den Gegenpol der «Offenbarungserkenntnis». Beide Strömungen hatten einen weiten Weg zurückgelegt und sich bereits im 9. Jahrhundert zu rechten Gegensätzen entwickelt. Begriffe und Ideen waren immer dünner und abstrakter geworden; und das in der Offenbarungsströmung waltende konkrete geistige Erleben verblasste immer mehr zum Erleben des bloß Äußerlich-Sinnlichen. Der Gegensatz zwischen diesen beiden Strömungen verschärfte sich weiter. Und in Goethe und Schiller treffen sie hart aufeinander.

«Schiller lebte in einer abstrakten Geistigkeit, aber in ihm lebte zugleich der Impuls, dem Menschen seine Würde zu geben. ... Schiller kämpft damit von seinem abstrakten Standpunkt aus, bei dem er im Sinne des abendländischen Geisteslebens auch beim Intellektualismus angekommen war.» Goethe hingegen gehörte der im bildhaften Erfahren lebenden Geistesströmung an. «Im abstrakten Gang der menschlichen Vernunft war eigentlich Goethe nicht bewandert.» Das Philosophieren im neuzeitlichen Sinne lag ihm ganz fern; denn «abstrakte Begriffe sind nicht seine Sache». Schiller dagegen philosophiert. «Er lernt sogar von Kant das Philosophieren, bis ihm die Kantische Art dennoch zu bunt wird und er sie wieder lässt.»

Die polaren Seelen-Geisteskräfte des Wahrnehmens und des Denkens – der Offenbarungs- und der Vernunfterkenntnis – prallen in Goethe und Schiller unvermittelt aufeinander und suchen nach einem Ausgleich. Ursprünglich waren diese Kräfte ein Ganzes. Im alten atavistischen Schauen waren sie nicht geschieden. Im neuen intellektuellen Geist-Erleben trennten sie sich. Wie können sie wieder ein Ganzes werden? Das war in der Goethe-Schiller-Zeit eine offene Frage. Die in der Meditation vollziehbare Vereinigung von Vernunft- und Offenbarungserkenntnis war noch nicht erreichbar.

In dem erwähnten Vortrag führt Rudolf Steiner entsprechend aus: «Die gegensätzlichen Strömungen, die heraufgekommen waren ... von denen keine eigentlich in die geistige Welt hinein konnte, die sprechen sich hier in den zwei Persönlichkeiten aus. Sowohl Schiller wie Goethe strebten im Grunde genommen in die geistige Welt hinein von entgegengesetzten Seiten, aber sie konnten nicht hinein.» Die Geistesentwicklung der Menschheit ließ das nicht zu.

Goethes und Schillers Ringen muss auf diesem umfassend-ernsten Hintergrund gesehen werden. Beide waren – als Antipoden – Repräsentanten des Menschheitskarmas. Beide waren, an entgegengesetzten Fronten, Vorkämpfer einer von Grund auf erneuerten Spiritualität. Und in ihrem Freundschaftsbund strebten sie nach einer Vereinigung von Offenbarungs- und Vernunfterkenntnis.

Ein Jahr vor der überraschend zustande kommenden Freundschaft sah sich Goethe von Schiller allerdings noch abgrundtief getrennt. 1793 war dessen Abhandlung *Über Anmut und Würde* erschienen, die Goethe keineswegs geeignet schien, ihn versöhnlich zu stimmen.

Um was ging es Schiller in dieser ersten Schrift, die sein angestrengtes Nachdenken über ästhetische Fragen und Probleme vor der Öffentlichkeit ausbreitete? Um nichts Geringeres als um die Herstellung der Harmonie des sinnlichen und sittlichen Teiles der Menschennatur, um die heilsame Mitte und Ganzheit unserer Existenz, in der unser leiblich-seelisches Leben in *Anmut* und unser geistig-seelisches Wesen in *Würde* vereint erscheinen. Und also ging es um den in sich ausgewogenen Menschen, der Schiller in keinem andern gelungener vor Augen stand als – in Goethe. Sein Bild tritt uns denn auch aus Schillers Darstellung des griechischen Menschen entgegen, die uns gleich zu Anfang seiner Schrift erfreut. «Dem Griechen ist die Natur nie *bloß* Natur», schreibt Schiller, «ihm ist die Vernunft niemals *bloß* Vernunft ... Natur und Sittlichkeit, Materie und Geist, Erde und Himmel fließen wunderbar schön in seinen Dichtungen zusammen.»

Treffenderes hätte Schiller auch über Goethes Dichtungen nicht sagen können, insbesondere über den kurz zuvor erschienenen *Torquato Tasso*, der als ein vollendet-ästhetisches zugleich ein vollendet-sittliches Gebilde ist. Die Schrift *Über Anmut und Würde* kreist im Grunde um das Goethesche Wesen, das in Italien zu sich selbst gefunden hatte. Und doch geht es Schiller auch wieder um etwas völlig anderes, indem er die Versöhnung von Sinnlichkeit und Sittlichkeit, von Natur und Geist anstrebt.

Die unüberbrückbar scheinende Kluft zwischen den Denkweisen Goethes und Schillers wird vielleicht durch nichts eindringlicher verdeutlicht als durch ihre entgegengesetzten Anschauungen vom Wesen der Natur. Für Goethe ist die Natur allüberall geistbelebt. Schiller hingegen sieht in «Natur und Sittlichkeit, Materie und Geist, Himmel und Erde» unversöhnte Mächte. Wenn er meint, den Griechen sei «die Natur nie bloß Natur» gewesen, dann enthält dieses unscheinbare «bloß» in Wahrheit das ganze Problem zwischen Goethe und Schiller.

Niemals hätte Goethe sagen können, der Grieche habe in der Natur alles andere als «*bloß* Natur» erlebt. War doch die Vorstellung einer bloßen, einer geistentblößten Natur in Goethes Augen ein unerträgliches Abstraktum ohne jeglichen Wirklichkeitsgehalt. Schiller dagegen verstand unter Natur das entgöttlichte Wirken physisch-materieller Kräfte. Im Gegensatz zu Goethe erlebte er die sinnlich-materielle und die sittlich-idealische Natur des Menschen in scharfem Widerstreit, in Feindschaft. Und so lastete auf ihm die Frage, wie die beiden Naturen des Menschen heilsam zu verbinden seien. Moralische Forderungen, so sagte sich Schiller, dürfen nicht zur Vergewaltigung der sinnlichen Kräfte führen; ebenso wenig aber darf der sinnliche Mensch die ethischen Postulate missachten. Anzustreben ist eine harmonische Ganzheit des Sinnlichen und des Sittlichen. Dem Griechen war sie ohne sein Zutun eigen; dem neuzeitlichen Menschen ist sie aufgegeben als das *in Freiheit* zu verwirklichende Ideal des wahren Menschentums.

So schreibt Schiller in *Über Anmut und Würde:* Indem «das Ideal vollkommener Menschheit keinen Widerstreit, sondern Zusammenstimmung zwischen dem Sittlichen und Sinnlichen fordert», wird die wahre Bestimmung des Menschen erkennbar: Er soll «seine beiden Naturen» miteinander versöhnen und zu einer harmonischen Ganzheit vereinen. Was der Grieche auf einer naiven Vorstufe dargelebt hat, soll zum «Siegel der vollendeten Menschheit» werden. Es ist dem Menschen «aufgegeben, eine innige Übereinstimmung zwischen seinen beiden Naturen zu stiften». Denn «um sie aufs innigste mit seinem höhern Selbst zu vereinigen, ist seiner reinen Geisternatur eine sinnliche beigesellt. Dadurch schon, dass sie ihn zum vernünftig sinnlichen Wesen, d.i. zum Menschen machte, kündigte ihm die Natur die Verpflichtung an, nicht zu trennen, was sie verbunden hat, auch in den reinsten Äußerungen seines göttlichen Teiles den sinnlichen nicht hinter sich zu lassen und den Triumph des einen nicht auf Unterdrückung des andern zu gründen. Erst alsdann, wenn sie *aus seiner gesamten Menschheit* als vereinigte Wirkung beider Prinzipien hervorquillt, *wenn sie ihm zur Natur geworden ist*, ist seine sittliche Denkart geboren, denn solange der sittliche Geist noch *Gewalt* anwendet, so muss der Naturtrieb ihm noch *Macht* entgegenzusetzen haben. Der bloß *niedergeworfene* Feind kann wieder aufstehen, aber der *versöhnte* ist wahrhaft überwunden.»

Die sinnliche Natur mit dem ganzen «Feuer ihrer Gefühle» darf nach Schillers Überzeugung nicht zum Verlöschen gebracht werden durch irgendeinen moralischen Imperativ. Vielmehr ist sie selbst in ein Opferfeuer zu verwandeln. Das aber vermag nur die Liebe zu erreichen. Sie versöhnt und vereint die sinnliche und die sittliche Menschennatur in Freiheit. «Die Liebe allein ist also eine freie Empfindung, denn ihre reine Quelle strömt hervor aus dem Sitz der Freiheit, aus unserer göttlichen Natur.»

Mit diesem Ideal des menschlichen Strebens sieht Schiller nun keineswegs Goethe, wohl aber Kant, «den Rigoristen der Moral», wie er ihn nennt, im Widerspruch. «In der Kantischen Moralphilosophie», führt er deshalb weiter aus, «ist die Idee der *Pflicht* mit einer Härte vorgetragen, die alle Grazien davon zurückschreckt und einen schwachen Verstand leicht versuchen könnte, auf dem Wege einer finstern und mönchischen Asketik die moralische Vollkommenheit zu suchen.»

Offenbar, so meint Schiller weiter – nach Gründen für Kants Rigorismus suchend –, habe Letzterer im Anblick seines moralisch erschlafften Zeitalters für nötig befunden, das Moralgesetz «in seiner ganzen Heiligkeit» aufzustellen. «Er ward der Drako seiner Zeit, weil sie ihm eines Solons noch nicht wert und empfänglich schien.»

Eine ungeheure Kluft

Auch Schiller erlebt durchaus die moralische Existenz des Menschen, «deren heiliges Palladium Freiheit ist», im «Sanktuarium der reinen Vernunft». Aber Kants «*imperative* Form des Moralgesetzes» weist er mit Entschiedenheit als geradezu erniedrigend zurück. Und er variiert ein Paulus-Wort aus dem 2. Epheser-Brief, um seinem Empfinden Ausdruck zu verleihen: «Womit aber hatten es die Kinder des Hauses verschuldet, dass er nur für die Knechte sorgte?»

Als Goethe im Jahre 1817 auf die Vorgeschichte seines Bundes mit Schiller zurückblickte, den er nun als ein *Glückliches Ereignis* bezeichnete, erschien ihm der Freund nach wie vor als «ein gebildeter Kantianer». Wir lesen: «Sein Aufsatz ‹Über Anmut und Würde› war ebenso wenig ein Mittel, mich zu versöhnen. Die Kantische Philosophie, welche das Subjekt so hoch erhebt, indem sie es einzuengen scheint, hatte er mit Freuden in sich aufgenommen: sie entwickelte das Außerordentliche, was die Natur in sein Wesen gelegt, und er, im höchsten Gefühl der Freiheit und Selbstbestimmung, war undankbar gegen die große Mutter, die ihn gewiss nicht stiefmütterlich behandelte. Anstatt sie selbständig, lebendig vom Tiefsten bis zum Höchsten, gesetzlich hervorbringend zu betrachten, nahm er sie von der Seite einiger empirischer menschlicher Natürlichkeiten. Gewisse harte Stellen sogar konnte ich direkt auf mich deuten, sie zeigten mein Glaubensbekenntnis in einem falschen Lichte; dabei fühlte ich, es sei noch schlimmer, wenn es ohne Beziehung auf mich gesagt worden; denn die ungeheure Kluft zwischen unseren Denkweisen klaffte nur desto entschiedener.»

Suchen wir in Schillers Abhandlung *Über Anmut und Würde* nach Äußerungen, die bewusst gegen Goethe gerichtet sein könnten, so kommen wir in einige Verlegenheit, zumal das in dieser Schrift entworfene Ideal dem Goetheschen Glaubensbekenntnis weit mehr entgegenstrebt, als dass es dieses verwirft. Auch wird Kant keineswegs als derjenige anschaubar, der «das Außerordentliche, was die Natur in sein Wesen gelegt», entwickelt habe. Als Kants Name erstmals in einer Schrift Schillers erscheint, wendet sich dieser auch schon, ganz im Einklang mit Humboldts Darstellung (siehe oben S. 28), mit aller Entschiedenheit gegen Kant und dessen moralischen Rigorismus.

Anders, so wurde bereits deutlich, verhält es sich in Schillers Abhandlung mit der scheinbar geringschätzigen Darstellung der Natur, insbesondere in einer ausführlichen Fußnote, in der das Genie «ein bloßes Naturerzeugnis» genannt wird. In der Tat wollte Schiller Genialität keineswegs so hoch geschätzt wissen wie in Freiheit «erworbene Kraft des Geistes». Hatte er doch an sich selbst schmerzlich genug erfahren müssen, was es heißt, berühmt zu werden aufgrund jugendlicher Genialität, die ihn – wie er nunmehr überzeugt war – unreife, ja nahezu ungenießbare Früchte hatte hervorbringen lassen. «Dichtergenien, die früher berühmt werden, als sie mündig sind», heißt es deshalb in derselben Fußnote, bringen nach einem kurzen Frühling nur noch Gebilde hervor, «die ein missgeleiteter blinder Bildungstrieb erzeugte». Dennoch, so Schiller weiter, steht das Genie bei seinem Publikum in einem fragwürdig-hohen Kurs, als gehöre es einer «höheren Kaste» an, weil seine «Vorzüge von Naturbedingungen abhängig sind und daher über alle Wahl hinausliegen».

Keinesfalls aber gedachte Schiller mit solchen Worten das Wesen und den Wert der Natur, der «großen Mutter» Goethes herabzusetzen. Zwar ist in seiner Abhandlung von der «bloßen», sogar von der «blinden» Natur die Rede, wie sie der neuzeitliche Mensch versteht. Im Zentrum der Schillerschen Betrachtung jedoch, so konnten wir sehen, steht ein viel umfassenderer Natur-Begriff. Hat doch die Natur selbst den Menschen als ein sinnlich-geistiges Wesen hervorgebracht und ihm damit angekündigt, «nicht zu trennen, was sie verbunden hat, auch in den reinsten Äußerungen seines göttlichen Teiles den sinnlichen nicht hinter sich zu lassen». Damit weist die Natur ihrerseits den Menschen an, sein «vernünftig sinnliches Wesen» als eine harmonische Ganzheit zu verwirklichen. Sie selbst hat ja den Menschen mit zwei Naturen begabt, mit einer sinnlichen, irdisch-vergänglichen und einer «reinen Geisternatur». Beide Naturen sollen in ihm zu einer *neuen Natur* verschmelzen, die gegenwärtig noch nicht existiert. Und diese zukünftige Natur soll aus dem Menschen hervorgehen «als vereinigte Wirkung beider Prinzipien», sobald diese Wirkung «ihm zur Natur geworden ist». Dann werden die einander vorläufig noch widerstreitenden Naturen in einer neuen, so nie dagewesenen Natur vereinigt sein. Denn dann ist aus der Doppelnatur des Menschen der neue, der idealische Mensch hervorgegangen – nicht aber als «ein bloßes Naturerzeugnis», sondern aus der selbstverantwortlich «erworbenen Kraft des Geistes».

Bei den Griechen war auf naturhaften Wegen, ohne menschliches Verdienst, das Geistige mit dem Sinnlichen zu einer harmonischen Ganzheit zusammengewachsen. Ihre «wunderbar schöne» Kultur ließ «Materie und Geist, Erde und Himmel» zusammenfließen. Und doch kann das griechische Menschentum unser Vorbild nicht sein. Wir können – davon ist Schiller überzeugt – das Griechentum nie wieder erreichen; und es ist auch gar nicht wünschenswert, die griechische Harmonie des Sinnlich-Geistigen zurückzugewinnen, denn sie war «ein bloßes Naturerzeugnis».

Wahrscheinlich ohne sich dessen bewusst zu sein, vertrat Schiller damit die Auffassung des Paulus, der den Ephesern – den Griechen – über den Christus Jesus schrieb (Eph. 2, 14 – 19): «Denn er ist unser Friede; er hat aus zwei eins gemacht und den trennenden Zaun zerbrochen. Die Zweiheit wollte er umschaffen zu der Einheit des neuen Menschen, indem er den Frieden stiftete; er wollte das Entzweite zum Göttlichen hin zurückverwandeln in *einem* Leibe: Das tat er durch das Kreuz. In ihm hat er die Feindschaft getötet. So haben wir durch ihn den Zugang zum Vater, aus der Zweiheit heraus, in der Einheit des Geistes. Nun seid ihr keine Fremdlinge und Gäste mehr; ihr seid Mitbürger derer, die sich heiligen, und Hausgenossen Gottes selber»[21] – mit Schillers Worten: «Kinder des Hauses».

Gerade diese paulinische und nicht minder johanneische Botschaft, die eng mit den ephesischen Mysterien verwoben ist, verweist auf das dem Griechentum komplementäre Mysterium von Golgatha. Ist dasselbe doch der heilsame Ausgleich für das bedrohliche Zusammenwachsen von «Materie und Geist, Erde und Himmel» in Hellas, das zur alphaften Verfinsterung des nachtodlichen Lebens geführt hatte, zum Schattenhaftwerden der Menschenseele im Hades.

Freilich hätte Schiller diesen Tatbestand noch nicht in solche Worte zu fassen vermocht. Aber seine Vorstellungen sind davon getragen und impulsiert: Die Schillersche Versöhnung von Materie und Geist, von Erde und Himmel im Menschen der Zukunft ist nichts anderes als die esoterisch-christliche Verheißung.

Beim Lesen des Aufsatzes *Über Anmut und Würde* hatte Goethe, wie er 1817 bekannt, nicht etwa nur eine unüberbrückbare Kluft zwischen sich und Schiller erlebt, sondern sogar «Groll» empfunden, der sich dann in jenem Gespräch noch einmal regte, das ein Jahr später die völlig unvermutete Wende brachte, obwohl es «aufs strengste» den Punkt freilegte, der beide trennte.

Wir wollen nicht aus den Augen verlieren, dass Goethe in dieser Zeit, isoliert und gelähmt, am Hüter der Schwelle vorbeizugehen hatte. Tief verstört, wies er mit Entschiedenheit alles zurück, was er als eine Verirrung des Vorstellungslebens ansah. Hatte er doch in Italien die Vereinigung mit dem Urquell seines Wesens vollzogen, vollbewusst mit seinem eigenen Griechentum, unbewusst mit seiner Existenz als alter heidnischer Eingeweihter. Nach Weimar zurückgekehrt sah er sich einer feindlichen, nordisch-neuzeitlichen Welt gegenüber, in der die Natur zur bloßen Physis, der Geist zum toten Abstraktum geworden war. Sein gerade in diesen Jahren beginnender denkbar harter und kraftraubend-langwieriger Kampf gegen Newton vermag den Zwiespalt zu verdeutlichen.

Newton wird von Rudolf Steiner als «der eigentliche Gründer der modernen naturwissenschaftlichen Denkweise»[22] bezeichnet; treffen wir doch «in dieser Newtonschen Physik zum ersten Mal eigentlich vollständig vom Menschen losgerissene Naturvorstellungen». Damit aber hat sich der Mensch seinerseits «von seinem Gott losgerissen, damit vom Geiste losgerissen». Indem er seinen Blick nur noch auf das Tote, auf das «im Kosmos Verstaubende, Sich-Atomisierende» richtete, entgeistigte sich sein Vorstellen und Denken. «Und so war Goethe innerlichst Widersacher Newtons.»

Schillers im abstrakten Element entwickelte Gedanken aber waren von den Todesmächten des entspiritualisierten neuzeitlichen Geistes angehaucht, die sich innerhalb des 18. Jahrhunderts am intensivsten in Newton und Kant auswirkten: Ein Abgrund klaffte zwischen Leib und Seele, ein unversöhnlicher Gegensatz zwischen Materie und Geist. Dass der neuzeitliche Mensch um sich herum eine Natur erlebte, die geistlos war, schuf erst die Voraussetzung dafür, dass sich das physikalisch-mathematische Denken ihrer bemächtigen konnte.

Goethes ganzes Erleben war in Wirklichkeit von einer sehr viel früheren Menschheitsepoche geprägt, in der der Mensch «Gott in der Welt, die Welt in Gott» geschaut hat, wie Steiner es darstellt.[23]

Goethe musste bemerken, dass die Schillersche Abhandlung *Über Anmut und Würde* sich nur scheinbar an der griechischen Antike orientierte; denn deren entschiedene Bejahung der Sinne und der Sinnlichkeit wurde von Schiller ja gar nicht geteilt. Zwar sprach er von der Notwendigkeit, «Vernunft und Sinnlichkeit miteinander zu versöhnen», und gegen Kant gerichtet hieß es ausdrücklich: «Wenn nämlich weder *die über die Sinnlichkeit herrschende Vernunft noch die über die Vernunft herrschende Sinnlichkeit* sich mit der Schönheit des Ausdrucks vertragen, so wird ... derjenige Zustand des Gemüts, *wo Vernunft und Sinnlichkeit* – Pflicht und Neigung – *zusammenstimmen*, die Bedingung sein, unter der die Schönheit des Spiels erfolgt» – wobei der Begriff des «Spiels», wie mancher andere, von

Kant übernommen war. Aber Schillers Vorstellung von der Harmonie der sinnlichen und geistigen Natur des Menschen war darin zutiefst ungriechisch, dass er «die Sinnenwelt gewissermaßen in ein Reich der Freiheit verwandelt» sehen wollte. Der Grieche hingegen sah nicht die geringste Notwendigkeit, die Sinneswelt zu befreien, als bedürfe sie der Erlösung. Gerade darin bestand ja der Zauber Griechenlands, dass alles sinnliche Erleben völlig problemlos und unschuldig, völlig unbefangen war.

In Wirklichkeit also lehnte Schiller die sinnlich-sittliche Beschaffenheit des griechischen Menschen ab. Als nicht in Freiheit erstrebt und errungen konnte sie in seinen Augen kein verbindliches Vorbild für den neuzeitlichen Menschen sein. Schillers Blick war auch nicht in die Vergangenheit gerichtet. Aus der Zukunft leuchtete ihm das Ideal der Versöhnung von Leib und Geist entgegen, alle Werte der Vergangenheit auf höherer Ebene in sich bergend.

So waren die in *Anmut und Würde* entwickelten Gedankengänge in der Tat alles andere als geeignet, Goethe umzustimmen. War demselben doch keineswegs bewusst, dass er eigentlich gar kein Grieche mehr war, wie schon seine in Italien ausgereifte *Iphigenie* mit ihrer christlich gestimmtem Humanität deutlich genug gezeigt hatte, aber auch das dort entstandene *Nausikaa-Fragment*, in dem die Liebe ganz unhomerisch, ganz ungriechisch behandelt worden war. In Goethes Seelentiefen wirkte, insbesondere seit dem epischen Fragment *Die Geheimnisse*, bereits das esoterische Christentum, das nach dem Bunde mit Schiller in der geheimnisvollen Bilder-Folge des *Märchens* wundersam genug hervortrat.

Zwei Jahre vorher allerdings, als Goethe mit «Groll» Schillers Aufsatz las, war das Geflecht von Antipathien zwischen den beiden Geistesantipoden derart kompliziert geworden, dass Goethe sogar meinen konnte, Schiller attackiere ihn in der Abhandlung persönlich und lasse sein Glaubensbekenntnis im falschen Lichte erscheinen. Auf jeden Fall aber hatte nach Goethes Überzeugung die Kantische Philosophie Schillers Verlangen nach Freiheit und Selbstbestimmung in einer Weise übersteigert, die ihn ungerecht und «undankbar gegen die große Mutter» sein ließ. Oder wie sollte Goethe die folgenden Sätze verstehen?

«Bloß organische Wesen sind uns ehrwürdig als *Geschöpfe*, der Mensch aber kann es uns nur als *Schöpfer* (d.i. als Selbsturheber seines Zustandes) sein. Er soll nicht bloß wie die übrigen Sinnenwesen die Strahlen fremder Vernunft zurückwerfen, wenn es gleich die göttliche wäre, sondern er soll, gleich einem Sonnenkörper, von seinem eigenen Lichte glänzen.»

Solche Worte haben nun freilich mit Kant gar keinen Berührungspunkt. Vielmehr leuchtet uns aus ihnen sonnengleich das Urbild des Menschen entgegen, des schöpferischen Geistwesens, das aus sich selbst heraus zu wirken vermag.

Im Erleben eben dieses Urbildes, soweit es sich als idealischer Gedanke fassen lässt, war Schillers Selbstwertbewusstsein gegründet. Wenn Goethe also meint, Schiller sei, «im höchsten Gefühl der Freiheit und Selbstbestimmung», gegen die große Mutter Natur undankbar gewesen, so sah er seinerseits Schillers «Glaubensbekenntnis in einem falschen Lichte». Der Menschengeist gehört nach Schillerschem Verständnis nicht zur Natur; nicht ihr verdankt der Mensch, was in seiner gottgezeugten «Geisternatur» angelegt ist. Die Natur steht vielmehr nur «gleich einer wachsamen Amme» hinter ihm, und sie entlässt den Menschen aus ihren pflegenden Armen, sobald sein freier vernünftiger Geist zur Selbstentfaltung gelangt.[24]

Goethe hat – das sei hier betont – sein vormaliges Verständnis des Schillerschen Wesens im späten Rückblick von 1817 weder differenziert noch gar korrigiert, so notwendig das gewesen wäre. Woraus zu ersehen ist, dass er «die ungeheure Kluft» zwischen seiner und Schillers Denkweise auch späterhin nicht eigentlich zu überbrücken vermochte.

Auf diesem tragisch-ernsten Hintergrund lesen wir im selben Rückblick auf die Zeit vor dem geschlossenen Freundschaftsbund: «An keine Vereinigung war zu denken. Selbst das milde Zureden eines Dalberg, der Schillern nach Würden zu ehren verstand, blieb fruchtlos, ja meine Gründe, die ich jeder Vereinigung entgegensetzte, waren schwer zu widerlegen. Niemand konnte leugnen, dass zwischen zwei Geistesantipoden mehr als *ein* Erddiameter die Scheidung mache, da sie denn beiderseits als Pole gelten mögen, aber eben deswegen in eins nicht zusammenfallen können.»

Und doch wurden Goethes «Gründe», die er «jeder Vereinigung entgegensetzte», kurze Zeit später widerlegt. Nicht von einem anderen, sondern von ihm selbst. Ließ er sich doch mit seinem Geistesantipoden, dem «gebildeten Kantianer», und noch dazu in dessen Haus, auf ein Gespräch ein über die von ihm als sinnlich-übersinnliche Erfahrung erlebte *Urpflanze*, über einen Gegenstand also, der «aufs strengste» den Punkt bezeichnete, der ihn von Schiller trennte. Dieser behauptete denn auch, die Urpflanze sei keine sinnliche *Erfahrung*, sondern eine nur dem Denken zugängliche *Idee*.

Eine ungeheure Kluft

Goethes «Offenbarungserkenntnis» und Schillers «Vernunfterkenntnis» prallten bei diesem berühmten Gespräch also in ihrer ganzen unversöhnlich scheinenden Wucht aufeinander. Zwar nahm sich Goethe zusammen und ließ, wie er im Weiteren schildert, den «alten Groll» nicht abermals aufkommen. Aber es «ward viel gekämpft und dann Stillstand gemacht; keiner von beiden konnte sich für den Sieger halten, beide hielten sich für unüberwindlich. Sätze wie folgender machten mich ganz unglücklich: ‹Wie kann jemals Erfahrung gegeben werden, die einer Idee angemessen sein sollte? denn darin besteht eben das Eigentümliche der Letzteren, dass ihr niemals eine Erfahrung kongruieren könne.› Wenn er das für eine Idee hielt, was ich als Erfahrung aussprach, so musste doch zwischen beiden irgend etwas Vermittelndes, Bezügliches obwalten.»

Und nun geschah das Wunderbare, dass Goethe nicht, wie doch nach diesem kontroversen Gespräch zu vermuten gewesen wäre, den gerade erst aufgenommenen Kontakt mit Schiller gleich wieder abbrach. Im Gegenteil! Wir erfahren: «Der erste Schritt war jedoch getan. Schillers Anziehungskraft war groß, er hielt alle fest, die sich ihm näherten; ich nahm Teil an seinen Absichten und versprach zu den ‹Horen› manches, was bei mir verborgen lag, herzugeben.»

Inwiefern «der erste Schritt» getan war, erfahren wir freilich nicht. Die ungeheure Kluft zwischen den beiden Denkweisen, klaffte sie denn nicht nach wie vor, ja mehr denn je?

Zu einem späteren Zeitpunkt, um 1825, kam Goethe noch einmal auf seine Freundschaft mit Schiller zurück. In einer recht anderen Sichtweise meint er diesmal, Schiller und er hätten «gleichsam die Hälften voneinander» ausgemacht, die «sich nicht abstoßen», sondern «sich anschließen und einander ergänzen».[25] Damit erweisen sich Goethe und Schiller als zwei Hälften einer übergreifenden Ganzheit, die von dem Augenblick an zu wirken begann, als die sechs Jahre lang einander feindlich Gesinnten sich aneinander anschlossen und – zu ergänzen begannen.

Von nun an wurde jeder, nach den Worten Rudolf Steiners, «durch den Anderen etwas anderes; und was ein jeder durch den Anderen wurde, damit befruchtete ein jeder den Anderen».[26] In einem Aufsatz führt Steiner aus: «Zu den schönsten Blüten des menschlichen Geisteslebens gehört, was Goethe und Schiller in der Zeit ihres Freundschaftsbundes geschaffen haben. Dieser Bund ist aber nur dadurch zustande gekommen, dass beide Geister schwerwiegende innere Hindernisse überwanden, die ihre Seelen auseinanderhielten.» – «Die Empfindung von den Hemmungen, die beide zu überwinden hatten, um zueinander zu kommen, und die andere von der Art, wie sie zuletzt sich ergänzten, bildet einen Impuls für tiefste Seelenbeobachtungen. Er dringt damit aber auch an einem der wichtigsten Punkte in das Walten des Geistes in der Menschheitsentwickelung ein.»[27]

Nicht allerdings erst als Fünfundsiebzigjähriger ist Goethe zu der Überzeugung gelangt, dass Schiller und er «gleichsam die Hälften voneinander» ausmachten. Vielmehr schrieb er bereits drei Wochen nach Schillers Tod, am 1. Juni des Jahres 1805, kaum von einer schweren Krankheit genesen, an Zelter: «Ich dachte mich selbst zu verlieren und verliere einen Freund und in demselben die Hälfte meines Daseins.»

Die Offenbarung der Gott-Natur

Nachdem Schillers Gebeine einundzwanzig Jahre im so genannten «Landschaftskassengewölbe» auf dem alten Friedhof der Weimarer Sankt Jakobskirche geruht hatten, sollten sie in die Fürstengruft überführt werden. Es erwies sich aber, dass Schillers Schädel sachgemäß zu reinigen war; und da das in Goethes Haus geschah, war er dem Achtundsiebzigjährigen einige Zeit zugänglich. Diesem Umstand verdanken wir ein Gedicht, das in feierlichen Terzinen gestaltet ist, der Versform von Dantes *Divina Commedia*, mit der sich Goethe im selben Zeitraum befasste. In dem Gedicht – die Eingangssituation «Im ernsten Beinhaus war's ...» ist fiktiv – versteht er sich selbst als Mysterienschüler, als Adept, der die Formenschrift dieses Schädels, «die heil'gen Sinn nicht jedem offenbarte», ehrfurchtsvoll zu lesen weiß:

...
Wie mich geheimnisvoll die Form entzückte!
Die gottgedachte Spur, die sich erhalten!
Ein Blick, der mich an jenes Meer entrückte,

Die Offenbarung der Gott-Natur

> Das flutend strömt gesteigerte Gestalten.
> Geheim Gefäß! Orakelsprüche spendend,
> Wie bin ich wert, dich in der Hand zu halten,
> Dich höchsten Schatz aus Moder fromm entwendend
> Und in die freie Luft zu freiem Sinnen,
> Zum Sonnenlicht andächtig hin mich wendend.
> Was kann der Mensch im Leben mehr gewinnen,
> Als dass sich Gott-Natur ihm offenbare?
> Wie sie das Feste lässt zu Geist verrinnen,
> Wie sie das Geisterzeugte fest bewahre.

Heiliger Sinn offenbarte sich Goethe zeitlebens im sinnlich-übersinnlichen Gewahren der Gott-Natur und ihrer «gottgedachten» Formensprache. Fort und fort lebte er im Anschauen, lebte er in Bildern. Und so wusste er sein Denken vor dem Bildlos-Abstrakten zu bewahren, das unser entgeistigtes Zeitalter prägt.

«L'homme machine» – der Mensch ist eine Maschine, so wie die gesamte Natur ein gigantischer Mechanismus ist. Lamettrie, der erste radikale Materialist und Atheist, sprach 1748, kurz vor seinem Tod und ein Jahr vor Goethes Geburt, diese Überzeugung aus. Und 1770, als die Goethesche Schöpferkraft sich zu entfalten begann, erschien eines der Hauptwerke des französischen Materialismus, Holbachs *Système de la nature*. Das tote quantitative Denken trat seinen Siegeszug an. Nur *ein* Geist wurde noch angebetet, nur *ein* Gott sollte fortan alles beherrschen: der Gott von Maß, Zahl und Gewicht.

In seinen letzten Lebenstagen hat Goethe noch einmal auf diese zentrale Thematik unseres Zeitalters geblickt. Am 11. März 1832 sagte er zu Eckermann: «Gott hat sich nach den bekannten imaginierten sechs Schöpfungstagen keineswegs zur Ruhe begeben, vielmehr ist er noch fortwährend wirksam, wie am ersten. Diese plumpe Welt aus einfachen Elementen zusammenzusetzen und sie jahraus, jahrein in den Strahlen der Sonne rollen zu lassen, hätte ihm sicher wenig Spaß gemacht, wenn er nicht den Plan gehabt hätte, sich auf dieser materiellen Unterlage eine Pflanzschule für eine Welt von Geistern zu gründen. So ist er nun fortwährend in höheren Naturen wirksam, um die geringeren heranzuziehen.»

Das sind vermächtnishafte Worte. Für Goethe ist unsere Erde der Ort, den Gott schuf, um menschliche Geistwesen, die sich, nach Goethes lebenslanger Überzeugung, als Entelechien von Inkarnation zu Inkarnation weiterentwickeln, zur Ausreifung gelangen zu lassen. Gott selbst aber ist der von Ewigkeit zu Ewigkeit Wirkende. Seine unendliche Bildekraft durchwaltet die ganze Natur, alles gestaltend und umgestaltend, auch den Menschen; und seine Werkzeuge sind die fortgeschritteneren Geister. Denn sein Wille durchdringt alles. Wer Gott in sich selbst erleben will, muss deshalb die eigenen Schöpferkräfte entfalten. Diese leben in aller auf Erkenntnis und Vertrauen gegründeten, aufbauenden Tätigkeit. Und will der Mensch nicht nur in sich selbst, sondern auch um sich herum Gott gewahren, dann muss er *im Anschauen leben*, um die bilderwebende Gottessprache des Kosmos zu vernehmen und im eigenen Sprechen mit ihr zusammenzuwachsen.

Naturanschauung verstand Goethe als Gottesdienst. Naturwissenschaft wurde ihm zum Altar, auf dem er seinen Erkenntnis-Kultus vollzog. In diesem gelangte der Urkünstler-Gott zur Selbstoffenbarung und gab der menschlichen Künstlerschaft ihre Identität.

Nichts lag Goethe ferner als die Vorstellung eines bildlosen außerweltlichen Gottes. Als ihm Friedrich Heinrich Jacobi im Jahre 1811 seine Schrift *Von den Göttlichen Dingen und ihrer Offenbarung* sandte, befremdete und verstörte sie ihn zutiefst. Vertrat doch Jacobi darin die Überzeugung, in der Natur lasse sich Gott nicht erleben, vielmehr werde er von der Sinneswelt verdeckt; er offenbare sich allein dem Übernatürlichen im Menschen.

Monate nach der Lektüre, am 10. Mai 1812, entschloss sich Goethe zur Antwort. Er bedankt sich zuerst bei dem «teuersten alten Freund» für die «kostbare Gabe», die der Sendung beigefügten Autographen, und bemerkt dazu höchst bezeichnend: «Die übersandten Blätter sind mir von unendlichem Wert; denn da mir die sinnliche Anschauung durchaus unentbehrlich ist, so werden mir vorzügliche Menschen durch ihre Handschrift auf eine magische Weise vergegenwärtigt.»

Wie Goethe bei der Betrachtung von Schillers Schädel geheimnisvoll entzückt war von der Form, der gottgedachten Spur, die sich erhalten hatte, so offenbarte sich ihm in den Schriftzügen eines Menschen magisch unmittelbar die entelechische Kraft seines seelisch-geistigen Wesens. Das ist der Grund dafür, dass sinnliche Anschauung für Goethe zur unentbehrlichen Brücke wurde in die übersinnliche Welt – in die Welt der schönen Lilie seines *Märchens*. Wobei Goethe das Opfer der grünen Schlange seinerseits fort und fort zu erneuern trachtete.

Nach den solcherart vorsichtig einleitenden Worten wendet Goethe sich Jacobis Büchlein zu, das, wie er schreibt, ihm ihre altbekannte Divergenz wieder vor Augen gerückt hatte. Er stattet dem Freunde zwar seinen «gebührenden Dank» ab, fährt aber fort: «Ich würde jedoch die alte Reinheit und Aufrichtigkeit verletzen, wenn ich Dir verschwiege, dass mich das Büchlein ziemlich indisponiert hat. Ich bin nun einmal einer der ephesischen Goldschmiede, der sein ganzes Leben im Anschauen und Anstaunen und Verehrung des wunderwürdigen Tempels der Göttin und in Nachbildung ihrer geheimnisvollen Gestalten zugebracht hat, und dem es unmöglich eine angenehme Empfindung erregen kann, wenn irgendein Apostel seinen Mitbürgern einen anderen und noch dazu formlosen Gott aufdringen will. Hätte ich daher irgendeine ähnliche Schrift zum Preis der großen Artemis herauszugeben, (welches jedoch meine Sache nicht ist, weil ich zu denen gehöre, die selbst gern ruhig sein mögen und auch das Volk nicht aufregen wollen,) so hätte auf der Rückseite des Titelblatts stehen müssen: ‹Man lernt nichts kennen, als was man liebt, und je tiefer und vollständiger die Kenntnis werden soll, desto stärker, kräftiger und lebendiger muss Liebe, ja Leidenschaft sein.›»

Die Mysterien von Ephesos, die Einweihungsinhalte der «großen Artemis», werden von Goethe behutsam berührt; und das ganze eigene Leben wird als ein Anschauen, Anstaunen und Verehren der geheimnisvollen Gestaltungs- und Verwandlungskräfte der göttlichen Wesenheit, die wir die Natur nennen, verstanden. Mehr noch, Goethe erhebt die Liebe zur wahren und höchsten Erkenntniskraft; jene Liebe, in der das Feuer der Leidenschaft nicht etwa zum Erlöschen gebracht ist, sondern zum Opferfeuer des Erkennens wird.

Seit Jahrzehnten hatte Goethe bemerken müssen, dass seine und Jacobis Überzeugungen immer weiter auseinanderstrebten und nur durch «Neigung und Liebe immer wieder ausgeglichen» wurden, wie es im selben Brief heißt.

Weit deutlicher allerdings hatte sich Goethe Monate zuvor einem Dritten gegenüber ausgesprochen, indem er diesem über Jacobi schrieb: «Nach seiner Natur und dem Wege, den er von jeher genommen, muss sein Gott sich immer mehr von der Welt absondern, da der meinige sich immer mehr in sie verschlingt.»[28]

Zur selben Zeit rettete sich Goethe auf altbewährte Weise in eine dichterische Gestaltung, indem er den Jacobi gegenüber gebrauchten Vergleich seines Wesens mit dem eines ephesischen Goldschmieds aufgriff und sich nun sogar selbst jenem Demetrius gleichsetzte, der uns aus der *Apostelgeschichte* als ein Aufwiegler der Menge gegen die Gottesverkündigung des Paulus und seiner Gefährten bekannt ist. Da heißt es (Apg. 19, 34f.): «Einige der Menge ergriffen Alexander, den die Juden in den Vordergrund schoben. Und Alexander winkte mit der Hand und wollte sich vor dem Volk rechtfertigen. Als man aber erkannte, dass er ein Jude war, schrien alle wie mit einer Stimme zwei Stunden lang: Groß ist die Artemis von Ephesos!» Waren doch alle davon überzeugt, «dass die Stadt Ephesos der Tempelwächter der großen Artemis und des zur Erde herniedersteigenden Zeus ist». Goethe sah in Demetrius allerdings ein Sinnbild gläubiganbetender Künstlerschaft. Bewusst gab er seinen Versen den provozierenden Titel *Groß ist die Diana der Epheser*.

Die in Urbildern webende Artemis lebte nach Goethes Überzeugung unmittelbar in aller Natur und in aller Kunst. Diese mysterienhafte Erfahrung hatte er in Italien zur lebensvollen Anschauung gesteigert. Nun, im Jahre 1812, war jedes Wort seines Gedichts von dieser Gewissheit getragen. Goethe beschreibt, wie der ephesische Goldschmied – wir dürfen annehmen, dass er dabei an seine eigene Kindheit und Jugend dachte – schon als Knabe und Jüngling «im Tempel vor der Göttin Thron» kniete:

> Und hatte den Gürtel unter den Brüsten,
> Worin so manche Tiere nisten,
> Zu Hause herrlich nachgefeilt,
> Wie's ihm der Vater zugeteilt;
> Und leitete sein kunstreich Streben
> In frommer Wirkung durch das Leben.

Da vernimmt er plötzlich (aus dem Munde eines Juden!) eine Gottesbotschaft, die seine ganze Existenz aufhebt:

> Als gäb's einen Gott so im Gehirn
> Da! hinter des Menschen alberner Stirn,
> Der sei viel herrlicher als das Wesen,
> An dem wir die Breite der Gottheit lesen.

Jacobi gegenüber hat Goethe das Gedicht wohlweislich unerwähnt gelassen. Als er es aber im Jahre 1815 veröffentlichte, verletzte es Jacobi umso tiefer, nachdem ein versöhnlich gestimmter Brief Goethes vom 6. Januar 1813 bei ihm nichts Gutes bewirkt hatte. Nicht mehr abgesandten Briefentwürfen Jacobis ist zu entnehmen, dass er die «angehängte Drohung» des «Spottliedes» nicht verzeihen konnte, obwohl er Goethe drei Jahre zuvor beteuert hatte: «Dass aber meine Liebe zu Dir nicht untergehen kann, musst Du wissen.» Nun ging diese Liebe dennoch unter: Jacobi verstummte bis zu seinem Tode im Jahre 1819. Und auch Goethe unternahm keinen weiteren Versuch, diese jahrzehntelang belastete Freundschaft trotz allem zu einem guten Ende zu führen. Der Schluss seines Gedichtes hatte in der Tat eine unversöhnliche Drohung ausgesprochen, die Jacobi hart treffen musste:

> Will's aber einer anders halten,
> So mag er nach Belieben schalten;
> Nur soll er nicht das Handwerk schänden;
> Sonst wird er schlecht und schmählich enden.

Eine Freundschaft war zerbrochen. Jacobi starb unversöhnt im Glauben an seinen gestaltlosen Gott der Offenbarung, der das Anschauen der ihn offenbarenden Gott-Natur ausschloss.

In seinen *Tag- und Jahresheften 1811* blickte Goethe später auf diesen tief schmerzlichen Vorgang zurück und berichtete zugleich, wo er seine Zuflucht nahm: «Jacobi, ‹Von den göttlichen Dingen›, machte mir nicht wohl; wie konnte mir das Buch eines so herzlich geliebten Freundes willkommen sein, worin ich die These durchgeführt sehen sollte: die Natur verberge Gott. Musste, bei meiner reinen, tiefen, angebornen und geübten Anschauungsweise, die mich Gott in der Natur, die Natur in Gott zu sehen unverbrüchlich gelehrt hatte, sodass diese Vorstellungsart den Grund meiner ganzen Existenz machte, musste nicht ein so seltsamer, einseitig-beschränkter Ausspruch mich dem Geiste nach von dem edelsten Manne, dessen Herz ich verehrend liebte, für ewig entfernen? Doch ich hing meinem schmerzlichen Verdrusse nicht nach, ich rettete mich vielmehr zu meinem alten Asyl und fand in Spinozas ‹Ethik› auf mehrere Wochen meine tägliche Unterhaltung.»

In Wahrheit war Jacobis Gottesvorstellung für Goethe nicht etwa nur seltsam und einseitig beschränkt, sondern ein realitätsloses Abstraktum, ausgebrütet im Gehirn des Menschen, hinter dessen «albernen Stirn».

Zwei Geistesantipoden

Was hier als ein tragischer Konflikt zwischen zwei Freunden aufgebrochen war, hat seinen eigentlichen Ursprung jedoch in der menschheitsgeschichtlichen Polarität von Griechentum und Judentum: Sonnenumglänzt sind die Bildgestalten von Hellas; in naturloser Erhabenheit waltet der althebräische Jahve, ein unanschaubares Gedankenwesen, das keine anderen Götter neben sich duldet. Es steht außer Frage, dass uns auch aus Schillers Gottesbegriff dieser bildlose Jahve in aller Deutlichkeit entgegentritt. Wir begegnen seinem unanschaubaren Wesen beispielsweise in den *Worten des Glaubens*, die 1797 entstanden, in einer Zeit also, als der Bund mit Goethe bereits seit drei Jahren bestand. Schiller charakterisiert das bildlose höchste Wesen mit den Worten:

> Und ein Gott ist, ein heiliger Wille lebt,
> Wie auch der menschliche schwanke;
> Hoch über der Zeit und dem Raume webt
> Lebendig der höchste Gedanke.
> Und ob alles in ewigem Wechsel kreist,
> Es beharret im Wechsel ein ruhiger Geist.

Jenseits von Raum und Zeit, jenseits alles Anschaubaren, alles im Sinnesfeld Erscheinenden meint auch Schiller einzig und allein den wahren Gott erleben zu können. Bildlose Kraft ist der Wille des Menschen. Bildlose Willenssubstanz ist der göttliche Urgrund, ewige lebendige Energie – *Gedanken-Willens-Macht*. Alle Gestalten sind geformt; alle Formen sind begrenzt. Gott aber ist der Ursprung aller Raum- und Zeitgestalten, ja auch aller geistigen Gestaltungskraft. Deshalb ist er selbst gestaltlos, formlos, bildlos.

In seinem Ich-Willen erfuhr Schiller Gott als den höchsten Gedanken. Denn nur das Denken ist – für Schiller – das Organ der Wahrnehmung des Urwesens. Im menschlichen Geist schafft sich der unanschaubare makrokosmische Geist ein Abbild, eine Idee seines ewigen Seins. Die sinnlich wahrnehmbare Natur lässt ihn niemals ansichtig werden; denn sie ist endlich und vergänglich. Gott aber ist unendlich und unvergänglich. Weshalb eine immer innigere Verbindung unserer Seele mit der Natur niemals ihn selbst, sondern immer nur sein erhabenes Werk vergegenwärtigen kann: Gott ist der überweltliche Urgrund der Welt.

In denkbar intensivstem Gegensatz dazu hegt Goethe die Natur in sich, sich in der Natur, um sich unmittelbar mit dem göttlichen Wesen und

Die Offenbarung der Gott-Natur

Wirken zu verbinden. Rein, tief, angeboren und unentwegt geübt war diese Hingabe Goethes an die alles durchdringende, alles erfüllende Wirklichkeit Gottes. Denn:

> Was wär' ein Gott, der nur von außen stieße,
> Im Kreis das All am Finger laufen ließe!
> Ihm ziemt's, die Welt im Innern zu bewegen,
> Natur in Sich, Sich in Natur zu hegen,
> So dass, was in Ihm lebt und webt und ist,
> Nie Seine Kraft, nie Seinen Geist vermisst.

Diese 1812 entstandenen Verse sind vermutlich noch aus der quälenden Konfrontation mit Jacobi hervorgegangen. Kehren doch im vorletzten Vers die Worte des Paulus wieder, die, ihrerseits dem Logos-Bekenntnis der älteren Stoiker entnommen, von dem Apostel in Athen aufgegriffen worden waren, um das Weiterwirken des Logos in dem Auferstandenen anschaubar werden zu lassen (Apg. 17, 28). Goethe verbindet eben dieses «In ihm leben und weben und sind wir» mit dem Herzzentrum seiner Konfession: Aus allen ätherischen Bildekräften der Natur strömt ihm das Mysterium Gottes entgegen, die Sinnesoffenbarung verklärend und erlösend.

In Rudolf Steiners *Seelenkalender* findet sich ein Spruch (17. Woche), der dieses Goethesche Erleben anschaubar werden lässt. Er lautet:

> Es spricht das Weltenwort,
> Das ich durch Sinnestore
> In Seelengründe durfte führen:
> Erfülle deine Geistestiefen
> Mit meinen Weltenweiten,
> Zu finden einstens mich in dir.

In Goethes Geistestiefen sprach das Weltenwort, das er auf den Wegen des anbetenden sinnlich-übersinnlichen Schauens in sich aufnahm, um es in seinem eigenen Innern zu vernehmen.

Davon konnte bei Schiller nicht die Rede sein. Lebte Goethe in sommerlichen «Sinneshöhen» (13. Woche), so erfuhr Schiller sein Ich inmitten der eisig-erstorbenen Winterwelt. Er hätte sagen können (33. Woche):

> So fühl ich erst die Welt,
> Die außer meiner Seele Miterleben

> An sich nur frostig leeres Leben
> Und ohne Macht sich offenbarend,
> In Seelen sich von neuem schaffend,
> In sich den Tod nur finden könnte.

Für Schiller war die Erdenwelt selber zum Hades geworden. Ewige Todeskälte griff nach seinem Herzen im Erleben der physischen Wirklichkeit, der gottleeren Materie, des furchtbarsten Feindes der Menschenseele. Im 23. Brief *Über die ästhetische Erziehung des Menschen* erklärt er deshalb: «Also hier schon, auf dem gleichgültigen Felde des physischen Lebens, muss der Mensch sein moralisches anfangen; noch in seinem Leiden muss er seine Selbsttätigkeit, noch innerhalb seiner sinnlichen Schranken seine Vernunftfreiheit beginnen. Schon seinen Neigungen muss er das Gesetz seines Willens auflegen; er muss, wenn Sie mir den Ausdruck gestatten wollen, den Krieg gegen die Materie in ihre eigene Grenze spielen, damit er es überhoben sei, auf dem heiligen Boden der Freiheit gegen diesen furchtbaren Feind zu fechten.»

Durch und durch ist Schiller geprägt von der Erfahrung der winterlichentgeistigten Natur, zu der die eigene vergängliche Physis gehört. Nur indem wir in uns das Willensfeuer unserer moralischen Freiheit anfachen und ständig erhalten, können wir unsere menschliche Existenz den alles in die Vernichtung treibenden Gewalten der Materie entgegenstellen, statt ihnen dadurch bereits zu erliegen, dass sie unseren Leib in ihren furchtbaren Fängen haben, was Schiller durch seine todbringende Krankheit in vierzehnjähriger unmittelbarer Anschauung erfuhr. Denn im Grunde vollzog Schiller eine Art Lebenseinweihung in die ungeheuren Gewalten der Zerstörung, die in den Abgrundtiefen der physischen Welt, der zerfallenden Materie hausen – eine Lebenseinweihung in die Urmächte des Todes.

Verstrickt in Lug und Trug schien Schiller deshalb die an den vergänglichen Menschenleib gebundene Sinneswahrnehmung. Das Denken hingegen, so sagte er sich, verbindet die Menschenseele mit der Ewigkeit, mit der geistigen Welt. Es trägt uns hinweg über den Abgrund der Verwesung, des heillosen Verderbens. Denn im Denken erwachen wir zu unserer Geistes-Freiheit, zu unserer Selbst-Erkenntnis, zu unserem vernunftbegabten Schöpfertum: Der denkende Mensch wird – nach dem Wort aus *Über Anmut und Würde* – zum «Selbsturheber seines Zustandes». Und indem er seine Ideen mit seinem moralischen Willensfeuer durchglüht, schmilzt er sie um in seine die Wirklichkeit gestaltenden Ideale. Jetzt verlässt die Gottheit ihren Geistesthron, um im menschlichen Herzen, in unserem idealischen Willenswesen zu leben. Weshalb Schiller in dem Gedicht *Das Ideal und das Leben* ausrufen darf:

> Aber flüchtet aus der Sinne Schranken
> In die Freiheit der Gedanken,
> Und die Furchterscheinung ist entflohn,
> Und der ew'ge Abgrund wird sich füllen;
> Nehmt die Gottheit auf in euren Willen
> Und sie steigt von ihrem Weltenthron.

Wahrlich «zwei Geistesantipoden» trafen in Goethe und Schiller aufeinander. Neben der Polarität von Offenbarungs- und Vernunfterkenntnis repräsentieren sie die Antithese von Griechentum und Judentum.

Denken wir an Goethe, so sehen wir vor uns die Bildwerke von Hellas – gelöst, anmutig, in sich ruhend; wir sehen die Tempelwerke in vollendeter heiter-ernster Stille, als wunderbar schwebende Mitte zwischen den Schwere- und Leichtekräften der Welt, zwischen dem Mineralisch-Physischen und dem Pflanzlich-Ätherischen des in sich selbst harmonisch kreisenden Kosmos.

Denken wir an Schiller, dann betreten wir die strenge, fordernde Erlebniswelt der alten Hebräer: mit unbedingter Ausschließlichkeit ausgerichtet auf den überweltlichen Willen des Einen, des Einzigen, dessen unerbittlich gebietende moralische Willensgewalt jedem Angehörigen seines Volkes seine zehn Gebote – die in Griechenland unvorstellbar wären – zur bedingungslosen Richtschnur gab. Hier gilt nur das eherne Entweder-Oder: Entweder der Wille des Menschen kniet in bedingungslosem Gehorsam nieder vor der höchsten moralischen Autorität des Weltalls, oder aber sein ungehorsamer Wille wird zermalmt, findet keine Gnade am Richterstuhl Gottes – «getroffen von der Rache Strahl».[29]

Nichts von alledem, was uns so unerbittlich in Jahve und seinem Vollstrecker Moses entgegentritt und was Schillers ganzes Wesen und Werk im Willenszentrum prägt, lässt sich bei Goethe nachweisen. Wie für Moses so zählt für Schiller der Mensch letztlich doch nur als moralisch Handelnder oder sich in Schuld Verstrickender. Es geht ihm allein um den Menschen, um sein verantwortliches oder unverantwortliches Tun, das entweder in das Reich Gottes als eine ewige Substanz eingeht oder aus demselben ausgestoßen wird: Jeder Mensch ist zuletzt Weizen oder Unkraut. Dieses Evangelienbild (Matth. 13,24ff.), das folgerichtig aus dem moralischen Entweder-Oder des Alten Bundes herauswächst, prägt das Antlitz des Schillerschen Geistes. Das Gedeihen des Weizens und das gleichzeitige Heraufwuchern des am Ende – erst am Ende! – auszujätenden Unkrauts ist die Geschichte der Menschheit, ist das eigentliche Weltendrama, die gigantisch-schauerliche Tragödie unseres Werdens – das Urbild aller tragisch-dramatischen Handlung überhaupt: Schillers einziges Thema.

Vor dem in Schuld verstrickten, in Verhängnis von innen und außen eingesponnenen Menschen versinkt die ganze Natur ins nahezu Wesenlose. Denn sie wird zu Staub zerfallen, während der Mensch als ein ewiges Geistwesen fortbestehen wird.

Auch darin ist Schillers ganzes Erleben althebräisch-jüdisch geprägt. Der 104. Psalm preist zwar die Schöpferwerke Gottes als groß und weisheitsvoll; auch freut sich der Herr seiner wunderbaren Werke. Aber obwohl sie aus seinen Händen entstanden sind, zerfallen sie doch wieder zu Staub. Ja, letztlich hat sich diese im Sonnenlicht aufjubelnde, aufglänzende Erde mit all ihren Kreaturen weit von Ihm entfernt, beherbergt sie doch nicht nur die Sünder, sondern das Furchtbarste, was es überhaupt geben kann: die Gottlosen! Selbst David muss inmitten dieser Welt ausrufen (Ps. 22): «Mein Gott, mein Gott, warum hast du mich verlassen?» Denn auf jedem Menschen lasten Sünde und Schuld. Und unser aller Tage sind wie ein Schatten (Ps. 102). Denn wir sind Staub, und zu Staub müssen wir zurück (Gen. 3,19). Unsere Seele ist in den Staub hinabgebeugt (Ps. 44,6), ist in diese Welt verstrickt. Mehr noch – und das ist entscheidend – die ganze Welt ist in Gottes Hand «wie ein Stäubchen auf der Waage» (Weish. 2,22). Der Herr ist das Absolut-Außerweltliche, der ewige Gegensatz des Staubes dieser unserer vergänglichen Welt.

Wer Gott in der Natur sucht, betet das realitätslose Spiegelbild des Ewig-Erhabenen an; er greift ins Leere. Denn die Natur verbirgt Gott nicht nur, nein, sie ist nichts als ein verwehender Rauch, der Sein Geistes-Willens-Feuer umgibt. Wenn *Zeus* seine Blitze schleudert, dann sind sie eindringliche, aber auch ein wenig theatralische Naturschauspiele seiner entschieden amoralischen Astralität. Wenn *Jahve* im Blitz erscheint, dann ist es die weißglühende moralische Majestät des Urgrundes der Welt. Und nur diese im bildlosen Gedanken-Willen aufzuckenden Blitze geben sich Moses kund. Sie durchdringen in verwandter Weise die schöpferischen Zielsetzungen Friedrich Schillers.

Die Offenbarung der Gott-Natur

Goethe hingegen ist der Bilder erlebende, Bilder gestaltende Grieche. Faust vermählt sich mit dem Urbild griechischer Schönheits-Kultur, mit Helena, die noch einmal aus dem Hades heraufsteigt, um sich mit ihm zu vereinen.

> FAUST: Nun schaut der Geist nicht vorwärts, nicht zurück,
> Die Gegenwart allein –
> HELENA: ist unser Glück.

Dieser gegenwärtige Augenblick aber schließt alle Vergangenheit und alle Zukunft ein, denn er ist getragen und erfüllt vom Urquell des Seins; mehr noch, er selbst ist das Ewig-Seiende als unantastbare sinnlich-übersinnliche Ganzheit. Diese Ganzheit ist das Zauberwort von Hellas.

Der Goethesche Augenblick ist die magische Vergegenwärtigung des ewig in sich selbst gegründeten Lebens. Weshalb der Achtzigjährige in seinem *Vermächtnis* sagen darf:

> Kein Wesen kann zu Nichts zerfallen!
> Das Ew'ge regt sich fort in allen,
> Am Sein erhalte dich beglückt!
> Das Sein ist ewig; denn Gesetze
> Bewahren die lebend'gen Schätze,
> Aus welchen sich das All geschmückt.

Wenn der Mensch erlebt, dass in jedem Augenblick das All gegenwärtig ist, darf er sagen:

> Dann ist Vergangenheit beständig,
> Das Künftige voraus lebendig,
> Der Augenblick ist Ewigkeit.

Hier ist kein Platz mehr für das Gotteswesen der Psalmen, wie es etwa im *Gebet des Moses* angerufen wird (90. Ps.): «Herr, du bist unsre Zuflucht für und für. Ehe denn die Berge wurden und die Erde und die Welt geschaffen wurden, bist du, Gott, von Ewigkeit zu Ewigkeit, der du die Menschen lässest sterben und sprichst: Kommt wieder, Menschenkinder! Denn tausend Jahre sind vor dir wie der Tag, der gestern vergangen ist, und wie eine Nachtwache. Du lässest sie dahinfahren wie einen Strom, sie sind wie ein Schlaf, wie ein Gras, das doch bald welk wird, das da frühe blüht und bald welk wird und des Abends abgehauen wird und verdorrt. Das macht dein Zorn, dass wir so vergehen, und dein Grimm, dass wir so plötzlich dahin müssen. ... Lehre uns bedenken, dass wir sterben müssen, auf dass wir klug werden.»

Durch und durch geprägt ist Schillers Geist von dem Urton, der in solchen Worten waltet. Ehe die Welt war und wenn die Welt wie ein Rauch dahin sein wird, im ewigen Jenseits alles Werdens und Vergehens, *ist* der Herr der Ewigkeit. Der gegenwärtige Augenblick ist das reine Nichts; denn tausend Jahre sind vor Gott wie der gestrige Tag – dahingegangen wie ein Hauch. Unsere Zuflucht ist der Herr jenseits der räumlich-zeitlichen Todeswelt, in die uns sein Zorn und sein Grimm versetzt hat. Gedenke des Todes! Deine einzige Zuflucht ist die reine Geisterwelt: Kehre heim zu dem Herrn!

Noch 1803, zwei Jahre vor seinem Tode, hat Schiller in seinem *Siegesfest* durch den prophetischen Mund Kassandras verkündet, was die Urstimmung seiner Seele war:

> Und von ihrem Gott ergriffen,
> Hub sich jetzt die Seherin,
> Blickte von den hohen Schiffen
> Nach dem Rauch der Heimat hin:
> «Rauch ist alles ird'sche Wesen;
> Wie des Dampfes Säule weht,
> Schwinden alle Erdengrößen,
> Nur die Götter bleiben stät.»

Goethe dagegen war jedem *Memento mori!* abgeneigt. Sein Geist war erfüllt von der im Zenit stehenden Mittagssonne des ewig sich selbst erneuernden Lebens. Vor der Nachtseite der Welt schloss er bewusst sein Auge. Das Ur-Mysterium des von Ewigkeit zu Ewigkeit Unzerstörbaren, das der alte Hebräer ganz in das Außerweltliche verlegte, wollte er im Sanktuarium jedes Augenblicks erfahren, und er erfuhr es in den verborgensten Tiefen seines Eingeweihtenwesens.

Aber gerade mit dieser seiner Wesensmitte traf Goethe in seiner Zeit auf die Nachwirkungen der ihm von Grund aus fremden Jahve-Religion, die sich mit dem neuzeitlichen Abstraktionsgeist verbunden zeigten, mit dem Unanschaulichen, Bildlosen der menschlichen Eigenintelligenz, deren Tragik Goethe schon früh in der Gestalt des *Urfaust* dargestellt hatte.

Die Offenbarung der Gott-Natur

Mit Befremden sah Goethe: Hinter des neuzeitlichen Menschen «alberner Stirn», im Gehirn, diesem offenbar einzigen entgöttlichten Ort, wurde ein Abstraktum ausgebrütet, ein *formloser* Gott als so genannter «Vernunftbegriff», dem nicht nur keine Wirklichkeit entspricht, der vielmehr alles heilsame Erleben des Menschen untergräbt, weil er das Leben in sinnlich-übersinnlichen Bildern an der Wurzel vernichtet.

Damit aber berühren wir die geheimsten Wesensgründe der Goetheschen Existenz, die uns in späteren Zusammenhängen noch gründlicher beschäftigen werden: Niemals hat Goethe, wie er selbst betont, in seinem Wesenszentrum das Auseinanderbrechen von Gott und Natur erfahren, obwohl er gleichzeitig fähig war, das entgeistete neuzeitliche Bewusstsein darzustellen. So gestaltete er in Faust eine Menschengestalt, «die ganz und gar den Menschen verloren hatte».[30] Goethes eigenes Naturerleben löste sich nie als ein subjektiv-isolierter Vorgang aus dem objektiven Wesen heraus. Niemals verbarg in seinen Augen die Natur das Gotteswesen. Seine Anschauungsweise hatte ihn unverbrüchlich gelehrt, «Gott in der Natur, die Natur in Gott zu sehen». Weshalb er uns auch ermahnen kann:

> Müsset im Naturbetrachten
> Immer eins wie alles achten;
> Nichts ist drinnen, nichts ist draußen:
> Denn was innen, das ist außen.
> So ergreifet ohne Säumnis
> Heilig öffentlich Geheimnis.

Der Mensch der Neuzeit hingegen konnte zu seiner emotionslos-distanzierten Erkenntnisform nur dadurch gelangen, dass er Goethes dringenden Rat auf gar keinen Fall befolgte. Die moderne Naturwissenschaft wird von der entschiedensten Entgegensetzung von Subjekt und Objekt genährt. Ihr ist, nach dem bekannten Shakespeare-Wort, die ganze Welt zur Bühne geworden. Der neuzeitliche Mensch sitzt vor dem «Guck-Kasten» als ein mehr oder weniger engagierter Zuschauer, nicht als Mitspieler, als Akteur. Die Objekte der modernen Naturwissenschaft sind nur deshalb überhaupt vorhanden, weil sie draußen sind, unter keinen Umständen drinnen sein dürfen. Die neuzeitliche Forschungsmethode geht ausdrücklich vom Gegenbild der Goetheschen Erfahrung aus. Sie kennt kein heilig-öffentliches Geheimnis und kehrt Goethes Forderung um, indem sie postuliert:

> Nichts ist drinnen, alles draußen:
> Denn was außen, das bleibt außen.

Erfahrungen und Vorstellungen Heisenbergscher Art verdeutlichen indessen, dass die Naturwissenschaft im inneratomaren Bereich an Grenzen stößt, dass sie davor steht, eine Schwelle überschreiten zu müssen, an der sie von Goethes Geist angeweht wird: Der experimentierende Mensch beginnt zu bemerken, dass das Objekt seiner Forschung und sein forschendes Subjekt ineinander verwachsen; das Subjekt scheint im Objekt, das Objekt im Subjekt mitzuwirken, ja, schlechtweg enthalten zu sein: «Denn was innen, das ist außen.» Das aber will besagen, dass die moderne Naturwissenschaft davor steht, *von außen* wiederum in jene Welt hineinzukommen, die Goethe – nie verlassen hat.

Goethe spricht zu uns, als wäre er nicht verstoßen worden aus der heilen Ganzheit von Mensch, Welt und Gott. Als gehöre er jenem Urbeginne des Schöpfungsgeschehens an, da Weltengeist und Weltenleib noch keine entgegengesetzte Entwicklung genommen hatten. Und als sei er hereingesandt in unsere bedrohte Spätzeit, um uns von dem Geist der frühesten Frühe zu künden: «Heute noch im Paradiese» – wie es in *Tischbeins Idyllen* heißt.

Deshalb auch können wir den Eindruck gewinnen, jene Worte, die sich im zweiten Teil des *Faust* auf Helena beziehen, ließen sich ebenso gut auf Goethes Genius beziehen, der eine rosenkreuzerische Einweihung in seinen Seelentiefen erfahren hatte, wie noch zu zeigen sein wird:

> O fühle dich dem höchsten Gott entsprungen,
> Der ersten Welt gehörst du einzig an.

Diese sonnenleuchtende erste Welt, die der Christus seit dem Mysterium von Golgatha in unserer Erde als die Geistessonne darlebt, liegt nicht wie Staub in der Hand Gottes; sie west jenseits aller Trübung, aller Trennung, aller Tragik.

Unter den *Maximen und Reflexionen* findet sich der Satz: «In jeder großen Trennung liegt ein Keim von Wahnsinn; man muss sich hüten, ihn nachdrücklich auszubrüten und zu pflegen.» Man muss sich hüten! Hüten insbesondere vor der Trennung in Innen und Außen, in Gott-Natur und Menschengeist.

Zeitlebens hat sich Goethe gehütet, den Urgrund aller Trennung, aller

Tragik «auszubrüten und zu pflegen». Was nicht etwa heißt, er habe ihre Auswirkungen nicht erfahren. Im Gegenteil! Aber die berühmte Äußerung gegenüber Schiller, in dem Brief vom 9. Dezember 1797, lässt uns eben doch in das Zentrum des Goetheschen Wesens blicken: «Ich kenne mich zwar nicht selbst genug, um zu wissen, ob ich eine wahre Tragödie schreiben könnte, ich erschrecke aber bloß vor dem Unternehmen und bin beinahe überzeugt, dass sie mich durch den bloßen Versuch zerstören könnte.»

Was aber verstand Goethe unter dem Tragischen? Der Fünfundsiebzigjährige hat es – am 6. Juni 1824 im Gespräch mit dem Kanzler von Müller – in wenige, prägnante Worte gefasst: «Alles Tragische beruht auf einem unausgleichbaren Gegensatz. Sowie Ausgleich eintritt oder möglich, schwindet das Tragische.»

Allzu gut wusste Goethe: Hinter allen unausgeglichenen Gegensätzen, hinter allen Verhängnissen verbirgt sich der Widergeist. Weshalb Faust zu Mephisto sagt:[31]

> Bei dir gerät man stets ins Ungewisse.
> Der Vater bist du aller Hindernisse ...

Jedem angestrebten Ausgleich wirft sich der Widersacher entgegen, willens, ihn zu vereiteln. Jede Tragödie betrachtete Goethe deshalb als ein Zugeständnis an das zerstörerische Prinzip. Ein Leben lang kämpfte er deshalb gegen den Geist der Finsternis, den Vater aller Hindernisse, der ihn oft genug, bisweilen jahrelang niederwarf. Aber immer wieder erhob sich Goethe verjüngt, erneuert aus dem Urquell des Lebens. Immer wieder gelang ihm der Ausgleich.

Als der Vierundsiebzigjährige durch seine letzte schwere Prüfungszeit ging, gab er sich freilich verloren. In seiner Brust bekämpften sich Tod und Leben, sein Wille aber war gelähmt. Das entnehmen wir der *Elegie*, die mit den Worten endet:

> Mir ist das All, ich bin mir selbst verloren,
> Der ich noch erst den Göttern Liebling war;
> Sie prüften mich, verliehen mir Pandoren,
> So reich an Gütern, reicher an Gefahr;
> Sie drängten mich zum gabeseligen Munde,
> Sie trennten mich – und richten mich zu Grunde.

Wie ein aus dem Paradiese Vertriebener empfand sich Goethe in diesen Septembertagen des Jahres 1823:

> Als trieb' ein Cherub flammend ihn von hinnen;
> Das Auge starrt auf düstrem Pfad verdrossen,
> Es blickt zurück, die Pforte steht verschlossen.

Bereits Mitte Februar desselben Jahres war Goethe so schwer erkrankt, dass seine Ärzte die Hoffnung verloren, und auch er selbst äußerte: «Der Tod steht in allen Ecken um mich herum.»[32] Am folgenden Tag fügte er hinzu: «Es lasten solche Massen von Krankheitsstoffen auf mir seit dreitausend Jahren; man gewahrt deutlich, wie sich das Konventionelle, das Eingebildete dazwischenschiebt.»[33] Nach Goethes Überzeugung hatten sich in den letzten drei Jahrtausenden der Kulturentwicklung Todesgifte angesammelt, die seine Seele, seine schöpferischen Kräfte bedrohten, indem sie sich in ihm selber stauten. «Es ist ein Hindernis in mir», meinte er nun, «zu leben und zu sterben.»[34] Ein unausgeglichener Gegensatz bedrohte Goethe im Lebenszentrum – die «wahre Tragödie».

Ein gutes Jahrzehnt zuvor, im Dezember 1812, hatte Goethe in einem Brief an Zelter bekannt, in der Frankfurter Zeit hätten *Die Leiden des jungen Werther* sein «Innerstes durchrast». Und er hatte hinzugefügt: «Ich weiß recht gut, was es mich für Entschlüsse und Anstrengungen kostete, damals den Wellen des Todes zu entgehen, so wie ich mich aus manchem späteren Schiffbruch auch mühsam rettete und mühsam erholte ... Ich getraue mir einen neuen ‹Werther› zu schreiben, über den dem Volke die Haare noch mehr zu Berge stehen sollten als über den ersten.»

Gut drei Jahre später, am 26. März 1816, kam Goethe Zelter gegenüber abermals auf diese Thematik zurück. «Vor einigen Tagen kam mir zufälligerweise die erste Ausgabe meines ‹Werther› in die Hände», schreibt er nun, «und dieses bei mir längst verschollene Lied fing wieder an zu klingen. Da begreift man denn nun nicht, wie es ein Mensch noch vierzig Jahre in einer Welt hat aushalten können, die ihm in früher Jugend schon so absurd vorkam ... Beseh ich es recht genau, so ist es ganz allein das Talent, das in mir steckt, was mir durch alle die Zustände durchhilft, die mir nicht gemäß sind und in die ich mich durch falsche Richtung, Zufall und Verschränkung verwickelt sehe.»

Goethes Genius half ihm durch alle Verwicklungen, durch alle Tragik hindurch; er war es, der in *Urworte. Orphisch* durch ihn sprach: «Ein

Die Offenbarung der Gott-Natur

Flügelschlag – und hinter uns Äonen.» So der achtundsechzigjährige Dichter. Nun aber, im Herbst des Jahres 1823, schien er «sich selbst verloren», zu Grunde gerichtet vom übergewaltigen Verhängnis. Abermals zerriss Liebesverzweiflung sein Herz:

> Könnt' ich vor mir selber fliehn!
> Das Maß ist voll.
> Ach! Warum streb ich immer dahin,
> Wohin ich nicht soll.

Und in unsäglicher Seelennot bricht es aus ihm hervor:

> Ach! Wer doch wieder gesundete!
> Welch unerträgliche Schmerzen!
> Wie die Schlange, die verwundete,
> Krümmt sich's im eignen Herzen.

Aber so tief der Abgrund auch schien, in den Goethe gestürzt war, er verschlang ihn nicht. Vielmehr wusste Goethe auch diesmal das Unausgleichbare auszugleichen. Und so beschließt der Dichter seine *Trilogie der Leidenschaft* mit der nur ihm möglichen *Aussöhnung*. Zwar heißt es eingangs noch:

> Trüb' ist der Geist, verworren das Beginnen;
> Die hehre Welt, wie schwindet sie den Sinnen!

Dann aber sieht sich der lebensbedrohlich Geprüfte unvermittelt emporgetragen:

> Da schwebt hervor Musik mit Engelschwingen,
> Verpflicht zu Millionen Tön' um Töne,
> Des Menschen Wesen durch und durch zu dringen,
> Zu überfüllen ihn mit ew'ger Schöne:
> Das Auge netzt sich, fühlt im höhern Sehnen
> Den Götterwert der Töne wie der Tränen.
>
> Und so das Herz erleichtert merkt behende,
> Dass es noch lebt und schlägt und möchte schlagen,
> Zum reinsten Dank der überreichen Spende
> Sich selbst erwidernd willig darzutragen.
> Da fühlte sich – o dass es ewig bliebe! –
> Das Doppelglück der Töne wie der Liebe.

ZWEI GEISTESANTIPODEN

Abermals also war die Ausheilung gelungen, die wahre Tragödie abgewendet. Obwohl Goethe doch ausdrücklich das «Grundmotiv aller tragischen Situationen» im «Abscheiden»[35] sah. Ganz im Sinne der Helena-Tragödie des *Faust*. Denn bevor Helena Euphorion in den Hades folgt, verabschiedet sie sich für immer von dem Geliebten mit den Worten:

> Zerrissen ist des Lebens wie der Liebe Band;
> Bejammernd beide, sag ich schmerzlich Lebewohl.

Das Schönheitsideal des Südens entsinkt den Armen des im Norden Beheimateten. Eine wahre Tragödie also hat sich vollzogen. Alsbald jedoch wird sie ausgeglichen: Das Urbild geläuterter Seelenschönheit schwebt empor – Gretchens Unsterbliches heilt Faust nicht nur, sondern beschützt seine Entelechie nachtodlich im Aufstieg «zu höhern Sphären». Nun ist alles Unheil aufgehoben im höchsten Heil – Mephistopheles geht leer aus.

Goethes Wesenszentrum bleibt bewahrt im göttlichen Urgrund, in dem alle Gegensätze aufgehoben, alle Widersprüche ausgeglichen und versöhnt sind. Diesem Urweltwesen gehört Goethe einzig an. Ist doch er selbst gleich seiner Helena «der ersten Welt» – «dem höchsten Gott entsprungen». Nur deshalb kann der Dichter-Seher die Vermählung von Faust und Helena als die Vereinigung des Ewig-Männlichen mit dem Ewig-Weiblichen, als Göttliche Hochzeit gestalten. Freilich, im zeitlichen Vollzug ist diese Kommunion auflösbar. Unauflösbar aber ist sie als göttlich-geistiges Geschehen. Hier ist mehr noch als das Menschen-Paradies der *Genesis*. Hier west das Götter-Paradies, die unbeschadete Ehe von Isis und Osiris – vor seiner Zerstückelung. Ja, wir gewahren das von keinem Verhängnis verletzbare Ur-Heil, in dem Sonne und Erde noch eines sind: unberührt von dem Mysterien-Schrecken des Todes, den Goethe zwar wieder und wieder sehr wohl erfuhr, aus dem Zentrum seines Herzens jedoch zu verbannen wusste. Und so erlebte er die Natur in ihrer gottgedachten Wirklichkeit – alles ist, alles bleibt «herrlich wie am ersten Tag». Die drei Erzengel eröffnen nicht nur den «Prolog im Himmel». Sie sprechen ebendiese Worte an der Wiege des Goetheschen Geistes; auch für seine Seelentiefen tönt die Sonne «in Brudersphären Wettgesang».

> Der Anblick gibt den Engeln Stärke,
> Wenn keiner sie ergründen mag;

Die Offenbarung der Gott-Natur

Die unbegreiflich hohen Werke
Sind herrlich wie am ersten Tag.

Mit sonnenglänzenden Geistesaugen schauen die Erzengel anbetend die Werk-Welt des Herrn. Mit sonnenlichtem Geistesblick gewahrt Goethe das unaussprechliche makrokosmische wie mikrokosmische Weltenwunder der in Gott lebenden Natur – «herrlich wie am ersten Tag».

Keine Frage, Goethes Geisteswesen ragt in unser Zeitalter herein wie aus Mysterien des Urbeginns. Und sein Griechentum ist nur eine späte Umhüllung seines entelechischen Geheimnisses. Wird doch in Goethe der Ur-Bildner-Gott selbst beredt, Er, der mit seiner unversiegbaren Bilde-Kraft in allem lebt, webt und ist. Naturerkennen war für Goethe Gottesdienst. «Der Laboratoriumstisch muss erst zum Altar werden, so wie es für Goethe war, der als Kind seinen kleinen Altar aus Naturprodukten an den Strahlen der aufgehenden Sonne entzündete.» So Rudolf Steiner in dem Vortrag vom 27. Februar 1910. Alles Natur-Bild-Erleben war für Goethe ein sakrales Geschehen: Ist doch unser Auge aus dem Lichte für das Licht gebildet, gleich unserem ganzen Menschenwesen, das aus dem Göttlichen für das Göttliche lebt.

In einem Aufsatz über *Das Erwachen an Goethe*[36] hat Rudolf Grosse die Frage gestellt, warum wohl Rudolf Steiner «die neue Mysterienstätte unserer Kulturepoche» mit Goethes Namen versah. «Wer ist denn Goethe in Wirklichkeit gewesen», fragt Grosse, «dass er als der Namensgeber für die Mysterienstätte der Zukunft, die in kaum zu fassender Größe als das ‹Sonnen-Orakel› unserer Zeit geltende Weihe-Stätte, angesehen werden muss? Hat uns Rudolf Steiner das wahre Geist-Wesen Goethes eigentlich noch gar nicht enthüllt? Ist seine wirkliche Geistgestalt unaussprechbar, sodass die Namensgebung unseres Baues ... eine Handlung ganz im Verborgenen darstellt, die mehr verhüllt, als dass sie offenbart?»

Zwar hat Rudolf Steiner ausgesprochen, dass er seine Weltanschauung in lebendiger Weise von Goethe abgeleitet habe und deshalb der Dornacher Bau ein «Akt der Huldigung gegenüber der alles überragenden Persönlichkeit Goethes»[37] gewesen sei. Auch hat er bei anderer Gelegenheit zum Ausdruck gebracht: «Möge Goethe noch so groß gewesen sein, seine Vorstellungen waren noch größer als er selber.» Ja: «Goethe ist als Ätherleib auferstanden.»[38] Zudem hat Steiner auf Goethes Inkarnation als ägyptischer Initiierter hingewiesen.[39]

Dennoch muss Grosse zugestimmt werden: Je gründlicher wir uns einerseits mit Goethe selbst, andererseits mit Rudolf Steiners Aussagen über Goethe befassen, umso unergründlicher scheint das Geistwesen Goethes zu werden, dessen reine Sonnennatur in der Tat dem Sonnenorakel angehören dürfte, aus dem auch Zarathustra hervorgegangen ist, der dem Begründer der Kultur im Niltal, Hermes Trismegistos, die eigene «direkte Sonnenweisheit» einpflanzte, wie noch zu betrachten sein wird.[40]

Auch auf diese Zusammenhänge weist Grosse in seiner Betrachtung hin, indem er schreibt: «‹Die Farben als Taten und Leiden des Lichts›, das war wiederum der Schlüssel zu den uralten Wahrheiten des Sonnen-Orakels.»

Ohne Frage hatte Goethes Licht- und Finsternis-Lehre ein durch und durch zarathustrisches Gepräge. Entsprechend war das höchste Ziel seines Strebens darauf gerichtet – wie es in seinem *Vermächtnis altpersischen Glaubens* heißt –:

> Gott auf seinem Throne zu erkennen,
> Ihn den Herrn des Lebensquells zu nennen,
> Jenes hohen Anblicks wert zu handeln
> Und in seinem Lichte fortzuwandeln.

Im Erkenntnisstreben Gottesschau zu entfalten und das eigene Schaffen im Lebensquell des Urlichts zu gründen, war in Goethes Augen die höchste Bestimmung des Menschen. Im Morgensonnenglanz dieser Konfession –

> Da ist unsers Daseins Kaisersiegel,
> Uns und andern reiner Gottesspiegel ...

In nie ermüdendem Herzenskultus feierte Goethe den aus Urfinsternissen sich wieder und wieder siegreich erhebenden, siegreich erneuernden Sonnengott, den Allbelebenden, den Allerneuernden. Goethes Sonnenschau war weihevoll-erhabener Hymnus, war «Religion, gegründet auf die Allgegenwart Gottes in seinen Werken der Sinnenwelt».[41] Weshalb Goethe im zweiten Teil des *Faust* seinen Lynkeus hoch oben auf der Schlosswarte als Türmer singen lässt:

> Zum Sehen geboren,
> Zum Schauen bestellt,
> Dem Turme geschworen,

DIE OFFENBARUNG DER GOTT-NATUR

> Gefällt mir die Welt.
> Ich blick in die Ferne
> Ich seh in der Näh
> Den Mond und die Sterne,
> Den Wald und das Reh.
> So seh ich in allen
> Die ewige Zier,
> Und wie mir's gefallen,
> Gefall ich auch mir.
> Ihr glücklichen Augen,
> Was je ihr gesehn,
> Es sei, wie es wolle,
> Es war doch so schön!

Wer vermöchte das heutigentags noch zu sagen? «Es sei, wie es wolle, es war doch so schön»? Wer aber auch außer Goethe selbst hätte das sagen und singen wollen in seiner eigenen Zeit, im längst heraufgekommenen 19. Jahrhundert?

Als gäbe es keine aus der geistigen Welt bedrohlich herausgelöste Menschheit. Und weit darüber hinaus: Als gäbe es keinen zerstückelten Gott, keinen Leichnam des Sonnengeistes, keine Vertreibung aus dem Garten Eden, keine Ur-Tragödie, die sich seit undenklichen Zeiten in der Menschheitstragödie voll namenlosem Schrecken fortsetzt. Und wenn das allzu gewisse Ende naht, wird unser Zentralgestirn verlöschen. Unsere Welt wird untergehen mit ihrem Sonnenleichnam. Und dennoch: «Es sei, wie es wolle ...»?

Goethes Geist, wie er hier sichtbar wird, mag den Menschen unserer Tage – und das ist zu verstehen – als ein Wesen gar nicht von dieser Welt erscheinen, mehr noch, als ein in bedenklichen Illusionen trunken Träumender. Wie wollte man anders auch sein Gedicht *Schwebender Genius über der Erdkugel* aus dem Jahre 1826 deuten?

> Zwischen Oben, zwischen Unten
> Schweb' ich hin zu muntrer Schau,
> Ich ergötze mich am Bunten,
> Ich erquicke mich im Blau.

Zwei Geistesantipoden

> Und wenn mich am Tag die Ferne
> Luftiger Berge sehnlich zieht,
> Nachts das Übermaß der Sterne
> Prächtig mir zu Häupten glüht,
>
> Alle Tag' und alle Nächte
> Rühm' ich so des Menschen Los;
> Denkt er ewig sich ins Rechte,
> Ist er ewig schön und groß.

Im heraufgekommenen Zeitalter bemannter Weltraumstationen sieht sich die Menschheit von solchen Worten wie durch Weltalter getrennt. Täglich-alltäglich erscheint unser Blauer Planet auf dem Bildschirm – fern der sakralen Bildgewalt des Goetheschen Genius. Und des Menschen Los scheint alles andere als «ewig schön und groß».

Goethe hingegen wusste sich zeitlebens ins Rechte zu denken, im anbetenden Erfahren und Vernehmen der Schöpfersprache der makrokosmischen Erscheinungswelt und des mikrokosmischen Wunderwerkes, das der Mensch ihm war. Und er vermochte dies, obwohl er die Herzenserschütterungen seines Werther erlitt; obwohl er die zwei Seelen seines Faust in sich erfuhr; obwohl er die Liebesverwirrung seiner *Wahlverwandtschaften* und zuletzt die Liebesverzweiflung seiner *Trilogie der Leidenschaft* durchzutragen hatte. Wonach ihm noch etwas mehr als sieben Jahre blieben, in denen er mit geläuterter Ruhekraft sein ungeheures Lebenswerk zu vollenden verstand – bis hin zur nachtodlichen Verwandlung seines Faust, die er in überweltlich-erhabenen Worten darzustellen vermochte. So auch diese:

> Dass ja das Nichtige
> Alles verflüchtige,
> Glänze der Dauerstern,
> Ewiger Liebe Kern.

Dass in Goethes Leben das Wort «Liebe» einen ureigenen Klang gewann, ist genugsam bekannt. Dass andererseits diese Goethesche Liebe fort und fort von gefährlichen Mächten umflammt war, hat gar viele verstört, mehr noch, tief befremdet und abgestoßen. Warum uns in Goethe eine derart widersprüchliche «Doppelnatur» entgegentritt, hat nur Rudolf Steiner zu ergründen gewusst. Am 6. Februar 1913 führte er aus: Goethe erlebte in sich zwei Seelen, «wie wenn sich wirklich die eine von der andern trennen wollte». Was ihn da «in vieler Beziehung mit Gewissensbissen durchdrang, dürfen wir im krassen Sinne als eine Doppelnatur ansehen». Auf der einen Seite können wir die hochsinnige Geistseele Goethes bewundern, auf der andern treffen wir bei ihm oft genug auf «menschlich allzu menschliche» Züge.

Soweit dürfte ein jeder Rudolf Steiner folgen können. Nun aber lüftet dieser den Schleier über einem beunruhigenden Rätsel. Er zeigt, wie Goethe als ägyptischer Hermes-Eingeweihter keine Doppelnatur an sich trug, weil er seine gesamte Hüllenwesenheit zu durchdringen vermochte. Dagegen musste Goethe während seiner Inkarnation im 18./19. Jahrhundert «von seiner gesamten Menschennatur zunächst etwas übrig lassen». Ließ sich doch das einstige atavistische Hellsehen nicht wieder beleben; und indem dasselbe ins Unbewusste der Goethe-Seele hinabgesunken war, führte das zu «toten Einschlüssen» in seinem Organismus, auf die schlimme Mächte Einfluss gewinnen konnten. Eine zeitgemäße spirituelle Wissenschaft gab es noch nicht, die den modernen Menschen befähigen kann, nach und nach das «Tote» in zukunftsgemäßer Weise neu zu beleben. Mit andern Worten: Goethe, in dessen unbewussten Seelenschichten die altägyptische Initiation nachwirkte, erfuhr leidvoll das neuzeitliche Menschheitsschicksal. Er durchlitt die Gralsnot des Amfortas, dessen Wunde sich erst schließen ließ, als Parzival die Mitleidsfrage stellen konnte.

Rudolf Steiner betont: «Obwohl zwar nicht im allergeringsten die Zweiheit der Menschennatur in Schutz genommen werden sollte, sondern im strengsten Sinne die Herrschaft der Seele über das Äußere gefordert werden muss, so muss doch gesagt werden, dass die angedeuteten Tatsachen für die neuere Entwickelung stimmen.»

Wie sehr Goethe unter seiner Doppelnatur litt, wird besonders eindringlich an der zwischen 1821 und 1823 entstandenen Trilogie *Paria* erlebbar. Den Stoff dieser Dichtung hatte Goethe vierzig bis fünfzig Jahre mit sich getragen, also etwa seit 1773/1783, worauf er in seinen Ausführungen über die *Bedeutsame Förderung durch ein einziges geistreiches Wort* verweist. Bei diesem Stoff handelte es sich um eine alte indische Legende, die der Dichter zu sublimieren wusste.

Gleichsam als Prolog gestaltet Goethe *Des Paria Gebet*, in dem ein den höchsten Gott Anflehender bekennt:

> Edel sind wir nicht zu nennen:
> Denn das Schlechte, das gehört uns,
> Und was andere tödlich kennen,
> Das alleine, das vermehrt uns.

Der Hauptteil der Gedichttrilogie, die *Legende*, lässt uns dann teilhaben an einem tragisch-verhängnisvollen Geschehen. Eine edle Brahmanin ist gewohnt, täglich Wasser vom heiligen Fluss zu holen, ohne eines Krugs oder eines Eimers zu bedürfen:

> Seligem Herzen, frommen Händen
> Ballt sich die bewegte Welle
> Herrlich zu kristallner Kugel ...

Auch heute kommt die reine schöne Frau zum Ganges:

> Beugt sich zu der klaren Fläche –
> Plötzlich überraschend spiegelt
> Aus des höchsten Himmels Breiten
> Über ihr vorübereilend
> Allerlieblichste Gestalt
> Hehren Jünglings, den des Gottes
> Uranfänglich-schönes Denken
> aus dem ew'gen Busen schuf ...

Die Gefühle der Brahmanin verwirren sich, und als sie mit unsicherer Hand das heilige Wasser schöpfen will, entgleitet ihr die Flut.

> Sie erblickt nur hohler Wirbel
> Grause Tiefen unter sich.

Unschuldig schuldig geworden, tritt sie mit leeren Händen in das Haus. Der hohe Brahmane führt sie zur Richtstatt, wo er ihr das Haupt abschlägt. Als er zurückkehrt, errät der Sohn beim Anblick des blutigen Schwertes, was geschehen ist. Wehklagend ruft er aus:

> Deine Gattin magst du töten,
> Aber meine Mutter nicht!

Nun bereut der Vater seine Tat und rät dem Sohn, zum Totenhügel zu eilen und das Haupt der geliebten Mutter wieder mit dem Leibe zusammenzufügen. Der Jüngling eilt zur Richtstätte. Da aber liegen überkreuz

Die Offenbarung der Gott-Natur

zwei Frauenkörper, zwei Häupter. Denn soeben war eine Paria-Frau wegen ihrer Verbrechen hingerichtet worden. In seiner schmerzvollen Verwirrung setzt der Sohn das Haupt seiner Mutter auf den Rumpf der Geächteten:

> Aufersteht ein Riesenbildnis. –
> Von der Mutter teuren Lippen
> Göttlich-unverändert-süßen,
> Tönt das grausenvolle Wort:
> »Sohn, o Sohn! welch Übereilen!
> Deiner Mutter Leichnam dorten,
> Neben ihm das freche Haupt
> Der Verbrecherin, des Opfers
> Waltender Gerechtigkeit!
> Mich nun hast du ihrem Körper
> Eingeimpft auf ewige Tage;
> Weisen Wollens, wilden Handelns
> Werd' ich unter Göttern sein.
> ... ...
> Und so soll ich, die Brahmane,
> Mit dem Haupt im Himmel weilend,
> Fühlen, Paria, dieser Erde
> Niederziehende Gewalt.
> ... ...
> Wandert aus durch alle Welten,
> Wandelt hin durch alle Zeiten
> Und verkündet auch Geringstem:
> Dass ihn Brahma droben hört!
>
> Ihm ist keiner der Geringste.
> Wer sich mit gelähmten Gliedern,
> Sich mit wild zerstörtem Geiste,
> Düster ohne Hülf' und Rettung,
> Sei er Brahma, sei er Paria,
> Mit dem Blick nach oben kehrt,
> Wird's empfinden, wird's erfahren:
> Dort erglühen tausend Augen,
> Ruhend lauschen tausend Ohren,
> Denen nichts verborgen bleibt.

> Heb ich mich zu seinem Throne,
> Schaut er mich, die Grausenhafte,
> Die er grässlich umgeschaffen,
> Muss er ewig mich bejammern,
> Euch zugute komme das.
> ... ...
> Was ich denke, was ich fühle –
> Ein Geheimnis bleibe das.»

Goethe beschließt sein Gedicht, aus dem uns sein eigenes leiderfülltes Antlitz entgegenblickt, mit dem *Dank des Paria*, dem alles ausgleichenden. Der dem «Herrn der Mächte» Dankende ist von der Gewissheit durchdrungen, dass Brahma alle, auch «die tief Herabgesetzten», «neu geboren» habe. Und so endet er mit den Worten:

> Wendet euch zu dieser Frauen,
> Die der Schmerz zur Göttin wandelt;
> Nun beharr' ich anzuschauen
> Den, der einzig wirkt und handelt.

Zwei Jahre später hat Goethe in seiner Zeitschrift *Über Kunst und Altertum*[42] einen Aufsatz über *Die drei Paria* veröffentlicht, in dem er ausführt, wie es, gemäß der Legende, dazu gekommen sei, dass «die bisher von allem Heiligen, von jedem Tempelbezirk abgeschlossene Kaste eine selbsteigene Gottheit [besitzt], in welcher das Höchste dem Niedrigsten eingeimpft, ein furchtbares Drittes darstellt, das jedoch zu Vermittelung und Ausgleichung beseligend einwirkt.» Und wir erinnern uns an Goethes Auffassung vom Wesen der wahren Tragödie: «Sowie Ausgleich eintritt oder möglich, schwindet das Tragische.»

Über Goethes Geistwesen glänzte unauslöschlich der «Dauerstern ewiger Liebe», der eingehüllt war in die Aura desjenigen, der die zehn Gebote zusammenfasste in seinem «Liebet einander, wie ich euch geliebt habe». Denn: «Die Liebe herrscht nicht, aber sie bildet, und das ist mehr» – wie der Alte mit der Lampe in Goethes *Märchen* sagt.

Nunmehr, am Ende seines Lebens, vernehmen wir im letzten Akt des *Faust* aus dem Munde des Pater profundus:

> So ist es die allmächtige Liebe,
> Die alles bildet, alles hegt.

Die Liebe, die nicht herrscht, die bildet, die alles bildet. Bis zuletzt ist es die Bilde- und Bilderkraft des schöpferischen Liebesurgrundes, die alles hervorbringt, alles durchdringt, alles umhegt. Sodass der Pater seraphicus sagen darf:

> Denn das ist der Geister Nahrung,
> Die im freisten Äther waltet:
> Ewigen Liebens Offenbarung,
> Die zur Seligkeit entfaltet.

Der idealische Mensch

In der *Huldigung der Künste* hat der fünfundvierzigjährige Schiller, wenige Monate vor seinem frühen Tod, der Gestalt der Poesie Worte in den Mund gelegt, die tiefen Einblick in sein eigenes Wesen geben:

> Mein unermesslich Reich ist der Gedanke,
> Und mein geflügelt Werkzeug ist das Wort.

Schiller lebte im Denken, lebte in und von Ideen. Und das Wort wurde ihm zum sinnlichen Ausdruck seiner geistigen Existenz, zur Offenbarung des Übersinnlichen. Im Zentrum seines Denkens aber stand der Mensch. Dieser ist nicht nur Natur – er ist ein sinnlich-übersinnliches Doppelwesen: «Jeder individuelle Mensch ... trägt, der Anlage und Bestimmung nach, einen reinen idealischen Menschen in sich, mit dessen unveränderlicher Einheit in allen seinen Abwechslungen übereinzustimmen die große Aufgabe seines Daseins ist.»[43] Die Idee des Menschen ist in Entwicklung begriffen, ist Anlage, Aufgabe, Bestimmung. Und die physisch-sinnliche Welt ist der Ort, der dem Menschen angewiesen ist, um sein selbstverantwortliches Geistwesen, den idealischen Menschen, auszubilden.

Dieser Bestimmung dient die Kunst. Ihr letzter Zweck ist die sinnliche «Darstellung des Übersinnlichen».[44] Was aber ist das Übersinnliche?

Zwei Geistesantipoden

Nichts anderes – so Schiller – als die in Freiheit gesetzte Geistnatur des Menschen, deren wahre Heimat die reine Geisterwelt ist. Sinnliche Erscheinungen sind niemals frei. Sie können nur frei erscheinen, weil «*nichts frei sein kann als das Übersinnliche* und *Freiheit selbst nie als solche in die Sinne fallen kann*».[45]

Kunst ist ein Erziehungsmittel auf dem Wege zur Freiheit, auf dem Heimweg in die Welt, aus der wir gekommen sind. Wir hörten es schon (in dem Gedicht *Die Künstler* aus dem Jahr 1789):

> Was wir als Schönheit hier empfunden,
> Wird einst als Wahrheit uns entgegengehn.

Dann werden wir in einem «Paradies der Erkenntnis und der Freiheit» leben. Zu ihm sollen wir uns «auf schwerem Sinnenpfad» emporarbeiten. So heißt es in demselben Gedicht von der Kunst:

> Als der Erschaffende von seinem Angesichte
> Den Menschen in die Sterblichkeit verwies
> Und eine späte Wiederkehr zum Lichte
> Auf schwerem Sinnenpfad ihn finden hieß,
> Als alle Himmlischen ihr Antlitz von ihm wandten,
> Schloss sie, die Menschliche, allein
> Mit dem Verlassenen, Verbannten
> Großmütig in die Sterblichkeit sich ein.
> Hier schwebt sie, mit gesenktem Fluge,
> Um ihren Liebling, nah am Sinnenland,
> Und malt mit lieblichem Betruge
> Elysium auf seine Kerkerwand.

Aber die Kunst will den Menschen nicht etwa in Illusionen hüllen – sie möchte ihn stärken und auf ihrem «Lichtpfad» die «Sonnenbahn der Sittlichkeit» hinaufgeleiten. Zu ihrem Mysteriendienst «auf heilig flammenden Altären» erwählt sie die Künstler, die «das heilige Feuer ihr zu nähren» haben.

> Die ihrem keuschen Dienste leben,
> Versucht kein niedrer Trieb, bleicht kein Geschick;
> Wie unter heilige Gewalt gegeben
> Empfangen sie das reine Geisterleben,
> Der Freiheit süßes Recht, zurück.

Der idealische Mensch

In schärfstem Gegensatz zu seiner und ungleich mehr noch zu unserer Zeit stellt Schiller den Künstler als einen Geweihten, einen Eingeweihten dar, der sich aus den Fängen der Vergänglichkeit befreit hat, um in der reinen Geisterwelt zu leben und aus ihrer Freiheit heraus schöpferisch tätig zu sein.

Als Goethe im Jahre 1829 seinen ihm so teuren Briefwechsel mit Schiller herausgab – den letzten Brief des Freundes hatte er als ein «Heiligtum» gehütet –, meinte er, Schiller sei «im Geistigen doch immer sich gleich und über alles Gemeine und Mittlere stets erhaben gewesen».[46] Hier klingt noch einmal das Wort auf, das Goethe vormals in seinem *Epilog zu Schillers «Glocke»* verwendet hatte:

> Indessen schritt sein Geist gewaltig fort
> Ins Ewige des Wahren, Guten, Schönen,
> Und hinter ihm, in wesenlosem Scheine,
> Lag, was uns alle bändigt, das Gemeine.

Das allgemein-übliche menschliche Leben hatte Schiller in einem ungewöhnlich hohen Grade abgestreift, in dem Bestreben, übereinzustimmen mit dem, was er verkündete. Mit unerbittlicher Strenge erhob er gegen sich selbst die Forderung, den idealischen Menschen zum Richtmaß seines Handelns zu machen. Mit anderen Worten: Das Urbild des zukünftigen Menschentums überleuchtete den Schillerschen Genius. Wie die Sonne die Pflanze zu sich hinaufzieht, die aus unscheinbaren Keimanlagen ihr entgegenwächst und dabei die Substanzen ihrer Umwelt in ihre Gestalt hinein verwandelt, so wachsen die individuellen Menschen dem Geisteslicht ihrer Zukunft entgegen, dem idealischen Menschentum.

Als Sinneswesen ist der Mensch, im Verständnis Schillers, genauso unfrei wie die übrige Natur. In seinem Denken jedoch befreit er sich von ihr: Jeder Begriff, jede Idee ist weit mehr, als die sinnliche Wahrnehmung zu geben vermag. Davon macht die sinnliche Erfahrung unserer selbst keine Ausnahme. Der physische Mensch ist vergänglich, ist begrenzt in Raum und Zeit. Der sich im Denken erfahrende und erfassende Mensch erlebt sein geistig-unvergängliches Wesen als Idee. Er hat «durch das Selbstbewusstsein die Erfahrung seiner absoluten Existenz gemacht».[47] Jetzt erkennt er, dass er einen idealischen Menschen als Anlage, als Bestimmung in sich trägt. Und er begreift, wie ihm aufgegeben ist, mit dieser seiner absoluten Existenz in allen ihren Regungen und Handlungen eine geistgegründete Einheit zu bilden.

Durchdringt der Mensch diese Idee seiner selbst mit dem Seelenfeuer seines sittlichen Willens, anders gesagt, nimmt er diese Idee in sein Ich auf, dann verwandelt sie sich in ein *Ideal*: Die Idee ist gleichsam weißglühend geworden; mehr noch, sie wird zu einer heiligen Flamme, die das Natürliche des Menschen verzehrt – die ihn in Freiheit setzt. Das Urbild des idealischen Menschen wird zur transformierenden Macht, denn es hat sich mit unserem menschheitlichen Zukunftswillen verbunden. Wir sind der Aufforderung in *Das Ideal und das Leben* gefolgt:

> Nehmt das Heilige auf in euren Willen,
> Und des Weltenrichters Thron steht leer.

In der zweiten Fassung des Gedichtes wurde daraus:

> Nehmt die Gottheit auf in euren Willen
> Und sie steigt von ihrem Weltenthron.

Das Symbol des Thrones war im *Alten Testament* allem voran der Ausdruck der richterlichen Gewalt Jahves. Wird das höchste moralische Wesen der Geisteswelt in unser Innerstes aufgenommen, dann ist – mit einem Ausdruck Rudolf Steiners – *Pfingsten, das Fest der freien Individualität*, die ihren Willen in Selbstverantwortung aus dem Heiligen Geist impulsieren lässt. Des Weltenrichters Thron steht leer – wie auf den frühchristlichen Mosaiken von Ravenna, die Schiller nicht kannte.

Nehmen wir die richtende göttliche Zielkraft in unseren Willen auf, in unser Herz, dann ist die Gottheit zur Erde herabgestiegen und hat sich mit unserer Wesensmitte verbunden. In unserer Seele, in der wir unsere Gedanken ausbilden, beginnt der Gottesgeist zu sprechen. Wir lassen ihn in unserm Herzen wohnen und weihen ihm unser ideengetragenes Leben. Er sagt uns, wie wir zu handeln haben. Aber nicht mehr gleichsam von oben kündet er befehlend, was zu tun ist; aus unserem eigenen Herzen kommen seine Intuitionen: Wir folgen ihnen in idealischer Einsicht – in Freiheit.[48]

Das Sonnenwesen der Welt haben wir in unseren Willen aufgenommen und dürfen deshalb «gleich einem Sonnenkörper» von unserem «eigenen Lichte glänzen». Wir sind aufgestiegen vom Geschöpf zum Schöpfer, der «als Selbsturheber seines Zustandes» Eigenverantwortung übernimmt für sein Denken, sein Fühlen, sein Handeln.

Der Mensch gelangt zur Freiheit. Gewiss, diese ist ein zweischneidiges

Der idealische Mensch

Schwert; aber es gibt nichts, das ihr vorzuziehen wäre. «Die Freiheit in allen ihren moralischen Widersprüchen und physischen Übeln», betont deshalb Schiller in seiner Abhandlung *Über das Erhabene*, «ist für edle Geister ein unendlich interessanteres Schauspiel als Wohlstand und Ordnung ohne Freiheit, wo die Schafe geduldig dem Hirten folgen und der selbstherrschende Wille sich zum dienstbaren Glied eines Uhrwerkes herabsetzt. Das letzte macht den Menschen bloß zu einem geistreichen Produkt und glücklichen Bürger der Natur; die Freiheit macht ihn zum Bürger und Mitherrscher eines höheren Systems, wo es unendlich ehrenvoller ist, den untersten Platz einzunehmen, als in der physischen Ordnung den Reigen anzuführen.»

Mag der Mensch auch die Krone der natürlichen Schöpfung sein, der idealische Mensch gehört der Natur nicht an. An das Ewige in uns kann die Sinneswelt in ihrer ganzen Unermesslichkeit nicht heranreichen. Durch das Selbstbewusstsein machen wir die Erfahrung unserer «absoluten Existenz», unserer Bestimmung, in einem höheren, geistigen System ein neues hierarchisches Glied zu sein. Und das ist unendlich viel wertvoller, als in der physischen Welt an der Spitze der Schöpfung zu stehen.

Wenn wir das erkennen, dann begreifen wir auch, dass wir unsere sinnliche und unsere moralische Wesenheit konsequent zu unterscheiden haben. Der physische Mensch ist von außen bestimmt. Der idealische Mensch bestimmt sich selbst. «Der physische und der geistige Mensch», heißt es deshalb in derselben Abhandlung, «werden hier aufs schärfste von einander geschieden.» Und im 19. Brief *Über die ästhetische Erziehung des Menschen* führt Schiller demgemäß aus: Im natürlichen Menschen, dem sinnlichen Geschöpf, vollzieht sich alles «nach dem Gesetz der Notwendigkeit; jetzt aber verlässt ihn die Hand der *Natur*, und es ist *seine* Sache, die Menschheit zu behaupten, welche jene in ihm anlegte und eröffnete.» Das aber bedeutet zugleich, wie es im 4. Brief heißt, «dass der Mensch in der Zeit zum Menschen in der Idee sich *veredelt*». Denn es steht für Schiller außer Frage (11. Brief): «Die Anlage zu der Gottheit trägt der Mensch unwidersprechlich in seiner Persönlichkeit in sich; der Weg zu der Gottheit, wenn man einen Weg nennen kann, was niemals zum Ziele führt, ist ihm aufgetan in den Sinnen.»

Der Weg bis zur Verwirklichung der Anlage ist weit und gefährlich. Denn der Mensch bezahlte die Möglichkeit seines eigenständigen Werdens mit der Herauslösung aus der Natur und der sie durchdringenden göttlichen Welt. Das ist sein Drama, seine Tragödie, das Urbild seiner prometheischen Existenz. Ist doch der Mensch das Wesen, das schuldig zu werden vermag, das schuldig geworden ist. Denn Gutes und Böses treffen in seiner Brust als Urmächte aufeinander.

Aus diesem Grunde ist Schiller im ursprünglichsten Sinne Dramatiker, Tragiker. Im Zentrum seines Erlebens steht die Schuld, in die sich der handelnde Mensch schicksalhaft verstrickt. Am Schluss seiner Tragödie *Die Braut von Messina* vernehmen wir deshalb die ehern-unerbittlichen Worte:

> Das Leben ist der Güter höchstes *nicht*,
> Der Übel größtes aber ist die *Schuld*.

Uns Menschen ist es demnach aufgegeben, unserem «Geisterberuf» Genüge zu leisten, wie es in der Abhandlung *Über das Erhabene* heißt. Das bedeutet, in unserer Seele den «unmittelbaren Verkehr mit dem Geistergesetz, das in unserem Busen gebietet», herzustellen, um unsere tragische Existenz durch unermüdliches Streben zu läutern. Gilt es doch, die menschheitliche Urschuld, die auf uns allen lastet und in unseren individuellen Schuldverstrickungen nur besondere Gestalt annimmt, in nicht nachlassendem Bemühen abzutragen. Davon ist Schiller zuinnerst überzeugt, weshalb sein Gedicht *Die Ideale* mit den Worten endet:

> Beschäftigung, die nie ermattet,
> Die langsam schafft, doch nie zerstört,
> Die zu dem Bau der Ewigkeiten
> Zwar Sandkorn nur für Sandkorn reicht,
> Doch von der großen Schuld der Zeiten
> Minuten, Tage, Jahre streicht.

Das Leben des idealischen Menschen ist ein Leidens- und Läuterungsweg, auf dem es gilt, die große Schuld der Zeiten zu tilgen. Aber nicht das allein ist das Ziel der Menschheit. Während sie ihre Schuld abträgt, entwickelt sich ihre göttliche Freiheit: Ein «Bau der Ewigkeiten», ein Erhaben-Neues entsteht in den Geisteswelten – entsteht durch den Menschen. Aus dem dunklen Acker seiner Schuld hat er die Substanzen herauszuentwickeln, die diesem Bau eingefügt werden. Der Preis, den der Mensch entrichtet, ist die Tragödie seines gottmenschlichen Werdens. Aber dieser Preis ist keinesfalls zu hoch.

Nur wer vor einem derart weitgespannten Hintergrund Schillers Tragödien auf sich wirken lässt und in solcher Weise den urdramatischen Genius Schillers erlebt, nur der hat ihn verstanden. Schiller will uns aufwühlen und

Der idealische Mensch

erschüttern bis ins Zentrum unserer Existenz, nicht um uns niederzuwerfen, sondern um unseren idealischen Willen zu stärken, zu befreien.

Ist Schiller ein Repräsentant unseres Zukunftsideals, so ist Goethe ein Augenzeuge unseres Ursprungs. Bleibt doch Goethe letztlich geborgen in dem ewigen göttlichen Wesensgrund. Weshalb er, im Gegensatz zu Schiller, sagen darf:

> Wenn im Unendlichen dasselbe
> Sich wiederholend ewig fließt,
> Das tausendfältige Gewölbe
> Sich kräftig ineinander schließt,
> Strömt Lebenslust aus allen Dingen,
> Dem kleinsten wie dem größten Stern,
> Und alles Drängen, alles Ringen
> Ist ewige Ruh in Gott dem Herrn.

Auf dem Grund aller Dinge gewahrt Schiller die Tragödie und den Tod – die *Mysterien des Leidens*. Goethe dagegen kündet zuerst und zuletzt von dem Urquell des ewig schaffenden, ewig in sich selbst gegründeten Seins – kündet von dem *Mysterium des Lebens*. Die alles belebende Frühlings- und Sommersonne strömt uns aus dem heilen Zentrum des Goetheschen Wesens entgegen. Während Schiller eingehüllt und eingeschlossen ist in die Todesmächte des Herbstes und des Winters.

Niemals hätte Schiller einen «heiligen Hafis» feiern können mit Versen, die das Wesen dieses persischen Dichters mit dem höchsten Gotteswesen, dem Zyklisch-Kreisenden, zusammenfließen lassen:

> Dein Lied ist drehend wie das Sterngewölbe,
> Anfang und Ende immerfort dasselbe,
> Und was die Mitte bringt, ist offenbar
> Das, was zu Ende bleibt und anfangs war.[49]

Denn vor Schillers Seele erstrahlte ein nie zuvor dagewesener «Bau der Ewigkeiten»: das «Paradies der Erkenntnis und der Freiheit», zu dem sich der Mensch «auf schwerem Sinnenpfad» hinaufzuringen hat. Die Sinnenwelt hat dann ihre Aufgabe erfüllt; denn in der Geisteswelt ist ein Heilig-Neues erstanden; und dieses ist – auch wenn Schiller es nicht so nennt – das Neue Jerusalem des Apokalyptikers. Die jetzige Welt wird dann für immer vergangen sein, die idealische Menschheit aber ist erstanden.

> Dort ist nicht Abend mehr, nicht Dunkelheit,
> Der Herr ist dort und Ewigkeit!

So meint schon der siebzehnjährige Schiller in seinem frühesten veröffentlichten Gedicht *Der Abend* – in einer Zeit, da er noch hoffte, ein «Gottesgelehrter» zu werden, und fraglos die Worte des Jesus von Nazareth kannte (Luk. 17, 20f.): «Das Reich Gottes kommt nicht so, dass man's mit Augen sehen kann; man wird auch nicht sagen: Siehe, hier! oder: da! Denn das Reich Gottes ist inwendig in euch.»

Ganz im Geiste eines solchen Evangelienwortes künden Schillers *Worte des Wahns* (1799) von dem sinnlich unwahrnehmbaren Wahren und Schönen des Menscheninnern:

> Was kein Ohr vernahm, was die Augen nicht sahn,
> Es ist dennoch das Schöne, das Wahre!
> Es ist nicht draußen, da sucht es der Tor,
> Es ist in dir, du bringst es ewig hervor.

Goethe, der vermutlich als Erster diese Verse seines Freundes kennenlernte, war nun aber – eben dieser Tor! Um 1815/1816, also etwa ein Jahrzehnt nach Schillers Tod, heißt es denn auch (man möchte meinen, in bewusster Gegenüberstellung zu Schiller) im *Prooemion*:

> So weit das Ohr, so weit das Auge reicht,
> Du findest nur Bekanntes, das Ihm gleicht,
> Und deines Geistes höchster Feuerflug
> Hat schon am Gleichnis, hat am Bild genug;
> Es zieht dich an, es reißt dich heiter fort,
> Und wo du wandelst, schmückt sich Weg und Ort;
> Du zählst nicht mehr, berechnest keine Zeit,
> Und jeder Schritt ist Unermesslichkeit.

Verlegt Schiller allen Wert und alles Wesen in das unsichtbare Innere des seelisch-geistigen Erlebens, in das Ewige *jenseits* von Raum und Zeit, so erlebt Goethe unbeschadet *im* Räumlich-Zeitlichen die heiligen Offenbarungen «dessen, der sich selbst erschuf!» Innerhalb der Sinneswelt wandelt Goethe freudig, heiter und zum höchsten Feuerflug des Bild-Erlebens begeistert. Denn das Unendliche lebt und webt mitten im Diesseitig-Endlichen: Hier bereits beginnt die Unermesslichkeit, das Erhaben-Wunderbare des göttlich-wesenhaften Seins. Mag es uns in seinen letzten Tiefen auch immer verborgen bleiben, wir sind in ihm. Und so vollzieht Goethe *im* Sinnen-Schein seine Kommunion mit dem übersinnlichen Urgrund.

Kann es größere Gegensätze geben als diese beiden Geistesantipoden? Waren sie nicht in der Tat durch mehr als nur *einen* Erddurchmesser getrennt? Wie konnten sie «gleichsam die Hälften voneinander» werden, die «sich nicht abstoßen, sondern sich anschließen und einander ergänzen»?[50]

Das Geheimnis der gegenseitigen Ergänzung von Goethe und Schiller zu verstehen, ist ohne Anthroposophie schwerlich möglich. Daher soll im Folgenden der Versuch unternommen werden, auf die Polarität von Goethe und Schiller das Erkenntnislicht der Forschungsergebnisse Rudol Steiners fallen zu lassen.

Wer im Sinne Steiners diesen einzigartigen Freundesbund zu betrachten versucht, sieht darin zugleich «ein Wesen, das nur dadurch entstehen konnte, dass in der selbstlosen Freundschaft, aus der gegenseitigen Hingabe, sich etwas entfaltete, was als neues Wesen über der Einzelpersönlichkeit stand».[51]

Auch auf dieses Goethe und Schiller überleuchtende und vereinende Wesen wird letztlich unser Blick zu richten sein. Vorerst aber wollen wir ein Wort Schillers berücksichtigen, das dieser am 27. Januar 1797, also nach zweieinhalb Jahren sich stets vertiefender Freundschaft, an Goethe richtete: «Der radikale Unterschied unserer Naturen, in Rücksicht auf die Art, lässt überhaupt keine andere recht wohltätige Mitteilung zu, als wenn sich das Ganze dem Ganzen gegenüberstellt.»

Im Fortgang unserer Betrachtung soll versucht werden, im Lichte der Anthroposophie «das Ganze dem Ganzen» gegenüberzustellen.

II.

Das Mysterium der Freiheit

Selbstbestimmung

Die Umwandlung des mythischen Bild-Erlebens in das begriffliche Denken findet ihren Abschluss mit Aristoteles, der deshalb als der erste Philosoph im eigentlichen Sinne bezeichnet werden darf. Indem Aristoteles die Logik begründet, stellt er den denkenden Menschen auf sich selbst. Wenn wir richtige Begriffe bilden, diese in unseren Urteilen wahrheitsgemäß miteinander verbinden und daraus zutreffende Schlüsse ziehen, entfalten wir ein eigenständiges Erkenntnisleben.

Aristoteles war es auch, bei dem erstmalig jener Ausnahmezustand des Denkens aufleuchtet, in dem dieses sich selbst beobachtet, sich selbst wahrnimmt und denkt. Er sagt: «Das Denken an sich aber hat das an sich Beste zum Gegenstand und das absolute Denken das absolut Beste. Somit denkt die Denkkraft (der Geist) sich selbst, weil sie teilnimmt an dem Gegenstand des Denkens. Dadurch, dass sie nämlich ihren Gegenstand erfasst und denkt, wird sie selbst Gegenstand des Denkens, sodass Denkkraft und Gedachtes zusammenfallen. Denkkraft ist nämlich die Fähigkeit, das Gedachte und das wesenhafte Sein aufzunehmen. ... Wenn nun Gott sich immer in dem Zustand befindet, der für uns nur vorübergehend möglich ist, so ist das schon wunderbar; ist er es aber in noch höherem Grade, so ist das noch wunderbarer. Und so ist es in der Tat. Und auch Leben kommt ihm zu. Denn die Energie des Geistes ist Leben; ja er ist Energie. Seine absolute Energie ist bestes und ewiges Leben.»[52]

Der denkende Mensch also vermag nach Aristoteles, wenngleich nur für kurze Zeit, teilhaftig zu werden des göttlichen Geistwesens. Denn er kann sein eigenes Denken so wahrnehmen, dass in diesem Augenblick die Denkkraft und das von ihr Erfasste, von ihr Begriffene zusammenfallen.

Das Mysterium der Freiheit

Das Wesen des Denkens kann durch sich selbst verstanden werden. Der Begriff des Denkens wird aus dessen Quellpunkt heraus erfasst: aus Gott, der absoluten Geistenergie des Urgrundes. Zwar ist dies dem Menschen nur in Ausnahmezuständen möglich, aber diese geben ihm Einblick in das Wesen des sich in Ewigkeit selbst denkend-erlebenden göttlichen Geistes. Die sich selber erfahrende Denktätigkeit Gottes blitzt im Menschen auf; er erkennt, dass der Gottesgeist unausgesetzt sich selbst denkend erlebt, denn «seine Denktätigkeit besteht im Denken des Denkens». Das aber besagt, dass die Energie des geistigen Schöpferwesens *selbstbewusst* ist. Dabei wird deutlich, dass in ihm Denkkraft und Gedachtes nicht geschieden sind, was nur deshalb möglich ist, weil es sich hier um eine immaterielle übersinnliche Substanz handelt. Die göttliche Vernunft als absolute Energie bringt nicht nur alles hervor, sondern ist das Sich-selbst-bewusst-Hervorbringende. Und das ist in der Tat im höchsten Grade wunderbar. So heißt es bei Aristoteles weiter: «Wie nun der menschliche Geist, der sich doch (gewöhnlich) auf das Zusammengesetzte richtet, sich vorübergehend verhält, nämlich wenn er das höchste Gut als Ganzes erfasst, ... so verhält sich der göttliche Geist, dessen Denken sich selbst zum Gegenstand hat, in alle Ewigkeit.»

Für Aristoteles ist Gott Geist, und die ihn erleben, müssen ihn – wir denken an das Wort aus dem Johannes-Evangelium – im Geist und in der Wahrheit erleben. Der Mensch verbindet sich im Denkakt mit seinem eigenen göttlichen Ursprung. Weshalb Aristoteles in der *Nikomachischen Ethik* sagen kann: «Wenn also der Geist im Verhältnis zum Menschen etwas Göttliches ist, so ist es auch das *Leben im Geist* im Verhältnis zum (gewöhnlichen) menschlichen Leben. Daher darf man nicht den Männern folgen, die uns ermahnen, als Menschen auf Menschliches und als Sterbliche auf Sterbliches unsern Sinn zu richten, sondern wir sollen uns, so weit es möglich ist, unsterblich machen und alles tun, um dem Besten, was in uns ist, gemäß zu leben.» Das Beste aber ist das Leben im Denken; dieses ist «das Wesentliche eines jeden Menschen», es ist «sein besseres Ich».[53]

Zwar ist bei dem ersten Philosophen, der sich selbst in der Denkkraft erfährt, noch nicht die Rede von der damit zugleich gegebenen Verwirklichung der individuellen Freiheit, und es wird im Weiteren deutlich werden, warum das dem griechischen Denker noch nicht möglich war. Aber der sterbliche Mensch wird von Aristoteles abgestreift im Erleben dessen, was im Menschenwesen als das Unsterbliche, Göttliche zur Selbstentfaltung gelangen kann. Das höhere Ich des Menschen befreit sich von dem, was unfrei, weil ausgeliefert ist an Vergänglichkeit und Zerstörung.

Während Aristoteles die Metamorphose des mythischen Denkens abschloss und das begriffliche Denken inaugurierte, setzte Rudolf Steiner mit seiner *Philosophie der Freiheit* den Schlusspunkt dieser zweitausendfünfhundert Jahre umspannenden philosophischen Gesamtentwicklung. Indem er die Wahrnehmung und Beobachtung des Denkens zum Ausgangspunkt seines Erkenntnisstrebens erhob, legte er das geisteswissenschaftliche Fundament zur *Anthroposophie*, die als eine neuerliche Metamorphose des Denkens verstanden werden darf.

Das atavistische Schauen, wie es in den Mythenbildungen seinen Ausdruck fand, hatte sich in das begrifflich-logische Denken umgeformt und war auf diesem Wege zum unabdingbaren Werkzeug des selbstbewussten Menschengeistes geworden. Nur auf dem Fundament des vollbewussten ideellen Erlebens kann ein neues, freies Schauen erbildet werden, das in unserem «besseren Ich», in unserem unsterblichen Wesen aufleuchtet, sodass das Geistige im Menschen mit dem Geistigen im Weltenall wieder zusammenwachsen kann. Denn «Anthroposophie ist ein Erkenntnisweg, der das Geistige im Menschenwesen zum Geistigen im Weltenall führen möchte».[54]

Aus diesem Grund nennt Rudolf Steiner in einem Zusatz zur Neuausgabe der *Philosophie der Freiheit* 1918 dieses sein Werk «die philosophische Grundlegung für die späteren [anthroposophisch orientierten] Schriften. Denn in diesem Buch wird versucht, zu zeigen, dass richtig verstandenes Denk-Erleben schon Geist-Erleben *ist*.»[55]

Anthroposophie wächst heraus aus der Gesamtentwicklung des philosophischen Denkens, indem sie das bildlose, zum abstrakten Schatten gewordene Ideelle wieder belebt, beseelt und durchgeistigt, oder anders gesagt, das unsinnliche, unanschauliche Intellektuelle des menschlichen Geistes zum kultischen Gefäß des übersinnlichen, schauenden Geist-Erlebens umwandelt.

Deshalb auch findet sich in Rudolf Steiners *Rätseln der Philosophie*, einem Werk über die Geschichte der Gesamtentwicklung des philosophischen Denkens, im Hinblick auf die Beschaffenheit der anthroposophischen Geisteswissenschaft der Hinweis, diese Weltanschauung ruhe «auf einer ernst erstrebten philosophischen Grundlage».[56]

Wie aber wird der Ausnahmezustand des Denkens, den Aristoteles erstmalig dargestellt hat, von Rudolf Steiner zum Quellpunkt des menschlichen Freiheitsbewusstseins gemacht? Wie begründet Steiner die *Wissenschaft* der Freiheit und ihre *Verwirklichung* im freien Handeln?

Über kein Thema hat sich Rudolf Steiner im Verlaufe seines gesamten Wirkens umfassender und vielschichtiger geäußert.[57] Daher müssen wir uns hier in ganz besonderem Maße mit andeutenden Hinweisen begnügen, die sich zudem vorläufig auf Aussagen der *Philosophie der Freiheit* selbst beschränken.

Der Mensch unterscheidet sich von allen anderen organischen Wesen durch sein vernünftiges Denken, das heißt aber dadurch, dass er sich die Motive seines Handelns selbst bewusst machen kann. Indem er Begriffe und Ideen bildet, trägt er in seine Motivationen, die sonst instinktiv, unterbewusst, triebhaft blieben, das Licht des Selbstbewusstseins herein, das er durch ideelle Intuitionen in sich entzündet hat. Diese sind in der Naturwissenschaft auf die sinnlichen Wahrnehmungen, auf den leiblichen Erfahrungspol bezogen, ohne aus demselben gewonnen werden zu können. Alle Naturwissenschaft beruht auf der wirklichkeitsgemäßen Zusammenfügung der sinnlichen Beobachtung mit der geistigen Wahrnehmung, der Intuition von Begriffen und Ideen im menschlichen Denken als dem geistigen Erfahrungspol des Erkenntnislebens. Wird nun aber diese naturwissenschaftliche Methode auf das Denken selbst angewendet, wird das Denken seinerseits beobachtet und erfahren, dann erweist sich, dass der erkennende Mensch im Denkakt verbleiben kann, ja verbleiben muss, indem er den *Begriff des reinen Denkens* erbildet.

Wenn ich «über mein Denken nachdenke», befinde ich mich in jenem «Ausnahmezustand»,[58] der erstmalig von Aristoteles erfasst und dargestellt wurde. Mit anderen Worten, ich mache meinen eigenen Denkprozess zum Objekt meiner Beobachtung. Damit aber gelange ich innerhalb meines Subjektes zum Quellpunkt des Objekts. Anders gesagt: Subjekt und Objekt fallen zusammen, während sie in den Naturwissenschaften stets getrennt erscheinen. Nur im Erleben meines eigenen Denkens, des reinen Denkens, in dem nichts wirksam ist als dieser in der Zeit ablaufende Denkprozess selbst, gelange ich zu der unumstößlichen Gewissheit, dass meine *Erfahrung* des Denkens und meine *begriffliche, ideelle Intuition* ein Ganzes sind: Ich habe den festen Punkt für meine Erkenntnis und Selbsterkenntnis gefunden.

Damit bin ich aber zugleich in die Welt meines eigenen Denkens als eine geistige Wahrnehmungswelt eingetreten. Die übersinnliche Wahrnehmung, die als Imagination, Inspiration und Intuition der anthroposophischen Geisteswissenschaft zugrunde liegt, stellt nichts anderes dar als eine stufenweise Steigerung des Erlebens, das im reinen Denken beginnt. «Die geistige Wahrnehmungswelt kann dem Menschen, sobald er sie erlebt, nichts Fremdes sein, weil er im intuitiven Denken schon ein Erlebnis hat, das rein geistigen Charakter trägt.»[59]

Die *Wissenschaft* der Freiheit kann nur auf der Erkenntnis begründet werden, dass der im reinen Denken lebende Menschengeist sich selbst als ein dem Göttlichen entsprungenes Wesen erfährt, das seine Zielsetzungen mit ideellen Intuitionen durchdringt. Die *Verwirklichung* der Freiheit, das eigenverantwortliche sittliche Handeln, kann nur gelingen, wenn unser Wille von ideellen Intuitionen bestimmt ist, also zu einem idealischen Kraftimpuls wird, statt von Trieben und Instinkten mehr oder weniger unbewusst angetrieben zu werden.

Was in der Pflanzen- und Tierwelt, kosmisch geregelt, wirksam ist, was in den gesellschaftlichen Geboten und Gesetzen von außen auf den Menschen kulturbildend wirkt, das wird zur freien, selbstverantwortlichen Sittlichkeit, indem wir unsere eigenständig errungenen Ideen aus dem göttlichen Urgrund durch Intuition in uns aufnehmen und aus unserem Eigenwesen heraus zu verwirklichen bestrebt sind.

Ein solcher «ethischer Individualismus» im Sinne Rudolf Steiners ließe sich niemals auf naturwissenschaftlichen Erkenntniswegen ausbilden. Denn die Natur enthält den Menschen noch nicht. Als selbstverantwortliches Geistwesen kann er erst nach und nach zur Verwirklichung gelangen. Der Mensch ist eine Idee, ein Ideal. Die Evolution seines Urbildes hat erst begonnen. «Der Mensch ist Götter-Ideal und Götter-Ziel.»[60]

Rudolf Steiners gesamte Wirksamkeit ist von dieser Überzeugung getragen. Und sie liegt fraglos auch allem zugrunde, was Friedrich Schiller denkend und fühlend bewegte, was seinen Willen durchglühte. In seiner Abhandlung *Über das Erhabene* betont Schiller: «Der Wille ist der Geschlechtscharakter des Menschen und die Vernunft selbst ist nur die ewige Regel desselben. Vernünftig handelt die ganze Natur; sein Prärogativ [sein Vorrecht] ist bloß, dass er mit Bewusstsein und Willen vernünftig handelt. Alle anderen Dinge müssen; der Mensch ist das Wesen, welches will.»

In der Freiheit des Handelns, das auf der Klarheit des vernünftigen Denkens basiert, sieht Schiller das Vorrecht des Menschen, dessen Ursubstanz Wille ist, Wille, der dadurch frei wird, dass er von moralischen

Vernunftideen bestimmt ist. Freiheit besteht nicht im Ausleben von Trieben und Instinkten. «Der moralisch gebildete Mensch, und nur dieser, ist ganz frei.» Und dieser Mensch ist in Schillers Augen noch nicht verwirklicht: Er ist Anlage und Bestimmung – ist Verheißung.

«Die Fähigkeit», so Schiller in derselben Abhandlung, «das Erhabene zu empfinden, ist also eine herrliche Anlage in der Menschennatur, die sowohl wegen ihres Ursprungs aus dem selbständigen Denk- und Willensvermögen unsere *Achtung*, als wegen ihres Einflusses auf den moralischen Menschen die vollkommenste Entwickelung verdient.»

In Schillers Wesen und Werk leuchtet ebendie Geistgestalt des Menschheitsideals auf, die in Rudolf Steiners *Philosophie der Freiheit* als wesenhaft wirkendes Urbild erstmalig zur vollen ideellen Ausgestaltung gelangt ist – im «selbständigen Denk- und Willensvermögen» des freien Menschen-Ich.

Der Mensch als bloßes Naturwesen ist für Schiller nur ein «Automat»[61], ein «Uhrwerk».[62] Aber auch der sittlichen Geboten unterworfene Mensch ist für ihn im Grunde nichts anderes. Nur der Mensch als Geistwesen, das seine eigenen ideellen Zielsetzungen ausführt, das sich selber Aufträge erteilt und von ihrer Verwirklichung seine weitere Existenz abhängig macht, verbindet sich mit dem Menschheitsurbild.

Nicht anders sieht es Rudolf Steiner. In seiner *Philosophie der Freiheit* sagt er von dem Menschen, der sich noch nach einem Moralkodex richtet: «Er ist bloß der Vollstrecker. Er ist ein höherer Automat. Werfet einen Anlass zum Handeln in sein Bewusstsein, und alsbald setzt sich das Räderwerk seiner Moralprinzipien in Bewegung und läuft in gesetzmäßiger Weise ab.» Etwas später fügt er hinzu: «Wahrhaft Menschen sind wir doch nur, insofern wir frei sind. Das ist ein Ideal, werden viele sagen. Ohne Zweifel, aber ein solches, das sich in unserer Wesenheit als reales Element an die Oberfläche arbeitet.»[63]

Noch sind kollektive Zwänge unvermeidbar. Ist doch der gegenwärtige Hang zum Individualismus weit mehr in egoistischen Triebkräften als in ethischen Intuitionen begründet, die als Ideen im reinen Denken aufleuchten, von unserem Willen ergriffen und dadurch zu moralischen Kräften werden, zu Idealen, die unser Leben gestalten. Geschieht dies jedoch, dann ist, im Sinne Rudolf Steiners, die Individualität von ihren ureigensten ethischen Zielsetzungen impulsiert; denn kein Individuum gleicht dem anderen. Und doch entsteht eine soziale Gemeinschaft, denn jedes freie Ich handelt gemäß seinen höchsten moralischen Intentionen.

In nichts anderem sieht auch Schiller die ethische Berechtigung jeder menschlichen Selbstverwirklichung:

Aufgabe

Keiner sei gleich dem anderen, doch gleich sei jeder dem Höchsten!
Wie das zu machen? Es sei jeder vollendet in sich.

Vormals empfing die noch nicht zur Freiheit gelangte Menschheit göttliche Gebote; sie waren die Grundlage der sozialen Gemeinschaft. Nun gilt es, in gedankengetragener Einsicht die eigene Individualität mit Idealen zu durchdringen; dann, nur dann entsteht die freiheitliche menschliche Gemeinschaft. Denn der seine Freiheit verwirklichende Mensch ehrt, liebt und beschützt die Freiheit des andern. Ist das gegenwärtig auch ein Ideal, so wird doch das Wohl und Wehe der zukünftigen Menschheitsentwicklung von der Verwirklichung dieses Ideals abhängen.

Einstmals zählte vor allem das Ganze; jeder Einzelne hatte sich diesem Gemeinschaftswesen unterzuordnen. In Zukunft ruht der Wert des Ganzen auf dem unantastbaren Eigenwert jeder Individualität, auf der Würde des Ich. Das Vorrangig-Schätzenswerte ist nicht länger das Ganze, in dem der Einzelne aufzugehen hat. Mit Worten Schillers:

Das Ehrwürdige

Ehret ihr immer das Ganze, ich kann nur das Einzelne achten,
Immer im Einzelnen nur hab ich das Ganze erblickt.

Wer für das Gemeinschaftswesen eintritt, indem er die freien Individuen unterdrückt oder gar auslöscht, der wirkt dem heilsamen Fortgang unserer Menschenwelt entgegen. Erblickt er dagegen im ethisch gegründeten freien Einzelnen die wahre gemeinschaftsbildende Kraft, liebt er in ihm das unersetzbare Glied der Menschheit, dann lebt in ihm das höchste Zukunftsideal, und er richtet sein Handeln nach eben diesem Ideale aus.

So sieht es Schiller. Und so sieht es auch Steiner: «*Leben* in der Liebe zum Handeln und *Lebenlassen* im Verständnisse des fremden Wollens ist die Grundmaxime der freien Menschen.»[64] Wobei Freiheit nur im ethisch gegründeten Individuum besteht, das seine Ideale liebt und aus dieser Liebe heraus jeden anderen zur Freiheit gelangten Menschen handeln lässt. Die Gemeinschaft der freien Individualitäten ist folglich nur deshalb überhaupt möglich, weil jeder Einzelne mit dem moralischen Weltengrund verbunden zu sein vermag. «Nur weil die menschlichen Individuen eines Geistes *sind*, können sie sich auch nebeneinander ausleben. Der Freie lebt in dem Vertrauen darauf, dass der andere Freie mit ihm einer geistigen Welt angehört und sich in seinen Intentionen mit ihm begegnen wird.»[65]

In jedem von uns wirkt das Menschheitsurbild der Zukunft: die geistgegründete Gemeinschaft der Freien. Das Pfingstfeuer des freien Menschentums flammt in einem jeden auf, der aus seinem geistigen Wesenszentrum heraus zu handeln vermag.

Jede Idee ist ein totes Abstraktum, das der Mensch in seinem reinen Denken hervorbringt. Erst die vom Willen durchglühte und zur Handlung erhobene Idee wird zu einer gestaltenden Kraft. Weshalb Schiller, am 27. März des Jahres 1801, in einem Brief an Goethe die Überzeugung vertritt: «Aus der Idee aber kann ohne die Tat gar nichts werden.» Nur die *verwirklichte* Idee hat Wert.

In Schiller strahlte die Idee der «heiligen Freiheit der Geister»[66] auf, und sein in der Klarheit des Denkens lebender Wille verwandelte sie in die Zielkraft seines Handelns: Der Pfingstgeist der Zukunft durchglühte sein Ich.

Wenn wir die Weiterentwicklung des Freiheitsgedankens ins Auge fassen, sehen wir, wie ein gerader Weg von Schiller zu Steiner führt. In der *Philosophie der Freiheit* und in allen Schriften dieser frühen Zeit finden sich Darstellungen, die auf Schiller zurückweisen. Hier nur einige Beispiele: «Die Natur macht aus dem Menschen bloß ein Naturwesen; die Gesellschaft ein gesetzmäßig handelndes; ein *freies* Wesen kann er nur *selbst* aus sich machen. Die Natur lässt den Menschen in einem gewissen Stadium seiner Entwickelung aus ihren Fesseln los; die Gesellschaft führt diese Entwickelung zu einem weiteren Punkte; den letzten Schliff kann nur der Mensch selbst sich geben.»[67] – «Das menschliche Individuum ist ein Quell aller Sittlichkeit und Mittelpunkt des Erdenlebens.»[68] – «Jeder von uns ist berufen *zum freien Geiste*, wie jeder Rosenkeim berufen ist, Rose zu werden.»[69]

In der Rose wirkt die Natur als zielsetzende Kraft. Im Menschen muss der freie Geist sich selbst seine Ziele setzen. Was die Pflanze als Naturwesen ohne Freiheit ist, das soll dem Menschen aus dem Urquell seiner

Freiheit heraus gelingen: die Verbindung seines Willens mit dem göttlichen Willensgrund der Welt. Nichts anderes will auch Schillers vielgerühmtes Epigramm sagen:

Das Höchste

Suchst du das Höchste, das Größte? Die Pflanze kann es dich lehren.
Was sie willenlos ist, sei du es wollend – das ist's!

Alle Naturwesen sind Offenbarungen des göttlichen Schöpferwillens. Aber sie sind willenlos, sind Automaten, sind innerhalb des großen Räderwerkes der Natur ein Glied. Der Mensch hingegen ist berufen, sich selbst zu einem Glied der göttlichen Weltordnung, des göttlichen Weltwesens zu machen. Seinem eigenen Willenszentrum soll die Schöpferkraft Gottes entspringen. Schiller fasst das in die Worte:

Zeus zu Herkules

Nicht aus meinem Nektar hast du dir Gottheit getrunken;
Deine Götterkraft war's, die dir den Nektar errang.

Weder im philosophischen Frühwerk Rudolf Steiners noch bei Schiller finden wir Worte, die auf einen unmittelbaren Bezug zum Christus-Wesen hindeuten würden. Aber aus allem leuchtet uns das Urbild der pfingstlichen Zukunftsgemeinschaft der Menschheit entgegen – das Urbild der freien Individualität.

Am 9. November des Jahres 1830 – einen Tag vor Schillers Geburtstag – schrieb der einundachtzigjährige Goethe an Zelter: «Schiller war eben die echte Christustendenz eingeboren, er berührte nichts Gemeines, ohne es zu veredeln. Seine innerste Beschäftigung ging dahin.» – Eingeboren war Schiller das Ideal der «heiligen Freiheit der Geister», der freien Gemeinschaft im Christusgeist.

Das Wesen Philosophie

In seinem umfangreichen Werk über *Die Rätsel der Philosophie*, in dem Rudolf Steiner den Entwicklungsgang des abendländischen Gedankenlebens umreißt, lässt er seine Überschau – wie bereits erwähnt – ausklingen in einen «Skizzenhaft dargestellten Ausblick auf eine Anthroposophie», von der es ausdrücklich heißt, dass diese «Weltanschauung auf einer ernst erstrebten philosophischen Grundlage ruht, und von dieser aus hineinstrebt in die Welt, welche die Menschenseele erschauen kann, wenn sie sich die leibfreie Beobachtung durch innere Arbeit erwirbt.»[70]

Anthroposophie ruht auf der *Philosophie der Freiheit*, die ihrerseits aus der Gesamtentwicklung der abendländischen Philosophie herauswächst. Deshalb fördert eine Vertiefung in die Geschichte des Gedankenlebens nicht nur das Verständnis von Rudolf Steiners Freiheitsphilosophie, sondern auch des Entstehungsmomentes der anthroposophisch orientierten Geisteswissenschaft innerhalb des Werdeganges der Menschheit.

Der Philosophie, dem Leben in bildlosen Gedanken, ging ein aus Urquellen gespeistes Bild-Erleben voraus. Dieses ist versiegt und lässt sich in der ursprünglich-instinktiven Form nicht erneuern. Indem Anthroposophie «auf einer ernst erstrebten philosophischen Grundlage ruht, und von dieser aus hineinstrebt in die geistige Welt», trägt sie die Errungenschaft des reinen Denkens und des im Ich-Erlebnis verankerten Freiheitsimpulses in das erneuerte übersinnliche Schauen hinein. Mit anderen Worten: Anthroposophie ist die der Gegenwart angemessene, notwendige Metamorphose der Philosophie.

Das Bestreben, vom atavistischen Bild-Vorstellen zum Gedanken fortzuschreiten, wurde in Griechenland geboren und innerhalb weniger Jahrhunderte zu einer nie genug zu bewundernden Höhe emporgeführt. Damit aber hatte sich das menschliche Seelenleben grundlegend umgestaltet: Der mythische Sternenhimmel wurde überstrahlt von der Sonne der Vernunft, des Nous.

Demgemäß heißt es in den *Rätseln der Philosophie*: «Solange die Menschenseele durch das Bild die Welterscheinungen vorstellt, fühlt sie sich mit diesen noch innig verbunden. Sie empfindet sich als ein Glied des Weltorganismus; sie denkt sich nicht als selbständige Wesenheit von diesem Organismus losgetrennt. Da der Gedanke in seiner Bildlosigkeit in ihr erwacht, fühlt sie die Trennung von Welt und Seele. Der Gedanke wird ihr Erzieher zur Selbständigkeit.»[71]

Indem die Menschenseele in sich selbst die Stimme der Vernunft vernimmt, beginnt sie zu ihrem Eigensein zu erwachen. Damit sieht sie sich aber zugleich auf sich selbst zurückgewiesen. Der Gedanke erzieht die Seele zum Bewusstsein ihrer selbst, zur Freiheit, die sich zuletzt in einer Philosophie der Freiheit verwirklichen soll.

Fühlte sich der Mensch im Bild-Erleben noch innig in den Weltorganismus verwoben, so löste der Gedanke ihn nunmehr aus dem Kosmos heraus. Das mythenbildende Bewusstsein verblasste und erlosch. Bereits der um 700 v. Chr. in Böotien geborene Hesiod, der erste für uns als Persönlichkeit fassbare abendländische Dichter, wehklagt über den Verfall des alten schauenden Erlebens.

«Wer in dem Fortschritt der menschlichen Entwickelung zur Stufe der Gedanken-Erlebnisse nicht sieht, wie mit dem Anfang dieses Lebens wirkliche Erlebnisse – die Bild-Erlebnisse – aufhören, die vorher vorhanden waren, der wird die besondere Eigenart der Denkerpersönlichkeiten vom sechsten und den folgenden vorchristlichen Jahrhunderten in Griechenland in anderem Lichte sehen als in dem, in welchem sie in diesen Ausführungen dargestellt werden müssen. Der Gedanke zog etwas wie eine Mauer um die Menschenseele. Früher war sie, ihrem Empfinden nach, in den Naturerscheinungen drinnen; und was sie mit diesen Naturerscheinungen erlebte, wie sie die Tätigkeit des eigenen Leibes erlebte, das stellte sich vor sie in Bild-Erscheinungen hin, welche in ihrer Lebendigkeit da waren; jetzt war das ganze Bildergemälde durch die Kraft des Gedankens ausgelöscht. Wo sich vorher die inhaltvollen Bilder breiteten, da spannte sich jetzt der Gedanke durch die Außenwelt.»[72]

An Empedokles, der um 490 v. Chr. in Agrigent geboren wurde, verdeutlicht Rudolf Steiner, in welchen Seelenzwiespalt der Grieche sich verstrickt sehen konnte, indem das alte wesenhaft-wirkliche Bild-Erleben in seiner Brust mit dem entbildlichten Gedanken-Erleben zusammentraf: «Empedokles steht gewissermaßen vor der den Sinnen entseelt erscheinenden Natur und entwickelt eine Seelenstimmung, welche sich gegen diese Entseelung auflehnt. Seine Seele kann nicht glauben, dass dies das wahre Wesen der Natur ist, was der Gedanke aus ihr machen will.»[73]

Indem der Gedanke eine Art Mauer um die Menschenseele zog und durch seine bildauslöschende Kraft die Seele aus dem Naturzusammenhang herauslöste, erzog er sie zu Selbständigkeit und Freiheit – um den

Preis des Auseinanderfallens von Welt und Mensch, von Außen und Innen.

«Der Gedanke hat sich als der Erzieher der Seele erwiesen. Er hat diese dahin gebracht, in dem selbstbewussten Ich ganz einsam zu sein. Aber indem er sie zu dieser Einsamkeit geführt hat, hat er ihre Kräfte gestählt, wodurch sie fähig werden kann, sich in sich so zu vertiefen, dass sie, in ihren Untergründen stehend, zugleich in dem tiefer Wirklichen der Welt steht.»[74]

Der gesamte Entwicklungsweg, den das philosophische Gedankenleben der Menschheit genommen hat, mündet ein in die Erkenntnis, dass der Urquell der Freiheit in dem selbstbewussten Menschen-Ich zu finden ist und dass aus diesem Quellgrund das neue leibfreie Bilder-Schauen aufzusteigen vermag – das vollbewusste Zusammenwachsen von Innen und Außen, von Mensch und Welt.

In dem Kapitel «Zur Orientierung über die Leitlinien der Darstellung» hat Rudolf Steiner seinen *Rätseln der Philosophie* einen knappen Überblick über die Gesamtentwicklung des bildlosen Denkens vorangestellt. Er nimmt dabei seinen Ausgang von dem apollinischen Wahrspruchwort «Erkenne dich selbst!» – damit zugleich den Inhalt der gesamten folgenden Darstellung zusammenfassend und mit Mysterienlicht überleuchtend.

Im unmittelbaren Anschluss daran zeigt Rudolf Steiner auf, dass die Geschichte der Philosophie in vier Epochen zu gliedern ist, die sich dem Erkennen ebenso deutlich ergeben wie die «Arten eines Naturreiches». Die philosophische Gesamtentwicklung ist nach Steiners Erkenntnis getragen von objektiven geistigen Impulsen. «Und was die Menschen als Philosophen leisten», heißt es, «das erscheint als die Offenbarung der Entwickelung dieser Impulse, welche unter der Oberfläche der äußeren Geschichte walten.» Die Entwicklung des menschlichen philosophischen Ringens ist demzufolge getragen von einer übergeordneten ganzheitlichen Entwicklung.

Jede der vier genannten Epochen umfasst etwa sieben- bis achthundert Jahre. Die erste bewirkt ein immer intensiver werdendes Erfühlen der Selbständigkeit des Menschen gegenüber der Welt, damit zugleich eine Art Aufwachen aus einem Lebenstraum.

Der zweite Entwicklungsschritt ist aufs engste in die Geschehnisse der Zeitenwende verwoben. Steiner betont: «Ein viel mächtigerer Impuls, als das Gedankenleben war, strahlt aus den Untergründen des geistigen Werdens in die Seele herein. Das Selbstbewusstsein erwacht erst jetzt in einer Art innerhalb der Menschheit, welche dem eigentlichen Wesen dieses Selbstbewusstseins entspricht. Was Menschen vorher erlebten, waren doch nur die Vorboten dessen, was man im tiefsten Sinne innerlich erlebtes Selbstbewusstsein nennen sollte.» Die Folge ist eine Gedankenentwicklung, die bis etwa zu Scotus Erigena (gest. 877 n. Chr.) reicht. Das Gedankenleben hüllt sich innerhalb dieses Zeitraums in die «Wärme des religiösen Bewusstseins.»

Die dritte Epoche klingt im 15./16. Jahrhundert ab. Ihr spezifischer Inhalt besteht in einer akribischen Ausziselierung der Denktechnik, des streng logischen Fortschreitens von Begriff zu Begriff, von Urteil zu Urteil, von Schluss zu Schluss. Die gesamte Ausgestaltung der Scholastik zeigt, wie der Gedanke als der ureigenste Besitz der Menschenseele erfahren wird. «Alles andere wird ihr von außen gegeben; den Gedanken erzeugt sie aus den Untergründen ihrer eigenen Wesenheit heraus, sodass sie bei diesem Erzeugen mit vollem Bewusstsein dabei ist.»

Die vierte Epoche, in der wir uns heute noch befinden, offenbart ihren eigenständigen Charakter bereits in der ersten Hälfte des 17. Jahrhunderts. Descartes' «Ich denke, also bin ich» konnte nur ausgesprochen werden von dem neuzeitlichen Menschen, der sich mit seinem denkenden «Ich» aus dem Naturzusammenhang herausgelöst hat. Die materielle Welt ist zum Außen geworden; der Mensch hat sich in sein intellektuelles Selbstbewusstsein «eingemauert»; er hat sich eingeschlossen in seine Einsamkeit. Das Erleben des Einsamseins wurde zum Grundmerkmal unseres Bewusstseinsseelenzeitalters. Ein unüberbrückbar scheinender Abgrund zwischen Ich und Welt hat sich aufgetan. Die Frage lastet auf der Menschenseele: Wie kann ein Weltbild entstehen, in dem mein selbstbewusstes Eigenwesen mit der Natur, aus der es herausgefallen ist, wieder zusammenwächst? Denn je umfassender der Mensch seit dem Beginn der Neuzeit die Erde und das gesamte physische Weltall erforscht, umso bedrohlicher klafft der Abgrund zwischen dem selbstbewusst-einsamen Menschengeist und dem Makrokosmos, aus dem heraus er sich entwickelt hat, um zu seiner Selbständigkeit zu gelangen und um auf der Grundlage des bildlosen Gedankenlebens eine Philosophie der Freiheit ausbilden zu können.

Walten nun aber in der gesamten Philosophiegeschichte «objektive – vom Menschen ganz unabhängige – geistige Impulse», ist mithin der gesamte Werdegang des philosophischen Gedankens ein organisches

Ganzes, eine Art Gedankenorganismus, der aus sich selbst heraus das Fortschreiten von Epoche zu Epoche bewirkt hat – auch das Zustandekommen von Rudolf Steiners *Philosophie der Freiheit* –, dann ist zu fragen, wie denn dieses objektiv-wesenhafte Geschehen zu verstehen sei, das sich in den «Leib» der Philosophiegeschichte gehüllt und dadurch zugleich die Menschheit zur Selbständigkeit, zur Freiheit erzogen hat.

Am 10. Januar 1915, kurz nach Erscheinen der *Rätsel der Philosophie* hielt Rudolf Steiner in Dornach vor einer spirituell vorbereiteten Hörerschaft einen Vortrag,[75] in dem er auf diese Publikation Bezug nahm, die sich an die anthroposophisch ungeschulte Öffentlichkeit wandte. Er umreißt noch einmal die Leitlinien seines Buches, die geistige Struktur der vier Epochen der Entwicklung des philosophischen Gedankenlebens.

Noch einmal wird herausgearbeitet, wie die erste Epoche ein Gedankenleben im neuzeitlichen Sinne noch nicht kannte, weil der Gedanke sich dem Griechen nicht durch eine innere Anstrengung ergab, sondern eine «Wahrnehmung des Gedankenwerkes der Welt» war. «Dass Aristoteles im heutigen Sinne schon gedacht hätte,» führt Steiner aus, «ist ein Unsinn; er hat Gedanken wahrgenommen.» Platon und Aristoteles konnten die objektive Gültigkeit der Gedanken noch nicht anzweifeln, weil diese von ihnen nicht anders erlebt wurden als die Sinneswahrnehmungen.

Damit das aktive, selbstbewusste Denken überhaupt Platz greifen konnte, «musste ein Impuls kommen, der das Innerste dieser Menschenseele erfasste, ein Impuls, der nichts zu tun hat mit der Gedankensymphonie in der Umwelt des Menschen, sondern der ins innerste Wesen des Menschen hineingreift. Dieser Impuls kam von dem Mysterium von Golgatha.» Daher reicht die erste Epoche der Gedankenentwicklung bis zum Hereinkommen des Christus-Sonnengeistes, des Menschheits-Ich, in die Erdenevolution.

In der zweiten Epoche durchdringt der christliche Impuls, bis hin zu Scotus Erigena, die Gedankenwerke der abendländischen Philosophen. Die Philosophie der Kirchenväter, z. B. die Philosophie des Augustinus, hat nichts mehr mit Gedankenwahrnehmung im Sinne der griechischen Epoche zu tun. Ist doch von dem Christus etwas ausgeflossen, «was den ersten Antrieb, Gedanken von innen heraus zu erzeugen, in dem Menschen hervorbringt».

Innerhalb der dritten Epoche beginnt das von dem Christus Ausgegangene in dem eigenständigen Menschen-Ich wirksam zu werden: Der Philosophierende wird «gewahr, dass er es ja ist, der denkt». Deshalb entstand erst jetzt das Bedürfnis, dem menschlichen Gedankenerlebnis Sicherheit zu verschaffen. «Erst in dieser Epoche konnte zum Beispiel Anselm von Canterbury daran denken, einen Beweis für die Gültigkeit der Idee Gottes zu schaffen.» Gottesbeweise hätten in einer früheren Epoche gar keinen Sinn gehabt. Zweifel an dem objektiven Gehalt der vom Menschen ausgebildeten Begriffe und Ideen kamen eben erst auf, als erlebt wurde: Ich selbst bin es, der denkt. «Und das ist im Wesentlichen die Epoche der Scholastik: das Gewahrwerden der Subjektivität des Denkens.» Auch das Gedankenwerk des Thomas von Aquino ist zuinnerst von dem Grundcharakter dieser Epoche beherrscht. Indem Thomas den Aristotelismus in sein Denken aufnimmt – so dürfen wir folgern –, wird die Gedankenwahrnehmung des Griechen vom Ich des Aquinaten ergriffen und umgestaltet.

«Dann kommt in der vierten Entwickelungsperiode das freie Walten des Gedankens im Inneren, ein noch weiteres Emanzipieren des Gedankens von der äußeren Gedankenwahrnehmung, jenes freie Gedankenschaffen im Inneren, das so großartig hervortritt in den Gedankengebäuden des Giordano Bruno, Spinoza, des Cartesius und der Folgenden, Leibniz und so weiter. ... Alle Fragen, die seit dem 16., 17. Jahrhundert heraufgekommen sind, stehen noch immer unter dem Eindruck dieses Strebens, das freie Gedankenschaffen in Einklang zu bringen mit dem Weltendasein draußen. Der Mensch fühlt sich vereinsamt, verlassen von der Welt in seinem freien Gedankenschaffen. Da stehen wir noch jetzt mitten darinnen.»

Im Zusammenhang mit dieser vierten Werdestufe geht Rudolf Steiner auch auf Hegel ein, mit dem er sich bereits in seiner Jugend intensiv befasst hatte. Er führt aus: «Das großartigste Beispiel, wie der freie Gedanke von der Abstraktion des Seins bis in die höchste Geistigkeit hinauf waltet, wie ein Gedankenorganismus, ganz von der Welt ausgehend, nur in sich selber waltet, das ist die Philosophie Hegels: der nur im Bewusstsein lebende Gedanke.» – Das philosophische Gedankengebäude Hegels, das ganz aus dem Wesen der Bewusstseinsseele herausgerungen ist, wird von Rudolf Steiner hier, wie auch andernorts, als «das großartigste Beispiel» des freien Gedankenschaffens aus dem Innern heraus bezeichnet.

Nicht aber lenkt Steiner den Blick seiner Hörer im weiteren Verlauf seines Vortrags auch auf seine *Philosophie der Freiheit*. Diese führt bereits über das Leben in reinen Gedanken hinaus, indem sie aufsteigt zum Erleben des reinen Denkens und des in ihm sich selbst als Geistwesen erfassenden Menschen-Ich, das den Quellpunkt der moralischen Intuition in sich erschließt und so zum Angel- und Umschlagpunkt der gesamten Philosophiegeschichte wird. Hatte sich der Gedanke seit zweieinhalb Jahrtausenden als der Erzieher der Menschenseele erwiesen und diese schrittweise dahin geführt, sich selbst zu erfahren und in sich selbst ganz einsam zu sein, eingemauert in die Eisgefilde der Abstraktion, so begann er sich in Rudolf Steiners Freiheitsphilosophie aus seinem eigenen Zentrum heraus mit dem moralischen Weltengrund zu verbinden, mit dem Christus-Ich, das sich seit dem Mysterium von Golgatha mit der Gedankenentwicklung verbunden hat.

Das rein geistig erlebbare intuitive Denken, durch das jede Wahrnehmung in einen Erkenntnisvorgang emporgehoben wird, macht Rudolf Steiner zum Ausgangspunkt und Fundament seiner Geisteswissenschaft. «Im intuitiv erlebten Denken», so führt er in einem Zusatz zur Neuauflage der *Philosophie der Freiheit* 1918 aus, «ist der Mensch in eine geistige Welt auch als Wahrnehmender versetzt. Was ihm innerhalb dieser Welt als Wahrnehmung so entgegentritt wie die geistige Welt seines eigenen Denkens, das erkennt der Mensch als geistige Wahrnehmungswelt. Zu dem Denken hätte *diese* Wahrnehmungswelt dasselbe Verhältnis wie nach der Sinnenseite hin die sinnliche Wahrnehmungswelt. Die geistige Wahrnehmungswelt kann dem Menschen, sobald er sie erlebt, nichts Fremdes sein, weil er im intuitiven Denken schon ein Erlebnis hat, das rein geistigen Charakter trägt. Von einer solchen geistigen Wahrnehmungswelt sprechen eine Anzahl der von mir nach diesem Buche veröffentlichten Schriften. Diese ‹Philosophie der Freiheit› ist die philosophische Grundlegung für diese späteren Schriften. Denn in diesem Buche wird versucht, zu zeigen, dass richtig verstandenes Denk-Erleben schon Geist-Erleben *ist*. ... Vom lebendigen Ergreifen des in diesem Buche gemeinten intuitiven Denkens wird sich aber naturgemäß der weitere lebendige Eintritt in die geistige Wahrnehmungswelt ergeben.»[76]

Der gesamte Entwicklungsweg der Philosophie führte hin zur *Philosophie der Freiheit*, in welcher das aus seinem Selbstbewusstsein heraus eigenverantwortlich handelnde Menschen-Ich aufleuchtet, das zur Entfaltung seiner Selbständigkeit aus dem alten atavistischen Bild-Erleben herausgeführt werden musste in die Einsamkeit des sich selbst im bildlosen Denken erfahrenden menschlichen Geistes. Aber indem das zu seiner Freiheit erwachte «Ich» von der sinnlichen zur übersinnlichen Wahrnehmungswelt aufsteigt, erbildet es die Brücke über den Abgrund, der sich im Bewusstseinsseelenzeitalter vor dem Menschen auftut. Anthroposophie wird geboren aus Philosophie: Der aus dem Weltenorganismus herausgelöste Menschengeist wächst als freies Wesen im Auferstehungslicht des Mysteriums von Golgatha wieder mit dem göttlich-geistigen Weltenwesen zusammen.

In dem genannten Vortrag vom Januar 1915 schloss Rudolf Steiner an seine Darlegungen über Hegels Philosophie, über dieses «großartigste Beispiel» freien Gedankenschaffens, Betrachtungen an, die auf seine Zuhörer wie das unvermittelte Emporheben eines dichten Vorhangs gewirkt haben mögen: Ein Blick wurde freigegeben auf Vorgänge und Wesenszusammenhänge der übersinnlichen Welten; und ein hierarchisches Wesen wurde erlebbar, das den Jahrtausende umspannenden Entwicklungsgang der menschheitlichen Gedankenbildung impulsiert und dadurch zugleich sich selbst von Epoche zu Epoche entwickelt hat, nach Gesetzen der alten Sonnenzeit unserer Erde, deren Charakter Rudolf Steiner anhand der «Biographie des Wesens Philosophie» veranschaulicht. «Und die Gesetze des Sonnendaseins, von Epoche zu Epoche wirkend, sie wirken so, dass die Philosophie so wird, wie sie eben ist. Weil es Sonnengesetze sind, kann in ihnen auch der Christus, das Sonnenwesen, eingreifen in der zweiten Epoche. Es wird vorbereitet durch die erste Epoche, und dann greift der Christus, das Sonnenwesen, in der zweiten Epoche ein.»

Das Wesen Philosophie, impulsiert von den Kyriotetes, den Geistern der Weisheit, hatte in seiner griechischen Epoche seinen Empfindungsleib ausgebildet, um nunmehr, mit der Zeitenwende, in seine Empfindungsseele den Christus eingreifen zu lassen, der im Fortgang auch die Entfaltung der Verstandes- und der Bewusstseinsseele des Wesens Philosophie impulsierte, im harmonischen Zusammenwirken mit den Geistern der Weisheit, den «Welten-Ur-Gedankenführern», wie Rudolf Steiner die Kyriotetes gelegentlich nennt.[77]

Die Entwicklung verläuft indessen nicht geradlinig und nicht ohne Widerstände. Bereits in der griechischen Entwicklungsepoche der Gedankenentfaltung drangen mephistophelische Geister parasitär in das philosophische Denken ein mit dem zunehmend bedrohlicher werdenden Bestreben, das abstrakte Gedankenleben des Menschen in ihre abwärts führenden Bahnen einmünden zu lassen. Das zu erkennen, betont Steiner, ist heute notwendiger denn je. Hat doch das Wesen Philosophie seine umfassende Mission zum Abschluss gebracht, indem es den Menschen dazu erzog, in seinem selbstbewussten, einsamen «Ich» eine Philosophie der Freiheit herauszuringen.

Würde das Wesen Philosophie nunmehr fortfahren, den Menschen aus dem Weltorganismus herauszulösen und ihn in die ewigen Eisgefilde der Einsamkeit zu bannen, dann bliebe es nicht länger mit dem Christus-Impuls verbunden. Heilsam fortwirken kann das Wesen Philosophie nur, indem es dem zu seiner Selbständigkeit gelangten Menschen hilft, den Weg zurück in die übersinnlichen Welten zu finden und damit zugleich ein neues Bild-Erleben zu entfalten. Anders gesagt: Nachdem das Wesen Philosophie seinen Auftrag erfüllt hat, setzt es seine Wirksamkeit im Dienste des Christus-Sonnengeistes fort – als das Wesen *Philosophie-Anthroposophie*.[78]

«Deshalb stehen wir heute an einer Wende auch des äußeren philosophischen Denkens», so Rudolf Steiner in seinem Vortrag, «deshalb muss dieses philosophische Denken, um nicht den Verlockungen des Ahriman zu verfallen, um nicht mephistophelische Weisheit zu sein, hinter diese Wesenheit kommen, muss sie erfassen, muss einmünden in die Geisteswissenschaft.»

Das parasitäre Hereinwirken mephistophelischer Mächte in den Fortgang des menschlichen Gedankenlebens – auch darauf weist Steiner hin – wusste bereits Goethe in seinem *Faust* darzustellen. Präsentiert sich Mephistopheles dem Faust doch gleich eingangs «gekleidet wie ein fahrender Scholastikus».

Fraglos war der größere Teil der mittelalterlichen Scholastik durchsetzt von ahrimanischer Geistigkeit. Der mit mephistophelischen Kräften geradezu gespickte Nominalismus trug gegen Ende des Mittelalters den Sieg davon; er begrub unter sich das Vertrauen in den kosmischen Realitätsgehalt der Begriffe, der «Universalien», jenes Vertrauen, das allen voran Albertus Magnus und Thomas von Aquino zum Tragen gebracht hatten.

Goethes geniale dichterische Intuition darf uns nun allerdings nicht darüber hinwegtäuschen, dass er aller Scholastik, aller bloßen Vernunfterkenntnis überhaupt denkbar fernstand. Indem Goethe in der Bild-, der Offenbarungserkenntnis urständete, war er in dem Entwicklungsgang des philosophischen Ringens eigentlich nicht bewandert. In dieser Hinsicht stand er im Gegensatz zur gesamten abendländischen Geistesgeschichte, innerhalb derer das Wesen Philosophie die Menschenseele schrittweise aus der Natur herauslöste, um sie dadurch auf eigene Füße zu stellen. Sich selbst sollte der Mensch erkennen, weshalb er in sich eine Stimme vernahm, die ihn aufforderte: Wolle nichts der Natur, wolle alles dir selbst verdanken! Ein solches Ansinnen aber war Goethe zutiefst verdächtig und befremdlich; sein innerstes Wesen war komplementär gestaltet, wollte er doch im Gegenteil alles der Natur verdanken, alles im unauflösbaren Zusammenhang mit der Natur erfahren und gestalten. Deshalb konnte er 1817 in dem Aufsatz *Einwirkung der neueren Philosophie* sagen, Schiller habe das Evangelium der Freiheit gepredigt, während er selbst die Rechte der Natur nicht verkürzt wissen wollte.

Bereits der Grieche Empedokles hatte mit zerrissener Brust «vor der den Sinnen entseelt erscheinenden Natur»[79] gestanden. Goethes Auge dagegen ruhte noch im heraufziehenden 19. Jahrhundert sonnenhaft auf einer durch und durch belebten, beseelten, gottbegnadeten Sinnenwelt. Er war ganz von der Gewissheit durchdrungen: «Natur! Wir sind von ihr umgeben und umschlungen – unvermögend aus ihr herauszutreten.»[80] Dieses Unvermögen, aus dem Naturzusammenhang herauszutreten, bewirkte, dass er zeitlebens sein menschliches Selbst als ein Glied am Leibe des göttlichen Selbstes erlebte. Nach seiner tiefsten Überzeugung kam es einer Verleugnung des allbelebend-göttlichen Wesens gleich, den Menschen, dieses Glied der Gott-Natur, als ein abgetrenntes, gleichsam amputiertes Selbst vorzustellen.

Nochmals sei an die Worte Rudolf Steiners erinnert: «Solange die Menschenseele durch das Bild die Welterscheinungen vorstellt, fühlt sie sich mit diesen noch innig verbunden. Sie empfindet sich als ein Glied des Weltorganismus; sie denkt sich nicht als selbständige Wesenheit von diesem Organismus losgetrennt. Da der Gedanke in seiner Bildlosigkeit in ihr erwacht, fühlt sie die Trennung von Welt und Seele. Der Gedanke wird ihr Erzieher zur Selbständigkeit.»[81]

Zu einer so verstandenen Selbständigkeit ist Goethe nicht gelangt – wollte er auch nie gelangen. Weshalb ihm alles Philosophieren, alles Leben in bildlos-abstrakten Gedanken wesensfremd bleiben musste. Das besagt aber zugleich, dass sein Griechentum nur so weit vom Platonismus oder gar Aristotelismus berührt war, wie die alte, in Bildern urständende Mysterienkultur, im Sinne der Orphiker, in diesen Hauptrepräsentanten der griechischen Philosophie nachwirkte. Den entbildlichenden Gedanken, der «etwas wie eine Mauer um die Menschenseele» zog, um sie aus dem Naturzusammenhang herauszulösen, trachtete Goethe aus seinem schauenden Erleben zu verbannen. Kontrapunktisch zur abendländischen Gedankenentwicklung, verblieb Goethes Eingeweihtenseele in einer geradezu magisch-belebten Bilder-Schau. In das Zeitalter der geistentleerten Abstraktion, aber auch des «freien Gedankenschaffens» ragte Goethe herein als eine homerisch gestimmte, archaische Riesengestalt.

Das wurde denn auch sogleich anschaubar, als der Goethesche Genius erwachte und *Mahomets-Gesang* anstimmte:

> Seht den Felsenquell!
> Freudehell,
> Wie ein Sternenblick!
> Über Wolken
> Nährten seine Jugend
> Gute Geister
> Zwischen Klippen im Gebüsch.

Ein sonnendurchglänzter Lebensquell erquickte die deutsche Sprache in ihrem innersten Wesen und führte sie ihrer vollen Reife entgegen, als Goethe zu sprechen begann. In unsäglicher Liebe umfängt sein Genius die göttliche Erscheinungswelt und sieht sich selbst als *Ganymed* umfangen von dem allbelebenden, allliebenden göttlichen Urgrund:

> Ich komme! Ich komme!
> Wohin? Ach, wohin?
>
> Hinauf, hinauf strebt's,
> Es schweben die Wolken
> Abwärts, die Wolken
> Neigen sich der sehnenden Liebe,
> Mir, mir!
>
> In eurem Schoße
> Aufwärts,
> Umfangend umfangen!
> Aufwärts
> An deinem Busen,
> Allliebender Vater!

Das Wesen Philosophie

Als ein Gesandter sonnenhafter Frühe und lebenatmender Ursprünglichkeit betritt Goethe den ausgedörrten, gedankenbleichen Boden seines Zeitalters – die Goethe-Zeit hebt an. Und wir empfinden, der Goethesche Genius ist «auf erhabnen Antrieb» erschienen, wie sein Bruder Markus in dem epischen Fragment *Die Geheimnisse,* von dem es heißt:

> Er sagt, woher er sei, von welcher Ferne
> Ihn die Befehle höhrer Wesen senden.
> ...
> Was er erzählet, wirkt wie tiefe Lehren
> Der Weisheit, die von Kinderlippen schallt:
> An Offenheit, an Unschuld der Gebärde
> Scheint er ein Mensch von einer andern Erde.

Gern würden wir vernehmen, aus welchen Sonnenfernen der Goethesche Geist auf das Geheiß höherer und höchster Wesen in unser von Todesfinsternis durchfurchtes Zeitalter gesandt wurde, eingehüllt in das Auferstehungslicht des ewig-unzerstörbaren Lebensgeistes der Welt, um den zu seiner einsamen Selbständigkeit gelangten Menschen unserer Tage wieder mit der Gott-Natur zu versöhnen, aus der er für immer herauszufallen droht.

Das eingemauerte, gottentblößte, einsame Selbst des neuzeitlichen Menschen, dessen angehäuftes Wissen ihm doch keinen Halt gibt, ist dem Goetheschen Faust zwar bekannt, der nach der Geisteskraft schmachtet, die in die geheimen Tiefen des Weltenwesens eindringt (Erster Teil, Nacht):

> Dass ich erkenne, was die Welt
> Im Innersten zusammenhält,
> Schau alle Wirkenskraft und Samen,
> Und tu nicht mehr in Worten kramen.

Und gemeinsam mit seinem Faust hat ohne Frage auch Goethe den Geistauslöschenden Geist erfahren. Aber das Goethesche Wesenszentrum blieb davon unberührt. Wenn Paulus sagt: Wir alle sind Glieder an Seinem Leibe – so könnte Goethe sagen: Ja, ich fühle mein Selbst als ein Glied an dem Logos, der alle Welt mit Seinem ewigen Leben durchwirkt und den ich deshalb auch in allen Welterscheinungen fort und fort anzuschauen, anzubeten bestrebt bin.

Entsprechend lesen wir denn auch in Goethes Aufsatz *Einwirkung der neueren Philosophie:* «Kants Kritik der reinen Vernunft war schon längst erschienen, sie lag aber völlig außerhalb meines Kreises. Ich wohnte jedoch manchem Gespräch darüber bei, und mit einiger Aufmerksamkeit konnte ich bemerken, dass die alte Hauptfrage sich erneure, wieviel unser Selbst und wieviel die Außenwelt zu unserem geistigen Dasein beitrage. Ich hatte beide niemals gesondert.»

Noch im Jahre 1820 lässt Goethe Verse im Druck erscheinen, in denen er, der Siebzigjährige, sich Luft macht über die ihm zutiefst widerwärtige Denkweise seiner Zeit. Neunzig Jahre zuvor hatte Albrecht von Haller in einem seither immer wieder zitierten Lehrgedicht die Überzeugung vertreten, dass der menschliche Geist unfähig sei, in das Innere der Natur Einblick zu gewinnen; weshalb er sich glücklich schätzen könne, wenn es ihm gelänge, die äußere Schale des Naturwesens zu betrachten. Nun schreibt Goethe in dem Gedicht *Allerdings. Dem Physiker* ins Stammbuch:

«Ins Innre der Natur –»
O du Philister! –
«Dringt kein erschaffner Geist.»
Mich und Geschwister
Mögt ihr an solches Wort
Nur nicht erinnern:
Wir denken: Ort für Ort
Sind wir im Innern.
«Glückselig! wem sie nur
Die äußre Schale weist!»
Das hör ich sechzig Jahre wiederholen,
Ich fluche drauf, aber verstohlen;
Sage mir tausend tausendmale:
Alles gibt sie reichlich und gern;
Natur hat weder Kern
Noch Schale,
Alles ist sie mit einem Male;
Dich prüfe du nur allermeist,
Ob du Kern oder Schale seist.

Zur Zeit Goethes hatte der seit dem 6. vorchristlichen Jahrhundert sich machtvoll entwickelnde bildlose Gedanke die Menschenseele derart entschieden aus dem Kosmos herausgelöst, dass sie den Geist zwar in sich selbst, nicht aber in der Natur zu erleben wusste. Diese zeigte dem in bleichen Abstraktionen lebenden Menschen nur noch die «äußre Schale». Insbesondere innerhalb des Nominalismus Kantischer Prägung hatte sich die Menschenseele eingesponnen in eine völlig ausweglose Subjektivität. Hatte der Christus-Impuls den Menschengeist dahin gelangen lassen, sich sagen zu können: Ich selbst bin es ja, der denkt – so wusste der mephistophelische Widergeist «den verwüstenden Fundamental-Irrtum Kants»[82] zu bewirken und dadurch den Christus-Impuls zu verkehren in die Behauptung: *Weil* ich selbst es bin, der denkt, ist dieses Denken nichts als ein innermenschlicher Vorgang.

Nun war aber Goethe – wie wir sahen – nicht etwa nur ein Antipode Kants und des gesamten Nominalismus, sondern der bildlosen Gedankenentwicklung überhaupt, die gerade zu seiner Zeit in Fichte, Schelling und Hegel kulminierte – im innersten Zusammenhang mit der Evolution des Wesens Philosophie. Er selbst war in das ihm zuinnerst fremde Zeitalter der Abstraktion gesandt worden, um ein neuerliches Leben in Bildern, ein neuerliches übersinnliches Schauen zu veranlagen und einzuleiten – damit aber zugleich die anstehende Metamorphose des Wesens Philosophie in das Wesen Anthroposophie.

Unter gar keinen Umständen hätte Goethe den kristallenen Tempelbau der *Philosophie der Freiheit* errichten oder auch nur vorbereiten können. Nichts lag ihm ferner, als im reinen Denken das Mysterium der Freiheit zu erfahren. Vielmehr entfaltete er komplementäre Seelenkräfte, die ihn befähigten, zum «Vater der Geistesforschung»[83] zu werden. Das aber besagt: Goethe bereitete die Entwicklung des Wesens Anthroposophie vor.

Davon konnte bei Schiller keine Rede sein. Sein innerstes Wesen fühlte sich, offenbar von weither, verbunden mit dem Entwicklungsgang des bildlosen Gedankens – dem Wesen Philosophie. Mit seiner ganzen Existenz sehnte sich Schiller, das Sanktuar der Freiheit betreten, das Mysterium der Freiheit erleben zu dürfen, sehr wohl wissend, dass ihm die mit allen Kräften angestrebte «große und allgemeine Geistesrevolution»[84] angesichts seiner tragisch-schicksalhaften Lage nicht gelingen würde.

Im Zusammenklang mit dem Wesen Philosophie und seinem Werdegang erlebte Schiller den Gedanken als den ureigensten Besitz der Menschenseele. Er sagte sich: Alles wird mir von außen gegeben, nur nicht das, was in meinen Gedanken wirksam ist; diese erzeuge ich aus den Untergründen meines innersten Selbstes, sodass mein geistiges Wesen bei diesem Erzeugen mit vollem Bewusstsein dabei ist. Wie der Scholastiker, wie ein Thomas von Aquino, war Schiller von der Erfahrung der Subjektivität des Denkens durchdrungen. Auch er fühlte unbewusst in dem aus seinem eigenen Wesen herausstrahlenden Gedanken den Christus-Impuls. Und in Übereinstimmung mit der vierten Epoche der Gedankenentwicklung gelangte Schiller zu dem, was Rudolf Steiner das «freie Gedankenschaffen aus dem Innern»[85] genannt hat. Denn Schiller war getragen und bestimmt von dem, was Steiner an Hegels Philosophie deutlich gemacht hat: Auch ihm lag «der nur im Bewusstsein lebende Gedanke»[86] unendlich am Herzen. So sehr, dass er sein Dichtergenie – wir denken an Humboldts Worte – mit dem Bewusstseinslicht seines willensmächtigen Intellektes zu durchdringen trachtete. Das zeigt, wie sehr er zugleich bestrebt war, sein Schöpfertum dem Mysterium der Freiheit einzuverweben.

Daher konnte noch der siebenundsiebzigjährige Goethe zu Eckermann sagen (am 18. Januar 1827): «Schillers eigentliche Produktivität lag im Idealen, und es lässt sich sagen, dass er so wenig in der deutschen als in einer andern Literatur seinesgleichen hat.» Und er fügte hinzu: «Durch Schillers alle Werke ... geht die Idee von Freiheit, und diese Idee nahm eine andere Gestalt an, so wie Schiller in seiner Kultur weiter ging und selbst ein anderer wurde. In seiner Jugend war es die physische Freiheit, die ihm zu schaffen machte und die in seine Dichtungen überging, in seinem spätern Leben die ideelle.»

Nicht seinesgleichen hatte Schiller als Künstler, indem sein Dichtertum keineswegs aus dem aller Kunst eigenen Boden des Bild-Erlebens, sondern aus dem des bildlos-freien Gedankenschaffens hervorspross. Das unermessliche Reich der Poesie ist für ihn eben der Gedanke – nicht die in Bildern schaffende Wirklichkeit, der Goethe seine Kunst urtümlich zu entbinden wusste.

Das Wesen Philosophie hatte sich im Medium des entbildlichten, reinen Gedankens zu entwickeln und auf diese Weise die Freiheit des Menschen-Ich zu ermöglichen. Dagegen will das Wesen Anthroposophie in den kommenden nicht minder weit gespannten Zeitläuften das Geistselbst des Menschen in die übersinnliche Welt heimgeleiten.

Wir sehen: Das Geheimnis der gegenseitigen Ergänzung der Geistesantipoden Goethe und Schiller verweist auf das Eine Wesen, das in sich selbst als Philosophie-Anthroposophie eine denkbar intensive Polarität birgt.

In seinem schon mehrfach herangezogenen Rückblick auf den Bund

Das Wesen Philosophie

mit Schiller, in *Glückliches Ereignis* (1817) äußert Goethe: «Nach diesem glücklichen Beginnen entwickelten sich, im Verfolg eines zehnjährigen Umgangs, die philosophischen Anlagen, inwiefern sie meine Natur enthielt, nach und nach ... Von Bildungsstufen kann die Rede nicht sein, wohl aber von Irr-, Schleif- und Schleichwegen, und sodann von unbeabsichtigtem Sprung und belebendem Aufsprung zu einer höhern Kultur.» Goethe erlangte, wie er betont, einen «geläuterten, freieren, selbstbewussten Zustand».

Der Freundschaftsbund mit Schiller beinhaltete eine nachhaltige Einwirkung des Wesens Philosophie auf Goethe, nachdem bereits zuvor durch Herder und (von diesem angeregt) durch Spinoza Goethes Umgang mit philosophisch gearteten Ideen impulsiert worden war. Durch Schiller aber erlangte Goethe eine Stärkung seines Selbstbewusstseins im neuzeitlichen Sinne. Er stieg zwar nicht zu einem freien, wohl aber «freieren» Zustand auf, ohne dass er sein Selbstbewusstsein nachhaltig dem Einfluss des Bildlos-Abstrakten aussetzen musste – wiewohl er ihn erfuhr.

Noch im September des Jahres 1831 würdigte Goethe das für seine Entwicklung Bedeutsame der Philosophie; in einem Brief vom 18. September 1831 an Ch. F. L. Schultz bezeugt er: «Ich danke der kritischen und idealistischen Philosophie, dass sie mich auf mich selbst aufmerksam gemacht hat, das ist ein ungeheurer Gewinn.» Allerdings fügt er sogleich hinzu, diese Philosophie komme «nie zum Objekt», das heißt zu einer von den Sinnen getragenen geistigen Wahrnehmung. – Entscheidend ist, dass ihn die Philosophie, insbesondere durch seinen Bund mit Schiller, auf sich selbst aufmerksam gemacht hatte und er bis zuletzt den ungeheuren Gewinn, der ihm dadurch zuteil geworden war, erlebte.

Auf das eigene Selbst aufmerksam gemacht hat das Wesen Philosophie die Menschenseele innerhalb eines zweitausendfünfhundert Jahre umgreifenden Entwicklungsweges. Und als Rudolf Steiner – in Weimar – letzte Hand an seine *Philosophie der Freiheit* legte, gelangte diese menschheitsgeschichtliche Gesamtentwicklung zum Abschluss. Auf einer «ernst erstrebten philosophischen Grundlage» durfte nunmehr das grundsätzlich neuartige schauende Geist-Erleben der Anthroposophie seiner Ausgestaltung entgegenstreben, die auf dem Erdenplan zuletzt durch niemanden eindringlicher vorbereitet worden war als durch Goethe. Wie andererseits die Freiheitsphilosophie von kaum einem anderen intensiver ersehnt worden war als von Schiller.

Das Mysterium der Freiheit

Kosmische und menschliche Intelligenz

Dass der Mensch durch sein Leben in toten Gedanken mit der Erde zusammenwächst und dadurch sich selbst als lebendiges, beseeltes, geistiges Wesen aus dem Bewusstsein verliert, ja sich selbst zu einem Nichts wird, muss in unserer Zeit nicht mehr veranschaulicht werden. Obwohl diese toten, reinen Gedanken das Geistigste sind, was die Evolution in uns als unsere menschliche Intelligenz hereingebildet hat, der wir die Freiheit unseres Willens verdanken, haben wir uns gerade durch sie vom Kosmos losgerissen. Die neuzeitliche Menschheit hat ihr selbstbewusstes Seelenleben damit erkauft, dass sie Gedankenleichname zu den Trägern ihrer Bewusstseinsseelenkultur macht; diese sind nicht nur geeignet, Totes zu erkennen, sondern auch Totes hervorzubringen, ja den Tod zu verbreiten, was alle jene Probleme, die uns zunehmend bedrängen, zur Genüge zeigen.

Im Vortrag am 23. März 1923 führte Rudolf Steiner aus: «Mit unseren Gedanken geht es so – das ist ja das Merkwürdige der fünften nachatlantischen Periode –, dass die Götter, indem wir geboren werden, indem wir auf die Erde heruntergeschickt werden, unsere Gedanken der Erde übergeben. Begraben, richtig begraben werden unsere Gedanken, indem wir Erdenmenschen werden. Das ist so seit dem Beginn des fünften nachatlantischen Zeitraums. Intellektualistischer Mensch sein, heißt: eine Seele haben mit in der Erde begrabenen Gedanken, das heißt, mit Gedanken, denen die Erdenkräfte die Himmelsimpulse nehmen. Das ist eigentlich das Charakteristische für unser gegenwärtiges Menschsein, dass wir mit der Erde in unserem innersten Seelenwesen gerade durch unser Denken zusammenwachsen. Dadurch aber haben wir andererseits auch erst jetzt, in der fünften nachatlantischen Kulturepoche, die Möglichkeit, dem Kosmos die Gedanken zurückzusenden, die wir ... in uns lebendig machen durch unser Erdenleben.»[87]

Indem der Mensch der Neuzeit die Fähigkeit erlangt, reine Gedanken hervorzubringen, erringt er seine Freiheit. Mit aller Konsequenz wird er erst jetzt ein selbstverantwortlich Handelnder, steigt er erst jetzt vom Geschöpf zum Schöpfer auf: «Der Mensch wird aufgerufen zum Mitschöpfer am Weltenall, indem ihm zugemutet wird, dass er seine Gedanken belebt.»[88] Das reine Denken, die reine Vernunft ist zwar tot. Aber gerade dadurch vermag der Mensch zum selbstbewussten Schöpfertum aufzusteigen – dem heillosen wie dem heilsamen.

Schillers gesamtes Sinnen und Trachten ist von dieser Überzeugung durchdrungen. In *Anmut und Würde* – daran sei noch einmal erinnert – heißt es deshalb: «Bloß organische Wesen sind uns ehrwürdig als *Geschöpfe*, der Mensch aber kann es uns nur als *Schöpfer* (d.i. als Selbsturheber seines Zustandes) sein. Er soll nicht bloß, wie die übrigen Sinnenwesen, die Strahlen fremder Vernunft zurückwerfen, wenn es gleich die göttliche wäre, sondern er soll, gleich einem Sonnenkörper, von seinem eigenen Lichte glänzen.»

Im Gegensatz zu den übrigen Sinnenwesen soll der Mensch Eigenintelligenz als die unabdingbare Voraussetzung seiner Freiheit besitzen. Das aber ist nur möglich, wenn die menschlichen Gedanken in unserem Planeten «richtig begraben» worden sind. Denn nur unsere Gedankenleichname, nur unsere reinen Vernunftbegriffe können die Grundlage abgeben für unsere moralische Existenz als freie Geistwesen.

Bereits in seiner *Theosophie des Julius* ging Schiller der Frage nach, in welcher Beziehung unsere Begriffe zur Wirklichkeit stehen. Er kommt zu dem Ergebnis: «Unsere reinsten Begriffe sind keineswegs *Bilder* der Dinge, sondern bloß unsere notwendig bestimmten und koexistierenden *Zeichen*. Weder Gott, noch die menschliche Seele, noch die Welt sind das wirklich, was wir davon halten. Unsere Gedanken von den Dingen sind nur die endemischen [örtlich begrenzt auftretenden] Formen, womit sie uns der Planet überliefert, den wir bewohnen – unser Gehirn gehört diesem Planeten, folglich auch die Idiome unserer Begriffe, die darin aufbewahrt liegen.»

Man hat in dieser Überzeugung Schillers immer wieder seine innere Nähe zu Kant erkennen wollen, mit dem er sich erst viel später befasst hat. Aber was sagt Schiller denn wirklich? Er betont: Unsere Gedanken sind Produkte der Erde. Alle Dinge sind von *Bildern* durchwirkt, die wir nicht zu schauen vermögen. Aber unsere reinen Begriffe *koexistieren* mit den Bildern der Dinge; denn der Planet überliefert sie uns durch unser Gehirn, das ihm angehört. Wir sind nur deshalb imstande, reine Begriffe als Zeichen der Dinge hervorzubringen, weil die Erde aus ihrem planetarisch-kosmischen Wesen heraus uns mit unseren reinen Gedanken begabt. Ebenso wie jedes Sprachidiom auf die Ursprache verweist, sind unsere reinen Begriffe auf die Urbilder aller Dinge bezogen. Mit anderen Worten: Die mit dem Kosmos verbundene Realität unserer Begriffe und

Ideen wird von Schiller nicht in Frage gestellt; die menschliche Eigenintelligenz entspringt nach seiner Überzeugung der göttlichen Intelligenz.

«Auf die Unfehlbarkeit seines Kalküls», schreibt Schiller deshalb auch in seiner *Theosophie des Julius*, «geht der Weltumsegler Kolumbus die bedenkliche Wette mit einem unbefahrenen Meere ein, die fehlende zwote Hälfte zu der bekannten Hemisphäre ... zu suchen, welche die Lücke auf seiner geographischen Karte ausfüllen sollte ... und seine Rechnung war richtig. ... Ein ähnliches Kalkül macht die menschliche Vernunft, wenn sie das Unsinnliche mit Hilfe des Sinnlichen ausmisst und die Mathematik ihrer Schlüsse auf die verborgene Physik des Übermenschlichen anwendet.»

Unsere Vernunftbegriffe beziehen sich auf die Wirklichkeit. Davon ist Schiller überzeugt. Was auch sein berühmtes Epigramm *Kolumbus* – es sei an dieser Stelle nochmals zitiert – bestätigt:

Steure, mutiger Segler! Es mag der Witz dich verhöhnen,
 Und der Schiffer am Steu'r senken die lässige Hand.
Immer, immer nach West! Dort muss die Küste sich zeigen,
 Liegt sie doch deutlich und liegt schimmernd vor deinem Verstand.
Traue dem leitenden Gott und folge dem schweigenden Weltmeer!
 Wär' sie noch nicht, sie stieg' jetzt aus den Fluten empor.
Mit dem Genius steht die Natur in ewigem Bunde;
 Was der eine verspricht, leistet die andre gewiss.

Wilhelm von Humboldt schreibt dazu in seinem Aufsatz *Über Schiller und den Gang seiner Geistesentwicklung*: «Die Zuversicht in das Vermögen der menschlichen Geisteskraft, gesteigert zu einem dichterischen Bilde, ist in den *Columbus* überschriebenen Distichen ausgedrückt, die zu dem Eigentümlichsten gehören, was Schiller gedichtet hat. Dieser Glaube an die dem Menschen unsichtbar innewohnende Kraft, die erhabene und so tief wahre Ansicht, dass es eine innere geheime Übereinstimmung geben muss zwischen ihr und der das ganze Weltall ordnenden und regierenden, da alle Wahrheit nur Abglanz der ewigen, ursprünglichen sein kann, war ein charakteristischer Zug des Schillerschen Ideensystems. Ihm entsprach auch die Beharrlichkeit, mit der er jeder intellektuellen Aufgabe so lange nachging, bis sie befriedigend gelöst war. Schon in den Briefen Raphaels an Julius in der Thalia in dem kühnen, aber schönen Ausdruck: ‹als Columbus die bedenkliche Wette mit dem unbefahrenen Meer einging› findet sich der gleiche Gedanke an dasselbe Bild geknüpft. Dem

Inhalt und der Form nach waren Schillers philosophische Ideen ein getreuer Abdruck seiner ganzen geistigen Wirksamkeit überhaupt.»

Schiller erlebte die menschliche Intelligenz als einen Ausfluss der kosmischen Intelligenz. Und er erkannte, dass unsere Begriffe ein Erdenprodukt sind, in dem das Bildwesen der Dinge wirksam ist, ohne noch Bild zu sein. In welcher Weise allerdings die menschliche Eigenintelligenz mit der göttlichen Geistwirklichkeit verbunden zu denken sei, wusste Schiller nicht zu sagen. Im 19. Brief *Über die ästhetische Erziehung des Menschen* ist deshalb zu lesen: «Weder Abstraktion noch Erfahrung leiten uns bis zu der Quelle zurück, aus der unsere Begriffe von Allgemeinheit und Notwendigkeit fließen; ihre frühe Erscheinung in der Zeit entzieht sie dem Beobachter und ihr übersinnlicher Ursprung dem metaphysischen Forscher. Aber genug, das Selbstbewusstsein ist da, und zugleich mit der unveränderlichen Einheit desselben ist das Gesetz der Einheit für alles, was für den Menschen ist, und für alles, was durch ihn werden soll, für sein Erkennen und Handeln aufgestellt. Unentfliehbar, unverfälschbar, unbegreiflich stellen die Begriffe von Wahrheit und Recht schon im Alter der Sinnlichkeit sich dar, ohne dass man zu sagen wüsste, woher und wie es entstand, bemerkt man das Ewige in der Zeit und das Notwendige im Gefolge des Zufalls. So entspringen Empfindung und Selbstbewusstsein, völlig ohne Zutun des Subjekts, und beider Ursprung liegt ebensowohl jenseits unseres Willens, als er jenseits unseres Erkenntniskreises liegt.»

Weder die sinnliche Erfahrung noch das abstrakte Denken – so Schiller – verbindet den Menschen mit dem übersinnlichen Ursprung seiner selbst. Aber der Mensch hat, wie es im selben Brief heißt, «durch das Selbstbewusstsein die Erfahrung seiner absoluten Existenz gemacht». Der Mensch als selbstbewusstes Geistwesen findet in dem reinen Begriff «Ich» den Quellpunkt seines ewigen Seins als unumstößliche Erfahrung: Die Abstraktion erfüllt sich aus ihrem bildlosen Zentrum heraus mit Ich-Substanz.

Haben also «die Götter, indem wir geboren werden, indem wir auf die Erde heruntergeschickt werden, unsere Gedanken der Erde übergeben»,[89] ja in der Erde begraben, so taten sie das, um aus dem bildlosen, reinen Denken das eigenverantwortliche Schöpfertum des Menschen entspringen zu lassen, ihn zum «Mitschöpfer am Weltenall» aufzurufen. Wie wir sehen, werden Schillers Vorstellungen von Rudolf Steiner bestätigt und durch die geistige Forschung, die im 18. Jahrhundert noch nicht möglich war, unabsehbar vertieft.

Das Mysterium der Freiheit

Der Zusammenhang von Begriff und Urbild, von menschlichem und göttlichem Denken wurde von Steiner jahrzehntelang aufs gründlichste untersucht. Hier sei nur eine Darstellung aus dem Jahr 1908 herangezogen.

Vom Denken können wir eigentlich erst dann sprechen, wenn es in Begriffen verläuft. Begriffe sind Schatten der Urbilder. Jedes Schattenbild entsteht durch das Auslöschen des Lichtes und ist eigentlich ein Nichts. «Genau ebenso entstehen die Begriffe dadurch, dass hinter unserer denkenden Seele die übersinnliche Welt steht. Die Begriffe sind eigentlich auch nur ein Auslöschen der übersinnlichen Wirklichkeit. Und weil sie wie die Schattenbilder den Urbildern ähnlich sind, darum kann der Mensch in den Begriffen sich eine Ahnung bilden von den übersinnlichen Welten. Wo die Wahrnehmung des Übersinnlichen auf das Sinnliche auftrifft, da entstehen diese Schattenbilder. In den Schattenbildern der Begriffe» – so Rudolf Steiner zu seinen Hörern – «haben Sie aber ebensowenig die übersinnliche Wirklichkeit wie Sie im Schattenbild der Hand die Hand selbst haben. Wir haben also hier erkannt, dass die Begriffe die Grenze sind zwischen den beiden Wirklichkeiten, aber herstammen von der übersinnlichen Wirklichkeit.»[90] Demnach haben wir unsere Vernunftbegriffe als etwas zu verstehen, das «rein innerhalb unseres Geistes konstruiert wird, und diese Konstruktion ist eine Wahrheit». Eine Wahrheit, die nicht durch sinnliche Wahrnehmung gewonnen werden kann, aber auch nicht durch hellseherische Erfahrung: «Der Mensch lebt dann in einer Sphäre, wo er absieht von der sinnlichen Welt und von dem, was hinter ihr steht, der übersinnlichen Welt.»

In dieser unsinnlichen, unanschaulichen Sphäre – dem Ort der menschlichen Freiheit – entfaltete Schiller seine Intellektualität und seinen idealischen Willen. Er war bestrebt, das gesamte Schaffen mit seiner Denkkraft, mit seiner Eigenintelligenz zu durchdringen. Das bedeutet, er lebte aufs intensivste «mit in der Erde begrabenen Gedanken, das heißt, mit Gedanken, denen die Erdenkräfte die Himmelsimpulse nehmen». Er lebte mit Abstraktionen, um diesen sein freies Schöpfertum zu entbinden.

Nun konnten aber die neuzeitlichen Gedankenleichname nur von Götterwesen, die bis in das Physische hereinzuwirken vermögen, in die Erde gesenkt werden. Eine derartige Ur-Schöpfer-Gewalt besitzen nur die unmittelbaren Geistorgane des Vatergottes, die Wesenheiten der ersten Hierarchie. Von ihnen wurde im ersten Drittel des 15. Jahrhunderts das vorgeburtliche Geistesleben der Menschheit in der Todessphäre unseres Planeten begraben. Den Seraphim, Cherubim und Thronen verdanken wir unsere unsinnlichen, unanschaulichen Gedanken, die eigentlich ein Nichts sind, und die dadurch das Freiwerden unseres Menschengeistes ermöglichen.[91]

Die erste Hierarchie greift nur in langen zeitlichen Abständen in die Evolution der Menschheit ein. Zuletzt hatte sie in der Atlantis die im Kosmos ausgebreitete Intelligenz in das menschliche Herz gesenkt, sodass sich von nun an der «Herzensmensch» entwickeln konnte. Das aber heißt, dass die menschliche Intelligenz kosmische Intelligenz blieb.

Was ist jedoch kosmische Intelligenz? Steiner: «Solche Allgemeinheiten gibt es natürlich nicht in Realität. Intelligenz sind die gegenseitigen Verhaltensmaßregeln der höheren Hierarchien. Was die tun, wie sie sich zueinander verhalten, wie sie zueinander sind, das ist kosmische Intelligenz.»[92] Indem also die Wesenheiten der ersten Hierarchie die kosmische Intelligenz mit dem menschlichen Herzen verbanden, wurde dem Menschen ermöglicht, das kosmisch geregelte moralische Tun der göttlichen Wesen miterleben zu lernen.

Als dann zu Beginn des Bewusstseinsseelenzeitalters die erste Hierarchie abermals wirksam wurde, leitete sie die kosmische Intelligenz über «in dasjenige Glied der menschlichen Organisation, das die Nerven-Sinnesorganisation ist, die Kopforganisation».[93] Dadurch erfuhr der Mensch eine tiefgreifende Umgestaltung. War er bisher «Herzensmensch», so wurde er nunmehr «Kopfmensch»: Er erlangte Eigenintelligenz.

Das alte Mysterienwesen beruhte auf dem Erleben des Herzens und löschte das persönliche Freiheitsstreben aus. Das neue Mysterienwesen beruht auf dem «Kopfhellsehen» und schließt die menschliche Freiheit ein.

Im ersten Drittel des 15. Jahrhunderts begründete Michael in der geistigen Sonnensphäre eine übersinnliche Mysterienschule, die das himmlische Urbild der Anthroposophie in sich barg. «Und man möchte sagen: Was von Michael den Seinigen in der damaligen Zeit gelehrt worden ist, das wurde unter Blitzen und Donnern da unten in den irdischen Welten verkündet. Verstanden sollte das werden, denn diese Blitze und Donner, meine lieben Freunde, sollten Begeisterung werden in den Herzen, in den Gemütern der Anthroposophen! Und derjenige, der wirklich den Drang zur Anthroposophie hat, der hat ... heute die Nachwirkungen in seiner Seele davon, dass er damals im Umkreis des Michael jene himmlische Anthroposophie aufnahm, die der irdischen voranging. Denn die Lehren, die Michael gab, waren solche, die damals vorbereiteten, was auf Erden Anthroposophie werden soll.»[94]

Indem die erste Hierarchie, im Dienste des Vatergottes, die kosmische Intelligenz «unter Blitzen und Donnern» in der Erde begrub, in das Nerven-Sinnessystem des Menschen versenkte, entstand der «Kopfmensch» – die Voraussetzung des «Kopfhellsehens», der Anthroposophie. Das aber soll Begeisterung werden «in den Herzen, in den Gemütern der Anthroposophen»! Hat doch der Vatergott seinen Sohn auf die Erde gesandt, der unsere toten Gedanken neu zu beleben vermag, wenn wir uns in Freiheit mit ihm verbinden.

Am Pfingstsonntag des Jahres 1920 hat Rudolf Steiner im letzten seiner Vorträge über *Die Philosophie des Thomas von Aquino* auf diese Zusammenhänge geblickt: «Das muss der Fortschritt der Menschheit in die Zukunft hinein werden, dass nicht nur für die äußere Welt das Erlösungsprinzip gefunden werde, sondern dass das Erlösungsprinzip gefunden werde für die menschliche Vernunft. Die unerlöste menschliche Vernunft nur allein könnte sich nicht in die geistige Welt erheben. Die erlöste menschliche Vernunft, die das wirkliche Verhältnis zu Christus hat, die dringt ein in die geistige Welt. Eindringen in die geistige Welt von diesem Gesichtspunkte aus ist Christentum des 20. Jahrhunderts, ist Christentum so stark, dass es in die innersten Fasern desjenigen hineindringt, was menschliches Denken, was menschliches Seelenleben ist.»[95]

Die reine Vernunft ist das letzte Ergebnis des Sündenfalls. Unsere Begriffe und Ideen sind Schatten der Urbilder – die Erde hat ihnen ihr Leben, ihre Seele, ihre Geistwirklichkeit genommen. Unser an die Kopforganisation gebundenes reines Denken ist aber gerade deshalb der Quellgrund unserer Freiheit. Verbinden wir uns in diesem Denken mit dem Christus-Wesen, dann leuchtet im reinen Denken das Mysterium von Golgatha auf. Dieses ist der Urquell des in Freiheit belebten, beseelten und durchgeistigten Kopfhellsehens.

Rudolf Steiners *Philosophie der Freiheit*, in der nach seinen eigenen Worten dieselbe Denkkraft wirksam ist, die zur Konstruktion einer Dampfmaschine Verwendung findet,[96] lässt das reine Denken zum Fundament des neuen Schauens, des neuen Mysterienwesens werden. Denn in der *Philosophie der Freiheit* wird die Schöpfertat der ersten Hierarchie mit dem Erlösungswerk des Christus-Wesens verbunden.

Diese Metamorphose des reinen Denkens war im 18. Jahrhundert noch nicht erreichbar. Aber Michael bereitete sie an der Schwelle zum 19. Jahrhundert in besonderer Weise vor. Und Schillers Gedankenleben war von diesem Geschehen überleuchtet. Das Morgenrot michaelischer Gedankenfreiheit strahlte in seine empfängliche Seele herein. Weshalb Wilhelm von Humboldt von ihm schreiben konnte: «... dies Dichtergenie war auf das engste an das Denken in allen seinen Tiefen und Höhen geknüpft, es tritt ganz eigentlich auf dem Grunde einer Intellektualität hervor, die alles, ergründend, spaltend, und alles, verknüpfend, zu einem Ganzen vereinigen möchte. Darin liegt Schillers besondere Eigentümlichkeit.» Humboldt fügt hinzu, Schiller habe eine Intellektualität besessen, «an die sein Dichtergenie unauflöslich geknüpft war». Auf diese Weise habe er sein Schaffen mit einer im höchsten Grade «sich ihrer selbst bewussten Arbeit des Geistes» verbunden. «Was jedem Beobachter an Schiller am meisten, als charakteristisch bezeichnend, auffallen musste, war, dass in einem höheren und prägnanteren Sinn, als vielleicht je bei einem anderen, der Gedanke das Element seines Lebens war. Anhaltend selbsttätige Beschäftigung des Geistes verließ ihn fast nie und wich nur den heftigeren Anfällen seines körperlichen Übels. Sie schien ihm Erholung, nicht Anstrengung.»

Indem der Gedanke das Element seines Lebens war, wollte Schiller sein Schaffen mit der Freiheitskraft der menschlichen Eigenintelligenz durchdringen – mit Bewusstseinsseelenklarheit. Denn Schiller war zuinnerst verbunden mit dem Werk der ersten Hierarchie: Ihre Blitze und Donner, die in den Herzen, in den Gemütern der Anthroposophen Begeisterung werden sollen, durchflammten und erschütterten ihn. Und so wurde er zu einem Vorverkünder und Vorbereiter der michaelischen Freiheit, die unberührt ist von jeder Zeitgewalt.

«Schillers Wirken», führt Rudolf Steiner in seinem Vortrag über «Schiller und die Gegenwart»[97] aus, «findet aber nur derjenige, der dieses intime Fest in seinem Herzen feiert, das ihn verbindet mit unserem Schiller. Zum Geiste hinstrebend werden wir den Weg am besten finden, wenn wir es machen wie Schiller, der zeitlebens sich selbst erzogen hat. Er hat es ausgesprochen, und wie ein Motto der theosophischen Weltanschauung klingt es:

>Nur der Körper eignet jenen Kräften
>Die das dunkle Schicksal flechten;
>Aber frei von jeder Zeitgewalt,
>Die Gespielin seliger Naturen,
>Wandelt oben in des Lichtes Fluren,
>Göttlich unter Göttern – die *Gestalt*.»

Das Mysterium der Freiheit

Gedanken-Kultus

Wiederholt hat Rudolf Steiner den Mitgliedern der Anthroposophischen Gesellschaft den Wink gegeben, seine im Laufe der Jahre dargestellten Forschungsergebnisse, die sich für ihn selbst stetig erweiterten, nach Möglichkeit zusammenzuschauen. Und in der Tat wird Rudolf Steiners Anthroposophie nicht zuletzt auch durch einen solchen tätigen Umgang mit ihren weitverzweigten, einander gegenseitig tragenden Inhalten zu einem unausschöpflichen Quell spiritueller Erneuerung.

Die hier angestrebten Betrachtungen, gerade auch zu dem letztlich unauslotbaren Mysterium der Freiheit, möchten auf einem solchen Hintergrund verstanden werden. In diesem Sinne wurde im letzten Kapitel versucht, die Wirksamkeit des Wesens Philosophie mit der Schöpfertat der ersten Hierarchie, die den Menschen mit Eigenintelligenz begabte, zusammenzuschauen. War das Gewahrwerden der Selbstentfaltung jenes hierarchischen Wesens, das alles menschliche Philosophieren intendierte, bereits bedeutsam genug, so ließ Rudolf Steiners Darstellung der Entstehung der menschlichen Intelligenz aus der kosmischen Intelligenz uns Einblick gewinnen in jenes Eingreifen der Seraphim, Cherubim und Throne, das im ersten Drittel des 15. Jahrhunderts eine Umgestaltung des physisch-seelisch-geistigen Menschenwesens bewirkte. Und wir beginnen zu ahnen, dass in der Zukunft ein kultischer Umgang mit der menschlichen Eigenintelligenz anzustreben ist: ein *Gedanken-Kultus*.

Indem die erste Hierarchie im Dienste des Vatergottes die kosmische Intelligenz in das Nerven-Sinnes-System des Menschen hinein begrub und dadurch den Menschen mit Geistesfreiheit begabte, entstand für den Menschen die Aufgabe, freiwillig dieses Kreuz des Todes nach Golgatha zu tragen, damit es der Christus mit seiner Auferstehungskraft durchdringen kann. Dann wird durch unsere Verbindung mit dem Mysterium des Sohnes, der zur Rechten des Vaters sitzt, das Unterpfand unserer Freiheit geheiligt.

Das aber bedeutet zugleich, dass wir lernen, unser reines Denken mit moralischer Gesinnung, mit moralischer Willenssubstanz zu durchdringen. Sind doch unsere reinen Gedanken vom Kosmos losgerissene Gebilde – «Gedankeneremiten».[98] Und sie müssten es bleiben, wenn es uns nicht möglich wäre, diese geistig-toten Gebilde wieder zu beleben. Das

Gedanken-Kultus

besagt: Wir selbst müssen bestrebt sein, unser Ideenleben eigenverantwortlich auszugestalten. Das ist aber nur möglich, wenn wir es dem Christus-Wesen und den ihm dienenden Hierarchien entgegentragen.

In diesem Zusammenhang mag hier unser Blick auf die Geister der Persönlichkeit, auf die Archai fallen. Rudolf Steiner hat aufgezeigt, in welcher bedeutsamen Weise diese Mächte, welche die Zeit gestalten und welche er deshalb auch Zeitgeister nennt, zu unserem Gedankenleben stehen. In Griechenland waren es die Geister der Form, die den Menschen genauso mit kosmisch geordneten Gedanken begabten, wie sie noch heute unsere Sinneswahrnehmungen gesetzmäßig regeln. Seit dem 4. nachchristlichen Jahrhundert ging das Gedankenleben der Menschheit nach und nach an die Verwaltung der Geister der Persönlichkeit über, womit zugleich ein Wechsel von der zweiten zur dritten Hierarchie verbunden war. Im 9. Jahrhundert war dieser Vorgang zu einer gewissen Ausreifung gelangt; aber erst zu Beginn des 15. Jahrhunderts wurde er zum Abschluss gebracht – zu jenem Zeitpunkt also, als die erste Hierarchie in der dargestellten Weise in die Entwicklung eingriff.

Seither warten die Archai darauf, dass der Mensch lernt, ihnen seine reinen Begriffe und Ideen entgegenzutragen; anders gesagt, sein freies Gedankenschaffen so auszuformen, dass es gleichsam zu einem kultischen Gefäß wird, in das die in den Archai lebenden kosmischen Zielkräfte einfließen können. Gelingt es uns, ein derartig verantwortungsbewusstes Ideenleben in Freiheit auszubilden, dann werden wir nachtodlich «unseren Menschenwert und unsere Menschenwürde an dem erkennen, was die Archai, die Geister der Persönlichkeit, aus unseren Gedanken haben machen können».[99]

Es hängt also die weitere Entwicklung davon ab, in welcher Weise wir mit der uns von der ersten Hierarchie überantworteten kosmischen Intelligenz umzugehen wissen. Unser Menschenwert, unsere Menschenwürde ist uns selbst anheimgegeben. Nur die auf dem Leichenfeld unseres reinen Denkens von uns errungenen kristallklaren Begriffe und Ideen begründen unsere Freiheit. Aber nur die mit moralischer Gesinnung, mit moralischer Willenskraft durchglühten reinen Gedanken können zu Gebilden werden, denen sich die mit unserem heilsamen Fortgang verbundenen hierarchischen Mächte in Gnade neigen können. Deshalb betont Rudolf Steiner im selben Vortrag: «Und das ist der wichtigste Zivilisationseinschlag in unsere Zeit! Das sind die eigentlichen tieferen Aufgaben des

Menschen: durch seine richtige Stellung zu den Archai, zu den Geistern der Persönlichkeit, frei zu werden.»

Der Mensch der Gegenwart befindet sich also in einer schwierigen Lage: Er hat ein Denken auszubilden, das ohne die Mitwirkung ahrimanischer Gewalten gar nicht entstehen kann, soweit dieses bildlos-abstrakte Denken von Todesmächten durchsetzt ist; und insofern läuft er immer Gefahr, Ahriman, der eigentlich die Freiheit des Menschen hasst und trotzdem an ihrem Zustandekommen beteiligt ist, zu verfallen.

Diesem Tatbestand hat die anthroposophische Geisteswissenschaft stets Rechnung zu tragen. Deshalb können auch viele ihrer Darstellungen «wie ein strohernes Gerippe gegenüber der lebendigen Wirklichkeit» erscheinen. «Wir sollen in gewisser Beziehung auch öde Theosophen, Anthroposophen sein, sollen die Wirklichkeit zerpflücken und zerblättern, grandiose Kunstwerke in Abstraktionen hineinziehen und sogar noch sagen: Wir sind Theosophen! Wie kommen wir aus diesem Dilemma heraus? Nur durch ein einziges Mittel! Und dieses Mittel liegt darin, dass Geisteswissenschaft für uns ein Kreuz ist, dass Geisteswissenschaft für uns ein Opfer ist, dass wir sie wirklich so empfinden, dass sie uns fast alles nimmt, was die Menschheit bisher an lebendigem Weltinhalt gehabt hat. Und es gibt keinen Grad von Intensität, den ich schildern möchte, um begreiflich zu machen, dass für alles, was lebendig sprosst – auch im Hergang der Menschheitsentwickelung und der göttlichen Welt – Geisteswissenschaft zunächst sein muss etwas wie ein Leichenfeld!»[100]

Wenn dies geschieht, dann wird Anthroposophie «der größte Schmerz, die größte Entbehrung». Aber gerade dadurch verbindet sie sich mit dem Mysterium von Golgatha. Denn «dann wird sie zu dem Leichnam, der sich aus dem Grabe erhebt, dann feiert sie die Auferstehung, dann steht sie aus dem Grabe auf! ... keiner kann die Produktivität der Weltengeheimnisse empfinden wie der, welcher sich mit seiner Produktivität als eine Nachfolge des Christus empfindet, der das Kreuz zur Schädelstätte getragen hat, der durch den Tod gegangen ist. Das ist aber auch auf dem Erkenntnisgebiete das Kreuz der Erkenntnis, das die Geisteswissenschaft auf sich nimmt, um darinnen zu sterben und aus dem Grabe zu erfahren, wie eine neue Welt aufsteigt, ein neues Lebendiges. Wer so umprägt – was dem Intellekt niemals gefallen darf – sein Seelenwesen wie ein lebendiges Inneres, wer wie durch den Tod durchgeht in der Geisteswissenschaft selber, der wird auch das Leben fühlen als eine lebendige Kraft zu neuen künstlerischen Impulsen.»[101]

Gedanken-Kultus

Unsere Gedankenleichname sind das Werk der ersten Hierarchie. Sie sind die Gewähr unserer Freiheit. Erleben wir sie jedoch nicht als unseren elementarsten Schmerz, tragen wir diese Leichname unserer Eigenintelligenz nicht als Kreuz nach Golgatha, dann bleiben sie zerfallende intellektuelle Gebilde. Fliehen wir andererseits aber den in uns eingelagerten toten Intellekt, dann können wir nicht zur Freiheit des Gedankens aufsteigen, den die Archai einzig und allein heilsam aufzugreifen vermögen – im Dienst des Menschheitsgeistes. Durch den Tod der Abstraktion führt unser Weg zur Auferstehung in einem neuen Geistesleben, in einer neuen Entfaltung auch der künstlerischen Schaffenskraft.

In einem Vortrag zur *Anthroposophischen Gemeinschaftsbildung* sagt Rudolf Steiner: «Unsere Freiheit und unsere Abstraktionsfähigkeit ist ein himmlisches Geschenk, das hereingezogen ist in die irdischen Welten aus den übersinnlichen Welten. ... Und indem so dieses Himmlische, die Intellektualität und die Freiheit, in das irdische Leben eingezogen ist, ist für die Menschheit ein anderes Aufblicken zur Göttlichkeit notwendig geworden als das früher der Fall war. Und dieses andere Aufblicken zur Göttlichkeit ist für die Menschheit möglich geworden durch das Mysterium von Golgatha. Indem der Christus eingezogen ist in das irdische Leben, kann er heiligen dasjenige, was aus übersinnlichen Welten eingezogen ist und was sonst den Menschen zur Hoffart und zu allem Möglichen verführen würde. In einer Zeit leben wir, wo wir einsehen müssen: Von dem Christus-Impuls muss durchdrungen werden dasjenige, was unser Heiligstes in diesem Zeitalter ist: die Fähigkeit, reine Begriffe zu fassen, und die Fähigkeit der Freiheit. ... Der Mensch muss lernen, mit Christus rein zu denken, mit Christus ein freies Wesen zu sein.» [102]

Unsere Fähigkeit, abstrakte, tote Gedanken zu fassen, verdanken wir der Erde, der vatergöttlichen Schöpfung, die eine untergehende Welt ist. Als Werk der ersten Hierarchie ist diese abstrakte Geistigkeit das letzte erhabene Geschenk des Vatergottes: Das ist «unser Heiligstes in diesem Zeitalter». Dieses Heiligste muss nun aber von dem Christus geheiligt werden. Denn die Gabe des Vatergottes kann nur durch den Sohnesgott neu belebt werden – vorausgesetzt, dass wir jeden von uns selbständig erarbeiteten Begriff, jede von uns selbständig errungene Idee zum Gedanken-Kultus erheben.

Im 10. seiner Briefe *Über die ästhetische Erziehung des Menschen* hat Schiller begründet, warum er sich genötigt sah, «auf dem nackten Gefild abgezogener Begriffe» – lebloser Abstraktionen – «nach einem festen Grund der Erkenntnis, den nichts mehr erschüttern soll», zu streben. «Zu dem reinen Begriff der Menschheit» wollte sich Schiller erheben, als er «auf dem Wege der Abstraktion» darum rang, den «reinen Vernunftbegriff der Schönheit» auszubilden.

Schiller wusste, welche Wunde der alles zerstückelnde, alles analysierende Abstraktionsgeist dem neuzeitlichen Menschen geschlagen hatte. Und doch betonte er, dass «die Gattung auf keine andere Art hätte Fortschritte machen können. Die Erscheinung der griechischen Menschheit» – so Schiller im 6. Brief – «war unstreitig ein Maximum, das auf dieser Stufe weder verharren noch höher steigen konnte.» Nur dadurch dass der Intellekt die lebendige Ganzheit ertötet und zergliedert und sie in ein bloßes «Machwerk des Verstandes» verwandelt, wurde in Schillers Augen die Vorbedingung für eine höhere, freie Kulturentwicklung geschaffen.

Schillers ausdrückliche Bejahung des neuzeitlichen Intellekts wurde in der auf die ästhetischen Briefe unmittelbar folgenden Schrift *Über naive und sentimentalische Dichtung* (1795) geradezu zum Leitfaden der Darstellung. Nach Schillers Überzeugung kommt dem neuzeitlichen, dem sentimentalischen Dichter «die unbedingte Freiheit des Ideenvermögens»[103] entschieden zustatten. Denn indem er in seinem einsamen Selbst Abstraktionen ausbildet, sind seine künstlerischen Gebilde in die Aura der Freiheit gehüllt. Schiller erkennt: «Die sentimentalische Dichtung ist die Geburt der Abgezogenheit und Stille, und dazu ladet sie auch ein; die naive ist das Kind des Lebens, und in das Leben führt sie auch zurück.»

Der naive Dichter, dessen höchster Repräsentant für Schillers Erleben Homer ist, geht mit seinen Schöpfungen nicht durch den Tod der «Abgezogenheit», der Abstraktion. Er ist deshalb die Offenbarung des unverletzten Lebens. «Dem naiven Dichter hat die Natur die Gunst erzeigt, immer als eine ungeteilte Einheit zu wirken, in jedem Moment ein selbständiges und vollständiges Ganze zu sein und die Menschheit, ihrem vollen Gehalt nach, in der Wirklichkeit darzustellen. Dem sentimentalischen hat sie die Macht verliehen oder vielmehr einen lebendigen Trieb eingeprägt, jene Einheit, die durch Abstraktion in ihm aufgehoben worden, aus sich selbst wieder herzustellen, die Menschheit in sich vollständig zu machen und aus einem beschränkten Zustande zu einem unendlichen überzugehen.»

Das Schöpfertum des sentimentalischen Dichters geht durch den Tod. Wird es doch «durch die Abstraktion in ihm aufgehoben». Und nur in-

Gedanken-Kultus

dem er das Erstorbene, das der unbedingten Freiheit seines Ideenvermögens Anheimgegebene, aus sich selbst wieder zum Leben erweckt, entsteht ein neues Ganze. Aber dieses neuartige, dem Tod entbundene Kunstwerk ist mehr als das größte griechische Kunstgebilde, weil es als «die Geburt der Abgezogenheit» dem Schoß der Freiheit entsprungen ist.

Nicht anders als der vormalige, homerisch gestimmte Künstler empfängt auch der neuzeitliche Künstler – das betont Schiller ausdrücklich – seine Inspirationen aus den unbewussten Tiefen seiner schöpferischen Existenz. Aber er ertötet das ganzheitlich gestaltete Wesen mittels seiner intellektuellen Abstraktionskraft, um es in das Geisteslicht seiner Freiheit einzuhüllen und durch sein idealisches Willensfeuer nach Möglichkeit zu neuem, höherem Leben zu erwecken.

Dazu allerdings, meint Schiller, kann es erst dann kommen, wenn sich der schöpferische Mensch der Neuzeit von Grund auf geläutert hat, wenn er allem Niederen und Niederziehenden abgestorben ist. So schreibt Schiller in dem Aufsatz *Über Bürgers Gedichte:* «Alles, was der Dichter uns geben kann, ist seine Individualität. Diese muss es also wert sein, vor Welt und Nachwelt ausgestellt zu werden. Diese seine Individualität so sehr als möglich zu veredeln, zur reinsten herrlichsten Menschheit hinaufzuläutern, ist sein erstes und wichtigstes Geschäft, ehe er es unternehmen darf, die Vortrefflichen zu rühren.»

In Übereinstimmung mit Rudolf Steiner sah Schiller die Fähigkeit, reine Begriffe zu fassen, und die Fähigkeit der Freiheit als unser Heiligstes in diesem Zeitalter an. Und er war von der Überzeugung durchdrungen, dass der Mensch sein Wesen erst läutern muss, wenn sein neuartiges, freies Schöpfertum heilsame Wirkungen hervorrufen soll. Anders gesagt: Der Mensch muss lernen, sein Denken und seine Freiheit mit dem höchsten Menschheitsideal zu verbinden. Dann erst durchchristet er seine neuen Fähigkeiten.

Das Menschenleben, sagt sich Schiller deshalb, ist Ent-Scheidung. Es gibt nur ein Entweder-Oder: Entweder überlässt sich der Mensch den Mächten des Todes, oder er verwirklicht «die unbedingte Freiheit des Ideenvermögens», indem er seine Gedanken als moralisch-geläuterte Zukunftsideale zu verwirklichen bestrebt ist.

Ein Epigramm – es trug ursprünglich den für Schillers Wesen kennzeichnenden Titel *Die idealische Freiheit* – fasst die behandelten Inhalte in Worte:

Das Mysterium der Freiheit

Ausgang aus dem Leben

Aus dem Leben heraus sind der Wege zwei dir geöffnet:
Zum Ideale führt einer, der andre zum Tod.
Siehe, dass du beizeiten noch frei auf dem Ersten entspringest,
Ehe die Parze mit Zwang dich auf dem andern entführt.

Einzig und allein unsere Ideale bergen in sich die todüberwindenden Zukunftskeime der Menschheit. Das bedeutet aber, dass der Mensch seinen Willen mit dem göttlichen Willenswesen zu verbinden hat – mit der «Achse der Welt», wie es in dem Epigramm *Zenit und Nadir* heißt:

Wo du auch wandelst im Raum, es knüpft dein Zenit und Nadir
An den Himmel dich an, dich an die Achse der Welt.
Wie du auch handelst in dir, es berühre den Himmel der Wille,
Durch die Achse der Welt gehe die Richtung der Tat.

Der idealische Wille, die idealische Tat des sich zur Freiheit emporringenden Menschen-Ich muss aber aufs engste verbunden sein mit der Abstraktionskraft des menschlichen Intellektes. Diese Forderung hat wohl niemand so sehr als zum Schillerschen Wesenskern gehörend empfunden wie sein Freund Wilhelm von Humboldt, an dessen Worte hier noch einmal erinnert sei: Schillers «Dichtergenie war auf das engste an das Denken in allen seinen Tiefen und Höhen geknüpft, es tritt ganz eigentlich auf dem Grunde einer Intellektualität hervor, die alles, ergründend, spaltend, und alles, verknüpfend, zu einem Ganzen vereinigen möchte.»

Auch der Anthroposoph soll – wie wir hörten – «die Wirklichkeit zerpflücken und zerblättern, grandiose Kunstwerke in Abstraktionen hineinziehen» können, sodass alles «wie ein strohenes Gerippe gegenüber der lebendigen Wirklichkeit» erscheint. Und dieses Kreuz soll er nach Golgatha tragen.

Auf seinem intellektuellen Todesweg nahm Schiller bewusst abstrakte Gerippe und Strohpuppen in Kauf, um dadurch die Zukunftsentwicklung des freien schöpferischen Menschentums einzuleiten. Das aber beinhaltete zugleich eine weit über Schiller selbst hinausweisende Tragik.

Michaels Tragik

Wir sahen: Nur dadurch konnte der Mensch im vollen Sinne Mensch werden, dass seine Intelligenz von den Wesenheiten der ersten Hierarchie an das Nerven-Sinnessystem gebunden wurde. Durch die sinnliche Wahrnehmung wächst der Mensch halbbewusst in die physische Außenwelt hinein; durch das reine Denken gelangt er zu seinem Selbstbewusstsein. Kosmische Intelligenz ist menschliche Intelligenz geworden – die göttliche Welt ist verstummt. Indem sich der Mensch als eigenständiges Wesen erfasst, verliert er sich als geistiges Wesen. Sonnengleich leuchtet sein Ich-Bewusstsein auf, während das Sternenall seines Ursprungs um ihn erlischt.

In den *Anthroposophischen Leitsätzen* legt Rudolf Steiner dar, dass *Michael*, aus dem «die Gedanken der Dinge erfließen»,[104] in tiefer Sorge gewahrte, wie die neuzeitliche Menschheit Gedankenformen ausbildete, die seiner bisherigen Einflussnahme entfielen. Die an den physischen Leib gebundenen Gedanken – das sei nochmals betont – sind geistig tote Gebilde und können deshalb nur Totes erfassen. Sie verstricken den Menschen als ein geistiges Wesen in eine entgeistigte Welt.

Indem aber die menschliche Eigenintelligenz und mit ihr die menschliche Freiheit auf gar keinen Fall wieder verloren gehen dürfen, oblag es Michael, seinerseits zum Geist der Freiheit zu werden. Vormals hatten die Gegenmächte den Menschen in die Illusion der Freiheit verstrickt, weshalb die alten Mysterien ihre Aufgabe darin sehen mussten, das Freiheitsstreben im Keim zu ersticken. Die zukünftige Erneuerung des Mysterienwesens hingegen darf nur auf dem unzerstörbaren Fundament der Freiheit errichtet werden.

Deshalb sah es Michael als seine Aufgabe an, diese grundlegende Umgestaltung des spirituellen Erlebens in der geistigen Welt vorzubereiten. «Michaels Vorbereitung seiner Mission für das Ende des neunzehnten Jahrhunderts», so Rudolf Steiner, «strömt in kosmischer Tragik dahin. Unten auf Erden herrscht oft tiefste Befriedigung über das Wirken des Naturbildes; im Gebiete, da Michael wirkt, waltet Tragik über die Hemmnisse, die sich dem Einleben des Menschenbildes entgegenstellen.»[105]

Worin bestand diese kosmische Tragik Michaels? Der mit Eigenintelligenz begabte Mensch der Neuzeit war der Einflussnahme des Geistes, aus dem «die Gedanken der Dinge» erfließen, entzogen, und zwar bis zu jenem Zeitpunkt am Ende des 19. Jahrhunderts, als das Mysterium der Freiheit zum Fundament der zukünftigen Initiationswissenschaft ausgeformt werden konnte. Bis dahin war der Erdenmensch, soweit er sich einzig und allein auf seine rein menschliche Intelligenz verließ, aus der Inspirationssphäre Michaels herausgefallen. Dabei erlag er zunehmend den Verlockungen des ahrimanischen Geistes, die Natur wie sich selbst lediglich als ein Geistlos-Materielles zu betrachten. Gleichzeitig konnte Luzifer seine Attacken auf die Menschenseele verschärfen: Gaukelbilder einer versunkenen goldenen Zeit, Sehnsuchtsträume von einem so nie dagewesenen Paradies betäubten die Seelen – der Mensch wollte «zurück zur Natur».

Auch Michael bewahrt die Werte der Vergangenheit. Er lässt sie jedoch einzig und allein im fruchtbaren Zusammenhang mit der Gegenwart wirksam werden und bewahrt sie dadurch vor dem Zugriff des luziferischen Geistes, der den Menschen aus dem zeitgemäßen Wirken herauszulösen trachtet. Während also die luziferischen Mächte die Menschheit in abgelebte Vergangenheitswerte einspinnen möchten und sie dadurch aus der Erdenevolution herauszuführen bestrebt sind, will Ahriman das intelligente Menschenwesen in die Erde hinein verhärten, petrifizieren.

Nun war aber der Mensch mit dem Beginn des Zeitalters der Bewusstseinsseele in zunehmend bedrohlichem Maße den ahrimanischen Verführungskünsten ausgesetzt. Die Menschheit ist auf dem Weg, denkend, fühlend und handelnd im Diesseitig-Irdischen aufzugehen und sich für immer in die Materie zu verstricken, während diese doch nur den Boden abgeben soll für die Entwicklung des seelisch-geistigen Menschenwesens. Indem Ahriman die Wurzeln zur spirituellen Vergangenheit kappt und alle Traditionen, die auf göttlich-geistige Wesenszusammenhänge verweisen, ad absurdum führt, will er den Menschen in ein entgeistigtes Gegenwartsbewusstsein einschließen.

Dadurch geriet Michael in eine kosmisch-tragische Schwierigkeit: Das *alte* Mysterienwesen klang aus, verlor seinen Gegenwartsbezug und war deshalb auf dem Weg, eine sichere Beute Luzifers zu werden; das *neue* Mysterienwesen war noch nicht begründbar, weshalb der neuzeitliche Mensch seinem entgeistigten Seelenleben überlassen blieb, das nur geeignet ist, die gesamte weitere Evolution in einer reinen Ahriman-Kultur ihr Ende nehmen zu lassen.

Michaels Tragik

Diese kosmische Tragik Michaels ging sogar auf das Kulturphänomen der Renaissance über. Einerseits stellte sich nunmehr der Mensch wie nie zuvor auf die eigenen Füße und begann, alle Traditionen über Bord zu werfen. Andererseits beschwor er die längst untergegangenen Werte der Antike und trug Verlangen nach einer «Wiedergeburt», die das christliche Mittelalter perhorreszierte. Mit Bestürzung können wir die tragische Komplexität jener Vorgänge am Tod Raphaels, des eigentlichen Repräsentanten der Hochrenaissance, erleben. Starb doch Raphael am Sumpffieber, das er sich zuzog, weil er – als ein Begründer der neuzeitlichwissenschaftlichen Archäologie – mit innerster Anteilnahme bestrebt war, das antike Rom zu rekonstruieren, was seine Zeitgenossen in Italien mit noch größerer Bewunderung erfüllte als sein Kunstschaffen, in dem sich die michaelische Geistessubstanz der Antike mit dem Genius des Christentums wunderbar verband.

In seinen *Leitsätzen* fasst Rudolf Steiner die mit diesen Vorgängen verbundene Tragik Michaels in die Worte: «Michael, alle Kräfte nach rückwärts in der kosmischen Entwickelung wendend, auf dass ihm Macht werde, den ‹Drachen› unter seinen Füßen im Gleichgewichte zu erhalten. Gerade unter diesen Machtanstrengungen Michaels entstehen die großen Schöpfungen der Renaissance. Aber sie sind noch eine Erneuerung des Verstandes- oder Gemütsseelenhaften durch Michael, nicht ein Wirken der neuen Seelenkräfte.»[106]

Da Michael in die auflebende Bewusstseinsseele noch nicht hineinzuwirken vermochte, musste seine «herbe, vergeistigte Liebe», die seit Urzeiten der Menschheit gegolten hatte, nun «am stärksten die Note des leiderweckenden Hinschauens auf die Menschheit» annehmen.[107]

Nur auf diesem geistrealen Hintergrund können wir das Ringen Goethes und Schillers verstehen lernen. Beide standen in ihrer Zeit, jeder auf seine Weise, als zutiefst unzeitgemäße Geister, als michaelische Kämpfer gegen die ahrimanischen Schubkräfte des «Zeitgeistes». Auch sie waren bestrebt, alle Kräfte nach rückwärts zu wenden, um überhaupt noch vorwärts zu kommen. In ihren Menschenseelen spiegelte sich die kosmische Tragik Michaels.

«Goethe empfand ja, indem er den ‹Menschen› erleben wollte, die stärksten Konflikte mit der Bewusstseinsseele. In Spinozas Philosophie suchte er ihn; während der italienischen Reise, als er in griechisches Wesen hineinblickte, glaubte er ihn erst recht zu ahnen. Er eilte von der Bewusstseinsseele, die in Spinoza strebt, doch zuletzt zur verglimmenden Verstandes- oder Gemütsseele. Er kann nur unbegrenzt viel von dieser in die Bewusstseinsseele in seiner umfassenden Naturanschauung herübertragen. – Ernst schaut Michael auch auf dieses Suchen nach dem Menschen. Was nach seinem Sinne ist, kommt ja wohl in die menschliche Geistesentwickelung hinein; es ist *der* Mensch, der einst das wesenhaft Intelligente geschaut hat, als es Michael noch aus dem Kosmos heraus verwaltet hat. Aber das müsste, wenn es nicht von der vergeistigten Kraft der Bewusstseinsseele erfasst würde, zuletzt Michaels Wirken entfallen und unter Luzifers Macht geraten.»[108]

Zu Beginn seiner italienischen Reise, am 5. Oktober 1786, schrieb Goethe an Frau von Stein, er gedenke jetzt lediglich sein Gemüt über die schönen Künste zu beruhigen, um alsdann nach seiner Rückkunft unverzüglich Chemie und Mechanik zu studieren. Die Zeit des Schönen sei endgültig vorüber – «nur die Not und das strenge Bedürfnis erfordern unsere Tage.»

Zum selben Zeitpunkt jedoch hatte Goethe bereits Palladio, den letzten großen Meister der Renaissancearchitektur, kennengelernt, der ihm den Weg «zu aller Kunst und allem Leben geöffnet».[109] In seinem Reisetagebuch wählt Goethe den Vergleich seines Schlüsselerlebnisses mit dem eines der tiefsten deutschen Mystiker – und man darf sagen, dass diese Gleichsetzung nicht nur auf das an Palladio entzündete Erleben, sondern auf die beiden italienischen Jahre insgesamt anwendbar ist. Goethe wurde wie «Jakob Böhme bei Erblickung einer zinnernen Schüssel durch Einstrahlung Jovis über das Universum erleuchtet».[110]

Wir sehen, der Goethesche Genius wurde in Italien von Michael intuiiert. Dadurch befreite er sich aus der Todessphäre der Bewusstseinsseele, die alles in Mechanik, Physik und Chemie, in eine bloße Nützlichkeitszivilisation zu überführen droht. Und Michael erneuerte Goethes in Urzeiten zurückweisendes Schöpfertum an der Wurzel.

Am 28. September 1787, also nach einem Jahr der innersten Lebenserneuerung, schreibt Goethe in einem Brief: «So lebe ich denn glücklich, weil ich in dem bin, was meines Vaters ist.»[111] Ein Wort des Gottessohnes wendet Goethe auf sich selber an. Er darf es deshalb, weil es auf die höchste Stufe der alten Einweihung zurückverweist, auf die Vereinigung mit dem Vater. Ein dergestalt Initiierter durfte in der Tat, wie Goethe in dem Gedicht *Prooemion*, sagen:

MICHAELS TRAGIK

Im Namen dessen, der Sich selbst erschuf!
Von Ewigkeit in schaffendem Beruf.

In Italien vollzog Goethe seine Kommunion mit dem väterlichen Weltengrund, in dem – nach Worten aus *Vermächtnis* – das Vergangene beständig, das Künftige voraus lebendig, der Augenblick Ewigkeit ist. Und Goethe tat es auf seine ureigenste Weise: im sinnlich-übersinnlichen Gewahrwerden des sonnenhaft-bildenden, sonnenhaft-gestaltenden Schöpferwesens der Welt. Das Erscheinende ist für Goethe kein bloßer Schein; es ist mit dem Wesen verwachsen. Das Wesen ist kein bloßes Sein; es wird im Erscheinenden offenbar.

Der Schein, was ist er, dem das Wesen fehlt?
Das Wesen, wär' es, wenn es nicht erschiene?

So wird Goethe in der *Natürlichen Tochter* fragen. Jetzt, in Italien, springt der Zauberquell des griechischen Künstlertums in seinem Herzen auf, jene wundersame Epoche der vollerblühten griechischen Kultur, in die Michael während seiner letzten Zeitregentschaft machtvoll hineinwirkte. Und es entstehen auf Sizilien Verse von unaussprechlich-heiler Schönheit, in denen Wesen und Schein sich innigst durchdringen:

Ein weißer Glanz ruht über Land und Meer,
Und duftend schwebt der Äther ohne Wolken.
Und nur die höchsten Nymphen des Gebirgs
Erfreuen sich des leichtgefallnen Schnees
Auf kurze Zeit.[112]

Von nun an konnte Goethe, seinem Lebensauftrag gemäß, im Dienste Michaels aus dem Quell seines wiedergeborenen Griechentums schöpfen und aus der Verstandes-, der Gemütsseele «unbegrenzt viel von dieser in die Bewusstseinsseele in seiner umfassenden Naturerkenntnis herübertragen». Weshalb er denn auch am 17. April des Jahres 1787 im öffentlichen Garten von Palermo die Entwicklung der Pflanzengestalt aus der Metamorphose des Blattes, das heißt die Urpflanze als den ersten lebendigen Begriff, anschauend denken, denkend anschauen konnte.

Als Goethe im Februar des nächsten Jahres, während seines zweiten römischen Aufenthalts, den seit 1775 nicht mehr angerührten *Urfaust* wieder vornahm, entstand vermutlich im Garten der Villa Borghese der Monolog *Wald und Höhle*. Das von Michael intendierte, keusche, geduldige Lesen im Buch der Natur beschenkte Goethe mit urgewaltigen Worten:

> Erhabner Geist, du gabst mir, gabst mir alles,
> Warum ich bat. Du hast mir nicht umsonst
> Dein Angesicht im Feuer zugewendet.
> Gabst mir die herrliche Natur zum Königreich,
> Kraft sie zu fühlen, zu genießen. Nicht
> Kalt staunenden Besuch erlaubst du nur,
> Vergönnest mir, in ihre tiefe Brust,
> Wie in den Busen eines Freunds, zu schauen.
> Du führst die Reihe der Lebendigen
> Vor mir vorbei, und lehrst mich meine Brüder
> Im stillen Busch, in Luft und Wasser kennen.
> Und wenn der Sturm im Walde braust und knarrt
> Die Riesenfichte stürzend Nachbaräste
> Und Nachbarstämme quetschend niederstreift,
> Und ihrem Fall dumpf hohl der Hügel donnert,
> Dann führst du mich zur sichern Höhle, zeigst
> Mich dann mir selbst, und meiner eignen Brust
> Geheime tiefe Wunder öffnen sich.

Goethes rosenkreuzerische Initiation, von der noch zu handeln sein wird, durchpulst und durchleuchtet diese Worte. Während die entgeistete, entgöttlichte neuzeitliche Naturwissenschaft die Seele der Menschen im 18. Jahrhundert aushöhlt und auskältet, erlebt Goethe die ganze Natur im Geiste der alten Mysterien. Und: «Ernst schaut Michael auf dieses Suchen nach dem Menschen.» Auf dieses *Suchen*! Denn der Mensch, dem sich das Mysterium der Freiheit unter der Führung Michaels erschließen soll – dieser Mensch, er war noch nicht gefunden.

Drei Jahre vor seinem Tod, am 9. Oktober 1828, hat Goethe Eckermann gegenüber bekannt, er habe nur in Rom empfunden, was ein Mensch sei. Zu dieser Höhe, diesem Glück der Empfindung sei er nie wieder gelangt, ja im Vergleich mit seinem Zustand in Rom, sei er eigentlich «nachher nie wieder froh geworden». Dieses erschütternde Bekenntnis Goethes sollte

Michaels Tragik

ganz ernst genommen werden: Die Tragik Michaels überschattete das ganze Leben dieses Menschen, der wie kein anderer die Höhe erklommen hat, die bisher in der Neuzeit möglich war.

Zu dieser Tragik gehört auch, dass das Glück des Goetheschen Erlebens in Rom von einer gefährlichen Problematik begleitet war: Goethe musste den größeren Teil der ihn umgebenden Wirklichkeit ignorieren. Wir wissen, wie sehr er den Barockstil verabscheute, dieses Geschenk der Gegenreformation, welche die für Goethe einzig maßgebende Renaissance beseitigt hatte und das Rom des 18. Jahrhunderts prunkend beherrschte. Dazu kam die überall machtvoll gegenwärtige Papstkirche, überhaupt das ganze Christentum in der Gestalt, in der es sich ihm darbot und die ihm höchst verdrießlich war.

Schon auf dem Wege nach Rom hatte er in Assisi San Francesco mit Giottos bedeutsamen Fresken buchstäblich links liegengelassen, um seinen Blick umso nachhaltiger an der Vorhalle des römischen Minerva-Tempels zu laben. Sodann halfen ihm seine bescheidenen Geschichtskenntnisse, die verbliebenen Zeugnisse des antiken Rom zu verklären. Letztlich erlebte Goethe die gesamte antike Kunst als eine geradezu magische Einheit. Nur das erklärt, dass er den Kopf der Juno Ludovisi uneingeschränkt bewunderte. Noch heute kann der Besucher des Goethe-Hauses erleben, wie ein Abguss des mächtigen Marmororiginals das so genannte Juno-Zimmer beherrscht. Wir wissen aber, dass dieser Kopf zu einer Kolossalstatue der Mutter des Kaisers Claudius oder einer römischen Kaiserstochter gehört, also in einer Zeit entstanden ist, in der ein machtpolitischer Repräsentationswille die Kunst in seinen Dienst gezwungen hatte und die idealtypische Formensprache des goldenen Zeitalters Griechenlands in eine kühle, bleiche Leere hinüberspielte.

Es bedurfte des Goetheschen Geistes – der zudem das Winckelmannsche Bild der Antike durchaus einseitig in sich aufgenommen hatte –, um seinen Genius in eine heile Vorwelt einzuhüllen, die so selbst in Griechenland nie bestanden hat, in Wahrheit vielmehr in Mysterientiefen der Vergangenheit zurückverweist. Es war eben wirklich eine Art Schusterkugel im Sinne Jakob Böhmes, die Goethe während seiner italienischen Reise «über das Universum» erleuchtete.

Wie anders ließen sich sonst jene Verse verstehen, mit denen die erste *Römische Elegie* so feierlich ernst anhebt?

Das Mysterium der Freiheit

> Saget, Steine, mir an, o sprecht, ihr hohen Paläste!
> Straßen, redet ein Wort! Genius, regst du dich nicht?
> Ja, es ist alles beseelt in deinen heiligen Mauern,
> Ewige Roma ...

«Heilig» waren diese Mauern gewiss nie gewesen; und selbst in der glorreichsten Epoche Roms waren sie ganz sicher nicht «beseelt» im Sinne dieses sehr deutschen und zutiefst christlichen Wortes. Und wir erleben: Eine derartige kultische Verehrung der noch mehr oder minder von alter Geistigkeit getragenen Antike müsste, wenn sie nicht «von der vergeistigten Kraft der Bewusstseinsseele erfasst würde, zuletzt Michaels Wirken entfallen und unter Luzifers Macht geraten».

Einer so gearteten Gefährdung war Schiller nicht ausgesetzt. Noch im Jahre 1803 schrieb er an Wilhelm von Humboldt: «Leider ist Italien und Rom besonders kein Land für mich; das physische des Zustandes würde mich drücken und das ästhetische mir keinen Ersatz geben, weil mir das Interesse und der Sinn für die bildenden Künste fehlt.»

Schiller hätte auf einer italienischen Reise die Wiedergeburt seines durch die Bewusstseinsseele abgelähmten Wesens mit Sicherheit nicht erreichen können – obwohl auch er sich zu eben der Zeit, da er in Weimar mehr oder minder unbewusst Goethes Rückkunft herbeisehnte, mit allen Seelenkräften rückwärts wandte, um den Geist der griechischen Tragödie zu ergründen.

Als Goethes zweiter römischer Aufenthalt sich seinem Ende zuneigte und er unter schmerzvoll anwachsender Beklemmung seiner Heimreise entgegensah, im März 1788, erschien in Wielands *Teutschem Merkur* als Schillers erstes großes philosophisches Gedicht «Die Götter Griechenlands». Darin beklagt Schiller, dass in dem gegenwärtigen Zeitalter kein Raum mehr sei für die farben- und formenfrohe Kultur der Griechen. Vielmehr sei jetzt alles in toten Mechanismen, in seelenlosen Abstraktionen erstarrt und erstorben, während in jener wunderbaren griechischen Vorwelt unversiegliche Lebensfülle die ganze Schöpfung erquickt habe und alle Kunst eine Offenbarung der Wahrheit gewesen sei. Schiller ist überzeugt:

> Alles wies den eingeweihten Blicken,
> Alles eines Gottes Spur.

Michaels Tragik

Ja, damals lenkte der Sonnengott noch seinen goldenen Wagen «in stiller Majestät» über das Firmament,

> Wo jetzt nur, wie unsre Weisen sagen,
> Seelenlos ein Feuerball sich dreht

– wo jetzt das physikalische Weltbild herrscht und «Weisheit» nur noch darin besteht, alles zu leugnen und abzuweisen, was einstmals den Kosmos am Leben erhielt.

Hatte Goethe vor seiner Flucht in den Süden das Zeitalter der prosaischen Nützlichkeit aufs bitterste erfahren, so erlitt es nun Schiller auf seine Weise nicht minder. Auch er fühlte sich seelisch verödet und geistig verarmt im Bannkreis seiner Zeit. Mühelos strömte den Griechen eine Überfülle an Ideen zu – jetzt herrschte Geistesdürre. Gottbelebt war dem Griechen die Sinnenwelt – nunmehr war sie entseelt und götterleer. Schiller muss sich gestehen:

> Mühsam späh' ich im Ideenland,
> Fruchtlos in der Sinnenwelt.

Der neuzeitliche Mensch ist ideell verdorrt, und seine Sinne sind nur noch auf Materielles gerichtet. Die hochbegnadete Vorwelt aber, sie ist für immer dahin:

> Schöne Welt, wo bist du? – Kehre wieder,
> Holdes Blütenalter der Natur!
> Ach! nur in dem Feenland der Lieder
> Lebt noch eine goldne Spur.
> Ausgestorben trauert das Gefilde,
> Keine Gottheit zeigt sich meinem Blick,
> Ach! von jenem lebenswarmen Bilde
> Blieb nur das Gerippe mir zurück.

Winterliche Todesgewalten haben die Natur in einen Knochenmann verwandelt. Die Erde selbst ist zu einer Unterwelt, zu einem Hades geworden. Und als habe die Natur vergessen, dass sie das Werk des größten Künstlers ist, gehorcht sie der gottverlassenen Schwere, den seelenlosen Mechanismen des Ewig-Toten:

> Fühllos selbst für ihres Künstlers Ehre,
> Gleich dem toten Schlag der Pendeluhr,
> Dient sie knechtisch dem Gesetz der Schwere,
> Die entgötterte Natur!

Der erstorbene Kosmos wirft wesenlose Schatten in die vereinsamte Menschenseele. Alle Götter haben sich zurückgezogen. Geblieben ist nichts als Totenstille und gähnende Leere.

> Alle jene Blüten sind gefallen
> Von des Nordes winterlichem Wehn.
> *Einen* zu bereichern, unter allen,
> Musste diese Götterwelt vergehn.

Denn geblieben ist nur noch ein erdachtes Abstraktum, ein bildloses intellektuelles Un-Wesen. Vom Verstand hervorgebracht, soll es gleichzeitig der Hervorbringer des Verstandes sein. Und indem Schiller dieses «Eine» denkt, wird er von dessen Blitzen zu Boden geworfen:

> Dessen Strahlen mich darniederschlagen,
> Werk und Schöpfer des Verstandes! dir
> Nachzuringen, gib mir Flügel, Waagen,
> Dich zu wägen ...

Schillers Gedicht beginnt mit der Anrufung der Götter Griechenlands, die einstmals «die schöne Welt» regierten; und es endet mit der flehenden Bitte, der allein übrig gebliebene bildlose Eine möge dem Dichter die Kraft verleihen, ihm «nachzuringen». Wir fragen uns: Was ging in Schillers Seele vor, als sie das Verlöschen der lebensfrohen griechischen Götterwelt beklagte und letztlich doch nur jenem Einen, jenem Einzigen nachstreben wollte, der den ganzen heidnischen Götterhimmel leergefegt hatte? Er, dieser All-Eine, so meint der Dichter, wird nun in alle Ewigkeit herrschen – allein:

> Freundlos, ohne Bruder, ohne Gleichen,
> Keiner Göttin, keiner Ird'schen Sohn,
> Herrscht ein andrer in des Äthers Reichen,
> Auf Saturnus' umgestürztem Thron.

Michaels Tragik

> Selig, eh sich Wesen um ihn freuten,
> Selig im entvölkerten Gefild,
> Sieht er in dem langen Strom der Zeiten
> Ewig nur – sein eignes Bild.

Nicht etwa nur die Natur ist entgöttert, winterlich erstorben und weiß nichts mehr von dem Schöpfergeist, der sie lenkt. Auch die Götterwelt ist entvölkert und verödet. Ein ursprungloses Abstraktum beherrscht in absoluter Einsamkeit – nichts, nichts als sich selbst! Und diesem Unkenntlichen will Schiller nachringen? Dieser Eine schlägt ihn mit seinen eigenen Verstandesstrahlen darnieder? Will Schiller denn seinerseits «freundlos, ohne Bruder, ohne Gleichen» sein? Will er wirklich, gleich jenem monströsen Ur-Geist «selig im entvölkerten Gefild», im ewig-monotonen «Strom der Zeiten» nur immer sein eigenes Bild anstarren, das unheimlich bildlose Bild seiner selbst?

Keine Frage, Schillers Gedicht birgt unaufhebbar-absurd scheinende Widersprüche. Und doch liegt die Lösung auf der Hand. Vormals war Moses von den Strahlen des Einen, des «Ich bin der Ich-bin», im Wesenszentrum erschüttert worden. Bevor überhaupt die Götter Griechenlands die farbenfrohe Kultur der Hellenen impulsierten, hatte Jahve bereits die ganze Götterwelt entvölkert, keine Götter neben sich geduldet; und er hatte den Willen aller Angehörigen seines Volkes absolut auf sich ausgerichtet. Sein bildloses Bild allein war dem ihm dienenden Menschen geblieben. Die ganze Welt aber war zu einem Stäubchen in seiner Hand, zu einem verwehenden Rauch geworden. Schon damals diente «sie knechtisch dem Gesetz der Schwere, die entgötterte Natur!» Denn Jahve-Elohim war das absolut übernatürlich-außerweltliche Eine, war «ohne Bruder, ohne Gleichen» – was da ist, was da war, was da sein wird. Und dieser Gott hatte Moses den Monden-Spiegel des «Ich-bin» in strahlender Erhabenheit entgegengehalten.

«Von des Nordes winterlichem Wehn» hatte Jahrtausende später der neuzeitliche Mensch sich anhauchen lassen, während er, in seiner Weise, die Abstraktionskraft ausbildete, die zuletzt im 18. Jahrhundert zu einer machtvollen Stärkung des Ich-Bewusstseins und des Verlangens nach individueller Freiheit geführt hatte. Im Erden-Monden-Staub begraben, entwickelte der Mensch seine Eigenintelligenz, seinen Verstand. Eiseskälte breitete sich aus und entseelte, entgeistigte die Natur, weil der Intellekt zum toten Geist geworden war – um nur «Einen zu bereichern»: den selbstbewussten Menschen, der im Sinne Schillers mit seinem Ich-bin dem göttlichen ICH-BIN «nachzuringen» hatte.

Jahve-Kräften, bildauslöschenden Gewalten verdankt der Mensch das Punkt-Erlebnis seines «Ich». Schiller bejaht diese Kräfte als Voraussetzung des Erhabensten, was der Mensch erfahren kann, als Voraussetzung des Selbstbewusstseins seines idealisch-freien Geistwesens. Gleichzeitig aber gewahrt Schiller mit Schauder das Versiegen aller Jugendkräfte. Er sieht, wie der neuzeitliche Mensch aus seiner heilig-bildbelebten Vorwelt in eine erstorbene, geistleere Welt hineinversetzt worden ist, in eine «entgötterte Natur».

Dass Schiller nach der Veröffentlichung dieses Gedichtes von bestimmter Seite scharf angegriffen wurde, weil er angeblich die Götter Griechenlands gegen das Christentum ausgespielt hatte, kann nicht verwundern. Niemand anders als der junge Novalis bezog umso entschiedener für Schiller Stellung. Am 7. Oktober 1791 schrieb er aus Weißenfels an seinen hochverehrten Freund, er blicke voller Verachtung auf «die Schulfüchse und moralischen Krüppel und Zwerge», die «einen zu dem Feuereifer eines Elias berechtigen, der die Baalspfaffen auf gut jüdisch am Bache Kidron schlachten ließ».

Bereits eineinhalb Jahre vorher, im Juni des Jahres 1789, hatte Schiller eine Vorlesung über *Die Sendung Moses* gehalten, die er im folgenden Jahr bearbeitet herausbrachte. Sie beginnt mit Worten, die in nichts an den Dichter der «Götter Griechenlands» erinnern, ja im schärfsten Gegensatz zum ersten Teil des Gedichtes stehen, während sie den befremdlichen Schluss eindringlich erhellen. Wir lesen:

«Die Gründung des jüdischen Staates durch Moses ist eine der denkwürdigsten Begebenheiten, welche die Geschichte aufbewahrt hat, wichtig durch die Stärke des Verstandes, wodurch sie ins Werk gesetzt worden, wichtiger noch durch ihre Folgen auf die Welt, die noch bis auf diesen Tag fortdauern. ... Ja, in einem gewissen Sinne ist es unwiderleglich wahr, dass wir der mosaischen Religion einen großen Teil der Aufklärung danken, deren wir uns heutigen Tages erfreuen. Denn durch sie wurde eine kostbare Wahrheit, welche die sich selbst überlassene Vernunft erst nach einer langsamen Entwicklung würde gefunden haben, die Lehre von dem einigen Gott, vorläufig unter dem Volke verbreitet, und als ein Gegenstand des blinden Glaubens so lange unter demselben erhalten, bis sie endlich in den helleren Köpfen zu einem Vernunftbegriff reifen konnte. Dadurch wurden einem großen Teil des Menschengeschlechtes alle die traurigen Irrwege erspart, worauf der Glaube an Vielgötterei zuletzt führen muss, und die hebräische Verfassung erhielt den ausschließlichen Vorzug, dass die Religion der Weisen mit der Volksreligion nicht in direktem Widerspruch stand, wie es doch bei den aufgeklärten Heiden der Fall war. Aus diesem Standpunkt betrachtet, muss uns die Nation der Hebräer als ein wichtiges universalhistorisches Volk erscheinen, und alles Böse, welches man diesem Volke nachzusagen gewöhnt ist, alle Bemühungen witziger Köpfe, es zu verkleinern, werden uns nicht hindern, gerecht gegen dasselbe zu sein. Die Unwürdigkeit und Verworfenheit der Nation kann das erhabene Verdienst ihres Gesetzgebers nicht vertilgen, und ebensowenig den großen Einfluß vernichten, den diese Nation mit Recht in der Weltgeschichte behauptet. Als ein unreines und gemeines Gefäß, worin aber etwas sehr Kostbares aufbewahrt worden, müssen wir sie schätzen; wir müssen in ihr den Kanal verehren, den, so unrein er auch war, die Vorsicht erwählte, uns das edelste aller Güter, die Wahrheit zuzuführen; den es aber auch zerbrach, sobald er geleistet hatte, was er sollte.»

Auf eine bis in die Antike zurückweisende Tradition sich stützend, vertritt Schiller im Weiteren die Auffassung, Moses sei ein ägyptischer Eingeweihter gewesen und als solcher «zum Begriff eines einzigen höchsten Verstandes» gelangt. Und wenn erst einmal ein solcher Begriff dem menschlichen Denken einleuchte, dann werde auch die «Idee von der Einheit des höchsten Wesens» mit unbedingter Notwendigkeit «in einem menschlichen Gehirn vorgestellt». Das aber sei ein wesentlicher Inhalt der ägyptischen Mysterien gewesen. Um seine Überzeugung zu erhärten, greift Schiller auf Plutarchs berühmte Darstellung des Isis-Mysteriums zurück, indem er schreibt: «Unter einer alten Bildsäule der Isis las man die Worte: ‹Ich bin, was da ist› ... ‹Ich bin alles, was ist, was war, und was sein wird; kein sterblicher Mensch hat meinen Schleier aufgehoben.›» – Für Schiller steht fest, dass Moses eben dieses Mysterienwort in das «Ich bin der Ich-bin», das heißt in «Jahve» übersetzt habe.

Das zu großen Teilen Zeitbedingte der Schillerschen Vorlesung ist in unserem Zusammenhang nicht von Belang. Wesentlich ist hier nur die mit allem Nachdruck vorgetragene Überzeugung, dass der Vernunftbegriff des Ur-Einen zuerst dem Gehirn eines Eingeweihten entsprungen sei, wobei Moses den Mut gehabt habe, als erster Initiierter seinem unmündigen Volk den einzigen wahren Gott zu verkünden und ihm dadurch «alle die traurigen Irrwege» zu ersparen, «worauf der Glaube an Vielgötterei zuletzt führen muss». Schiller ist überzeugt, damit habe Moses sein Volk geradezu erlöst, denn er habe es vom polytheistischen Irrwahn befreit und der alleinigen Wahrheit gewürdigt. Ausdrücklich sagt Schiller von dem Religionsstifter: «Groß und herrlich steigt sie auf vor seinem Geiste, die Idee: ‹Ich will dieses Volk erlösen.›»

In dem althebräischen Monotheismus sah also Schiller das höchste Wahrheitsgut der das Göttliche erlebenden Menschheit. Derselbe Schiller aber hatte, bezeichnenderweise von dem an der Antike orientierten Wieland impulsiert, wenige Zeit zuvor in seinem Gedicht «Die Götter Griechenlands» «alle die traurigen Irrwege» der Vielgötterei ganz und gar nicht verschmäht.

Lässt sich eine schrillere Dissonanz denken? Der in abstrakter Geistigkeit lebende Schiller verherrlicht den Bildlos-Einen «in dem ewig beharrenden ICH».[113] Der *Dichter* Schiller hingegen sieht gerade in diesem gestaltlosen Einen, diesem ewig-leeren «Ich bin, was da ist», diesem «Ich bin der Ich-bin» dasjenige, was das «holde Blütenalter» der griechischen kunstdurchtränkten Vielgestaltigkeit ausgelöscht hat.

Nun lebt aber alle Kunst in Wahrnehmungen, in Anschauungen, in polyphon-gestalteten Bildern. Der Intellekt hingegen presst durch die Abstraktionskräfte alles Bildhafte aus sich heraus: Ein abgezogener Begriff ist umso umfassender und reiner, je mehr er über das Anschauliche, Vorstellungsmäßige hinausweist. So verstanden, ist die abstrakte Idee kunstlos, mehr noch – sie ist kunstfeindlich.

Versucht man vor einem solchen Hintergrund, die tiefsten Wesensschichten des Schillerschen Geistes zu ergründen, dann trifft man auf jene Seelenkräfte, die in der *Sendung Moses* geradezu emphatisch gepriesen werden: Mittels des Gehirns entstehen alle Vernunftbegriffe – und im Zentrum steht das ICH. Mit ungeheurer Schlagkraft, Schärfe und Folgerichtigkeit prägt Schiller alle seine Begriffe und Ideen, lebt er in der Ausübung seiner Denkkraft. «Sie schien ihm Erholung, nicht Anstrengung» (Humboldt).

Dagegen gewinnen wir den Eindruck, dass Schillers *Künstlertum* keineswegs in denselben Wesenstiefen angelegt war, dass es nicht von so weit her mitgebracht wurde wie seine Anlagen intellektueller Art, denen ein hoher Grad von Vollkommenheit eignete. Reicht demnach Schillers Schicksalszusammenhang mit der von Rudolf Steiner beschriebenen Vernunftströmung offensichtlich weit zurück, so ist Schillers Künstlertum als bezwingender Lebensauftrag ungeheuren Widerständen abgerungen. In einem gewissen Grade ist Schiller darin Lessing vergleichbar, der ebenfalls von der Vernunfterkenntnis ausging.

Im vollen Gegensatz dazu schöpfte Goethe sein Künstlertum aus Urquellen. Eine einzigartig-mühelose Genialität trägt seine Dichtungen in höchste Höhen künstlerischer Gestaltung hinauf – wobei ihm bezeichnenderweise jede abstrakte Ideenbildung zuwider war.

Tief ergreifend ist deshalb Schillers Bekenntnis, zu dem er sich Goethe gegenüber gleich mit dem ersten Aufkeimen des gegenseitigen Vertrauens bereitfindet. In seinem Brief vom 31. August des Jahres 1794 preist er Goethes Imaginationskraft und fährt dann fort: «*Mein* Verstand wirkt eigentlich mehr symbolisierend, und so schwebe ich, als eine Zwitterart, zwischen dem Begriff und der Anschauung, zwischen der Regel und der Empfindung, zwischen dem technischen Kopf und dem Genie. Dies ist es, was mir, besonders in frühern Jahren, sowohl auf dem Felde der Spekulation als der Dichtkunst ein ziemlich linkisches Ansehen gegeben; denn gewöhnlich übereilte mich der Poet, wo ich philosophieren sollte, und der philosophische Geist, wo ich dichten wollte. Noch jetzt begegnet es mir häufig genug, dass die Einbildungskraft meine Abstraktionen, und der kalte Verstand meine Dichtung stört. Kann ich dieser beiden Kräfte insoweit Meister werden, dass ich einer jeden durch meine Freiheit ihre Grenzen bestimmen kann, so erwartet mich noch ein schönes Los; leider aber, nachdem ich meine moralischen Kräfte recht zu kennen und zu gebrauchen angefangen, droht eine Krankheit, meine physischen zu untergraben. Eine große und allgemeine Geistesrevolution werde ich schwerlich Zeit haben in mir zu vollenden, aber ich werde tun, was ich kann, und wenn endlich das Gebäude zusammenfällt, so habe ich doch vielleicht das Erhaltenswerte aus dem Brande geflüchtet.»

Ein erschütterndes Dokument: Mit kaum zu überbietender nüchterner, verstandeskühler Objektivität erfasst Schiller sich selbst. Und das geschieht nicht etwa in einer Tagebuchnotiz, sondern in dem ersten Brief an Goethe, in dem er dessen Bitte folgt, von sich selbst zu sprechen, nachdem er kurz zuvor in seinem berühmten Geburtstagsbrief den Goetheschen Genius in seiner Einzigartigkeit fern aller «Zwitterart» wesenhaft erfasst hat. Nun analysiert er sich selbst, sein «ziemlich linkisches Ansehen». Schiller weiß: Sein kalter Verstand stört die Imaginationskraft des Dichters und seine Phantasie die Abstraktionskraft des Denkers.

Begriff und Anschauung, Intellekt und Dichtkunst paralysieren sich gegenseitig in Schillers Seele, weshalb er vor allem in jenen kritischen Jahren der philosophischen Reflexion den Zweifel an seiner Künstlerschaft niederzuringen hat. Gleichzeitig aber strebt Schiller einer umfassenden Geistesrevolution entgegen, die darin bestehen soll, dass Imagination und Abstraktion sich nicht länger stören, vielmehr einander im freien Gestalten ergänzen.

Aber auch bezüglich seiner Zukunftshoffnungen war Schiller nüchtern genug, die ihn langsam tötende Krankheit in seine Überlegungen einzubeziehen. Wie weit er trotz aller Hindernisse auf seinem schöpferischen Entwicklungsweg gelangte, wird an späterer Stelle zu betrachten sein. Hier sei nur darauf hingewiesen, dass Schillers «große und allgemeine Geistesrevolution» zu seiner Zeit unter gar keinen Umständen abschließbar war. Erst nach dem Anbruch des neuen Michael-Zeitalters war Schillers Ziel erreichbar, Idee und Imagination, Intellekt und Spiritualität im freien Menschenwesen gemeinsam wirksam werden zu lassen.

Seit Urzeiten hatte Michael inspirierend auf die unterbewussten und unbewussten Tiefen der Menschenseele gewirkt als das «Antlitz Jahves», als «Nachtgeist». Und erst nach Abschluss seiner tiefgreifenden Metamorphose, erst seit dem Jahre 1879 beginnt Michael als «Taggeist», als «Antlitz Christi»[114] zu wirken. Bis zu diesem Zeitpunkt strömte die Vorbereitung seiner Mission «in kosmischer Tragik dahin».

Du sollst dir kein Bild machen

Als das instinktive Hellsehen in der Atlantis zu verfallen begann, wurde die wichtigste Fähigkeit der nachatlantischen Menschheit, die Denkkraft, unter der Führung des Manu, den die Bibel Noah nennt, im Keime veranlagt. Dazu waren diejenigen Menschen am besten geeignet, deren atavistisches Hellsehen am weitesten zurückgetreten war. Rudolf Steiner nennt sie die «Ursemiten». Sie wurden von Manu, dem Leiter des Sonnenorakels der Atlantis, schließlich nach Zentralasien geführt, wo sie sich, eine kleine auserwählte Schar, im Tarimbecken der Wüste Gobi völlig abgeschieden weiterentwickelten.

Manu, der als Götterbote selbst im Besitz umfassender übersinnlicher Schaukräfte war, veranlasste die Stärkung der alles Hellsehen nach und nach auslöschenden Denkkraft, deren vollständige Ausbildung, mit allem, was dazugehört, das Ziel der gesamten nachatlantischen Menschheitsentwicklung ist. «Die höhere Absicht aber bei alledem ist, die Menschheit auf eigene Füße zu stellen, deren Denkkraft vollkommen zu entwickeln.»[115]

Nur mittels des Denkens kann der Mensch lernen, sich selber zu leiten, seine Führung selbst in die Hand nehmen und die Freiheit zu erringen. Deshalb war es erforderlich, dass er auch dazu gelangte, mittels der Denkkraft das Göttliche zu erfassen. Damit aber war ein tiefgreifender Umschwung im seelischen Erleben des Menschen gegeben.

Notwendigerweise lenkte Manu die Aufmerksamkeit seiner Schüler auf das Übersinnliche: «Er lehrte sie», so Rudolf Steiner in der *Akasha-Chronik* weiter, «dass unsichtbare Mächte das lenken, was sie sichtbar vor sich hätten; und dass sie selbst Diener dieser unsichtbaren Mächte seien, dass sie mit ihren Gedanken die Gesetze dieser unsichtbaren Mächte zu vollziehen hätten. Von einem Überirdisch-Göttlichen hörten die Menschen. Und dass das unsichtbare Geistige der Schöpfer und Erhalter des sichtbaren Körperlichen sei. ... Gewaltig war die Rede, die er seiner Schar immer wieder einschärfte: ‹Ihr habt bis jetzt *gesehen* diejenigen, die euch führten; aber es gibt höhere Führer, die ihr nicht sehet. Und *diesen* Führern seid ihr untertan. Ihr sollt vollziehen die Befehle des Gottes, den ihr nicht sehet; und ihr sollt *gehorchen* einem solchen, von dem ihr euch *kein Bild machen könnet.*› So klang aus dem Munde des großen Führers das höchste neue Gebot, das da die Verehrung vorschrieb eines Gottes, dem kein sinnlich-sichtbares Bild ähnlich sein konnte, von dem daher auch keines gemacht werden sollte.»

Ein gerader Entwicklungsweg führt demnach von der Keimlegung der menschlichen Denkkraft bei den Ursemiten bis hin zur Ausprägung der an das Gehirn gebundenen Intellektualität bei den Semiten, die mit Abraham ihren Anfang nahm und bei Moses in einer derart intensiven Weise zur Ausgestaltung gelangte, dass ihr machtvoller Impuls bis in unsere Tage reicht.

«Was Moses äußerlich wahrnimmt, ist nur eine Anregung. Was er eigentlich wahrnimmt, steigt aus seinem Innern auf. Daher auch die merkwürdige Abstraktheit, mit der alles auftritt, was der eigentliche Inhalt dieses hebräischen Altertums ist. Dadurch aber war der Menschheitsentwickelung eine Tendenz gegeben, die mehr von der Natur wegführt.»[116]

Hatte Manu den Blick seiner Schüler auf das unsichtbare Göttliche gelenkt, von dem sie sich kein sinnlich-sichtbares Bild machen sollten, so wurde nun das Urgebot des Sonneneingeweihten von Moses in das althebräische Volk eingepflanzt: «Du sollst dir kein Bildnis noch irgendein Gleichnis machen ...» (2. Mose 20,3). Und noch der Psalmist wird sagen: «Alle, die Bildern dienen, werden zuschanden» (Ps. 97,7).

Bevor die Griechen in unmittelbarer Verbindung mit der Naturbetrachtung ihre Verstandeskräfte auszubilden begannen, trat die Intellektualität, als eine Art Frühgeburt, bei den alten Hebräern dadurch auf, dass sie sich von der Natur abwandten und im bildlosen Innenerlebnis dem Gott unmittelbar zu begegnen suchten. «Und das führte sie zu ihrem Monotheismus. Das führte sie dazu, man möchte sagen, die ganze Welt zu moralisieren, alles auf den Willen Jahves zurückzuführen, es darauf zurückzuführen, dass Jahve es will.»[117]

Indem sich der Angehörige des althebräischen Volkes nur den Einen Gott vorstellte, von dem er sich kein Bild machen durfte, den er im unanschaulichen Innern seiner Seele mit dem Verstande zu begreifen hatte, blieb in seinem abstrakten Erleben, mit dem er ganz persönlich in jedem Augenblick verbunden sein musste, nichts Unbewusstes, nichts Instinktives wirksam; und er vernahm die Stimme des Gottes, der Moses gebot: «Sage deinem Volk: ich bin der Ich-bin.»

Damit aber wurde durch Moses die Inkarnation des göttlichen ICHBIN vorbereitet, das nur durch das menschliche Ich-bin wahrgenommen und erlebt werden kann. Dazu war aber die Ausbildung des Ich-Bewusstseins innerhalb des althebräischen Volkes erforderlich, vorerst auf der Stufe einer an das Blut gebundenen Erlebnisform, noch nicht in der durch den Christus bewirkten ichhaften Verbindung mit dem Vatergott.

«Und weil die Menschen in ihrem tiefsten Innern, mit ihrem ‹Ich-bin› diesen Christus erfassen sollen, weil sie in ihm den Heruntersteig in diese physische Welt erfassen sollen, deshalb bewahrte sich diese Menschengruppe, die den Christus am echtesten vorbereiten sollte, am festesten die Idee des gestaltlosen Gottes. ... Und so wird dieses Volk in seiner Jehova-Religion in der Tat das auf den Christus vorbereitende Volk. Nun aber muss man sich klar sein, dass alles das, was in der Welt besonders stark angestrebt werden soll, sozusagen auch von starken Impulsen ausgehen muss. Daher mussten auch diese Kräfte des bildlosen Gottes gewissermaßen überspannt werden innerhalb des Alten Testamentes: Ein ganz abstrakter bildloser Gott, der in den Mittelpunkt einer bloßen Ich-Wesenheit zusammengedrängt ist, steht im Mittelpunkt der alttestamentlichen Religion, ein Ich-Gott, ein bildloser Gott.»[118]

Obwohl also das althebräische Volk «den Christus am echtesten» vorbereitet hat, war es ganz unvermeidbar, dass die Vorstellung des gestaltlosen, bildlosen «Ich bin der Ich-bin» in ihrer unerbittlichen Abstraktheit etwas Einseitiges und Überspanntes an sich trug, das erst durch die sieben Ich-bin-Worte des Christus ausgeglichen werden konnte. Das Christus-ICH ist das Brot, das Licht, die Tür, der gute Hirte, die Auferstehung, der Weg, das Leben, der Weinstock; es offenbart sich bildhaft. Mit anderen Worten: Der Werdegang vom Alten zum Neuen Bund war zugleich die Überwindung der alles Bildhafte verzehrenden Abstraktion im erneuerten, ichhaften Ur-Bilder-Erleben.

Schiller, der von weither mit den das instinktive Hellsehen auslöschenden Seelenkräften verbunden war – weshalb auch in ihm etwas Einseitiges und Überspanntes bemerkbar ist –, bedurfte existenziell des Freundesbundes mit Goethe, der seinerseits zum schauenden Erleben aufgestiegen war und in seinen Wesenstiefen allein aus der polaren Bilder-schauenden Geistesströmung der Menschheit verstehbar ist. Wie Melchisedek auf dem Wege nach Jerusalem dem Abraham entgegenkam und ihm die Urbilderkraft von Brot und Traubensaft darreichte, worauf dieser ihm seinerseits den Zehnten gab – so verdankte Schiller dem Freundesbund mit Goethe die sonnenhaft-belebende Stärkung, die ihm seinen ureigenen Fortgang ermöglichte, während er Goethe seinerseits «den Zehnten» darbot.

Am 2. Juli des Jahres 1796 schrieb Schiller dem Freund: «... das schöne Verhältnis, das unter uns ist, macht es mir zu einer gewissen Religion, Ihre Sache hierin zu der meinigen zu machen, alles was in mir Realität ist, zu dem reinsten Spiegel des Geistes auszubilden, der in dieser Hülle lebt, um so, in einem höheren Sinne des Worts, den Namen Ihres Freundes zu verdienen.»

Das Mysterium der Freiheit

Zarathustra und Rudolf Steiner

In seiner Abhandlung über *Die Sendung Moses* vertrat Schiller die Auffassung, dass die Grundlage des Monotheismus das menschliche Gehirn sei. Von einem Eingeweihten – sagt er ausdrücklich – sei «die erste Idee von der Einheit des höchsten Wesens zuerst in einem menschlichen Gehirn vorgestellt» worden. «Die Idee von einem allgemeinen Zusammenhang der Dinge musste unausbleiblich zum Begriff eines einzigen höchsten Verstandes führen.»

Der Monotheismus – nicht etwa als Ergebnis des Hellsehens, sondern des gehirngebundenen Nachdenkens, der verstandesmäßigen Überlegung – wird in Schillers Schrift als die wichtigste Errungenschaft des aufgeklärten, mündigen Menschengeistes gepriesen. Schiller möchte deshalb in keiner anderen Zeit als der seinen leben, weil der von Moses ausgegangene Gottesbegriff nunmehr von jedem selbständig nachdenkenden Menschen erfasst und erfahren werden kann. Jeder logisch Denkende weiß: Die letzte Ursache, aus der alles abzuleiten ist, kann selber nicht verursacht sein. Der Schöpfergott, so heißt es in *Die Künstler,* ist der Unerschaffene, der «Erschaffende». Dringt der Mensch zu diesem höchsten Vernunftbegriff vor, dann erlangt er damit zugleich «das Selbstbewusstsein des reinen Geistes». Er gewahrt in sich den «Selbsturheber seines Zustandes» als den Urgrund seiner moralischen Kraft, seiner «Geistesfreiheit». Das aber ist «das absolut Große» in uns, «der Gesetzgeber selbst, der Gott in uns, der nur mit seinem eigenen Bilde in der Sinnenwelt spielt.»[119]

Das bildlos-abstrakte «Bild» des absolut Großen, des gesetzgebenden moralischen Zentrums, das wir in unserem Ich denkend erfahren, denkend wahrnehmen, «spielt» in der Sinnenwelt mit seinem «Bilde», nicht aber im Urgrund unseres sittlichen Willens. Dort waltet heiliger Ernst – die Ursubstanz aller Moralität.

Nach dem Verständnis Schillers war die Sendung des Moses mit diesem «Selbsturheber seines Zustandes» zuinnerst verbunden – weshalb Schiller mit den folgenden Worten Rudolf Steiners wohl kaum eine Schwierigkeit gehabt hätte: «Das Volk aber, das von Abraham abstammt, sollte sagen: ... Ich will die Dinge draußen miteinander kombinieren und will sehen, dass ich einen Gesamtgedanken gewinne. Und wenn ich das, was ich in der Außenwelt beobachte, in einen einzigen Gedanken zusammenpresse, dann will ich dasjenige, was mir die äußere Welt sagt, Jahve oder Jehova nennen.»[120]

Auf dem Wege des kombinierenden Denkens gelangte das abrahamitische Volk zu seinem «Ejeh asher ejeh», zu dem «Ich bin der Ich-bin» – zum Begriff eines einzigen höchsten Verstandes, zur Idee eines allgemeinen Zusammenhanges der Dinge.

In einem anderen Vortrag sagt Rudolf Steiner von Abraham: «Er war dazu ausersehen, diejenigen Fähigkeiten zuerst auszubilden, welche im eminentesten Sinn geknüpft sind an das Instrument des physischen Gehirns. ... Er war sozusagen der erste unter denen, aus deren Seelenfähigkeiten ausgelöscht wurde das alte dämmerhafte Hellsehen und deren Gehirn so zubereitet wurde, dass gerade die Fähigkeit, die sich des Gehirns bedient, am meisten zur Geltung kommt.»[121] Von Abraham wurde, in Schillers Worten, «die erste Idee von der Einheit des höchsten Wesens zuerst in einem menschlichen Gehirn» vorgestellt.[122] In Moses reifte sie aus. Und so ist, wiederum Rudolf Steiner folgend, in dem Namen Jahve oder Jehova «ein Résumé der gesamten Moses-Weisheit» gegeben. «Jahve oder Jehova, wie ihn bewusst ausspricht das hebräische Volk, ist der in einem Punkt zusammengefasste ‹Große Geist›, der hinter allen Dingen und Wesenheiten dem uralten Hellsehen erschien.»

Indem das physische Gehirn das instinktive Hellsehen auslöscht, bildet es die Grundlage für das im Punkt, im Mittelpunkt des Selbstbewusstseins zusammengepresste «Ich bin der Ich-bin». Die zerebrale Evolution der Menschheit war zuerst in Abraham so weit fortgeschritten, dass er mittels des physischen Werkzeugs des Denkens «sich erheben konnte zu dem Gedanken an einen Gott. Früher konnte der Mensch von Gott und göttlichen Dingen nur etwas wissen durch hellseherische Beobachtung. ... Mit dem Gedanken sich zu erheben zum Göttlichen, dazu brauchte es eines physischen Werkzeuges; das ist dem Abraham zuerst eingepflanzt gewesen.»[123]

Gleichsam am Endpunkt der so gekennzeichneten Gesamtentwicklung des bildlosen Denkens stehen Schillers *Worte des Glaubens*:

> Und ein Gott ist, ein heiliger Wille lebt,
> Wie auch der menschliche wanke;
> Hoch über Zeit und dem Raume webt
> Lebendig der höchste Gedanke.
> Und ob alles in ewigem Wechsel kreist,
> Es beharret im Wechsel ein ruhiger Geist.

Der höchste Gedanke lebt als heiliger Wille jenseits von Raum und Zeit, jenseits aller Gestalt im Mittel-Punkt des Ich-bin.

Durch die Fleischwerdung des Weltenwortes aber ist für das menschliche Ich der Weg gebahnt, sich mit dem Ur-Ich des Makrokosmos zu verbinden: «Ich und der Vater sind eins.» Daher konnten die höchsten Logos-Eingeweihten sagen: «Bisher hat keine einzelne fleischliche Menschlichkeit existiert, der man diesen Namen des ‹Ich-bin› so beilegen durfte, als der, der als der erste die ganze Bedeutung des ‹Ich-bin› in die Welt gebracht hat. Und daher nannten sie das ‹Ich-bin› den *Namen* des Christus Jesus. Das war der Name, in dem sich die intimsten Eingeweihten verbunden fühlten, in dem Namen, den sie also verstanden, den Namen ‹Ich-bin›.»[124]

Die Entwicklung, in deren Verlauf sich das Christus-Sonnenwesen immer mehr im Mondenspiegel des Gehirns reflektierte, war – so vernahmen wir – von Manu, dem Führer des Sonnenorakels, bereits bei den Ursemiten eingeleitet worden. Später, in der urpersischen Kulturepoche, hatte Zarathustra, der direkte Schüler des Manu, seinerseits das begriffliche Denken veranlagt. Selber im machtvollen Besitz des Hellsehens, begann er, zusammen mit seinen Schülern, die übersinnlichen Schauungen in Begriffe zu kleiden. Erst von diesem Zeitraum an wurde das okkulte Wissen allmählich verständlich «für Vernunft und Verstand der nachatlantischen Menschheit». Von Zarathustra wurde «systematisch ausgebildet das Begriffssystem der Menschheit.»[125]

In der folgenden, der ägyptisch-babylonisch-chaldäischen Kulturepoche wurden die Begriffsbildungen auf die physisch-sinnliche Welt angewendet. Da «umkleidete man die Begriffe aus dem Übersinnlichen mit dem, was man aus dem Physischen gewonnen hatte».

Einen bedeutsamen Umschwung brachte der griechisch-römische Zeitraum, indem der übersinnliche Ursprung der Begriffe zum Problem wurde. Aristoteles ist dann derjenige, welcher fragte: Darf man Begriffe auf die sinnliche Welt in der Weise anwenden, wie Platon das getan hat, der den Zusammenhang der Ideen mit der übersinnlichen Welt noch erleben konnte? Auf dem Hintergrund dieser Fragestellung wird Aristoteles zum Begründer der Logik.

Damit aber war das von Zarathustra systematisch ausgebildete Begriffssystem der Menschheit ein «recht dünnes Spinnengewebe» geworden. «Es ist das Dünnste, was der Mensch nach und nach herausgesponnen hat aus der geistigen Welt, nachdem er heruntergeschritten ist in die physische Welt. Das Dünnste, der letzte Faden aus der übersinnlichen Welt, sind noch Begriffe und Ideen. Und in dieser Zeit, als der Mensch zum letzten, für ihn gar nicht mehr glaubhaften Gewebe heruntergeschritten ist, wo er sich ganz herausgesponnen hat aus der geistigen Welt, da haben wir nun zu verzeichnen den gewaltigsten Einschlag aus der übersinnlichen Welt: den Christus-Impuls. So geht herein in unsere nachatlantische Zeit die stärkste spirituelle Realität und tritt in einem Zeitraum auf, wo der Mensch selber in sich die geringste spirituelle Begabung hat, weil er nur noch die spirituelle Begabung hat für Begriffe und Ideen.»[126]

Das Aufeinandertreffen der aristotelischen Logik und der Spiritualität des Christus-Prinzips – das betont Rudolf Steiner im selben Vortrag – kann demzufolge geradezu «gewittersturmartig auf die Seele wirken». Ist doch die Logik des Aristoteles ein «Gewebe der allerabstraktesten Begriffe und Ideen, zu denen der Mensch zuletzt heruntergeschritten ist. Und man kann sich keinen größeren Abstand denken als zwischen der Spiritualität, die sich heruntersenkte auf den physischen Plan in der Wesenheit des Christus, und dem, was sich der Mensch selber gerettet hat an Spiritualität.» Während also «das Ich der ganzen Menschheit selber hereinschlägt in die Menschheitsentwickelung», war «der Mensch als solcher eigentlich am weitesten weggerückt» von jenem Erleben der übersinnlichen Welt, das Zarathustra noch besaß, als er damit begann, das Begriffssystem auszubilden, das in der aristotelischen Logik zur Ausreifung gelangte.

Wenige Jahrhunderte nach Aristoteles – so führt Steiner weiter aus – «waren schon die Menschen überhaupt nicht mehr imstande zu wissen, wie das, was im menschlichen Kopfe beobachtet wird, zusammenhängt mit der Wirklichkeit. Und das Allerdünnste, das Trockenste in der Entwickelung des Alten ist der Kantianismus und alles, was damit zusammenhängt. Denn der Kantianismus stellt die Frage so, dass er sich überhaupt allen Zusammenhang abschneidet zwischen dem, was der Mensch entwickelt an Begriffen, zwischen der Vorstellung als Innenleben und dem, was die wirklichen Begriffe sind. Das ist alles Absterbendes, Altes, und ist daher gar nicht dafür veranlagt, das Belebende für die Zukunft zu geben.» – «Aber wir erkennen jetzt daran unsere Aufgabe: Unsere Begriffe wieder von innen heraus mit Spiritualität zu durchdringen.»

Im Dienste des Sonnenorakels hatte Zarathustra die Transformierung des übersinnlich Geschauten in abstrakte Begriffsbildungen eingeleitet.

Abraham und Moses brachten den Begriff des Jahve schrittweise zum bildlosen Innenerlebnis. In der Logik des Aristoteles kam die griechische Entwicklungsform des begrifflich-abstrakten Denkens zum Abschluss. Rudolf Steiner hingegen – am Umschlagspunkt der gesamten Evolution des reinen Gedankenlebens – rief zur umgekehrten Transformierung auf: Wir sollen unsere Begriffe und Ideen so erleben lernen, «dass sie ein Übersinnliches sind». Ja, Steiner ermutigt uns, in unseren Begriffen und Ideen «eine Garantie zu sehen für die übersinnliche Welt». Denn sie sind «ein voller Beweis für die Unsterblichkeit des Menschen».[127]

Vor etwa siebentausend Jahren intendierte Zarathustra die Metamorphose des leibfreien Schauens in das leibgebundene begriffliche Denken. Musste doch «die physische Grundlage für die Intellektualität und damit für die Ichheit»[128] gelegt und im Fortgang ausgebildet werden. Erst im letzten Drittel des 19. Jahrhunderts, als Gabriel, der das Gehirn noch einmal bearbeitet hatte, das Regiment an Michael übergab, war die physische Grundlage des neuen, vollbewussten Hellsehens zum Abschluss gelangt. Seither kann in den Begriffen und Ideen die Perle des übersinnlichen Schauens gefunden werden, die seit sieben Jahrtausenden darin ruht.

«Niemand könnte abstrakt denken, wirkliche Gedanken und Ideen haben, wenn er nicht hellsichtig wäre, denn in den gewöhnlichen Gedanken und Ideen ist die Perle des Hellsehens von allem Anfang an. Diese Gedanken und Ideen entstehen genau durch denselben Prozess der Seele, durch den die höchsten Kräfte entstehen. Und es ist ungeheuer wichtig, dass man zunächst verstehen lernt, dass der Anfang der Hellsichtigkeit etwas ganz Alltägliches ist: man muss nur die übersinnliche Natur der Begriffe und Ideen erfassen. Man muss sich klar sein, dass aus den übersinnlichen Welten die Begriffe und Ideen zu uns kommen, dann erst sieht man richtig.»[129]

Zwar wird in Ideen und Begriffen «zum abstrakten Verstande gesprochen», aber sie stammen nicht aus der sinnlichen, sondern aus der übersinnlichen Welt. Weshalb Rudolf Steiner dem spirituell strebenden Menschen zuruft: «Mensch, erkühne dich, deine Begriffe und Ideen als die Anfänge deines Hellsehertums anzusprechen.»[130]

Dass Schiller sich danach sehnte, seine Denkkraft zum Quellpunkt des neuen Hellsehens, der freien Imagination werden zu lassen, bezeugt sein Brief an Goethe vom 31. August 1794. Darin schreibt er: «Ihr Geist wirkt in einem außerordentlichen Grade intuitiv und alle Ihre denkenden Kräfte scheinen auf die Imagination, als ihre gemeinschaftliche Repräsentantin, gleichsam kompromittiert[131] zu haben. Im Grunde ist dies das Höchste, was der Mensch aus sich machen kann.» Schiller seinerseits strebte danach, die Imagination, die «große und allgemeine Geistesrevolution», auf dem ihm gemäßen Wege zu erreichen.

Schillers Schicksal war zuinnerst verwoben in den gesamten Werdegang der Vernunfterkenntnis, die mit der Einsargung des alten, instinktiven Hellsehens in Begriffsbildungen durch Zarathustra begonnen hatte und die mit der Auferstehung des logisch-begrifflichen Denkens im neuen, vollbewussten Hellsehen durch Rudolf Steiner ihren wahren Sinn offenbart.

Der Pfingstgeist

Nur auf der Grundlage des Denkens vermag der Mensch sein freies Ich zu entwickeln. Der Denkende lebt in einer unsinnlichen, unanschaulichen Sphäre, in der er von der sinnlichen Welt ebenso absehen muss wie von der übersinnlichen. Anders kann er seine Begriffe nicht entwickeln, anders nicht seine moralische Freiheit verwirklichen.

In seinem Buch *Wie erlangt man Erkenntnisse der höheren Welten?* hat Rudolf Steiner deshalb ausgeführt, dass sich die Seele im Erleben reiner Gedanken «fortschreitend unabhängiger vom Leibe [macht], als sie im Wahrnehmungs- und Willensleben ist».[132] Er fügt hinzu: «Für die hier gemeinte übersinnliche Seelenbetätigung ist es außerordentlich bedeutsam, in voller Klarheit das Erleben des reinen Denkens zu durchschauen. Denn im Grunde ist dieses Erleben selbst schon eine übersinnliche Seelenbetätigung. Nur eine solche, durch die man noch nichts Übersinnliches schaut. Man lebt mit dem reinen Denken im Übersinnlichen; aber man erlebt nur *dieses* auf eine übersinnliche Art; man erlebt noch nichts anderes Übersinnliches. Und das übersinnliche Erleben muss sein eine Fortsetzung desjenigen Seelen-Erlebens, das schon im Vereinigen mit dem reinen Denken erreicht werden kann. Deshalb ist es so bedeutungsvoll, diese Vereinigung richtig erfahren zu können. Denn von dem Verständnis dieser Vereinigung aus leuchtet das Licht, das auch rechte Einsicht in das Wesen der übersinnlichen Erkenntnis bringen kann.»

Und doch ließe sich die Frage stellen: Warum haben die göttlichen Schöpfermächte Wesen entstehen lassen, die fähig sind, Begriffe zu bilden und in reinen Gedanken zu leben? Auf diese Frage ist Rudolf Steiner in einem Vortrag eingegangen. Er antwortet: «Aus dem Grunde, weil sie nur in Menschen Fähigkeiten entwickeln konnten, die sie sonst überhaupt nicht hätten entwickeln können: die Fähigkeit zu denken, in Gedanken sich etwas vorzustellen, sodass diese Gedanken an Unterscheidung gebunden sind. Diese Fähigkeit kann erst auf unserer Erde ausgebildet werden; sie war früher überhaupt nicht da, sie musste erst dadurch kommen, dass eben Menschen entstanden sind.»[133]

Wie ein Samenkorn in die Erde gelegt werden muss, damit es sich entwickeln kann, so musste die kosmische Intelligenz in die Erde gesenkt werden, damit sie «in Form von Gedanken aufgehen» kann. «Sodass dasjenige, was Menschen hier auf dem physischen Plan denken, ein Einzigartiges ist und zu dem hinzukommen muss, was in den höheren Welten möglich ist. Der Mensch war tatsächlich notwendig, sonst hätten ihn die Götter nicht entstehen lassen. ... Und wer nicht denken will auf der Erde, der entzieht den Göttern das, worauf sie gerechnet haben, und kann also das, was eigentlich Menschenaufgabe und Menschenbestimmung ist auf der Erde, gar nicht erreichen. Er kann es nur erreichen in derjenigen Inkarnation, wo er sich darauf einlässt, wirklich denkerisch zu arbeiten.»

Als Goethe, wohl in derselben Zeit seines zweiten römischen Aufenthalts, in der auch die Szene «Wald und Höhle» entstand, die «Hexenküche» dichtete, setzte er Faust den alles vernünftige Denken paralysierenden Vitalkräften aus. Auf Mephistos Wunsch braut die Hexe einen Verjüngungstrunk und spricht dazu die Worte:

> Die hohe Kraft
> Der Wissenschaft,
> Der ganzen Welt verborgen!
> Und wer nicht denkt,
> Dem wird sie geschenkt,
> Er hat sie ohne Sorgen.

Die das logische Denken des Menschen verachtenden und untergrabenden Mächte trachten danach, Faust auf ihrem «Wege mit hinab» zu führen. Zuerst attackieren sie ihn am *geistigen* Zeugungspol und gaukeln ihm vor, «dass wir nichts wissen können!» Der Agnostizismus will Faust «das Herz verbrennen». Denn der mephistophelische Geist, der Fausts Denken parasitär durchsetzt, hat in ihm allen Glauben an den Wert von Philosophie und Wissenschaft, alles Vertrauen in die menschliche Eigenintelligenz ausgelöscht und sucht ihn dadurch in seinen Bann zu ziehen – in die Selbstvernichtung hineinzutreiben. Um sicherzugehen, führt er den geistig Erblindeten in die «Hexenküche» und entfacht am *leiblichen* Zeugungspol irrationale Triebgewalten. Auf diese Weise hofft «der Geist, der stets verneint», die Seelenmitte Fausts zu zerreißen – womit der Dichter zugleich das Urbild der Bedrohung des zur Eigenintelligenz gelangten Menschen erlebbar werden lässt.

Goethe hat in die tragische Gefährdung der neuzeitlichen Menschheit tief hineingeblickt. Aber er zeigt in seiner *Faust*-Dichtung auch auf, dass der menschliche Geist zur Kommunion mit dem Weltgeist gelangen kann. Sein Faust darf eben wirklich sagen:

> Erhabner Geist, du gabst mir, gabst mir alles,
> Warum ich bat. Du hast mir nicht umsonst
> Dein Angesicht im Feuer zugewendet.

Die menschliche Eigenintelligenz ist sehr wohl fähig, sich zu läutern und mit der kosmischen Intelligenz wieder zu verbinden. Der im Geistesfeuer sich offenbarende Logos vermag dem erkennenden Menschen sein Antlitz zuzuwenden. Menschliche Begriffe und Ideen sind Geistes-Samen, die der Erde übergeben wurden, damit sie zu Erkenntnis-Früchten ausreifen, die auf keine andere Weise entstehen können. Auf dem Acker des Denkens arbeitet der Begriffe und Ideen erbildende Mensch im Dienste der Götter seines Ursprungs und bewirkt ein substanzielles Geschehen, das ohne den Menschen nicht vorhanden wäre.

In dem genannten Vortrag vom November 1909 betont Rudolf Steiner deshalb: «Es gibt keine andere Möglichkeit, Gedanken zu züchten von den höheren Welten herunter, als sie in Menscheninkarnationen aufgehen zu lassen.» Und etwas später heißt es: «Was sich aus den höheren Welten offenbart, das prägt sich am allerbesten ein in diejenigen Formen des Vorstellens, die wir als Gedanken diesen höheren Welten entgegenbringen; das ist das beste Gefäß.»

Gleichzeitig haben die reinen Gedanken – wie Steiner seinen Zuhörern weiter bewusst macht – eine unersetzliche Bedeutung für unser eigenes nachtodliches Leben. «Die Gedanken geben dann die Substanz her, das, was da ist, in der geistigen Welt zu ergreifen. Dadurch erhalten wir die Fähigkeit, wirklich in der geistigen Welt zu leben, dass wir das ergreifen in unserer sinnlichen Welt, was nicht mehr von Elementen der Sinnlichkeit durchsetzt ist und doch hier auf dem physischen Plan ist. Das sind einzig und allein die Gedanken. Wir dürfen nichts mitbringen in die geistige Welt als lediglich die Gedanken; von einem Kreis zum Beispiel nichts von der Kreide, sondern lediglich die Gedanken von dem Kreise. Mit diesen können Sie aufsteigen in die geistigen Welten. Von dem Bilde dürfen Sie nichts mitbringen.»

Nicht also das Hellsehen, und sei es noch so umfassend, ist von entscheidender Bedeutung in unserem nachtodlichen Leben. «Gerade das hat den Wert nach dem Tode: was man verstanden hat, gleichgültig, ob es geschaut ist oder nicht. Und nehmen Sie den tiefsten Eingeweihten: durch sein Hellsehen kann er die ganze geistige Welt schauen, aber das erhöht seine Bedeutung nach dem Tode nicht, wenn er nicht in menschlichen Begriffen diese Tatsachen auszudrücken imstande ist. Nach dem Tode helfen ihm nur diejenigen Dinge, die er hier als Begriffe hat. Das sind die Samenkörner für das Leben nach dem Tode.»

Kosmische Intelligenz wird als göttlicher Same in den Erdenmenschen gesenkt. Im gewissenhaften intellektuellen Arbeiten gehen diese Samen auf und verwandeln sich zuletzt in reine Begriffe, in reine Ideen, die eine ebenso große Bedeutung für die Hierarchien haben wie für den Menschen selbst. Und indem diese Geistgebilde nachtodlich ihre verborgene Kraft freisetzen, entwickelt sich das menschliche Geistwesen als ein Kind des Ich-Urgrundes der Welt.

Daher konnte Rudolf Steiner in *Mein Lebensgang* schreiben, dass er «nirgends in das Geistgebiet auf einem mystisch-gefühlsmäßigen Wege vordrang, sondern überall über kristallklare Begriffe gehen wollte». Das *Erlebnis* von Begriffen und Ideen führte ihn «aus dem Ideellen in das Geistig-Reale».[134]

Wir können das Pfingst-Mysterium der individuellen Freiheit und der gemeinschaftsbildenden Kraft des Heiligen Geistes nicht erleben lernen, wenn wir die vorstehend angedeuteten Zusammenhänge außer Acht lassen. Denn nur auf der Grundlage unserer abstrakt-unanschaulichen Gedanken können wir unsere Freiheit erlangen; und nur über kristallklare reine Begriffe gelangen wir als freie menschliche Geistwesen in die übersinnlichen Welten. Die Gemeinschaft freier Menschen-Iche kann nicht von instinktiven, unterbewussten gemeinschaftsbildenden Kräften impulsiert und getragen sein. Der heilige Pfingstgeist wirkt einzig und allein im Zusammenklang mit vollbewussten Seelenkräften – mit dem auflebenden Geistselbst des Menschen, in dem sich das rein begriffliche, unanschauliche Denken, die Grundlage der freien Individualität, nach und nach in spirituelle Schau metamorphosiert.

Als die *Taube* über dem Jesus von Nazareth erschien und der Christus sich mit ihm verband, trat an die Stelle eines Menschen-Ich das Menschheits-Ich. Würde sich dieser Vorgang bei jedem Menschen, der den Christus in sich aufnimmt, in gleicher Weise wiederholen, dann würden alle menschlichen Iche vernichtet: Der Sinn der gesamten Evolution würde durch das Mysterium von Golgatha ausgelöscht werden – nicht etwa nur für den Menschen, sondern für die göttlichen Wesen selbst, die den Menschen schufen.[135]

Als die *feurigen Zungen* über den Jüngern erschienen, verband sich der vom Vater und vom Sohn gesandte Heilige Geist mit den zur Freiheit berufenen menschlichen Ichen als die prophetische Offenbarung der alle Völker und Rassen übergreifenden Gemeinschaftsbildung im eigenständigen Erleben der Wahrheit, gemäß der Verheißung: «Ihr werdet die Wahrheit erkennen, und die Wahrheit wird euch frei machen» (Joh. 8, 31f.).

In den *alten* Mysterien führte der vom Vatergott ausgehende Heilige Geist jedes Menschen-Ich zurück zu dem Ich des Urgrunds. Und noch über dem Jesus von Nazareth erschien dieser Heilige Geist nicht in feurigen Zungen, sondern als eine von dem Ur-Ich ausgehende Taube. Der vom Sohnesgott impulsierte Heilige Geist verbindet, in den *neuen* Mysterien, jeden Menschen als freies Ich mit dem Ich-Urgrund – weshalb dieser Geist in der Imagination als ebensoviele Feuerzungen wahrnehmbar ist, wie er von menschlichen Individualitäten in Freiheit aufgenommen wird.

Auf diese Zusammenhänge ist Rudolf Steiner unter anderem mit folgenden Worten eingegangen: «Die Art und Weise, wie der Christus noch den Aposteln, den Jüngern auch nach seiner Auferstehung sichtbar war, diese Art und Weise verschwand: Der Christus hielt seine Himmelfahrt. Aber er sandte den Menschen diejenige göttliche Wesenheit, die nun nicht das Ich-Bewusstsein auslöscht, zu der man sich erhebt nicht im Anschauen, sondern gerade im unanschaulichen Geiste. Er sandte den Menschen den Heiligen Geist. So ist eigentlich der Heilige Geist dasjenige, was von dem Christus gesandt werden sollte, damit der Mensch sein Ich-Bewusstsein behalten könne und der Christus dem Menschen unbewusst innewohnen kann.»[136]

Auf diese Weise blieb die nur im Unanschaulichen zur Entwicklung gelangende individuelle Freiheit bewahrt. Die Möglichkeit war gegeben, überall über kristallklare Begriffe in das Geistgebiet zu gehen, überall Begriffe und Ideen zum Ausgangspunkt zu nehmen für die Vereinigung mit dem Geistig-Realen, mit dem Heiligen Geist. Das reine Denken – im Sinne der *Philosophie der Freiheit* –, dem der Christus unbewusst innewohnen kann, ist das Fundament des neuen Mysterienbaues: Der freie Menschengeist vermag seither «aus dem Ideellen in das Geistig-Reale» hinaufzustreben, indem er seine Begriffe zu kultischen Gefäßen des Heiligen Geistes ausgestaltet.

Es liegt also durchaus im Wesen des Christentums begründet – so Steiner im selben Vortrag –, «dass man auch ohne die Anschauung des Christus selber in ihm zu der Auferweckung des Geistes kommen kann. Indem der Christus der Menschheit den Heiligen Geist sandte, hat er sie befähigt dazu, aus dem Intellektuellen heraus selber sich aufzuschwingen zum Begreifen des Geistigen. Es darf daher nicht gesagt werden, der Mensch könne das geistige Übersinnliche nicht durch seinen Geist begreifen.»

Im Gesamtwerk Rudolf Steiners finden sich die unterschiedlichsten Darstellungen des «reinen Denkens». Zum Teil scheinen sie einander vollkommen zu widersprechen. Auf der einen Seite wird Steiner nicht müde zu zeigen, wie sich das reine Denken in der Neuzeit dadurch herausgebildet hat, dass sich der menschliche Geist jahrhundertelang naturwissenschaftliche Begriffe errungen hat und das reine Denken in abstrakten, unanschaulichen Begriffen abläuft. Andererseits betont er immer wieder, das reine Denken werde erst dann erlebt, wenn die Denk*kraft*, der die reinen Gedanken entstammen, erfahren wird. Dementsprechend lautet der 155. Leitsatz: «In der kosmischen Gegenwart nimmt der Mensch mit seinen ihn befreienden Gedankenkräften an dem erstorbenen ... Makrokosmos teil.» Dieses reine Denken ist tot. Von dem in der *Philosophie der Freiheit* wirksamen reinen Denken hingegen wird immer wieder gesagt, es sei erstmalig kein totes. Und in den Vorträgen zur *Anthroposophischen Gemeinschaftsbildung*, so sahen wir bereits, werden die eben nur scheinbar widersprüchlichen Charakterisierungen des reinen Denkens zusammengeschaut. Dort heißt es: «Von dem Christus-Impuls muss durchdrungen werden dasjenige, was unser Heiligstes in diesem Zeitalter ist: die Fähigkeit, reine Begriffe zu fassen und die Fähigkeit der Freiheit. Das Christentum ist nicht vollendet, das Christentum ist gerade dadurch groß, dass die einzelnen Entwicklungsimpulse der Menschheit nach und nach von diesem Christus-Impuls durchtränkt werden müssen. Der Mensch muss lernen, mit dem Christus rein zu denken, mit dem Christus ein freies Wesen zu sein.»[137]

Das reine Denken verdankt der Mensch dem Vatergott, der ersten Hierarchie. Dieses Denken ist die unerlöste Vernunft und damit zugleich die Voraussetzung unserer Freiheit – unserer «Vernunftfreiheit» im Sinne des von Schiller oft gebrauchten Wortes. Dieses reine Denken nach und nach mit dem Christus-Impuls zu durchdringen und damit zu beleben, heißt nichts Geringeres, als den Heiligen Geist in diesem unanschaulichen Denken aufleben zu lassen – was aber vor dem Anbruch des neuen Michael-Zeitalters, also auch in der Goethe-Schiller-Zeit, im Sinne der *Philosophie der Freiheit* noch nicht möglich war.

Unsere «Abstraktionsfähigkeit» ist «ein himmlisches Geschenk» – «unser Heiligstes in diesem Zeitalter» der Freiheit. Nun müssen wir «lernen, mit Christus rein zu denken, mit Christus ein freies Wesen zu sein».[138] Die Fähigkeit, ein abstraktes, unanschauliches Denken eigenständig auszubilden, ist ein Heiligstes im Zeitalter der Bewusstseinsseele. Aber nur dann wird es uns zum Heile gereichen, wenn wir es dem Geist der Wahrheit entgegentragen, dem heiligen Pfingstgeist der Menschheitszukunft.

«Der Vater ist der ungezeugte Zeugende, der den Sohn hereinstellt in die physische Welt. Aber zu gleicher Zeit bedient sich der Vater des Heiligen Geistes, um mitzuteilen der Menschheit, dass im Geiste erfassbar ist das Übersinnliche, auch wenn dieser Geist nicht geschaut wird, sondern wenn dieser Geist nur innerlich auch sein abstraktes Geistiges zum Lebendigen hinaufarbeitet, wenn er durch den ihm innewohnenden Christus den Gedankenleichnam, den wir von unserem vorgeburtlichen Dasein haben, zum Leben erweckt.»[139]

Das Mysterium der Freiheit

Die zehnte Hierarchie

Der abstrakte Gedanke ermöglicht uns gerade dadurch unser Freiheitsbewusstsein, dass er uns kalt lässt: Er ist ein eisiger Leichnam, ein Schatten, ein Nichts. Würde unsere Abstraktionen hervorbringende Denkkraft ein Eigenleben haben, dann würde unser freies Selbstbewusstsein niemals entstehen. Aber nur ein selbstbewusst schaffendes Geistwesen besitzt Eigenverantwortung, wird zum Quell eines moralischen Geschehens. Durchglüht unser idealischer Liebeswille unsere toten Gedanken, unser reines Denken, dann keimt in uns «ein neuer Himmel und eine neue Erde» – eine zehnte Hierarchie.

Zwar lebte Schiller in einer abstrakten Geistigkeit, aber er lebte in ihr nicht um ihrer selbst willen. Schiller wusste – das geht aus seinen Briefen *Über die ästhetische Erziehung des Menschen* mit aller Deutlichkeit hervor –, dass uns das bloße Denken in leblose Abstraktionen hineinführt und wir uns mit den abgezogenen Begriffen auf einem «nackten Gefilde» befinden. Denn der Abstraktionsgeist verzehrt «das Feuer, an dem das Herz sich hätte wärmen und die Phantasie sich entzünden sollen». Der alles zerspaltende Verstand löscht die Bilder-schaffenden Lebenskräfte aus. «Der abstrakte Denker hat daher gar oft ein *kaltes* Herz, weil er die Eindrücke zergliedert, die doch nur als ein Ganzes die Seele rühren.»

Wir sehen, Schiller ist sich der Gefahr voll bewusst, der die neuzeitliche Kultur dadurch ausgesetzt ist, dass der alles auskältende Abstraktionsgeist die Herzenskräfte ergreift und ihrerseits in Eiswüsten zu verwandeln droht. Mit tiefer Sorge sieht er, dass es die Kultur selbst war, «welche der neueren Menschheit diese Wunde schlug». Daher hat nach Schillers Überzeugung alles zu geschehen, das Herz des Menschen zu stärken, damit es den verheerenden Auswirkungen der modernen Intellektualität standhalten kann: «Nicht genug also», – heißt es im 8. Brief – «dass alle Aufklärung des Verstandes nur insofern Achtung verdient, als sie auf den Charakter zurückfließt; sie geht auch gewissermaßen von dem Charakter aus, weil der Weg zu dem Kopf durch das Herz muss geöffnet werden. Ausbildung des Empfindungsvermögens ist also das dringlichste Bedürfnis der Zeit, nicht bloß weil sie ein Mittel wird, die verbesserte Einsicht für das Leben wirksam zu machen, sondern selbst darum, weil sie zu Verbesserung der Einsicht erweckt.»

Die zehnte Hierarchie

Während also Schiller erkennt, dass alle intellektuelle Wissenserweiterung nur dann segensvoll ist, wenn sie sich in einen ethischen Wert verwandelt und das Herz, das Ich des Menschen entwickeln hilft, weiß er doch auch, dass die Kultur auf keinem anderen Wege fortschreiten konnte als durch die nachhaltige Einwirkung des alles auskältenden Abstraktionsgeistes. Und so kann Schiller am 13. Juli 1793 dem Herzog von Augustenburg schreiben: «Ich möchte nicht gern in einem anderen Jahrhundert leben und für ein anderes wirken. Man ist ebenso gut Zeitbürger, als man Weltbürger, Staatsbürger, Hausvater ist.»

An der Schwelle zum 19. Jahrhundert hatten die Abstraktionskräfte des toten Intellekts in einem Grade zugenommen, der Schiller durchaus recht war. Hatte vormals das bildlose Denken des Moses das Erleben des «Ich bin der Ich-bin» ermöglicht und dadurch die Menschheit mit dem ersten Morgenrot der Freiheit beschenkt, so kam in seinen Augen nunmehr die Zeit herauf, in der die moralischen Gebote aus dem zu seiner Freiheit erwachenden Ich aufzusteigen vermögen – wenn dieses Ich die außerweltliche Gottheit in seinen innerweltlichen Willen aufnimmt und dadurch die abstrakten Vernunftideen zu lebengestaltenden Idealen erhebt. Das aber ist, im Schillerschen Sinne, der Übergang des Menschen vom Geschöpf zum Schöpfer.

Es sei an dieser Stelle an Worte erinnert, die sich in *Anmut und Würde* finden: «Bloß organische Wesen sind uns ehrwürdig als *Geschöpfe*, der Mensch aber kann es uns nur als *Schöpfer* (d.i. als Selbsturheber seines Zustandes) sein. Er soll nicht bloß, wie die übrigen Sinnenwesen, die Strahlen fremder Vernunft zurückwerfen, wenn es gleich die göttliche wäre, sondern er soll, gleich einem Sonnenkörper, von seinem eigenen Lichte glänzen.»

Die gesamte Schöpfung ist von der göttlichen Vernunft sonnenhaft durchströmt. Alle Geschöpfe künden von der erhabenen Weisheit des Urgrundes. Der Mensch aber ist das einzige Wesen, das in seinem eigenen Zentrum die Sonne des schöpferischen Geistes aufgehen sieht, das mit Eigenintelligenz, mit Freiheit begabt ist, die zur Liebe werden kann, weil alle Freiheits-Liebe sich in Liebes-Freiheit zu vollenden vermag. Ohne Freiheit keine wahre Liebe, ohne Liebe keine wahre Freiheit. «Die Liebe allein», heißt es in *Anmut und Würde*, «ist also eine freie Empfindung, denn ihre reine Quelle strömt hervor aus dem Sitz der Freiheit, aus unserer göttlichen Natur!» Diese birgt in sich «das absolut Große selbst».

So der vierunddreißigjährige Schiller. Aber bereits der Neunzehnjährige hatte den Weisheits-, den Erkenntnisquell mit dem Urwesen der Liebe vereint, indem er in seiner Festrede zum Geburtstag der Franziska von Hohenheim, «frei, mit der offenen Stirne der Wahrheit» ausgerufen hatte: «Und was sagte von der Tugend der große Lehrer der Menschen? Sie ist Liebe zu Gott und den Menschen. Wer kann glücklich machen ohne Liebe? wer glücklich machen ohne Verstand? – Wer Gott lieben – wer Menschen lieben ohne Weisheit? So ist wiederum Tugend das harmonische Band von Liebe und Weisheit! So redet der Gesetzgeber aus dem Donner vom Sinai! – so der Gottmensch auf dem Tabor!»

Menschentum ist Freiheit: Freiheit ist Liebe, durchleuchtet von Weisheit. Ihr Urquell aber ist der Gottmensch auf dem Tabor. Weshalb es «dem Vortrefflichen gegenüber keine Freiheit gibt als die Liebe».[140]

Der vom Geschöpf zum Schöpfer aufsteigende Mensch verwirklicht sich in der Liebes-Freiheit. Damit aber ist er zur Eigenverantwortung aufgestiegen: Die weitere Erdenentwicklung wird in seine Hände gelegt. So sieht es Schiller. Und Rudolf Steiner bestätigt es, indem er betont, «dass wir schon in einem Zeitalter leben, in dem es der Menschheit übergeben ist, mitzuwirken an der Metamorphose der Erdenentwickelung, dass aufgenommen werden muss in das menschliche Gemüt, was allgemeiner Weltverstand ist, und dass hinausfließen muss aus dem Menschen in der Form der allgemeinen Menschenliebe, die aber nur im reinen Denken zu erreichen ist, dasjenige, was individuell im Menschen als Begehrungsvermögen lebt.»[141]

Die Menschheitszukunft gründet sich auf die im reinen Denken zur Freiheit gelangte Individualität, die schöpferisch wird in der Verwirklichung moralischer Ideale. Denn – wie es im philosophischen Hauptwerk Rudolf Steiners heißt: «Das menschliche Individuum ist Quell aller Sittlichkeit und Mittelpunkt des Erdenlebens.»[142] Indem der Geist der Wahrheit als durchchristete Vernunft im Ich-Zentrum des Menschen zu sprechen beginnt und dadurch zur pfingstlichen Feuerzunge wird, erweist er sich als die zukunftsbildende Gemeinschaftskraft. – Denselben Gedanken fasst Schiller in die Worte:

Schöne Individualität

Einig sollst du zwar sein, doch *eines* nicht mit dem Ganzen.
Durch die Vernunft bist du eins, einig mit ihm durch das Herz.

Die zehnte Hierarchie

Stimme des Ganzen ist deine Vernunft, dein Herz bist du selber;
Wohl dir, wenn die Vernunft immer im Herzen dir wohnt.

In seinem Zyklus *Geistige Hierarchien und ihre Widerspiegelung in der physischen Welt* hat Rudolf Steiner den Menschen als eine im Entstehen begriffene schöpferische Wesenheit dargestellt, die dazu berufen ist, «aus sich selbst heraus das Ziel zu erreichen, das selbst die höchsten Seraphim nicht aus sich selbst erreichen können». Denn erst der Mensch erlangt mit der Möglichkeit der Freiheit auch «die Möglichkeit, aus eigener Kraft sich zu entwickeln». Er ist darauf angelegt, «sich durch eigene Kraft über Irrtum und Böses zu erheben».[143]

Der Mensch ist *Herkules am Scheidewege*: Er hat sich zu entscheiden zwischen Tugend und Laster, zwischen Gut und Böse. Das aber setzt den absolut freien Charakter der menschlichen Individualität voraus. Denn nur dasjenige Geistwesen, das aus dem eigenen Willen heraus auch Böses zu tun vermag, ist mit wahrer Freiheit begabt. Es ist fähig, aus seinem eigenen Selbst heraus etwas zu tun, das nicht einmal die im Anblick der Trinität handelnden Seraphim zu tun vermögen. Der Mensch ist in der Tat jener Schillersche Herkules, zu dem Zeus sagt:

Nicht aus meinem Nektar hast du dir Gottheit getrunken;
Deine Götterkraft war's, die dir den Nektar errang.

In dem genannten Zyklus führt Rudolf Steiner weiter aus, dass der Mensch sich in Zukunft «nicht aus dem Anschauen der Gottheit, wie die Seraphim, sondern aus dem tiefsten Innern heraus» mit dem Mysterium von Golgatha verbinden können soll. «Denn nicht genügt es, dass der Christus anwesend wird im menschlichen Astralleib, sondern der Christus muss, wenn er wirklich verstanden werden soll, im menschlichen Ich anwesend werden. Und das Ich muss sich frei entschließen, den Christus aufzunehmen. Das ist es, worauf es ankommt. Aber gerade dadurch nimmt dieses menschliche Ich, wenn es sich mit dem Christus verbindet, eine Realität in sich auf, eine göttliche Kraft, nicht bloß eine Lehre. ... Dadurch also nimmt der Mensch die Christus-Kraft auf, dass er sie freiwillig aufnimmt.»

Die völlig neuartige Entwicklungsform des menschlichen Wesens kommt darin zum Ausdruck, dass das Erlösungswerk des Christus der wahrhaften Freiheit des Menschengeistes Rechnung trägt. «Und als ein freier Helfer ist ihm der Christus in der Welt erstanden, nicht als ein Gott, der von oben wirkt, sondern als ein Erstgeborener unter vielen. So verstehen wir erst die ganze Würde und Bedeutung des Menschen innerhalb der Glieder unserer Hierarchien, und wir sagen uns, wenn wir zu der Herrlichkeit und zu der Größe der höheren Hierarchien hinaufschauen: Sind sie auch noch so groß, so weise, so gut, dass sie niemals von dem rechten Pfade abirren können, so ist doch die große Mission des Menschen, dass er die Freiheit in die Welt bringen soll und mit der Freiheit erst dasjenige, was man im wahren Sinne des Wortes Liebe nennt. Denn ohne die Freiheit ist Liebe unmöglich. Ein Wesen, welches unbedingt einem Impuls folgen muss, folgt ihm eben; ein Wesen, das auch anders handeln kann, für das gibt es nur eine Kraft, um zu folgen: die Liebe. Freiheit und Liebe sind zwei Pole, die zusammengehören. Sollte daher in unserem Kosmos die Liebe einziehen, so konnte das nur geschehen durch die Freiheit, das heißt durch Luzifer und seinen Besieger, und zu gleicher Zeit durch des Menschen Erlöser, durch den Christus. Daher ist die Erde der Kosmos der Liebe und Freiheit. ... Seraphim, Cherubim und Throne, sie folgen den unmittelbaren Impulsen unter dem Anschauen der Gottheit; Herrschaften, Mächte und Gewalten, sie sind noch so gebunden an die höheren Mächte, dass sie abkommandiert werden müssen, damit die Entwickelung zum Menschen vorwärtsschreiten kann. Auch noch Erzengel und Geister der Persönlichkeit können nicht fehlen, können also nicht durch freien Willen heruntersinken in ein Böses. Deshalb nannte man die Geister der unmittelbar höheren Hierarchien Boten und Erzboten, um anzudeuten, dass sie nicht ihre eigenen Aufträge, sondern dass sie die Aufträge ausführen derjenigen, die über ihnen stehen. Im Menschen wird aber eine Hierarchie heranwachsen, die die eigenen Aufträge ausführt. Durch die Jupiter-, Venus- und Vulkanentwickelung hindurch wird der Mensch heranreifen zum Ausführer seiner eigenen Impulse. Wenn er auch heute noch nicht so weit ist, er wird dazu heranreifen. ... Nach den Erzengeln und Engeln, den Erzboten und Boten, wird anzureihen sein der Reihe der Hierarchien der Geist der Freiheit oder der Geist der Liebe, und das ist, von oben angefangen, die zehnte der Hierarchien, die allerdings in Entwickelung begriffen ist, aber sie gehört zu den geistigen Hierarchien. Nicht um Wiederholung handelt es sich im Weltenall, sondern jedesmal, wenn ein Umlauf gemacht ist, wird Neues eingefügt der Weltenevolution. Und dieses Neue einzufügen, ist immer die Mission der entsprechenden Hierarchie, die auf der Stufe ihrer Menschheit steht.»

Die zehnte Hierarchie

Das Urbild des Menschen beinhaltet die Möglichkeit, sich aus eigener Kraft zu verwirklichen, wenn sich der Mensch freiwillig mit der Christus-Wesenheit verbindet. Soll er doch dazu heranreifen, Aufträge auszuführen, die er sich selbst erteilt; darin besteht seine ureigene Würde und Bedeutung. Nur so kann die Erde zu einem Kosmos der Liebe werden.

«Im Menschen der Erde muss diese Kraft der Liebe ihren Anfang nehmen. Und der ‹Kosmos der Weisheit› entwickelt sich in einen ‹*Kosmos der Liebe*› hinein. Aus alledem, was das ‹Ich› in sich entfalten kann, soll *Liebe* werden. Als das umfassende ‹Vorbild der Liebe› stellt sich bei seiner Offenbarung das hohe Sonnenwesen dar, welches bei Schilderung der Christus-Entwickelung gekennzeichnet werden konnte. In das Innerste des menschlichen Wesenskernes ist damit der Keim der Liebe gesenkt. Und von da aus soll er in die ganze Entwickelung einströmen. Wie sich die vorher gebildete Weisheit in den Kräften der sinnlichen Außenwelt der Erde, in den gegenwärtigen ‹Naturkräften› offenbart, so wird sich in Zukunft die Liebe selbst in allen Erscheinungen als neue Naturkraft offenbaren. Das ist das Geheimnis aller Entwickelung in die Zukunft hinein: dass die Erkenntnis, dass auch alles, was der Mensch vollbringt aus dem wahren Verständnis der Entwickelung heraus, eine *Aussaat* ist, die als *Liebe* reifen muss. Und so viel als Kraft der Liebe entsteht, so viel Schöpferisches wird für die Zukunft geleistet. In dem, was aus der Liebe geworden sein wird, werden die starken Kräfte liegen, welche zu dem ... Endergebnis der Vergeistigung führen. Und so viel geistige Erkenntnis in die Menschheits- und Erdenentwickelung einfließt, so viele lebensfähige Keime für die Zukunft werden vorhanden sein. Geistige Erkenntnis wandelt sich durch das, *was sie ist*, in Liebe um. ... Die ‹Weisheit der Außenwelt› wird, von dem Erdenzustand an, innere Weisheit im Menschen. Und wenn sie da verinnerlicht ist, wird sie Keim der Liebe. Weisheit ist die Vorbedingung der Liebe; Liebe ist das Ergebnis der im ‹Ich› wiedergeborenen Weisheit.»[144]

Der neue Himmel und die neue Erde werden herausgeboren aus der Weisheit, die Liebe geworden ist. Das aber kann nur geschehen, weil der Christus die von Luzifer gebrachte Freiheit in Liebe umgewandelt hat: Das Mysterium von Golgatha ist der Urquell der wahren Liebes-Freiheit des Menschen – der zehnten Hierarchie.

Das Mysterium der Freiheit

Vom amoralischen zum moralischen Kosmos

Im Juni des Jahres 1789 – daran sei erinnert – hielt Schiller eine Vorlesung, in der er *Etwas über die erste Menschengesellschaft nach dem Leitfaden der mosaischen Urkunde* entwickelte; Ende November des nächsten Jahres brachte er das Dargestellte im Elften Heft seiner *Thalia* heraus.[145] Dieser Aufsatz beinhaltet einen Gedanken, der sich in die soeben herangezogenen Ausführungen Rudolf Steiners erhellend einfügt. Vertritt doch der dreißigjährige Schiller die Auffassung, dass durch den Menschen zwar «das moralische Übel in die Schöpfung» gekommen sei, «aber nur um das moralische Gute darin möglich zu machen». Die bisherige Schöpfung in ihrer ganzen weisheitsvollen Erhabenheit enthält das Moralische nicht. Durch den «Abfall» des Menschen wird über den Umweg des moralischen Übels eine neue Schöpfung impulsiert. Im Garten Eden waren die Kategorien von Gut und Böse nicht wirksam; denn das *alte* Paradies war amoralisch. Erst durch den Sündenfall kam eine neue Schöpfung in Gang. Am Ende dieses gewaltigen Entwicklungsweges wird ein *neues* Paradies entstanden sein, in dem alles Natürliche moralisch, alles Moralische natürlich ist.

Die *Genesis* ist, wie Rudolf Steiner gelegentlich ausführt, die bedeutendste Erziehungslegende. Schiller entwickelt diesen Mythos in der Weise, dass er nach dem Sinn des Sündenfalls fragt und mit allem Nachdruck die Überzeugung vertritt, die Vertreibung des Menschen aus dem Paradies, aus der Natur, sei der Ausgangspunkt einer moralischen Schöpfung, die sich aus der zwar weisheitsvollen, aber amoralischen Entwicklungsstufe des Kosmos emporringt – durch den Menschen, den sich selbst aus der Vormundschaft der Natur befreienden Geist. Schiller erkennt: Auf keinem anderen Wege als durch den Abfall des Menschen von seinem Instinkt konnte der Schöpfungsplan weitergeführt werden. Ursprünglich war der Mensch eine Pflanze und ein Tier. «Setzen wir also», sagt sich Schiller, «die Vorsehung wäre auf dieser Stufe mit ihm still gestanden, so wäre aus dem Menschen das glücklichste und geistreichste aller Tiere geworden, – aber aus der Vormundschaft des Naturtriebs wär' er niemals getreten, frei und also moralisch wären seine Handlungen niemals geworden, über die Grenze der Tierheit wär' er niemals gestiegen.»

Das instinktive Handeln des Menschen ist ein Nachklang seiner vormaligen tierartigen Natur. Und nur in dem Grade, in dem an die Stelle seiner Instinkte die Vernunft tritt, wird der Mensch seine Tierheit in Menschheit verwandeln.

Die erste Schöpfung war amoralisch-unschuldig. Indem das triebhafte Verbundensein des Menschen mit der Natur durch das Aufkeimen «seiner noch schwachen Vernunft» gestört und unterbrochen wurde, trat an die Stelle der göttlichen Führung die Selbstverantwortung, die Freiheit des Menschen: Er ist «frei und also moralisch». Denn nur ein freies Wesen vermag moralisch, nur ein moralisches im wahren Sinne frei zu handeln – frei von Instinkten und Triebgewalten. Dazu aber bedarf der Mensch einer eigenständigen Erkenntniskraft sowie eigenständig errungener moralischer Ideen, die er seinen Handlungen freiwillig einpflanzt. Auf dem Vernunftwege wird er zur Keimzelle einer neuen Schöpfung. Denn er hat sich «auf den gefährlichen Weg zur moralischen Freiheit» begeben – er beginnt, sich «zu einem Paradies der Erkenntnis und der Freiheit hinaufzuarbeiten».

So Schiller im Jahre 1790. Drei Jahre später – wir hörten es bereits – nennt er die Liebe allein «eine freie Empfindung, denn ihre reine Quelle strömt hervor aus dem Sitz der Freiheit, aus unserer göttlichen Natur». Mit anderen Worten: Für Schiller ist das Paradies der Erkenntnis und der Freiheit auch das Paradies der Liebe.

Zwar wurde der Mensch, so Schiller in seiner Schrift über die erste Menschengesellschaft, auf seinem gefährlichen Freiheitswege «aus einem unschuldigen Geschöpf ein schuldiges, aus einem vollkommenen Zögling der Natur ein unvollkommenes moralisches Wesen, aus einem glücklichen Instrument ein unglücklicher Künstler», aber er wurde auf demselben Wege auch «aus einem Sklaven des Naturtriebs ein frei handelndes Geschöpf, aus einem Automat ein sittliches Wesen». Die unvollkommene Menschheit, die der Mensch für seine vollkommene Tierheit eintauschte, ist der unscheinbare, unentwickelte Keimpunkt einer höheren Stufe nicht etwa nur seiner selbst, sondern des gesamten Schöpfungsplanes. Nur durch den Abfall des Menschen vom Instinkt konnte «zu seiner Moralität der erste entfernte Grundstein gelegt» werden – damit aber gleichzeitig der Grundstein zu einer moralischen Schöpfung, zu einer neuen Natur.

Nur dann, wenn wir diesen aus Geisteshöhen inspirierten Schillerschen Gedanken allem zugrundelegen, was sein Ideenleben und sein Willenszentrum impulsierte, werden wir auch den Worten gerecht, die sich in seiner Abhandlung *Über das Erhabene* finden und die sich wie ein Blitz erleben lassen, der sein Wesen und seine Ideenwelt urplötzlich erhellt. Schiller gewahrt das Urbild des Menschen und erkennt: «An das absolut Große in uns selbst kann die Natur in ihrer ganzen Grenzenlosigkeit nicht reichen.»

Im 15. Brief *Über die ästhetische Erziehung des Menschen* spricht Schiller etwas aus, was ihm selbst in den Bedingungen seines Lebens zur unmittelbaren Erfahrung wurde, dass nämlich «durch die notwendige physische Abhängigkeit des Menschen seine moralische Freiheit keineswegs aufgehoben werde». Dem Menschen, sagt er sich, wurde die sinnliche Welt als Ort seines Wirkens angewiesen, damit er sie durchgeistige. Im Kunst-Schaffen und Kunst-Erleben wird dieser Umwandlungsprozess am eindringlichsten anschaubar: In der Kunst wird durch den Menschen Geistiges versinnlicht, um Sinnliches zu vergeistigen. Aus der Vereinigung der sinnlichen und der geistigen Natur des Menschen entsteht ein Neues, eine neue Natur. Schiller sieht die physische und die moralische Natur des Menschen in schöpferischer Wechselwirkung, sieht, wie es im 25. Brief heißt, «eben dadurch die Vereinbarkeit beider Naturen, die Ausführbarkeit des Unendlichen in der Endlichkeit, mithin die Möglichkeit der erhabensten Menschheit bewiesen». Nicht die Verwirklichung, nein – die *Möglichkeit* der erhabensten Menschheit. Und diese Möglichkeit beinhaltet Schillers größtes Zukunftsideal.

Auch Rudolf Steiner spricht von dieser erhabenen Möglichkeit des Menschen, aus eigener freier Kraft sich zu entwickeln, «aus sich selbst heraus das Ziel zu erreichen, das selbst die höchsten Seraphim nicht aus sich selbst erreichen können».[146]

So wenig Schiller dieses sein höchstes Ideal des zukünftigen Menschentums bereits in anthroposophische Begriffe hätte fassen können, so sehr umleuchtet es seine Worte in dem Gedicht *Das Ideal und das Leben*:

> Jugendlich, von allen Erdenmalen
> Frei, in der Vollendung Strahlen
> Schwebet hier der Menschheit Götterbild.

Im Jahre 1922 hat Rudolf Steiner in einem Vortrag dargelegt, wodurch die allmähliche Umwandlung des gegenwärtigen amoralischen in einen zukünftigen moralischen Kosmos bewirkt wird. Er zeigt auf, wie der Mensch in seinem nachtodlichen Leben alles, «was er angehäuft hat in sich an moralischen Bewertungen», in den Kosmos einströmen lässt. Dabei «erlebt die Menschenseele, wie im Kosmos, der für die äußere Natur amoralisch angelegt ist, ein moralischer Teil entsteht».[147] Mit anderen Worten, Rudolf Steiner bestätigt auf der Erkenntnisgrundlage seiner okkulten Forschung Schillers ideelle Intuition.

«Was da die Menschenseele an moralischer Bewertung ihrer Taten hinausträgt in den Kosmos durch die Todespforte, das gliedert sich in das Amoralische des Kosmos ein. In den Schoß des Kosmos wird jetzt dasjenige gesenkt, was moralische Folgen des Menschenlebens sind und durch den Tod getragen wird, und der Mensch wird durch sein Bewusstsein, an dem ihn nichts mehr hindert, Zeuge dessen, wie sich im Schoße des amoralischen Kosmos ein moralischer Teil ausbildet für eine künftige Welt. Unsere Welt ist in ihrem natürlichen Abglanz moralisch neutral. Aus unserer Welt wird eine künftige Welt entstehen, die in ihrem natürlichen Abglanz nicht moralisch neutral sein wird, sondern wo alles Moralische natürlich und alles Natürliche moralisch sein wird. Den Keim dazu trägt der Mensch durch seine moralischen Taten hinein in den Kosmos. Und die große Frage steht während dieses Erlebens bewusst vor der Menschenseele: Bin ich durch die Qualitäten, die ich mir moralisch angeeignet habe, auch würdig, einmal im Weiterleben teilzunehmen an jenem künftigen Kosmos, der nicht mehr ein bloß natürliches Abbild haben wird, sondern ein moralisch-natürliches Abbild haben wird?»[148]

Hätte Schiller diese Worte aus dem Mund Rudolf Steiners vernehmen können, so hätte er ihnen aus tiefstem Herzen zugestimmt. Strebte er doch einer Zukunft entgegen, in der «das Natürliche zugleich moralisch und das Moralische natürlich ist».[149]

III.

Zum Schauen bestellt

«*Dieses: Stirb und werde!*»

Indem wir das Mysterium der Freiheit im Erkenntnislicht der anthroposophischen Geisteswissenschaft betrachtet haben, konnten wir zugleich das Wesenszentrum Schillers außerordentlich vertieft erleben – nicht aber die Entelechie Goethes.

Das neuzeitliche Verlangen nach unbeschränktem Ausleben individueller Freiheit war Goethe äußerst verdächtig und zuwider – obgleich er in seiner ersten dramatischen Dichtung, dem *Götz von Berlichingen*, der die deutschen Bühnen im Sturm eroberte, sich durch den Mund Götzens zu der Losung bekannte (Dritter Akt, Saal): «Es lebe die Freiheit! Und wenn die uns überlebt, können wir ruhig sterben.» Allerdings stirbt Götz alles andere als ruhig, denn, so sagt er von sich in der Schlussszene, er hat sich «selbst überlebt, die Edeln überlebt». Der Freie geht unter. «Es kommen die Zeiten des Betrugs, es ist ihm Freiheit gegeben. Die Nichtswürdigen werden regieren mit List, und der Edle wird in ihre Netze fallen.» Die Freiheit zieht sich in die göttlich-geistige Welt zurück. Und Götz stirbt mit den Worten: «Himmlische Luft – Freiheit! Freiheit!»

Auch Goethes *Egmont* schaut die – nun auf Erden siegreiche – Freiheit in himmlischer Glorie. Vor seiner Hinrichtung erscheint sie ihm als ein verklärtes Traumbild. «Die Freiheit in himmlischem Gewande», lautet die Regieanweisung, «von einer Klarheit umflossen, ruht auf einer Wolke» über dem in Schlaf gesunkenen Egmont und «heißt ihn froh sein, und indem sie ihm andeutet, dass sein Tod den Provinzen die Freiheit verschaffen werde, erkennt sie ihn als Sieger und reicht ihm einen Lorbeerkranz.» Da sie sich zudem in die anmutvolle Erscheinung Klärchens hüllt, kann der wieder Erwachte sagen: «Die göttliche Freiheit, von meiner

Geliebten borgte sie die Gestalt; das reizende Mädchen kleidete sich in der Freundin himmlisches Gewand.» Damit sind «die beiden süßesten Freuden» Egmonts in einem Bilde zusammengeflossen.

Eine derartige Apotheose der Freiheit begegnet uns aber nicht etwa nur in Goethes frühen Dichtwerken – zu denen der erst in Italien vollendete *Egmont* bekanntlich durchaus gehört –, vielmehr stirbt auch der greise Faust mit einem Hymnus auf die Freiheit:

> Ja! Diesem Sinne bin ich ganz ergeben,
> Das ist der Weisheit letzter Schluss:
> Nur der verdient sich Freiheit wie das Leben,
> Der täglich sie erobern muss.
> Und so verbringt, umrungen von Gefahr,
> Hier Kindheit, Mann und Greis sein tüchtig Jahr.
> Solch ein Gewimmel möcht' ich sehn,
> Auf freiem Grund mit freiem Volke stehn.
> Zum Augenblicke dürft' ich sagen:
> Verweile doch, du bist so schön!
> Es kann die Spur von meinen Erdentagen
> Nicht in Äonen untergehn. –
> Im Vorgefühl von solchem hohen Glück
> Genieß' ich jetzt den höchsten Augenblick.

Ohne Frage begegnen wir in diesen gewaltigen Worten, die Mephisto irrtümlich zu seinen Gunsten auslegt, Goethes eigenem Bekenntnis. Auch er, der greise Dichter, möchte gern dereinst die ihn schwer bedrückende soziale Frage, deren er zuvor in den *Wanderjahren* Herr zu werden versucht hatte, gelöst sehen. Auch er möchte in der Zukunft «auf freiem Grund mit freiem Volke stehn». Auch er ist von der Überzeugung seines Faust getragen, dass nur der die Freiheit, nur der das Leben verdient, der sie den äußeren wie inneren Hindernismächten täglich abzuringen weiß. Ja, Goethe sieht die wahre menschliche Gemeinschaftsbildung nur in der Freiheit aller verwirklicht – in der «göttlichen Freiheit», die das Menschengeschlecht verklärt, die es vergöttlicht.

Aber was versteht Goethe unter Freiheit? Gewiss nicht die Verwirklichung der modernen Demokratie. Sein Freiheitsverständnis zielt in eine ganz andere, schließlich sogar entgegengesetzte Richtung. Es gibt Äußerungen Goethes, die – wie so oft bei ihm – dem gerade Vernommenen gründlich widersprechen oder zumindest zu widersprechen scheinen.

«Dieses: Stirb und werde!»

«Freiheit ist ein relativer, eigentlich gar ein negativer Begriff; muss es auch sein», lesen wir in den *Schriften zur Literatur*, «denn ohne Bestimmung, folglich ohne Zwang ist nichts möglich, nichts denkbar».[150] Und an anderer Stelle heißt es in denselben Schriften übereinstimmend: «Sich frei zu erklären ist eine große Anmaßung; denn man erklärt zugleich, dass man sich selbst beherrschen wolle, und wer vermag das?»[151]

Widersprüchlicheres lässt sich über das Wesen und den Wert der Freiheit schwerlich sagen! Erlebt Faust im Vorgefühl des hohen Glücks der allgemein-verwirklichten Freiheit «den höchsten Augenblick», so betrachtet sein Dichter die Freiheit zugleich als etwas Negatives und sieht in dem Streben nach Freiheit sogar «eine große Anmaßung». Fehlt ihm doch die Anschauung der Selbstbestimmung, der Selbstbeherrschung im Mysterium der Freiheit. Konsequenterweise meint Goethe denn auch in seinem homerisch gestimmten Epos *Hermann und Dorothea* vom Menschen:

Sprech' er doch nie von Freiheit, als könn' er sich selber regieren!
Losgebunden erscheint, sobald die Schranken hinweg sind,
Alles Böse, das tief das Gesetz in die Winkel zurücktrieb.

Gewiss, die verheerenden Folgen der Goethe zuinnerst verstörenden Französischen Revolution mit ihrem undifferenziert-konfusen Ruf nach Freiheit, Gleichheit, Brüderlichkeit hatten diese bitteren Worte ausgelöst; zugleich hatten sie jedoch den gereiften Dichter veranlasst, Urbilder sozialer Ordnung, wie er sie verstand, als heilsame Antwort auf das alles entwurzelnde Unwesen aufleuchten zu lassen. Und nicht erst im Anblick des revolutionären Schreckens, vielmehr bereits Jahre zuvor, beim frohen Betrachten des römischen Karnevals, hatte Goethe erkannt, «dass Freiheit und Gleichheit nur im Taumel des Wahnsinns genossen werden können».

Ohne äußeren Zwang, ohne hierarchische Ordnungskräfte – diese ganz ungriechische, weit mehr ägyptisch anmutende Ansicht ist tief in Goethe verwurzelt – erliegt der Mensch seinen Triebkräften, weshalb alles Freiheitsgerede verfänglich, ja verderblich ist. In den *Venetianischen Epigrammen* gesteht Goethe:

Alle Freiheitsapostel, sie waren mir immer zuwider,
Willkür sucht doch nur jeder am Ende für sich.

Hinter dem allzu verführerischen Ruf nach Freiheit lauert das Chaos des schrankenlosen Individualismus. Weshalb in Goethes Augen das unbedingte Verlangen nach Freiheit ein «krankes Gefühl» ist, das sich unter der Maske des Strebens nach sozialer Gerechtigkeit sogar in schöne Seelen einschleicht.[152]

Keine Frage, Goethe blickte in den Abgrund der Freiheit, in den die neuzeitliche Menschheit, aller heiligen Ordnungsmächte ihres Ursprungs beraubt, hineinzusegeln begann. Wir denken an seine tiefbestürzenden Verse aus den *Wanderjahren* (III,1):

> Denn die Bande sind zerrissen,
> Das Vertrauen ist verletzt;
> Kann ich sagen, kann ich wissen,
> Welchem Zufall ausgesetzt
> Ich nun scheiden, ich nun wandern,
> Wie die Witwe trauervoll,
> Statt dem einen mit dem andern
> Fort und fort mich wenden soll!

Alle alten Bindungen lösen sich auf. Alles Vertrauen in die vereinenden Kräfte der Vergangenheit ist beschädigt. Der strebende, liebende Mensch ist seiner Heimat verlustig gegangen und einer ungewissen Zukunft ausgesetzt – seine Seele wird zur trauernden Isis.

Auf diesem ernsten Hintergrund muss Goethes späte Äußerung verstanden werden, die Eckermann unter dem 18. Januar 1827 festhielt: «Hat einer nur so viel Freiheit, um gesund zu leben und sein Gewerbe zu treiben, so hat er genug, und so viel hat leicht ein jeder. Und dann sind wir alle nur frei unter gewissen Bedingungen, die wir erfüllen müssen.»

Wollte Goethe denn wirklich nur dazu «auf freiem Grund mit freiem Volke stehn», um bei guter Gesundheit jedermann sein Gewerbe treiben zu sehen? Ganz gewiss nicht! Vielmehr verstand Goethe unter der «göttlichen Freiheit» ebendasselbe wie Spinoza, der in seiner *Ethik* aufgezeigt hatte, dass einzig und allein der durch Entsagung von seinen Affekten befreite ewige Wesenskern des Menschen im göttlichen Urgrund der Freiheit aufzuleben vermag. So sind denn auch die maßgeblichen Menschen der *Wanderjahre* die «Entsagenden», wie ja der Untertitel des Romans lautet.

Im Sinne Spinozas kann nur dann von Freiheit die Rede sein, wenn ein Ding oder Wesen «durch sich selbst zum Handeln bestimmt wird», während schon «aus der bloßen Begriffsbestimmung» der Notwendigkeit, genauer des Zwanges erkennbar ist, dass der nicht aus sich selbst Handelnde unfrei ist.[153] – Im zweiten Teil der *Ethik*, in dem Spinoza «Von der

«DIESES: STIRB UND WERDE!»

Natur und dem Ursprung des Geistes» handelt, wird dann deutlich: «Es gibt im Geiste keinen absoluten [selbständigen] oder freien Willen; sondern der Geist wird zu diesem oder jenem Wollen von einer Ursache bestimmt, welche ebenfalls von einer anderen bestimmt wird und diese wiederum von einer anderen, und so weiter ins Endlose.»[154]

Nach Spinozas Überzeugung ist «alles von Gott vorherbestimmt» – «durch Gottes absolute Natur oder unendliche Macht».[155] Denn Gott allein existiert, obzwar notwendig, «dennoch frei, weil er allein aus der Notwendigkeit seiner Natur existiert. So begreift Gott in freier Weise sich selbst und alle Dinge überhaupt, weil es allein aus der Notwendigkeit seiner Natur folgt, dass er alles begreift.» Daher setzt Spinoza «die Freiheit nicht in den freien Willen, sondern in die freie Notwendigkeit».[156]

Im letzten, fünften Teil seiner *Ethik* handelt Spinoza demgemäß «Von der Macht der Erkenntnis oder von der menschlichen Freiheit», nachdem er bereits im vierten Teil denjenigen frei genannt hatte, «der von der Vernunft allein geleitet wird».[157] Jetzt betont er, dass «unser Geist nach Wesen und Dasein aus der göttlichen Natur folgt und immerwährend von Gott abhängig ist».[158] Die im Menschen wirksame Vernunft ist die Vernunft Gottes, der allein «durch sich selbst zum Handeln bestimmt» wird. Daher kommt nur ihm Freiheit zu, die mit seinem notwendigen Sein identisch ist; denn er allein ist der Urgrund aller Ursachen und aller Folgen.

Mit anderen Worten: Die Geistesfreiheit des Menschen besteht für Spinoza allein in der Befreiung vom Wahn der menschlichen Freiheit. Weshalb er auch schreiben kann, die kristallklare Pyramide seines Gedankenbaues dem Abschluss entgegenführend: «Daraus ersehen wir deutlich, worin unser Heil oder unsere Glückseligkeit oder Freiheit besteht: nämlich in der stetigen und ewigen Liebe zu Gott oder in der Liebe Gottes zu dem Menschen.»[159]

Diese allein in Gott gegründete, aus ihm allein entspringende Freiheit kann nur durch die Läuterung der Seele und des Verstandes erlangt werden.[160] Die auf diesem Weg errungene Glückseligkeit und Geistesfreiheit ist aber keinesfalls «der Lohn der Tugend, sondern die Tugend selbst».[161] Und diese Tugend ist es auch einzig und allein, die den Menschen heilt, weil sie ihn «immerwährend im Besitz der wahren Seelenruhe» bewahrt.

Zuinnerst befriedet schließt Spinoza seine *Ethik* ab, getragen von der Gewissheit: «Damit habe ich alles erledigt, was ich von der Macht des Geistes über die Affekte und von der Geistesfreiheit vorbringen wollte.»

Das erhabene soziale Zukunftsbild des Faust, «auf freiem Grund mit freiem Volke» zu stehen, besagt demgemäß nichts Geringeres als die allgemeine Verwirklichung der ethischen Forderung Spinozas: die Befreiung des ewigen Menschengeistes von jeglichem Streben nach bloßer Befriedigung irdischer Bedürfnisse. Indem der sterbende Faust den höchsten Augenblick seines Lebens im Vorgefühl der wahren, im Göttlichen urständenden Freiheit, Gleichheit und Brüderlichkeit «genießt», ist er den Fängen Mephistos entglitten; er ist seinem niederen Selbst abgestorben, ist, wie die beispielhaften Menschen der *Wanderjahre*, ein Entsagender.

Stirbt der Mensch allen egoistischen Triebkräften ab, geht er durch den Flammentod seines illusionären Ego, dann ist er inmitten dieser dunklen Welt des Wahns zu seinem höheren Werden durchgedrungen. In dem Gedicht *Selige Sehnsucht* aus dem *Westöstlichen Divan* fasst Goethe diesen Inhalt in die Worte:

> Sagt es niemand, nur den Weisen,
> Weil die Menge gleich verhöhnet,
> Das Lebend'ge will ich preisen,
> Das nach Flammentod sich sehnet.
>
> In der Liebesnächte Kühlung,
> Die dich zeugte, wo du zeugtest,
> Überfällt dich fremde Fühlung,
> Wenn die stille Kerze leuchtet.
>
> Nicht mehr bleibest du umfangen
> In der Finsternis Beschattung,
> Und dich reißet neu Verlangen
> Auf zu höherer Begattung.
>
> Keine Ferne macht dich schwierig,
> Kommst geflogen und gebannt,
> Und zuletzt, des Lichts begierig,
> Bist du, Schmetterling, verbrannt.
>
> Und so lang du das nicht hast,
> Dieses: Stirb und werde!
> Bist du nur ein trüber Gast
> Auf der dunklen Erde.

«Dieses: Stirb und werde!»

Nur derjenige wird das heillose Negativ der Freiheit bezwingen und der «höheren Begattung» teilhaftig, der initiiert ist in «Dieses: Stirb und werde!» Er und nur er erlebt die wahre Geistesfreiheit: Mitten im Leben überschreitet er die Schwelle des Todes.

Der Dichter des *Faust*, seinerseits dem Ende des Erdenweges entgegensehend, ließ den Repräsentanten des Zeitalters der Bewusstseinsseele in ein nachtodliches Werden übergehen, in dem dieser sich verwandelt in den Doctor Marianus, der seine Freiheit entfaltet «in der höchsten, reinlichsten Zelle». Faust erlebt:

> Hier ist die Aussicht frei,
> Der Geist erhoben.

Der in seinen Wesenstiefen Befreite ist fähig, das göttliche Urbild aller Seelenläuterung zu schauen:

> Im Sternenkranze,
> Die Himmelskönigin ...

«Entzückt» betet er sie an, sie, die auch des Dichters geheimstes Erleben durch alle Wandlungen seiner Seele hindurch bestimmt hat:

> Höchste Herrscherin der Welt!
> Lasse mich im blauen
> Ausgespannten Himmelszelt
> Dein Geheimnis schauen.
> Billige, was des Mannes Brust
> Ernst und zart beweget
> Und mit heiliger Liebeslust
> Dir entgegenträget.
>
> Unbezwinglich unser Mut,
> Wenn du hehr gebietest;
> Plötzlich mildert sich die Glut,
> Wie du uns befriedest.
> Jungfrau, rein im schönsten Sinn,
> Mutter, Ehren würdig,
> Uns erwählte Königin,
> Göttern ebenbürtig.

Der nachtodlich verklärte, zum Doctor Marianus erhöhte Faust ist fähig geworden, sich «dankend umzuarten». Und so spricht er, «auf dem Angesicht anbetend», seine letzten Worte:

> Werde jeder bessre Sinn
> Dir zum Dienst erbötig;
> Jungfrau, Mutter, Königin,
> Göttin, bleibe gnädig!

So wenig dieser Goethesche Weg der Wandlung und Selbstbefreiung dem Läuterungsweg Spinozas verwandt zu sein scheint, der «aus der bloßen Begriffsbestimmung»[162] das Wesen der höchsten Geistesfreiheit entbindet, so nahe rücken doch beide zusammen in der Einschätzung des Wesens der Freiheit. Am 23. Oktober 1828 schreibt Goethe an M. P. von Brühl: «Betrachten wir uns in jeder Lage des Lebens, so finden wir, dass wir äußerlich bedingt sind, vom ersten Atemzug bis zum letzten! Dass uns aber jedoch die höchste Freiheit übrig geblieben ist, uns innerhalb unserer selbst dergestalt auszubilden, dass wir uns mit der sittlichen Weltordnung in Einklang setzen und, was auch für Hindernisse sich hervortun, dadurch mit uns selbst zum Frieden gelangen können.»

Unser wahres Selbst, unsere Entelechie ist eine geprägte Geistgestalt, die im sittlichen Weltengrund urständet, gemäß dem Gesetz, wonach sie angetreten. So heißt es in den *Urworten. Orphisch. Dämon*:

> Wie an dem Tag, der dich der Welt verliehen,
> Die Sonne stand zum Gruße der Planeten,
> Bist alsobald und fort und fort gediehen
> Nach dem Gesetz, wonach du angetreten.
> So musst du sein, dir kannst du nicht entfliehen,
> So sagten schon Sibyllen, so Propheten;
> Und keine Zeit und keine Macht zerstückelt
> Geprägte Form, die lebend sich entwickelt.

Höchste Freiheit – damit zugleich aber auch wahren Seelenfrieden – erlangen wir nur dann, wenn wir alle äußeren wie inneren Hindernisse bezwingen, alle niederen Mächte und Triebgewalten überwinden.

Nicht anders als der von ihm so hoch geschätzte Philosoph ist auch Goethe von der Gewissheit getragen, dass nur der sich «immerwährend im Besitz der wahren Seelenruhe» (Spinoza) befindet, der seine Freiheit

«Dieses: Stirb und werde!»

als bedingungslose Bindung an den göttlichen Urgrund, an den Quell aller Sittlichkeit versteht und so weit wie möglich verwirklicht. Und so lautet eine Goethesche Maxime: «Unser ganzes Kunststück besteht darin, dass wir unsere Existenz aufgeben, um zu existieren.»[163]

Wir dürfen also davon ausgehen, dass Goethe, der sich um die Werke der Philosophie nicht viel gekümmert hat, die *Ethik* Spinozas als ein «Liebewerk» ansah. Vermutlich dachte er insbesondere an diesen Philosophen, als er, im Februar des Jahres 1829, sein *Vermächtnis* mit den Worten ausklingen ließ:

> Und wie von alters her im Stillen
> Ein Liebewerk nach eignem Willen
> Der Philosoph, der Dichter schuf,
> So wirst du schönste Gunst erzielen:
> Denn edlen Seelen vorzufühlen
> Ist wünschenswertester Beruf.

Nichts ist erstrebenswerter als ein Werk der Liebe nach jenem eigenen Willen, der den göttlichen Willen erfüllt. Wahre Geistesfreiheit ist Ergebung in den Ratschluss Gottes, ist unbedingter Gehorsam.

Nun bestand aber in nichts anderem das Grundwesen der alten Mysterien, deren denkbar krasses Gegenbild ein Freiheitsstreben ist, das nur auf die Stärkung der eigenen egoistischen Kräfte zielt. Uneingeschränkte Selbstaufgabe der eigenen Person war die Voraussetzung aller Initiation. Nur derjenige konnte den göttlichen Wesen dienen, der alles Verlangen nach Freiheit im Sinne persönlicher Willkür in sich ertötet hatte. Nur derjenige wurde der höchsten Freiheit teilhaftig, der sich selbst abgestorben war.

In Goethe wie in Spinoza begegnen wir der Urstimmung alles alten Mysterienwesens. Rudolf Steiner hat in einem Vortrag darauf aufmerksam gemacht, «wie das, was bei Spinoza auftritt, in Begriffe, in intellektualistische Vorstellungen gebrachte Weltansicht der Vorzeit ist. In der Welt des alten Orients tritt dasselbe auf wie bei Spinoza, nur nicht in intellektualistischen Formen, sondern als alte orientalische Inspiration ... die wie eine Naturgabe bei gewissen orientalischen Völkern vorhanden war, dann herübergewandert ist nach Ägypten und da eine besonders tiefe Ausgestaltung erfahren hat.»[164]

Im selben Vortrag legt Rudolf Steiner weiter dar, wie dasjenige, was als

«Stimmungsgehalt» in Spinozas Werk fortlebt, «schöpferisch, instinktiv, produktiv war als höchste Blüte im alten ägyptischen Kulturleben». Der altägyptische Initiierte – und Goethe selbst war ein solcher – wuchs aus dieser Inspirationsstimmung heraus gleichsam mit der geistig-physischen Außenwelt zusammen. Aus einer solchen Seelenverfassung heraus sei, so Steiner, Spinozas Ethik geschrieben (die auch Herder aufgrund großer innerer Nähe «ungeheuer enthusiastisch» aufgenommen habe). «Goethe empfindet ebenso tief dieses Aufgehen in den Objekten, dieses Hinüberfließen des Ich in die Außenwelt, was ja bei Spinoza so grandios berührt, wenn er, man möchte sagen, in der völlig leidenschaftslosen Kontemplation so redet, wie wenn das Weltall selber reden würde, wie wenn er sich vergessen würde und seine Worte bloß das Mittel wären, durch welche das Weltall selber redet.»

In einer Goethe selbst kaum bewussten, deshalb aber nicht weniger eindringlichen Weise wirkte seine Inkarnation als altägyptischer Eingeweihter nach, ein Grund dafür, dass er dem inspirierten Stimmungsgehalt der *Ethik* Spinozas auch spezifische schöpferische Impulse zu entbinden wusste. Wobei Goethe das Intellektualistische der strebenden Bewusstseinsseele Spinozas vollständig auszublenden verstand.

Es muss eine offene Frage bleiben, wie Goethe, bewusst mit allem Nachdruck auf Griechenland bezogen, einen königlichen Totentext Altägyptens aufgenommen haben könnte. Die spektakuläre Erschließung altägyptischer Texte durch die ägyptologische Forschung setzte erst nach seinem Tod ein, sodass dieses Gebiet ihm noch weitgehend unbekannt war.

Spinoza hat denjenigen für frei erklärt, der, wie wir hörten, «lediglich kraft der Notwendigkeit seiner Natur existiert und durch sich selbst zum Handeln bestimmt wird».[165] Die Würde des in Freiheit Handelnden beruht für Spinoza auf der unbedingten Selbstbestimmung. Diese aber spricht er einzig und allein Gott zu; und nur der sich Gott anheimgebende Mensch erlangt die wahre Geistesfreiheit.

Lässt sich diese Auffassung Spinozas in altägyptischen Zeugnissen aufspüren? Lässt sich dadurch auch zugleich Goethes Freiheitserlebnis beleuchten? In einem Pyramidentext des dritten vorchristlichen Jahrtausends heißt es von dem durch seinen Tod in die göttlich-geistige Welt eingegangenen König: «Seine Lebenszeit ist die Ewigkeit, die Unendlichkeit ist seine Grenze in dieser seiner Würde eines ‹Will er, so tut er es; will er nicht, so tut er es nicht›, der bis in alle Ewigkeit im Lichtland wohnt ...

«DIESES: STIRB UND WERDE!»

Er ist dies, was immer erscheint und immer bleibt. Und die Untaten tun wollen, vermögen nicht seinen Lieblingswunsch zu zerstören: als Lebender in diesem Lande zu sein bis in alle Ewigkeit.»[166]

Im nachtodlichen ewigen Leben wird der königliche Menschengeist «durch sich selbst zum Handeln bestimmt» (Spinoza). Damit hat er im umfassendsten Sinne zugleich aber auch das Goethesche «Stirb und werde» verwirklicht. Sein todloses Geistwesen hat sich mit dem von Ewigkeit zu Ewigkeit selbst schaffenden Sonnengott vereint – es besteht, im Sinne von Goethes *Prooemion*, fort «im Namen dessen, der sich selbst erschuf». Ja, ein solcher Schöpfergeist kann von sich und seinesgleichen sagen: «Ein Flügelschlag – und hinter uns Äonen!» *(Urworte. Orphisch. Hoffnung)*

Mit aller Eindringlichkeit begegnet uns die Urstimmung der alten Mysterien bei Goethe zuerst in seinem epischen Fragment *Die Geheimnisse*, der reifsten Frucht der ersten Weimarer Zeit. In dieser Dichtung leuchten die Urmysterien in der Gestalt des Humanus auf, der die schwerste aller Prüfungen bestanden hat, indem er sich selbst zu bezwingen vermochte:

> Wenn einen Menschen die Natur erhoben,
> Ist es kein Wunder, wenn ihm viel gelingt;
> Man muss in ihm die Macht des Schöpfers loben,
> Der schwachen Ton zu solcher Ehre bringt;
> Doch wenn ein Mann von allen Lebensproben
> Die sauerste besteht, sich selbst bezwingt:
> Dann kann man ihn mit Freuden andern zeigen
> Und sagen: ‹Das ist er, das ist sein eigen!›

Denn «sein eigen» ist nur ein solcher, der seine Egoität, sein niederes Ich überwunden hat und aus dem sittlichen Urgrund der Welt seine Zielsetzungen, seine moralischen Intuitionen schöpft.

Auf den ersten Blick ist die intuitiv-ethische Grundforderung der *Philosophie der Freiheit* Rudolf Steiners mit dem gerade Vernommenen vollkommen identisch. Beruht doch deren «ethischer Individualismus» darauf, dass der wahrhaft frei Handelnde seine moralischen Eingebungen direkt aus dem göttlichen Weltengrund empfängt.

Und auch Schillers Forderungen scheinen keine anderen zu sein. Sahen wir doch, wie er nur den Menschen als frei betrachtet, der der «Selbsturheber seines Zustandes» ist, indem er den göttlichen Willen in sein Herz aufnimmt. Insbesondere Schillers lapidares Wort aus *Anmut und Würde* scheint mit Goethes und Spinozas Haltung absolut vereinbar: «Beherrschung der Triebe durch die moralische Kraft ist *Geistesfreiheit,* und *Würde* heißt ihr Ausdruck in der Erscheinung.»

Tatsächlich aber vertritt Schiller eine Gegenposition. Für Goethe wie für Spinoza besteht die wahre Freiheit, in Übereinstimmung mit den alten Mysterien, einzig und allein in der Vereinigung des Menschen-Ich mit dem Ich-Urgrund der Welt. Für Schiller, und auch für Steiner, beruht alle Freiheit darauf, dass die Gottheit im Herzinnern des Menschen wohnt, der sie in seinen Willen aufnimmt – «Und sie steigt von ihrem Weltenthron», heißt es in *Das Ideal und das Leben.* Das aber bedeutet aufs genaueste die Metamorphose der alten in die neue Mysterienkultur, die Michael selbst in der von ihm begründeten übersinnlichen Schule ausgestaltete, wie wir gehört haben. Dadurch dass die beim Menschen angelangte kosmische Intelligenz, die Spinoza mit Seelenkühnheit im Kosmischen zu bewahren bestrebt ist, Michael entfallen war, entstand in den Menschen, die Michael die Treue bewahren wollten, die tragisch-widersprüchliche Spannung zwischen dem alten, *nicht mehr* zeitgemäßen, und dem neuen, *noch nicht* begründbaren Mysterienwesen. Diese Spannung begegnet uns eindringlich bei Spinoza, Goethe und Schiller.

In konsequenter Fortführung des Schillerschen Strebens hat deshalb Rudolf Steiner die Freiheit in das denkende Geistwesen des Menschen verlegt, nachdem mit dem Anbruch des neuen Michael-Zeitalters erstmalig eine Erzengelführung im Zeichen der menschlichen Freiheit begonnen hatte.[167] Nunmehr konnte er aufzeigen, dass im denkenden Menschen-Ich der feste Grund, das Objekt auffindbar ist, bei dem wir «den Sinn seines Daseins aus ihm selbst schöpfen» können. Gibt doch der Denkende seinem «Dasein den bestimmten, in sich beruhenden Inhalt der denkenden Tätigkeit».[168]

Deshalb nimmt es auch nicht wunder, dass Rudolf Steiner bereits zu Beginn seines philosophischen Hauptwerkes auf Spinozas Scheinbeweise eingeht, die dieser gegen die Möglichkeit der Freiheit, wie er meinte, «klar und einfach» vorgebracht hatte. Nicht weniger klar und einfach zeigt Rudolf Steiner auf, worin Spinozas diesbezüglicher Grundirrtum besteht.

Wir haben bereits betrachtet, mit welcher begrifflichen Treffsicherheit Spinoza das Wesen der Freiheit zu erfassen vermochte. Hatte er doch «denjenigen frei genannt, der von der Vernunft allein geleitet wird».[169] Indem Spinoza jedoch alle Vernunft in den göttlichen Urgrund verlegte, vernichtete er die Freiheitserfahrung des denkenden Menschen-Ich. Zwischen dem scheinbar frei handelnden Menschen und einem durch äußere Verur-

«Dieses: Stirb und werde!»

sachung in Bewegung versetzten Stein besteht nach Spinozas fester Überzeugung deshalb auch kein wesentlicher Unterschied: Könnte der Stein seine Bewegung wahrnehmen, nicht aber die Verursachung derselben durchschauen, dann könnte er meinen, er bewege sich frei. Nicht anders der Mensch. Nur aus dem Grunde behauptet ein jeder, frei zu sein, weil er die gesetzmäßigen Zusammenhänge, aus denen heraus er notwendig handelt, nicht berücksichtigt. Ein jeder hält sich für frei, ohne doch im mindesten frei zu sein.

Einer derartigen Gleichsetzung des denkenden Menschen mit einem Stein hält Rudolf Steiner entgegen: «Der Irrtum in diesem Gedankengange ist bald gefunden. Spinoza und alle, die denken wie er, übersehen, dass der Mensch nicht nur ein Bewusstsein von seiner Handlung hat, sondern es auch von den Ursachen haben kann, von denen er geleitet wird. ... Aber oft schon hat der Mangel an Unterscheidungsvermögen endlose Verwirrung gebracht. Und ein tiefgreifender Unterschied ist es doch, ob ich weiß, warum ich etwas tue, oder ob das nicht der Fall ist.»[170]

Indem Spinoza mittels seines vernünftigen Denkens dem Menschen die Eigenständigkeit seiner Vernunft absprach und nur das Wirken der kosmischen Intelligenz gelten ließ, beraubte er sich selbst seines Freiheitserlebnisses, seiner «Vernunftfreiheit», in der Schiller sein selbstverantwortliches Ich erfuhr und die Steiner zum Grundstein der freien Geistesforschung erhob.

Dabei beruht Spinozas *Ethik* durchaus auf ebenjener Vernunfterkenntnis, die Goethe zeitlebens mied, während er Offenbarungserkenntnis auf der festen Grundlage der durch die Sinne vermittelten Erfahrung suchte und fand. Nicht das reine Denken wollte Goethe ausbilden, sondern die reine Wahrnehmung, die dadurch, dass ihr die menschliche Eigenintelligenz dienend einverwoben wird, ihre Anknüpfung findet an die in aller Natur wirkende kosmische Intelligenz. Das Erleben der menschlichen Freiheit jedoch beruht auf dem reinen Denken der menschlichen Individualität. Diese aber hebt sich in Spinozas *Ethik* selber auf. Und auch auf dem Goetheschen Weg der Naturerkenntnis lässt sich der Mensch als freies Geistwesen unter keinen Umständen erleben.

Aus diesem Grunde führt Rudolf Steiner in seiner Schrift über *Goethes Weltanschauung* aus, dass Goethe «die Anschauung der Freiheit» fehlt, weil ihm «die Anschauung des innersten Wesens der Gedankenwelt abgeht». Indem Goethe «die Selbstwahrnehmung vermeiden» wollte, war ihm der Quell der Freiheit nicht zugänglich: er hat «nie die Ideenwelt als

Wahrnehmung gesehen», wiewohl er «in der *Ideenwelt gelebt* und seine Beobachtungen von ihr [hat] durchdringen lassen».[171]

Im scheinbar schärfsten Gegensatz zu dieser Charakterisierung Goethes stehen freilich andere Äußerungen Rudolf Steiners, von denen nur eine hier herangezogen werden soll: «Hat nun Goethe aus seiner Freiheit heraus den Faust oder überhaupt dasjenige, was sein Lebenswerk ist, gemacht, oder liegt da eine unbedingte Notwendigkeit vor? Die größte Freiheit liegt dann vor, wenn man das welthistorisch Notwendige macht!» Und etwas später fügt er hinzu: «So kann derjenige der Allerfreiste sein, der das volle Bewusstsein entwickeln kann: Mit dem, was ich tue, tue ich nichts anderes als dasjenige, was geistig notwendig ist.»[172]

Beide Aussagen Rudolf Steiners sind eben gleicherweise wahr. Als ein Eingeweihter der Vorzeit diente Goethe mit seinem gesamten Schaffen dem Weltengeist; und auch in seiner letzten Inkarnation hat er, wie noch zu zeigen sein wird, eine bedeutsame Initiation erfahren. Dieser Goethe war, im Sinne der alten Mysterien, ein Repräsentant der höchsten Geistesfreiheit. Andererseits blieb das Wesen der in der Bewusstseinsseele aufstrahlenden Freiheit gerade Goethe verschlossen, weil er mit gleicher Entschiedenheit das *reine* Denken mied und das *gegenständliche* Denken ausbildete. Er spürte, dass in seiner Zeit das reine Denken aus der Intuition Michaels heraus noch nicht zur vollgültigen Erfahrung der Freiheit vordringen konnte.

Die Chymische Hochzeit

Als der Psychiater Heinroth in seiner *Anthropologie* die eigenständige naturwissenschaftliche Verfahrensweise Goethes darstellte, war dieser außerordentlich erfreut. In seinem Aufsatz *Bedeutende Förderung durch ein einziges geistreiches Wort* (1823) referiert Goethe die in der Tat höchst erhellenden Darstellungen Heinroths, der seine Vorgehensweise als eine «eigentümliche» bezeichnete: «dass nämlich mein Denkvermögen *gegenständlich* tätig sei, womit er aussprechen will: dass mein Denken sich von den Gegenständen nicht sondere, dass die Elemente der Gegenstände, die Anschauungen in dasselbe eingehen und von ihm auf das innigste durchdrungen werden, dass mein Anschauen selbst ein Denken, mein Denken ein Anschauen sei.»

In die Sinnesoffenbarung der göttlichen Werkwelt versenkte Goethe seine Eigenintelligenz, die ja auch ihm einverwoben war. Goethe wusste: «Die Sinne trügen nicht, aber das Urteil trügt.»[173] Die Quelle des Irrtums liegt nicht in den Sinnen, sie liegt im Denken, das gegen Trugschlüsse nicht gefeit ist. Goethe ist bestrebt, den Intellekt am Sinnespol zu läutern. Denn die im reinen Anschauen erfahrene Gott-Natur erzieht die menschliche Intelligenz zur wahrheitsgemäßen Urteilsbildung.

Wie wir sahen, war das menschliche Gedankenleben seit langem in die Verwaltung der Archai übergegangen, wodurch der Mensch sein selbstbewusstes Ich-Wesen im Denken mehr und mehr entwickeln konnte. Die Regelung der Sinneswahrnehmungen hingegen war im Wirkungsfelde der Exusiai verblieben und der menschlichen Willkür entzogen. Indem also Goethe seine Gedankenbildungen so eng wie möglich an sein reines Wahrnehmen anschloss und seine Ideen aus dem Wahrgenommenen aufsteigen ließ, war er von dem Bestreben durchdrungen, die Michael entfallene menschliche Eigenintelligenz wiederum an die schaffende Intelligenz des Kosmos anzuschließen. Ausdrücklich bekennt er: «Warum ich zuletzt am liebsten mit der Natur verkehre, ist, weil sie immer Recht hat und der Irrtum bloß auf meiner Seite sein kann. Verhandle ich dagegen mit Menschen, so irren sie, dann ich, auch sie wieder und immer so fort, da kommt nichts aufs reine; weiß ich mich aber in die Natur zu schicken, so ist alles getan.»[174]

Goethes liebevoll-keusche Naturanschauung war von der Gewissheit getragen, dass die Beschäftigung mit der Natur, das heißt mit dem in ihr wirkenden Geist «die unschuldigste» sei.[175] Durch mehr als fünfzig Jahre war er deshalb bestrebt, sein menschliches Denken durch die Wiederanknüpfung an die in der Natur sich offenbarende göttliche Intelligenz zu läutern, aus der alles alte Mysterienwesen letztlich hervorgegangen war.

Aber zur Selbsterfahrung, zur Anschauung des im Denken schöpferisch tätigen, freien Menschen-Ich konnte Goethe auf diesem Wege nicht vordringen. Ja, er musste die Selbstwahrnehmung sogar als etwas Unmögliches ansehen. «Hierbei bekenn' ich», heißt es deshalb in seinem Aufsatz über Heinroths Darstellung der eigenen Geistesart, «dass mir von jeher die große und so bedeutend klingende Aufgabe: *erkenne dich selbst*, immer verdächtig vorkam, als eine List geheim verbündeter Priester, die den Menschen durch unerreichbare Forderungen verwirren und von der Tätigkeit gegen die Außenwelt zu einer innern falschen Beschaulichkeit verleiten wollten. Der Mensch kennt nur sich selbst, insofern er die Welt kennt, die er nur in sich und sich nur in ihr gewahr wird. Jeder neue Gegenstand, wohl beschaut, schließt ein neues Organ in uns auf.»

Goethes «Glaubensbekenntnis» erwuchs aus seinem «gegenständlichen Denken». Es schloss die Möglichkeit der echten Mystik aus, die von der Selbsterkenntnis zur Welterkenntnis fortschreiten möchte und deshalb überzeugt ist, der Mensch kenne die Welt nur, insofern er sich selbst kennt. Goethe wollte nicht den Weg nach innen gehen, sondern den Weg nach außen. Das aber hing aufs engste mit seiner rosenkreuzerischen Initiation zusammen, deren Ziel die Chymische Hochzeit ist. War doch Goethe dazu veranlagt und bestimmt, jener Geheimnisse teilhaftig zu werden, die sich dem «Ritter des güldenen Steines» offenbaren.

In seinem Aufsatz *Die Chymische Hochzeit des Christian Rosenkreutz* hat Rudolf Steiner die nach entgegengesetzten Richtungen liegenden Forschungswege des Mystikers und des Alchimisten – und damit zugleich die gegensätzlichen Zielsetzungen Goethes und Schillers – beleuchtet: «Der Mystiker geht unmittelbar in das eigene Geistwesen des Menschen hinein. Sein Ziel ist, was die *Mystische Hochzeit* genannt werden kann, die Vereinigung der bewussten Seele mit der eigenen geistigen Wesenheit. Der Alchimist will das Geistgebiet der Natur durchwandern, um nach der erfolgten Wanderung mit den in diesem Gebiet erworbenen Erkenntniskräften das Geistwesen des Menschen zu schauen. Sein Ziel ist die ‹Chymische Hochzeit›, die Vereinigung mit dem Geistgebiet der Natur. Nach *dieser* Vereinigung erst will er die Anschauung der Menschenwesenheit erleben.»[176]

Mit allen Kräften seines initiierten Geistwesens erstrebte Goethe seine «Vereinigung mit dem Geistgebiet der Natur», um von da aus zur Erkenntnis des Menschenwesens vorzudringen. Das in der Natur wirkende Geistig-Wesenhafte wollte er anschauend denken und denkend anschauen – schauend geisterfüllt erleben. Aus diesem Grunde war er zeitlebens bestrebt, die reine sinnliche Wahrnehmung durchsichtig zu machen für das in ihr wirkende Übersinnliche. So wenig Goethe fähig und willens war, sich in das Mysterium der Freiheit zu versenken, so sehr, dürfen wir sagen, war sein Innerstes auf das Mysterium der Sinne gerichtet – im engsten Zusammenhang mit seinem geheimnistiefen Lebensauftrag, der von dem «Ritter des güldenen Steines», von Christian Rosenkreutz inspiriert worden war.

In dem genannten Aufsatz über die *Chymische Hochzeit* führt Rudolf

Die Chymische Hochzeit

Steiner bei Betrachtung des siebten Tages aus: «Christian Rosenkreutz und seine Genossen erhalten, nachdem sie wirkliche Bearbeiter des ‹güldenen Steines› geworden sind, ein *Denkzeichen mit den beiden Sprüchen*: ‹Die Kunst ist der Natur Dienerin› und ‹die Natur ist der Zeit Tochter›. Im Sinne dieser Leitsätze sollen sie aus ihrer Geisterkenntnis heraus wirken. Die Erlebnisse der sechs Tage lassen sich in diesen Sätzen zusammenfassend charakterisieren. Die Natur enthüllt dem ihre Geheimnisse, der sich in die Lage versetzt, durch seine Kunst ihr Schaffen fortzusetzen. Aber diese Fortsetzung kann dem nicht gelingen, der für seine Kunst ihr nicht zuerst den Sinn ihres Wollens abgelauscht hat, der nicht erkannt hat, wie ihre Offenbarungen dadurch entstehen, dass ihre unendlichen Entwickelungsmöglichkeiten aus dem Schoße der Zeit in endlichen Gestaltungen geboren werden.»[177]

Die geschaffene Natur in all ihren räumlichen und zeitlichen Erscheinungen ist stets nur eine vergängliche Offenbarung der unerschöpflichschaffenden Natur. Wer diesen Urquell alles Schöpfertums in sich selbst und in seiner Kunst erschließt, der wird zum Bearbeiter des «güldenen Steines»: Er ist imstande, das Schaffen der Natur fortzusetzen. Das aber besagt, dass alles menschliche Schöpfertum nur dann der Menschheit zum Heile gereichen wird, wenn es der Initiation in das Mysterium der schaffenden Natur entspringt, wenn sich in ihm Wissenschaft und Kunst gegenseitig durchdringen und zugleich Religion sind.

Indem Goethe der kosmischen Kommunion, der Chymischen Hochzeit entgegenstrebte, erfüllte seinen anbetend-anschauenden Geist «Allgegenwärtiger Balsam / Allheilender Natur».[178] Gleichzeitig aber durchdrang sein urbildhaftes Künstlertum alle seine naturwissenschaftlichen Erkenntnisse mit schöpferischer Liebeskraft, während seine Kunst ihrerseits von der Erkenntnisschau befruchtet wurde. Ruht doch Goethes Kunst «auf einer Art religiösem Sinn, auf einem tiefen unerschütterlichen Ernst; deswegen sie sich auch so gern mit der Religion vereinigt».[179] Denn Goethes Künstlerschaft urständet in der sich selbst erschaffenden Gott-Natur. Weshalb er auch sagen durfte: «Wem die Natur ihr offenbares Geheimnis zu enthüllen anfängt, der empfindet eine unwiderstehliche Sehnsucht nach ihrer würdigsten Auslegerin, der Kunst.»[180] Denn wie im Kunstwerk alle Elemente aufs innigste verbunden sein müssen, selbst dann, wenn sie getrennt, wenn sie heterogen erscheinen, so sind alle Naturkräfte, alle Naturwesen ein einziger Organismus: Makro- und Mikrokosmos sind ein Ganzes; und dieses Ganze ist das erhabenste Kunstwerk.

Zum Schauen bestellt

Parabase

Freudig war, vor vielen Jahren,
Eifrig so der Geist bestrebt,
Zu erforschen, zu erfahren,
Wie Natur im Schaffen lebt.
Und es ist das ewig Eine,
Das sich vielfach offenbart;
Klein das Große, groß das Kleine,
Alles nach der eignen Art.
Immer wechselnd, fest sich haltend;
Nah und fern und fern und nah;
So gestaltend, umgestaltend –
Zum Erstaunen bin ich da.

Wissenschaft, Kunst und Religion wirken in Goethes Geist als eine ungeschiedene Ganzheit; auch darin erweist er sich als ein Repräsentant des alten Mysterienwesens. Gegenwärtig sind Religion, Kunst und Wissenschaft getrennt, aber nur, um auf einer erhöhten Stufe wieder eines zu werden – in einer zukünftigen Mysterienkultur.

Als der Philologe und Ästhetiker *Karl Ernst Schubarth* im Jahre 1819 Goethe schrieb, seines Erachtens sei «die Wissenschaft sowohl der Theologie als Poesie entgegengesetzt», während die beiden Letzteren zusammengehörten, antwortete Goethe ihm am 21. April 1819 umgehend. Und er legte seinem Brief ein von eigener Hand geschriebenes Schema bei, das in die Tiefen seines Wesens Einblick gewährt:

Auf

Glaube   Liebe   Hoffnung
ruht des Gottbegünstigten Menschen
Religion   Kunst   Wissenschaft
diese nähren und befriedigen
das Bedürfnis
anzubeten   hervorzubringen   zu schauen
alle drei sind eins
von Anfang und am Ende
wenngleich in der Mitte getrennt.

Das Lesen im Buch der Natur

In den Mittelpunkt dieser einzigartigen Meditationstafel rückt Goethe die Kunst, die er mit der hervorbringenden Liebeskraft des «Gottbegünstigten Menschen» verbindet und die er einhüllt in Religion und Wissenschaft, in den anbetenden Glauben und das hoffende Schauen. Ausgehend von dem Hohelied des Paulus auf die Liebe (1. Kor. 13), weist Goethe der Liebe die zentrale Wirkung zu. Indem er sie aber mit der Schöpferkraft der Kunst gleichsetzt, mit dem Quellgrund des hervorbringenden Künstlers, misst er ihr für das zukünftige Werden der Menschheit, in dem Wissenschaft, Kunst und Religion wieder eine dreieinige Ganzheit sein werden, die denkbar größte Bedeutung bei. Wir sehen: Das Goethesche Kunstverständnis reicht über alles weit hinaus, was zu seiner oder gar zu unserer Zeit unter «Kunst» verstanden wird. Sind doch Religion, Kunst und Wissenschaft für Goethe nur «in der Mitte getrennt». Die längst auseinander gebrochene ursprüngliche Einheit geht durch ein Stirb und Werde, um, gemäß dem Gesetz der Steigerung, sich auf höherer Ebene neu zu bilden. Kurz: Vor Goethes Geistesschau leuchtet der Weg auf, der von den alten zu den neuen Mysterien führt. Und auch dieses Geschehen erlebt Goethe als ein schöpferisches Werden, «das flutend strömt gesteigerte Gestalten».[181]

Das Lesen im Buch der Natur

Rudolf Steiner hat dargestellt, dass es zwei Wege gibt, in das Rosenkreuzer-Mysterium Goethes Einblick zu gewinnen. Der exoterische Weg ergibt sich «durch Studium derjenigen Dichtungen Goethes, die ein äußerer Ausdruck seiner rosenkreuzerischen Gesinnung und seines diesbezüglichen Wissens sind».[182] Steiner nennt in diesem Zusammenhang *Die Geheimnisse*, den *Faust*, den *Wilhelm Meister*, das *Märchen* als «*alchimistische Initiation*, in der von Christian Rosenkreutz gestifteten Form» sowie die *Pandora*. Der Initiierte eines bestimmten Grades vermag dagegen «auf esoterisch-okkultem Wege in Goethes Rosenkreuzertum einzudringen». Ihm zeigt sich, «dass Goethe zwischen seinem Leipziger und Straßburger

Aufenthalt eine Initiation erhalten hat, welche aber erst allmählich fruchtbar in ihm geworden ist, und die es ihm ermöglichte, eine ganz bestimmte rosenkreuzerische Mission zu erfüllen.»

Bereits der kaum von seiner lebensbedrohenden Krankheit genesene neunzehnjährige Goethe spricht am 13. Februar 1769 in einem Brief an Friederike Oeser, eine Freundin der Leipziger Zeit, von dem «Buch der Natur», das aller «Bibliothekarwissenschaft» vorzuziehen sei: «Ein großer Gelehrter ist selten ein großer Philosoph, und wer mit Mühe viel Bücher durchblättert hat, verachtet das leichte, einfältige Buch der Natur; und es ist doch nichts wahr, als was einfältig ist.»

Naturwissenschaftliche Studien im Sinne eines Lesens im Buch der Natur hat jedoch der junge Goethe während seiner Krankheit und unmittelbar danach noch keineswegs betrieben. Vielmehr berührte er in jener Zeit, in der er eigene alchimistische Versuche unternahm, die religiöse Vorstellungswelt des Pietismus, befasste sich mit Paracelsus, Basilius Valentinus, Welling und anderen, vertiefte sich in pansophisch-alchimistische Schriften.

Umso eindringlicher wird der Urton der Goetheschen Initiation gegen Ende der Frankfurter Geniezeit in jenen Passagen des *Urfaust* vernehmbar, die sich an das Betrachten des geheimnisvollen Buches «von Nostradamus' eigner Hand» anschließen. Faust, im Selbstgespräch, spricht die Hoffnung aus, der Sterne Lauf zu erkennen:

> Und wenn Natur dich unterweist,
> Dann geht die Seelenkraft dir auf,
> Wie spricht ein Geist zum andern Geist.

Das Buch aufschlagend, sieht Faust das Zeichen des Makrokosmos, dessen Anblick alle seine «Sinne» belebt, sodass er «junges heiliges Lebensglück», «neue Glut durch Nerv und Adern rinnen» fühlt. Er vermeint nunmehr zu erleben, wie «mit geheimnisvollem Trieb» sich ihm «die Kräfte der Natur enthüllen»:

> Ich schau in diesen reinen Zügen
> Die würkende Natur vor meiner Seele liegen.
> Jetzt erst erkenn ich was der Weise spricht:
> ‹Die Geisterwelt ist nicht verschlossen,
> Dein Sinn ist zu, dein Herz ist tot.
> Auf! Bade, Schüler, unverdrossen

Das Lesen im Buch der Natur

>Die irdsche Brust im Morgenrot.>
>(*Er beschaut das Zeichen.*)
>Wie alles sich zum Ganzen webt,
>Eins in dem andern würkt und lebt!
>Wie Himmelskräffte auf und nieder steigen
>Und sich die goldnen Eimer reichen!
>Mit segenduftenden Schwingen
>Vom Himmel durch die Erde dringen,
>Harmonisch all das All durchklingen!

So eindringlich und wesenhaft Goethes rosenkreuzerische Mission uns aus diesen Worten entgegentönt, so wenig weiß sie sein Faust bereits aus der bloßen Vorstellung in wirkliche Schau zu verwandeln, weshalb er fortfährt:

>Welch Schauspiel! aber, ach, ein Schauspiel nur!
>Wo fass ich dich, unendliche Natur?
>Euch Brüste, wo? Ihr Quellen alles Lebens,
>An denen Himmel und Erde hängt,
>Dahin die welke Brust sich drängt –
>Ihr quellt, ihr tränkt, und schmacht ich so vergebens?
>(*Er schlägt unwillig das Buch um und
>erblickt das Zeichen des Erdgeistes.*)

Und wirklich gelingt Faust die Beschwörung des Erdgeistes, dem er sich näher fühlt. Dessen Worte scheinen aus den unbewussten Tiefen der initiierten Seele Goethes aufzusteigen:

>In Lebensfluten, im Tatensturm
>Wall ich auf und ab,
>Webe hin und her!
>Geburt und Grab,
>Ein ewges Meer,
>Ein wechselnd Leben!
>So schaff ich am sausenden Webstul der Zeit
>Und würke der Gottheit lebendiges Kleid.

Annähernd fünfundvierzig Jahre nach diesen dem jungen Dichter inspirierten Versen verfasste der Naturforscher Goethe einen Aufsatz über

Bedenken und Ergebung (1818). Er beginnt mit den Worten: «Wir können bei Betrachtung des Weltgebäudes, in seiner weitesten Ausdehnung, in seiner letzten Teilbarkeit, uns der Vorstellung nicht erwehren, dass dem Ganzen eine Idee zum Grunde liege, wonach Gott in der Natur, die Natur in Gott, von Ewigkeit zu Ewigkeit, schaffen und wirken möge. Anschauung, Betrachtung, Nachdenken führen uns näher an jene Geheimnisse. Wir erdreisten uns und wagen auch Ideen, wir bescheiden uns und bilden Begriffe, die analog jenen Uranfängen sein möchten.» – Aber, so gibt Goethe zu bedenken, wir machen uns nicht immer deutlich genug bewusst, «dass zwischen Idee und Erfahrung eine gewisse Kluft befestigt scheint, die zu überschreiten unsere ganze Kraft sich vergeblich bemüht». Denn alle Naturforschung vollzieht sich in der erfahrenen räumlich-zeitlichen Welt. Hingegen ist die Idee «unabhängig von Raum und Zeit», weshalb in ihr «Simultanes und Sukzessives innigst verbunden» ist. Dieser Tatbestand «scheint uns in eine Art Wahnsinn zu versetzen. Der Verstand kann nicht vereinigt denken, was die Sinnlichkeit ihm gesondert überlieferte, und so bleibt der Widerstreit zwischen Aufgefasstem und Ideiertem immerfort unaufgelöst.»

Goethe erkennt: Die an die sinnliche Wahrnehmung gebundene Naturwissenschaft hat es stets mit der gewirkten Natur (natura naturata) zu tun, während jede Idee ein Abglanz der wirkenden Natur (natura naturans) ist.[183] In der Sinneswelt kann dieselbe Pflanze nur in jeweils *einer* ihrer sukzessiven Erscheinungsformen wahrgenommen werden, während sie ihrer Idee nach die in Raum und Zeit nacheinander erfahrbaren Ausgestaltungen simultan beinhaltet – und das, so erlebt es der Naturforscher Goethe, kann einen eben «in eine Art Wahnsinn» versetzen. Weshalb sich Goethe keinen anderen Rat weiß, als ein Wort Mephistos aus dem ersten Teil des *Faust* aufzugreifen und wunderbar genug abzuwandeln. Aus der auf Sinneswahrnehmen und Verstandesdenken basierenden Wissenschaft flüchtet sich Goethe «billig zu einiger Befriedigung» in die Sphäre der Dichtkunst. Nicht der Naturwissenschaftler, der Dichter Goethe hat das letzte Wort:

> So schauet mit bescheidnem Blick
> Der ewigen Weberin Meisterstück,
> Wie ein Tritt tausend Fäden regt,
> Die Schifflein hinüber herüber schießen,
> Die Fäden sich begegnend fließen,
> Ein Schlag tausend Verbindungen schlägt.

Das Lesen im Buch der Natur

> Das hat sie nicht zusammengebettelt,
> Sie hats von Ewigkeit angezettelt;
> Damit der ewige Meistermann
> Getrost den Einschlag werfen kann.

In Goethes Seele befruchtete der Dichter den Naturwissenschaftler durch ein langes Forscherleben hindurch, und jener wurde seinerseits nachhaltig von diesem impulsiert. Dabei schloss sich die noch von keiner wissenschaftlichen Naturbetrachtung begleitete rosenkreuzerische Inspiration der Frankfurter Geniezeit mehr und mehr mit dem neuzeitlich-empirischen Erkenntnisweg des Naturforschers zusammen. Anders gesagt: Goethes Wissenschaft und Kunst entsprangen derselben Quelle; sie waren wie «Zettel» und «Einschlag», die das Gewebe des Goetheschen Schaffens ausmachten, weshalb auch von diesem gesagt werden darf:

> Wie alles sich zum Ganzen webt,
> Eins in dem andern wirkt und lebt!

Bekanntlich liebte Goethe sein Leben lang das Gleichnis vom Weber und seinem Webstuhl. Und so haben wir hier in wundertätigen Zusammenwirken der ewigen Weberin und des ewigen Meistermannes das Mysterium der in Raum und Zeit schaffenden Gott-Natur veranschaulicht.

Indem Rudolf Steiner die Chymische Hochzeit als die Vereinigung mit dem Geistgebiet der Natur darstellt und andererseits auf Goethes «ganz bestimmte rosenkreuzerische Mission» verweist, auf seine «alchimistische Initiation, in der von Christian Rosenkreutz gestifteten Form», wird zugleich der Mysterienhintergrund erlebbar, aus dem im Wesentlichen das Schaffen des Goetheschen Genius herausgewachsen ist.

In seiner um 1784/85 entstandenen *Studie nach Spinoza*[184] führt Goethe aus, dass jedes lebendige Wesen seinen Maßstab nur in sich selbst birgt. Dieser aber sei «höchst geistig» und könne «durch die Sinne nicht gefunden werden». Alle Teile eines Organismus sind «unzertrennlich vom Ganzen», ohne in ihrer Summe das Ganze zu sein. Denn «es können weder die Teile zum Maß des Ganzen noch das Ganze zum Maß der Teile angewendet werden». Zwar lebt das Ganze eines organischen Wesens in allen Teilen, aber dieses geheimnisvolle, den Sinnen unzugängliche, höchst geistige Ganze ist stets mehr als seine Teile, die gleichzeitig uneingeschränkt an ihm teilhaben, sodass «wir den Begriff der Existenz und der Vollkommenheit des eingeschränktesten lebendigen Wesens nicht ganz fassen können, und es also ebenso wie das ungeheure Ganze, in dem alle Existenzen begriffen sind, für unendlich erklären müssen».

Da für Goethes schauendes Geist-Erleben alles im Ganzen lebt, webt und ist – und er rechnet die anorganische Natur mit all ihren Erscheinungen letztendlich hinzu –, wird er im Unscheinbarsten das Ganze gewahr. Und so darf er uns ein Wort zurufen, das wir, bedrängt von erdumgreifenden Gefahren insbesondere ökologischer und sozialer Art wahrlich beherzigen sollten:

> Willst du dich am Ganzen erquicken,
> So musst du das Ganze im Kleinsten erblicken.

Denn alles Endliche und Begrenzte, alles Räumlich-Zeitliche ist eine wesenhafte Offenbarung des in ihm lebenden, webenden, waltenden Schöpferwesens. Die Erscheinungswelt ist kein trügerischer Schein, kein wesenloses Spiegelbild des Unendlichen, Unbegrenzten, Ewig-Wesenhaften. So heißt es, ebenfalls in den *Sprüchen:*

> Willst du ins Unendliche schreiten,
> Geh nur im Endlichen nach allen Seiten.

Ist doch der Raum durchwirkt vom Raumlosen, die Zeit durchwoben von der Ewigkeit. Der sich selbst erschaffende Urgrund lebt *in* allen Erscheinungen als seinen Gleichnissen – nicht hinter ihnen: Die Erscheinungen sind dem Wesen einverwoben, gleichen ihm als sein Gleichnis. In *Prooemion* schreibt Goethe:

> So weit das Ohr, so weit das Auge reicht,
> Du findest nur Bekanntes, das Ihm gleicht,
> Und deines Geistes höchster Feuerflug
> Hat schon am Gleichnis, hat am Bild genug ...

Genug aber hat Goethe am Bild, am Gleichnis nicht etwa deshalb, weil er sich mit der Sinneswelt begnügen würde. Diese ist ihm vielmehr ihrerseits ein unergründliches Geheimnis. Zwar ist das Übersinnliche den Sinnen unzugänglich; aber das höchste Geistige durchwaltet die Sinneswelt, wiewohl «die Organe aller Wesen zusammen es nur erfassen mögen».[185]

Dem Übersinnlichen, das sich inmitten der Sinneswelt offenbart, gilt der höchste Feuerflug des Goetheschen Geistes. Für ihn ist die gesamte Erscheinungswelt als Bild und Gleichnis der erhabenste Mysterienbau, errichtet auf dem Wesensurgrund der Welt als ein «Bekanntes, das ihm gleicht». Zwar ist alles Sinnliche nur eine Offenbarung des Übersinnlichen:

> Alles Vergängliche
> Ist nur ein Gleichnis ...

Aber dieses «nur» setzt seinen Wert nicht herab: Das Vergängliche ist – wie die *Faust*-Dichtung selbst, an deren Ende dieses Mysterienwort aufklingt – ein Gleichnis des Ewig-Unzerstörbaren.

Für Goethe besteht die Welt der Sinne aus Sinn-Bildern, aus Symbolen. Deshalb kann er, der Freimaurer, am 8. Juni 1821 zu seinem Logenbruder Kanzler von Müller sagen: «Alles ist ja nur symbolisch zu nehmen, und überall steckt noch etwas anderes dahinter.» Symbole sind Bilder, deren Gehalt sich nur dem Eingeweihten erschließt. Ihre Erscheinungsformen sind nicht beliebig austauschbar. Nur dem Uneingeweihten verbergen Symbole, was sie bergen. Eindringlich veranschaulicht das Goethe in seinem Gedicht *Symbolum* aus dem Jahre 1815:

> Des Maurers Wandeln
> Es gleicht dem Leben,
> Und sein Bestreben
> Es gleicht dem Handeln
> Der Menschen auf Erden.
>
> Die Zukunft decket
> Schmerzen und Glücke
> Schrittweis dem Blicke,
> Doch ungeschrecket
> Dringen wir vorwärts.
>
> Und schwer und schwerer
> Hängt eine Hülle
> Mit Ehrfurcht. Stille
> Ruhn oben die Sterne
> Und unten die Gräber.
>
> Betracht' sie genauer
> Und siehe, so melden
> Im Busen der Helden

Zum Schauen bestellt

Sich wandelnde Schauer
Und ernste Gefühle.

Doch rufen von drüben
Die Stimmen der Geister,
Die Stimmen der Meister:
‹Versäumt nicht zu üben
Die Kräfte des Guten.

Hier winden sich Kronen
In ewiger Stille,
Die sollen mit Fülle
Die Tätigen lohnen!
Wir heißen euch hoffen.›

Der von Goethe hier verhüllt anschaubar gemachte Einweihungsweg gleicht dem allgemeinen Schicksalsgang des Menschen. Schrittweise führt er die Seele in ein Unbekanntes hinein, das Leiden und Freuden birgt. Die Zukunft wird nicht leichter, sie wird schwerer und schwerer: Der Weg zum Sanktuar der Ehrfurcht endet in dem verborgensten, engsten Raum, der Unendliches birgt. Ewige Stille atmet hier der Geist. Ruhend im Sternenall, blickt er auf seinen Erdenleib, der im Grabe ruht. Nun geht die Seele durch wandelnde Schauer und ernste Gefühle und wird fähig, aus der Geisteswelt Stimmen zu vernehmen – Stimmen der Geister, Stimmen der Meister. Diese rufen den Adepten zu: Läutert euch! Übt eure moralischen Kräfte! In ewig-befriedeter Stille werdet ihr hier die Erhöhung eures irdischen Strebens erfahren. Darein setzt euer ganzes Vertrauen.

Das Leben und Streben aller Menschen wird Goethe zum Symbol geheimster Wandlung, zum hieroglyphenartigen Schriftzeichen der Einweihung, weil es Sinn-Bild ist. Im alltäglichen Menschenleben waltet kryptische Magie – das ist Goethes Erfahrung. Weshalb er auch Handschriften sammelte. Wir hörten bereits, wie nachdrücklich er Jacobi für die ihm geschenkten Autographen dankte: «Die übersandten Blätter» – schreibt er dem Freund am 10. Mai des Jahres 1812 – «sind mir von unendlichem Wert; denn da mir die sinnliche Anschauung durchaus unentbehrlich ist, so werden mir vorzügliche Menschen durch ihre Handschrift auf eine magische Weise vergegenwärtigt.» Auf eine magische Weise werden Goethe sinnlich-wahrnehmbare, also vergängliche Gleichnisse der ewigschaffenden Entelechie erfahrbar.

DAS LESEN IM BUCH DER NATUR

Damit wird deutlich, dass Goethe die sinnliche Wahrnehmung nicht etwa deshalb unentbehrlich ist, weil er, wie beispielsweise ein Francis Bacon, nur die Sinneswelt für wissenschaftlich erforschbar hielte; vielmehr trachtete er danach, der sinnlichen Anschauung die in ihr wirkende übersinnliche Entität zu entbinden. Im Offenbaren schaute Goethe das zutiefst Geheime als ein Verborgenes, als eine magische Wirklichkeit anwesend. Im Geiste der *Chymischen Hochzeit* dürfen wir Goethes sinnlich-übersinnliches Erleben verstehen als eine kultische Magie. In diesem Sinne war er Lynkeus der Türmer: «Zum Sehen geboren, / Zum Schauen bestellt.»[186]

Den ersten großen Durchbruch in das Geistgebiet der Natur brachte Goethe das für ihn insgesamt so bedeutsame Jahr 1784. Seitdem er in Weimar, wie er in der *Geschichte meiner botanischen Studien* berichtet, die Frankfurter «Stuben- und Stadtluft mit Land-, Wald- und Garten-Atmosphäre» vertauscht hatte, entfaltete er, angeregt durch praktische Aufgaben und Fragestellungen, seine naturwissenschaftliche Forschung immer konsequenter. Und die erste bedeutende Frucht von diesem Baum der Erkenntnis hielt Goethe eines Tages unvermittelt in Händen, als er, gemeinsam mit dem Osteologen Loder, in Jena naturwissenschaftliche Studien trieb. Am 27. März dieses Jahres entdeckte Goethe den Zwischenkieferknochen, das os intermaxillare, am Menschen. Die herrschende Lehrmeinung jener Zeit sprach dem Menschen, im Unterschied zum Affen, diesen Knochen ab. Goethe aber war aufs entschiedenste daran gelegen, alle Teile des Säugetieres auch am Menschen aufzuzeigen, um die gesamte Evolution als *einen* Organismus verstehen zu können.

Sogleich, noch in der Nacht des 27. März, schrieb Goethe an Frau von Stein, er habe eine anatomische Entdeckung gemacht, über die er sich derartig freue, dass sich ihm «alle Eingeweide bewegen» würden. Hatte beim Anblick eines magischen Zeichens im Buche des Nostradamus Goethes Faust «junges heiliges Lebensglück» erfahren und war demselben dabei «neue Glut durch Nerv und Adern» geströmt, so las nunmehr der fünfunddreißigjährige Naturforscher, vom Feuer der Erkenntnis durchglüht, Geisteslettern im Buche der Natur.

In derselben Nacht schrieb Goethe seinem Freunde Herder: «Nach Anleitung der Evangelii muss ich dich auf das eiligste mit einem Glück bekannt machen, das mir zugestoßen ist. Ich habe gefunden – weder Gold noch Silber, aber was mir eine unsägliche Freude macht – das os intermaxillare am Menschen!

Ich verglich mit Lodern Menschen- und Tierschädel, kam auf die Spur und siehe da ist es. Nur bitt' ich dich, lass dich nichts merken, denn es muss geheim behandelt werden. Es soll dich aber auch recht herzlich freuen, denn es ist wie der Schlussstein zum Menschen, fehlt nicht, ist auch da! Aber wie! Ich habe mirs auch in Verbindung mit deinem Ganzen gedacht, wie schön es da wird.»

Nach Anleitung der Evangelien bat Goethe seinen Freund Herder, eine naturwissenschaftliche Entdeckung in seinem Geiste zu bewegen. Denn im Urbeginne war das Wort – und alle Schöpfung ist aus ihm hervorgegangen: die gesamte Evolution ist aus dem Logos.

In der Tat konnte Goethe seine epochale Entdeckung des Zwischenkieferknochens am Menschen in schönster Verbindung mit Herders «Ganzem» denken. Dieser arbeitete zur selben Zeit den Ersten Teil seiner *Ideen zur Philosophie der Geschichte der Menschheit* aus, der mit den kühnen Worten beginnt: «Vom Himmel muss unsre Philosophie der Geschichte des menschlichen Geschlechts anfangen, wenn sie einigermaßen diesen Namen verdienen soll. Denn da unser Wohnplatz, die Erde, nichts durch sich selbst ist, sondern von himmlischen, durch unser ganzes Weltall sich erstreckenden Kräften ihre Beschaffenheit und Gestalt, ihr Vermögen zur Organisation und Erhaltung der Geschöpfe empfängt: so muss man sie zuförderst nicht allein und einsam, sondern im Chor der Welten betrachten, unter die sie gesetzt ist. ... Wenn ich also das große Himmelsbuch aufschlage und diesen unermesslichen Palast, den allein und überall nur die Gottheit zu erfüllen vermag, vor mir sehe: so schließe ich, so ungeteilt als ich kann, vom Ganzen aufs Einzelne, vom Einzelnen aufs Ganze.»

Das große Himmelsbuch wird Herder zum Palast, den die Gottheit bewohnt, allgegenwärtig in den makro-mikrokosmischen Lettern, die sie geschrieben hat und noch fortwährend schreibt. Werde ich – so sagt sich Herder – ahnend gewahr den «Zusammenhang des Kleinsten mit dem Entwurf des Schöpfers ins Ungemessene hinaus: so wird es die schönste Eigenschaft meiner Gott nachahmenden Vernunft sein, diesem Plan nachzugehen und mich der himmlischen Vernunft zu fügen». Immer eindringlicher bemerkt Herder auf seinem dergestalt beschaffenen Erkenntnisweg, dass «alles aus einem folgt und eins zu allem dienet». Und er gelangt zu der unumstößlichen Einsicht: «... die Stützen meines Daseins (nicht meiner körperlichen Erscheinung) sind so fest als die Pfeiler des Weltalls.»

Von der unbelebten Natur über die Pflanze und das Tier hinauf bis zum Menschen gewahrt Herder einen Stufengang der Entwicklung. Die aufrechte Gestalt des Menschen bewirkt, dass er seine beiden Hände frei bekommt. Dadurch aber unterscheidet sich die menschliche Gestalt grundlegend von der horizontal angelegten des Tieres, ja ist «einzig auf der Erde» (III/4). Der vernunftbegabte, sprechende, zu Humanität und Religion gebildete Mensch ist dazu angelegt, «gleichsam eine lebendige Kunst zu werden» (III/3). Deshalb hat der Mensch auch «kein edleres Wort für seine Bestimmung als er selbst ist, in dem das Bild des Schöpfers unsrer Erde, wie es hier sichtbar werden kann, abgedrückt lebt» (III/3).

Wird demgemäß eine stufenweise Entwicklung von der toten Natur zur Pflanze, von dieser zum Tier und zum Menschen erkennbar, so wird andererseits «ein Stufengang sichtbar vom Menschen, der zunächst ans Tier grenzt, bis zum reinsten Genius im Menschenbilde». Wir sehen: «Alles ist in der Natur verbunden: Ein Zustand strebt zum andern und bereitet ihn vor. Wenn also der Mensch die Kette der Erdorganisationen als ihr höchstes und letztes Glied schloss: so fängt er auch eben dadurch die Kette einer höhern Gattung von Geschöpfen als ihr niedrigstes Glied an.» Der Mensch als Erdenwesen entwickelt sich zu einem Geistwesen, das leben wird, wenn diese Erde längst nicht mehr ist. Und die über uns stehenden Wesen «erziehen an uns vielleicht unsichtbar ihres Glückes Teilnehmer, ihres Geschäfts Brüder» (V/5).

Wir sehen, die Herderschen Ideen lassen sich aufs schönste mit Goethes Entdeckung des Zwischenkieferknochens zusammenschauen. Mehr noch, manche Passagen des genialen Werks, das die Freunde, während es entstand, miteinander besprachen, verweist unmittelbar auf die Einwirkung Goethes. Hier nur einige besonders eindringliche Beispiele.

Herder spricht von dem «Gesetz der bildenden Kunst des Weltschöpfers» (I/3). Er meint: «Der Menschen ältere Brüder waren die Tiere. Ehe jene da waren, waren diese» (II/3). Übereinstimmend damit wird Goethe seinen Faust sagen lassen (in Wald und Höhle):

> Du führst die Reihe der Lebendigen
> Vor mir vorbei, und lehrst mich meine Brüder
> Im stillen Busch, in Luft und Wasser kennen.

Des weiteren meint Herder: Mit der vergleichenden Anatomie «bekommt der Mensch natürlicherweise *an sich selbst* einen Leitfaden, der ihn durchs große Labyrinth der lebendigen Schöpfung geleite, und wenn man bei irgendeiner Methode sagen kann, dass unser Geist dem durchdenkenden vielumfassenden Verstande *Gottes* nachzudenken wage, so ist's bei dieser.

Bei jeder Abweichung von der Regel, die uns der oberste Künstler als ein Gesetz Polyklets *im Menschen* darstellte, werden wir auf eine Ursache geführt: warum er hier abwich? zu welchem Zwecke er dort anders formte? Und so wird uns Erde, Luft, Wasser, selbst die tiefste Tiefe der belebten Schöpfung ein Vorratshaus seiner Gedanken, seiner Erfindungen nach und zu *einem Hauptbilde der Kunst und der Weisheit»* (II/4).

Goethe selbst hat zweieinhalb Jahrzehnte später, am 28. Februar 1819, J. D. Falk gegenüber geäußert, im ersten Band von Herders *Ideen* seien viele Gedanken, die ihm gehörten. Dabei ist insbesondere zu bedenken, dass Herder ja keineswegs den Goetheschen Erkenntnisweg einschlug, vielmehr weitgehend im Bereich philosophisch gestimmter Ideenbildung verblieb, während Goethe mit seinem Intellekt bestrebt war, den kosmischen Intellekt, den Verstand Gottes, «nachzuahmen» und «nachzudenken». Goethe nahm die vergleichende Anatomie, um an ihrem Leitfaden das Lesen im Buche der Natur zu erlernen und Schritt für Schritt auszugestalten. Wie er überhaupt jedes bloße Voranschreiten von Idee zu Idee auf das strengste zu vermeiden bestrebt war. Wollte er doch «der Göttin heilige Lettern», wie es in seiner *Metamorphose der Pflanzen* heißt, andachts- und ehrfurchtsvoll lesen lernen. Er wollte Ideen nicht denken, er wollte sie anschauen und so das Denken selbst in Anschauung verwandeln.

Indem Goethe überall nach Offenbarungserkenntnis strebte, wirkte er befruchtend auf Herders inspirierte Vernunfterkenntnis, insbesondere in der Zeit, als der erste Band der *Ideen zur Philosophie der Geschichte der Menschheit* entstand, aus denen uns Goethes Geist unmittelbar entgegentritt, auch in den folgenden Worten: «Unendlichkeit umfasst mich, wenn ich, umringt von tausend Proben dieser Art und ergriffen von ihren Gefühlen, Natur, in deinen heiligen Tempel trete. An keinem Geschöpf bist du vorbeigegangen; du teilest dich ihm ganz mit, so ganz, wie es dich in seiner Organisation fassen konnte. Jedes deiner Werke machtest du eins und vollkommen und nur sich selbst gleich. Du arbeitest es von innen heraus» (III/2).

In solchen Worten spiegelt sich Goethes Antlitz – seine geheime Existenz und Konfession, sein «Geheimster Wohnsitz», von dem der Zweiundsiebzigjährige in dem gleichnamigen Gedicht sagen wird:

> Der Tempel steht dem höchsten Sinn geweiht,
> Auf Felsengrund in hehrer Einsamkeit.

Das Lesen im Buch der Natur

Fraglos empfingen Goethe und Herder ihre Inspirationen aus ebendiesem Tempel. Das wird auch an dem Schlussgedanken des Ersten Buches der Herderschen *Ideen* erlebbar. Ein Verwandtes ist auffindbar – so sagt sich Herder – in der vertikalen Gestalt des Menschen und der Pflanze, während das Tier in der Horizontalen organisiert ist. Und so klingt denn in den Worten, mit denen Herder schließt, ein Gralsmotiv auf: «Wie also die Blume da stand und in aufgerichteter Gestalt das Reich der unterirdischen, noch unbelebten Schöpfung schloss, um sich im Gebiet der Sonne des ersten Lebens zu freuen: so stehet über allen zur Erde Gebückten der Mensch wieder aufrecht da. Mit erhabnem Blick und aufgehobenen Händen stehet er da, als ein Sohn des Hauses den Ruf seines Vaters erwartend.»

Die keusch ihre Blüte zur Sonne emporhebende Pflanze soll sich im Menschen auf erhöhter Stufe erneuern, indem er sich aus dem zur Erde niedergebückten Tier heraufringt zu seinem himmlischen Vater. Der Anthropos ist berufen, das Mysterium des Sohnes in sich selbst zu erschließen.

Wir dürfen deshalb sagen: Das Gewahrwerden des Zwischenkieferknochens am Menschen war eine Fruchtbildung am Baume der Goetheschen Offenbarungserkenntnis – war Anschauungswissenschaft. Goethe vollzog seine Erkenntniskommunion mit dem schaffenden Weltenwort in der ihm eigenen kultischen Magie des Schauens.

Indem Goethes ganzes Wesen darauf angelegt war, sich in das Geistgebiet der Natur zu versenken, fand er die Brücke zwischen Kunst und Naturforschung. War doch die gesamte Schöpfung in Goethes Augen das erhabenste Kunstwerk. Im Sinne der Chymischen Hochzeit des Christian Rosenkreutz der Natur ihr schöpferisches Wollen abzulauschen, war Goethes innerstes Bestreben. Schon von dem etwa siebenjährigen Knaben, der seinen Sonnenkultus vollzog, heißt es in *Dichtung und Wahrheit* (I,1): «Der Gott, der mit der Natur in unmittelbarer Verbindung stehe, sie als sein Werk anerkenne und liebe, dieser schien ihm der eigentliche Gott, der ja wohl auch mit dem Menschen wie mit allem übrigen in ein genaueres Verhältnis treten könne, und für denselben ebenso wie für die Bewegung der Sterne, für Tages- und Jahreszeiten, für Pflanzen und Tiere Sorge tragen werde.»

Ein Jahr nach dem Auffinden des Zwischenkieferknochens am Menschen schreibt Goethe an Frau von Stein: «Wie lesbar mir das Buch der

Natur wird, kann ich Dir nicht ausdrücken, mein langes Buchstabieren hat mir geholfen, jetzt wirkt's auf einmal und meine stille Freude ist unaussprechlich.» Und nach weiteren fünf Jahren intensiven «Lesens» legte Goethe seine wissenschaftliche Abhandlung *Versuch, die Metamorphose der Pflanzen zu erklären* der blinden und tauben Öffentlichkeit vor.

Vierzehn Jahre aber nach dem Entdecken des Zwischenkieferknochens, nachdem das Weltenwort Goethe sein «Angesicht im Feuer zugewendet» hatte, entstand das Gedicht *Die Metamorphose der Pflanzen*, dieses von Lebensquellen durchströmte Gebilde, das sich selber von Wort zu Wort pflanzenhaft entfaltet, dabei dem naturwissenschaftlichen Traktat aufs genaueste entsprechend. Auch hier also befruchten sich in Goethes Seele Wissenschaft und Kunst gegenseitig und steigern sich gemeinsam zu religiöser Schau. Wir vernehmen, wie in den Metamorphosen der Pflanzen ein «geheimes Gesetz», ein «heiliges Rätsel» waltet, das sich im «heiligen, ewig bewegten» Lichte offenbart. Und andächtig schauend werden wir teilhaftig der im höchsten Grade kunstvoll schaffenden Natur, die «mit mächtiger Hand» alle Bildungen und Umbildungen hervorbringt, um sie zuletzt einem harmonischen, krönenden Abschluss entgegenzuführen, dem «Wundergebild» der Blüte, in der sich die Natur dem Staunend-Schauenden «in hoher, voller Erscheinung» zeigt. In allem erleben wir jetzt «die göttliche Hand», und mit heiliger Scheu gewahren wir «den geweihten Altar». Zum Altardienst ist Naturwissenschaft, ist Dichtkunst geworden – ein dreieiniges Wirken. Und nun vernehmen wir aus dem Munde Goethes die Mysterienworte:

> Aber entzifferst du hier der Göttin heilige Lettern,
> Überall siehst du sie dann, auch in verändertem Zug.

Nicht nur die Naturreiche folgen den ewigen Gesetzen des gesteigerten Werdens. Auch die Seele des Menschen entfaltet ihr höchstes Gefühl, die Liebe, nach demselben Urbild des Lebens:

> O, gedenke denn auch, wie aus dem Keim der Bekanntschaft
> Nach und nach in uns holde Gewohnheit entspross,
> Freundschaft sich mit Macht aus unserm Innern enthüllte,
> Und wie Amor zuletzt Blüten und Früchte gezeugt.
> Denke, wie mannigfach bald die, bald jene Gestalten,
> Still entfaltend, Natur unsern Gefühlen geliehn!
> Freue dich auch des heutigen Tags! Die heilige Liebe

Das Lesen im Buch der Natur

Strebt zu der höchsten Frucht gleicher Gesinnungen auf,
Gleicher Ansicht der Dinge, damit in harmonischem Anschaun
Sich verbinde das Paar, finde die höhere Welt.

Entziffern wir ehrfurchtsvoll der Göttin heilige Lettern, dann beginnen wir, überall das Mysterium der Wandlung zu gewahren. Folgt doch auch die Menschenseele dem geheimen Gesetz der Metamorphose: Aus unscheinbaren Keimen wachsen die übersinnlichen Gestaltungen unserer Gefühle empor bis zur Blüten- und Fruchtbildung der heiligen Liebe, die sich im gemeinsamen Erleben der Wahrheit, im harmonischen Anschauen der Sonne des Geistes verklärt.

Keine Frage, Goethe hat sich auf den Weg begeben, das Geistgebiet der Natur zu durchwandern, um am Ende dieser Wanderung mit den in diesem Gebiet erworbenen Erkenntnissen auch das seelische und geistige Wesen des Menschen zu schauen. «Sein Ziel ist die ‹Chymische Hochzeit›, die Vereinigung mit dem Geistgebiet der Natur. Nach *dieser* Vereinigung erst will er die Anschauung der Menschenwesenheit erleben.»[187]

Deshalb versenkt sich Goethe in das Buch der Natur, in die heiligen Chiffren des schaffenden Weltengeistes, durchdrungen von der Gewissheit, dass auf diesem Wege Wissenschaft und Kunst sich gegenseitig zu durchdringen, zu befruchten vermögen, weil sie einem gemeinsamen Urquell entspringen. Wobei der Kunst im Goetheschen Sinne – so sahen wir – die höchste Bedeutung zukommt auf dem Wege zur Wiedervereinigung von Wissenschaft, Kunst und Religion in einer erneuerten Mysterienkultur.

So gestimmt hielt der achtundsiebzigjährige Goethe Schillers Schädel als einen höchsten Schatz in Händen, zutiefst ergriffen im Erleben der sinnlich anschaubaren Form:

Wie mich geheimnisvoll die Form entzückte!
Die gottgedachte Spur, die sich erhalten!
Ein Blick, der mich an jenes Meer entrückte,
Das flutend strömt gesteigerte Gestalten.

Goethe, der sich selbst als Adept verstand, «war die Schrift geschrieben», die er in «freiem Sinnen» zu lesen verstand – jene Schrift, die ihren heiligen Sinn nicht jedem offenbart. Als ein Bearbeiter des Güldenen Steines hat er durch seine Kunst das Schaffen der Natur fortzusetzen vermocht. Aber diese Fortsetzung konnte ihm nur gelingen, weil er der Natur für seine Kunst den heiligen Sinn ihres Wollens abgelauscht hatte, impulsiert von der Erkenntnis, dass die unerschöpflichen Entfaltungsmöglichkeiten der Natur «aus dem Schoße der Zeit in endlichen Gestaltungen geboren werden».[188] Gelangte der Goethesche Geist doch an das Gestade jenes Weltenäthermeeres, «das flutend strömt gesteigerte Gestalten», wie es in den Terzinen aus dem Jahre 1827 heißt. Hatte der Neunzehnjährige Friederike Oeser gegenüber das Buch der Natur aller gelehrten Wissenschaft vorgezogen, so war Goethe sechzig Jahre später zu einem Schriftkundigen der Gott-Natur aufgestiegen.

Am 1. August des Jahres 1924, also gegen Ende seiner gesamten Vortragstätigkeit, hat Rudolf Steiner in einer seiner Karmabetrachtungen ausgeführt, wie «die kosmische Intelligenz, also das intelligente Wesen, welches ausgebreitet ist über die ganze Welt, welches in der unbeschränkten Verwaltung des Michael stand bis zum Ende der Alexanderzeit, allmählich in den Besitz der Menschen auf Erden überging, Michael sozusagen entfiel». Damit aber war «die Verwaltung der Intelligenz aus der Hand des Michael in die Hände der Menschen übergegangen».[189]

Im Fortgang seiner Betrachtung schildert Steiner, welche Maßnahmen Michael traf, um das alte Mysterienwesen, in dem der Mensch «auf der Erde nicht die Intelligenz hatte», weshalb er nur «in traumhafter Weise die übersinnlichen Welten erleben konnte», in das neue Mysterienwesen zu metamorphosieren, «das mit der völligen Intelligenz der Menschen, mit der klaren, lichtvollen Intelligenz absolut vereinbar ist».

Diese Umwandlung der alten in eine neue Mysterienkultur, so Steiner, setzt aber voraus, dass der Mensch, unter Einbeziehung seiner Eigenintelligenz, wiederum das Lesen im Buch der Natur erlernt: «Und das ist der Impuls des Michael: die Menschen, nachdem die von ihm verwaltete Intelligenz unter sie gekommen ist, wieder dazu zu bringen, das große Buch der Natur wiederum aufzuschlagen, in dem ‹Buche der Natur› zu lesen. Eigentlich sollte jeder, der in der anthroposophischen Bewegung ist, fühlen, dass er sein Karma nur verstehen kann, wenn er erst weiß: An ihn geht persönlich die Aufforderung, wiederum in dem ‹Buche der Natur› geistig zu lesen, die geistigen Hintergründe der Natur zu finden, nachdem Gott die Offenbarung für die Zwischenzeit gegeben hat.»

Aus diesem Grunde ruft Rudolf Steiner im selben Vortrag den anthroposophisch Strebenden auf, sich vollbewusst in das naturwissenschaftliche Zeitalter hineinzustellen. Denn «die stümperhaften, die ungenügenden, die oftmals schauderhaften Anfänge der neueren Naturwissenschaft, sie müssen umgewandelt, metamorphosiert werden durch eine spirituelle Weltanschauung in ein wirkliches Lesen in dem Buche der Natur.»

Bilderwebende Wirklichkeit

Ein Urgebot war von Manu, dem Leiter des Sonnenorakels, verkündet worden: Vom Göttlichen sollte sich der Mensch kein Bild machen; denn er sollte auf eigene Füße gestellt werden, sollte im bildlosen Denken zur Freiheit gelangen. Zarathustra, der direkte Schüler des Manu, begründete deshalb das Denken in Vernunftbegriffen. Damit begann die unvermeidbare Tragödie der Auslöschung des übersinnlichen Wissens.[190]

«Die Rishis sprachen durchaus noch in der Art, wie man überhaupt nur übersinnliches Wissen aussprechen kann. Sie sprachen in einer variablen Bildersprache, in einer imaginativen Sprache. Sie gossen gleichsam ihr Wissen von Seele zu Seele, indem sie vollsaftige Bilder sprachen, die immer wieder und wieder entstanden, wo sie ihr Wissen mitteilten. Von Ursache und Wirkung, von anderen Begriffen, wie wir sie heute haben, von irgendeiner Logik war gar nicht die Rede. Das kam alles erst später auf. Und mit Bezug auf das übersinnliche Wissen begann man damit in der zweiten nachatlantischen Kulturepoche. Da fühlte man sozusagen erst den Widerstand des materiellen Daseins, da fühlte man die Notwendigkeit, das Übersinnliche so auszudrücken, dass es Formen annimmt, die der Mensch denkt auf dem physischen Plan. Das ist auch im Wesentlichen die Aufgabe der urpersischen Kulturepoche gewesen.»[191]

In atavistisch-traumartigen Eingebungen floss den altindischen Weisen ihre «variable Bildersprache» zu, die sich unmittelbar von der Seele des Meisters in die Seele des Schülers senkte. Nur dadurch konnte das übersinnliche Wissen direkt wirksam werden. Denn spirituelle Tatsachen sind nur in Imaginationen erlebbar. Sie lassen sich nicht durch abstrakte Begriffe darstellen, müssen bildhaft geschildert werden.[192]

Umgekehrt lässt sich das Mysterium der Freiheit in einer variablen Bildersprache, wie sie die urindischen Rishis besaßen, nicht erfahren. Auf imaginativen Erkenntniswegen hätte die Menschheit keineswegs eine *Philosophie der Freiheit* verwirklichen können. Dazu bedurfte es der Gedankenentwicklung, zu der – wie wir hörten – Aristoteles das Fundament legte, indem er zum Begründer der Logik wurde, des ehern-gesetzmäßigen, unsinnlich-bildlosen Denkens in Begriffen, Urteilen und Schlüssen. Dieses Denken bezeichnet Rudolf Steiner als ein «Gewebe der allerabstraktesten Begriffe und Ideen»,[193] welches sich die Menschheit gegen die Zeitenwende aus der geistigen Welt herausgesponnen hatte und von dem gegen Ende des 18. Jahrhunderts im Kantianismus nur noch «das Allerdünnste, das Allertrockenste des Alten» übrig geblieben war, ein völlig Ausgedörrtes, das «gar nicht dafür veranlagt war, das Belebende für die Zukunft zu geben».[194] Damit aber drohte die menschliche Eigenintelligenz sich an die bildauslöschenden Todesmächte der Erde zu verlieren, in deren Sphäre sich das Menschen-Ich zur Erlangung seiner Freiheit abgeseilt hatte. Gelingt es dem menschlichen Geistwesen nunmehr nicht, sein in bildlosen Begriffen und Ideen ablaufendes Denken von innen heraus mit neuer vollbewusster Bildkraft zu durchdringen und zu beleben, dann wird sich der Mensch endgültig im Spinnennetz wirklichkeitsloser Abstraktionen verfangen.

Nur in einem derart weit gespannten Zusammenhang lässt sich die einzigartige Sendung Goethes erahnen. Ist doch sein ganzes Wesen und Schaffen durchströmt von der Geistwirklichkeit «vollsaftiger» Bilder, die sich aus den ewigen Quellgründen alles imaginativen Erlebens nähren, aus denen vormals die altindischen Weisen ihre variable Bildersprache schöpften und durch die Jahrtausende vieles Wunderbare nachschwang, aus denen aber insbesondere Goethes *Märchen* unmittelbar heraufzuströmen scheint, verbunden mit den wesentlichsten Errungenschaften der nachatlantischen Kulturentwicklung.

Bereits der einundzwanzigjährige Dichter gestaltet in der Straßburger Zeit Bilder von geradezu magischer Kraft. Das später mit *Willkommen und Abschied* überschriebene Gedicht beginnt in der ersten Fassung mit den Worten:

> Es schlug mein Herz. Geschwind, zu Pferde!
> Und fort, wild wie ein Held zur Schlacht.
> Der Abend wiegte schon die Erde,
> Und an den Bergen hing die Nacht.

BILDERWEBENDE WIRKLICHKEIT

>Schon stund im Nebelkleid die Eiche,
>Wie ein getürmter Riese da,
>Wo Finsternis aus dem Gesträuche
>Mit hundert schwarzen Augen sah.

Das sind mythisch-eindringliche, vollsaftige Bilder, die urkräftig Naturwirklichkeit beschwören. Die Finsternis blickt den jungen Goethe mit hundert schwarzen Augen an; er erlebt sie als eine kosmisch-wirkende Entität. Und wenn es Jahrzehnte später nach mühevoller naturwissenschaftlicher Forschung, nach ungezählten gewissenhaft durchgeführten Versuchen in der *Farbenlehre* heißen wird, die Farben seien «Taten und Leiden des Lichtes», dann setzt das ebendiese Finsternis als eine polarisch-tätige Weltenmacht voraus, die das Licht in seinen «kalten» Farben erleidet – zurückweisend auf urpersische und altägyptische Erfahrungen von Licht und Finsternis als göttlich-geistigen Urgewalten.

Annähernd sechzig Jahre nach den elementar-erregten Straßburger Versen rundet sich der weit gespannte Kreis von Goethes lyrischem Schaffen in einer wunderbar verklärten Bildersprache:

>*Dornburg, September 1828*
>
>Früh, wenn Tal, Gebirg und Garten
>Nebelschleiern sich enthüllen,
>Und dem sehnlichsten Erwarten
>Blumenkelche bunt sich füllen,
>
>Wenn der Äther, Wolken tragend,
>Mit dem klaren Tage streitet,
>Und ein Ostwind, sie verjagend,
>Blaue Sonnenbahn bereitet,
>
>Dankst du dann, am Blick dich weidend,
>Reiner Brust der Großen, Holden,
>Wird die Sonne, rötlich scheidend,
>Rings den Horizont vergolden.

In einem einzigen Satz verwebt Goethe die Zeitgestalt eines ganzen Tages vom Morgengrauen bis zum Sonnenuntergang, der rings den Horizont vergoldet. Am Blick sich weidend, lässt er seine innigsten Gefühle zusammenfließen mit dem Tal, dem Gebirge, dem Garten, den Nebelschleiern, den Blumenkelchen, dem Äther, den Wolken, dem Ostwind, der blauen Sonnenbahn und der Großen, Holden, Alles-Erleuchtenden – während das Satzgefüge nur scheinbar noch nach grammatikalisch-logischen Gesetzen gestaltet ist. Kann eine Landschaft «Nebelschleiern sich enthüllen»? Können Blumenkelche dem sehnlichsten Erwarten bunt sich füllen? Kann der Äther, Wolken tragend, mit dem klaren Tage streiten? Und *wenn* das eine wie das andere geschieht und wir dann danken, wird *dann*, also als Folge davon, die Sonne scheiden? Nein, die späte Lyrik Goethes bedient sich «einer variablen Bildersprache», in der Ursache und Wirkung verschweben und Logik – wie vormals bei den altindischen Rishis – nicht mehr greift: Die Bilder des Sinnenscheins werden zu Offenbarungen des Übersinnlichen, das durch sie hindurch zauberumwoben zu uns spricht.

In seinem Zyklus *Der übersinnliche Mensch anthroposophisch erfasst* führt Rudolf Steiner aus: «Sie müssen schon auffassen, dass das auf der Erde am höchsten Geschätzte, das Denken, namentlich das abstrakte Denken, drüben in der geistigen Welt gar nicht geschätzt wird. Das, wofür der Kopf das Instrument ist, wird in der geistigen Welt gar nicht geschätzt, man kann es gar nicht anwenden. Dieses stolze Denken, durch das wir uns Vorstellungen verschaffen über die sinnlichen Dinge auf Erden, müssen wir zurücklassen. Philosophie gibt es nur auf Erden, denn gerade die Philosophie, die im abstrakten Denken besteht, muss auf der Erde zurückgelassen werden. Alles Seelenleben wird immer mehr und mehr, je weiter wir in die geistige, übersinnliche Welt hineinkommen, ein bildhaftes Vorstellen, ein Anschauen, und zwar ein solches Anschauen, dass die Gedanken, die in den Dingen sind, mit dem Anschauen kommen. Hier auf der Erde bilden wir uns die Gedanken, da drüben werden uns die Gedanken durch die Sachen selber geoffenbart, sie kommen an einen heran. Also, der Gedanke wird dort durch Anschauung errungen.»[195]

Das Erleben der Seele in Bildern, das auf den ersten Blick bis in das Traumleben hinein der denkbar subjektivste Vorgang ist, erweist sich zuletzt als die Vorbedingung der Wiederanknüpfung des Menschengeistes an die objektive Wirklichkeit. Dieses Erkennen in Bildern, dieses im Goetheschen Sinne anschauende Denken und denkende Anschauen verläuft nicht «hinter des Menschen alberner Stirn».[196] Es erhebt sich zum Gewahrwerden der in allen Phänomenen verborgenen Urphänomene, der in allen Bildern und Bildverwandlungen wirkenden Urbilder, bereits innerhalb des durch die Sinne vermittelten anschauenden Urteilens.

Die wirkliche Bedeutung des Denkens erschließt sich erst der imaginativen Anschauung. Steiner: «Sowie man dem Denken jene Abstraktheit abstreift, die es für unser Bewusstsein hat, und untertaucht in jenes Meer der webenden Gedankenwelt, kommt man in die Notwendigkeit, dadrinnen nicht nur solche abstrakten Gedanken zu haben wie der Erdenmensch, sondern dadrinnen Bilder zu haben. Denn aus Bildern ist alles geschaffen, Bilder sind die wahren Ursachen der Dinge, Bilder liegen hinter allem, was uns umgibt, und in diese Bilder tauchen wir ein, wenn wir in das Meer des Denkens eintauchen. Diese Bilder hat Plato gemeint, diese Bilder haben alle gemeint, die von geistigen Urgründen gesprochen haben, diese Bilder hat Goethe gemeint, wenn er von seiner Urpflanze sprach. Diese Bilder findet man im imaginativen Denken. Aber dieses imaginative Denken ist eine Wirklichkeit, und darin tauchen wir ein, wenn wir in das wogende, im Strome der Zeit dahingehende Denken eintauchen.»[197]

Die Entwicklung unseres imaginativen Denkens ist mithin aufs engste verbunden mit einem gesättigten Bild-Erleben, mit dem Üben im bildlichen Denken, das eingebunden ist in die Gesamtschulung unserer Seele, die von Rudolf Steiner vielfach dargestellt worden ist. Je anschauungsreicher unsere Sinneswahrnehmung ist, umso reicher gestaltet sich unser imaginatives Leben. Und je künstlerischer wir umgehen mit unserer Bilderfahrung, umso angemessener entwickelt sich unser imaginatives Vorstellen der übersinnlichen Welt, zuerst der kosmisch-ätherischen Wirklichkeit, aus der unser eigener Ätherleib herausgegliedert ist.

Zu Beginn ist der Bilderteppich, der von der «ewigen Weberin» und dem «ewigen Meistermann» in unsere imaginierende Seele hineingewoben wird, das Ergebnis einer durch und durch subjektiven Tätigkeit; er ist sogar wie ein Vorhang, den unsere Seele vor die geistige Welt spannt, gewoben aus all den Fäden unseres an der Sinneswelt herangebildeten Vorstellungslebens.[198] Wird das imaginative Üben fortgesetzt, dann beginnt die objektive göttlich-geistige Bilder-Wirklichkeit, aus der alles geschaffen ist, in die Menschenseele hereinzuleuchten.

In *Wie erlangt man Erkenntnisse der höheren Welten?* führt Rudolf Steiner sogar überraschend aus: «Will man eine Vorstellung geben von den oben erwähnten Erlebnissen, die zunächst aus dem Meere der Bewusstlosigkeit während des tiefen Schlafes auftauchen, so kann man sie am besten mit einer Art von *Hören* vergleichen. Von wahrgenommenen Tönen und Worten kann man sprechen. Wie man die Erlebnisse des Traumschlafes zutreffend als eine Art des *Schauens* im Vergleiche mit den

Wahrnehmungen der Sinne bezeichnen kann, so lassen sich die Tatsachen des tiefen Schlafes mit den Eindrücken des Ohres vergleichen. (Als Zwischenbemerkung soll nur gesagt werden, dass das *Schauen* auch für die geistigen Welten das Höhere ist. Farben sind auch in *dieser Welt* etwas Höheres als Töne und Worte. Aber das, was der Geheimschüler von dieser Welt bei seiner Schulung *zuerst* wahrnimmt, sind eben *noch nicht* die höheren Farben, sondern die niederen Töne. Nur weil der Mensch nach seiner allgemeinen Entwickelung für die Welt schon geeigneter ist, die sich im Traumschlaf offenbart, nimmt er da sogleich die Farben wahr. Für die höhere Welt, die sich im Tiefschlaf enthüllt, ist er noch weniger geeignet. Deshalb offenbart sich diese ihm zunächst in Tönen und Worten; später kann er auch hier zu Farben und Formen aufsteigen.)»[199]

Diese Darstellung scheint anderen Betrachtungen Steiners vollkommen zu widersprechen. Aber das gerade ist ja das Wesen der spirituellen Erkenntnis, dass sie das Vordergründig-Gegebene durch divergierende, gegenläufige Forschungsergebnisse zunehmend vertieft – ein Verfahren, zu dem Goethe bereits nachhaltig anregt.

Das Farben-Bilder-Erleben wird von Rudolf Steiner in dem zitierten Text als ein Höchstes bezeichnet, das auf dem Wege in die übersinnlichen Welten erreichbar ist. Dem stehen Darstellungen gegenüber, die im Imaginieren den Ausgangspunkt für die Entwicklung der drei Stufen des höheren Bewusstseins sehen. Danach erhebt sich der Geistesschüler von der Imagination über die Inspiration, eine Art geistigen Hörens, zur Intuition, die, als die höchste Ausbildung der Liebe, zu einer Wesensverschmelzung mit dem zu Erkennenden führt.

Im Rahmen unserer Thematik, der Keimlegung des anthroposophisch orientierten Geisteslebens durch Goethe, soll hier nur noch eine Erörterung Rudolf Steiners herangezogen werden, die zwischen den vorstehenden polaren Betrachtungen in einem gewissen Sinne vermittelt. Im ersten Teil von *Anthroposophie als Kosmosophie*[200] zeigt Steiner auf, wie der Mensch innerhalb seiner okkulten Entwicklung vom imaginativen über das inspirierte zum intuitiven Bewusstsein aufsteigt, wie aber andererseits der gesamte Kosmos nur existiert, indem er das Ergebnis von nach außen getriebenen Imaginationen, von nach außen sich ergießenden Inspirationen (von «Expirationen») und von ausgeströmten Intuitionen ist. Eine so beschaffene Tätigkeit der Hierarchien liegt allem in der räumlich-zeitlichen, seelischen und geistigen Welt Existierenden zugrunde. Und in diese Daseinsschicht dringt der Geistesforscher auf der Stufe der Intuition ein.

BILDERWEBENDE WIRKLICHKEIT

Dort aber wird er zugleich gewahr, dass er selbst eine «nach außen» getriebene Intuition, Inspiration und Imagination göttlich-geistiger Schöpfermächte ist.

Von jenem Urquell aus betrachtet dürfen folglich die nach außen imaginierten Urbilder als Vollendung des Schaffens beziehungsweise der Selbstoffenbarung der Hierarchien angesehen werden. So verstanden mag das Schauen übersinnlicher Bilder zur höchsten okkulten Erfahrung werden.

Dabei ist es wichtig zu betonen, dass die Urbilder in ihrer wahren Gestalt ihren sinnlichen Nachbildern sehr unähnlich sind. «Ebenso unähnlich sind sie aber auch ihren *Schatten,* den abstrakten Gedanken. – In der geistigen Welt ist alles in fortwährender beweglicher Tätigkeit, in unaufhörlichem Schaffen. Eine Ruhe, ein Verweilen an einem Orte, wie sie in der physischen Welt vorhanden sind, gibt es dort nicht. Denn die Urbilder sind *schaffende Wesenheiten.* Sie sind die Werkmeister alles dessen, was in der physischen und seelischen Welt entsteht. Ihre Formen sind rasch wechselnd; und in jedem Urbild liegt die Möglichkeit, unzählige besondere Gestalten anzunehmen. Sie lassen gleichsam die besonderen Gestalten aus sich hervorsprießen; und kaum ist die eine erzeugt, so schickt sich das Urbild an, eine nächste aus sich hervorquellen zu lassen. Und die Urbilder stehen miteinander in mehr oder weniger verwandtschaftlicher Beziehung. Sie wirken nicht vereinzelt. Das eine bedarf der Hilfe des andern zu seinem Schaffen. Unzählige Urbilder wirken oft zusammen, damit diese oder jene Wesenheit in der seelischen oder physischen Welt entstehe.»[201]

Im Jahre 1790 hatte Kant im zweiten Teil seiner *Kritik der Urteilskraft* die in der Natur auffindbare Zweckmäßigkeit einer philosophischen Beurteilung unterzogen – auf der Grundlage seines 1781 herausgebrachten ersten kritischen Werkes, der *Kritik der reinen theoretischen Vernunft,* die er selbstbewusst gleich zu Beginn als «die kopernikanische Wendung in der Metaphysik» bezeichnet hatte.

Kant vertrat nunmehr die Überzeugung, dass organische Naturgebilde nicht etwa nur als zweckmäßig, als teleologisch, zu verstehen sind, sondern auf einen göttlichen Verstand, einen «intellectus archetypus» verweisen, der die gesamte Natur- und Menschenwelt auf einen *Endzweck* hin konzipiert hat. Denn, so Kant: «Ein organisches Produkt der Natur ist das, in welchem alles Zweck und wechselseitig auch Mittel ist. Nichts in ihm ist umsonst, zwecklos oder einem blinden Naturmechanismus zuzuschreiben.»²⁰² Der kleinste Grashalm, betont Kant, ist ein Gebilde solcher Art. Und es besteht nicht die geringste Aussicht, ihn jemals durch mechanische Prinzipien erklären zu können. «Es ist nämlich ganz gewiss, dass wir die organischen Wesen und deren innere Möglichkeit nach bloß mechanischen Prinzipien der Natur nicht einmal zureichend kennenlernen, viel weniger uns erklären können, und zwar so gewiss, dass man dreist sagen kann, es ist für Menschen ungereimt, auch nur einen solchen Anschlag [Vorsatz] zu fassen oder zu hoffen, dass nicht etwa dereinst ein Newton aufstehen könne, der auch nur die Erzeugung eines Grashalms nach Naturgesetzen, die keine Absicht geordnet hat, begreiflich machen werde; sondern man muss diese Einsicht dem Menschen schlechterdings absprechen.»²⁰³

Obwohl also Kant mittels seiner Vernunftbegriffe klar erkannt hat, dass der organischen Natur ein intuitiver, urbildlicher Verstand, ein intellectus archetypus, innewohnt, spricht er der menschlichen Vernunft ein für allemal die Fähigkeit ab, in diese göttlich-geistige Wirklichkeitsschicht einzudringen. Ein Newton, der das in Bildern sich ausgestaltende Leben nach mechanisch-physikalischen Prinzipien erklärt, ist nach Kants Einsicht nimmermehr zu erwarten. An einen «Kopernikus und Kepler der organischen Welt»²⁰⁴ wagt Kant in Ewigkeit nicht zu denken.

Im November/Dezember desselben Jahres 1790 war Goethes *Versuch, die Metamorphose der Pflanzen zu erklären*, entstanden, in dem er erstmalig die Ergebnisse seiner langjährigen botanischen Studien darlegte. Kant wusste dieses völlig Neue nicht zur Kenntnis zu nehmen, obwohl er sich einen intuitiven Verstand denken konnte, der von der «Anschauung eines Ganzen als eines solchen» zu den Teilen dieses Ganzen geht. Kant meint: Dieser «intuitive (urbildliche) Verstand» verweist in den übersinnlichen Realgrund der Natur, «zu der wir selbst gehören». Aber zu diesem «übersinnlichen Substrat» ist uns Menschen «alle mögliche Einsicht abgeschnitten ... nach der Beschaffenheit des menschlichen Erkenntnisvermögens», wiewohl es ohne Frage notwendig ist, «den obersten Grund dazu in einem ursprünglichen Verstand als Welturursache zu suchen».²⁰⁵ Kant erkennt also durchaus, dass der menschliche Intellekt auf einen archetypischen Intellekt als seinen Ursprung verweist; das Wiederanknüpfen des menschlichen Geistes an den göttlichen Geist aber hält er für absolut unmöglich.

Dreißig Jahre waren seit dem Erscheinen von Kants *Kritik der Urteilskraft* verstrichen, als Goethe, in bewusster Gegenüberstellung, seinen ebenso kurzen wie bedeutenden Aufsatz *Anschauende Urteilskraft* herausbrachte (er war bereits 1817 entstanden). Wohlgelaunt beginnt Goethe seine Betrachtung mit den seine ureigene Wesensart heiter beleuchtenden Worten: «Als ich die Kantische Lehre wo nicht zu durchdringen doch möglichst zu nutzen suchte, wollte mir manchmal dünken, der köstliche Mann verfahre schalkhaft ironisch, indem er bald das Erkenntnisvermögen aufs engste einzuschränken bemüht schien, bald über die Grenzen, die er selbst gezogen hatte, mit einem Seitenwink hinausdeutete.» Kant, «unser Meister», habe ja fraglos Recht, wenn er den anmaßenden, naseweisen, zu Vorurteilen neigenden Menschenverstand in die Schranken weise. Aber Goethe lässt gleichzeitig durchblicken, dass Kant ihn einigermaßen «zur Verzweiflung gebracht» habe. Er zieht jene bedeutsamen Sätze aus Kants *Kritik der Urteilskraft* heran, in denen von dem intuitiven Verstand, dem intellectus archetypus, die Rede ist, und fährt dann fort: «Zwar scheint der Verfasser hier auf einen göttlichen Verstand zu deuten, allein wenn wir ja im Sittlichen, durch Glauben an Gott, Tugend und Unsterblichkeit» – die von Kant postulierte Freiheit erwähnt Goethe nicht – «uns in eine obere Region erheben und an das erste Wesen annähern sollen; so dürft' es wohl im Intellektuellen derselbe Fall sein, dass wir uns, durch das Anschauen einer immer schaffenden Natur, zur geistigen Teilnahme an ihren Produktionen würdig machten. Hatte ich doch erst unbewusst und aus innerem Trieb auf jenes Urbildliche, Typische rastlos gedrungen, war es mir sogar geglückt, eine naturgemäße Darstellung aufzubauen, so konnte mich nunmehr nichts weiter verhindern, das *Abenteuer der Vernunft,* wie es der Alte vom Königsberge selbst nennt, mutig zu bestehen.»

Erst unbewusst und aus innerem Trieb, dann aber mit zunehmender Bewusstheit hatte Goethe, unter dem Einfluss seiner rosenkreuzerischen Initiation, sein anschauendes Denken herangebildet und dadurch die menschliche Intelligenz wiederum an die kosmische Intelligenz angeschlossen. Gleichzeitig aber ging er als Dichter und Naturforscher komplementäre Wege. Die künstlerischen Gebilde stiegen aus tief verborgenen, unbewussten Intuitionen, aus unterbewussten Inspirationen, aus traumartigen imaginativen Phantasiekräften auf und entfalteten solcherart ihre sinnlich erlebbare Gestalt. Die wissenschaftlichen Erkenntnisse hingegen nahmen ihren Ausgang von der im reinen Wahrnehmen sich keusch betätigenden Urteilskraft und schalteten das mehr instinktive Verfahren des Dichters vorerst aus.

Beispielsweise entstanden in weniger als zwei Wochen, vom 9. bis 19. September des Jahres 1796, eintausendvierhundert Verse, zwei Drittel des sonnenhaft leuchtenden Epos *Hermann und Dorothea*. Zu einem derartigen schöpferischen Vorgang benötigte Goethe, wie er schrieb, «ganz freie Stunden», die er abwarten musste, keinesfalls willkürlich herbeiführen konnte. Dann aber hatte er «den Vorteil, dass das, was bei mir ohne mein eigenes Bewusstsein reif geworden, gleichsam von selbst abfällt und mir eine bequeme überraschende Erscheinung gibt».[206] Ungestört vom Tagesbewusstsein gab sich Goethe seiner dichterischen Phantasie hin, die von jenen Kräften genährt wurde, in deren Besitz die Urmenschheit gewesen war und aus denen einst die Mysterieneinheit von Wissenschaft, Kunst und Religion hervorging.

Im Gegensatz zu seinem dichterischen Schaffen verlief Goethes naturwissenschaftlicher Erkenntnisprozess keinesfalls ohne sein eigenes Bewusstsein. Weshalb es denn auch in der *Geschichte meiner botanischen Studien* ausdrücklich heißt: «Nicht also durch eine außerordentliche Gabe des Geistes, nicht durch eine momentane Inspiration, noch unvermutet und auf einmal, sondern durch ein folgerechtes Bemühen bin ich endlich zu einem so erfreulichen Resultate gelangt.»

Gemäß dem Ideal des naturwissenschaftlichen Zeitalters bildet Goethe seine Eigenintelligenz ebenso geduldig wie sorgfältig der kosmischen Intelligenz entgegen, dabei stets geleitet von der mathematischen Methode, «welche wegen ihrer Bedächtlichkeit und Reinheit gleich jeden Sprung»[207] im Gedankengang aufdeckt und keinen Schritt ohne den Zusammenhang mit dem Ganzen der Operation unternimmt – weshalb ihre Resultate das entschiedenste Gegenbild unbewusster Intuitionen sind.

Doch verstehen wir Goethe recht. Nicht etwa die Mathematik, die nur Quantitatives im Erkenntnisprozess berücksichtigt, machte Goethe zur Richtschnur seiner naturwissenschaftlichen Forschung; vielmehr führte er die *Methode* des mathematisch-exakten Denkens in den Wirklichkeitsbereich des Qualitativen ein: in die wissenschaftliche Beschäftigung mit sinnlich-sittlichen Urphänomenen, mit urbildlichen Formkräften und Gestaltverwandlungen, eben mit Qualitäten des in der Natur zur schöpferischen Offenbarung gelangenden Urwesens. Nicht «durch eine außerordentliche Gabe», nicht durch eine «momentane Inspiration», wie sie ihm als Dichter eignete, erstrebte der Naturwissenschaftler Goethe seine Vereinigung mit dem Geistgrund der Welt. Man bedenke: Wichtiger als sein gesamtes dichterisches Schaffen war Goethe seine zur Ostermesse des Jahres 1810 erschienene *Farbenlehre*, bei der er sich zugute rechnete, das Wahre gefunden zu haben, das so alt wie die Welt ist – während Newton seine von Grund auf vertrackte Auffassung vom Wesen des Lichtes und der Farben als ein Blinder für Blinde vertreten hatte, mit seinem toten Intellekt in eine lichtlose, quantitativ-mechanistische Unterwelt abstürzend, in der das geistige Wesen des Menschen sich selbst entfremdet ist. Goethe hingegen war es gelungen, «erst unbewusst und aus innerem Trieb», dann aber mit zunehmender Bewusstheit seinen Intellekt an den intellectus archetypus anzuschließen.

Ging Goethe mithin als Künstler und Naturforscher polare Wege, so durchdrangen und befruchteten sich gleichzeitig die divergierenden Kräfte seines Schaffens in seinen Wesenstiefen. Als Dichter war Goethe von der Erfahrung getragen, dass sich in seiner Seele unbewusste Intuitionen, spontane Inspirationen und traumartige, schlafwandlerische Imaginationen zu sinnlich-wahrnehmbaren Gebilden ver-dichteten, so wie jedes wahre Kunstwerk – mit den Worten Rudolf Steiners – stets eine nach außen getriebene Intuition, eine nach außen gestaltete Inspiration, eine «Expiration» ist, die sich im räumlich-zeitlichen Sinnenschein offenbart. Da aber nichts anderes auch der sinnlich-wahrnehmbaren Natur zugrunde liegt, verstand Goethe dieselbe als ein göttliches Kunstwerk anzuschauen und zu erforschen – wobei sich in ihm auf höherer Ebene der Naturwissenschaftler und Dichter vereinten.

Indem Goethe erfuhr, wie das Urwesen der Welt dem wahren Kunstwerk nicht weniger innewohnt als dem Naturwerk, wurde er zum Begründer der Naturwissenschaft des Qualitativen. Konnte er doch sagen:

> So im Kleinen ewig wie im Großen
> Wirkt Natur, wirkt Menschengeist, und beide
> Sind ein Abglanz jenes Urlichts droben,
> Das unsichtbar alle Welt erleuchtet.[208]

Abglanz ist die Natur, Abglanz das schöpferische Geistwesen des Menschen: Beide entspringen dem unergründlichen Urgrund, dem unsichtbaren Urlicht. Deshalb soll das Kunstwerk – wie es in dem *Entwurf einer Farbenlehre* heißt – «aus dem Genie entspringen, der Künstler soll Gehalt und Form aus der Tiefe seines eigenen Wesens hervorrufen, sich gegen den Stoff beherrschend verhalten und sich der äußeren Einflüsse nur zu seiner Ausbildung bedienen».[209] Nicht weniger eindringlich als in der bilderwebenden Natur wirkt in den Wesenstiefen des Menschen das Urlicht der Welt.

In der Betrachtung über *Einfache Nachahmung der Natur, Manier, Stil*, die bezeichnenderweise nach der Rückkehr aus Italien entstand, charakterisierte Goethe die drei Entwicklungsstufen des künstlerischen Schaffens: «Wie die *einfache Nachahmung* auf dem ruhigen Dasein und einer liebevollen Gegenwart beruht, die *Manier* eine Erscheinung mit einem leichten, fähigen Gemüt ergreift, so ruht der Stil auf den tiefsten Grundfesten der Erkenntnis, auf dem Wesen der Dinge, sofern uns erlaubt ist, es in sichtbaren und greifbaren Gestalten zu erkennen.»

Das die gesamte Natur erschaffende und erleuchtende Urlicht durchwirkt als Stil auch alle echten Kunstwerke, insofern sie dem Wesenszentrum des Menschen entspringen. Das in der Sinneswelt erscheinende Werk des Genies ruht «auf den tiefsten Grundfesten der Erkenntnis, auf dem Wesen der Dinge».

Goethe durfte das «Abenteuer der Vernunft», das der moderne Intellekt für unmöglich hält, folglich nur deshalb wagen, weil es ihm gelungen war, das Grundprinzip echter Kunst in die Naturwissenschaft einzuführen; darauf hat Rudolf Steiner immer wieder aufmerksam gemacht. War doch Goethe von der Erkenntnis getragen, dass die Natur das erhabenste aller Kunstwerke ist, weshalb der Mensch sich mit echter Künstlerschaft in die Natur versenken muss, wenn er den Urschöpfer in ihr gewahr werden will.

Auf diese Weise also bildete Goethe seine neuzeitliche Intelligenz der kosmischen Intelligenz entgegen, mit anderen Worten: der Chymischen Hochzeit, der Vereinigung des Menschengeistes mit dem Geistgrund des Makrokosmos. Weshalb Goethes Wesen, kaum anders als das innerste Selbst der Makarie am Ende der *Wanderjahre*, «sich zwar um die Weltsonne, aber nach dem Überweltlichen in stetig zunehmenden Kreisen bewegte».

Form und Bewegung

In Goethes *Schriften zur Kunst*, in dem Aufsatz über «Reizmittel in der bildenden Kunst», treffen wir auf die höchst merkwürdige Aussage: «Wenn wir uns genau beobachten, so finden wir, dass Bildwerke uns vorzüglich nach Maßgabe der vorgestellten Bewegung interessieren.»

Alles in Musik, Dichtung, Tanz und Eurythmie ist Bewegung, ist bewegte Klangform. Die bildende Kunst hingegen hält die Bewegung fest und bringt sie dadurch zur Ruhe, verwandelt die nur in der Zeit erlebbare Klanggestalt in eine gleichsam verewigte Raumgestalt.

Obwohl Goethe maßgeblich von den bildenden Künsten geprägt war, interessierte er sich beim Betrachten architektonischer, plastischer und malerischer Werke «vorzüglich» für die in ihnen festgehaltene Bewegung. Der Augenmensch Goethe, der er vor allem war, betätigte nachdrücklich seinen Bewegungssinn, insofern dieser mit der Muskulatur des Auges verbunden ist. Daher heißt es in der *Morphologie,* im Kapitel «Die Absicht eingeleitet»: «Betrachten wir aber alle Gestalten, besonders die organischen, so finden wir, dass nirgends ein Bestehendes, nirgends ein Ruhendes, ein Abgeschlossenes vorkommt, sondern dass vielmehr alles in einer steten Bewegung schwanke. Daher unsere Sprache das Wort Bildung sowohl von dem Hervorgebrachten, als von dem Hervorgebrachtwerdenden gehörig genug zu brauchen pflegt. Wollen wir also eine Morphologie einleiten, so dürfen wir nicht von Gestalt sprechen; sondern, wenn wir das Wort brauchen, uns allenfalls dabei nur die Idee, den Begriff oder ein in der Erfahrung nur für den Augenblick Festgehaltenes denken.»

In der räumlich-sinnlichen Welt ist die lebenerfüllte Gestalt in Wahrheit nicht anschaubar. Das im Augenblick festgehaltene Wahrnehmungsbild ist niemals das Ganze der organischen Zeitgestalt. Eine Eichel ist nicht die Eiche, deren Gestalt sich durch tausend Jahre entfalten kann. Eine Raupe ist nicht die Puppe, diese nicht der Schmetterling, der wiederum nicht das Ei, das er legt, um den Formenreichtum seiner Metamorphosen in sich selbst zurückfließen zu lassen. Weshalb Goethe fortfährt: «Das Gebildete wird sogleich wieder umgebildet, und wir haben uns, wenn wir einigermaßen zum lebendigen Anschaun der Natur gelangen wollen, selbst so beweglich und bildsam zu erhalten, nach dem Beispiele, mit dem sie uns vorgeht.»

Immer wieder hat Rudolf Steiner darauf hingewiesen, wie Goethes zentrale Leistung darin gesehen werden muss, dass er als erster zu lebendigen Begriffen, zu lebendigen Ideen aufstieg, während die neuzeitliche Menschheit um ihn herum im toten Denken erstarb und deshalb nur noch Totes zu erkennen vermochte. Die schaffende Natur aber lebt in Zeitgestalten, zu denen wir unsere Vorstellungskraft hinaufbilden müssen, wenn wir das jenseits von Raum und Zeit urständende Sein erahnen wollen. Wir müssen uns «selbst so beweglich und bildsam zu erhalten» trachten, wie die Natur es fortwährend ist, wenn wir hoffen wollen, uns «einigermaßen zum lebendigen Anschauen der Natur» zu erheben. Dann verstehen wir die Worte Goethes aus derselben Abhandlung: «Dass nun das, was der Idee nach gleich ist, in der Erfahrung entweder als gleich, oder als ähnlich, ja sogar als völlig ungleich und unähnlich erscheinen kann, darin besteht eigentlich das bewegliche Leben der Natur.» – Das in der Bewegung sich selbst gestaltend-umgestaltende, aus dem Lebensgeist des Makrokosmos genährte Leben ist es, was Goethe zuinnerst erfüllt.

Der soeben herangezogene Aufsatz des Naturforschers entstand im Jahre 1817. Vier Jahre später fasste der Dichter in *Eins und alles* dieselben Inhalte in die Verse:

> Im Grenzenlosen sich zu finden,
> Wird gern der Einzelne verschwinden,
> Da löst sich aller Überdruss;
> Statt heißem Wünschen, wildem Wollen,
> Statt läst'gem Fordern, strengem Sollen,
> Sich aufzugeben ist Genuss.
>
> Weltseele, komm, uns zu durchdringen!
> Dann mit dem Weltgeist selbst zu ringen,
> Wird unsrer Kräfte Hochberuf.
> Teilnehmend führen gute Geister,
> Gelinde leitend, höchste Meister,
> Zu dem, der alles schafft und schuf.
>
> Und umzuschaffen das Geschaffne,
> Damit sich's nicht zum Starren waffne,
> Wirkt ewiges lebendiges Tun.
> Und was nicht war, nun will es werden
> Zu reinen Sonnen, farbigen Erden,
> In keinem Falle darf es ruhn.

Form und Bewegung

> Es soll sich regen, schaffend handeln,
> Erst sich gestalten, dann verwandeln;
> Nur scheinbar steht's Momente still.
> Das Ewige regt sich fort in allen:
> Denn alles muss in Nichts zerfallen,
> Wenn es im Sein beharren will.

Goethe, dessen hellseherische Kräfte sich nach und nach entwickelten,[210] wurde an die Gestade des ewigen Äthermeeres, in die Weltseele selbst versetzt, die ihn liebevoll umschloss, während er seiner «Kräfte Hochberuf» entfaltete, um sich zum Weltgeist hinaufzuringen, von guten Geistern teilnehmend geführt, von höchsten Meistern gelinde geleitet.

Sieben Jahre später begann Goethe sein *Vermächtnis* mit Worten, die den bedrängenden Schluss von *Eins und alles* aufgreifen und zuinnerst beruhigen, indem sie ihn umkehren. Denn im Widerspruch waltet Wahrheit: Was im Sein beharren will, muss in Nichts zerfallen; und gleichzeitig gilt doch auch:

> Kein Wesen kann zu nichts zerfallen!
> Das Ew'ge regt sich fort in allen,
> Am Sein erhalte dich beglückt!
> Das Sein ist ewig; denn Gesetze
> Bewahren die lebend'gen Schätze,
> Aus welchen sich das All geschmückt.
>
> Das Wahre war schon längst gefunden,
> Hat edle Geisterschaft verbunden;
> Das alte Wahre, fass es an!
> Verdank es, Erdensohn, dem Weisen,
> Der ihr die Sonne zu umkreisen
> Und dem Geschwister wies die Bahn.

Uraltes Mysteriengut leuchtet uns aus diesen Worten entgegen: Einstmals hatte das alte Wahre edle Geisterschaft verbunden – und Goethe hatte ihr angehört.

In *Die Mysterien des Morgenlandes und des Christentums* gibt Rudolf Steiner Einblick in die altägyptische Hermes-Einweihung, in der sich der Initiierte als «geborenwerdend aus der Isis», aus der Weltseele erlebte. Er weist darauf hin, «wie die Seele, die in Goethe lebte, einst auch zu den ägyptischen Initiierten gehörte, dann in Griechenland lebte, dort Bildhauer war und zu gleicher Zeit ein Philosophenschüler».[211]

Im Rahmen seiner Karmabetrachtungen hat Rudolf Steiner später diese Aussage vertieft. Nun erfuhren die Zuhörer, dass der junge Bildhauer in Griechenland unter dem Einfluss des greisen Plato gestanden hat, ohne allerdings der Platonischen Akademie anzugehören, sondern als «ein Künstler, nicht aus platonischer Philosophie, aber aus platonischem Geiste heraus». Goethe war in seiner griechischen Inkarnation «nicht Plato-Zögling, aber Plato-Folger; denn er ist nicht Philosoph, wie gesagt, sondern Künstler im griechischen Zeitalter. Aber Platos Auge fiel noch auf ihn, nahm auf das ungeheuer Vielversprechende dieses Jünglings.»[212]

In einem weiteren Karmavortrag hob Rudolf Steiner hervor: «Eine wichtigste Inkarnation hat diese Individualität in dieser plastischen Zeit Griechenlands erlebt als Bildhauer. Das, was sie da erlebt hat, trug sie in spätere Zwischenverkörperungen, die weniger wichtig waren, hinein. Das ist eine Individualität, die ihr Karma ausarbeitete für ihre vorläufig letzte Erdeninkarnation besonders in der Sphäre der Weisheit Jupiters.»[213]

Am 18. Juli 1924 führte Rudolf Steiner in Arnheim seinen Hinweis auf Goethes «vorläufig letzte Erdeninkarnation» noch etwas differenzierter aus: Goethe wurde «so alt, weil er alles, was in ihm karmisch veranlagt war, wirklich herausbringen konnte. Man hat bei Goethe ... den Eindruck: Da hat sich eigentlich alles ausgelebt, was karmisch veranlagt war; da ist eigentlich nichts geblieben, und Goethe muss neu anfangen, wenn er wieder in einem Erdenleben erscheint, unter ganz neuen Bedingungen.»[214]

Für diese zu höchster Vollkommenheit ausgereifte vorläufig letzte Inkarnation empfing Goethe, wie wir gerade hörten, vorgeburtlich wichtige Impulse in der substanziell von Weisheit erfüllten Jupitersphäre, worin, wie es im selben Vortrag heißt, «vorzugsweise die Cherubim» leben. In dieser Geistessphäre wurde die «plastische Vorstellungsweise» des griechischen Bildhauers umgeprägt «in gestaltendes Auffassen der ganzen Welt». Und so wurde Goethe mit seiner «durch den Jupiter ausgeprägten Griechenheit» wiedergeboren.

Wenn wir diese Darstellungen Rudolf Steiners berücksichtigen, erscheinen uns die folgenden Worte aus den *Wanderjahren* (III, 3) in einem neuen, außerordentlich vertieften Licht: «Der Bildhauer steht unmittelbar an der Seite der Elohim, als sie den unförmigen widerwärtigen Ton zu dem herrlichsten Gebilde umzuschaffen wussten; solche Gedanken muss er hegen.»

FORM UND BEWEGUNG

In Goethes Augen war es allen voran der *griechische* Bildhauer, der unmittelbar an der Seite der Geister der Form stand. Aber so einzigartig die Griechen auch Bewegungsabläufe darzustellen wussten, stets stand im Zentrum ihres Gestaltungswillens das In-sich-Ruhende aller Gebilde; im Tempelbau gelangte es zur höchsten, so nie zuvor und nie nachher erreichten Vollendung. Ein durchsonntes Gleichgewicht der Schwere- und Leichtekräfte, ein im Zusammenwachsen mit der Erde Ruhevoll-Harmonisches ist der Urklang des griechischen Kunststrebens, der sich vorzugsweise unter der Schirmherrschaft der Elohim, der Geister der Form, zu entfalten vermochte. Ja, die in der Raum-Form zur schwebenden Ruhe gelangte Zeit-Gestalt machte den Grundzug des griechischen Kunstwillens aus.

In ihrer letzten Inkarnation hingegen richtete Goethes Entelechie den Geistesblick vor allem auf die vorgestellte Bewegung. Alle im Raum anschaubaren Formen trachtete Goethe als momentane Erscheinungen eines sich fortwährend gestaltend-umgestaltenden Wesens zu verstehen: Gleichsam hinter den Elohim standen für sein Anschauen, schöpferisch bestimmend, die Geister der Bewegung, die Dynameis.

Offenkundig war die platonische Vorstellungsweise des griechischen Bildhauers während des nachtodlichen Lebens innerhalb der Jupitersphäre in ein völlig neuartiges «gestaltendes Auffassen der Welt» metamorphosiert worden – unter dem Einfluss der Auferstehungskraft des Mysteriums von Golgatha und getragen von den Cherubim, den Geistern der Harmonie. Denn seither steigt die heilsame Zukunftsentwicklung der Kunst auf von der zur Ruhe gekommenen Raumes-Form zur lebenoffenbarenden Zeit-Gestalt, die demgemäß auch alle bildenden Künste ergreift. In diesem Sinne schildert Rudolf Steiner den Übergang vom plastischen Gestalten zum musikalischen Empfinden im Menschheitsfortschritt.[215]

Bis ins Einzelne war das Erste Goetheanum, «diese der Menschheitsentwickelung entsprechende Umhüllung für Anthroposophie»,[216] bestimmt von der aus dem makrokosmischen Lebensgeist impulsierten Verwandlung des Kunstschaffens. Welche Grundstimmung sollte das Erste Goetheanum als ein völlig neuartiger Bau freisetzen? In einem Vortrag beantwortete Rudolf Steiner diese von ihm selbst gestellte Frage mit den Worten: «‹Wir gehen in der Verehrung in den Geist ein, auf dass wir eins werden mit dem Geiste, der sich ausgießt um uns herum in den Formen, weil um uns herum die Geister der Form sind, und der in Bewegung kommt, weil hinter den Geistern der Form die Geister der Bewegung stehen› – das ist der *neue* baukünstlerische Gedanke!»[217]

Ursprünglich war das Erste Goetheanum als eine wesensgemäße Umhüllung für Rudolf Steiners *Mysteriendramen* gedacht. Diese aber sind aus Goethes *Märchen* herausgewachsen, dessen Bildgestalten in unausgesetzter metamorphosierter Bewegung begriffen sind, die nur derjenige in der rechten Weise mitvollzieht, der in dieser lebendigen Bilderfolge die Christus-Kraft wirksam erlebt. In Goethes *Märchen* waltet, so Rudolf Steiner, «ein neuer Christus-Impuls, ein neuer Impuls der Menschheitsverwandlung, ein Streben nach einer neuen Auffassung dieses Mysteriums von Golgatha. Denn es atmet das ganze ‹Märchen von der grünen Schlange und der schönen Lilie› Erwartungsstimmung.»[218]

Am Ende der Achtzigerjahre des 19. Jahrhunderts war Rudolf Steiner der esoterische Gehalt des *Märchens* in seinen Grundzügen aufgegangen, wie er im selben Vortrag ausführt; und er fügt hinzu: «Niemals habe ich wiederum den Weg verlassen, der immer weiter und weiter führen soll zum Verständnis Goethes an Hand dieser gewaltigen Imagination.»

In Goethes *Märchen*, so Steiner weiter, vollzieht sich der Übergang von der aus der lateinischen Kultur herausentwickelten abstrakten Intellektualität zu einer Bildhaftigkeit des seelisch-geistigen Erlebens, die den Weg bahnt zu einer neuen, wesenhaften Erfassung des Mysteriums von Golgatha. «Die Art, wie die Bilder gefasst sind, die Art, wie die Menschenseele in ihren Verwandlungen gedacht ist in dem ‹Märchen von der grünen Schlange und der schönen Lilie›, die Folge der Gedanken, die ist christlich, die ist der neue Weg zu Christus.»

Die grüne Schlange

Der Mensch der Neuzeit sieht sich mit seiner an die Sinne gebundenen Eigenintelligenz aus der übersinnlichen Welt herausgelöst. Ein unüberbrückbar scheinender Abgrund trennt ihn von seinem göttlich-geistigen Ursprung. Gelingt es ihm nicht, von der Sinneswelt aus eine dauerhaft tragfähige Brücke zur Geisteswelt zu schlagen, dann wird er sich selbst im Erleben des Sinnlich-Diesseitigen verlieren. Mit anderen Worten: Die

Die grüne Schlange

Spiritualisierung der sinnlichen Erfahrung und die daraus hervorgehende Wiederanknüpfung an den übersinnlichen Urgrund ist die zentrale Aufgabe der neuzeitlichen Menschheit. Der alchimische Bilder- und Handlungsorganismus des Goetheschen *Märchens*, «das gegenseitige Hilfeleisten der Kräfte und das Zurückweisen aufeinander», wie Schiller am 29. August 1795 an Goethe schrieb, kreist um diese Aufgabe unseres Zeitalters. Deshalb bildet die an der Sinneserfahrung ausreifende Erkenntnis, die Goethe in der grünen Schlange verbildlicht, den Mittel- und Umschlagspunkt des Geschehens. Wird doch am Ende des Märchens die Schlange durch ihr Opfer die dauerhafte Brücke über den Fluss schlagen, die das Reich der Sinne und das Reich des Geistes heilsam verbindet. Deshalb kann der Alte mit der Lampe zu dem mit der weißgekleideten schönen Lilie vermählten jungen König sagen: «‹Gedenke der Schlange in Ehren! … du bist ihr das Leben, deine Völker sind ihr die Brücke schuldig, wodurch diese nachbarlichen Ufer erst zu Ländern belebt und verbunden werden. Jene schwimmenden und leuchtenden Edelsteine, die Reste ihres aufgeopferten Körpers, sind die Grundpfeiler dieser herrlichen Brücke; auf ihnen hat sie sich selbst erbaut und wird sich selbst erhalten.›» – Die letzten Worte des *Märchens* gelten der Opfertat der grünen Schlange: «Und bis auf den heutigen Tag wimmelt die Brücke von Wanderern, und der Tempel ist der besuchteste auf der ganzen Erde.» Es ist ebenjener Tempel, der nur deshalb aus den verborgenen Felsentiefen emporsteigen konnte, weil die Brücke erbaut war, an der er sich befindet.

Goethes *Märchen* beginnt um Mitternacht. Zwei große Irrlichter begehren, vom einen zum andern Ufer des breiten Flusses übergesetzt zu werden. Sie reißen den alten Fährmann aus dem Schlaf und verhalten sich während der Überfahrt unruhig und übermütig. Ihre Absicht ist, der schönen Lilie einen Besuch abzustatten. Noch ahnen sie nicht, dass sie sich dafür zur falschen Seite übersetzen lassen, also gerade jenes Reich verlassen, das die weiße Lilie bewohnt. Am Ufer angelangt, wollen sie den alten Fährmann mit Goldstücken entlohnen, die sie von sich schütteln und in den feuchten Kahn fallen lassen.

«‹Ums Himmels willen, was macht Ihr?› rief der Alte. ‹Ihr bringt mich ins größte Unglück! Wäre ein Goldstück ins Wasser gefallen, so würde der Strom, der dies Metall nicht leiden kann, sich in entsetzliche Wellen erhoben, das Schiff und mich verschlungen haben. Und wer weiß, wie es euch gegangen sein würde! Nehmt euer Geld wieder zu euch!› – ‹Wir können nichts wieder zu uns nehmen, was wir abgeschüttelt haben›, versetzten jene.»

In zahlreichen Betrachtungen hat Rudolf Steiner aufgezeigt, wie Goethe in den beiden Irrlichtern eine Seelenhaltung Bild werden lässt, die zwar begierig ist, Wissen anzusammeln und wieder von sich zu geben, aber keinerlei Bedürfnis hat, es zu verinnerlichen. Die Irrlichter trachten nach dem Golde der Weisheit auf eine oberflächliche, eitle Art. Sie vermeiden all jene Beschwernisse, die erforderlich sind, wenn sich das Wissen mit der ganzen Seele verbinden soll. Es dient ihnen vielmehr nur, damit zu glänzen. Sie sind «weit entfernt davon, den Goetheschen Lebensgrundsatz sich zu eigen zu machen: Man muss seine Existenz aufgeben, um zu existieren.»[219]

Als die beiden Irrlichter vom Fährmann erfahren, dass man ihn nur mit Früchten der Erde entlohnen kann, rufen sie belustigt aus: «Mit Früchten der Erde? Wir verschmähen sie und haben sie nie genossen.» Nie trugen die Irrlichter Verlangen, ihr Wissen dem Erdenleben, der Erdenerfahrung abzuringen. Aber ein leichtfertiges, oberflächliches Wissen weist der kosmische Seelenstrom mit elementarer Gewalt ab. Weshalb der alte Fährmann Sorge trägt, die abgeschüttelten Goldstücke, das intellektualistische Wissen der Irrlichter, «in einer gebirgigten Gegend, die das Wasser niemals erreichen konnte», zu verscharren. Zwischen hohen Felsen schüttet er es «in eine ungeheure Kluft».

Aber in ebendieser Kluft befindet sich die schöne grüne Schlange und wird durch die herabklingenden Goldstücke aus ihrem Schlaf geweckt. Begierig verschlingt sie die Münzen; und zu ihrem größten Wohlbehagen spürt sie alsbald, wie das Gold in ihren Eingeweiden zu schmelzen und sich durch ihren ganzen Leib auszubreiten beginnt. Mehr noch: «Zur größten Freude bemerkte sie, dass sie durchsichtig und leuchtend geworden war. Lange hatte man ihr schon versichert, dass diese Erscheinung möglich sei.» Zwischen Kräutern und Gesträuchen hinkriechend, bewundert die Schlange sich selbst in dem anmutigen Licht, das von ihr ausgeht. Auch ist alles um sie herum magisch verwandelt. «Alle Blätter schienen von Smaragd, alle Blumen auf das herrlichste verklärt.» Da bemerkt die Schlange in einiger Entfernung einen Lichtschein, der dem ihrigen ähnlich ist. In der Hoffnung, auf ihresgleichen zu treffen, achtet sie nicht der Beschwerlichkeit, durch Sumpf und Rohr kriechen zu müssen; «denn ob sie gleich auf trocknen Bergwiesen, in hohen Felsritzen am liebsten lebte,

Die grüne Schlange

gewürzhafte Kräuter gerne genoß und mit zartem Tau und frischem Quellwasser ihren Durst gewöhnlich stillte, so hätte sie doch des lieben Goldes willen und in Hoffnung des herrlichen Lichtes alles unternommen, was man ihr auferlegte.»

Als die grüne Schlange nunmehr auf die beiden Irrlichter trifft, freut sie sich, «so angenehme Herren von ihrer Verwandtschaft zu finden». Und tatsächlich sprechen die Irrlichter sie als ihre «Frau Muhme» an, fügen allerdings einschränkend hinzu, «nur von Seiten des Scheins verwandt» zu sein; denn im Gegensatz zur «horizontalen Linie», in der sich die Schlange bewege, besäßen sie nun einmal den Vorzug, von der «vertikalen Linie» zu sein – auch habe von ihnen «noch keins weder gesessen noch gelegen».

Verschmähen die Irrlichter alle Früchte der Erde, haben sie diese nie genossen, so nimmt es nicht Wunder, dass sie auch jede Berührung mit der Erde zu meiden wissen. Die grüne Schlange hingegen schmiegt sich eng dem Erdreich, den Gesteinen und Pflanzen an, und sie hat Wohlgefallen am würzigen Duft von Kräutern, die sie gerne verzehrt, wie sie ihren Durst am liebsten mit zartem Tau und kristallenem Quellwasser stillt. All dergleichen verabscheuen die Irrlichter, die ihre vertikale Linie sogar auf Kosten der Breite ganz lang und spitz machen können, während sie gleichzeitig mühelos Goldstücke von sich zu schütteln wissen, Gold, das sie zuvor hier und da aufgeleckt haben.

Es ist also wohl zu verstehen: «Die Schlange fühlte sich in der Gegenwart dieser Verwandten sehr unbehaglich; denn sie mochte den Kopf so hoch heben, als sie wollte, so fühlte sie doch, dass sie ihn wieder zur Erde biegen musste, um von der Stelle zu kommen, und hatte sie sich vorher im dunklen Hain außerordentlich wohlgefallen, so schien ihr Glanz in Gegenwart dieser Vettern sich jeden Augenblick zu vermindern, ja sie fürchtete, dass er endlich gar verlöschen werde.»

In wahrlich «vollsaftigen» Märchenbildern weiß Goethe den grundsätzlichen Unterschied zwischen einem oberflächlichen, aber glänzenden intellektualistischen Wissen und einer mühsam und hingebungsvoll an der Welt der Tatsachen erbildeten Erkenntnis anschaulich zu machen. Wirklichkeitsgesättigte Begriffe und Ideen sind wie Goldstücke des Wissens, die in die seelisch-geistige Existenz aufgeschmolzen worden sind. Im Leibe der grünen Schlange, der an der Sinneswahrnehmung ausgebildeten Erfahrung, verwandeln sich intellektuelle Begriffe in spirituelles Erkenntnislicht, das im eitlen Glanz der Irrlichter freilich Schaden nimmt. Denn diese schütteln ihr überreiches Wissen mit laxer Unbekümmertheit gleichsam «aus dem Ärmel». Einem mühsamen, demütigen und bescheidenen Erkenntnisstreben ist es jedoch allein vorbehalten, die Brücke zu bilden zwischen der Welt der Sinne und der Welt des Geistes, dem Reich der schönen Lilie, die ihrerseits unter der unseligen Trennung leidet, weshalb sie klagt:

> Entfernt vom süßen menschlichen Genusse,
> Bin ich doch mit dem Jammer nur vertraut.
> Ach! warum steht der Tempel nicht am Flusse!
> Ach! warum ist die Brücke nicht gebaut!

Die Seelenalchimie des Goetheschen *Märchens* – das zeigt der gesamte Handlungsverlauf – ist eine Ganzheit mannigfaltiger Prozesse. Im Zentrum aber steht das Stirb und Werde der grünen Schlange. «Grün», sagt Rudolf Steiner in einem Vortrag zum *Märchen*, «ist die Farbe, in der die Aura des Menschen erscheint, wenn vorwiegend selbstloses, hingebungsvolles Streben in der Seele lebt».[220] Und so verkörpert die grüne Schlange jene Seelenkraft, die sich als die an der Sinneserfahrung sich entwickelnde Intelligenz hinaufringt, hinaufläutert zur Verbindung mit der kosmischen Intelligenz, die also alles Sinnlich-Reale mit dem Übersinnlich-Wesenhaften dauerhaft verbindet.

Die Irrlichter haben sich, wie wir hörten, auf die falsche Seite, nämlich in die Sinneswelt übersetzen lassen, um der schönen Lilie ihre Aufwartung zu machen. Der Fährmann konnte sie nur an dieses Ufer bringen. Dagegen ist die Schlange bereits vor ihrem Goldgenuss sehr wohl imstande, um die Mittagszeit, also beim höchsten Sonnenstand, kurzfristig eine Brücke über den Astralfluss zu bilden, der die beiden Welten trennt. Darauf macht sie die Irrlichter aufmerksam. Diese agieren jedoch nicht gern in der Mittagshitze. Der bloße Intellekt verblasst bis zur Armseligkeit, wenn über ihm die Geistessonne der Wahrheit erstrahlt. Dagegen ist ein hingebungsvoller Empirismus, wie ihn Goethe zeitlebens gepflegt hat, sehr wohl fähig, den reinen Wahrnehmungsakt bis zum Erleben des Sinnlich-Übersinnlichen zu steigern, bis zur Erfahrung des Urphänomens und der in der Sinneswelt wirksamen Urpflanze. Eine solcherart gesteigerte Sinneserfahrung schlägt die Brücke zum anderen Ufer, zum Reich der weißen Lilie – jedoch nur vorübergehend und nur im mittäglichen Zenit des Erlebens. Auch die Kunst, die von der bloßen Nachahmung über die Manier zum Stil sich steigert, erreicht die Brücken-

Die grüne Schlange

bildung vom Sinnlichen zum Übersinnlichen nur in der Mittagsstunde. Denn der Stil ruht – wie wir hörten – «auf den tiefsten Grundfesten der Erkenntnis, auf dem Wesen der Dinge, insofern es uns erlaubt ist, es in sichtbaren und greifbaren Gestalten zu erkennen».

Die dauerhafte Verbindung der im Sinnensein lebenden Menschenseele mit der übersinnlichen Welt ihres Ursprungs setzt aber mehr voraus, als der gewissenhafteste Empirismus und die höchste Steigerung des künstlerischen Schaffens ermöglichen. Zwar ist die künstlerisch-schöpferische Phantasie ein Abglanz des übersinnlichen Erlebens. «In der Kunst verbindet der Mensch das Sinnliche mit dem Übersinnlichen. In der Kunst auch offenbart er sich als frei schaffende Seele. Das ist verbildlicht in dem Übergang, den die Schlange, die noch nicht zum übersinnlichen Erleben bereite Lebenserfahrung, zur Mittagszeit ermöglicht.»[221] Die am Ende des Goetheschen *Märchens* aufleuchtende Brücke aber besteht aus jenen Edelsteinen, in die der Leib der sich opfernden Schlange zerfallen wird, wenn alle Sinneserfahrung durchgeistigt ist. Dieser alchimistische Prozess setzt zu Beginn der Märchenhandlung ein, als der Leib der grünen Schlange durchsichtig und leuchtend wird, weil sie Goldstücke, das heißt Weisheit, in ihre innerste Existenz aufzuschmelzen vermochte.

Auf ebendiesen Vorgang blickt der bald neunundsechzigjährige Goethe in einem Gespräch mit dem Kanzler Friedrich von Müller, wenn er sagt: «Das Vermögen, jedes Sinnliche zu veredeln und auch den totesten Stoff durch Vermählung mit der Idee zu beleben, ist die schönste Bürgschaft unseres übersinnlichen Ursprungs. Der Mensch, wie sehr ihn die Erde auch anzieht, mit ihren tausend und abertausend Erscheinungen, hebt doch den Blick forschend und sehnend zum Himmel auf, der sich in unermesslichen Räumen über ihm wölbt, weil er es tief und klar in sich fühlt, dass er ein Bürger jenes geistigen Reiches sei, woran wir den Glauben nicht abzulegen noch aufzugeben vermögen.»

In der Vermählung der sinnlichen Erfahrung mit der Idee sah Goethe das Ziel seines Forschens und Trachtens – in der Chymischen Hochzeit, die innerhalb des *Märchens* ihren Ausdruck findet in der Vereinigung des Jünglings mit der schönen weißen Lilie.

Der Kanzler von Müller vermerkt weiter: «Doch nur allzurasch entschlüpften so köstliche Stunden; ‹lasst mich, Kinder,› sprach er [Goethe] plötzlich, ‹einsam zu meinen Steinen dort unten eilen, denn nach solchen Gesprächen geziemt es dem alten Merlin, sich mit den Urelementen wieder zu befreunden.› Wir sahen ihm lange und frohgemut nach, als er, in seinen lichtgrauen Mantel gehüllt, feierlich ins Tal hinabstieg, bald bei diesem, bald bei jenem Mineral oder Pflanze verweilend.»

Wie ein Merlin, ein Wahrsagend-Zauberkundiger, mag uns Goethe auch in dem einzigartigen Bildergewebe seines *Märchens* erscheinen, in dem er sich selbst in die Gestalt der grünen Schlange verwandelt, die sich im Mineral- und Pflanzenreich heimisch fühlt.

Doch kehren wir noch einmal zur Märchenhandlung zurück. Nachdem sich die beiden großen Irrlichter «mit einer leichten Verbeugung» entfernt haben, sucht die Schlange alsbald einen geheimnisvollen unterirdischen Ort auf, den sie schon recht gut kennt, indem sie alle darin befindlichen Gegenstände schon bei früheren Gelegenheiten genau abgetastet hat. Nun aber hofft sie, die rätselhaften Gebilde in dem von ihr selbst ausgehenden Lichte zu betrachten. Offenbar handelt es sich in dem ringsum verschlossenen Felsgestein um Dinge, «welche die bildende Hand des Menschen verrieten. Glatte Wände, an denen sie nicht aufsteigen konnte, scharfe, regelmäßige Kanten, wohlgebildete Säulen und, was ihr am sonderbarsten vorkam, menschliche Figuren, um die sie sich mehrmals geschlungen hatte und die sie für Erz oder äußerst polierten Marmor halten musste. Alle diese Erfahrungen wünschte sie noch zuletzt durch den Sinn des Auges zusammenzufassen und das, was sie nur mutmaßte, zu bestätigen. Sie glaubte sich nun fähig, durch ihr eignes Licht dieses wunderbare unterirdische Gewölbe zu erleuchten, und hoffte auf einmal mit diesen sonderbaren Gegenständen völlig bekannt zu werden. Sie eilte und fand auf dem gewohnten Wege bald die Ritze, durch die sie in das Heiligtum zu schleichen pflegte.»

Die grüne Schlange ist auf ihren Erlebniswegen sinnlicher Wahrnehmung und geduldig selbstloser Beobachtung so weit gelangt, dass sie davorsteht, «durch den Sinn des Auges zusammenzufassen», was in den Felsentiefen der Schöpfung als verborgenes Tempelheiligtum auffindbar ist. Den Ausgangspunkt ihres gesamten seelischen Erlebens hat sie dabei von ihrem äußerst subtilen *Tastsinn* genommen. Aber auch ihr *Lebenssinn* ist vollkommen ausgebildet: Sie verfügt über eine elementare Wahrnehmung ihres leiblichen Wohlbefindens. Nicht weniger vollkommen sind ihr *Eigenbewegungs-* und ihr *Gleichgewichtssinn* beschaffen: «Sie mochte den Kopf so hoch heben, als sie wollte, so fühlte sie doch, dass sie ihn wieder zur Erde bringen musste.» Ebenso ihr *Geruchs-* und *Geschmackssinn*: Gern genießt sie die würzig-duftenden Kräuter. Nun aber

Die grüne Schlange

soll ihr *Sehsinn* erst so recht zum Zuge kommen im Gewahren der Geheimnisse des unterirdischen Heiligtums.

In dem von ihr ausgehenden Erkenntnislicht wird die Schlange denn auch alsbald eines aus Gold geformten Königs ansichtig. «Kaum hatte die Schlange dieses ehrwürdige Bildnis angeblickt, als der König zu reden anfing und fragte: ‹Wo kommst du her?› – ‹Aus den Klüften,› versetzte die Schlange, ‹in denen das Gold wohnt.› – ‹Was ist herrlicher als Gold?› fragte der König. ‹Das Licht,› antwortete die Schlange. ‹Was ist erquicklicher als Licht?› fragte jener. ‹Das Gespräch,› antwortete diese.»

Das Gespräch als höchste Stufe der Wesensbegegnung innerhalb der Sinneswelt setzt eine Organisation voraus, die tiefer in die Wirklichkeit hineinführt als die Wahrnehmungskraft des Auges. Zum Gespräch bedarf es des *Ton-, Wort-, Gedanken-* und *Ich-Sinns*. Das eigenständige Ich-Wesen des Andern ist dergestalt im Zwiegespräch sinnlich wahrnehmbar.

Wir sehen, wie Goethe im Bild der grünen Schlange den ganzen Kreis der Sinnesfelder veranschaulicht, den zu erforschen Rudolf Steiner vorbehalten sein sollte. Denn auch der noch unerwähnt gebliebene Sinn ist bei der Schlange kräftig ausgebildet. Fühlt sie sich doch in der Mittagshitze derart in ihrem Element, dass sie sich als Brücke über den Fluss zu wölben vermag. Die grüne Schlange lebt in ihrem *Wärmesinn*.

In dem genannten Aufsatz aus dem Jahr 1918 führt Rudolf Steiner aus, wie nur dadurch auf Dauer eine Wiederverbindung mit der geistigen Welt erreichbar ist, dass die mit der Sinnesorganisation verbundene Lebenserfahrung ihre Existenz aufgibt, «um die Brücke zu bilden zwischen der Sinlichkeit und Geistigkeit».[222] So verstanden ruht das neu auflebende spirituelle Erkennen der Menschheit auf dem Fundament der zwölf Sinne, die allem selbstischen Verlangen zuletzt abgestorben und zu leuchtenden Edelsteinen geworden sind.

«Im Umfange des menschlichen Seelenlebens», so Steiner, «gibt es eine Kraft, von welcher die Entwicklung der Seele getragen wird zu dem Zustand der freien Persönlichkeit. Diese Kraft hat ihre Aufgabe auf dem *Wege* zu diesem Zustand. Wäre dieser erreicht, so verlöre sie ihre Bedeutung. Sie bringt die Menschenseele mit den Lebenserfahrungen in Zusammenhang. Sie verwandelt, was Wissenschaft und Leben offenbaren, in innere Lebensweisheit. Sie macht die Seele immer reifer für das ersehnte Geistesziel. An diesem verliert sie ihre Bedeutung, denn sie stellt das Verhältnis des Menschen zur Außenwelt her. Am Ziele aber sind alle äußeren Impulse in innere Seelentriebe verwandelt. Da muss diese Kraft sich aufopfern; sie muss ihre Wirksamkeit einstellen; sie muss als das übrige Seelenleben durchsetzendes Ferment ohne Eigenleben im verwandelten Menschen weiter bestehen. Goethes Geistesauge war insbesondere auf diese Kraft im Menschenleben hingerichtet. Er sah sie wirksam in den Erfahrungen des Lebens und in denjenigen der Wissenschaft. Er wollte sie da angewendet wissen, ohne dass man sich durch vorgefasste Meinungen oder Theorien ein abstraktes Ziel setzt. Dieses Ziel muss sich erst aus den Erfahrungen heraus ergeben. Wenn diese ausgereift sein werden, sollen sie das Ziel aus sich gebären. Sie sollen nicht durch ein vorausbestimmtes Ende verstümmelt werden. Diese Seelenkraft ist in der grünen Schlange verkörpert. Sie nimmt das Gold auf, die Weisheit, die aus den Erfahrungen des Lebens und der Wissenschaft stammt, und die von der Seele angeeignet werden muss, sodass Weisheit und Seele *eins* werden. Diese Seelenkraft wird sich zur rechten Zeit opfern; sie wird den Menschen an sein Ziel, die freie Persönlichkeit, bringen. *Dass* sie sich opfern will, sagt die Schlange dem Alten ins Ohr. Sie vertraut ihm damit ein Geheimnis an, das ihm offenbar ist, das ihm aber trotzdem wertlos ist, so lange es sich nicht durch den freien Entschluss der Schlange verwirklicht. Wenn die gekennzeichnete Seelenkraft in dem Menschen so spricht wie die Schlange zu dem Alten, dann *ist es* für die Seele ‹an der Zeit›, die Lebenserfahrung als Lebensweisheit zu erleben, die ein harmonisches Verhältnis vom Sinnlichen zum Übersinnlichen herstellt.»[223]

Goethes Geistesblick war insbesondere auf diejenige Seelenkraft in der neuzeitlichen Menschenseele gerichtet, der er in seiner grünen Schlange zur Bildgestalt verhalf. Die an die selbstlose, reine Sinneswahrnehmung gebundene menschliche Eigenintelligenz betrachtete er als diejenige Kraft, die nach einer gehörig langen, gediegenen Ausbildung sich in die dauerhaft-tragfähige Brücke verwandeln wird, welche den in der Sinneswelt lebenden Menschen wieder mit seinem übersinnlichen Ursprung verbindet. Damit aber richtet Goethe den Blick in eine ferne Zukunft, in der die Menschheit zu ihrem Heile verstehen wird, warum die grüne Schlange auf die Frage des Alten mit der Lampe, was sie beschlossen habe, die Antwort gibt: «Mich aufzuopfern, ehe ich aufgeopfert werde.»

Auf jedem anderen Wege würde die in die Sinneswelt verstrickte neuzeitliche Menschheit in den Abgrund der Entgeistigung stürzen, und sie würde die Erde, diesen über alle Maßen wunderbaren Blauen Planeten, mit sich in die Tiefe reißen. Nur dann, wenn die nach außen gerichtete Seelenkraft, die in der Sinneserfahrung sich entwickelt, kein egoistisches

Die grüne Schlange

Eigenleben mehr führt, das heißt, wenn sie ihre Selbstsucht geopfert hat, wird das Geistselbst des Menschen, das «ein Bürger jenes geistigen Reiches» ist, von dem Goethe zum Kanzler von Müller sprach, seinen Heimweg antreten in die übersinnliche Welt – auf der Grundlage eines neuen Mysterienwesens, das Goethe vorbereitet und zu dem Rudolf Steiner in der Anthroposophie den Keim gelegt hat.

Die Zukunftskultur des Geistselbstes soll die apokalyptische Offenbarung des Schlussbildes von Goethes *Märchen* auf dem Erdenplan ausgestalten. «Dann ist auch die Zeit gekommen, in der die Seele in sich die Brücke bilden kann zwischen dem diesseitigen und jenseitigen Gebiet des Flusses. Diese Brücke entsteht aus dem Stoffe der Schlange selbst. Die Lebenserfahrung führt fortan kein Eigenleben; sie ist nicht mehr, wie vorher, bloß auf die äußere Sinneswelt gerichtet. Sie ist innere Seelenkraft geworden, die man als solche bewusst nicht übt, sondern die nur wirkt, indem sich Sinnliches und Übersinnliches im Menschen-Innern gegenseitig erleuchten und erwärmen.»[224]

Die grüne Schlange, betont Rudolf Steiner, ist «die Urheberin dieses Zustandes», das heißt der Kultur des Geistselbstes, die allerdings ohne das Heraufsteigen des unterirdisch-verborgenen Tempels ins helle Tagesbewusstsein, ohne das neuerliche Wirken der drei Könige und die gesamte Seelenalchimie des *Märchens* nicht vorstellbar wäre.

Goethes geheime Botschaft, die er in die Bilder seines *Märchens* einhüllt, ist eben diese: Das Sinnliche muss zum Geistigen gelangen; nur dann wird auch das Geistige wiederum zum Sinnlichen kommen. Dann aber werden sich das Sinnliche und das Übersinnliche im Menscheninnern gegenseitig erleuchten und erwärmen. Anders gesagt: Goethes esoterisches Christentum erfüllt das ganze *Märchen* mit der Auferstehungskraft des Mysteriums von Golgatha, durch das sich der in die Sinneswelt verstrickte alte Mensch mit dem neuen Menschen verbinden kann – wodurch das Vergängliche anzieht das Unvergängliche.

Zum Schauen bestellt

Vom Geheimnis der Sinne

Das entschiedenste Gegenbild zur grünen Schlange des Goetheschen *Märchens*, die durch ihr Opfer die Sinneswelt wieder mit der Geisteswelt verbindet, ist jene arglistige Schlange der *Genesis*, durch deren Einflüsterung das erste Menschenpaar in die Sinneswelt vertrieben wurde. Goethes grüne Schlange gleicht den Sündenfall aus: Heilsam verbindet sie das Sinnlich-Vergängliche mit dem Übersinnlich-Ewigen.

Im Garten Eden hatte Gott der Herr Adam und Eva geboten, nicht von den Früchten des Baumes der Erkenntnis zu essen, auf dass sie den Tod nicht schmecken müssten. Die Schlange hingegen gab vor, es besser zu wissen; sie versicherte Eva, keineswegs müssten sie sterben, vielmehr würden ihre Augen, ihre Sinne aufgetan und sie würden sein wie Gott, würden wissen, was gut und böse ist. Und in der Tat, Jahve-Elohim musste sagen: «Siehe, der Mensch ist geworden wie unser einer und weiß, was gut und böse ist.» Aber er verfluchte die Schlange und verstieß sie, weshalb sie seither auf dem Bauche kriecht und Erde fressen muss.

Am Abend des 7. September 1780 schreibt Goethe von Ilmenau aus an Charlotte von Stein, er sei den Tag über «auf die hohen Gipfel gestiegen und in die Tiefen der Erde eingekrochen», weil er doch «gar zu gern der großen formenden Hand nächste Spuren entdecken» möchte. Und am folgenden Morgen fröhlich erwacht, meint Goethe: «O dass doch mein Beruf wäre, immer in Bewegung und freier Luft zu sein, ich wollte gerne jede Beschwerlichkeit mitnehmen die diese Lebensart auch ausdauern muss. ... Die Menschen sind vom Fluch gedrückt, der auf die Schlange fallen sollte, sie kriechen auf dem Bauche und fressen Staub.»

Goethe kennt sehr genau das biblische Motiv der verderbenbringenden Schlange. Und indem er die in materielle Sorgen verstrickten Menschen um sich her gewahrt, sieht er sie gleich der Schlange verflucht und erniedrigt, sieht sie auf dem Bauche kriechen und Staub fressen.

Zwei Jahrzehnte später scheint Goethe an die soeben vernommenen Worte unmittelbar anzuknüpfen, sagt doch Mephistopheles im «Prolog im Himmel» von Faust:

Vom Geheimnis der Sinne

Staub soll er fressen, und mit Lust,
Wie meine Muhme, die berühmte Schlange.

Die grüne Schlange hingegen flüstert im unterirdischen Rundtempel dem Alten mit der Lampe Worte ins Ohr, die diesen veranlassen, mit gewaltiger Stimme auszurufen: «Es ist an der Zeit!» Mit dem Entschluss der Schlange, sich zu opfern, beginnt nunmehr eine Wandlung, es beginnt die Erlösung der Sinne.

Waren durch das Bestreben der biblischen Schlange die menschlichen Sinnesorgane aus der übersinnlichen Welt herausgesondert worden und hatte dies zur Herauslösung der Menschheit aus dem göttlichen Urgrund, zur Erbsünde geführt, so wird durch die Entsündigung der grünen Schlange die selbstlos gewordene Sinneswahrnehmung und die mit ihr verbundene menschliche Intelligenz zu jener zeitüberdauernden Brücke, die Himmel und Erde, Geistes- und Sinneswelt wieder zu einem Ganzen zusammenschließt.

Während Goethes Geistseele ehrfurchtsvoll im Anschauen der Gott-Natur zu leben vermochte, wurde seine mit der Sinnesorganisation meditativ verbundene Eigenintelligenz zur Gralsschale, die den Logos des Weltalls in sich aufnahm. Das mag hier an Versen veranschaulicht werden, die zu den wundersamsten der deutschen Sprache gehören und die Goethe selbst so teuer waren, dass er sie erst fünfunddreißig Jahre nach ihrem Entstehen der Öffentlichkeit zugänglich machte:

> Über allen Gipfeln
> Ist Ruh,
> In allen Wipfeln
> Spürest du
> Kaum einen Hauch;
> Die Vögelein schweigen im Walde.
> Warte nur, balde
> Ruhest du auch.

Als Goethe diese Verse auf dem Gickelhahn mit Bleistift an die Zimmerwand eines kleinen Waldhauses schrieb, ahnte er schwerlich, dass er mehr als fünfzig Jahre später, am 27. August 1831, also unmittelbar vor seinem zweiundachtzigsten Geburtstag, den Ort noch einmal aufsuchen würde. «Goethe überlas diese wenigen Verse», berichtet der Bergbeamte Mahr, «und Tränen flossen über seine Wangen. Ganz langsam zog er sein schneeweißes Taschentuch aus seinem dunkelbraunen Tuchrock, trocknete sich die Tränen und sprach in sanftem, wehmütigen Ton: ‹Ja, warte nur, balde ruhest du auch!›»

Unter den Versen war als Tag ihres Entstehens eben jener Septembertag vermerkt, an dem Goethe abends Charlotte von Stein die oben zitierten Worte über die vom Fluch der Schlange gedrückten Menschen geschrieben hatte. Vermutlich aber hatte sich Goethe im Datum geirrt und waren die Verse am Vorabend, mithin am 6. September des Jahres 1780, entstanden, als er den Gickelhahn, «den höchsten Berg des Reviers», wie er Frau von Stein mitteilte, aufgesucht hatte, «um dem Wuste des Städtchens, den Klagen, den Verlangen, der unverbesserlichen Verworrenheit der Menschen auszuweichen».

Nicht anders als seine grüne Schlange lebte Goethe «mit Leib und Seel in Stein und Bergen», wie er am 8. September 1780 schreibt. Und er fügt hinzu: «Die Welt kriegt mir nun ein neu ungeheuer Ansehn.» Ja, noch fünf Jahre später heißt es im Brief an Jacobi vom 9. Juni 1785: «Hier bin ich auf und unter Bergen, suche das Göttliche in herbis et lapidibus» – in Kräutern und Steinen. Wobei sich Goethe offenbar auf einen Paracelsus zugeschriebenen Spruch bezieht, der vollständig lautet: «In Verbis In Herbis Et In Lapidibus Salus» (In Worten, in Kräutern und in Steinen ist das Heil).

Goethes Abhandlung *Über den Granit*, die 1784, wenige Monate vor seiner Entdeckung des Zwischenkieferknochens am Menschen, vermutlich als Teil eines geplanten *Romans über das Weltall*, entstand, ist die erste reife Frucht seines die Natur erforschenden Strebens. Darin wendet sich Goethe bewusst «von Betrachtung und Schilderung des menschlichen Herzens, des jüngsten, mannigfaltigsten, beweglichsten, veränderlichsten, erschütterlichsten Teiles der Schöpfung, zu der Beobachtung des ältesten, festesten, tiefsten, unerschütterlichsten Sohnes der Natur». Er beschreibt, wie er auf einem hohen nackten Granitgipfel sitzt und unter sich «den festen Boden der Urwelt» spürt. Und er sagt zu sich selbst: «Hier auf dem ältesten, ewigen Altare, der unmittelbar auf die Tiefe der Schöpfung gebaut ist, bring ich dem Wesen aller Wesen ein Opfer. Ich fühle die ersten, festesten Anfänge unsers Daseins ... meine Seele wird über sich selbst und über alles erhaben und sehnt sich nach dem nähern Himmel.»

Geistdurchleuchtete Sinneswahrnehmung wurde in Goethes Seele zum Gottesdienst. Ein mächtiger Granitfelsen wird ihm zum Altar; und indem er dem Wesen aller Wesen ein Opfer bringt, nicht aus materiellen Substanzen, sondern aus Sinneserkenntnislicht, beginnt sich in seiner Brust die Brücke zu bilden, die Sinnes- und Geisteswelt segensvoll verbindet – das Reich der grünen Schlange mit dem Reich der weißgekleideten schönen Lilie.

Ein in dieser Weise Erlebender konnte an Charlotte von Stein, die am liebsten weiße Kleider trug, Worte schreiben, die kein anderer hätte äußern dürfen. Am 12. April des Jahres 1782 teilt Goethe der Freundin mit: «Es ist ein erhabnes, wundervolles Schauspiel, wenn ich nun über Berge und Felder reite, da mir die Entstehung und Bildung der Oberfläche unsrer Erde und die Nahrung, welche Menschen draus ziehen zu gleicher Zeit deutlich und anschaulich wird; erlaube, wenn ich zurückkomme, dass ich dich nach meiner Art auf den Gipfel des Felsens führe und dir die Reiche der Welt und ihre Herrlichkeit zeige.»

Goethes Augen ruhten auf der Welt in ungestörter Verbundenheit mit dem Schaffen der Elohim, die beim Anblick dessen, was sie geschaffen hatten, sagen konnten, dass es gut sei. Dieses ihr Werk war fraglos nichts weniger als eine Tat des Teufels, welcher den Jesus von Nazareth auf einen hohen Berg führte, um ihn nach Möglichkeit mit allen Reichen der Welt und ihren Herrlichkeiten zu verführen. Und so stellt Goethe seiner geliebten Freundin in Aussicht, mit dem ihm eigenen Geistesblick die unermessliche Erhabenheit des göttlichen Schöpfungswerkes anzuschauen. War er doch «zu höherer Betrachtung der Natur hinaufgestimmt», wie es dann in seinem Aufsatz *Über den Granit* heißen wird.

Im Jahre 1913 führte Rudolf Steiner in einem Vortrag aus, warum sich die materielle Welt für den Menschen in Maya hüllt.[225] Indem das Menschengeschlecht der luziferischen Versuchung erlegen war, kam es für sein Erleben zu einer Trennung des Geistigen und Materiellen, die unüberbrückbar scheint, in Wahrheit jedoch gar nicht besteht, die bloßer Schein ist. Mit dem Christus aber trat in die Erdenentwicklung ein Wesen ein, das keiner Verführung erlegen war, für das es folglich jene unselige, illusionäre Trennung von Stofflichem und Geistigem gar nicht gibt und das uns deshalb mit der Welt wieder zu versöhnen vermag.

Rudolf Steiner fragt: «Tönt uns denn nicht herüber von dieser Welt, die uns umgibt, dass sie eine Schöpfung der Elohim ist, und dass diese Elohim am letzten Schöpfungstage fanden: Und siehe da, es war sehr gut – ?»

Ohne Goethe ausdrücklich zu nennen, aber wie unmittelbar auf die

Goethesche Erlebnisform verweisend, führt Rudolf Steiner im Weiteren aus, der Christus sei in der Welt erschienen, «um uns so mit der Welt zu versöhnen, dass wir die Versuchungskräfte gegenüber Luzifer überwinden lernen, dass wir den Schleier durchdringen lernen, dass wir die Gottesoffenbarung in wahrer Gestalt sehen, dass wir den Christus als den Versöhner finden, der uns in die wahre Gestalt der Gottesoffenbarung einführt, dass wir durch ihn das uralte Wort verstehen lernen: Und siehe da, es ist sehr gut.»

In seinen Wesenstiefen war Goethe durchdrungen von dieser Gewissheit, durchdrungen von diesem wahren Christentum. Weshalb er uns – wie in *Epirrhema* – auffordern kann, uns «des wahren Scheins» zu erfreuen und im Erleben des gottgewollten Menschenwesens sagen darf *(Schwebender Genius über der Erdkugel):*

> Alle Tag' und alle Nächte
> Rühm ich so des Menschen Los;
> Denkt er ewig sich ins Rechte,
> Ist er ewig schön und groß.

Denn wenn wir den Menschen und die gesamte Schöpfung so anzuschauen vermögen, dann hat uns der Christus die Binde von den Augen genommen. Dann ist die Sinneswelt keine Maya mehr. Denn unsere Seele ist der Herrschaft Luzifers entzogen.

«Von der höchsten geisteswissenschaftlichen Fassung dieser Formel» – so im selben Zusammenhang Rudolf Steiner – «bis herunter zu dem Goethewort: ‹Die Sinne trügen nicht, aber das Urteil trügt›, ist eine Linie. Und die Philister und die Zeloten mögen Goethe, mögen Goethes Christentum noch so sehr bekämpfen, er durfte doch sagen, dass er einer der allerchristlichsten Menschen ist, weil er in den Tiefen seines Wesens christlich dachte, selbst bis in diese Formel hinein: ‹Die Sinne trügen nicht, aber das Urteil trügt.› Die Seele ist schuld, dass das, was sie sieht, nicht in der Wahrheit, sondern als Maya erscheint.» – Der erste Adam ist derjenige Mensch, «der dem Luzifer in seiner Seele erlegen ist und der deshalb immer mehr und mehr in die Materie verstrickt wurde, das heißt nichts anderes als: in ein falsches Erleben der Materie verstrickt wurde. Die Materie da draußen als Gottesschöpfung ist gut.» Christus, der zweite Adam, erlöst uns von dem die Wirklichkeit verzerrenden Blick auf die Sinneswelt; im Lichte seines Auferstehungsleibes heilt er unsere Sinne.

Vom Geheimnis der Sinne

An dieser Stelle unserer Betrachtung wäre es nun wünschenswert, wenigstens in Grundzügen die Sinneslehre Rudolf Steiners darzustellen. Das Thema ist indessen so vielschichtig, dass es in unserem Zusammenhang viel zu viel Raum beanspruchen würde. Deshalb sollen nur einige wenige Motive im Zusammenhang mit unserer Thematik anklingen. Zu allererst sei an eine Darstellung Rudolf Steiners angeknüpft, die oben[226] bereits berührt wurde, als die Rede war von den der Welt zugrunde liegenden Imaginationen, Inspirationen und Intuitionen schöpferischer Wesenheiten.[227]

Wenn der Mensch die erste Stufe der übersinnlichen Erkenntnis erreicht, erlebt er in seinem Seeleninnern Bilder, Imaginationen, die als unselbständige Gebilde mit ihm verbunden bleiben. Die nächsten Wesenheiten über dem Menschen – die Wesen der dritten Hierarchie: Angeloi, Archangeloi und Archai – treiben ihre Bilder nach außen und offenbaren sich in diesen nach außen getriebenen Imaginationen; auch wir selbst sind aus diesen Wesen nach außen getriebene Imaginationen. Unserer gesamten Welt liegt ein soches bilderschaffendes Gedankenweben, ein unabsehbar mannigfaltiges Tätigsein in Imaginationen zugrunde.

Auf der zweiten Stufe der übersinnlichen Erkenntnis, im inspirierten Erleben, atmet der Mensch Geistig-Wesenhaftes ein. Die nächsthöheren Wesen über dem Menschen – die Wesen der zweiten Hierarchie: Exusiai, Dynameis, Kyriotetes – sind nicht nur fähig, Imaginationen schöpferisch nach außen zu gestalten; sie «expirieren sich, sie treiben das nach außen, was wir nach innen treiben im inspirierten Erkennen». Entsprechend verhält es sich mit dem, was die höchsten hierarchischen Wesen – Throne, Cherubim, Seraphim – ihrerseits in der Intuition verwirklichen. Wir verschmelzen auf der intuitiven Erkenntnisstufe mit dem Erkenntnisinhalt; jene schaffenden Mächte treiben Intuitionen nach außen.

Man darf also sagen: Kein Bergkristall, keine Rose, kein Löwe und kein Mensch könnten Gestalt annehmen ohne das Ineinander der webenden Imaginationen, der schwingenden Inspirationen und der waltenden Intuitionen schaffender göttlicher Wesen. Würden wir also nicht nur die Sinneswahrnehmung eines Minerals, einer Pflanze, eines Tieres, eines Menschen haben, sondern gleichzeitig die in dem sinnlich anschaubaren Gebilde sich nach außen in Imaginationen, Inspirationen und Intuitionen betätigenden Schöpfermächte, dann müsste unser äußerer Sinneseindruck zu jenem «wahren Schein» werden, an dem Goethe sich zu erfreuen vermochte. Denn dann ist die Erscheinung eben kein trügerischer Schein, hinter dem sich das wahre Wesen – das «Ding an sich» irgendeiner agnostischen Prägung – absolut verbirgt. Nein, die Erscheinung und die mit ihr verbundene Idee gehören unmittelbar zu dem sich offenbarenden Wesen. Dieser Tatbestand aber ist von umfassender Bedeutung. Denn nunmehr wird das Erscheinende zu dem unverzichtbaren Ausgangspunkt unserer Wiederverbindung mit der übersinnlichen Welt – der Vermählung mit der schönen Lilie.

Nun wissen wir allerdings, dass sich in der sinnlichen Offenbarung ein größerer Teil der vollen Wirklichkeit verbirgt. Denn es ist gleichsam «nur ein Viertel von dem, was an uns heranstürmt, wirklich in der Wahrnehmung gegeben, die anderen drei Viertel dringen in uns ein, ohne dass es uns zum Bewusstsein kommt. Während wir also dastehen und eine Farbenempfindung haben, dringen, gleichsam durch die Fläche der Farbenempfindung, die schöpferischen Imaginationen, die Inspirationen, die Intuitionen in uns ein, versenken sich in uns.»[228] Gelänge es uns, jene «drei Viertel» uns bewusst zu machen, dann wären unsere Sinne erlöst und würden zur Brücke in die übersinnliche Welt. Wie der Leib der grünen Schlange zerfiele unsere Wahrnehmungsorganisation in jene Edelsteine, die das Fundament des bleibenden Übergangs hinüber wie herüber zu bilden vermögen.

Wie aber kommt es, dass bei der Sinneswahrnehmung der weitaus größere Teil der Wirklichkeit für den Menschen eben doch mit einem Mayaschleier zugedeckt und dadurch geradezu verfälscht wird? Auch darauf hat Rudolf Steiner, von recht verschiedenen Blickpunkten aus, einander ergänzende Betrachtungen angestellt, auf der Grundlage seiner hellseherischen Forschung, die sich mit zum Teil höchst komplizierten, schwierigen okkulten Zusammenhängen konfrontiert sah.

Es sei hier nur auf eine Darstellung hingewiesen, die Rudolf Steiner am 15. August des Jahres 1924, also in der allerletzten Zeit seiner Vortragstätigkeit, in Torquay gegeben hat.[229] Die Nerven-Sinnesorganisation, führt er da aus, ist beim Menschen so beschaffen, dass «dieses ganze Gehirn, das sich aufstülpt aus den nach rückwärts gehenden Sehnerven, Gehörnerven und so weiter, dieses ganze Gehirn, das uns so wertvoll ist als Menschen», nur zwischen Geburt und Tod eine Bedeutung hat, während es für die geistige Welt das Allerunbedeutendste ist. Es ist «ein furchtbar störendes Organ für die höhere Anschauung» und muss vom Geistesforscher ausgeschaltet werden. «Und man muss mit dem ausgeschalteten Gehirn gleich wiederum in den Sinnen leben, aber jetzt in die Sinne hineindrücken das erweckte Spirituelle; dann bekommt man die Imagination. Die Sinne nehmen sonst Sinnesbilder wahr in der äußeren physischen Welt, und die setzt das Gehirn um in die abstrakten Gedanken, in diese toten, abstrakten Gedanken. Schaltet man das Gehirn aus, lebt man wiederum in den Sinnen, dann empfindet man alles wiederum in Imaginationen.»

Wir denken an Goethes Gedicht *Groß ist die Diana der Epheser*,[230] in dem sich der Dichter als ein ephesischer Goldschmied darstellt, der im Tempel vor dem Thron der Artemis bereits als Knabe und Jüngling gekniet hat und bildnerisch tätig war,

> Wie's ihm der Vater zugeteilt;
> Und leitete sein kunstreich Streben
> In frommer Wirkung durch das Leben.
>
> Da hört er denn auf einmal laut
> Eines Gassenvolkes Windesbraut,
> Als gäb's einen Gott so im Gehirn
> Da! Hinter des Menschen alberner Stirn,
> Der sei viel herrlicher als das Wesen,
> An dem wir die Breite der Gottheit lesen.

Goethe wusste, dass das menschliche Gehirn das Allerunbedeutendste ist für die geistige Welt – «ein furchtbar störendes Organ für die höhere Anschauung». Er war eben wirklich, wie es ihm sein «Vater» zugeteilt hatte, ein zum spirituellen Sehen, zum okkulten Schauen Bestellter, weshalb er zeitlebens die Schatten und Leichname abstrakter Gedanken so weit wie möglich von seinem sinnlich-übersinnlichen Wahrnehmen fernzuhalten trachtete. Wie anders hätte sonst auch die elementarische Welt so wunderbar in Goethes Seele hineinwogen können – beispielsweise im *Gesang der Geister über den Wassern* oder in den Balladen *Der Fischer* und *Erlkönig*.

Gelingt es uns also, das gehirngebundene Denken auszuschalten – so Rudolf Steiner in Torquay – und jetzt in die Sinne hineinzudrücken «das erweckte Spirituelle», dann bekommen wir die Imagination. «Die Sinne nehmen sonst Sinnesbilder wahr in der äußeren physischen Welt, und die setzt das Gehirn um in die abstrakten Gedanken, in diese toten, abstrakten Gedanken. Schaltet man das Gehirn aus, lebt man wiederum in den Sinnen, dann empfindet man alles wiederum in Imaginationen. ... Unsere Sinne, die ja an unserer Oberfläche sind, Auge, Ohr, die nehmen fortwährend diese [elementarische] Welt wahr ... die schauen diese elementarische Welt.» – «So besteht ja das Versetzen zunächst in den nächsten Bewusstseinszustand darin, dass man das Gehirnbewusstsein ausschaltet und mit dem Geiste untertaucht in das Bewusstsein, das unsere Augen, Ohren haben.»

Damit ist nun auch jener quälende Widerspruch aufgelöst, den wir an früherer Stelle in der Konfrontation von Goethe und Schiller aufzeigten.[231] Goethe darf sagen *(Prooemion):*

> So weit das Ohr, so weit das Auge reicht,
> Du findest nur Bekanntes, das Ihm gleicht,
> Und deines Geistes höchster Feuerflug
> Hat schon am Gleichnis, hat am Bild genug.

Denn Goethes Sinneswahrnehmung ist von seiner erweckten und sich immer weiter ausbildenden Spiritualität durchwoben: Er entwickelt seine «Geistesaugen» und «Geistesohren», von denen er bisweilen selber spricht. So zu Beginn des Zweiten Teiles seines *Faust.* Nachdem *Ariel* «kleiner Elfen Geistergröße» herbeigerufen hat, damit sie den schlafenden Faust wieder herstellen und «der Elfen schönste Pflicht» vollbringen, ihn «dem heiligen Licht» zurückzugeben; und als dann gewaltiges Getöse «das Herannahen der Sonne» verkündet, begrüßt Ariel das Zentralgestirn mit den Worten:

> Horchet! horcht dem Sturm der Horen!
> Tönend wird für Geistesohren
> Schon der neue Tag geboren.
> Felsentore knarren rasselnd,
> Phöbus' Räder rollen prasselnd,
> Welch Getöse bringt das Licht!
> Es drommetet, es posaunet,
> Auge blinzt und Ohr erstaunet,
> Unerhörtes hört sich nicht.

Keine Frage, Goethe bildet in seiner Seele die Grundstimmung des imaginativen und inspirierten Erlebens aus. Sein Sinnesleben ist in österliches Auferstehungslicht gehüllt. Und sein Faust darf aus dem heilsamen Tiefschlaf erwachen mit den Worten:

Vom Geheimnis der Sinne

> Des Lebens Pulse schlagen frisch lebendig,
> Ätherische Dämmerung milde zu begrüßen;
> Du, Erde, warst auch diese Nacht beständig
> Und atmest neu erquickt zu meinen Füßen,
> Beginnest schon mit Lust mich zu umgeben,
> Du regst und rührst ein kräftiges Beschließen,
> Zum höchsten Dasein immerfort zu streben.

Ja, dieser zu seinem neuen Leben wie zu einer neuen Inkarnation erwachte Faust empfindet seine Sinneswahrnehmung durchpulst von einer spirituell-andächtigen Seelenstimmung und Herzensunschuld, die im vollen Gegensatz zu seinem schuldigen Wesen zu stehen scheint, in Wahrheit aber den Erdendurchgang seiner Entelechie beschützend umhüllt – wie seinen Dichter selbst.

Schiller betrachtet die Sinnenwelt als den gottverlassenen Ort. In ihm lebt das Evangelienwort: Das Himmelreich ist inwendig in euch – glaubt nicht, ihr könntet es mit Augen sehen und sagen, es sei hier oder dort im Räumlich-Zeitlichen aufzufinden. Daher Schillers Überzeugung,[232] ausgesprochen in *Die Worte des Wahns:*

> Was kein Ohr vernahm, was die Augen nicht sahn,
> Es ist dennoch, das Schöne, das Wahre!
> Es ist nicht draußen, da sucht es der Tor,
> Es ist in dir, du bringst es ewig hervor.

Mit solchen Worten spricht Schiller eine tiefe Wahrheit aus. Denn das Menschenwesen gehört der Geisteswelt an – ist Geist unter Geistern. Leiblichen Sinnesorganen ist das Ewige des Menschen niemals zugänglich.

Wenn aber die Geistorgane erweckt werden – das gewahrt Goethe –, dann wird das Sinnesleben erlöst und mit dem übersinnlichen Schauen verbunden. Die grüne Schlange wird zur leuchtend-wunderbaren Brücke: Das Himmelreich ist um uns herum. – Wobei allerdings nicht zu vergessen ist, dass Goethes Faust zuletzt erblindet. Der sich aus der Sinneswelt Herauslösende erlebt:

> Die Nacht scheint tiefer tief hereinzudringen,
> Allein im Innern leuchtet helles Licht …

Die mit Geistesaugen geschaute unsichtbare Sonne, deren Licht Faust nicht blendet wie die physische Sonne zu Beginn des Zweiten Teils, sie leuchtet auch dem Blinden. Nicht minder leuchtet sie in der Welt der Toten, die alle Hüllen abgelegt haben; und sie wird ihr aus Liebe gewobenes ewiges Licht auch dann noch ausströmen, wenn Himmel und Erde vergangen sind.

Wir sind in die Sinneswelt versetzt, um in ihr unsere Seelen-Geistessubstanz zu entwickeln. Niemals haben deshalb die Eingeweihten, so betont Rudolf Steiner in einem Vortrag, unser durch die Sinne vermitteltes Erleben geringgeschätzt.[233] Vielmehr wird von einer höheren, übersinnlichen Warte aus die ganze Bedeutung des Sinneslebens erst wiederum eingesehen. «Wir wissen nichts von unseren Sinnen», äußerte Rudolf Steiner. «Schon um von den Sinnen etwas zu wissen, müssen wir in die Welt des Übersinnlichen schreiten.»

Im selben Vortrag richtet Steiner den Blick auf das nachtodliche Leben, wenn die Sinnesorgane mit dem Leichnam der Erde übergeben sind. Der Tote gelangt nach einer gewissen Zeit bewusst in den Bereich der Engel, Erzengel und Zeitgeister. Und diese «erzählen» ihm nun, was sie auf dem Erdenplan tun. Sie raunen der Menschenseele zu: «Wir sind auch beteiligt am Schaffen des Kosmos, wir sind die schaffenden Wesen des Kosmos und schauen unten im Erdendasein dasjenige an, was an Erdengestalten das quarzige Kieselgestein und seine Verwandten machen, da siehst du unsere Taten. – Und da begreift der Mensch, gerade wenn er zwischen Tod und neuer Geburt unter den Angeloi, Archangeloi und Archai ist, dass er wieder hinunter muss auf die Erde. ... Und er lernt wissen, dass er diese Taten nur schauen kann, wenn er auf die Erde hinuntersteigt, sich mit einem physischen Menschenleibe umhüllt und dadurch der sinnlichen Wahrnehmung teilhaftig wird. Ja, die tiefsten Geheimnisse der sinnlichen Wahrnehmung, nicht nur der Wahrnehmungen des Hochgebirges, sondern aller sinnlichen Wahrnehmungen, enthüllen uns in wunderbaren Gesprächen die Wesenheiten, mit denen wir zusammen sind zwischen Tod und neuer Geburt. Und so schön, so großartig sind die Schönheiten der sinnlichen Natur – das gewöhnliche Bewusstsein nimmt es nur nicht wahr –, dass dasjenige, was in der menschlichen Seele aufsteigen kann an Erdenerinnerungen, wenn sie durch die Pforte des Todes gegangen ist, erst die richtige Beleuchtung erlangt, wenn der Mensch nun dasjenige, was seine Augen schauen, was seine Ohren hören, und was seine übrigen Sinne auf der Erde wahrnehmen durften, beschrieben findet von den Engeln, den Erzengeln und den Urkräften. – So ist der Zusammenhang des Physischen mit dem Überphysischen. Und so ist der Zusammenhang des menschlichen physischen Lebens mit seinem überphysischen Leben. Die Welt ist eben voller Großartigkeit, und was wir hier in dem Leben, im physisch-sinnlichen Leben als physischer Mensch schauen, das darf uns freuen, das darf uns erheben. Seine eigentlichen Geheimnisse lernen wir kennen, wenn wir durch die Pforte des Todes gegangen sind. Und je mehr wir uns freuen gelernt haben an der physisch-sinnlichen Welt, je gründlicher wir auf alles eingegangen sind, was uns an Freuden die physisch-sinnliche Welt geben kann, desto größeres Verständnis bringen wir der Engelwelt entgegen, die uns erzählen will von dem, was wir auf der Erde noch nicht verstehen, was wir erst verstehen lernen, wenn wir hinüberkommen in diese überphysische Welt.»

In diesen Worten Rudolf Steiners wird das Herzzentrum Goethes unmittelbar anschaubar: sein geistdurchpulstes Sinnesleben – umweht von den Fittichen göttlicher Wesen.

In einem anderen Vortrag über das Geheimnis der Sinne geht Rudolf Steiner von der Betrachtung des Sinnenscheins aus.[234] Dieser hängt ganz und gar davon ab, dass wir einen physischen Leib haben und in diesem wachen; für den Schlafenden existiert dieser Sinnenschein nicht. Das heißt, durch den Sinnenschein wird unser Ich erweckt. Dieses erlebt den Schein der sinnlichen Wahrnehmung und verbindet ihn mit sich, wodurch ein Äußeres in ein Inneres, ein Seelisch-Geistiges verwoben wird. Und nur das, was so in dem Ich auflebt, was sich so verinnerlicht, wird in das nachtodliche Leben mitgenommen.

Wie können wir folglich, so fragt Rudolf Steiner, «eine Verbindungsbrücke bauen zu einem hingegangenen Menschen»? Und er antwortet: Abstrakte Gedanken haben vom Sinnenschein fast nichts mehr; «es lebt in ihnen auch nichts innerlich Wirkliches ... Was wir also durch unseren Intellekt auffassen, das ist ja viel weniger wirklich als das, was im Sinnenschein unser Ich erfüllt.»

Abstrakte Vorstellungen sind völlig ungeeignet, eine Verbindungsbrücke hinüber in die Welt unserer Toten zu bauen. Hingegen bildet sich die Brücke – und wir denken auch hier wieder an Goethes grüne Schlange –, wenn sie aus der Substanz anschaulicher Bilder besteht. Denn «in Bildern des Sinnenscheins, in Bildern, die wir nur dadurch haben, dass wir Augen und Ohren, eine Tastempfindung und so weiter haben, in solchen Bildern bewegt sich das, was der Tote wahrnehmen kann.» Nehmen wir doch unsere bildhaften Vorstellungen, die unser Ich-Wesen aus dem Sinnenschein entnommen und verinnerlicht hat, in unser nachtodliches Leben mit. Das bedeutet aber: Nur die in liebevoller Hingabe beseelte Sinneserfahrung wird zu der Brücke, über die sich die Menschenseelen von hüben und drüben begegnen.

Die aus Edelsteinen erbildete Brücke des Goetheschen *Märchens*, der aufgeopferte Leib der grünen Schlange, birgt, so sehen wir, das Geheimnis der Sinne. Im Lichte der Anthroposophie Rudolf Steiners, im Lichte seiner Sinneslehre, von der hier nur wenige Inhalte anklingen konnten, gewinnt diese tiefe Dichtung ihren vollen Klang – bis hin zu ihren letzten Worten: «... und bis auf den heutigen Tag wimmelt die Brücke von Wanderern, und der Tempel ist der besuchteste auf der ganzen Erde.»

Der neue Kreuzungspunkt

Das Erkenntnisstreben der Neuzeit ist an die Nerven-Sinnesorganisation gebunden; dadurch ist kosmische Intelligenz menschliche Intelligenz geworden. Der Intellekt ist darauf angewiesen, Sinneswissenschaft auf der Grundlage sinnlicher Erfahrung und ihrer systematischen Intensivierung im Versuch, im Experiment zu betreiben. Daher die Überzeugung Galileis: «Die Erfahrung und die sinnliche Wahrnehmung verdienen vor aller Spekulation den Vorzug, auch wenn diese noch so begründet sein mag.»[235] Jede Urteilsbildung hat streng von der Erfahrung auszugehen. Darauf beruht alle exakte Wissenschaft – nicht nur im Galileischen, sondern ganz ebenso im Goetheschen Sinne: Der unabdingbare Ausgangspunkt des modernen Erkenntnisstrebens ist die sinnliche Wahrnehmung.

Im Gegensatz zu dieser modernen Auffassung war noch Platon überzeugt, nur das Denken könne die Grundlage der Erkenntnis sein. Das Übersinnlich-Wesenhafte der Ideen – das war Platons zentrale Erfahrung – wird von uns mittels des Denkorgans erfasst, nachdem wir die Ideen im vorgeburtlichen Leben geschaut haben. Am anschaulichsten vertritt

Platon diese Überzeugung in seinem berühmten Höhlengleichnis. Unser sinnlicher Aufenthaltsort gleicht einem Gefängnis. Wir starren auf die dem Licht abgewandte Seite des Felsgesteins und nehmen wesenlose, vorüberhuschende Schatten wahr. Die außerhalb der Höhle ewig-kraftenden Bilder, die jene Schatten werfen, könnten wir nur dann wahrnehmen, wenn wir der Sinneswelt den Rücken kehrten, denn unsere Sinnesorganisation ist grundsätzlich ungeeignet, zum Ausgangspunkt unserer Erkenntnis gemacht zu werden. – Die auf empirischer Forschung beruhende Naturwissenschaft lag Platon denkbar fern. In seinen Augen war jedes Erkenntnisbemühen im Bereich der sinnlich-erfassbaren Welt höchst fragwürdig. Die Sinne vermitteln nach seiner Überzeugung nicht nur keine Erkenntnis, sondern sie beeinträchtigen, sie trüben den Erkenntnisvorgang, dessen Organ eben nur das Denken ist.

Wir sehen, unter gar keinen Umständen hätte Platon Goethes *Märchen* in den Sinn kommen können. Setzt doch diese Dichtung die neuzeitliche Bewusstseinsform voraus. Das heißt, sie geht davon aus, dass von der Sinneswelt in die Geisteswelt vorerst keine beständige Verbindungsbrücke besteht und eine solche vom sinnlichkeitsfeindlichen Denken aus keinesfalls errichtet werden kann.

Francis Bacon, der Begründer des modernen Empirismus und der Herrschaft des naturwissenschaftlichen Denkens in England, trat denn auch als scharfer Gegner Platons auf. Voller Genugtuung stellt er in seinem 1620, sechs Jahre vor seinem Tode, erschienenen *Novum organum scientiarum* fest, «zwischen den beobachtenden und denkenden Seelenkräften ... eine wahre und rechtmäßige Ehe für alle Zeiten begründet zu haben».[236] Zwar gab er «auf die unmittelbare und eigentliche Sinneswahrnehmung nicht viel», denn es sollte alle Urteilsbildung auf dem Experiment beruhen; aber die Sinne waren auch für Bacon der einzig mögliche Ausgangspunkt wahrer Wissenschaft. Er schreibt: «Deshalb habe ich die Sinne (von denen im Natürlichen alles entnommen werden muss, wenn man nicht irrsinnig reden will) zu den kirchlichen Türstehern und zu den erfahrenen Auslegern der Orakel erhoben; und während andere nur in Worten die Sinne verteidigen und ehren, tue ich es in Wirklichkeit.»[237] Ja, so sehr war er bestrebt, den Sinnen und damit der Induktion den Vorrang einzuräumen, dass er «meist das den Sinnen nachfolgende Werk des Verstandes»[238] verwarf. «Das Heil und Wohl liegt jetzt allein darin», meint er, «dass man das Werk des Geistes ganz von Neuem beginnt, und dass der Geist gleich von Anfang an sich nicht selbst überlassen bleibt, sondern stets geleitet werde und somit das Geschäft wie durch eine Maschine verrichtet werde.»[239] Bacon sieht in dem menschlichen Geist kein reines Licht, und er möchte ihm seine Flügel stutzen, mehr noch, ihm Bleigewichte anhängen, damit er auf dem Boden der Tatsachen verbleibt.[240] Die beste wissenschaftliche Methode ist nach Bacon «die Erfahrung, wenn sie bei dem Versuche selbst stehen bleibt».[241]

In seiner *Geschichte der Farbenlehre* kam Goethe auf Baco von Verulam zu sprechen und vermerkte nachdrücklich die problematische, ja letztlich bedenkliche Einseitigkeit des Empirismus dieser Prägung. Bei Bacon werde den einzelnen Erfahrungen, der Induktion bei Weitem zu viel Recht eingeräumt. «Wer nicht gewahr werden kann, dass ein Fall oft tausend wert ist, und sie alle in sich schließt», gibt Goethe zu bedenken, «wer nicht das zu fassen und zu ehren imstande ist, was wir Urphänomene genannt haben, der wird weder sich noch andern jemals etwas zur Freude und zum Nutzen fördern können.»

Im selben Zusammenhang stellt Goethe Galilei als den erfreulichsten Antipoden Bacons dar: «Schien durch die Verulamische Zerstreuungsmethode [die Methode Baco von Verulams] die Naturwissenschaft auf ewig zersplittert, so ward sie durch Galilei sogleich wieder zur Sammlung gebracht; er führte die Naturlehre wieder in den Menschen zurück und zeigte schon in früher Jugend, dass dem Genie ein Fall für tausend gelte, indem er sich aus schwingenden Kirchenlampen die Lehre des Pendels und des Falles der Körper entwickelt. Alles kommt in der Wissenschaft auf das an, was man ein Aperçu nennt, auf ein Gewahrwerden dessen, was eigentlich den Erscheinungen zum Grunde liegt. Und ein solches Gewahrwerden ist bis ins Unendliche fruchtbar.»

Im Jahre 1792 stellte Goethe in seiner Abhandlung *Der Versuch als Vermittler von Objekt und Subjekt* das Wesen moderner Wissenschaftlichkeit eindringlich dar. Insbesondere richtet er hier den Blick auf die seelische Grundhaltung des wahren Wissenschaftlers. Dieser hat sich im Gewahrwerden der Dinge von allen egoistischen Emotionen und Motiven zu befreien, hat mit einem «gleichen ruhigen Blicke» wie die Sonne alles anzusehen und zu überschauen, hat also jede Art von Vorurteil und Subjektivität abzulegen, wenn er bestrebt sein will, dem Objekt seiner Erkenntnisbemühung gerecht zu werden. Jede Art von verfrühter Hypothesen- und Theoriebildung, jedes voreilige Streben nach einem System muss als gefährlich oder gar verhängnisvoll angesehen werden. Der Wis-

Der neue Kreuzungspunkt

senschaftler hat nicht nur aufs gründlichste die Gegenstände seiner Forschung zu beobachten, sondern er soll «sein eigener strenger Betrachter sein und bei seinen eifrigsten Bemühungen immer gegen sich selbst misstrauisch sein». Niemand wird diese Forderung ganz erfüllen. Aber derjenige, dem bewusst ist, «wo dem Menschen alle seine Feinde auflauren», darf zumindest hoffen, seine Forschungsergebnisse brauchbar zu gestalten. Und auch hier, wie bei Betrachtung Galileis, betont Goethe, es sei einzig und allein eine ausgewogene wechselseitige Verbindung von Induktion und Deduktion, von Versuch und Ideenbildung erstrebenswert. In allem aber habe die mathematische Methode beherzigt zu werden. Jeden Erkenntnisschritt haben wir so vorzunehmen, «als wenn wir dem strengsten Geometer Rechenschaft zu geben schuldig wären».

So wenig Francis Bacon dem naturwissenschaftlichen Streben Goethes Genüge leistete, so sehr schien, zumindest auf den ersten Blick, John Locke demselben zu entsprechen. In Wahrheit aber war Lockes Ausgangspunkt wenn möglich noch verhängnisvoller. Bacon trachtet den nach Erkenntnis strebenden Menschengeist für immer an die Sinneswelt zu fesseln. Locke brachte die Sinne selbst in Misskredit. Nur das Wahrnehmen von Größe, Zahl, Lage, Bewegung oder Ruhe hat nach seiner Überzeugung einen objektiven Erkenntniswert; die Wahrnehmung des Lichtes und der Farben, der Töne, Gerüche und so weiter ist rein subjektiv. In Wirklichkeit existieren nur kleinste Materieteilchen und deren Zustände, die unsere Sinneseindrücke hervorrufen.

Nach wie vor geht die tonangebende moderne Physik von Voraussetzungen aus, die den sinnlich-übersinnlichen Erfahrungsbereich ausschließen. All ihre Erfolge, all ihre epochemachenden Erkenntnisse basieren auf der Erforschung des Quantitativ-Fassbaren.

Das bestätigt auch der bekannte Atomphysiker und Philosoph Carl Friedrich von Weizsäcker in einem Essay über *Einige Begriffe aus Goethes Naturwissenschaft*,[242] in dem er die Frage beantwortet, was uns Goethes Naturforschung bedeuten kann. Wohl sei Goethe bestrebt gewesen, führt von Weizsäcker aus, seine Wissenschaft der objektiven Naturerkenntnis einzufügen; gelungen sei ihm dies mit der Entdeckung des menschlichen Zwischenkieferknochens wie auch mit der Untersuchung der subjektiven Farben, also der sinnlich-sittlichen Wirkung der Farben auf den Menschen. Seine Polemik gegen Newton hingegen, den er vier Jahrzehnte lang missverstanden habe, zeige Goethes Grenzen auf. Wie konnte «ein so großer, so umfassender Geist so irren»? Von Weizsäcker weiß nur eine Antwort: Goethe «irrte, weil er irren wollte». Er habe eben seine ureigene Art des Erkenntnisstrebens, das fremdartig in die Neuzeit hereinragte, unter allen Umständen bewahren wollen. Dagegen habe Newton nun einmal «das Wesen der neuzeitlichen Wissenschaft besser verstanden als Goethe. Wir heutigen Physiker sind in unserem Fach Schüler Newtons und nicht Goethes.»

Andererseits ist sich Carl Friedrich von Weizsäcker sehr wohl der Erkenntnisgrenzen und der damit verbundenen Gefahren der modernen Physik bewusst. Daher besteht seines Erachtens Veranlassung, «gerade nach dem in Goethes Wissenschaft zu fragen, was anders ist als in der herrschenden Naturwissenschaft». Goethes Naturwissenschaft ist in der Sinneserfahrung verwurzelt. Deshalb liegt Goethe, wenn er seine Erfahrungen beschreibt, nichts mehr «am Herzen, als den Leser zum eigenen, unersetzbaren Sehen anzuleiten». Dergestalt unterscheidet sich Goethes Idee der Urpflanze sogar grundlegend vom Ideen-Erleben Platons. Während der Begründer der Ideen-Lehre der Sinneswahrnehmung keine primäre Bedeutung beimaß, sah Goethe – so von Weizsäcker – die Idee «mit seinen leiblichen Augen, weil er denkend zu sehen vermochte». Deshalb auch konnte er so Bedeutendes in der vergleichenden Morphologie, im Gewahrwerden der Metamorphose, im Erleben von Phänomenen leisten und den Begriff des Urphänomens prägen. War doch in Goethes Augen das wichtigste aller Geheimnisse das offenbare.

Mit alledem jedoch, bemerkt von Weizsäcker, stand Goethe fremd in seiner Zeit, für die keinesfalls «die Idee in der einzelnen Gestalt, der Geist in der Materie gegenwärtig» war. Unter seiner Fremdheit leidend und «im Leiden fruchtbar», wies er das einseitig Unbedingte der neuzeitlichen Wissenschaft ab.

Von Weizsäcker beschließt seinen Essay mit den Worten: «Uns hat der Strom weit an dem Kontinent, auf dem er [Goethe] noch wurzeln konnte, vorbeigetrieben. Den Boden, auf dem wir stehen können, bietet er uns nicht. Aber, wenn es erlaubt ist, das Gleichnis anzuwenden: erst aus der Ferne erkennen wir, dass sein Licht nicht das des Leuchtturms ist, der den Hafen anzeigt, sondern das eines Sterns, der uns auf jeder Reise begleiten wird.»

Das Leuchtfeuer der modernen Physik, das Ziel der neuzeitlichen Wissenschaft kann nach von Weizsäckers Auffassung der Goetheanismus nicht sein. Für Goethe sind «Licht und Geist, jenes im Physischen, dieser im Sittlichen herrschend ... die höchsten denkbaren unteilbaren Energi-

Der neue Kreuzungspunkt

en».[243] Beide sind für ihn die heiligen Offenbarungen des göttlichen Urlichtgrundes, der alles unsichtbar durchwirkt und durchwaltet. Weit ab von einem solchen Erleben, das uns wie ein weltenferner Stern begleiten mag, liegt der Hafen, den die exakte Naturwissenschaft im Sinne des von Weizsäckerschen Bekenntnisses ansteuert. Was aber mag sie am Ziel ihrer Reise erwarten?

Am 28. März des Jahres 1925 schrieb Rudolf Steiner den letzten seiner Michael-Briefe und die letzten drei Leitsätze, die diesen Brief zusammenfassen.[244] Vermächtnishaft lenkt er den wachsamen Blick seiner anthroposophischen Leserschaft auf das naturwissenschaftliche Zeitalter, «das um die Mitte des neunzehnten Jahrhunderts beginnt», also etwa zwei Jahrzehnte nach Goethes Tod. Seither «gleitet die Kulturbetätigung der Menschen allmählich nicht nur in die untersten Gebiete der Natur, sondern *unter* die Natur hinunter. Die Technik wird Unter-Natur.» Das verlangt eine Geist-Erkenntnis, in der der Mensch «sich eben so hoch in die Über-Natur erhebt, wie er mit der unternatürlichen technischen Betätigung unter die Natur hinuntersinkt.» Der letzte Leitsatz lautet: «Eine frühere Naturanschauung barg noch den Geist in sich, mit dem der Ursprung der menschlichen Entwickelung verbunden ist; allmählich ist dieser Geist aus der Naturanschauung geschwunden und der rein ahrimanische ist in sie eingezogen und von ihr in die technische Kultur übergeflossen.»

Die Entsinnlichung der Sinneserfahrung im wissenschaftlichen Erkenntnisprozess bewirkte zum einen eine immer einseitigere Wertschätzung quantitativer Abstraktionen und geistentleerter Gedankenleichname, zum andern die zunehmende Verkümmerung der Sinnesorganisation und in deren Gefolge die exzessive Steigerung von Sinnesreizen, die zur Zerrüttung und Zerstörung des Nerven-Sinnessystems führen kann, zur Paralysierung der menschlichen Intelligenz – während Goethe den ersten Anstoß zum reinen Anschauen der sinnlichen Wirklichkeit, zum Erleben des Urphänomens gab und auf jene Brücke verwies, über die der in die Sinneswelt versetzte Menschengeist seinen Rückweg in die übersinnliche Welt antreten kann, ja antreten muss, wenn er nicht zugrunde gehen will.

«Das erste, was entwickelt werden muss, wenn der Mensch richtig auf der Erde bleiben soll», betont Rudolf Steiner in einem Vortrag, in dem er über die in unserem Zeitalter auszubildenden Fähigkeiten spricht,[245] «das ist ein wirkliches reines Anschauen der Sinnenwelt. Ein solches reines Anschauen der Sinnenwelt war in den früheren Zeiträumen nicht da, weil immer in das menschliche Seelenleben das Visionäre, das Imaginative hereinspielte, bei den Griechen noch die Phantasie. Aber nachdem die Phantasie die Menschheit so weit ergriffen hatte, wie sie im griechischen Leben eben sie ergriffen hat, da wurde notwendig, dass die Menschen die Fähigkeit entwickelten, unbehelligt durch eine dahinterstehende Vision die äußere Naturwirklichkeit anzuschauen. Wir brauchen uns dabei nicht vorzustellen, dass das materialistische Weltbild damit gemeint ist, dieses materialistische Weltbild ist schon ein ahrimanisch verzerrtes Anschauen der Sinneswirklichkeit. Aber, wie gesagt, die Sinneswirklichkeit ordentlich zu beobachten, das war die eine Aufgabe des fünften nachatlantischen Zeitraums. – Die andere Aufgabe der Menschenseele ist diese: neben der reinen Anschauung der Wirklichkeit zu entwickeln freie Imagination, in einer Beziehung eine Art Wiederholung der ägyptisch-chaldäischen Zeit. Darinnen ist der fünfte nachatlantische Zeitraum noch nicht sehr weit. Freie Imaginationen müssen entwickelt werden, wie sie gesucht werden durch die Geisteswissenschaft, also nicht gebundene Imaginationen, wie sie der dritte nachatlantische Zeitraum hatte, nicht zur Phantasie destillierte Imaginationen, sondern freie Imaginationen, in denen man sich so frei bewegt, wie sich der Mensch sonst nur in seinem Verstande frei bewegt. Daraus, dass diese zwei Fähigkeiten entwickelt werden, wird sich ergeben das rechte Entwickeln der Bewusstseinsseele des fünften nachatlantischen Zeitraums.»

Im Weiteren legt Rudolf Steiner dar, dass Goethe zu beidem, zum reinen Anschauen und zur freien Imagination, den ersten Anstoß gegeben hat. Die visionsfreie sinnliche Beobachtung der Phänomene und ihre Zusammenfassung im Urphänomen findet sich erstmalig bei ihm – wie sich andererseits in seinen Dichtungen erste keimkräftige Ansätze zu freien Imaginationen auffinden lassen. Daher vermag Goethe «die echte, sachgemäße Grundlage» zu geben für eine Weltanschauung, die den Forderungen unseres Bewusstseinsseelenzeitalters entspricht. Denn «im Zusammenschauen der Imaginationen mit der Sinnenwelt besteht die Aufgabe unserer Zeit. Mit diesen freien Imaginationen soll der Mensch umfassen dasjenige, was sich in der äußeren Sinnenwelt ihm darbietet.»[246]

Die Sinnenwelt ist weder eine isoliert noch gar allein existierende Wirklichkeit; vielmehr ist sie ein Teil der übersinnlichen Welt, jener Teil, der in der Metamorphose des Geistigen erscheint, das wir als ein Sinnliches erleben. Darin aber besteht die Aufgabe unseres Zeitalters, die Sinnenwelt im reinen Anschauen als eine verzauberte Geisteswelt zu erfassen und die-

Der neue Kreuzungspunkt

selbe im freien Imaginieren aus ihrem Zauberbann zu erlösen. Denn die gesamte Sinnenwelt ist – wie es Goethe erlebt und in der *Metamorphose der Pflanzen* ausspricht – «ein heiliges Rätsel».

Die Herauslösung des Menschen aus der göttlich-geistigen Welt war nur möglich, weil er unter dem Einfluss luziferisch-ahrimanischer Mächte die an die Sinneswahrnehmung gebundene Intelligenz entwickelte. Aus keinem anderen Grunde ist es nunmehr erforderlich, diese Intelligenz so weit zu beleben, zu beseelen, zu durchgeistigen, dass sie sich in eine Brücke verwandelt, die aus selbstloser durchchristeter Substanz besteht. Das aber bedeutet zugleich die geistreale Verbindung der Menschenseele mit dem Mysterium von Golgatha.

In dem Zyklus *Die Sendung Michaels* hat Rudolf Steiner dargestellt, wie sich das Erleben der Menschenseele in den nachatlantischen Kulturepochen umgestaltete. [247] Während es in der urindischen Zeit eigentlich noch gar nicht mit räumlich-zeitlichen Begriffen umging, lebte es in der darauf folgenden urpersischen Epoche in «Abstimmungen eines Lichten, Hellen und eines Finsteren, Dunklen». Erst in der ägyptisch-babylonischen Kulturepoche trat eine Spannung zwischen Innen und Außen auf, die im Atmungsprozess überbrückt wurde; da überkreuzten sich Außen und Innen. Dann aber, im vierten Zeitalter, ergab sich für den Menschen der schroffe Gegensatz des Naturdaseins und des seelischen Mencheninnern. «Da beginnt der Mensch sich im Gegensatz zu fühlen gegen die Natur. ... Auf der einen Seite empfindet er das Äußere, auf der andern Seite das Innere, und zwischen beiden ist nicht mehr der überkreuzende Punkt.»

In unserem Zeitalter stehen wir vor der Aufgabe, einen neuen Kreuzungspunkt zwischen unserem seelisch-geistigen Innern und der göttlich-geistigen Außenwelt auszubilden. «Das Bestreben des fünften nachatlantischen Zeitraums muss sein, wiederum etwas im Mencheninnern zu finden, wo sich in dem, was wir in uns finden, zu gleicher Zeit ein äußerer Prozess abspielt.»

Wie in der dritten Kulturepoche der Mensch den Atmungsprozess als durchseelt erlebte, so ist es unsere Aufgabe, den Sinnesprozess zu durchseelen, zu durchgeistigen. Denn mit jedem Lichtstrahl, mit jeder Farbe, jedem Sinneseindruck überhaupt und seinem Abklingen innerhalb unseres Ätherleibes können wir uns im seelischen Austausch mit der Welt erfahren. Wir können jede unserer Sinnesempfindungen als beseelt erleben und zu einem Kreuzungspunkt machen des Willenspoles in uns und des Weltenlogos, der von außen zu uns spricht. «Da werden wir zu gleicher Zeit etwas Subjektiv-Objektives haben, wonach Goethe so lechzte.» Das makrokosmische Seelisch-Geistige geht als ein Prozess von außen nach innen und wird in unserem unbewussten Innern von einem Prozess beantwortet: Diese beiden Prozesse übergreifen, überkreuzen sich in jeder Sinneswahrnehmung. «Wir müssen fühlen lernen, wie durch unsere Augen unser Wille wirkt, und wie in der Tat die Aktivität der Sinne leise sich hineinmischt in die Passivität, wodurch sich Weltgedanken mit Menschenwille kreuzen. Diesen neuen Yoga-Willen müssen wir entwickeln.»

Danach strebte Goethe, indem er reine Anschauungen auszubilden trachtete, die sich zu Urphänomenen zusammenschlossen, ohne dass der aus dem Kopf des Menschen herrührende luziferische Gedanke sich einmischte. Dieser Gedanke sollte nur zum Zusammenstellen der Phänomene dienen. Das jedoch ist unsere Aufgabe in unserem Zeitalter. Wenn wir sie ergreifen, dann lernen wir, «das Ineinanderspiel des Materiellen und des Geistigen in einer Einheit gerade im sinnlichen Auffassen» zu erfahren und zu erkennen.

Darin aber besteht die Michael-Kultur, die wir für die nächste Zukunft brauchen. Die Durchseelung des Sinnesprozesses ist unsere Menschheitsaufgabe. Und indem Rudolf Steiner das Licht als den allgemeinen Repräsentanten der Sinneswahrnehmung versteht, spricht er von der Notwendigkeit, den «Lichtseelenprozess» so zu einem neuen Kreuzungspunkt werden zu lassen, wie die Menschheit vormals den «Luftseelenprozess» als einen Zusammenschluss des Innern mit dem Äußern ausgebildet hat. Wir müssen lernen, das Licht als beseelt zu erleben, so wie in früheren Epochen die Luft als beseelt erlebt werden konnte. Dass wir nunmehr im Licht, «das uns vom Morgen bis zum Abend umfasst», dieses Seelische erleben können, verdanken wir dem Christus, der sich mit der Erde verbunden hat.

«Wenn wir in der Natur das Seelische mitempfangen lernen mit der Sinnesanschauung, dann werden wir das Christus-Verhältnis zu der äußeren Natur haben. Da wird das Christus-Verhältnis zur äußeren Natur etwas sein wie eine Art geistigen Atemprozesses.»

Im Grunde können wir den Lichtseelenprozess und den Sinnesprozess überhaupt nur verstehen, wenn wir ihn im Zusammenhang erleben mit dem Mysterium von Golgatha. Im Oktober 1922 zeigte Rudolf Steiner auf, wie wir «heute nur das tote Licht» haben, und fuhr fort: «Aber auf den Strahlen dieses toten Lichtes ist einstmals der Christus hereingezogen

Der neue Kreuzungspunkt

und hat das Mysterium von Golgatha vollbracht. Das ist das große Weltengeheimnis der neueren Zeit. Zwar haben wir das tote Licht. Das tote Licht kann uns nicht selig machen. Aber auf den Strahlen des toten Lichtes ist der Christus auf die Erde hereingezogen, hat das Mysterium von Golgatha vollbracht. Und wenn wir außer uns auch heute das tote Licht haben, dann können wir in uns den Christus beleben. Und mit dem Christus in richtiger Weise in uns, beleben wir alles Licht auf Erden um uns herum, tragen Leben in das tote Licht hinein, wirken selber belebend auf das Licht. Das heißt, wir müssen mit dem richtigen Christus-Impuls in das neue Zeitalter das Lichtes eintreten.»[248]

Indem Goethe mit der Sinnesanschauung das schöpferische Weben der Weltseele und des Weltgeistes mitzuempfinden verstand, wurde ihm das Christus-Verhältnis zur äußeren Natur eine Art geistiger Atemprozess. Anders gesagt: Im Lichte der Anthroposophie erleben wir Goethe als einen Christus-Boten, der für die zukünftige Menschheitsentwicklung einen Ausgangspunkt des naturwissenschaftlichen Strebens veranlagt hat. Einen Ausgangspunkt, den er innerhalb des Wundergewebes seines *Märchens* in das Mysterienbild der grünen Schlange zu fassen vermochte.

IV.

Polarität und Steigerung

Coincidentia oppositorum

Die radikale Verschiedenheit, der polarische Gegensatz, mehr noch, der unversöhnlich scheinende Antagonismus des Goetheschen und Schillerschen Wesens steht außer Frage. Dass dennoch ein Freundschaftsbund zustande kam, dessen geistesgeschichtliche Tragweite so bald nicht überschätzt werden kann, birgt «die tiefsten Geheimnisse».[249]

«Zu den schönsten Blüten des menschlichen Geisteslebens gehört, was Goethe und Schiller in der Zeit ihres Freundschaftsbundes geschaffen haben. Dieser Bund ist aber nur dadurch zustande gekommen, dass beide Geister schwerwiegende innere Hindernisse überwanden, die ihre Seelen auseinanderhielten.» So Rudolf Steiner in seinem Aufsatz aus dem Jahre 1922, an den hier noch einmal erinnert sei. Steiner deutet darauf hin, wie *Goethe, der Schauende, und Schiller, der Sinnende,* von entgegengesetzten Positionen aus aufeinander zugingen. Und er beschließt seine Darstellung mit den Worten: «Die Empfindung von den Hemmungen, die beide zu überwinden hatten, um zueinander zu kommen, und die andere von der Art, wie sie zuletzt sich ergänzten, bildet einen Impuls für tiefste Seelenbeobachtungen. Er dringt damit aber auch an einem der wichtigsten Punkte in das Walten des Geistes in der Menschheitsentwickelung ein.»[250]

Mit Hilfe der Anthroposophie Rudolf Steiners nach Möglichkeit an einem der wichtigsten Punkte in das Walten des Geistes in der Menschheitsentwicklung einzudringen, darf als ein Leitmotiv dieser Schrift angesehen werden. Bislang konnte anschaubar werden, wie der Schillersche Geist zuinnerst auf das *Mysterium der Freiheit,* die Goethesche Entelechie auf das komplementäre *Mysterium der Sinnesoffenbarung,* im Bildgehalt der grünen Schlange, ausgerichtet war. Von entgegengesetzten

Polarität und Steigerung

Seiten strebten Goethe und Schiller in die geistige Welt. Und in ihrem Bund trachteten sie nach gegenseitiger Ergänzung, nach Verschmelzung von Offenbarungs- und Vernunfterkenntnis, von reinem Schauen und reinem Denken. Die Freunde erkannten, dass sie gleichsam die beiden Hälften einer höheren Ganzheit in sich verkörperten; und so strebten sie eine Coincidentia oppositorum, ein Zusammenfallen, eine Verschmelzung der Gegensätze an.

Nur auf einem solchen Hintergrund erweist sich Goethes Wort, es habe ihn von Schiller mehr als nur ein Erddurchmesser getrennt, weshalb lange genug an keine Verbindung zu denken gewesen sei, als ein Schlüssel, der das Tor öffnet zum Geheimnis ihres Bundes. Im Rückblick hingegen durfte Goethe sagen: «Unser Ringen ging auf eins, welches unser Verhältnis so innig machte, dass im Grunde keiner ohne den Andern leben konnte.»[251]

Als sich beide zu jenem Geist emporgerungen hatten, in dem sich ihre polarischen Gegensätze als eine Ganzheit wirksam erwiesen, brach jene Zeit an, die wir heute als Goethe-Schiller-Zeit bezeichnen. Wobei es nicht zuletzt Schillers überpersönliche Liebeskraft war, die ihn befähigte, im August des Jahres 1794 jene nie genug zu bewundernden Worte an Goethe zu richten, die diesen am 27. August umgehend entgegnen ließen: «Zu meinem Geburtstage, der mir diese Woche erscheint, hätte mir kein angenehmer Geschenk werden können als Ihr Brief, in welchem Sie mit freundschaftlicher Hand die Summe meiner Existenz ziehen und mich durch Ihre Teilnahme zu einem emsigen und lebhaften Gebrauch meiner Kräfte aufmuntern.» Einen überraschend tiefen Einblick in sein Inneres gewährend, fügte Goethe hinzu: «Wie groß der Vorteil Ihrer Teilname für mich sein wird, werden Sie bald selbst sehen, wenn Sie, bei näherer Bekanntschaft, eine Art Dunkelheit und Zaudern bei mir entdecken werden, über die ich nicht Herr werden kann, wenn ich mich ihrer gleich sehr deutlich bewusst bin.»

Goethes freundschaftbegründendes Vertrauen beantwortete Schiller schon vier Tage später mit einem nicht minder tiefen Einblick in seine so ganz und gar andersartigen Schwierigkeiten, indem er Goethe gegenüber von seiner «Zwitter-Art» sprach, die ihn nötige, stets «zwischen dem Begriff und der Anschauung ... zwischen dem technischen Kopf und dem Genie» in einem quälenden Schwebezustand zu verharren: beim künstlerischen Schaffen gestört durch die Abstraktionskraft des Intellektes und beim philosophischen Erkenntnisvorgang nicht minder irritiert durch die zur Imagination hinstrebende Phantasiekraft.

COINCIDENTIA OPPOSITORUM

Wir sehen: Schiller, der Sinnende, bedurfte Goethes, des Schauenden; Goethe dagegen, der in angeschauten Bildern fort und fort Lebende, bedurfte Schillers, der in einer abstrakten Geistigkeit bewandert war, dem es dafür aber nicht gelingen wollte, zur Goetheschen Bilder-Schau aufzusteigen. Und so schlossen sie ihren weltgeschichtlich bedeutsamen Bund. Denn von nun an waren beide gleicherweise auf ein Übergeordnet-Gemeinsames gerichtet, auf ein von vollbewusster Intellektualität durchleuchtetes Geist-Erleben. Mit einem Wort: Von entgegengesetzten Positionen aus strebten Goethe und Schiller nach – *Anthroposophie*. Und dieses Streben, dieses Ringen ließ ihr Verhältnis nach und nach so innig werden, «dass im Grunde keiner ohne den Andern leben konnte». Nur deshalb auch konnte Goethe am 1. Juni 1805, wenige Wochen nach Schillers Tod, an Zelter schreiben: «Ich dachte mich selbst zu verlieren, und verliere nun einen Freund und in demselben die Hälfte meines Daseins.»

Kurz vor dem tragisch-frühen Verlöschen seiner prometheischen Lebensflamme war es Schiller vergönnt, noch Einblick zu nehmen in Goethes Schrift über *Winckelmann und sein Jahrhundert*, die im selben Jahr erschien. In dem Manuskript traf Schiller auf die von ihm zuinnerst geteilte Überzeugung, «das letzte Produkt der sich immer steigernden Natur» sei «der schöne Mensch». Da aber das Aufleuchten dieses Urbildes in der Erscheinungswelt – führt Goethe weiter aus – stets nur vorübergehend gelingt, tritt die Kunst in ihr Recht, «denn indem der Mensch auf den Gipfel der Natur gestellt ist, so sieht er sich wieder als eine ganze Natur an, die in sich abermals einen Gipfel hervorzubringen hat. Dazu steigert er sich, indem er sich mit allen Vollkommenheiten und Tugenden durchdringt, Wahl, Ordnung, Harmonie und Bedeutung aufruft und sich endlich bis zur Produktion des Kunstwerkes erhebt, das neben seinen übrigen Taten und Werken einen glänzenden Platz einnimmt. Ist es einmal hervorgebracht, steht es in seiner idealen Wirklichkeit vor der Welt, so bringt es eine dauernde Wirkung, es bringt die höchste hervor: denn indem es aus den gesamten Kräften sich geistig entwickelt, so nimmt es alles Herrliche, Verehrungs- und Liebenswürdige in sich auf und erhebt, indem es die menschliche Gestalt beseelt, den Menschen über sich selbst, schließt seinen Lebens- und Tatenkreis ab und vergöttert ihn für die Gegenwart, in der das Vergangene und Künftige begriffen ist.»

Goethes und Schillers Streben erscheint in solchen Worten vereint.

POLARITÄT UND STEIGERUNG

Steigert sich die schaffende Natur bis zum Menschen, so steigert sich dieser zu einem neuen Gipfel eigenständigen Schöpfertums.

In den zehn Jahren ihrer Freundschaft gelang es Goethe und Schiller, «bei völlig auseinanderstrebenden Richtungen ununterbrochen eine gemeinsame Richtung fortzusetzen».[252] Diese gemeinsame Entwicklung bei völlig entgegengesetzten Bestrebungen besagt, dass die unverwechselbare Eigenart Goethes wie Schillers bewahrt blieb, während sie sich gegenseitig stärkten und steigerten und gleichzeitig ein Gemeinsames ausbildeten. Weshalb Goethe im Jahre 1824, während er seine Korrespondenz mit Schiller durchnahm, Zelter gegenüber meinte: «Es wird eine große Gabe sein, die den Deutschen, ja ich darf wohl sagen den Menschen geboten wird. Zwei Freunde der Art, die sich immer wechselseitig steigern, indem sie sich augenblicklich expektorieren.»

Indem sich Goethe und Schiller trotz ihrer nach wie vor antipodischen Bestrebungen gegenseitig zu steigern bestrebt waren, befruchteten sie einander mit den erhöhten Eigenkräften, wodurch zugleich ein Gemeinsames entstand, ein Drittes, Höheres, das in der Aura ihres Freundschaftsbundes über ihnen aufleuchtete. Und beide nahmen dieses Dritte, Höhere wahr.

Dass Goethe sich nach Schillers Tod in einer höchst bedrohlichen Lage befand, «in traurigster Einsamkeit befangen», wie sein Tagebuch am 7. August 1806 vermerkt, ist also mehr als verständlich. Wie sollte er ohne Schiller weiterkommen mit all dem, was nur aus ihrer Gemeinsamkeit erwachsen konnte?

Ergreifend mutet es deshalb an, in dem Konzept eines Vortrags, den Goethe am 22. Oktober 1805 in Weimar hielt, auf Schillers antithetische Begriffsbildungen zu treffen, als stehe dieser dem Freund noch immer zur Seite. Goethe notiert sich:

«Dualität der Erscheinungen als Gegensatz:

Wir und die Gegenstände,
Licht und Finsternis,
Leib und Seele,
Zwei Seelen,
Geist und Materie,
Gott und die Welt,
Gedanke und Ausdehnung,
Ideales und Reales,

COINCIDENTIA OPPOSITORUM

Sinnlichkeit und Vernunft,
Phantasie und Verstand,
Sein und Sehnsucht.
Zwei Körperhälften,
Rechts und Links,
Atemholen.
Physische Erfahrung:
Magnet.»

Aus wenigen «Grundmaximen», so ist Goethe überzeugt, lässt die Natur «das Mannigfaltigste» hervorgehen. Aber er gibt dem Denken in Urpolaritäten alsbald eine bedeutsame Wendung, indem er vermerkt, die Natur wisse «die einfachsten Anfänge der Erscheinungen durch Steigerung ins Unendliche und Unähnlichste zu vermannigfaltigen. Das Getrennte sucht sich wieder, und es kann sich wieder finden und vereinigen; im niedern Sinne, indem es sich nur mit seinem Entgegengestellten vermischt, mit demselben zusammentritt, wobei die Erscheinung Null oder wenigstens gleichgültig wird. Die Vereinigung kann aber auch im höhern Sinne geschehen, indem das Getrennte sich zuerst steigert und durch die Verbindung der gesteigerten Seiten ein Drittes, Neues, Höheres, Unerwartetes hervorbringt.»[253]

Trifft Goethe in allen Erscheinungen einerseits auf *Urpolaritäten*, so erkennt er andererseits die alldurchdringende Wirksamkeit des Prinzips der *Steigerung*, einer «Steigerung ins Unendliche und Unähnlichste». Indem das Ureine erscheint, hat es sich bereits polarisiert, um sich selbst auf diese Weise steigern zu können. Denn nicht nur sucht sich alles Getrennte wieder zu vereinigen, zu vermischen; vielmehr ist neben diesem niedern Sinn der Ganzwerdung eine höhere Art der Vereinigung erreichbar, «indem das Getrennte sich zuerst steigert und dadurch die Verbindung der gesteigerten Seiten» sich zu einem Dritten erhebt, das höherer Wesenheit ist. Dieses ist folglich nur erreichbar, wenn die polarischen Gegensätze sich nicht einfach vermischen und die Erscheinung dadurch «Null oder wenigstens gleichgültig wird». Die höhere, edlere, gesteigerte Form der Vereinigung setzt das in sich selbst gesteigerte Wesen voraus.

Von eben dieser Art der gegenseitigen Ergänzung war Goethes und Schillers Freundesbund. Weshalb Rudolf Steiner ausführt: «In dem Verhältnis von Goethe und Schiller hat man nicht nur Goethe plus Schiller und Schiller plus Goethe. Jeder wurde durch den Anderen etwas anderes;

und was ein jeder durch den Anderen anders wurde, damit befruchtete ein jeder den Anderen.»[254] Und: «Wer den Gang des Geisteslebens verfolgt, sieht darin *ein* Wesen, das nur dadurch entstehen konnte, dass in der selbstlosen Freundschaft, aus der gegenseitigen Hingabe, sich etwas entfaltete, was als ein neues Wesen über der Einzelpersönlichkeit stand.»[255]

Ein neues Wesen, ein Drittes, Höheres, Unerwartetes leuchtete über den Freunden auf und ließ ihre polarischen Gegensätze als die beiden Hälften seiner selbst erscheinen. Und Goethe wie Schiller – wir sagten es schon – nahmen das wahr. Zwar schrieb Schiller dem Freund im Januar des Jahres 1797: «Der radikale Unterschied unserer Naturen, in Rücksicht auf die Art, lässt überhaupt keine andere recht wohltätige Mitteilung zu, als wenn sich das Ganze dem Ganzen gegenüberstellt.» Aber im Juli desselben Jahres sprach er in einem Brief an Goethe auch dieses aus: «Ich kann nie von Ihnen gehen, ohne dass etwas in mir gepflanzt worden wäre, und es freut mich, wenn ich für das viele, was Sie mir geben, Sie und Ihren inneren Reichtum in Bewegung setzen kann. Ein solches auf wechselseitige Perfektibilität [Fähigkeit zur Vervollkommnung] gebautes Verhältnis muss immer frisch und lebendig bleiben und gerade desto mehr an Mannigfaltigkeit gewinnen, je harmonischer es wird und je mehr die Entgegensetzung sich verliert.»

Als Goethe, nach mancherlei Verzögerungen, im Jahre 1810 seine *Farbenlehre* herausbrachte, an die er ein Unermessliches an Fleiß, Mühe und Zeit gewendet hatte, gedachte er auf der letzten Seite seines ihm so wichtigen Werkes, in der «Konfession des Verfassers», seines «unersetzlichen Schiller», ohne dessen hingebungsvolle Teilnahme weder die philosophische Grundlegung noch die Gliederung des Ganzen in einen didaktischen, polemischen und historischen Teil zustande gekommen wären. Darauf zurückblickend, schreibt Goethe, Schiller habe «durch die große Natürlichkeit seines Genies» sehr rasch «die Hauptpunkte, worauf es ankam», aufzufassen gewusst; auch habe er ihn, Goethe, «durch seine reflektierende Kraft» geradezu vorwärts gedrängt und ihn «gleichsam an das Ziel, wohin ich strebte», fortgerissen.

Nun gehört aber zu den Hauptgedanken auch der *Farbenlehre* Goethes «Anschauung der zwei großen Triebräder aller Natur»[256], sein Wissen um die Wirksamkeiten von *Polarität* und *Steigerung*. Das sich selbst polarisierende und sich selbst steigernde Weltenwesen offenbart sich dem menschlichen Auge in den Urphänomenen von Licht, Farbe und Finster-

COINCIDENTIA OPPOSITORUM

nis. Weshalb Goethe gleich im Vorwort ausführt: «Die Farben sind Taten des Lichts, Taten und Leiden. In diesem Sinne können wir von denselben Aufschlüsse über das Licht erwarten. Farben und Licht stehen zwar untereinander in dem genauesten Verhältnis, aber wir müssen uns beide als der ganzen Natur angehörig denken: denn sie ist es ganz, die sich dadurch dem Sinn des Auges besonders offenbaren will.» Und etwas später: «So spricht die Natur hinabwärts zu andern Sinnen, zu bekannten, verkannten, unbekannten Sinnen, so spricht sie mit sich selbst und zu uns durch tausend Erscheinungen. Dem Aufmerksamen ist sie nirgends tot noch stumm.»

Eben diese Natursprache, deren Elemente immer dieselben bleiben, so führt Goethe in seinem Vorwort weiter aus, «auch auf die Farbenlehre anzuwenden, diese Sprache durch die Farbenlehre, durch die Mannigfaltigkeit ihrer Erscheinungen zu bereichern, zu erweitern und so die Mitteilung höherer Anschauungen unter den Freunden der Natur zu erleichtern, war die Hauptabsicht des gegenwärtigen Werkes».

Bei alledem kommt es Goethe vor allem darauf an, das stille, reine Gewahrwerden der dem Sehsinn sich mitteilenden Phänomene festzuhalten und von diesen bis zu den sie zusammenfassenden Urphänomenen aufzusteigen, ungestört von jeder Hypothesenbildung des Verstandes, um von den Urphänomenen wiederum zur unendlichen Mannigfaltigkeit der Phänomene den Weg zurückzunehmen und so gleichsam von Angesicht zu Angesicht dem unergründlichen Weben und Walten des verborgenen göttlichen Urgrundes zu begegnen.

Dergestalt ist für Goethe das Licht, die Helle, ein Urphänomen – ebenso aber auch die Finsternis. Zwischen beiden wirkt sich ein weiteres Urphänomen aus, die Trübe, ohne die das Urphänomen der Farbe nicht aufleuchten würde. In alledem waltet ein Wechselbezug von Gegensätzen, die unmittelbar wieder auf ein Gemeinsames zurückverweisen (§ 175).

Die ursprünglichen Farben, so zeigt Goethe weiter auf, sind *Gelb* und *Blau*. Gelb entsteht, wenn wir das Licht durch eine zarte Trübe sehen. Blau bildet sich, wenn wir die Finsternis durch ein erleuchtetes Mittel erblicken. Gelb steht folglich zunächst dem Licht, Blau zunächst der Finsternis. Vermischen wir beide Farben so, dass sie sich dabei völlig das Gleichgewicht halten, dann entsteht eine dritte Farbe: das *Grün*. Verdichtet sich die Trübe, durch die wir das Licht wahrnehmen, dann steigert sich das Gelb zu *Gelbrot*. Wird andererseits die Trübe, durch die wir die Finsternis sehen, durchsichtig, so steigert sich das Blau zu *Blaurot*, bis zum schönsten Violett. Werden hingegen Gelbrot und Blaurot vereinigt, werden mithin diese aus der Steigerung hervorgehenden Farben bis zur höchsten Höhe weiter gesteigert, dann erscheint das reinste Rot, in dem wir weder das Gelb noch das Blau wahrnehmen können. Ein Erhaben-Neues entsteht! Goethe nennt es «um seiner hohen Würde willen» Purpur, ja er spricht geradezu von dem «Purpurzenit» (§ 524), und an einer späteren Stelle (§ 798) fügt er hinzu: «Das Purpurglas zeigt eine wohlerleuchtete Landschaft in furchtbarem Lichte. So müsste der Farbton über Erd und Himmel am Tage des Gerichts ausgebreitet sein.»

Kurz zuvor (§ 794) hatte Goethe ausgeführt: «Wenn wir beim Gelben und Blauen eine strebende Steigerung ins Rote gesehen und dabei unsre Gefühle bemerkt haben, so lässt sich denken, dass nun in der Vereinigung der gesteigerten Pole eine eigentliche Beruhigung, die wir eine ideale Befriedigung nennen möchten, stattfinden könne. Und es entsteht bei physischen Phänomenen diese höchste aller Farbenerscheinungen aus dem Zusammentreten zweier entgegengesetzten Enden, die sich zu einer Vereinigung nach und nach vorbereitet haben.» Und er fügt hinzu (§ 796): «Die Wirkung dieser Farbe ist so einzig wie ihre Natur. Sie gibt einen Eindruck sowohl von Ernst und Würde als von Huld und Anmut.»

Aus dem Zusammentreten zweier Geistesantipoden, die sich schrittweise mehr oder minder bewusst auf ihre schließliche Vereinigung vorbereitet hatten, leuchtete an der Wende zum 19. Jahrhundert in der Mitte Mitteleuropas, im Herzen der abendländischen Kultur als ein Geistesphänomen erster Ordnung die Goethesche und Schillersche Hochklassik auf – herausgewachsen aus der gegenseitigen Steigerung zweier polarischer Gegensätze: ein «Purpurzenit», der den erhebenden Eindruck von Ernst, Würde, Huld und Anmut erregt und der zugleich Schillers Tragödien vom *Wallenstein* bis zum *Demetrius* «wie eine wohlerleuchtete Landschaft im furchtbaren Lichte» des göttlichen Gerichts erscheinen lässt.

Den «Didaktischen Teil» seiner *Farbenlehre* lässt Goethe sodann in Worten ausklingen, die wie das unvermittelte Emporheben eines dichten Vorhangs anmuten: Der Blick auf eine Mysterienbühne wird frei und hierarchische Lichtmächte werden sichtbar. Wir lesen: «Wenn man erst das Auseinandergehen des Gelben und Blauen wird recht gefasst, besonders aber die Steigerung ins Rote genugsam betrachtet haben, wodurch das Entgegengesetzte sich gegeneinanderneigt und sich in einem Dritten vereinigt, dann wird gewiss eine besondere geheimnisvolle Anschauung eintreten, dass man diesen beiden getrennten, einander entgegengesetzten Wesen eine geistige Bedeutung unterlegen könne, und man wird sich kaum enthalten, wenn man sie unterwärts das Grün und oberwärts das Rot hervorbringen sieht, dort an die irdischen, hier an die himmlischen Ausgeburten der Elohim zu gedenken.»

Lassen wir die Goethesche *Farbenlehre* vom Vorwort bis zum Schlusswort des «Didaktischen Teils» auf uns wirken, dann gewahren wir: Goethe erlebt in den Farben Taten der *Elohim*, Taten und Leiden. Diese erhabenen göttlichen Schöpfermächte haben uns mit dem Sehsinn begabt, um durch das Licht und die Farben zu uns zu sprechen – zu sprechen insbesondere auch von Polarität und Steigerung als kosmischen Urprinzipien.

Im Herbst des Jahres 1831, wenige Monate nach dem nicht mehr zu erwartenden Abschluss des *Faust*, in dem die denkbar eindringlichsten Polaritäten und Steigerungen zum Tragen kommen, veröffentlichte Goethe naturwissenschaftliche Skizzen unter dem Titel *Allgemeine Spiraltendenz der Vegetation, wodurch in Verbindung mit dem vertikalen Streben Bau und Bildung der Pflanzen nach dem Gesetz der Metamorphose vollbracht wird*.

In der Pflanzenwelt, so legt Goethe dar, wirkt einerseits die *Vertikaltendenz* «wie ein geistiger Stab, welcher das Dasein begründet und solches auf lange Zeit zu erhalten fähig ist», andererseits polar dazu die *Spiraltendenz*, «welche sich um jene herumschlingt» und «das Fortbildende, Vermehrende, Ernährende» ist. «Keins der beiden Systeme», so Goethe, «kann allein gedacht werden; sie sind immer und ewig beisammen; aber im völligen Gleichgewicht bringen sie das Vollkommenste der Vegetation hervor».

Das Vertikalsystem und das Spiralsystem stellen eine polarische Ganzheit dar. Betrachten wir aber die spezifischen Grundcharaktere dieses «unzertrennlichen Paares», dann erweist sich das vertikale System «als entschieden männlich», das spiralige System dagegen «als entschieden weiblich». Da aber in der Wurzel weder die männlich-vertikale noch die weiblich-spiralige Kraft hervortritt, weist diese einen *androgynen* Charakter auf. Aus alledem geht für Goethe hervor, dass «in Verfolg der Wandlungen des Wachstums die beiden Systeme sich im offenbaren Gegensatz auseinander sondern, und sich entschieden gegen einander über stellen, um sich in einem höhern Sinne wieder zu vereinigen.»

Polarität und Steigerung

Abermals denken wir an Schillers Worte vom Januar 1797: «Der radikale Unterschied unserer Naturen, in Rücksicht auf die Art, lässt überhaupt keine andere recht wohltätige Mitteilung zu, als wenn sich das Ganze dem Ganzen gegenüberstellt.» Wobei Schillers Wesensart ein entschieden vertikaler Duktus gemäß ist, wie er ihn in *Zenit und Nadir* ausspricht:

> Wie du auch handelst in dir, es berühre den Himmel der Wille,
> Durch die Achse der Welt gehe die Richtung der Tat.

Bei Goethe herrscht hingegen die Spiraltendenz vor. Er repräsentiert «das Fortbildende, Vermehrende, Ernährende», das Leben-Schaffende und Leben-Bewahrende, das kein Tod vernichten kann. Weshalb Goethe auch sagen darf: «Man mag so gern das Leben aus dem Tode betrachten, und zwar nicht von der Nachtseite, sondern von der Tagseite her, wo der Tod immer vom Leben verschlungen wird.»[257]

Nicht von der Nachtseite mit ihrem tiefernsten Blau, sondern von der Tagseite her, mit ihrem dem Licht zunächst stehenden freudigen, ätherisch-leuchtenden Goldgelb, mochte Goethe so gern den Tod betrachten. Formulierte er doch in *Vermächtnis des altpersischen Glaubens*[258] als sein letztes, höchstes Ziel:

> Gott auf seinem Throne zu erkennen,
> Ihn den Herrn des Lebensquells zu nennen,
> Jenes hohen Anblicks wert zu handeln
> Und in seinem Lichte fortzuwandeln.

Auch darin erwies sich Schiller als Goethes Antipode. Nicht die Mysterien der Tagseite des Universums, des von Ewigkeit zu Ewigkeit fortwirkenden Lebens, sondern die der Finsternis zunächst stehenden, der Nachtseite der Welt zu entbindenden Mysterien des Todes und des tragischen Kampfes mit den Urgewalten des Bösen sind es, die Schiller bewegen.

Je mehr wir das zwischen Goethe und Schiller waltende Geheimnis ihrer gegenseitigen Ergänzung erahnen, um so mehr glauben wir zu verstehen, warum Goethe nach Schillers Tod «die Hälfte seines Daseins» verloren hatte. Mit dem Freund sank all das ins Grab, was nur beide zusammen erreichen konnten.

Der sich selbst erschuf

Als Eckermann einmal meinte (am 26. Februar 1824), im *Faust* gebe es keine Zeile, die nicht die gründlichste Welterkenntnis bezeuge, entgegnete Goethe: «Mag sein, allein hätte ich nicht die Welt durch Antizipation bereits in mir getragen, ich wäre mit sehenden Augen blind geblieben, und alle Forschung und Erfahrung wäre nichts gewesen als ein ganz totes, vergebliches Bemühen. Das Licht ist da und die Farben umgeben uns; allein trügen wir kein Licht und keine Farben im eigenen Auge, so würden wir auch außer uns dergleichen nicht wahrnehmen.»

Von vielen Blickpunkten aus hat Rudolf Steiner beleuchtet, was Goethe aus seiner griechischen Inkarnation als Bildhauer an Bedeutsamem in sich trug. Wir können geradezu den Eindruck gewinnen, das Griechentum Goethes liege offen zutage, ja sei gleichsam mit Händen zu greifen, ein Eindruck, zu dem Goethe selbst vielfach beigetragen hat. Anders verhält es sich mit Rudolf Steiners Hinweis, die Seele, die in Goethe lebte, habe einst auch zu den ägyptischen Eingeweihten gehört.[259] Dieser Wink bringt uns auf den Weg, in der Goetheschen Wesenheit den Tiefenkräften seiner ägyptischen Inkarnation nachzuspüren, während uns Goethes eigene Äußerungen über die altägyptische Kultur nicht weiterbringen.

Schon Goethes betont traditionsbewusstes Verhalten, insbesondere auch seinem Herzog gegenüber, den die überaus strenge Förmlichkeit seines Freundes bisweilen geradezu erheiterte, hatte seine Wurzeln wohl kaum in dem Griechenland des 4. vorchristlichen Jahrhunderts. Entsprang sie doch einer ausgeprägten Hochschätzung hierarchischer Ordnungsmächte, wie sie jahrtausendelang auf das eindringlichste die altägyptische Kulturepoche geprägt haben.

Nur vor einem solchen weitgespannten geistesgeschichtlichen Hintergrund wird denn auch Goethes tiefe Bestürzung über die Auswirkungen der Französischen Revolution verständlich, die uralte Wertmaßstäbe außer Kraft setzte und uralte Formen blindwütig hinwegfegte. Goethes unbedingte Ablehnung galt jedoch nicht etwa nur der verwerflichen Art, in der sich ein an sich wünschenswerter weltgeschichtlicher Umbruch vollzog, sondern vor allem der unerbittlich-endgültigen Auslöschung ältester

Polarität und Steigerung

Wertgefüge, die nicht auf Goethes griechische, wohl aber auf seine ägyptische Inkarnation zurückverweisen, in der sie kulturschaffend und kulturbewahrend waren, herausgewachsen aus geheimnisumhüllten Initiationsstätten, in denen unumschränkt galt, was der achtzigjährige Goethe in dem Gedicht *Vermächtnis* in die Worte fasste:

> Das Wahre war schon längst gefunden,
> Hat edle Geisterschaft verbunden,
> Das alte Wahre, fass es an!

Diesem alten Wahren, das edle Geisterschaft verbunden hatte, gehörte Goethe zuinnerst an. Nun musste er sehen, wie es von den triumphierenden Mächten des heraufziehenden entgeisteten, entseelten Zeitalters in Grund und Boden gestampft wurde. In *Hermann und Dorothea* hatte er dem heranbrandenden Chaos noch ein Heilsam-Bewahrendes entgegengestellt, wie es sich in einer deutschen Kleinstadt als ein homerisch-gestimmter Glücksfall ereignet haben mochte. Sechs Jahre später wusste er die verheerenden Geschehnisse nur noch in einer Tragödie zu spiegeln. Denn zu Beginn des 19. Jahrhunderts, als Goethe auch körperlich lebensbedrohlich erkrankte, war die episch-idyllische Antwort auf die weltgeschichtliche Erschütterung, die das Unterste zuoberst kehrte, nicht mehr tragfähig. Als Trilogie geplant, sollte *Die natürliche Tochter* Goethes eigene Seele spiegeln, die an den unumkehrbaren Folgen des Umbruchs zu verzweifeln drohte. In beklemmender Zurückgezogenheit bot er seinen subtilsten Künstlersinn auf, die Aussage seiner Dichtung in edelsten Höhen anzusiedeln.

Schon wenige Wochen nach Vollendung des Werkes fand im April des Jahres 1803 fast überstürzt die Uraufführung des ersten Teiles der *Natürlichen Tochter* statt. Sie löste beim Publikum nichts als Verlegenheit, Befremden und achselzuckende Gleichgültigkeit aus. Unvollendet blieb die Dichtung liegen.

Um was ging es dem Dichter in dem ausgeführten ersten Teil seiner Tragödie? Eugenie, der erklärterweise Goethes ganze Liebe gilt, sieht sich durch finstere Intrigen ihres adligen Umfeldes beraubt. Um ihrer Verbannung auf eine ferne Insel zu entgehen, willigt sie in eine schutzbietende bürgerliche Ehe ein. Damit aber ist der Zusammenklang von Wesen und Erscheinung zerstört. In jedem Naturwesen sind Sein und Offenbarung, Innen und Außen ein Ganzes – in Eugenie sind sie unheilvoll auseinan-

Der sich selbst erschuf

dergebrochen: Ihr Inneres ist vereinsamt, weil ihre Umwelt nicht mehr zu ihr, sie nicht mehr zu ihrer Umwelt gehört.

Damit aber spiegelt Eugenie, die einzige Gestalt der Tragödie, der Goethe einen Namen zuerkennt, sein eigenes Schicksal, das nach seiner Rückkehr aus Italien einen unsprengbaren Ring der Einsamkeit um sein Herz gelegt hatte. Man bedenke nur, dass weder Goethes dichterische noch naturwissenschaftliche Leistungen, die er in der nachitalienischen Zeit der Öffentlichkeit zugänglich machte, förderliche Aufnahme fanden. Der in gediegen-langsamem Wachstum zur künstlerischen Vollendung herangereifte *Torquato Tasso* wurde kaum wahrgenommen. An *Wilhelm Meisters Lehrjahren* meinte die Allgemeinheit weit mehr bemängeln als loben zu können. Die *Römischen Elegien* erregten letztlich nichts als moralische Entrüstung. Und die naturwissenschaftlichen Forschungsergebnisse botanischer, optischer und morphologischer Art trafen auf entschiedene Ablehnung der Fachwissenschaften, auf gelehrte Ignoranz. Vollends mit der *Farbenlehre*, für die sich kein wissenschaftlicher Mitarbeiter finden ließ, sah sich Goethe gänzlich isoliert. Nur Schiller, der «unersetzliche» Freund, der doch alles andere als ein Augenmensch war, stand ihm hingebungsvoll zur Seite.

Der nachhaltige Misserfolg der *Natürlichen Tochter* – zwei Jahre vor dem Tode Schillers – bewies also ebenso eindringlich wie der Inhalt der Tragödie Goethes sich weiter und weiter verschärfende Schicksalslage: Sein Wesen wurde als zutiefst unzeitgemäß empfunden. Das alte Wahre edler Geisterschaft, das Goethe repräsentierte, fand keine Fortsetzung; es erstarb, während der Ungeist des 19. Jahrhunderts die tragenden Werte der Vergangenheit auslöschte. So schrieb Goethe in seinem letzten großen Brief an Wilhelm von Humboldt resigniert, die Gegenwart sei «absurd und konfus». Und er fügte hinzu: «Verwirrende Lehre zu verwirrendem Handel waltet über die Welt.» Demselben Humboldt hatte er bereits im August des Jahres 1806 geschrieben, dass «uns die Flamme des Allgemeinen zu Asche wegzubrennen droht». Das Vernichtungsfeuer des Widergeistes züngelte urmächtig aus dem Abgrund herauf. Deshalb fand der Goethe-Geist so gut wie keine Nachfolge, worauf Rudolf Steiner immer wieder hingewiesen hat.

In der *Natürlichen Tochter* spricht der «Sekretär» Worte, die zwar kaum zu seinem intriganten Wesen passen, wohl aber tiefen Einblick in Eugeniens – wie in Goethes – Seele geben:

Polarität und Steigerung

Gar manchen Schatz bewahrt von Jugend auf
Ein edles, gutes Herz und bildet ihn
Nur immer schöner, liebenswürdiger aus
Zur holden Gottheit des geheimen Tempels.

Die Gottheit des geheimen Tempels der Entelechie Goethes aber weist über die griechische Kulturepoche zurück in die Geistesgründe Altägyptens. Weshalb es angeraten sein mag, unsere Aufmerksamkeit auf dieselben zu richten.

Von altersher kam Junu-Heliopolis als Kultort des Sonnengottes eine unangefochten zentrale Bedeutung zu. Sein Hohepriester trug den erhabenen Titel «Priester der großen Neunheit, Größter der Schauenden von Heliopolis».[260] Auch war er bereits im Alten Reich offenbar recht bald der Einzige, der berechtigt war, als «Größter der Schauenden» angesprochen zu werden. Er war also wahrlich zum Sehen geboren, zum Schauen bestellt. Schaute er doch den Sonnengott Re und in ihm seinen Vater. Der Größte der Schauenden war ein Gottgezeugter.

Re beherrschte die Tagseite der Welt, die Mysterien des Lebens. Wohingegen der mumiengestaltige Osiris die Nachtseite, die Mysterien des Todes hütete. Er war der Herr der Unterwelt, die der Sonnengott zwar Nacht für Nacht auf seiner Barke durchfährt, um Apophis, die augen- und ohrenlose Schlange der Finsternis, zu besiegen, den Toten Licht zu spenden und in der Mitternachtsstunde auf Osiris, seinem Sonnenleichnam, zu ruhen. Aber den Tod erleidet Re nicht. Vielmehr entbindet er dem allnächtlichen Stirb und Werde den Urquell des Lichtes, den Urquell des Lebens.

Die polare Ganzheit von Re und Osiris verweist also auf ein Geheimnis, das der Ägypter in die Worte gefasst hat: «Re ist es, der in Osiris eingegangen ist und umgekehrt.»[261] Anders gesagt: Re ruht in Osiris, Osiris ruht in Re. Die Vereinigung beider bedeutet aber keineswegs eine Verschmelzung, sondern sie erscheint in einer Doppelgestalt, wie sie im Grab der Nefertari in Theben-West dargestellt ist. Das aber besagt, dass das Mysterium des Todes für den eingeweihten Ägypter Urpole einer höheren Ganzheit barg.

Mit einem Wort: Das Geheimnis der Ergänzung von Re und Osiris, von Sonnengott und Sonnenleichnam, verweist auf ein Drittes, das selbst nicht in Erscheinung tritt. Und dieses verborgene Dritte blickte den Ägypter durch ein Augenpaar an: durch das Sonnenauge des Re und das

Der sich selbst erschuf

Mondauge des Osiris, wobei das linke Auge dem Mond, das rechte der Sonne zugeordnet war. Der unwahrnehmbare, ewig unbekannte Urgrund der Welt schaute den Ägypter an. Er war – mit einem Wort Goethes aus *Epirrhema* – ein «heilig öffentlich Geheimnis». Und der Ägypter konnte erleben: Dieser Ewig-Verborgene ist erhaben über die Urpole von Sonnengeist und Sonnenleichnam, von Leben und Tod.

Der «Größte der Schauenden von Heliopolis» aber blickte mit dem Sonnenauge auf das Mysterium des Werdens, das der Vernichtung entbunden wird. Er war ein Genosse aller Götter, von denen bereits ein Spruch aus dem Alten Reich kündet: «Wie schön ist es doch zu schauen und wie befriedigend zu sehen, sagen sie, die Götter, wenn dieser Gott (der Sonnengott) zum Himmel aufsteigt.»[262] Der heliopolitanische Hohepriester also schaute die Sonne als den Leib des Sonnengottes. Wobei dieser Eingeweihte in einer Inschrift aus der 5. Dynastie bereits als ein solcher bezeichnet wird, «der die Geheimnisse des Himmels schaut».[263] Schaut er doch den:

> Der im Himmel aufgeht und die Finsternis vertreibt,
> der Licht schafft für jedes Auge;
> der im Leben untergeht im Westberg,
> auf dass er denen leuchte, die in der Unterwelt sind.[264]

Das verborgenste Geheimnis dieses Gottes aber ist seine Selbstschöpfung. Ist er doch «der von selbst entsteht»[265] – der Selbstentstandene, der Urgott, Atum. Daher wird der die Mysterien des Himmels schauende Hohepriester zugleich ein «Herold des Re, der die Wahrheit zu Atum aufsteigen lässt»,[266] genannt.

Die zu Atum aufsteigende Wahrheit aber ist Ma'at, die Tochter des Sonnengottes und als solche die ewige Ordnungsmacht des Weltalls – die Nahrung der Götter. Deshalb auch hat der Mensch die Ma'at in seinem irdischen Tun zu verwirklichen; sie bemisst seinen nachtodlichen Wert oder Unwert.

Der im Namen des Selbstentstandenen wirkende «Größte der Schauenden» lebt, wie die Götter, von der Wahrheit, von Ma'at. Überall ist sie zugegen. Auch in den Selbstverwandlungen des Sonnengottes. Am Morgen erscheint er als Chepri, als Skarabäus. Im Zenit des Tages leuchtet er am Himmel als Re. Am Abend wird er zum greisen, widderköpfigen Atum, der eingeht in den Mund der Himmelsgöttin Nut, er der Vaterlose, der sich selbst erschuf, um am Morgen wieder verjüngt als Chepri aufzuerstehen. Wobei Horus, der Sohn des Osiris, auch mit dem Sonnengott verbunden erscheint, dem Magier der Metamorphosen, der vor allem Anfang war und in jedem Neubeginn als der Sich-selbst-Erneuernde ersteht – «herrlich wie am ersten Tag»[267]. Zeitlose Ewigkeit vor allem Anfang und zyklische Ewigkeit im Zeitenstrom sind ineinander verwoben.

Der Ägypter kennt kein lineares Geschehen, das von einem ersten zu einem letzten vergänglichen Augenblick vorrückt, wie es der Abendländer und vor ihm bereits der alte Hebräer erlebt, für den die sieben Schöpfungstage, das Paradies und der Sündenfall sich nicht als ein kreisendes Geschehen fort und fort wiederholen. Jeder Augenblick des Ägypters birgt die gesamte Vergangenheit und die gesamte Zukunft: «Der Augenblick ist Ewigkeit.»[268] Als solcher ist er vergleichbar der Urpflanze Goethes: Er birgt alles Zeitliche ewig in sich, denn er ist die Ewigkeit. Im umfassendsten Sinne ist der Augenblick des alten Ägypters ein lebendiger Begriff, indem er alle Wandlungen beinhaltet, alle Metamorphosen des Sich-selbst-Erschaffenden, der in allem verborgen-sichtbar wirkt und webt und west.

Von keinem andern Schöpfer-Wesens-Urgrund kündet Goethe in seinem Gedicht *Prooemion*, das hier noch einmal aufklingen mag:

> Im Namen dessen, der Sich selbst erschuf!
> Von Ewigkeit in schaffendem Beruf;
> In Seinem Namen, der den Glauben schafft,
> Vertrauen, Liebe, Tätigkeit und Kraft;
> In Jenes Namen, der, so oft genannt,
> Dem Wesen nach blieb immer unbekannt:
>
> So weit das Ohr, so weit das Auge reicht,
> Du findest nur Bekanntes, das Ihm gleicht,
> Und deines Geistes höchster Feuerflug
> Hat schon am Gleichnis, hat am Bild genug;
> Es zieht dich an, es reißt dich heiter fort,
> Und wo du wandelst, schmückt sich Weg und Ort;
> Du zählst nicht mehr, berechnest keine Zeit,
> Und jeder Schritt ist Unermesslichkeit.

Das Mysterium des Aus-sich-selbst-Entstandenen lebt in allem Erschaffenen geistig-seelisch-sinnlich. Alles Messbare, Zählbare, Wägbare birgt das Unermessliche. Und deshalb, nur deshalb vermag der Mensch in sich

Der sich selbst erschuf

selbst wie um sich herum Ihn zu gewahren, der immer unbekannt bleibt, obwohl er einen Namen hat. Der Name des von Ewigkeit Schaffenden ist: Der-Sich-Selbst-Erschuf!

Heliopolis, die zentrale Mysterienstätte des Sonnengottes, die Jahrtausende hindurch bestand, war eingehüllt in eben jenes freudig-leuchtende, ätherische Gold-Gelb siegreicher Geistesschau, die die Tiefen des Goetheschen Wesens erfüllte. Und wie Goethe der aufgehenden Sonne ein Leben lang mit seiner ganzen Existenz entgegenstrebte, so auch der Ägypter, dessen Sonnenhymnen von höchstem Jubel erfüllt sind im Anblick des emporsteigenden Urlichtes der Welt:

> Erlauchtes Bild des Morgens,
> Heiliger in seiner Barke,
> Schöpfer der Ewigkeit, Bildner der Dauer,
> sich verjüngend, verjüngter Herrscher,
>
> Der das Firmament quert und den Himmel durchläuft
> in seiner schönen Barke der Millionen;
> dem die Götter Lobpreis spenden
> bis zu seinem Untergang im Leibe der Nut,
> wenn die westlichen Götter ihn anbeten ...[269]

Der Selbstentstandene ist der «Schöpfer der Ewigkeit», ist der «Bildner der Dauer», der in dem Urquell seines Seins immerfort Sich-selbst-Verjüngende. Alle Wesen frohlocken, wenn er mit seinem erhabenen Antlitz am Osthorizont erscheint:

> Groß an Hoheit im Himmel und auf Erden,
> jeder ist erfüllt mit Liebe zu ihm.
> Der der Menschheit Augen schafft, sie sehen durch ihn,
> aus dessen Mund der Wind kommt an jede Nase.
> Die Menschen kommen hervor aus seinen Augen,
> die Götter aus seinen Lippen.
> Wenn er aufgeht, lebt die Menschheit.[270]

Er ist das Ur-Licht, das in den Leib jedes Menschen die Augen hineingebildet hat, damit sie Sein morgendliches Wieder-Erscheinen sehen können. Er aber erscheint auch deshalb am Firmament, um seinerseits die Menschen zu sehen. Er, der Sonnengott, der gute Hirte, kennt jeden Menschen mit seinem ewigen Namen. Weshalb es in einem berühmten Hymnus für den König Merikare, der im Alten Reich um 2100 v. Chr. lebte, heißen kann:

> Wohlbehütet sind die Menschen, die Herde Gottes,
> Er hat Himmel und Erde geschaffen um ihretwillen ...
> Seine Ebenbilder sind sie, aus seinem Leibe gekommen.
> Er geht am Himmel auf um ihretwillen ...
> Er schafft das Tageslicht um ihretwillen
> und segelt am Himmel, um sie zu sehen ...
> Gott kennt jeden mit Namen.[271]

Das ewige Wesen jedes Menschen urständet im Sonnengott. Und der König ist sein Stellvertreter auf Erden. Alles ist um des Menschen willen geschaffen. Tag für Tag gleitet der Sonnengott in seiner Lichtbarke über das Firmament, um seine Ebenbilder, die Menschen, zu sehen, deren König ihm opfert, indem er die Ma'at zu ihm aufsteigen lässt. Würde dies nicht mehr geschehen, so würde die Barke am Himmel verharren und die Himmelsstützen würden einstürzen. Ohne den königlichen Kultus gäbe es keinen Fortbestand, keinen Fortgang der Welt. Die Würde des Menschen ist in dem Sonnengott gegründet, in dem Herrn der zyklischen Verwandlungen, der magischen Metamorphosen, dem Schöpfer der Ewigkeit, dem Bildner der Dauer.

Von dieser erhabenen Würde des Menschen künden auch die Skulpturen, die das Fortleben der Geistseele des Toten sichern halfen. In der Bildhauerschule von Memphis und ihrer Werkstatt, dem «Goldhaus», kam es schon im Alten Reich zu einer überwältigenden Blüte bildnerischer Kunst im Dienste der nachtodlichen Fortexistenz.

Der Stadtgott von Memphis war Ptah, der bereits in der Pyramidenzeit zu großer Wirkung gelangte. Durch die Macht des Wortes hat er die Welt erschaffen. Herz und Zunge sind seine Schöpferorgane. In jedem Herzschlag, in jedem Laut offenbart sich Ptahs Schöpfermacht. Er, der «Uralte», ist «Bildner der Erde». Alle Handwerker, alle Künstler richten den anbetenden Blick auf ihn. Heliopolis und das nahegelegene Memphis, Re und Ptah bergen ihrerseits ein urpolares Geheimnis.

Ohne die ägyptischen Bildwerke, insbesondere der 5. Dynastie, der künstlerischen Hochblüte des Alten Reiches, wäre der Entwicklungskeim der griechischen Großplastik in der Zeit zwischen Solon und Heraklit nicht zur Entfaltung gelangt. Aufs wunderbarste ist zu sehen, wie die griechische Skulptur aus der ägyptischen gleichsam herauswächst,

Der sich selbst erschuf

um die Menschengestalt aus dem Jenseitsbezug in das Diesseits hereintreten zu lassen, wo sie im Gleichgewicht der Erden- und Himmelskräfte sich selber findet und in sich selber ruht, gleich dem griechischen Tempel. Der Bildhauer Griechenlands weist zurück in die ägyptische Geistessphäre von Heliopolis und Memphis, von Re und Ptah – weshalb ein ägyptischer Initiierter sehr wohl als griechischer Bildhauer wiedererscheinen konnte.

Eines der besten Zeugnisse der memphitischen Bildhauerkunst des Alten Reiches ist auf uns überkommen in Ranofer, dem Oberpriester von Memphis. Eindrücklich verbindet er zwei polare Motive zu einer Einheit: das Motiv des Schreitens und das des Stehens. «Stehen im Schreiten, Schreiten im Stehen, Sein als Dauer in der Zeit, Zeit als Entfaltungsform, als ‹Dimension› des Seins»[272] – das ist das Geheimnis Ägyptens. Ruhe in der Bewegung, bewegte Ruhe, kreisendes Ruhen im zyklischen Wandel ist der Herzschlag der ägyptischen Initiation. Sie findet ihren Mittelpunkt im Herzen der Welt, in jener Mitte, um die alles kreist und die um sich selber kreist. Der Anfang ist zugleich Mitte und Ende. Goethe spricht dieses Geheimnis in *Unbegrenzt* auf seine Weise aus:

> Dass du nicht enden kannst, das macht dich groß,
> Und dass du nie beginnst, das ist dein Los.
> Dein Lied ist drehend wie das Sterngewölbe,
> Anfang und Ende immerfort dasselbe,
> Und was die Mitte bringt, ist offenbar
> Das, was zu Ende bleibt und anfangs war.

Zu Beginn seiner Freundschaft mit Goethe hat Schiller in seinen ästhetischen Briefen jene geheimnisvoll-bewegte Ruhe beschrieben, die Goethes Wesen und Wirken, in innigem Zusammenhang mit der griechischen Skulptur, in Schillers bewundernder Seele erregte. Schiller findet Worte, die in Wahrheit über Griechenland hinausweisen in die Mysterientiefen Ägyptens und des gesamten alten Orients. Im 15. Brief *Über die ästhetische Erziehung des Menschen* schreibt er: «In sich selbst ruhet und wohnet die ganze Gestalt, eine völlig geschlossene Schöpfung, und als wenn sie jenseits des Raumes wäre, ohne Nachgeben, ohne Widerstand; da ist keine Kraft, die mit Kräften kämpfte, keine Blöße, wo die Zeitlichkeit einbrechen könnte. Durch jenes unwiderstehlich ergriffen und angezogen, durch dieses in der Ferne gehalten, befinden wir uns zugleich in dem Zustand der höchsten Ruhe und der höchsten Bewegung, und es entsteht jene wunderbare Rührung, für welche der Verstand keinen Begriff und die Sprache keinen Namen hat.»

In Schillers Worten spiegelt sich das Geistesantlitz Goethes, in dem der griechische Bildhauer ebenso zugegen ist wie der ägyptische Eingeweihte. Mehr noch, in Initiationstiefen der Urmenschheit – so vermeinen wir wahrzunehmen – ist Goethes Schöpfertum beheimatet. Ob im *Werther* oder in der *Iphigenie*, ob im *West-östlichen Divan* oder im *Faust*, im *Mailied* oder im *Vermächtnis*: Goethes Wesen urständet nicht in der griechischen Antike, es urständet in ihm – er hat seinen *Geheimsten Wohnsitz*[273] im Sonnenheiligtum, im Sonnenorakel. Aus ihm schöpft er seine Wissenschaft wie seine Kunst, mit einem Wort aus *Zueignung*:

> Aus Morgenduft gewebt und Sonnenklarheit,
> Der Dichtung Schleier aus der Hand der Wahrheit.

Hermes Trismegistos

Die Geistesforschung Rudolf Steiners hat ergeben, dass die ägyptische Kultur von einer Individualität begründet wurde, die in der urpersischen Zeit ein intimer Schüler des Zarathustra war. Diesen Impulsator der dreitausend Jahre umspannenden Kultur des Niltales nennt Steiner Hermes Trismegistos, in Anknüpfung an den – geschichtlich nicht nachweisbaren – dreimal großen Hermes, der auf die spätantiken Geheimlehren Einfluss genommen hat. Nach ihrer Wiederentdeckung in der Renaissance wirkten die hermetischen Schriften schließlich auch auf den jungen Goethe, seitdem er sie in seiner Frankfurter Genesungszeit kennenlernte.[274]

Steiner schildert unter anderem in seinem Zyklus über *Ägyptische Mythen und Mysterien*, wie sich in der nachatlantischen Gesamtentwicklung unser Tagesbewusstsein Stufe um Stufe herausgebildet hat. Bei dem Ur-Inder war die Erinnerung an die übersinnliche Heimat noch viel zu lebendig, als dass er in der physischen Welt mehr denn eine «Schale»[275] der geistigen Welt sehen konnte. Erst der Ur-Perser lernte die Erde als ein Feld der Arbeit schätzen. Das war der Initiationstat Zarathustras zu ver-

Hermes Trismegistos

danken, des großen Schülers des Manu. Zarathustra lehrte in dem Sonnengeist Ahura Mazdao denjenigen zu erkennen, der in ferner Zukunft auf die Erde kommen werde, um Angrimainyuh, den sie jetzt noch beherrschenden Geist der Finsternis, zu besiegen. Der Mensch aber sollte sich an diesem Erlösungswerk beteiligen, indem er die Erde bearbeitete.

So bedeutend der damit eingeleitete Umschwung der Menschheitsentwicklung auch war, erst die ägyptisch-babylonische Kulturepoche fasste so recht Fuß auf der Erde. Rudolf Steiner führt in dem genannten Zyklus aus: «Im alten Indien hatte man sich wenig gekümmert um das, wie dasjenige, was in der geistigen Welt vorgeht, eingeschrieben ist in den physischen Plan, um die Korrespondenz zwischen Göttern und Menschen; darum hatte man sich wenig gekümmert. In Ägypten aber war etwas anderes nötig: nicht nur, dass der Schüler durch die Einweihung die Götter sah, sondern auch, wie diese die Hände bewegten, um die Sternenschrift zu vollziehen, wie sich alle physischen Formen herausgebildet hatten. Die alten Ägypter hatten Schulen ganz nach dem Muster der Inder, aber sie lernten noch hinzu, wie die geistigen Kräfte mit der physischen Welt korrespondieren. Jetzt hatten sie einen neuen Lehrstoff. In Indien würde man den Schüler gewiesen haben auf die geistigen Kräfte durch das Hellsehen; in Ägypten kam hinzu, dass man zeigte, was physisch korrespondiert mit den geistigen Taten. Man zeigte es an jedem Glied des physischen Leibes, welcher geistigen Arbeit es entsprach; zum Beispiel, wie das Herz einer geistigen Arbeit entspricht, das wurde gelehrt. Und der Stifter der Schule, durch welche nicht nur das Geistige gezeigt wurde, sondern auch seine Arbeit am Physischen, der Stifter dieser Schule war der große Initiator Hermes Trismegistos. So haben wir in ihm, dem dreimal großen Thot, den ersten zu sehen, welcher den Menschen zeigte die ganze physische Welt als eine Schrift der Götter. ... Wie ein göttlicher Gesandter erschien den Ägyptern Hermes. Er gab ihnen das, was man zu entziffern hatte als die Tat der Götter in der physischen Welt.»

Thot-Hermes war der Erste, der seine Schüler, die ägyptischen Eingeweihten, lehrte, «die ganze physische Welt als eine Schrift der Götter» lesen zu lernen und zu sehen, wie die Schöpfermächte «die Hände bewegten, um die Sternenschrift zu vollziehen, wie sich alle physischen Formen herausgebildet hatten».

Wir haben Rudolf Steiners Worte bewusst wiederholt, weil uns aus ihnen die Geistesphysiognomie Goethes unmittelbar anzublicken scheint. Erlebte sich doch Goethe selbst als ein Adept, dem «die Schrift

Polarität und Steigerung

geschrieben, die heil'gen Sinn nicht jedem offenbarte», während er sie in allen geprägten Formen und Formverwandlungen anzuschauen wusste und zu lesen bestrebt war. Selbst bei Schillers Schädel entzückte ihn «die gottgedachte Spur, die sich erhalten». Die physisch-räumliche Hieroglyphen-Welt als das Buch der Natur verstehen zu lernen, in allen magischen Chiffren der großen und kleinen Welt, des Makrokosmos wie des menschlichen Mikrokosmos, «der Göttin heilige Lettern» zu gewahren und ihren geheimen Sinn zu deuten, die «göttliche Hand», wie es in *Die Metamorphose der Pflanzen* heißt, zu schauen – das war Goethes innerstes Bestreben. Weshalb er auch in seinem Gedicht *Geheimschrift* sagen kann:

> Geheimer Chiffern Sendung
> Beschäftige die Welt,
> Bis endlich jede Wendung
> Sich selbst ins Gleiche stellt.

Alles Leben und Weben der Gott-Natur, bis in die verborgensten Tiefen der liebenden Menschenseele, ist durchwaltet von einer Geheimschrift, einer geheimen Offenbarung, die in den Mysterienstätten insbesondere auch Ägyptens Sittlichkeit und Frieden stiftete, getragen von Verschwiegenheit, von Schweigen:

> Ist unbedingten Strebens
> Geheime Doppelschrift,
> Die in das Mark des Lebens
> Wie Pfeil um Pfeile trifft.
> Was ich euch offenbaret,
> War längst ein frommer Brauch,
> Und wenn ihr es gewahret,
> So schweigt und nutzt es auch.[276]

Getragen und bestimmt aber war dieses Erleben Goethes von einem unermüdlichen Sich-Versenken in die physische Formensprache, die erstmalig Hermes Trismegistos zu vernehmen gelehrt hatte in den ägyptischen Einweihungsschulen, aus denen Goethe hervorgegangen ist. Seine *Urworte. Orphisch* geben denn auch davon formgewaltige Kunde:

Hermes Trismegistos

Wie an dem Tag, der dich der Welt verliehen,
Die Sonne stand zum Gruße der Planeten,
Bist alsobald und fort und fort gediehen
Nach dem Gesetz, wonach du angetreten.
So musst du sein, dir kannst du nicht entfliehen,
So sagten schon Sibyllen, so Propheten;
Und keine Zeit und keine Macht zerstückelt
Geprägte Form, die lebend sich entwickelt.

Sonnenhaft ruht Goethes Geistesblick auf der gesamten räumlichen Erscheinungswelt als einem heilig öffentlichen Geheimnis, das mit den Schöpfertiefen der verborgenen Gottheit in allem korrespondiert. Wie das Licht die Mysterien des Raumes sichtbar macht, so kommt ihm im Menschenauge das innere Licht entgegen: Das Auge vernimmt die Offenbarungen der Raumeswelt und es kündet zugleich von dem Geisteslicht im Innern der Menschenseele. Weshalb Goethe gleich dem alten Ägypter erlebt: «Wie schön ist es, zu schauen, wie friedvoll ist es, zu sehen.»[277]

Entsprechend heißt es in den *Vorstudien zur Farbenlehre*: «Das Auge ist das letzte, höchste Resultat des Lichtes auf den organischen Körper. Das Auge als ein Geschöpf des Lichtes leistet alles, was das Licht selbst leisten kann. Das Licht überliefert das Sichtbare dem Auge; das Auge überlieferts dem ganzen Menschen. Das Ohr ist stumm, der Mund ist taub; aber das Auge vernimmt und spricht. In ihm spiegelt sich von außen die Welt, von innen der Mensch. Die Totalität des Innern und Äußern wird durchs Auge vollendet.»

Goethe ist kein «Ohrenmensch» wie Herder, Schiller, Novalis, obwohl es auch Äußerungen von ihm gibt, die in eine andere Richtung deuten, zum Beispiel in *Shakespeare und kein Ende*. Dieser Sachverhalt, der, bis zum krassesten Widerspruch, sein Werk durchzieht, zeigt, wie sich selbst hierin Goethe wie ein alter Ägypter verhält, der die widersprüchlichsten Aussagen in tiefster Seelenruhe nebeneinanderstellt, weil er das Widersprüchliche in allem anwesend erlebt. Dennoch, Goethes Geist will mit physisch-geistigen Augen die Welt erfassen. Denn:

Wär nicht das Auge sonnenhaft,
Die Sonne könnt' es nie erblicken;
Läg' nicht in uns des Gottes eigne Kraft,
Wie könnt' uns Göttliches entzücken?

Polarität und Steigerung

Goethe, der griechische Bildhauer, und Goethe, der ägyptische Eingeweihte, begegnen uns gleicherweise in diesen Worten. Will doch Goethe die Sonne und in ihrem Lichte die Raumes-Formen-Welt schauen, «die lebend sich entwickelt». Denn wie die Sonne das Auge in unseren Leib hereingebildet hat, so hat die Gottheit uns als ihr Ebenbild gestaltet.

In seinem Vortrag über *Die Psychologie der Künste* hat Rudolf Steiner ausgeführt, wie Goethes Geisteswesen vorzüglich auf die Raumeswelt bezogen war, sodass er selbst als Dichter dazu neigte, sich an den bildenden Künsten zu orientieren. Leben doch die musikalischen Künste in Zeitgestalten, die nur momentan im Raume aufklingen.[278]

Rudolf Steiner betrachtet deshalb in seinem Vortrag Goethe und Novalis als Antipoden. War doch Novalis «mit der urpoetisch-musikalischen Anlage» ausgestattet, in der das Erleben der Zeit zum Medium der Ewigkeit wird, weshalb Raum und Zeit gleichsam zerschmelzen. Goethe dagegen meißelte geradezu in das Räumliche, in das Plastisch-Architektonische seine dichterischen Gebilde hinein. Aus diesem Grunde erfuhr er während seiner italienischen Reise das echte Künstlerische, das Göttlich-Notwendige im Medium der bildenden Künste. Wo das Schaffen «vor allen Dingen in die Raumesform» eingeht, erlebte Goethe vorzüglich die Anwesenheit des Geistig-Seelischen; mit anderen Worten: im Kraftfeld des Auges. Während das Urpoetisch-Musikalische mittels des Ohres erfahren wird.

Goethe selbst spricht in seinen *Maximen und Reflexionen* (776) ausdrücklich von der Baukunst «als einer *erstarrten Musik*». In der Architektur – wie ja auch in den anderen bildenden Künsten – übernimmt das Auge «Funktion, Gebühr und Pflicht des Ohres». Aber Goethe sieht darin nicht etwa eine Ersatzfunktion. Im Gegenteil. Dem im Räumlich-Materiellen verwirklichten Geist galt Goethes höchste Aufmerksamkeit. Die musikalischen Künste berühren das Physisch-Ausgedehnte nur leise, um sogleich wieder in das Überräumliche, Überzeitliche zurückzuschwingen. Goethe aber will die «geprägte Form, die lebend sich entwickelt», als eine Raum-Zeit-Gestalt mit seinen Augen wahrnehmen.

Indem Rudolf Steiner in dem genannten Vortrag die beiden Pole des künstlerischen Schaffens charakterisiert, sagt er von Novalis: «Er suchte nach jener musikalischen Heimat, die er im vollen Sinne des Wortes verlassen hatte bei seiner Geburt, um aus ihr das Musikalische der Poesie zu holen.» Und im weiteren Verlauf seiner Darlegungen fügt er hinzu: «Es ist, ich möchte sagen, in Novalis eine so zarte seelische Geistigkeit, dass sie nicht vordringt bis zum vollen Durchorganisieren der Sinne; es ist in

Hermes Trismegistos

Goethe eine so starke seelische Geistigkeit, dass sie die Organisation der Sinne durchbricht und über die Grenzen der menschlichen Haut hinaus in das Kosmische sich einsenkt, daher vor allen Dingen Sehnsucht hat nach einem Verständnis derjenigen Kunstgebiete, welche das Geistig-Seelische in das Räumlich-Zeitliche hineintragen.» Goethe will untertauchen «in den beseelten Raum in der Plastik, in die durchgeistigte Raumeskraft in der Architektur, in die Andeutung derjenigen Kräfte, die sich bereits verinnerlicht haben als Raumes- und Zeitenkräfte, die aber doch in dieser Form äußerlich ergriffen werden können in der Malerei.»

Goethe erfuhr die Durchseelung und Durchgeistigung der Raumeskräfte und der in sie hereinragenden Zeitenmächte als die Vollendung des göttlichen und menschlichen Schöpfertums. Sein eigenes dichterisches Schaffen – sein eindringlich poetisch-musikalischer Sinn! – verblieb in einer geheimen Spannung zu seinem urmächtigen Raumes-Willen. Worte wie diese aus dem *Prolog im Himmel* des *Faust* mögen das veranschaulichen:

> Die Sonne tönt nach alter Weise
> In Brudersphären Wettgesang,
> Und ihre vorgeschriebne Reise
> Vollendet sie mit Donnergang.

Aus den Tiefen der Ewigkeit tönt es herauf und wird zu einem göttlich-wesenhaften Geschehen in der Raumeswelt. Ja, auch das Zeitgeschehen schafft mit am Raumes-Sein.

Der Raum, wie ihn der neuzeitliche Mensch erfährt, ist gottverlassen, ist gottleer. Das Weltall ist ein physischer Abgrund, ein quantitativ-mechanischer Leerlauf. Goethes Raum dagegen ist durchwogt von jenem «Geistesmeereswesen», in das der Mensch gelangt, wenn er den ersten Teil des *Grundsteinspruches*, wie ihn Rudolf Steiner zur Begründung der Allgemeinen Anthroposophischen Gesellschaft formte, meditativ erleben lernt:

> Menschenseele!
> Du lebest in den Gliedern,
> Die dich durch die Raumeswelt
> In das Geistesmeereswesen tragen:
> Übe G e i s t - E r i n n e r n
> In Seelentiefen,
> Wo in waltendem
> Weltenschöpfer-Sein

Polarität und Steigerung

> Das eigne Ich
> Im Gottes-Ich
> Erweset;
> Und du wirst wahrhaft l e b e n
> Im Menschen-Welten-Wesen.
>
> Denn es waltet der Vater-Geist der Höhen
> In den Weltentiefen Sein-erzeugend:
> Ihr Kräfte-Geister,
> Lasset aus den Höhen erklingen,
> Was in den Tiefen das Echo findet;
> Dieses spricht:
> Aus dem Göttlichen weset die Menschheit.
> Das hören die Geister in Ost, West, Nord, Süd:
> Menschen mögen es hören.

Das Mysterium des Raumes, wie Goethe es erlebt, birgt tiefste Geheimnisse. Ist es doch das höchste Geistige, was als «waltendes Welten-Schöpfer-Sein» das Raumeswesen konstituiert. Gleichsam in die golden aufleuchtende Spitze des Pyramidons strömt der «Vater-Geist der Höhen» hernieder: Raum-bildend, «Sein-erzeugend» – die Vierheit der Wege von Ost, West, Nord und Süd erschaffend im elementarischen Geschehen des quadratischen Fundamentes der Pyramide, deren vier Dreiecke sich dem Tierkreis zuordnen lassen.[279]

Aber in das vatergöttliche Raumesmysterium ragt das sohnesgöttliche Zeitengeheimnis herein. Der zyklische Umlauf offenbart sich im Raum: Vom Morgen über den Mittag zum Abend zieht der Sonnengott seine «blaue Sonnenbahn».[280] Sein Wille waltet im Umkreis – «in den Weltenrhythmen Seelen-begnadend», wie dies Rudolf Steiner im zweiten Teil des *Grundsteinspruches* ausspricht:

> Menschenseele!
> Du lebest in dem Herzens-Lungen-Schlage,
> Der dich durch den Zeitenrhythmus
> Ins eigne Seelenwesensfühlen leitet:
> Übe G e i s t - B e s i n n e n
> Im Seelengleichgewichte,
> Wo die wogenden
> Welten-Werde-Taten

HERMES TRISMEGISTOS

Das eigne Ich
dem Welten-Ich
Vereinen;
Und du wirst wahrhaft f ü h l e n
Im Menschen-Seelen-Wirken.

Denn es waltet der Christus-Wille im Umkreis
In den Weltenrhythmen Seelen-begnadend:
Ihr Lichtesgeister,
Lasset vom Osten befeuern,
Was durch den Westen sich formet;
Dieses spricht:
In dem Christus wird Leben der Tod.
Das hören die Geister in Ost, West, Nord, Süd:
Menschen mögen es hören.

Mit diesen Worten hat Rudolf Steiner in die Herzen der Anthroposophen zugleich wesentliche Erlebniszusammenhänge der ägyptischen Mysterien wie auch der Goetheschen Erkenntnisschau gesenkt. Bestreben wir uns, sie mit Darlegungen zusammenzulesen, die Steiner in dem Zyklus über *Das Matthäus-Evangelium* ausgeführt hat,[281] dann gewinnen wir einen überraschenden Einblick in Kenntnisse, die Hermes Trismegistos besaß. War er doch im Besitz der Geheimnisse des Raumes, die Zarathustra ihm übergeben hatte.

In der urpersischen Zeit, als Zarathustra die damals höchstmögliche Stufe seiner Initiation erreicht hatte, gab er sein gesamtes Wissen an zwei Schüler weiter, die ihm am nächsten standen. Rudolf Steiner: «Den einen lehrte er alles, was sich bezieht auf die Geheimnisse des Raumes, der sich um uns herum sinnlich ausbreitet, also alles, was die Geheimnisse des Gleichzeitigen sind; dann lehrte er den anderen Schüler alles, was die Geheimnisse der dahinfließenden Zeit sind, die Geheimnisse der Evolution, der Entwickelung.» Hermes der Ägypter empfing das Geheimwissen Zarathustras über das, «was gleichzeitig unseren Sinnenraum durchdringt». Das aber beinhaltete, dass Zarathustra diesem Schüler seinen Astralleib mit den darin ausgebildeten Hellseherorganen opferte. Dadurch konnte dieser Schüler der Inaugurator der ägyptischen Kultur werden.

Rudolf Steiner betont, dass die «Geheimnisse des gleichzeitig im Raume Bestehenden», die Raumesmysterien, «das Allerwichtigste, was Zarathustra beherrschte», waren. Wusste er doch hinzuweisen auf den Sonnenleib, auf das äußere Licht, auf den «äußeren physischen Lichtkörper der Sonne» und konnte zeigen, «wie dieser Sonnenkörper nur die äußere Hülle einer hohen geistigen Wesenheit ist. Also, was durch die Räume als Wesenheit zugrunde liegt der ganzen Natur, was gleichzeitig ist, aber durch die Zeit immer fortschreitet von Epoche zu Epoche und sich in einer bestimmten Epoche immer neu zeigt, dies hatte Zarathustra ... dem Hermes anvertraut. Was von der Sonne ausgeht und sich von der Sonne weiterentwickelt, das beherrschte Hermes. Das konnte er legen in die Seelen derer, die herübergekommen waren aus der atlantischen Bevölkerung, weil diese Seelen wie durch natürliche Gaben selbst einst hineingesehen hatten in die Sonnengeheimnisse und sich in der Erinnerung etwas davon bewahrt hatten.»

Die Raumeslehre bezeichnet Rudolf Steiner also als «das Allerwichtigste», was Zarathustra sich durch sein astralisches Hellsehen erworben hatte. Dieses konnte dadurch in den Astralleib des Thot-Hermes verwoben werden, dass sein Lehrer darauf verzichtete, seine durch weite Zeitläufe erbildeten astralen Kräfte für seine eigene Weiterentwicklung zu nutzen, weshalb er sie danach völlig neu aufbauen musste.

Rudolf Steiner bezeichnet den Wissensinhalt, den Zarathustra durch seine Opfertat auf seinen Schüler übertrug, als die «direkte Weisheit» des höchsten Eingeweihten der urpersischen Kulturepoche. Was aber versteht Steiner in diesem Zusammenhang unter «direkt»? Das direkte Weisheitsgut des Zarathustra umfasste alles das, «was geheimnisvoll wesenhaft lebt in der äußeren physischen Hülle des Lichtes und des Sonnenleibes, dasjenige also, was einen direkten Weg geht». Dieses Mysterienwissen lebte in der Hermes-Weisheit weiter als das, «was uns die Welt lichtvoll macht, was uns zeigt, wie der Weltenursprung ist und wie das Licht hineinwirkt. Aber wir finden in der Hermes-Weisheit nicht die Begriffe, die uns zugleich zeigen, wie in allem Werden ein Früheres in ein Späteres hineinwirkt, wie dadurch die Vergangenheit mit der Gegenwart in Streit kommt und wie Finsternis sich dem Licht entgegenstellt. Erdenweisheit, die uns begreiflich macht, wie sich die Erde nach der Trennung von der Sonne entwickelt hat mit dem Menschen, das ist im Grunde genommen in der Hermes-Weisheit gar nicht enthalten.»

Indem der ägyptische Hermes seinem Volke Wissenschaft und Kunst brachte, «äußeres Weltwissen, äußere weltliche Kunst», in einer Gestalt, die von der «direkten Weisheit» Zarathustras getragen war, wurde sein Wissen von dem Urlicht so durchflutet, als wären Sonne, Erde und Mond noch *ein* Weltkörper. Diese «direkte» Hermes-Weisheit beinhaltete folglich all das nicht, was nach dem Fortgang des Sonnenwesens an Furchtbarem, Abgründigem und Urtragischem in der lemurischen Erdenzeit geschehen war, damit aber auch nicht das, was Jahve-Elohim als Menschenpaar geschaffen und nach dem Sündenfall aus der göttlich-geistigen Seinssphäre vertrieben hatte. Die Moses-Weisheit mit ihrer urdramatischen Intensität «ist im Grunde genommen in der Hermes-Weisheit gar nicht enthalten».

Zarathustra aber war im Besitz auch dieses Wissens. Seine Hellseherorgane gaben ihm vollen Einblick in die Akasha-Chronik, also auch in das, was nach dem Fortgang der Sonne auf der Erde geschehen war, wozu nicht zuletzt auch gehört, dass Jahve-Elohim die zerstäubenden Mächte der Mondensubstanz schließlich aus der Erde herausgelöst hatte, um von nun an aus der Mondensphäre auf den sich weiterentwickelnden Menschen zu wirken. Von alledem trug Zarathustra in seinem Ätherleib ein Wissen, das die andere Hälfte seiner Weisheit ausmachte, wobei das dem Hermes Trismegistos einverwobene Wissen «das Allerwichtigste» war.

Rudolf Steiner zeigt nun auf, wie Zarathustra dem zweiten eng vertrauten Schüler mit seinem Ätherleib jene Mysterienerkenntnis übertrug, die später in *Moses* auflebte – «warum uns in der Hermes-Weisheit etwas wie der krasse Gegensatz zu der Moses-Weisheit entgegentritt». Dadurch aber wirkte Zarathustra auf alle Folgezeit höchst bedeutsam: Durch die Polarisierung eines ursprünglich miteinander Verbundenen entstanden zwei Weisheitsströme, die als krasse Gegensätze wirkten und als solche nach einer gesteigerten Wiederverbindung verlangten.

Moses

Während der altägyptische Hermes das Allerwichtigste der Zarathustra-Weisheit beherrschte, all das, was von der Sonne ausging und sich von der Sonne weiter entwickelt hatte, seitdem sie aus der Erde herausgelöst worden war, beherrschte Moses diejenigen Wissensinhalte, die sich auf das

Schicksal der verfinsterten Monden-Erde bezogen. Hatte er doch diejenige Weisheit empfangen, die nicht nur zum Sonnenwesen hinaufschaut, sondern vor allem das begreift, was als der krasse Gegensatz zur Hermes-Weisheit zu bezeichnen ist. Denn als Zarathustra die beiden «Weisheiten» nicht mehr in sich vereinte, wurden sie zu zwei einander entgegenwirkenden Strömungen. Das aber besagt: Die beiden gegensätzlichen Weisheiten wurden einseitig und ergänzungsbedürftig.

Der Sonnengott der alten Ägypter durchfährt zwar die Unterwelt auf seiner Barke; aber Apophis, die aus der Urfinsternis auftauchende Schlange, wird ihm in keinem Augenblick wirklich gefährlich: Er ist der Unbesiegbare. Für ihn gilt unumschränkt, was den fünfundsiebzigjährigen Goethe als Grundgefühl durchdrang und was er in *Der Bräutigam* aussprach: «Wie es auch sei das Leben es ist gut.»

Die Moses-Weisheit dagegen beinhaltet eine urtragische kosmische Dissonanz, beinhaltet den Sündenfall und die Vertreibung aus dem Paradies. Sie weiß von einer verödeten, lichtlosen Erde. Der ägyptische Eingeweihte Moses kannte deshalb auch die Mysterien des Osiris, der Welten-Mumie, des Mondes, der Nachtseite, des Todes, der Zerstückelung, der Unterwelt – die Mysterien des sich widersetzenden Bösen.

«Wir müssen wissen» – führt Rudolf Steiner aus –, «wodurch sich die Wesenheiten unterscheiden und auch die Weisheiten. Und so müssen wir auch wissen, dass die Moses-Weisheit eine ganz andere war als die Hermes-Weisheit. Beide gingen zwar von Zarathustra aus; aber wie gerade sich auch die Einheit trennt und in verschiedener Weise manifestiert, so gab auch Zarathustra zweien seiner Schüler so verschiedenartige Offenbarungen.»

Die Moses-Weisheit also hatte insbesondere die Aufgabe, «die Erde nach der Trennung von der Sonne in ihrem Werden dem Menschen begreiflich zu machen». In Ägypten aber traf sie auf die Hermes-Weisheit: Erdenweisheit und Sonnenweisheit stießen zusammen. Denn obwohl sie sich in ganz verschiedenen Geistesströmungen über die Erde ergießen, müssen sie doch zusammenwirken, ja «zusammenfallen» und einander ergänzen: Durch das Sonnenauge des Hermes und das Mondauge des Moses blickt Ein Wesen, das sich durch die Trennung von Sonne und Erde in sich selbst polarisiert hat, um sich gerade dadurch steigern zu können.

Strömte die von Hermes Trismegistos beherrschte Mysterienweisheit gleichsam von der Sonne auf die Erde herab, so sollte Moses umgekehrt von der Erde aus sich der Sonnenweisheit entgegenringen. «Es war, wie wenn ein Sonnenwesen mit verbundenen Augen herabgetragen wurde auf die Erde und nun im Rückmarsch alles wieder suchen musste, was es verloren hatte.»

Ein Miniaturbild dieser urpolarischen Spannung und Notwendigkeit des Zusammenwirkens von Moses- und Hermes-Weisheit lässt sich in all dem auffinden, was sich zwischen Schiller und Goethe ereignete, was ihre Verbindung lange unmöglich zu machen schien und was zuletzt in ihrem Freundschaftsbund fruchtbar zu werden begann. Auch Schiller war wie «ein Sonnenwesen mit verbundenen Augen», das «alles wieder suchen musste, was es verloren hatte», während Goethes Geistesblick sonnengleich alles Irdische beleuchtete.

In Schiller wirkte Moses-Weisheit, wirkte Jahve-Bewusstsein. Das Göttliche wurde von ihm nicht mehr geschaut. Es zog sich gleichsam in einem Unanschaulich-Punktuellen zusammen – in dem «Ich bin der Ich-bin». Nicht draußen in der Welt fand Schiller den Gott. Nur im Denken des ICH erlebte er ihn. Es war der Gott des hebräischen Volkes, der in Schillers Seele bestimmend weiterwirkte. Während Goethe, gleich Hermes, Sonnen-Bilder-Weisheit darlebte und so in dem verblieb, was unmittelbar von der Sonne ausströmt, lebte in Schiller das «Résumé der gesamten Moses-Weisheit» weiter als das «Ich bin der Ich-bin».

Im 11. Brief *Über die ästhetische Erziehung des Menschen* richtet Schiller den Blick auf dieses bildlose Zentrum des Menschenwesens, das sich zwar im Zeitenstrom als ein sich Wandelndes gewahr wird, aber nur deshalb, weil es ein Dauerndes ist. Das Göttliche im Menschen erfährt sich selbst jenseits seines Denkens, Fühlens und Wollens. «Nicht weil wir denken, wollen, empfinden, sind wir; nicht weil wir sind, denken, wollen, empfinden wir. Wir sind, weil wir sind; wir empfinden, denken und wollen, weil außer uns noch etwas anderes ist.» Die ewige Individualität des Menschen ist nur eingehüllt in die Seelenkräfte des Denkens, Fühlens und Wollens. Als Geistwesen ruht der Mensch in sich selbst – wie die Gottheit «alles auf ewig ist, weil sie ewig ist». So findet der Mensch sein unzerstörbares Zentrum «in dem ewig beharrenden ICH», in der «Idee des absoluten, in sich selbst gegründeten Seins, d.i. die Freiheit».

In solchen Worten lebt etwas von der Quintessenz der Moses-Weisheit – von dem «Ich bin der Ich-bin». War bei Abraham erstmalig das physische Organ des Denkens so weit ausgebildet, dass er «mit seinem physischen Denken sich erheben konnte zu dem Gedanken an einen Gott», so war in Moses der Gott des «ewig beharrenden ICH», von dem Schiller spricht, zum höchsten Einweihungs-Erlebnis geworden, aufblitzend im

Bildlos-Unanschaulichen des Intellektes. Anders gesagt: Der Monden-Logos beschenkte Moses mit der indirekten Weisheit, die sich in den sieben Ich-bin-Worten des Sonnenlogos (im Johannes-Evangelium) bildhaft belebte. In der Inaugurationstat des Moses leuchtete das erste Morgenrot der Freiheit auf, des selbstverantwortlichen Menschentums im Geiste der zehn Gebote. Mit dem Mysterium von Golgatha erfüllte sich diese Entwicklung. Im Pfingstmysterium der Freiheit wird dem Menschen-Ich Welten-Wesens-Licht zu freiem Wollen geschenkt: Der Mensch steigt zur Freiheit auf, indem er wahrhaft zu denken beginnt. Das Geistige im Menschen wächst dem Geistigen im Weltenall entgegen. Im ruhenden Haupte erfährt die Menschenseele die reflektierten Weltgedanken, die sie aus Ewigkeitsgründen erschließt. Aber diese gespiegelten, toten Weltgedanken werden meditativ belebt im Heiligen Geist. Der dritte Teil des von Rudolf Steiner gestalteten *Grundsteinspruches* wird vernehmbar:

> Menschenseele!
> Du lebest im ruhenden Haupte,
> Das dir aus Ewigkeitsgründen
> Die Weltgedanken erschließet:
> Übe G e i s t - E r s c h a u e n
> In Gedanken-Ruhe,
> Wo die ew'gen Götterziele
> Welten-Wesens-Licht
> Dem eignen Ich
> Zu freiem Wollen
> Schenken,
> Und du wirst wahrhaft d e n k e n
> In Menschen-Geistes-Gründen.
>
> Denn es walten des Geistes Weltgedanken
> Im Weltenwesen Licht-erflehend:
> Ihr Seelengeister,
> Lasset aus den Tiefen erbitten,
> Was in den Höhen erhöret wird;
> Dieses spricht:
> In des Geistes Weltgedanken erwachet die Seele.
> Das hören die Geister in Ost, West, Nord, Süd:
> Menschen mögen es hören.

Das Gesetzbuch reiner Geister

Gerade dadurch wurde Moses zum Vorverkünder und Vorbereiter des Christus-Impulses, dass er einzig und allein unter der unsinnlichen, bildlos-abstrakten Vorstellung des ICH den wahren Gott verkündete. «Kein sinnliches, kein Äther- und kein Astralbild» – so legt Rudolf Steiner in einem Vortrag dar – «kann das wiedergeben. Bloß unter der Gestalt des ‹Ich›, einzig unter dem Namen ‹Ich bin der Ich-bin› sollst du dir das höchste Wesen vorstellen. – In dem Ich-bin selber sollte jeder Mensch ein Ebenbild der Gottheit empfinden. Das war die Mission, die Sendung des Moses, den Menschen zu sagen: Siehe hinein in dein Inneres; da allein findest du ein wirkliches Ebenbild der reinen Gottheit. – Daher sollte alle Wirkung unter den Menschen von nun an nur noch von Ich zu Ich gehen. Das sollte vorbereitet werden durch die Sendung des Moses.»[282]

Zwar offenbart sich das Menschen-Ich innerhalb der physischen Welt dem Ichsinn, zwar ist es auch innerhalb des Ätherleibes als magische Kraft zugegen und durchdringt den Astralleib mit seinem Wesen; aber das wahre Menschen-Ich urständet in der rein geistigen Welt göttlicher Wesenheiten. Die Substanz und Wirksamkeit dieser Wesen beinhaltet all das, was sich innerhalb des menschlichen Tagesbewusstseins in moralischen Intuitionen offenbart, also den Sinnen unzugänglich bleibt, weil es innerhalb der sinnlich-wahrnehmbaren, amoralischen Natur nicht angetroffen werden kann.

Die zehn Gebote des Jahve-Elohim sind rein geistige Intuitionen, die als Blitze in die Willenstiefen des Moses eingeschlagen sind. Er, «der Begründer der neuen, intellektualisierten Weltanschauung»,[283] lebte mit seinem unsinnlichen Gedanken-Willen außerhalb der sinnlich erfahrbaren Natur. Weshalb Rudolf Steiner ausführt – und er hätte gleichlautend über Schiller sprechen können: «Was Moses äußerlich wahrnimmt, ist nur eine Anregung. Was er eigentlich wahrnimmt, steigt aus seinem Inneren auf. Daher auch die merkwürdige Abstraktheit, mit der alles auftritt, was der eigentliche Inhalt dieses hebräischen Altertums ist. Dadurch aber war der Menschheitsentwickelung eine Tendenz gegeben, die mehr von der Natur wegführt.»[284]

Frühzeitig und einseitig lebte sich der Hebräer in das menschliche Innere hinein, sodass die Natur vor ihm versank, während der Grieche zu

Polarität und Steigerung

einem späteren Zeitpunkt den Verstand aus der Natur heraus entwickelte und sich erst dann, als das Griechentum in Verfall gekommen war, in eine unanschauliche, abstrakte Geisteswelt hineinlebte, wie dies bei Plotin und Augustinus der Fall ist.

Das althebräische Volk erlebte den Urquell alles Moralischen in dem Willen Jahves. Jeder Angehörige dieser Volksgruppe war – wie es Schiller in seinem Aufsatz *Über das Erhabene* ausdrückt – überzeugt: An das «absolut Große in uns selbst kann die Natur in ihrer ganzen Unermesslichkeit nicht reichen». Jeder Einzelne empfing alle Postulate aus dem Mittelpunkt der Geist-Natur des ICH, aus dem unanschaulich-abstrakten Zentrum seines volksmäßig gebundenen Willens. Nichts holte er aus dem unendlichen Umkreis der Gott-Natur, aus dem lebendurchströmten Bilder-Schauen.

In einem Vortrag über «Die zehn Gebote» hat Rudolf Steiner darauf hingewiesen, dass Moses sein Volk deshalb aus Ägypten herausführte, weil der Mensch dort nicht frei, sondern dem Willen der Eingeweihten unterworfen war. In dem Herauslösen des hebräischen Volkes aus dem Lande Ägypten vollzog sich etwas Einschneidend-Bedeutsames: «Die erste Morgenröte jener menschlichen Freiheit, die dann als die Freiheit der Gnade im Christentum heraufgekommen ist». Und das ist in der Tat einer «der größten geistigen Einschläge, die in die Menschheit hereingekommen sind».[285]

So verstanden, geht ein gewaltiger Entwicklungsbogen von jener ersten Morgenröte des Freiheitserlebnisses bei Moses bis hin zu Schillers Wort von der «Idee des absoluten, in sich selbst gegründeten Seins, d.i. die Freiheit» und weiter zu Rudolf Steiners Freiheitsphilosophie als der Grundlegung des in freier Gedankenentfaltung auflebenden Schauens, in dem die mosaischen Abstraktionskräfte und die hermetischen Schaukräfte, die beide von Zarathustra ausgegangen waren, in elementarer Steigerung vereint erscheinen.

Zur Zeit von Goethe und Schiller war der Augenblick für eine solche Vereinigung noch nicht gekommen. Aber die Hermes-Weisheit und die Moses-Weisheit trafen in ihnen aufeinander und verlangten nach einem gegenseitigen Ausgleich.

Lebte Goethe in den Bildern, die aus den schöpferischen Tiefen der Natur emporströmen und den Sinnenraum mit ihrer urkünstlerischen Kraft erfüllen, so war Schiller bestrebt, aus den Gottestiefen der eigenen

Seele selbstverantwortliche Impulse zu empfangen, sie in seinem abstrakten Denken zu reflektieren und dadurch in Freiheit zu wirklichkeitschaffenden Idealen auszugestalten. Es war sein Bestreben, alles Instinktive, Triebhafte, Leidenschaftliche zu überwinden durch moralische Willensgewalt.

Der dreiundsechzigjährige Wilhelm von Humboldt hat in seiner mehrfach herangezogenen Schrift *Über Schiller und den Gang seiner Geistesentwicklung* ausgeführt, von niemand lasse «sich vielleicht mit so viel Wahrheit sagen» wie von Schiller, dass er im «Reich des Ideales» heimisch gewesen: «er lebte nur von den höchsten Ideen und den glänzendsten Bildern umgeben, welche der Mensch in sich aufzunehmen und aus sich herauszubringen vermag.»

In dem Ideen-Keim zum zweiten, ungeschriebenen Teil der ästhetischen Briefe, in der Abhandlung *Über das Erhabene*, stellt Schiller dar, welche Ideale ihm am meisten am Herzen lagen. Es waren letztendlich nicht die ästhetischen. Als Sinneswesen hat der Mensch zwar einen ästhetischen Zustand, ein harmonisches Gleichgewicht des sinnlichen und des geistigen Ganzen seines Wesens anzustreben. Aber alles Sinnlich-Vergängliche ist doch nur der Ort, der uns angewiesen ist zu unserer seelisch-geistigen Entwicklung. Zwar soll die Kultur «den Menschen in Freiheit setzen und ihm dazu behülflich sein, seinen ganzen Begriff zu erfüllen». Letztlich aber löst die Natur den natürlichen Menschen wieder in ihr Eigenwesen auf. «Jetzt aber wäre es um seine Freiheit getan, wenn er keiner anderen als physischer Kultur fähig wäre. Er soll aber ohne Ausnahme Mensch sein, also in keinem Fall etwas *gegen* seinen Willen erleiden.» Deshalb soll er selbst das Verhängnis in «ein Werk der freien Wahl und Überlegung» verwandeln. Dann, erst dann, wenn er sich in den göttlichen Ratschluss zu ergeben weiß, wird er der höchsten Freiheit teilhaftig – er hat sich von dem ästhetischen zu dem erhabenen Gemütszustand erhoben, dem kein physisches Verhängnis etwas anhaben kann.

Frei fühlen wir uns im *ästhetischen* Zustand, weil weder körperliche noch intellektuelle Zwänge uns beherrschen. Im *erhabenen* Zustand fühlen wir uns hingegen frei, weil wir mitten im schlimmsten Unheil unsere moralische Selbständigkeit beweisen: Wir erfahren, dass zwar «zwei entgegengesetzte Naturen in uns vereinigt sind», eine vergänglich-natürliche und eine unvergänglich-übernatürliche, dass aber «die Gesetze der Natur nicht notwendig auch die unsrigen sind, und dass wir ein selbständiges Prinzip in uns haben, welches von allen sinnlichen Rührungen unabhängig ist». An dieses «absolut Große in uns selbst» – wir vernahmen es schon – «kann die Natur in ihrer ganzen Grenzenlosigkeit nicht reichen». Zwar ist der Mensch in der Hand der Natur, «aber des Menschen Wille ist in der seinigen». Wobei Schiller in diesem Zusammenhang den Willen als den «Geschlechtscharakter des Menschen» versteht, als die Ursubstanz des Ich.

Zu der ästhetischen Erziehung muss sich nach Schiller also eine solche gesellen, die uns befähigt, bei völliger sinnlicher Ausgeliefertheit unsere menschliche Würde, unsere moralische Freiheit bewahren zu können. «Bei dem Schönen stimmen Vernunft und Sinnlichkeit zusammen, und nur um dieser Zusammenstimmung willen hat es Reiz für uns. Durch die Schönheit allein würden wir also ewig nie erfahren, dass wir bestimmt und fähig sind, uns als reine Intelligenzen zu beweisen. Beim Erhabenen hingegen stimmen Vernunft und Sinnlichkeit *nicht* zusammen. ... Der physische und der moralische Mensch werden hier aufs schärfste voneinander geschieden.» Der physische Mensch sieht sich der Vernichtung preisgegeben, während der moralische, der im Göttlich-Geistigen urständende Mensch sich seines absoluten moralischen Vermögens vergewissert.

«Das Erhabene verschafft uns also einen Ausgang aus der sinnlichen Welt, worin uns das Schöne gern immer gefangen halten möchte. Nicht allmählich (denn es gibt von der Abhängigkeit keinen Übergang zur Freiheit), sondern plötzlich und durch eine Erschütterung reißt es den selbständigen Geist aus dem Netze los, worin die verfeinerte Sinnlichkeit ihn umstrickte.» Diese ist fähig, sich in der verführerischen Maske «des geistigen Schönen in den innersten Sitz der moralischen Gesetzgebung einzudrängen und dort die Heiligkeit der Maximen an der Quelle zu vergiften».

Indem der selbständige Menschengeist zu seiner reinen moralischen Willenswesenheit erwacht, richtet er seinen Blick auf das Sinnlich-Unendliche und erfährt «die Überlegenheit seiner Ideen über das Höchste, was die Sinnlichkeit leisten kann». Denn «das relativ Große außer ihm ist [nur] der Spiegel, worin er das absolut Große in ihm selbst erblickt». Jetzt hat er «sich in die heilige Freiheit der Geister» geflüchtet, in der er erhaben ist über alle Tücken des Verhängnisses der Sinnenwelt. Er ist «*in unmittelbaren Verkehr* mit dem Geistergesetz, das in seinem Busen gebietet», getreten, demjenigen Gesetz, das er *freiwillig* in seinen Willen aufnimmt. Und diese erlangte «Freiheit macht ihn zum Bürger und Mitherrscher eines höheren Systems, wo es unendlich ehrenvoller ist, den untersten Platz einzunehmen, als in der physischen Ordnung den Reigen anzuführen».

Verglichen mit dieser idealischen Zukunft des Menschen, schreibt Schiller im Weiteren, ist die ganze bisherige Weltgeschichte «im Grunde nichts anderes als der Konflikt der Naturkräfte untereinander selbst und mit der Freiheit des Menschen, und den Erfolg dieses Kampfes berichtet uns die Geschichte. So weit die Geschichte bis jetzt gekommen ist, hat sie von der Natur (zu der alle Affekte im Menschen gezählt werden müssen) weit größere Taten zu erzählen, als von der selbständigen Vernunft», die bislang nur in wenigen hervorragenden Individuen überhaupt wirksam geworden ist. Mit anderen Worten: Schiller betrachtet die bisherige Entwicklung des Menschengeschlechts weitgehend als eine Entladung von Naturgewalten, zu denen er das gesamte Triebleben des Menschen mit allen seinen ungeläuterten Instinkten und Begehrlichkeiten zählt.

Erst dann werden wir nach Schillers Überzeugung zur wahren Menschlichkeit vorrücken, wenn wir «bei allen sinnlichen Schranken uns nach dem Gesetzbuch reiner Geister» zu richten wissen. Dann wird der Mensch keine Gesetze und Gebote mehr brauchen, die ihm von außen gegeben werden. Denn er ist fähig geworden, moralische Intuitionen in seinem Selbst zu vernehmen und aus seinem Selbst heraus zu verwirklichen. Unser zur geläuterten Liebe umgewandelter Wille ist zum Träger unserer höchsten Ideale geworden. Von nun an werden wir «unsere unveränderliche Bestimmung und unser wahres Vaterland» nicht mehr aus den Augen verlieren, während wir «in dieser uns einmal angewiesenen Sphäre des Handelns» unseren Aufgaben nachkommen.

In der selbstlosen Hingabekraft der Liebe sieht Schiller die Erfüllung unseres Menschentums aufstrahlen. In *Anmut und Würde* sagt er von ihr: «Die Liebe allein ist also eine freie Empfindung, denn ihre reine Quelle strömt hervor aus dem Sitz der Freiheit, aus unserer göttlichen Natur.» Und etwas später fügt er hinzu: «Der reine Geist kann nur lieben», denn in der Liebe gelangt «das *absolut Große* selbst», «der Gesetzgeber selbst, der Gott in uns», zur Verwirklichung.

Das moralische Gesetz, das sich uns von außen mitteilt, besitzt den höchsten Grad der Würde, denn es offenbart sich uns als erhabene Majestät. «Wir schlagen die Augen vor dem gegenwärtigen Gott zu Boden, vergessen alles außer uns und empfinden nichts als die schwere Bürde unseres eigenen Daseins.» Aber wenn das moralische Gesetz in unserem eigenen Herzen zu sprechen beginnt, dann wird es selbst zum Quellpunkt unserer *Liebe*: Es strömt aus unserem ewigen Wesen hervor – «aus dem Sitz der Freiheit, aus unserer göttlichen Natur.»

Moses hat das Gesetz gegeben, das er von außen, von Jahve empfing. Christus hat das Gesetz in die Gnade verwandelt, unsere höchsten moralischen Ideale in Liebes-Freiheit vollbringen zu können: als Selbst-Offenbarung.

Zwar formuliert Schiller diese Erkenntnis noch nicht, aber nachdrücklich hat er sich in *Anmut und Würde* gegen Kants mosaisch-kategorischen Imperativ gewandt. So schreibt er denn auch am 18. August 1795 an Goethe: «Ich finde in der christlichen Religion virtualiter die Anlage zu dem Höchsten und Edelsten, und die verschiedenen Erscheinungen derselben im Leben scheinen mir bloß deswegen so widrig und abgeschmackt, weil sie verfehlte Darstellungen dieses Höchsten sind. Hält man sich an den eigentümlichen Charakterzug des Christentums, der es von allen monotheistischen Religionen unterscheidet, so liegt er in nichts anderem als in der Aufhebung des Gesetzes oder des Kantischen Imperativs, an dessen Stelle das Christentum eine freie Neigung gesetzt haben will. Es ist also, in seiner reinen Form, Darstellung schöner Sittlichkeit oder der Menschwerdung des Heiligen und in diesem Sinn die einzige ästhetische Religion.»

Als Schiller dies schrieb, hatte er gerade seine Briefe *Über die ästhetische Erziehung des Menschen* abgeschlossen, in denen – nach einem Wort Rudolf Steiners – das Gleichgewicht der Sonnenmitte zwischen dem Ahrimanisch-Materiellen und dem Luziferisch-Geistigen zur Darstellung gelangt war.[286] Schiller war sich also der Tatsache voll bewusst, dass er in seiner Schrift das innerste Wesen des Christentums, die «Menschwerdung des Heiligen» – die Goethe und ihm selbst wesensgemäße Religion – veranschaulichen wollte. Dieses Thema erscheint in seiner Abhandlung *Über das Erhabene* weitergeführt.

Sechs Tage, nachdem Schiller die obigen Worte geschrieben hatte, besuchte Goethe den Freund in Jena und überreichte ihm das *Märchen*.

Die Tragödie des Hiob

Indem Jahve die zehn Gebote durch Moses im Mittelpunkt der menschlichen Seele, im «Ich», verankerte, wurde der seit Abraham im althebräischen Volk ausgebildete Intellekt zum Träger der moralischen Willenssubstanz des ICH-BIN. Von nun an sah sich der gläubige Jude der rigorosen Strenge, der zornmütig-rächenden Unerbittlichkeit des göttlichen Gerichtes ausgesetzt.

Vergleichbares hatte es nie zuvor gegeben. Rudolf Steiner stellte dar, wie das Moses-Volk erstmalig eine «die Seele durchdringende moralische Wärme»[287] entwickelte. Prägten doch nunmehr die Begriffe von Gut und Böse, von Sünde und Schuld das ganze Leben. Verbunden damit aber war eine scharfe Trennung von moralischer und physischer Weltordnung. Die mosaische Schöpfungsgeschichte ist «im Grunde genommen bar jeder naturverbundenen Weltanschauung». Die natürliche Umwelt wird nur noch als ein Physisches, nicht mehr als ein elementarisch belebtes und beseeltes Weben und Wirken wahrgenommen. Von dem die Außenwelt durchdringenden Geistigen wandten die Hebräer ihre Aufmerksamkeit ab und versenkten sich einseitig in das eigene Innere und den über dasselbe gebietenden Gott. «Das führte sie dazu, man möchte sagen, die *ganze Welt zu moralisieren*, alles auf den Willen Jahves zurückzuführen, es darauf zurückzuführen, dass Jahve es will.» (Hervorhebung durch den Autor)

Für Moses war, wie wir hörten, die Sinneswahrnehmung kaum mehr als eine Anregung. Was er eigentlich wahrnahm, stieg aus seiner Seele auf, in der sich hellseherische Kräfte mit jenen Abstraktionskräften verbanden, die es zuerst Abraham ermöglicht hatten, das bildlose Denken als ein sich selbst tragendes Geistiges zu erfahren. Demgemäß forderte Moses den Menschen auf, in sein Inneres hineinzusehen; da allein finde er ein wirkliches Ebenbild der reinen Gottheit. «Daher sollte alle Wirkung unter den Menschen von nun an nur von Ich zu Ich gehen. Das sollte vorbereitet werden durch die Sendung des Moses.»[288]

Die Wirkung von Ich zu Ich, anders gesagt, die Entwicklung der Demokratie, wurde in Griechenland etwa sechshundert Jahre später durch die Gesetzgebung des Solon machtvoll befördert. Das aber geschah in eindringlicher Polarität zu dem Zehn-Gebote-Gesetz des Moses. Und so

Polarität und Steigerung

lassen denn auch die sozialpolitisch-philosophischen Verse Solons, in dem die Griechen einen ihrer sieben Weisen verehrten, den ungeheuren Kontrast deutlich werden zu dem gebieterischen «Du sollst» der Jahve-Religion. In seinem großen Gedicht vergleicht Solon die strafende Gerechtigkeit des Zeus mit dem reinigenden Wirken der Naturkräfte (Fragment 1, 18 – 24):

> ... So wie der Frühlingssturm eilends die Wolken zerstreut,
> Welcher den Grund aufwühlt des unerschöpflichen, wilden
> Meers, und über des Lands weizenbestandene Flur
> Hinbraust, Äcker verwüstend, dann zum Himmel, dem steilen
> Göttersitz, fährt und ihn rein fegt, dass in Bläue er prangt;
> Strahlend leuchtet der Sonne Gewalt auf die üppige Erde
> Schön, von Wolken jedoch bietet sich nichts mehr dem Blick –
> Solcher Art ist die Strafe des Zeus ...

Mag es gleich immer wieder scheinen, fährt Solon fort, als würde so mancher Frevler ungestraft davonkommen: zuletzt ereilt einen jeden sein wohlverdientes Geschick. Und sollte das einmal nicht so sein – «schuldlos büßen die Kinder die Tat oder ein spätres Geschlecht». Nichts jedenfalls bleibt ungestraft. *Wie* allerdings das eherne Schicksalsgesetz wirkt, verrät Solon nicht.

Moses war von Gott berufen worden, dem einzigen Gott. Solon wird von seinen Athener Mitbürgern gewählt; und aus freien Stücken gestaltet er im Jahre 594 die völlig neuartige Ordnung des Stadtstaates: Er gibt «gleiche Gesetze für die Großen und die Kleinen» – von Ich zu Ich. Mit hohem Ernst bezeugt er (Fragment 24, 3 – 7):

> ... Des sei mir Zeuge vor dem Richterstuhl der Zeit
> die große Mutter aller Götter im Olymp
> vorerst, die schwarze Erde, sie, aus der ich einst
> Schuldsteine ausriss, hundertfältig eingepflockt,
> die früher eine Sklavin war; nun ist sie frei ...

Auf eigene Verantwortung also hatte Solon den Athenern Gesetze gegeben, die den Weg bahnten in die griechische Demokratie mit ihrer ersten Morgenröte der Freiheit, Gleichheit und Brüderlichkeit. Seine Mitbürger wussten ihm allerdings zu Lebzeiten wenig Dank. Verarmt und zurückgezogen verstarb Solon um das Jahr 561.

Die Tragödie des Hiob

Hundert Jahre später führte Perikles wichtige demokratische Neuerungen durch, die den Sieg der demokratischen Idee in Athen herbeiführten. In seiner von Thukydides übermittelten berühmten Rede bekundet Perikles mit berechtigtem Stolz, dass nunmehr jeder Athener eine auf sich selbst gestellte Persönlichkeit sei. Das aber geschah in einer Zeit, in der sich alle Griechen in ihrem Peloponnesischen Bruderkrieg zu zerfleischen begannen. Allzurasch war die Hochblüte verweht. Weshalb Rudolf Steiner bereits Aristoteles gelegentlich einen Spätgriechen nennt.

Schon diese wenigen Hindeutungen können veranschaulichen, wie höchst gegensätzlich sich der griechisch-heidnische und der alttestamentlich-jüdische Kulturkreis entwickelten. Mehr noch: «Judentum und Heidentum nehmen sich aus wie die zwei Pole der Religionsauffassung überhaupt», betont Rudolf Steiner in einem Vortrag, in dem er beide Religionsformen auch als «radikal polarisch entgegengesetzt»[289] bezeichnet. Der Heide betrachtete zuerst die Natur, führt Steiner weiter aus, und gelangte von da aus «zu der Krönung des Naturgebäudes in der Anschauung des Göttlich-Geistigen innerhalb der Natur». Auf diesem Wege jedoch war grundsätzlich nicht zu dem zu gelangen, was in den zehn Geboten zum Ausdruck kommt. Eine aus dem Natur-Erleben aufsteigende Form des religiösen Erlebens «kann nicht kommen zu einer völligen Erfassung der moralischen Impulse des Menschengeschlechts. Denn wenn man noch so sehr aus der Natur heraus versucht, den göttlich-geistigen Impuls zu erkennen, so bleibt dieser göttlich-geistige Impuls ohne moralische Ingredienz. In der hochgebildeten heidnischen Religion der Griechen sehen wir, wie die Götter eigentlich nicht gerade viel moralische Impulse in sich enthalten.»

Entgegengesetzt verhielt sich das hebräische Volk: Vor dem nach innen gerichteten Blick versank die Natur. Um diesen Preis aber vernahm der Jude die Stimme der überweltlich-moralischen Instanz des einzigen Gottes.

Das führte innerhalb des israelitisch-jüdischen Volkes jedoch zu einer erschütternden *Tragik*. Das aus dem Naturgeschehen aufsteigende Schicksal konnte der gläubige Jude mit dem Willen Jahves nicht in Einklang bringen. Das fand seinen gewaltigen Niederschlag in dem *Buch Hiob*, das von einem Gläubigen handelt, dem rein gar nichts anzulasten ist und der trotzdem alles, was ihm lieb und teuer ist, Stück um Stück verliert. Leidgeprüft durch schwere Krankheit, zuletzt sogar von seiner

POLARITÄT UND STEIGERUNG

Frau und seinen Freunden alleingelassen, ohne Antwort auf das fort und fort verzweifelt wiederholte «Warum?!» – grundlos zerschunden, sagt Hiob dennoch Gott nicht ab. Nein, ungebrochen bewahrt er seine Zuversicht. Mag sein Fleisch dahinschwinden, er trägt in sich die Gewissheit, dennoch Gott mit seinen Augen zu schauen. Zutiefst ergreifend ruft er aus: «Ich weiß, dass mein Erlöser lebt.»

Hiob also leidet schuldlos. Und er ahnt nicht den Grund seines Martyriums (den der Leser des Buches erfährt): Gott der Herr hat dem Satan erlaubt, Hiob zu versuchen, in der Gewissheit, dass dieser dem wütenden Bösen widersteht.

Nun war aber gerade das der «tief-tragische Grundton des Buches Hiob», betont Rudolf Steiner in dem genannten Vortrag, dass der Jude sich «gegenüber der Natur weltenfremd» fühlen musste. Das im Naturgeschehen waltende Schicksal blieb dem Juden unerklärlich. Den Prüfungen standhalten konnte Hiob folglich nur durch sein unerschütterliches Vertrauen in den Ratschluss des ICH-BIN.

Das Gegenbild der hebräischen Schicksalstragödie ist Ödipus, der die griechische Urerfahrung des Schicksals verkörpert. Wie ein unabwendbares Naturgeschehen brandet dieses heran und zermalmt ihn. Selbst die Warnungen des Orakels befördern das Verhängnis nur: Ödipus erschlägt seinen Vater und ehelicht seine Mutter. Sehenden Auges läuft er blind ins Verderben – unschuldig-schuldig! In seiner Verzweiflung beraubt er sich des Augenlichts.

Zwar lässt Sophokles dieses Urbild der griechischen Schicksalstragödie in seinem *Ödipus auf Kolonos* versöhnlich ausklingen, indem der Zerschundene im Hain der Eumeniden vor den Rachegeistern Schutz und inneren Frieden findet. Aber wenngleich Ödipus zuletzt, gnädig getroffen von dem Blitz des Zeus, in die Schattenwelt des Hades gelangen darf – unbeantwortet bleibt eben doch die heillose Frage: Gibt es Schicksalsgerechtigkeit? Und falls es sie gibt: Wie kommt sie zustande?

Ratlos steht der Jude vor der Natur, der er seine Seele entfremdet hat. Wohl ist in seinen Augen die Welt Gottes wunderbare Schöpfung; doch sie ist nur «wie ein Stäubchen auf der Waage» (Weish. 11,22), mehr noch, «diese Welt zerfällt, sie verwelkt» (Jes. 24,4). Heil findet der Jude einzig und allein in dem überweltlichen Schöpfer der Welt, in dessen Obhut auch Hiobs schuldlos-schwergeprüfte Seele verbleibt.

Die Tragödie des Hiob

Ratlos steht der Grieche vor dem sphinxgestaltigen Schicksalsungeheuer, dem Urgrund der Gerechtigkeit und Moral, den Ödipus nicht kennt; weshalb er, im Gegensatz zu Hiob, in Gott keinen Halt findet. Dagegen erlebt sich der griechische Heide – wie noch Goethe, wie aber in keinem Augenblick Schiller – behütet und bewahrt in der Natur, der lichtdurchfluteten, in der seine leuchtenden Tempel als Wohnhäuser der olympischen Götter allüberall die Augen laben.

Ohne Frage, Judentum und Heidentum sind radikal polare Gegensätze, hervorgegangen aus einer übergreifenden Ganzheit, ohne die sie einseitig und ergänzungsbedürftig bleiben, auch wenn sie gerade durch die Polarisierung eine zuvor nie dagewesene Höhe erreichen konnten.

Als Goethe im Jahre 1817 auf seine Freundschaft mit Schiller zurückblickte – wir haben es schon betrachtet –, sprach er von der «ungeheuren Kluft» zwischen ihren beiden Denkweisen, die jegliche Annäherung unmöglich zu machen schien. Hatte doch Schiller kein Auge für die Natur, ja er schien undankbar gegen die große Mutter, indem er «im höchsten Gefühl der Freiheit und Selbstbestimmung» alles aus seinem eigenen Innern schöpfen wollte, während Goethe sich in die Natur versenkte, die er als «selbständig, lebendig vom Tiefsten bis zum Höchsten, gesetzmäßig hervorbringend zu betrachten» unausgesetzt bestrebt war.

Die Gegensätze von Griechentum und Judentum trafen in Goethe und Schiller mit voller Intensität aufeinander und schienen keine Vereinigung zu erlauben. Und doch war gerade in dieser weltgeschichtlichen Begegnung die gesteigerte Ergänzung der Hermes-Weisheit und der Moses-Weisheit anzustreben.

Schillers innere Nähe zumal zur Tragödie des Hiob steht außer Frage. In seiner Abhandlung *Über das Erhabene* führt er seinem Leser recht eigentlich vor Augen, dass letztlich alle moralischen Qualitäten des Menschen erst dann zutage treten, wenn sie den schwersten Prüfungen ausgesetzt sind. Solange ein tugendhafter Mensch noch in wohlbehüteter Zufriedenheit lebt – gibt Schiller zu bedenken –, wird die Unantastbarkeit seines ethischen Vermögens noch ungesichert bleiben. Als beabsichtige Schiller, einen Kommentar zum *Buche Hiob* zu schreiben, meint er, man könne den moralischen Wert eines Menschen erst dann ergründen, wenn man ihn ins Unglück versetze. Eindringlich legt er dar: «Man soll ihn seiner Güter berauben, man soll seinen guten Namen zugrunde richten. Krankheiten sollen ihn auf ein schmerzhaftes Lager werfen, alle die er liebt, soll der Tod ihm entreißen, alle, denen er vertraut, ihn in der Not verlassen. In diesem Zustand suche man ihn wieder auf und fordere von dem Unglücklichen die Ausübung der nämlichen Tugenden, zu denen der Glückliche einst so bereit gewesen war. Findet man ihn in diesem Stück noch ganz als den nämlichen, hat die Armut seine Wohltätigkeit, der Undank seine Dienstfertigkeit, der Schmerz seine Gleichmütigkeit, eignes Unglück seine Teilnahme an fremdem Glück nicht vernichtet, bemerkt man die Verwandlung seiner Umstände an seiner Gestalt, aber nicht in seinem Betragen, in der Materie, aber nicht in der Form seines Handelns – dann freilich reicht man mit keiner Erklärung aus dem *Naturbegriff* mehr aus (nach welchem es schlechterdings notwendig ist, dass das Gegenwärtige als Wirkung sich auf etwas Vergangenes als seine Ursache gründet), weil nichts widersprechender sein kann, als dass die Wirkung dieselbe bleibe, wenn die Ursache sich in ihr Gegenteil verwandelt hat. Man muss also jeder natürlichen Erklärung entsagen, muss es ganz und gar aufgeben, das Betragen aus dem Zustande abzuleiten, und den Grund des erstern aus der physischen Weltordnung heraus in eine ganz andere verlegen. ... Diese Entdeckung des *absoluten moralischen Vermögens, welches an keine Naturbedingungen gebunden* ist, gibt dem wehmütigen Gefühl, womit wir beim Anblick eines solchen Menschen ergriffen werden, den ganz eigen unaussprechlichen Reiz, den keine Lust der Sinne, so veredelt sie auch seien, dem Erhabenen streitig machen kann.» (Hervorhebungen durch den Autor)

Die aufs schwerste geprüfte moralische Kraft eines Menschen veranschaulicht nach Schillers Überzeugung, dass sie im vollen Gegensatz zur Naturkausalität steht. Der in sich selbst ruhende Wert «des absoluten moralischen Vermögens, welches an keine Naturbedingungen gebunden ist», ist für Schiller identisch mit dem menschlichen Wert überhaupt. Mag die ganze natürliche Schöpfung in Staub zerfallen, mag alles Irdische verwehen wie ein Rauch: die moralisch-religiöse Idealität des Menschen ist nicht davon betroffen, denn sie bleibt bewahrt in dem übernatürlich-göttlichen Urgrund der Welt.

Deshalb ist in Schillers Augen das Moralische der Quellgrund des Weltenschöpferischen. Moralische Ideale erlebt Schiller wie Keime, die wir in den Boden dieser Welt senken müssen, auf dass sie heranwachsen und Früchte tragen können in der Ewigkeit. Schiller hätte deshalb Rudolf Steiner zugestimmt, wenn er aus dessen Mund die Worte vernommen hätte: «Das Natürliche vergeht im Menschen; im Moralischen entsteht

Die Tragödie des Hiob

neues Natürliches.»²⁹⁰ – «Wenn der Mensch nur ganz richtig zum reinen Denken vordringt, dann findet er in diesem reinen Denken das Nicht, das zum Icht wird, zum Ich wird, aus dem aber die ganze Fülle der ethischen Handlungen hervorgeht, die neu schöpferisch sind.»²⁹¹

Schiller erlebte: Die moralische Qualität unserer Handlungen wird erst dann recht zutage gefördert, wenn sie durch keine äußeren Umstände begünstigt wird, wenn diese vielmehr unserer moralischen Existenz entgegengesetzt sind. Seelenkühn schreibt der durch seine todbringende Krankheit niedergeworfene Schiller in seiner Abhandlung *Über das Erhabene:* «Stirn gegen Stirn zeige sich uns das böse Verhängnis. Nicht in der Unwissenheit der uns umlagernden Gefahr – denn diese muss doch endlich aufhören – nur in der Bekanntschaft ist Heil für uns.» Bergen wir doch in uns selbst die Vernichtung unserer natürlichen Wesenheit, weshalb es uns zum Heile gereicht, uns beizeiten in jene Burg zu retten, die der Tod nicht schleifen kann: in die Unzerstörbarkeit unserer idealischen Existenz.

Der Tragiker Friedrich Schiller ist, wie wir sehen, aufs engste verbunden mit der Botschaft des *Buches Hiob*, mit ihrem Ernst und ihrer Erschütterung. Deshalb konnte Schiller auch *Über den Grund des Vergnügens an tragischen Gegenständen* schreiben. Er führt da aus: «Keine Zweckmäßigkeit geht uns so nahe als die moralische, und nichts geht über die Lust, die wir über diese empfinden. Die Naturzweckmäßigkeit könnte noch immer problematisch sein, die moralische ist uns erwiesen. Sie allein gründet sich auf unsere vernünftige Natur und auf innere Notwendigkeit. Sie ist uns die nächste, die wichtigste und zugleich die erkennbarste, weil sie durch nichts von außen, sondern durch ein innres Prinzip unserer Vernunft bestimmt wird. Sie ist das Palladium unsrer Freiheit.»

Während Schiller sein innerstes Wesen dergestalt im Moralischen verankert sah und die Natur geradezu zurückstieß, wie das Judentum «bar jeder naturverbundenen Weltanschauung», ging Goethe den radikal entgegengesetzten Weg, den Weg des Heidentums über die Natur zum religiösen Erleben.

Anfang Juli des Jahres 1803 schreibt Goethe dem Freund: «Übrigens bekömmt es uns ganz wohl, dass wir mehr an Natur als an Freiheit glauben und die Freiheit, wenn sie sich einmal aufdringt, geschwind als Natur traktieren; denn sonst wüssten wir gar nicht mit uns selbst fertig zu werden, weil wir, sehr oft, in den Fall kommen wie Bileam da zu segnen, wo wir fluchen sollten.»

POLARITÄT UND STEIGERUNG

Solche Worte, die einen tiefen Einblick in Goethes Eigenart geben, widersprachen allem, was Schillers Wesen prägte. Dieser hätte mit sich selbst nicht fertig werden können, wenn er die sich gelegentlich aufdringende Freiheit hätte «geschwind als Natur traktieren» müssen, um der Gefahr zu entgehen, da zu segnen, wo er besser geflucht hätte.

So schrieb Schiller denn auch noch wenige Wochen vor seinem Tode, am 2. April 1805, in seinem ergreifenden letzten Brief an Wilhelm von Humboldt: «Für unser Einverständnis sind keine Jahre und keine Räume ... Und am Ende sind wir ja beide Idealisten und würden uns schämen, uns nachsagen zu lassen, dass die Dinge uns formen und nicht wir die Dinge.»

Goethe und Schiller erlebten diametral entgegengesetzt Natur und Freiheit, Notwendigkeit und Selbstbestimmung. Schiller wollte *nichts* der Natur, Goethe wollte ihr *alles* verdanken.

Einmal mehr wurde Goethes Haltung deutlich, als er, dreieinhalb Jahre nach Schillers Tod, im «Morgenblatt für gelehrte Stände» *Die Wahlverwandtschaften* ankündigte. Goethe legte seiner Leserschaft dar, dass die bedrückenden Schicksalsabläufe des Romans, dem Titel gemäß, mit dem Phänomen chemischer Verwandtschaften vergleichbar seien, mit Naturprozessen also, die nach unumstößlichen, moralisch neutralen Gesetzen ablaufen. Die verhängnisvoll-problematischen Geschehnisse dieser Liebestragödie wollte Goethe in eine Sphäre gerückt sehen, in die menschliche Moralbegriffe letztlich nicht reichen. Naturwissenschaft und Ethik aber haben in letzter Tiefe keinen Berührungspunkt.

Ergänzungsbedürftig war die Hermes-Weisheit, die in Goethe machtvoll weiterwirkte. Ergänzungsbedürftig war die Moses-Weisheit, die sich in Schillers Haltung elementar Geltung verschuf. Sie bedurften beide des Einen Wesens, in dem sie ein Ganzes waren – so wie Heidentum und Judentum, die um die Zeitenwende gerade durch ihre radikale Polarisierung zu ihrer einzigartigen Kulturhöhe gelangt waren. Letztlich war die Polarisierung aus der Opfertat des Zarathustra in der urpersischen Zeit hervorgegangen, desselben Zarathustra, der nun als Jesus von Nazareth seine Leibeshülle durch die Johannes-Taufe dem Sonnenlogos hingab.

In dem bereits herangezogenen Vortrag vom 11. Januar 1919 legt Rudolf Steiner dar: «Die Menschheit war gewissermaßen in der Zeit, als das Mysterium von Golgatha herannahte, in einer Sackgasse angelangt. Sie hatte begriffen, oder zu begreifen gesucht, auf der einen Seite die Natur im alten Sinne, auf der andern Seite die moralische Welt im alten

Sinne. Sie konnte nicht weiter. Beides war, äußerlich ausgestaltet, in der menschlichen Anschauung zu einem höchsten Gipfel gelangt, aber man konnte nicht weiter.»[292]

Waren Judentum und Heidentum «die zwei Pole der Religionsauffassung überhaupt» und als solche zu radikalen Gegensätzen ausgereift, so wurde ihre Polarität durch das Mysterium von Golgatha zur höchsten Steigerung emporgeführt, wie, gemäß Goethes Farbenlehre, das Blaue und das Gelbe im Purpurrot vereint erscheinen.

Als Goethe und Schiller, die sich beide um das Jahr 1794 wie in einer Sackgasse befanden und nicht weiterwussten, zu erleben begannen, dass sie zwei Hälften einer höheren Ganzheit waren, schlossen sie ihren Bund.

V.

Der Bund

Im Anblick des Bösen

Die Menschheit des Bewusstseinsseelen-Zeitalters, das erst in der Mitte des vierten Jahrtausends in die Kulturepoche des Geistselbstes übergehen soll, hat «zu lösen im weitesten Umfange lebenskräftig dasjenige Gebiet, was man nennen kann das Problem des Bösen». So eröffnete Rudolf Steiner im November 1917 in einem Vortrag seinen Hörern; und er fuhr fort: «Das bitte ich Sie durchdringend ins Auge zu fassen. Das Böse, das in allen möglichen verschiedenen Formen herantreten wird an den Menschen der fünften nachatlantischen Zeit, so herantreten wird, dass er wissenschaftlich wird zu lösen haben die Natur, das Wesen des Bösen, dass er wird zurechtzukommen haben in seinem Lieben und Hassen mit alledem, was aus dem Bösen stammt, dass er wird zu kämpfen, zu ringen haben mit den Widerständen des Bösen gegen die Willensimpulse»[293] – das verleiht unserem Zeitalter, in dem die Menschheit erdumgreifend zur Selbstverantwortung aufsteigt, einen in dieser Weise nie dagewesenen ernsten Charakter.

Schillers gesamtes dichterisches Werk ist nahezu ausschließlich beherrscht von dieser Thematik. Mit durchdringender Intensität stellt er in verschiedenster Weise das Wirken des Bösen seinem Leser oder Zuschauer vor Augen. Mit allen ihm zu Gebote stehenden künstlerischen Mitteln ist sein Bestreben darauf gerichtet, in den Spannungsfeldern von Liebe und Hass, von selbstloser Hingabe und selbstsüchtiger Egoität das Heil und das Verhängnis des Menschenwesens erlebbar zu machen. Von seinen ersten glühend-eruptiven Jugenddramen bis hin zu dem gewaltigen *Demetrius* sehen wir Schiller befasst mit der vielgestaltigen Problematik des Bösen. Und wir gewinnen den Eindruck: Schillers Seele trägt mit

DER BUND

urmächtiger Stoßkraft die quälende Frage in sich, welche Tragweite das Wesen des Bösen überhaupt im Entwicklungsgang der Menschheit hat.

Darüber hinaus war auch Schillers eigenes Schicksal bereits in frühen Jahren so beschaffen, dass es geradezu als ein verzweifelter Kampf mit dem Bösen bezeichnet werden darf. Zwang doch der Herzog Karl Eugen von Württemberg Schillers Vater, seinen dreizehnjährigen Sohn, der nur den einen Wunsch hatte, «Gottesgelehrter» zu werden, in seine Militär-Pflanzschule zu geben, in welcher der Knabe zuerst Jura, dann Medizin zu studieren hatte, weitgehend isoliert von seiner bisherigen Umgebung und in ein äußerst streng überwachtes Kasernenleben hineingepresst. Ferien gab es nicht, Urlaub wurde nur in dringendsten Fällen erteilt, Besuche waren so gut wie gar nicht gestattet. Der Herzog betrachtete sich von nun an als Schillers «Vater», brach aber alle Versprechungen, die er gelegentlich machte, zuletzt noch die, nach dem Abschluss des Medizinstudiums für eine gut besoldete Stellung Sorge zu tragen. Statt dessen erhielt der einundzwanzigjährige Schiller in einem verwahrlosten Grenadierregiment die schlecht bezahlte Anstellung als Regimentsmedikus. Und nach der ungeheures Aufsehen erregenden Mannheimer Uraufführung der *Räuber*, Mitte Januar 1782, erteilte der Herzog dem jungen Dichter Schreibverbot. Schiller drohte das Schicksal des schwäbischen Dichters Schubart, den Karl Eugen heimtückisch verhaften ließ und der nach zehn Jahren auf der Festung Hohenasperg im Frühjahr 1787 zwar begnadigt wurde, aber körperlich und seelisch gebrochen war. Nur durch Flucht rettete Schiller im September des Jahres 1782 sich und seine Freiheit – um sich weitere zweieinhalb Jahre wie ein Verbannter höchst bedrohlichen Umständen ausgesetzt zu sehen. Und so heißt es denn auch am 7. Dezember 1784 in einem Brief an die Leipziger Freunde: «... in einer traurigen Stufenreihe von Gram und Widerwärtigkeit vertrocknete mein Herz für Freundschaft und Freude.»

Einen finsteren Schatten also warf die Gestalt des Herzogs Karl Eugen auf ein Jahrzehnt von Schillers Jugend. Die hybride Steigerung der souveränen Fürstengewalt des Rokoko hatte in diesem Menschen eine Form angenommen, die prachtliebende Huld und Majestät mit Rachsucht, Wut, Brutalität und zügelloser Sinnlichkeit verquickte – «eine Mischung aus allem Bösen der Zeit», wie es zu Recht in einer Schiller-Biographie heißt, deren Autor zusammenfassend von dem Herzog Karl Eugen meint: «Sein Leben lang blieb er, was man auch zu seinen Gunsten anführen mag, gemein und verlogen, bei aller Aufgeklärtheit beschränkt, von Grund auf verdorben im Taumel der Macht.»[294]

Im Anblick des Bösen

Rudolf Steiner hat in einem seiner Karma-Vorträge ein höchst erhellendes Licht auf die Tiefenströme der Schillerschen Seele fallen lassen, indem er sie in eine frühere Inkarnation zurückverfolgte. Da Steiner selbst den größten Wert darauf gelegt hat, dass der Wortlaut seiner esoterischen Darstellungen karmischer Zusammenhänge berücksichtigt werden möge, sollen seine Ausführungen vom 10. Juni 1924[295] hier zusammenhängend wiedergegeben werden:

«Man kann hinschauen auf eine menschliche Individualität, die in dem ersten, zweiten christlichen Jahrhundert, als das Griechentum noch stark hereinwirkte in den Gang der christlichen Entwickelung, im Süden von Europa ihr Leben durchgemacht hat; die damals eine starke, feine, etwas intellektuell gefärbte Empfänglichkeit der Seele hatte für das griechisch gefärbte Christentum, und versetzt worden ist in das Römische Reich, da durchgemacht hat alles das, was man eben in den ersten Jahrhunderten der Ausbreitung des Christentums im Römischen Reich durchmachen konnte: die Christenverfolgungen mit ihrer Ungerechtigkeit, die Gewalttätigkeiten des römischen Cäsarentums, alles dasjenige, was da angeschaut werden kann, im allertiefsten Sinne mit Empörung durchgemacht hat und eigentlich damals mit einer resignierten Stimmung durch den Tod gegangen ist, die sich sagte: Kann denn eigentlich eine Welt einen Fortschritt entwickeln, in der solches möglich ist? – Zu einem gewissen Zweifel darüber, ob überhaupt in der Welt noch ein Ausgleich zwischen Gutem und Bösem ist, kam diese Seele aus der Betrachtung des römischen Cäsarentums heraus, und vor ihrem geistigen, vor ihrem seelischen Blicke stand auf der einen Seite das Böse der Cäsaren und auf der anderen Seite das in Märtyrertum gegossene Wesen einzelner christlicher Märtyrer. In hartem, schroffem Gegensatz sah diese Seele das Gute auf der einen Seite, das Böse auf der anderen Seite. Mit diesem Eindruck ging sie durch die Pforte des Todes, ging dann hindurch durch weniger bedeutsame Erdenleben. Denn dasjenige, was in jenem Erdenleben im griechisch-römischen Dasein auf diese Seele sich abgeladen hatte, das hatte tiefe Furchen im Seelenleben gezogen. Das war es, was dann, als das achtzehnte Jahrhundert sich nahte, innerhalb der Saturnsphäre weiter ausgearbeitet wurde zu weiterem Karma dieser Individualität.

Die Saturnsphäre arbeitet ernst und eindringlich an der Gestaltung des Karma. Und gerade dann, wenn es sich darum handelt, die vollste

Tiefe der menschlichen Seele zu ergreifen und aus den vollsten Tiefen der menschlichen Seele stark radikale Kräfte zu entwickeln, gibt sie diese starken Kräfte, weil alles dasjenige, was innerhalb der Saturnsphäre geschieht, stark geistig ist, intensiv geistig, aber so geistig, dass es auch viel tiefer eingreift, wenn der Mensch heruntersteigt zu einer irdischen Gestaltung; tief, tief greift es ein in die physische Organisation. Es kommt eine physische Organisation zustande, die enthusiasmiert ist für einen Ausgleich desjenigen, was die Seele in einem früheren Erdenleben durchgemacht hat. Es ist ein starkes Zurückschauen da. Man schaut ja, wenn das Karma innerhalb der Saturnsphäre ausgearbeitet wird, auf Erinnerungen, auf Vergangenes, wie sich gestaltet das Wesen in der Saturnsphäre; man schaut da zurück. Dann, wenn der Mensch heruntersteigt in die irdische Sphäre, dann zeigt sich in gewisser Beziehung das negative Abbild desjenigen, was man da durchlebt hat. Das intensive Zurückschauen verwandelt sich in ein tatkräftiges Streben nach Idealen, die nach vorwärts, nach der Zukunft gehen, sodass gerade Menschen, die aus der Saturnsphäre herunter die Ausarbeitung ihres Karma bringen, zukunftbegeisterte Menschen sind, also wirken wollen in Idealen, die nach der Zukunft hinstreben, weil sie in der Saturnsphäre in einem rein geistigen Leben vorzugsweise ins Vergangene hineinschauten.

Diese Individualität, von der ich hier spreche, erschien in der zweiten Hälfte des achtzehnten Jahrhunderts als Friedrich Schiller. Und nehmen Sie nun das ganze Schiller-Leben, nehmen Sie es so, wie es auftrat mit dem ungeheuer wirksamen, künstlerisch vielleicht sehr schwachen Duktus der Schillerschen Jugenddramen, mit all diesem Feurigen, nehmen Sie aber dazu den ungeheuren Ernst, man möchte sagen die ungeheure Melancholie, die auf der Schillerschen Seele ruht, und sehen Sie namentlich das Ergreifende seines Jugendschicksals gerade hervorgehen aus seiner melancholisch-seelischen Grundstimmung; sehen Sie das Sich-Hinarbeiten wiederum zu einer Art begeisterten Auffassung des Griechentums, als er mit Goethe bekannt wurde, – sehen Sie das alles als Vordergrund, und sehen Sie dahinter den Menschen, der sich die Grundlage zu dieser Anschauung erworben hat in dem ersten, zweiten christlichen Jahrhundert im Erleben auf der einen Seite des griechischen Christentums, auf der anderen Seite aus der Empörung über das römische Cäsarentum, und wie dann alles vertieft wird zu neuem Karma in der so ernst wirkenden Saturnsphäre. Schiller ist wirklich ein Saturnmensch seinem Karma nach.»

Im Anblick des Bösen

Das Aufschlussgebende dieser okkulten Forschungsergebnisse Rudolf Steiners wird dem Kenner des Schillerschen Lebens und Werkes geradezu in die Augen springen. In unserem Rahmen lassen sich nur einige Ausführungen anfügen.

Bereits im Sommer des Jahres 1772, also in seinem dreizehnten Lebensjahr, gestaltete Schiller das Märtyrerdrama *Die Christen*. Es ist nicht erhalten, ebenso wenig wie das im selben Zeitraum entstandene Trauerspiel *Absalon* und das offenbar nach dem Vorbild des Klopstockschen *Messias* im folgenden Jahr geschaffene epische Gedicht *Moses*. Wenn auch die künstlerische Gestaltungskraft diesem gewaltigen Vorhaben mit Sicherheit nicht im entferntesten entsprach, so ist doch die Themenwahl höchst aufschlussreich.

Das machtvoll bestimmende Weiterwirken der griechisch-römischen Inkarnation in Schillers Seele wird alsdann bis in die letzten Jahre künstlerischer Meisterschaft eindringlich anschaubar. Insbesondere zeigt es sich an der seit dem Jahre 1800 geplanten Tragödie *Agrippina*. In enger Anlehnung an die Darstellung des Tacitus, der den Sittenverfall Roms auch an dieser Urenkelin des Kaisers Augustus veranschaulicht hatte, beabsichtigte Schiller, Agrippinas Schicksal «zu einer reinen Tragödie» zu nutzen, wie er sich in dem erhalten gebliebenen Entwurf notierte.

Agrippina – an diesen historischen Sachverhalt sei erinnert –, in dritter Ehe mit dem Kaiser Claudius vermählt, hatte ihren Gemahl aus dem Wege geräumt, um ihren siebzehnjährigen Sohn Nero zum Cäsar ausrufen zu lassen und dadurch selbst in den Besitz umfassender Macht zu gelangen. Nero regierte unter der Leitung Senecas in den ersten fünf Jahren sehr maßvoll. Dann aber, berauscht von seiner absoluten Macht, entwickelte er sich zu dem berühmt-berüchtigten Despoten, der sich schließlich im Jahre 68 n. Chr. das Leben nahm, nachdem er neun Jahre zuvor seine Mutter hatte ermorden lassen.

«Agrippina erleidet bloß ein verdientes Schicksal», sagt Schiller in seinem Entwurf, «und ihr Untergang durch die Hand ihres Sohns ist ein Triumph der Nemesis. Aber die Gerechtigkeit ihres Falls verbessert nichts an der Tat des Nero: sie verdient durch ihren Sohn zu fallen, aber es ist abscheulich, dass Nero sie ermordet.»

Schiller trug sich also mit dem Plan zu einer Tragödie von furchtbarer Düsternis. Und er war sich bewusst, damit in Bereiche vorzustoßen, in denen nicht etwa ein Gutes mit einem Bösen im Kampfe liegt. Vielmehr liege es im «Geist des Ganzen», notiert sich Schiller weiter, «dass Böses dem Bösen entgegenstehe». Die Tragik also bestand darin, dass Agrippina als eine zwar sehr schuldige Mutter gegen den Sohn nicht schuldig war.

Aus derselben Zeit stammt ein weiterer Dramenentwurf: *Rosamunde oder die Braut der Hölle*, in dem Schiller sogar noch weiter zu gehen entschlossen war. «Rosamunde ist nur eitel», heißt es, «aber sie ist es so ganz, dass diese Selbstsucht alle anderen Empfindungen in ihr ertötet und alle Gräuel erzeugt. Diese Einheit der Quelle und diese Allheit der daraus entspringenden Laster zu zeigen, ist die Aufgabe. Leben und Tod des Menschen ist ihr nichts, wenn es auch nur das kleinste Opfer ihrer Eitelkeit kostet.» Aber nicht nur sie selbst sollte die Urheberin des Bösen sein; auch einen Dämon wollte Schiller erscheinen lassen, der Rosamunde verführt. Und weiter vernehmen wir, sie habe zudem «einen guten Engel, der ihr aber durch seine Wahrheit verhasst wird und unermüdlich zurückkommt, bis er sie ganz verlässt.»[296] Rosamunde wird zur «Braut der Hölle»: Ihre Seele stürzt ins Verderben.

Abgründe des Bösen standen vor Schillers Seelenblick, Abgründe, wie sie in der gegen Ende des ersten nachchristlichen Jahrhunderts in griechischer Sprache verfassten *Apokalypse des Johannes* zur Darstellung gelangen. Wie unmittelbar jene Visionen in Schillers Seele wirksam waren, wird im Folgenden noch zu betrachten sein.

Als habe Schiller beabsichtigt, die mannigfaltigsten Spielarten und Metamorphosen des Bösen in seinem dichterischen Gesamtwerk erlebbar werden zu lassen, war er eifrig bestrebt, geeignete Stoffe zu finden oder zu erfinden, die sich in möglichst packende tragische Dichtungen umwandeln ließen. Und immer wieder schwankte er – aus künstlerischen wie gesundheitlichen Gründen –, welcher Tragödie im Fortgang seine Schaffenskraft zunächst zufließen sollte. Noch im letzten Lebensjahr, mitten in den Vorstudien zum *Demetrius*, wandte er sich vorübergehend dem geplanten Trauerspiel *Die Prinzessin von Celle* zu, in der er «eine edle Natur, in gemeine, kleinliche, herzlose Verhältnisse geworfen» darstellen wollte, versetzt also in eine banale Alltagswelt, der «jede schöne Menschlichkeit fremd ist». Mit anderen Worten: Schiller beabsichtigte zu zeigen, wie das Böse die unscheinbare Gestalt zauberloser Beliebigkeit annehmen kann, um eine subtil angelegte Menschenseele zu zerstören.

In den Aufzeichnungen zur *Prinzessin von Celle* sagt sich Schiller: «Vor allen Dingen muss die Handlung prägnant und so beschaffen sein, dass die Erwartung in hohem Grade gespannt und bis ans Ende immer in Atem gehalten wird. Es muss eine aufbrechende Knospe sein, und alles,

Im Anblick des Bösen

was geschieht, muss sich aus dem Gegebenen notwendig und ungezwungen entwickeln. Daher müssen alle Partien in höchster Einheit verschlungen sein, und alle bewegenden Kräfte auf einen einzigen Punkt hindrücken.»

Als Schiller dies schrieb, konnte er auf ein Jahrzehnt seiner Freundschaft mit Goethe zurückblicken. Und wir bemerken die Einwirkung des Freundes auf die Struktur der künstlerischen Zielsetzung: Goethes organische Anschauungsweise kommt in dem dramatischen Kompositionsplan zum Tragen. Der tragische Schicksalsverlauf wird zur Knospe, die sich nach und nach voll entfaltet, indem «alle bewegenden Kräfte auf einen einzigen Punkt hindrücken» – auf das Ende des Dramas, des Kampfes von Gut und Böse.

Ins Ungeheure gesteigert erscheint ein anderer Plan zu einer Tragödie, dessen Entstehungszeit nicht gesichert ist. Möglicherweise kam die Anregung von Wilhelm von Humboldt, der im Jahre 1791 mehrere Monate in Paris verbracht und, als Schiller im folgenden Jahr erwog, dorthin zu reisen, ihm angeboten hatte, ihn zu begleiten. Die Reise kam nicht zustande. Aber das nächtliche Paris sollte zum Ort der Handlung des Trauerspiels *Die Polizei* werden. Ein ganzes Kollektiv von Schicksalsfäden sollte zuletzt bei der allgegenwärtigen Polizei zusammenlaufen, die nach und nach ein schauriges Riesengeflecht des Bösen aufdeckt. In Schillers Aufzeichnungen lesen wir dazu: «Ein ungeheures, höchst verwickeltes, durch viele Familien verschlungenes Verbrechen, welches bei Fortgehen der Nachforschung immer zusammengesetzter wird, immer andere Entdeckungen mit sich bringt, ist der Hauptgegenstand. Es gleicht einem ungeheuren Baum, der seine Äste wiederum mit andern verschlungen hat, und welchen auszugraben man eine ganze Gegend durchwühlen muss. So wird ganz Paris durchwühlt, und alle Arten von Existenz, von Verderbnis etc. werden bei dieser Gelegenheit nach und nach an das Licht gezogen. Die äußersten Extreme von Zuständen und sittlichen Fällen kommen zur Darstellung, und in ihren höchsten Spitzen und charakteristischsten Punkten. Die einfachste Unschuld wie die naturwidrigste Verderbnis, die idyllische Ruhe und die düstre Verzweiflung.»

Schon der zweiundzwanzigjährige Schiller sah den Menschen zwischen «die zwei äußersten Enden der Moralität, Engel und Teufel» gestellt.[297] Die höchsten moralischen Ideale und ihr abgründiges Gegenbild, das Antimoralische, treffen in der Menschenbrust aufeinander, wo sie die mannigfaltigsten Gattungen und Arten von widerstreitenden Phänomenen hervorrufen – «in tausend Charakteren anders gemischt», wie der fünfundzwanzigjährige Schiller in seiner faszinierenden Erzählung *Ein Verbrecher aus verlorener Ehre* meint, die mit den Worten beginnt: «In der ganzen Geschichte des Menschen ist kein Kapitel unterrichtender für Herz und Geist als die Annalen seiner Verirrungen.»

Und das wollte Schiller von Anfang an: unterrichten. Nicht aber zur Beförderung des Wissens, sondern zur Läuterung des Herzens und zur Stärkung des Geistes im äußeren wie inneren Kampf mit den Mächten des Bösen, die den Menschen in ihre Netze hineinlocken und zerstören wollen. Das war ein Urmotiv seines Lebens: durchdringend ins Auge zu fassen das Problem des Bösen in seiner vielschichtig-komplexen Wesenheit, und aufzuzeigen, wie wir «zu kämpfen, zu ringen haben mit den Widerständen des Bösen gegen die Willensimpulse».[298]

Als im Frühjahr 1781 *Die Räuber* im Selbstverlag anonym und mit fingiertem Druckort erschienen – ein Nachzügler des Sturm und Drang und gleichwohl der Zenit elementarster Gefühlsentladungen, grell, übersteigert, lavaartig glühend –, da sprengte diese Tragödie Schiller den Weg frei für einen einmaligen Schicksalsgang und stürzte ihn zugleich in Schulden, die für lange Zeit sein Leben bedrückten und beschwerten, während der ungeheure Bühnenerfolg viele Kassen füllte. Auch dies ein Urton des Schillerschen Wesens und Wirkens: Tragische Gewalten wurden entbunden. Und gleich zwei entgegengesetzte Verirrungen der Menschenseele erschienen auf der Schaubühne, von dem blutjungen Dichter präzise unterschieden. Nicht eine aus züngelnd-heißen Flammen und eisiger, todbringender Kälte *gemischte* Gestalt des Bösen treibt in diesem Schauspiel ihr Unwesen. Nein, Karl Moor ist ein irregeleiteter feuriger Idealist, den Amalia liebt und lieben darf, obwohl er zum Räuber wird, zum Hauptmann einer in Wäldern hausenden, mordbrennenden Bande; während sein Bruder Franz eine Ausgeburt der Hölle ist, eigentlich kein Mensch mehr, sondern eine intellektuelle Maschinerie des Bösen.

Im Avertissement zur ersten Aufführung der *Räuber* war unter anderm zu lesen: «Hier wird man nicht ohne Entsetzen in die innere Wirtschaft des Lasters Blicke werfen und aus der Bühne unterrichtet werden, wie alle Vergoldungen des Glücks den inneren Wurm nicht töten, und Schrecken, Angst, Reue, Verzweiflung hart hinter seinen Fersen sind. Der Zuschauer weine heute vor unserer Bühne – und schaudere – und lerne seine Leidenschaften unter die Gesetze der Religion und des Verstandes beugen, der

Im Anblick des Bösen

Jüngling sehe mit Schrecken dem Ende der zügellosen Ausschweifungen nach, und auch der Mann gehe nicht ohne den Unterricht von dem Schauspiel, dass die unsichtbare Hand der Vorsicht auch den Bösewicht zu Werkzeugen ihrer Absichten und Gerichte brauchen und den verworrensten Knoten des Gerichts zum Erstaunen auflösen könne.»

Ausdrücklich also will Schiller – wie er in der Vorrede zur ersten Auflage auch betont – in Franz Moor einen «Missmenschen» zeichnen, der alles Seelenleben «skelettiert» und sich über die «Stimme der Religion» höhnend hinwegsetzt, während sein Bruder «am Ende einer ungeheuren Verirrung» die Seelenumkehr vollbringt. «Ich kann hoffen», schreibt der einundzwanzigjährige Schiller, «dass ich der Religion und der wahren Moral keine geringe Rache verschafft habe.»

Am Ende des Dramas, das zuerst den aufschlussreichen Titel «Der verlorene Sohn» trug, überwindet Karl Moor seine luziferische Hybris: seine zügellose Empörung über das Menschengeschlecht, diese «falsche, heuchlerische Krokodilsbrut» (I,2). Franz Moor dagegen wird von seinem ahrimanischen Intellektualismus in die Tiefe gezogen.

Schnödeste Besitzgier hatte ihn veranlasst, den Bruder ins Verhängnis zu treiben und den Vater tückisch aus dem Wege zu räumen, weil ihm der greise Graf nicht rasch genug starb. Wollte sich Franz doch nicht «an den Schneckengang der Materie ketten lassen». Monologisierend meint er: «Philosophie und Medizin lehren mich, wie treffend die Stimmungen des Geistes mit den Bewegungen der Materie zusammenlaufen. Gichtische Empfindungen werden jederzeit von einer Dissonanz der mechanischen Schwingungen begleitet.» Und so entschließt sich Franz, seinen Vater nicht physisch, sondern psychisch zu ermorden, weil dann keine Spur seiner ruchlosen Tat auffindbar sein wird.

Ein französischer Materialist des 18. Jahrhunderts also ist dieser Franz. Den Geist des Menschen betrachtet er als eine bloße Funktion der körperlichen Maschine. Die Zerstörung des Menschen kann man folglich von zwei Seiten aus betreiben – es läuft auf eines hinaus.

Franz ist ein «verlorener Sohn», der wirklich verloren ist. Die Eiseskälte des Herzens und des mechanistisch-toten Intellekts haben seine Seele verödet und ausgehöhlt. Die Gefährlichkeit dieses Bösen – will der junge Dichter sagen – übersteigt alles, was der feurige, aber irregeleitete Idealismus seines Bruders anrichten kann. Der Weg der Reue und Umkehr, den Karl zuletzt geht, ist diesem Verbrecher verschlossen, und als er ihn doch noch zu gehen versucht, findet er ihn nicht.

Der Bund

Mit dichterischer Intuition erfasst Schiller die doppelgesichtige Gestalt des Luziferisch-Ahrimanischen und macht deutlich, wie gegenbildlich diese Mächte wirksam sind; und er zeigt auf, welches Böse gefährlicher ist: Ahriman bedroht den Menschen unseres Zeitalters mit einer dauernden Herauslösung aus der göttlich-geistigen Welt.

In seinem Zyklus über *Die Apokalypse des Johannes* geht Rudolf Steiner auf diese vielschichtig behandelte Thematik von jenem Blickpunkt aus ein, der sich für den Evangelisten Johannes ergab, während ihn der römische Imperator auf Patmos in Ketten gefangenhielt. In dem letzten der zwölf Vorträge[299] betont Steiner zu Beginn, dass es einen Abgrund des Bösen geben *muss,* in den der Mensch endgültig stürzen kann. Denn der Mensch muss grundsätzlich die Möglichkeit haben, «aus eigenem freien Entschluss das Gute oder auch das Böse zu wählen». Wäre dies unmöglich, dann könnte der Mensch nicht zur Freiheit aufsteigen und damit auch nicht zur Liebe, zur selbstlosen Hingabe. Anders gesagt: Der Abgrund des Bösen muss so beschaffen sein, dass er die Gefahr der endgültigen Herauslösung der Menschenseele aus dem heilsamen Fortgang der Gesamtentwicklung beinhaltet. Der Apokalyptiker deutet auf diese ungeheure Tragik, indem er vom «zweiten Tod», vom Tod der Seele, spricht (Offb. 21,8): «Der feigen Verleugner aber und Ungläubigen und Frevler und Totschläger und Unzüchtigen und Zauberer und Götzendiener und aller Lügner, deren Teil wird sein in dem Pfuhl, der mit Feuer und Schwefel brennt; das ist der zweite Tod.»

Rudolf Steiner zeigt nun in seinem Vortrag auf, wie das Neue Jerusalem der Apokalypse, der neue Himmel und die neue Erde, der «Jupiter» ist, in den sich unser Planet verwandeln wird. «Dieser neue Jupiter wird begleitet sein wie von einem Trabanten von denjenigen, die ausgeschlossen sind von dem Leben im Geistigen, die den zweiten Tod erlebt haben, die daher keine Möglichkeit haben, das Jupiterbewusstsein zu erlangen.» Aber selbst dann «gibt es noch eine letzte Möglichkeit, durch die starke Kraft, welche die Vorgerückteren haben, diese also Hinuntergesunkenen noch einmal zur Umkehr zu bewegen und auch eine Anzahl zur Umkehr zu bringen. Erst bei der Venusverkörperung [der folgenden Metamorphose unserer Erde] wird die allerletzte Entscheidung fallen, die unabänderliche Entscheidung.»

Zwar sind die jetzigen Auswirkungen des Bösen zumeist noch weit davon entfernt, die unumkehrbare Herauslösung der Menschenseele aus

Im Anblick des Bösen

der Gesamtevolution zu bewirken. Aber seitdem der Verstand, die selbständige Intelligenz, sich im Menschen entwickelt, wächst die Gefahr. «Nichts anderes wird es zuletzt sein», legt Rudolf Steiner weiter dar, «was den Menschen davon abhalten kann, gründlich davon abhalten kann, zum Christusprinzip zu kommen, als dieser verführte Verstand, diese verführte Intelligenz.»

Was der Apokalyptiker als den Abgrund des Bösen dargestellt hatte, das hatte Schillers Seele während ihrer griechisch-römischen Inkarnation auf ihre Weise erlebt. Und es verdichtete sich in seiner Seele zu der niederdrückenden Frage: Wird das Böse zuletzt stärker sein als das Gute? Wird das Böse siegen? Und «mit einer resignierten Stimmung» ging diese Seele durch den Tod, um nach weniger wichtigen Inkarnationen, in der Saturnsphäre «starke radikale Kräfte» entwickelnd, zukunftsbegeistert in der zweiten Hälfte des 18. Jahrhunderts zu erscheinen als Friedrich Schiller.

Durch den lebensbedrohlichen Schicksalsdruck auf der Karlsschule machtvoll befördert, wurde die mitgebrachte Thematik wie eine vulkanische Willenseruption in den *Räubern* ans Licht geschleudert – mitten hinein in eine explosiv aufgeladene Zeit; brach doch nur sieben Jahre später die Französische Revolution aus, in der höchste Menschheitsideale, bis zur Unkenntlichkeit entstellt, in luziferische und ahrimanische Verirrungen verschlungen waren.

In dieser aufgewühlten Zeit also stellte Schiller mit dichterischer Intuition und höchster religiös-moralischer Intensität die luziferische Idealität Karl Moors und den ahrimanisch-entmenschten Intellekt Franz Moors auf die Schaubühne. Es war, als würde Feuer an eine Lunte gelegt. Bei der Uraufführung bebte das Haus und die Menschen fielen sich weinend in die Arme.

Im letzten Akt ballt Schiller die doppelgesichtige Tragik auf engstem Raum zusammen. Bevor Karl Moor sich dem Gericht ausliefert, sieht sich Franz Moor an eine ihn paralysierende Traumvision des Jüngsten Gerichts ausgeliefert. Mit aufgerissener Seele stürzt er auf die Bühne. Panikerfüllt sieht er vor sich «Geister ausgespien aus Gräbern – Losgerüttelt das Totenreich aus dem ewigen Schlaf brüllt wider mich: Mörder! Mörder!»

Schiller legt nun Franz Moor Worte in den Mund, die viel tieferen Einblick in seine eigene Seele geben als in die Seelenabgründe jenes Übeltäters. Sie sollen hier ausführlich wiedergegeben werden. – Franz Moor erzählt dem gottesfürchtigen Diener Daniel (V, 1):

Der Bund

«Plötzlich traf ein ungeheurer Donner mein schlummerndes Ohr; ich taumelte bebend auf, und siehe, da war mirs als säh ich aufflammen den ganzen Horizont in feuriger Lohe, und Berge und Städte und Wälder, wie Wachs im Ofen zerschmolzen, und eine heulende Windsbraut fegte von hinnen Meer, Himmel und Erde – da erscholls wie aus ehernen Posaunen: Erde, gib deine Toten, gib deine Toten, Meer! Und das nackte Gefild begonn zu kreißen, und aufzuwerfen Schädel und Rippen und Kinnbacken und Beine, die sich zusammenzogen in menschliche Leiber, und daherströmten unübersehbar, ein lebendiger Sturm: Damals sah ich aufwärts, und siehe, ich stand am Fuße des donnernden Sinai, und über mir Gewimmel und unter mir, und oben auf der Höhe des Bergs auf drei rauchenden Stühlen drei Männer, vor deren Blick flohe die Kreatur ... Da trat hervor Einer, anzusehen wie die Sternennacht, der hatte in seiner Hand einen eisernen Siegelring, den hielt er zwischen Aufgang und Niedergang und sprach: Ewig, heilig, gerecht, unverfälschbar! Es ist nur eine Wahrheit, es ist nur eine Tugend! Wehe, wehe, wehe dem zweifelnden Wurm! – da trat hervor ein Zweiter, der hatte in seiner Hand einen blitzenden Spiegel, den hielt er zwischen Aufgang und Niedergang und sprach: Dieser Spiegel ist Wahrheit; Heuchelei und Larven bestehen nicht – da erschrak ich und alles Volk, denn wir sahen Schlangen- und Tiger- und Leopardengesichter zurückgeworfen aus dem entsetzlichen Spiegel. – Da trat hervor ein Dritter, der hatte in seiner Hand eine eherne Waage, die hielt er zwischen Aufgang und Niedergang und sprach: tretet herzu, ihr Kinder von Adam – ich wäge die Gedanken in der Schale meines Zorns! und die Werke mit dem Gewicht meines Grimms! ... Schneebleich stunden alle, ängstlich klopfte die Erwartung in jeder Brust. Da war mirs, als hört ich meinen Namen zuerst genannt aus den Wettern des Berges, und mein innerstes Mark gefror in mir, und meine Zähne klapperten laut. Schnell begonn die Waage zu klingen, zu donnern der Fels, und die Stunden zogen vorüber, eine nach der anderen an der links hangenden Schale, und eine nach der andern warf eine Todsünde hinein ... die Schale wuchs zu einem Gebirge, aber die andere, voll von Blut der Versöhnung, hielt sie noch immer hoch in den Lüften – zuletzt kam ein alter Mann, schwer gebeugt von Gram, angebissen den Arm von wütendem Hunger, aller Augen wandten sich scheu vor dem Mann, ich kannte den Mann, er schnitt eine Locke von seinem silbernen Haupthaar, warf sie hinein in die Schale der Sünden, und siehe, sie sank, sank plötzlich zum Abgrund,

Im Anblick des Bösen

und die Schale der Versöhnung flatterte hoch auf! – Da hört ich eine Stimme schallen aus dem Rauche des Felsens: Gnade, Gnade jedem Sünder der Erde und des Abgrunds! Du allein bist verworfen! ...»

Bedrängt von solchen Bildern des Jüngsten Gerichts, im Anblick der eigenen Verworfenheit, vermag Franz Moor dennoch nicht den Unglauben seines Verstandes, seines verführten Intellekts, zu überwinden. Er soll «Rechenschaft geben dem Rächer droben über den Sternen»?!

Bei dieser mosaisch-alttestamentlichen Frage tritt der Pastor Moser auf, den Franz um Mitternacht zu sich rufen ließ, um dem Glaubensstarken seinen materialistischen Unglauben entgegenzuschleudern: «Ich habs immer gelesen, dass unser Wesen nichts ist als Sprung des Geblüts, und mit dem letzten Blutstropfen zerrinnt auch Geist und Gedanke.» Nicht Unsterblichkeit besitzt die Seele; der Tod rafft sie hinweg. Und Franz will auch gar nicht unsterblich sein. Nein, er will seine Vernichtung.

Pastor Moser findet nun Worte, die uns im Zusammenhang mit Rudolf Steiners Karma-Vortrag tief berühren können. Er sagt: «Der Gedanke *Gott* weckt einen fürchterlichen Nachbar auf, sein Name heißt *Richter*. Sehet, Moor, Ihr habt das Leben von Tausenden an der Spitze Eures Fingers, und von diesen Tausenden habt Ihr neunhundertneunundneunzig elend gemacht. Euch fehlt zu einem Nero nur das Römische Reich ...»

Pastor Moser vermag nichts auszurichten. Da aber dringen im Auftrage Karl Moors, der die ganze Wahrheit über die Schandtaten seines Bruders erfahren hat, Räuber ins Schloss, um Franz gefangen zu nehmen. In seiner Todesangst fällt dieser nun doch endlich auf die Knie und ruft: «Höre mich beten, Gott im Himmel! – Es ist das erste Mal – soll auch gewiss nimmer geschehen – erhöre mich Gott im Himmel! ... Ich bin kein gemeiner Mörder gewesen, mein Herrgott – hab mich nie mit Kleinigkeiten abgegeben, mein Herrgott ... Ich kann nicht beten – hier hier! *(auf Brust und Stirn schlagend)* Alles so öd – so verdorret! ... Nein ich will auch nicht beten – diesen Sieg soll der Himmel nicht haben, diesen Spott mir nicht antun die Hölle.» – Franz Moor erhängt sich.

Die ungeheure Intensität, mit der Schiller hier die Abgründe des Bösen und der Verworfenheit aufreißt, wäre nichts als ein letzter Exzess des verglühenden Sturm und Drang, wenn der Ursprung dieser radikalen Kraft nicht in den Seelentiefen zu suchen wäre, die Rudolf Steiner in seinem Karma-Vortrag anschaubar gemacht hat, in dem auch «die ungeheure Melancholie, die auf der Schillerschen Seele» ruhte, berührt wird.

DER BUND

Weshalb dieser Teil unserer Betrachtung mit Versen aus dem Gedicht *Resignation* enden mag:

> Genieße, wer nicht glauben kann! Die Lehre
> Ist ewig wie die Welt. Wer glauben kann, entbehre!
> Die Weltgeschichte ist das Weltgericht.

Dem Leiden und dem Tod vertraut

Die gegenwärtige sinnliche Welt ist aus einer übersinnlichen hervorgegangen, die an ihren Endpunkt gelangt war. So stellt dies Rudolf Steiner in *Wie erlangt man Erkenntnisse der höheren Welten?* dar. Aber diese sinnliche Welt ist zum Keimboden für eine höhere übersinnliche Welt geworden, die dann ihren Fortgang nehmen wird, wenn innerhalb der Sinnenwelt Wesen herangereift sind, die nur in dieser Welt von einer unvollkommeneren Entwicklungsstufe zu einer vollkommeneren gelangen können. Und diese Wesen sind die Menschen. So wie die sinnlich-vergängliche Welt vormals noch nicht war, so wird sie in der Zukunft einmal nicht mehr sein. Ihre Früchte aber werden der höheren Entwicklungsstufe der göttlich-geistigen Welt einverleibt worden sein. Der Mensch ist deshalb gegenwärtig ein Doppelwesen, denn er ist sinnlich und übersinnlich, sterblich und unsterblich zugleich.

«Damit ist das Verständnis gegeben für Krankheit und Tod in der sinnlichen Welt. Der Tod ist nämlich nichts anderes als der Ausdruck dafür, dass die einstige übersinnliche Welt an einem Punkt angekommen war, von dem aus sie durch sich selbst nicht weitergehen konnte. Ein allgemeiner Tod wäre notwendig für sie gewesen, wenn sie nicht einen neuen Lebenseinschlag erhalten hätte. Und so ist dieses neue Leben zu einem Kampf gegen den allgemeinen Tod geworden. Aus den Resten einer absterbenden, in sich erstarrenden Welt erblühten die Keime einer neuen. Deshalb haben wir Sterben und Leben in der Welt. Und langsam gehen die Dinge ineinander über. Die absterbenden Teile der alten Welt haften noch den neuen Lebenskeimen an, die ja aus ihnen hervorgegangen sind. Den deutlichsten Ausdruck findet das eben im Menschen. Er trägt als seine Hülle an sich, was sich aus jener alten Welt erhalten hat; und innerhalb dieser Hülle bildet sich der Keim jenes Wesens aus, das zukünftig leben wird. Er ist so ein Doppelwesen, ein sterbliches und ein unsterbliches. Das Sterbliche ist in seinem End-, das Unsterbliche in seinem Anfangszustand. Aber erst *innerhalb* dieser Doppelwelt, die ihren Ausdruck in dem Sinnlich-Physischen findet, eignet er sich die Fähigkeiten dazu an, die Welt der Unsterblichkeit zuzuführen. Ja, seine Aufgabe ist, aus dem Sterblichen selbst die Früchte für das Unsterbliche herauszuholen. ... Das Leben des Vergangenen ist mit der Geburt abgeschlossen. Das Leben im Sinnlichen ist durch den neuen Lebenskeim dem allgemeinen Tode abgerungen. Die Zeit zwischen Geburt und Tod ist nur der Ausdruck dafür, wieviel das neue Leben der absterbenden Vergangenheit abringen konnte. Und die Krankheit ist nichts als die Fortwirkung der absterbenden Teile dieser Vergangenheit.»[300]

Das also darf als die Ur-Tragödie des Menschen angesehen werden: Als Doppelwesen in einer Doppelwelt ist er der Geisteskeim, der in das höchstentwickelte Tier eingehüllt ist, um aus den Resten einer untergehenden, zersplitternden, zerstäubenden Welt, «im Kampf gegen den allgemeinen Tod», seine höhere Stufe des übersinnlichen Seins herauszuringen. Zwar ist das Sterbliche in seinem Endzustand angelangt, aber das Unsterbliche ist ihm bis zur Bedrohung ausgesetzt, befindet es sich doch erst in seinem Anfangszustand. Daraus aber erwächst die Schicksalstragödie der Menschheit, in der sich Untergang und Aufgang heilvoll-unheilvoll ineinander verschlingen.

Das Ewige des Menschen ist also im göttlich-geistigen Urgrund verwurzelt, während seine vergängliche Hüllennatur dem Tode preisgegeben ist. Weshalb das Geistige des Menschen – so wiederum Rudolf Steiner – «im Leibe gekreuzigt» ist.[301] Die Kommunion mit dem Christus entspringt demzufolge auch diesem Leidensquell; daher kann eine wahrhaft spirituelle Entwicklung die Leidenserfahrung nicht entbehren. Mehr noch, je umfassender das Leiden, umso bedeutender der seelisch-geistige Fortgang. Denn je größere seelisch-geistige Kräfte wir entfalten müssen im Ertragen und Überwinden von Leiden, die uns erdrücken wollen, umso größer der Sieg über die in finstere Tiefen hinabziehenden Gewalten des Todes. Das auch ist der Grund, warum sich der Geistesschüler den

Der Bund

unersetzbaren Wert des Ertragens von Schmerzen, von Leiden jeder Art vergegenwärtigen muss. Ja, er muss sich sagen: «Wenn auch noch so viele Schmerzen mich treffen werden, ich will aufrecht stehen ihnen gegenüber, ich will nicht wanken.»[302] Werden doch durch die Überwindung von Leidenshindernissen seelische und geistige Kräfte entwickelt, die auf keinem anderen Wege ausgebildet werden können. «Nur dadurch werden die Kräfte gestählt, dass man sie anspannt in der Überwindung von Hindernissen, dass der Mensch bereit ist, Leiden und Schmerzen mit Ergebung zu ertragen.»[303] Auch wird all das, was wir im Erdenleben durchgetragen haben an Schmerzen und Leiden, nachtodlich in moralische Willenskräfte umgewandelt. Aus diesem Grunde sollte jeder Mensch sich sagen: «Für die glücklichen, lustbringenden Einschläge in mein Leben bin ich dem Schicksal dankbar; meine in wahrer Wirklichkeit wurzelnde Lebenserkenntnis verdanke ich aber meinen bitteren, meinen leidvollen Erlebnissen.»[304]

Schon diese wenigen Hindeutungen können veranschaulichen, warum das Menschenleben seine einzigartige Bedeutung und Würde aus der Verknüpfung von Leben und Tod, von Aufgang und Untergang, von Gut und Böse empfängt. Aber noch eine andere bedeutende Komponente wurde bereits mehrfach ins Auge gefasst: Dem Tode entbindet der Mensch die Erfahrung seiner Freiheit.

Wieder und immer wieder von anderen Blickpunkten aus hat Rudolf Steiner dargestellt: Die Abstraktionskräfte sind dem Tode zuinnerst verwandt; zugleich aber sind sie die Voraussetzung des frei waltenden Selbstbewusstseins. Dem Keim des Todes entsprießt unser intellektualistisches Ich-Bewusstsein; dieses aber ist die Grundlage unseres Freiheitserlebnisses. Nur deshalb kann unser freies «Ich» zur Selbsterkenntnis gelangen, weil wir einen Zerstörungsherd in uns haben. Denn das Menschen-Ich «muss gestählt und erhärtet werden in derjenigen Welt, die im Innern des Menschen als die Welt eines Zerstörungsherdes ist». Dieses Zentrum der Zerstörung ist aber nichts anderes als «ein Herd des Bösen».[305] Bricht er aus dem Innern des Menschen, wo er berechtigt und notwendig ist, nach außen, dann wirkt sich die Egoität, die im inneren Herd des Bösen erhärtet wird, im sozialen Gefüge verwüstend und chaotisierend aus – wie heute ein jeder erleben kann.

Als Rudolf Steiner in der kleinen Kuppel des ersten Goetheanum aus einem tiefen Blau heraus den Repräsentanten des Zeitalters der Bewusstseinsseele malerisch gestaltete, ließ er diese «Art Faust-Figur» meditativ sinnend auf das Wort ICH blicken, das einzige Wort, das im ersten Goetheanum, wie aus blau schimmernden Rippen zusammengefügt, zu sehen war, während unterhalb des kontemplierenden «Faust» die Todesmacht aus düsterer Bläue in Gestalt eines Knochenmannes heraufstieg. Gleichzeitig jedoch schwebte von der gegenüberliegenden Seite in sonnenlichtem Gelb ein Kind heran, umwogt von einem wunderbar warm-leuchtenden Rot, und reckte liebreich seine Arme dem knöchernen, leichenfarbenen ICH entgegen.

Hierzu hat Rudolf Steiner in seinem Vortrag vom 25. Januar 1920 ausgeführt: «Die abstrakte Art der Darstellung des Wortes, dieses Fundamentalwortes ICH hat hier insofern seine Berechtigung, als mit dem Aufgehen der fünften nachatlantischen Kulturperiode ... das Unanschauliche auftritt, dasjenige, was sich ausdrückt durch das bloße Zeichen, durch dasjenige, was sich ganz loslöst von der Realität. Was dem eigentlichen Ich-Wesen des Menschen zugrunde liegt, das wird ja gegenwärtig eigentlich noch nicht erfasst. Wir haben es in der allgemeinen geistigen Menschheitskultur noch nicht einmal zum Bilde des Ich gebracht. Denn wenn der Mensch Ich ausspricht, so hat er eigentlich nur einen abstrakten Punkt im Sinne.»[306]

Im Fortgang seiner Betrachtung macht Steiner seinen Hörern bewusst, wie die Menschheit seit dem 15. Jahrhundert zu einer «Weltanschauung des Todes» gelangt ist. Soll sie doch dazu aufsteigen, «innere Freiheitskraft zu entwickeln, Selbstbewusstsein zu entwickeln. Das kann sie nur, wenn sie sich von der Natur losreißt. Aber von der Natur losreißen heißt, sich zusammenschließen mit den Kräften, die erkennend allein das Tote auffassen. Alle unsere Begriffe, alle unsere Vorstellungen, die heute die eigentlichen Zivilisationsvorstellungen sind, gehen auf das Tote.» Nur so erlangt der Mensch seine Freiheit. Aber er bezahlt dies damit, dass er in den «Abgrund des Todes» blickt, in den er selber mit seiner Freiheit stürzen kann. Der Mensch unseres Zeitalters gewinnt deshalb den Eindruck: «Du machst dich zwar frei, aber du kommst dadurch in die Nähe des Todes. – Deshalb musste kompositionell in die Nähe der Faust-Figur der Tod gebracht werden.»

Ohne die Lebensmächte, die von der gegenüberliegenden Seite in Gestalt eines Kindes heranschweben, müsste die freie Ich-Entwicklung der Menschheit im Nichts ihr Ende nehmen. So aber wird diese Ich-Freiheit der zukünftigen übersinnlichen Welt, dem Jupiterzustand der Erde, dem

Der Bund

neuen Himmel und der neuen Erde des Apokalyptikers, keimkräftig einverwoben.

Der «eigentliche Inspirator» der Bewusstseinsseele – so Steiner im selben Vortrag – ist demzufolge der Tod, der im Haupte des Menschen so tätig ist, dass unser bildlos-abstraktes Denken Platz greifen kann. Wer das durchlebt, für den gestaltet sich diese Erfahrung als «etwas Ungeheures». Und er sagt sich: «Dasjenige, was du dir für die Gegenwart als Erkenntnis aneignen kannst, das verdankst du dem immer mehr und mehr in das Erdenleben hereindringenden Tod. Erst wenn dieses erst im Anfang seines Werdens liegende Initiationsprinzip, die Macht des Todes, immer weiter und weiter sich ausbreiten wird und erzeugen wird die lebendige Sehnsucht der neueren, der zukünftigen Menschheit nach dem ausgleichenden Geiste, nach einer Jugend, die schon Jupiter-, die nicht Erdenjugend ist, die schon die Jugend der nächsten planetarischen Verkörperung der Erde ist, dann wird einziehen dasjenige, was eigentlich einziehen soll in das Erdenleben der Menschheit.»

Fragen wir uns im Zusammenhang mit diesen Eröffnungen Rudolf Steiners, in welches Erkenntnislicht sie den Bund von Goethe und Schiller rücken, dann erhalten wir die Antwort: Schiller ist aufs engste mit dem Repräsentanten der Bewusstseinsseele verbunden und hat sich deshalb, im vollen Gegensatz zu Goethe, von der Natur losgerissen, um aus dem im Haupt zentrierten Zerstörungsherd des Todes das Freiheitsbewusstsein des ICH herauszuringen. Goethe dagegen erweist sich als ein Repräsentant jener göttlichen Kindheitskräfte, die, umwogt von Purpur, im sonnenlichten Gelb ihr Wesenszentrum entfalten. Das aber sind die Jugendkräfte des Jupiter, der neuen planetarischen Entwicklungsstufe unserer Erde, die in der folgenden Epoche, der Kultur des Geistselbstes, vorverkündet und vorbereitet werden soll. Das besagt zugleich: Das Mysterienbild des Zeitalters der Bewusstseinsseele, das Rudolf Steiner in die kleine Kuppel des ersten Goetheanum hineingemalt hat, ist auch das Siegelbild des Bundes von Goethe und Schiller – des Geheimnisses ihrer gegenseitigen Ergänzung.

Schillers gesamtes Leben nicht weniger als sein denkerisches und dichterisches Werk erscheinen demgemäß wie herausgewoben aus demselben tiefen Blau, aus dem sich die «Faust»-Gestalt erhebt, wie Rudolf Steiner sie dargestellt und verstanden hat. Diese hat den lebendigen Geist eingebüßt, um den Abstraktionskräften des Todes den Keimpunkt der

Menschheitszukunft abzuringen. Und sie müsste in den Abgrund des Todes stürzen, würde ihr nicht das göttliche Kind zu Hilfe eilen, das seinerseits nicht minder des Geistes der Freiheit bedarf, der sich mit aller Konsequenz losgerissen hat von der ewig-lebendigen Natur.

Bevor Schiller im Dezember des Jahres 1780 die Militärakademie endlich verlassen konnte, hatte er eine dissertationsartige Abschlussarbeit zu verfassen, die nach den Gepflogenheiten der Zeit noch von philosophischen Gedankengängen bestimmt sein sollte. Schiller schlug zwei Themen vor, die in die Tiefen seines Wesens Einblick geben. Dem einen Ideengebilde gab er den Titel *Über die Freiheit und Moralität des Menschen* und fügte hinzu: «Die erste lässt sich sehr physiologisch behandeln.» Sein zweiter Themenvorschlag galt einem Versuch über den *Zusammenhang der tierischen Natur des Menschen mit seiner geistigen*. Die Entscheidung fiel auf das zweite Thema.

In seiner streng gegliederten Abhandlung zeigt Schiller auf, dass der Mensch ein Doppelwesen ist in einer Doppelwelt. Der tierisch-leibliche Mensch gehört der materiellen Welt an, während der moralisch-geistige Mensch ein Glied der Geisterwelt ist. Der vergängliche Mensch ist todverfangen, denn «die Materie ist ein Raub des ewigen Wechsels und reibt sich selbst auf». Dagegen ist «der Organismus des geistigen Lebens», obwohl an die physischen Grundlagen gebunden, im Göttlichen verwurzelt. Schiller unterscheidet deshalb den «Tiermenschen», der nur lebt, um zu leben, von dem wahren Menschen, der lebt, um geistig zu leben. Dieser vermag durch «die Gewalt der Abstraktionen und überhaupt der Philosophie über die Leidenschaften, über die Meinungen, kurz über alle Situationen des Lebens» Herr zu werden. Unter den Stoikern Seneca, Epiktet, Marc Aurel, die dies beispielhaft darlebten, findet insbesondere Epiktet, der im ersten und zweiten nachchristlichen Jahrhundert lebte, hier wie auch später Schillers besondere Anerkennung.

Die Dissertation umkreist also die Frage, wie der antagonistische Zusammenhalt der beiden Naturen des Menschen zu verstehen und zu bewerten ist, ja zu welchem Zweck er überhaupt besteht. Einerseits bewirkt diese Verknüpfung des Entgegengesetzten, also der tierischen und intellektuell-moralischen Natur, eine Dissonanz. Andererseits geht gerade aus diesem Widerstreit das «Seelenwachstum», die Evolution des Menschengeschlechtes hervor. Innerhalb seiner tierischen Hüllennatur kämpfte sich von Anfang an das Seelisch-Geistige des Menschen ans Licht. Apodiktisch erklärt Schiller: «Noch einmal also: der Mensch musste Tier sein, eh er wusste, dass er ein Geist war.» Allerdings unter der Bedingung, dass er mit seiner sinnlich-vergänglichen Natur aufs engste verknüpft erscheint. «Dies ist die wunderbare und merkwürdige Sympathie», schreibt Schiller, «die die heterogenen Prinzipien des Menschen gleichsam zu einem Wesen macht, der Mensch ist nicht Seele und Körper, der Mensch ist die innigste Vermischung dieser beiden Substanzen.»

Besonders eindringlich – so Schiller weiter – wird diese Verknüpfung der widerstreitenden Naturen, mehr noch, diese Abhängigkeit der Seele vom Körper anschaubar, wenn eine «Krankheit mit offener Wut hereinbricht». Auch dann zeigt sich die Fähigkeit des Menschen, sich über seinen Körper, über alle Schmerzen und Leiden zu erheben. Selbst Sterbende können «mitten in den Bedrängnissen der kämpfenden Maschine fragen: Wo ist dein Stachel, Tod?» Solche Menschen entwaffnen die Todesmacht, die in Gestalt der «blinden Schrecken des Organismus» auf sie einstürmt, und sie triumphieren über «die Anfechtungen des Staubes». Wie aber ist das möglich? «Philosophie und noch weit mehr ein mutiger und durch die Religion erhobener Sinn sind fähig ... die Seele gleichsam aus aller Kohärenz [allem Zusammenhang] mit der Materie zu reißen. Der Gedanke an die Gottheit, die, wie durchs Universum, so auch im Tode webet, die Harmonie des vergangenen Lebens und die Vorgefühle einer ewig glücklichen Zukunft breiten ein volles Licht über alle Begriffe, wenn die Seele des Ungläubigen von allen jenen dunklen Fühlungen des Mechanismus umnachtet wird.»

Was der zwanzigjährige Schiller hier mit Worten aussprach, sollte er später in seinem Leben unmittelbar unter Beweis stellen. Nun aber beschloss er seine Dissertation mit der Darstellung der «Trennung des Zusammenhalts» der physischen und seelisch-geistigen Natur des Menschen durch den Tod. Offenbar sei es höchst weisheitsvoll, schreibt Schiller, dass der Körper vom freien Geist verzehrt werde, «dass die Freiheit den Mechanismus missbrauche und der Tod aus dem Leben, wie aus einem Keime, sich entwickle. Die Materie zerfällt in ihre letzte Elemente wieder, die nun in andern Formen und Verhältnissen durch die Reiche der Natur wandern, andern Absichten zu dienen. Die Seele fährt fort, in anderen Kreisen ihre Denkkraft zu üben und das Universum von andern Seiten zu beschauen. Man kann freilich sagen, dass sie diese Sphäre im geringsten noch nicht erschöpft hat, dass sie solche vollkommener hätte verlassen können, aber weiß man dann, dass diese Sphäre für sie verloren ist? Wir

Dem Leiden und dem Tod vertraut

legen itzo manches Buch weg, das wir nicht verstehn, aber vielleicht verstehn wir es in einigen Jahren besser.»

Hatte Schiller die spannungsgeladene Gegensätzlichkeit von Leib und Seele, von Materie und Geist, von Tod und Leben innerhalb der sinnlich-übersinnlichen Doppelnatur des Menschen in seiner Dissertation mit philosophischer Ruhe und Gedankenklarheit abgehandelt, so bricht dieselbe Thematik wenig später mit tragischer Gefühlsintensität aus dem Dichter hervor. In einem seiner Liebesgedichte an Laura, in der *Melancholie* heißt es zwar zu Beginn:

> Laura – Sonnenaufgangsglut
> Brennt in deinen goldnen Blicken ...

Kaum aber hat der junge Dichter die blühende Jugendschönheit der Geliebten mit einigen Versen besungen, da wendet er den Blick unverwandt den Todesmächten zu, die allen zauberischen Sinnenschein allzu rasch in ein pures Nichts verwandeln. Beschwörend gibt er Laura zu bedenken:

> Untergrub denn nicht der Erde Feste
> Lange schon das Reich der Nacht?
> Unsre stolz auftürmenden Paläste,
> Unsrer Städte majestät'sche Pracht
> Ruhen all auf modernden Gebeinen;
> Deine Nelken saugen süßen Duft
> Aus Verwesung, deine Quellen weinen
> Aus dem Becken einer – Menschengruft.

Die ganze Sinnenwelt ist ein Acker des Todes, ist untergraben von ewigem Verhängnis – von Finsternis und Verwesung. Nur dreimal braucht Laura zu «blinzen», und schon ist die Strahlenpracht der Sonne «im Meer der Totennacht» erloschen. Dieses Bild ist ein Gleichnis des Menschenlebens, das nur dem Tode abgeborgt ist; der aber wird «schwere Zinsen fordern!» Täusche dich nicht, Laura, ruft der Dichter seiner unbekümmert-jugendfrohen Geliebten zu:

> Rede, Mädchen, nicht dem Starken Hohn!
> Eine schönre Wangenröte
> Ist doch nur des Todes schönrer Thron,
> Hinter dieser blumigten Tapete

Der Bund

> Spannt den Bogen der Verderber schon –
> Glaub es – glaub es, Laura, deinem Schwärmer,
>   Nur der Tod ists, dem dein schmachtend Auge winkt,
>   Jeder deiner Strahlenblicke trinkt
> Deines Lebens karges Lämpchen ärmer ...

Das liebreizende Bild des unbeschwerten Lebens ist eine Maske des Todes, der sich dahinter tückisch verbirgt, denn die sinnliche Welt ist der Widerpart des übersinnlichen Seelenwesens. Die ewige Untreue dieser dem Untergang anheimgegebenen Welt gilt es besser heute als morgen zu durchschauen. Denn unserer irdischen Existenz ist grundsätzlich nicht zu trauen:

> Aus dem Leben, wie aus seinem Keime,
>   Wächst der ew'ge Würger nur.

Schiller greift hier das Bild vom Ende seiner Dissertation noch einmal auf, ohne ihm aber diesmal eine tröstliche Wendung zu geben. Vielmehr fegen eisige Winterstürme alle Blüten des Lebens zuletzt erbarmungslos hinweg.

> Glühst du, Laura? Schwillt die stolze Brust?
> Lern es, Mädchen, dieser Trank der Lust,
>   Dieser Kelch, woraus mir Gottheit düftet –
>   Laura – ist vergiftet!
> Unglückselig! unglückselig, die es wagen,
> Götterfunken aus dem Staub zu schlagen.

Dann aber bannt der einundzwanzigjährige Dichter seinen zehrenden Schmerz, seine überbrandende Verzweiflung. Im Anblick des ewigen Verderbens sollen die Augen seines Geistes nicht erblinden. Und so beschließt er sein Gedicht mit den Worten:

> Brich die Blume in der schönsten Schöne,
>   Lösch, o Jüngling mit der Trauermiene,
>   Meine Fackel weinend aus,
>   Wie der Vorhang an der Trauerbühne
>   Niederrauschet bei der schönsten Szene,
>   Fliehn die Schatten – und noch schweigend horcht das Haus.

Dem Leiden und dem Tod vertraut

Der zuinnerst bedrohlichen Spannung von Leben und Tod, von Gut und Böse, von Sieg und Untergang, in die das Menschenwesen unausweichlich verflochten ist, gilt Schillers Dichten und Denken. Der Kelch, aus dem wir unser Erdenleben trinken, so gewahrt er – ist vergiftet. Denn die Sinnenwelt, in die wir verstrickt sind, ist todgezeichnet, ist verwehender Staub. Und indem wir ihr Verhängnis in uns tragen, haben wir sie zum Keimboden unseres seelisch-geistigen Wachstums zu machen; haben uns im Kampf gegen den allgemeinen Tod als sterblich-unsterbliche Doppelwesen zur wahren Menschlichkeit emporzuläutern. Das jedoch ist ein äonenweiter Weg der Wandlung – ist die Menschheits-Tragödie.

Die tragische Kunst aber – davon ist Schiller überzeugt – soll «zu dem göttlichen Teil unseres Wesens»[307] sprechen, um ihn zu wecken und zu stärken durch den Anblick des Leidens, das unser Mitleid erregt; und je erschütternder, je furchterregender, je zerreißender die Darstellung des leidenden Menschen dem wahrhaft-tragischen Künstler gelingt, umso tiefer ergreift er die Herzen der Zuschauer, umso mehr stärkt er die Widerstandskraft ihrer moralisch-geistigen Existenz. Zwar ist es das Ziel der schönen Seele, «in der Sinnenwelt ihren unsterblichen Freund zu umarmen»; es ist die Aufgabe des Menschen, die Sinnenwelt emporzuläutern zu einer Offenbarung seiner ewigen Geisternatur. Das Wesen der Tragödie jedoch besteht darin, dass sie den leidend-unterliegenden und leidend-standhaltenden Menschen zeigt in seinem Kampf mit dem Verhängnis, das aus ihm selbst wie seinem Schicksalsumfeld aufsteigt und alles Gute, Wahre, Schöne zu vernichten, in finstere Abgründe zu ziehen droht; dem aber der leidgeprüfte Mensch Widerstand zu leisten vermag – unbeschädigt in seinem moralischen Selbst.

Demgemäß beginnt Schiller seinen Essay *Über das Pathetische* mit den Worten: «Darstellung des Leidens – als bloßes Leiden – ist niemals Zweck der Kunst, aber als Mittel zu ihrem Zweck ist sie derselben äußerst wichtig. Der letzte Zweck der Kunst ist Darstellung des Übersinnlichen, und die tragische Kunst insbesondere bewerkstelligt dieses dadurch, dass sie uns die moralische Independenz [Unabhängigkeit des Geistes] von Naturgesetzen im Zustand des Affekts versinnlicht. Nur der Widerstand, den es gegen die Gewalt des Gefühls äußert, macht das freie Prinzip in uns kenntlich; der Widerstand aber kann nur nach der Stärke des Angriffs geschätzt werden. Soll sich also die Intelligenz im Menschen als eine von der Natur unabhängige Kraft offenbaren, so muss die Natur ihre ganze Macht erst vor unsern Augen bewiesen haben. Das Sinnenwesen muss tief und heftig leiden; Pathos muss da sein, damit das Vernunftwesen seine Unabhängigkeit kundtun und sich handelnd darstellen könne.»

Wie die Tragödie des Hiob gerade darin besteht, dass die sittliche Natur des Menschen einem Übermaß an Unheil standzuhalten hat, so will Schiller den leidenden Menschen im Kampf mit dem Verderben zeigen, das ihn zu vernichten droht, um nur umso eindringlicher das Geistwesen des Menschen sichtbar zu machen. «Es ist keine Kunst», heißt es denn auch im selben Zusammenhang weiter, «über Gefühle Meister zu werden, die nur die Oberfläche der Seele leicht und flüchtig bestreichen; aber in einem Sturm, der die ganze sinnliche Natur aufregt, seine Gemütsfreiheit zu behalten, dazu gehört ein Vermögen des Widerstandes, das über alle Naturmacht unendlich erhaben ist. Man gelangt also zur Darstellung der moralischen Freiheit nur durch die lebendigste Darstellung der leidenden Natur, und der tragische Held muss sich erst als empfindendes Wesen bei uns legitimiert haben, ehe wir ihm als Vernunftwesen huldigen und an seine Seelenstärke glauben.»

Der tragische Künstler hat es mithin als seine Aufgabe zu betrachten, die Darstellung des Leidens so weit zu steigern, als es die Wahrheit der Handlung erlaubt. «Er muss gleichsam seinem Helden oder seinem Leser die ganze volle Ladung des Leidens geben.» Nur dann wird der tragische Dichter den ewigen Wesenskern des Menschen freilegen und zum Erlebnis bringen – «die übersinnliche selbständige Kraft im Menschen, sein moralisches Selbst». Dieses aber ist über jede sinnliche Regung des Tiermenschen erhaben. «Der bloß tierische Teil des Menschen folgt dem Naturgesetz und darf daher von der Gewalt des Affekts unterdrückt erscheinen. An diesem Teil also offenbart sich die ganze Stärke des Leidens und dient gleichsam zum Maß, nach welchem der Widerstand geschätzt werden kann; denn man kann die Stärke des Widerstandes oder die moralische Macht in dem Menschen nur nach der Stärke des Angriffs beurteilen. Je entschiedener und gewaltsamer nun der Affekt in dem Gebiet der Tierheit sich äußert, ohne doch im Gebiet der Menschheit dieselbe Macht behaupten zu können, desto mehr wird diese letztere kenntlich, desto glorreicher offenbart sich die moralische Selbständigkeit des Menschen, desto pathetischer ist die Darstellung und desto erhabener das Pathos.»

Das verlogene Pathos insbesondere der Machthaber des Dritten Reiches hat den ursprünglichen Begriff, wie Schiller ihn verwendet, in Verruf gebracht. Sehr zu Unrecht. Offenbart sich doch im echten Pathos die Stimme des übersinnlichen Menschenwesens, im Kampf mit den Mächten des Untergangs, in die das Sinnenwesen des Menschen verstrickt ist. Demgemäß vermerkt Schiller in einer Fußnote, eben in dieser Hinweisung auf das Übersinnliche liege das Pathos und die tragische Kraft.

Unter dem Gesichtspunkt der moralischen Selbständigkeit des seelischgeistigen Menschenwesens lässt sich aber nicht nur Schillers Werk, sondern ebenso die tragische Kraft seines Schicksalsganges erleben, der geeignet war, die innere Wahrhaftigkeit seines Dichtens und Denkens unter Beweis zu stellen – mit einer Intensität, die ihresgleichen sucht. War doch Schiller selbst ein «tragischer Held», dem «die ganze volle Ladung des Leidens» gegeben wurde. Die Würde seines geprüften Menschentums verleiht seinem Wesen und Werk die unverwechselbar tragische Weihe.

Als einen Tag nach Schillers Tod, der durch einen plötzlichen «Nervenschlag» eingetreten war, die Sektion vorgenommen wurde, zeigte sich, dass der linke Lungenflügel «faul und brandig, breiartig und desorganisiert» war. «Das Herz stellte einen leeren Beutel vor und hatte sehr viele Runzeln, war häutig, ohne Muskelsubstanz. Diesen häutigen Sack konnte man in kleine Stücke zerflocken. ... Die rechte und linke Niere in ihrer Substanz aufgelöst und völlig verwachsen. ... Bei diesen Umständen muss man sich wundern, wie der arme Mann so lange hat leben können.» – Der größere Teil der Organe des Brustkorbs und des Bauchraums war zerstört oder krankhaft verändert. «Es ist merkwürdig», schrieb Henriette von Knebel, «dass Schiller allein in seinem schön organisierten Kopf gelebt hat. Die Ärzte stimmen darin überein, dass sie nie einen so ganz verdorbenen und aufgelösten Körper angetroffen hätten.»[308]

Zwei Wochen vor seinem Tode hatte Schiller Goethe, der seinerseits schwer erkrankt war, einen letzten Brief geschrieben. Zwanzig Jahre später, am 18. Januar 1825, äußerte Goethe gegenüber Eckermann, er bewahre diesen Brief «als ein Heiligtum». Und er fügte hinzu, an Schillers Handschrift sei «durchaus keine Spur irgendeiner Schwäche» zu bemerken – «bei völligen Kräften ist er von uns gegangen.»

Vierzehn Jahre lang lebte Schiller «dem Tode entlang». Johann Heinrich Meyer, ein enger Freund Goethes, meinte sogar, Schillers «Gesicht glich dem Gekreuzigten».[309] Schillers Willensenergie jedoch hielt die zerfallende Hülle nicht nur zusammen, sondern ermöglichte ihm, zu höchsten Höhen seines geistigen Schaffens aufzusteigen. Als Schiller starb, war der *Demetrius* bekanntlich so weit gediehen, dass Goethe beschloss, ihn für den Freund zu vollenden.

DER BUND

Viel später, in den *Tag- und Jahresheften*, blickte Goethe zurück auf diesen ebenso kühnen wie verzweifelten Entschluss. «Von dem Vorsatz an», erinnert er sich, «bis in die letzte Zeit hatten wir den Plan öfters durchgesprochen: Schiller mochte gern unter dem Arbeiten mit sich selbst und andern für und wider streiten, wie es zu machen wäre; er ward ebensowenig müde, fremde Meinungen zu vernehmen, wie seine eigenen hin und her zu wenden. Und so hatte ich alle seine Stücke, vom ‹Wallenstein› an, zur Seite begleitet, meistenteils friedlich und freundlich, ob ich gleich manchmal, zuletzt, wenn es zur Aufführung kam, gewisse Dinge mit Heftigkeit bestritt, wobei denn endlich einer oder der andere nachzugeben für gut fand.»

Sehr wohl also durfte Goethe wagen, den *Demetrius* abzuschließen. Das Werk «auf allen Theatern zugleich gespielt zu sehen», fuhr Goethe in seinem Rückblick fort, «wäre die herrlichste Totenfeier gewesen, die er [Schiller] sich und den Freunden bereitet hätte. Ich schien mir gesund, ich schien mir getröstet. Nun aber setzten sich der Ausführung mancherlei Hindernisse entgegen, mit einiger Besonnenheit und Klugheit vielleicht zu beseitigen, die ich aber durch leidenschaftlichen Sturm und Verworrenheit nur noch vermehrte; eigensinnig und übereilt gab ich den Vorsatz auf, und ich darf noch jetzt nicht an den Zustand denken, in welchen ich mich versetzt fühlte. Nun war mir Schiller eigentlich erst entrissen, sein Umgang erst versagt. Meiner künstlerischen Einbildungskraft war verboten, sich mit dem Katafalk zu beschäftigen, den ich ihm aufzurichten gedachte ... sie wendete sich nun und folgte dem Leichnam in die Gruft, die ihn geprängenlos eingeschlossen hatte. Nun fing er mir erst an zu verwesen; unleidlicher Schmerz ergriff mich, und da mich körperliche Leiden von jeglicher Gesellschaft trennten, so war ich in traurigster Einsamkeit befangen. Meine Tagebücher melden nichts von jener Zeit; die weißen Blätter deuten auf den hohlen Zustand.»

Der Einschnitt, den Schillers Tod in Goethes Leben bedeutete, war tief – wohl nur vergleichbar mit der Rückkehr aus Italien in den Norden, den abweisend-gestaltlosen. Sah sich Goethe vormals völlig isoliert, so erlebte er jetzt das Ende einer ganzen Geistesepoche.

Der Verlauf von Schillers Krankheit war folglich von geistesgeschichtlicher Dimension. Ein gesunder Schiller hätte Goethe bis zuletzt erhalten bleiben, mehr noch, ihn überleben können. Das bestätigt Wilhelm von Humboldt noch im Jahre 1830, indem er in seinem Aufsatz *Über Schiller und den Gang seiner Geistesentwicklung* schreibt: «Er wurde der Welt in

DEM LEIDEN UND DEM TOD VERTRAUT

der vollendetsten Reife seiner geistigen Kraft entrissen und hätte noch Unendliches leisten können. Sein Ziel war so gesteckt, dass er nie an einen Endpunkt gelangen konnte, und die immer fortschreitende Tätigkeit seines Geistes hätte keinen Stillstand besorgen lassen.»

Ein vertiefter Einblick in Schillers Schicksalsgang, wie er durch Rudolf Steiners Karma-Betrachtung möglich wird, lässt freilich anschaubar werden, mit welcher verzehrend-feurigen idealischen Intensität Schiller sein Erdenleben ergriff. In Wesenstiefen also war der Verlauf seiner Krankheit veranlagt – ihrerseits ein zutiefst tragisches Geschehen.

Und so kann es auch nicht wundernehmen, dass der schwächliche Knabe bereits in den beiden ersten Lebensjahren unter Krämpfen litt. Niedergedrückt durch die geist- und herzlose schulische Erziehung, erkrankte er während der Pubertät häufig. Auf der Karlsschule folgten dann allein in den ersten anderthalb Jahren fünfzehn Erkrankungen; eine erstreckte sich über einen ganzen Monat. Zwar kräftigte sich der Sechzehn- bis Achtzehnjährige körperlich wie seelisch. Die Lebensumstände jedoch, insbesondere nach der Flucht, waren ungeeignet, dem Stoß vorzubeugen, der Schiller am 1. September des Jahres 1783 traf. Es war derselbe Tag, an dem er seine Stellung als Theaterdichter in Mannheim antrat und sich sogleich zwei Drittel seines Gehaltes ausbezahlen ließ, um sich standesgemäß einkleiden zu können. An diesem Tag also erkrankte Schiller an einem lebensgefährlichen «kalten Fieber», an einer malariaartigen Epidemie, der sechstausend Mannheimer Bürger erlagen. Bis in den Januar schwächten Fieberschübe Schillers Organismus. Wobei es höchst bezeichnend ist, dass er, der bereits als Regimentsmedikus zum Verordnen zu hoher Dosen neigte, um die Krankheit durch einen gewaltsamen Ruck zu brechen, nunmehr offensichtlich sich selbst Überdosen an Chinarinde verabreichte. Wie dem auch sei, Schiller selbst ahnte: Diese Krankheit hatte ihm einen Stoß fürs Leben versetzt.

In den folgenden sieben Jahren freilich schien diese Befürchtung sich nicht zu bestätigen. Noch im Jahre 1790 konnte Schiller bis zu vierzehn Stunden täglich arbeiten. Zu Beginn des folgenden Jahres aber brach die todbringende Erkrankung aus. Und Anfang Mai brach vermutlich der Eiter vom Rippenfell durch das Zwerchfell in den Unterleib durch – ein Vorgang, der den Tod herbeiführen kann. Sechzehn Tage später konnte Schiller an Körner schreiben, er habe jetzt weniger Furcht als noch vor vier Wochen. «Überhaupt hat dieser Anfall mir innerlich sehr gut getan. Ich habe dabei mehr als einmal *dem Tod ins Gesicht gesehen*, und mein

Der Bund

Mut ist dadurch gestärkt worden ... die Stimme hatte mich schon verlassen, und zitternd konnte ich bloß schreiben, was ich noch gern sagen wollte. ... Mein Geist war heiter, und alles Leiden, was ich in diesem Moment fühlte, verursachte der Anblick, der Gedanke an meine gute Lotte, die den Schlag nicht würde überstanden haben.» (Hervorhebungen durch den Autor)

Von nun an war Schiller an sein «Übel angeschmiedet», wie es am 25. Februar 1793 in einem Brief heißt. Und als sich am 22. März desselben Jahres während der Vorlesung ein Anfall nicht abwenden ließ, schrieb Schiller: «Meine Existenz wird durch diese elenden Zufälle so zerrissen, dass ich nichts recht fortfahren kann.»[310] Schiller fühlte sich in seiner schöpferischen Existenz zerrissen – und er blieb es bis zu seinem Tode. Das Urbild des von thrakischen Mänaden zerrissenen Orpheus erscheint über dem Schicksalsgang des Schillerschen Geistes.

Und dennoch konnte er am 9. Januar des Jahres 1796 schreiben: «Mit meiner Gesundheit ist es zwar immer noch das Alte, aber ich kann doch arbeiten ... der Geist ist hell und heiter, und mein Humor fröhlich. Nach und nach gewöhne ich mich an das Übel.»[311]

Durch den ganzen Jahreslauf, immer wieder in seinen körperlichen und geistigen Kräften wie gelähmt – jedes Tierzeichen brachte ihm «ein anderes Leiden mit»[312] –, immer wieder «von einem wahren Tod unterbrochen», stählte Schiller im Kampf mit den zerreißenden, zerstückelnden Gewalten seine geistig-seelische Widerstandskraft wie seine Ergebenheit in den Schicksalsverlauf, seine Milde und Demut. Nicht anders, als er dies in seinem Epigramm *Die Johanniter* ausspricht:

> Herrlich kleidet sie euch, des Kreuzes furchtbare Rüstung,
>   Wenn ihr, Löwen der Schlacht, Akkon und Rhodus beschützt,
> Durch die Syrische Wüste den bangen Pilgrim geleitet
>   Und mit der Cherubim Schwert steht vor dem Heiligen Grab.
> Aber ein schönerer Schmuck umgibt euch, die Schürze des Wärters,
>   Wenn ihr, Löwen der Schlacht, Söhne des edelsten Stamms,
> Dient an des Kranken Bett, dem Lechzenden Labung bereitet
>   Und die niedrige Pflicht christlicher Milde vollbringt.
> Religion des Kreuzes, nur du verknüpfest, in *einem*
>   Kranze, der Demut und Kraft doppelte Palme zugleich!

Als Karoline von Wolzogen im Frühjahr 1805 auf die verstrichenen Wintermonate zurückblickte, die sie, Schillers Schwägerin, im vertrauten

Dem Leiden und dem Tod vertraut

Umgang mit ihm verbracht hatte, schrieb sie: «Eine unaussprechliche Milde durchdrang Schillers ganzes Wesen und gab sich kund in all seinen Urteilen und Empfindungen; es war ein wahrer Gottesfrieden in ihm.»

Im selben Zeitraum hatten Goethe und Schiller sich kaum gesehen; beide waren erkrankt. Als Schiller sich Anfang März als Erster erholte, ging er, begleitet von dem jüngeren Voß, alsbald zu Goethe. Voß berichtet: «Sie fielen sich um den Hals und küßten sich in einem langen herzlichen Kusse, ehe eines von ihnen ein Wort hervorbrachte. Keiner von ihnen erwähnte weder seiner noch des anderen Krankheit, sondern beide genossen der ungemischten Freude, mit heiterm Geiste vereinigt zu sein.»

In dem nach Schillers Tod entstandenen, im Laufe der nächsten zehn Jahre zweimal überarbeiteten *Epilog zu Schillers «Glocke»*, in dem Goethe seiner Erschütterung über den Verlust des Freundes, «an den sich jeder Wunsch geklammert» hielt, in feierlichen Stanzen Ausdruck verleiht, blickt er zurück auf die gemeinsame Zeit:

> Denn er war unser! Wie bequem, gesellig
> Den hohen Mann der gute Tag gezeigt,
> Wie bald sein Ernst, anschließend, wohlgefällig,
> Zur Wechselrede heiter sich geneigt,
> Bald raschgewandt, geistreich und sicherstellig
> Der Lebensplane tiefen Sinn erzeugt,
> Und fruchtbar sich in Rat und Tat ergossen;
> Das haben wir erfahren und genossen.
>
> Denn er war unser! Mag das stolze Wort
> Den lauten Schmerz gewaltig übertönen!
> Er mochte sich bei uns, im sichern Port,
> Nach wildem Sturm zum Dauernden gewöhnen.
> Indessen schritt sein Geist gewaltig fort
> Ins Ewige des Wahren, Guten, Schönen,
> Und hinter ihm, in wesenlosem Scheine,
> Lag, was uns alle bändigt, das Gemeine.

Goethes Schmerz über Schillers frühen Tod konnte nie wirklich ausheilen. Denn ohne Schiller – so stellt es Rudolf Steiner in einem Vortrag dar, auf den noch zurückzukommen ist – war für Goethe im Wesentlichen an ein Weiterschreiten nicht zu denken.

DER BUND

In seinem *Epilog* fortfahrend, würdigt Goethe das künstlerische Schaffen Schillers, das dieser mit seiner ganzen Existenz besiegelt hatte:

> Er wendete die Blüte höchsten Strebens,
> Das Leben selbst, an dieses Bild des Lebens.
> Ihr kanntet ihn, wie er mit Riesenschritte
> den Kreis des Wollens, des Vollbringens maß,
> Durch Zeit und Land, der Völker Sinn und Sitte,
> Das dunkle Buch mit heiterm Blicke las;
> Doch wie er atemlos in unsrer Mitte
> In Leiden bangte, kümmerlich genas,
> Das haben wir in traurig schönen Jahren,
> Denn er war unser, leidend miterfahren.

Hatte Schiller zur «Wechselrede», zum Gespräch «*heiter* sich geneigt», wie er sich «mit *heiterm* Blick» in das dunkle Buch der Geschichte versenkt hatte, während er sich fort und fort aus bangen Leiden erhob, aus Leiden, die Goethe leidend miterfuhr, so war all das Ausdruck seines Wesensgrundes. Denn: «... die Tragödie fordert, dass wir leiden; durch den Schmerz führt sie uns zur Freiheit.» Schiller, der sich durch zwei Jahrsiebente an seine Leiden «angeschmiedet» sah, war zuinnerst geprägt vom Erleben des Urbildes der Tragödie, weshalb er im selben Zusammenhang hinzufügen konnte: «Prometheus, der Held einer der schönsten Tragödien, ist gewissermaßen ein Sinnbild der Tragödie selbst.»[313]

Dieses Zentrum des Schillerschen Wesens fasst Goethe in seinem *Epilog* ins Auge. Er, der in einem Brief an Schiller, in der Nacht zum 30. August 1797, diesen «als den Heiligen aller am schlaflosen Zustande leidenden Menschenkinder» öfter um seinen Beistand angerufen und sich auch wirklich durch sein «Beispiel gestärkt gefühlt» hatte – während Schiller, am 27. Februar desselben Jahres, dem Freunde schreiben konnte: «In solchen Umständen wünsche ich Ihnen meine Fertigkeit im Übelbefinden, so würde Ihnen dieser Zustand weniger unerträglich sein.»

Im Anblick Schillers hatte Goethe tief in die Mysterien des Leidens hineingeblickt, tiefer selbst, als das durch alle eigene Leidenserfahrung möglich geworden war. Nun, im *Epilog zu Schillers «Glocke»*, fasst er dies in die Verse:

Dem Leiden und dem Tod vertraut

> Er hatte früh das strenge Wort gelesen,
> Dem Leiden war er, war dem Tod vertraut.

Der einstige «Geistesantipode», von dem Goethe mehr als ein Erddurchmesser getrennt hatte, sodass an keine Vereinigung zu denken gewesen – er hatte sich als brüderlich verwandt erwiesen:

> Zum Höchsten hat er sich emporgeschwungen,
> Mit allem, was wir schätzen, eng verwandt.

Verwandt aber eben nicht im Gleichklang, sondern in Komplementarität. War doch Schiller ein Ureigenes gegeben, «was ihm allein gehört». Das hatte Goethe durch zehn Jahre «segensreich erfahren». Und dieses «Eigenste» war eine Lehre, durchwaltet von Schillers erzieherischem Willen.

Das sah auch Humboldt nicht anders. In einem Brief an Goethe, im April 1806, schreibt er: «Seine Lehre – denn es war Eigenheit seines Geistes, eine zu geben und auszusprechen – stand eigentlich im Widerspruch mit der Welt, wurde bald übersehen, bald verkannt. Aber solang er lebte, war sie, wenigstens für uns, seine Freunde, das eigentlich Geltende. Jetzt, da er dahin ist, haben die andern die Übermacht.»

Wie sehr Goethe dem zustimmte, ist den Worten entnehmbar, in die er seinen *Epilog* ausklingen lässt:

> So bleibt er uns, der vor so manchen Jahren –
> Schon zehne sind's! – von uns sich weggekehrt!
> Wir haben alle segenreich erfahren,
> Die Welt verdank' ihm, was er sie gelehrt;
> Schon längst verbreitet sich's in ganze Scharen,
> Das Eigenste, was ihm allein gehört.
> Er glänzt uns vor, wie ein Komet entschwindend,
> Unendlich Licht mit seinem Licht verbindend.

In einem Vortrag über *Schiller und die Gegenwart* hat Rudolf Steiner Goethes dreimal wiederholtes «Denn er war unser!» aufgegriffen und hinzugefügt: «Wir dürfen, wenn wir Schiller wieder im lebendigen Geist fassen, uns wieder durchdringen mit dem, was in ihm lebte und womit er in der anderen Welt lebt, die freundlich und liebevoll sein Bestes aufnahm.»[314]

DER BUND

Eine universelle pädagogische Kraft

Vier Jahre nach dem Erscheinen von Lessings *Erziehung des Menschengeschlechts*, im Frühsommer 1784, hielt der vierundzwanzigjährige Schiller in Mannheim vor der kurfürstlichen Gesellschaft eine Antrittsrede, in der er *Vom Wirken der Schaubühne für das Volk* handelte. Den bearbeiteten Text veröffentlichte er bald darauf in dem ersten und einzigen Heft seiner *Rheinischen Thalia*. Unter dem veränderten Titel *Die Schaubühne als moralische Anstalt betrachtet* nahm er drei Jahre vor seinem Tode dieselbe Rede in seine *Kleinen prosaischen Schriften* auf. Denn wie weite Wege Schiller in den achtzehn Jahren auch gegangen war, welche tiefgreifende Verwandlung er insbesondere unter der segensreichen Einwirkung Goethes als Künstler erfahren hatte, der Wurzelgrund seines Wesens, aus dem doch alles herausgewachsen war, erscheint in dieser Mannheimer Vorlesung wie freigelegt: Schiller wollte tätig sein für die «Erziehung des Menschengeschlechts»; und die Schaubühne hielt er für geeignet, dieser Zielsetzung zu dienen. Denn: «So gewiss sichtbare Darstellung mächtiger wirkt als toter Buchstabe und kalte Erzählung, so gewiss wirkt die Schaubühne tiefer und dauerhafter als Moral und Gesetz.»

Durch das Theater wollte der junge Dramatiker die Tiefenschichten der Menschenseele sichtbar machen. Er wollte zeigen, «wie die Vorsehung ihre Rätsel auflöst, ihre Knoten ... entwickelt, wo das menschliche Herz auf den Foltern der Leidenschaft seine leisesten Regungen beichtet, alle Larven fallen, alle Schminke verfliegt und die Wahrheit ... unbestechlich Gericht hält.» Ja mehr noch, Schiller war sicher: «Die Gerichtsbarkeit der Bühne fängt an, wo das weltliche Gesetz sich endigt.»

Was der junge Dichter unter solchen Worten verstanden wissen wollte, hatte er in der kurz zuvor höchst erfolgreich uraufgeführten Tragödie *Kabale und Liebe* veranschaulicht, in der eine jugendlich-idealistische Liebe durch selbstsüchtige und intrigante Niedertracht – «Wurm» nennt Schiller den tückischen Drahtzieher – in den Tod getrieben wird, noch dazu befördert durch leidenschaftlich-blinde Eifersucht. Am Ende dieser Tragödie siegt die göttliche Gerechtigkeit, nicht weniger eindringlich als in den *Räubern*.

Aber nicht nur die Tiefenkräfte der Einzelseele wollte Schiller auf der Schaubühne freigelegt sehen. «Völker mit Völkern, Jahrhunderte mit

Jahrhunderten» sollten verglichen werden, damit jedermann gewahre, wie die Menschheit «an Ketten des Vorurteils und der Meinung darniederliegt». Erkenntnislicht sollte entzündet werden in den Köpfen und Herzen der Zuschauer. «Richtigere Begriffe, geläuterte Grundsätze» sollten fließen «durch die Adern des Volkes». Weichen sollte die Nacht dem «siegenden Licht», so wie das kurz zuvor Lessings *Nathan der Weise* beispielgebend gezeigt hatte, indem er anschaubar werden ließ, «dass Ergebenheit in Gott von unserem Wähnen über Gott so gar nicht abhängig sei».

Wenn die Schaubühne ihre seelenerweckende Aufgabe erfüllt, dann – so beschließt Schiller seine Rede – werden «Menschen aus allen Kreisen und Zonen und Ständen, abgeworfen jede Fessel der Künstelei und der Mode, herausgerissen aus jedem Drange des Schicksals, durch *eine* allwebende Sympathie verbrüdert, in *ein* Geschlecht wieder aufgelöst, ihrer selbst und der Welt vergessen und ihrem himmlischen Ursprung sich nähern. Jeder Einzelne genießt die Entzückungen aller, die verstärkt und verschönert aus hundert Augen auf ihn zurückfallen, und seine Brust gibt jetzt nur *einer* Empfindung Raum – es ist diese: ein Mensch zu sein.»

Vor Schillers Seelenblick leuchtet eine menschheitliche Zukunftskultur auf, in der alles Individuelle sich bewahrt und zugleich aufgehoben weiß innerhalb des brüderlich befriedeten Ganzen. Diesem erhabenen Ziel möchte er als dramatischer Dichter dienen – die Seelen erschütternd, die Seelen läuternd, die Seelen verwandelnd.

Noch zwei Tage vor seinem Tode suchte Schiller ein Gespräch anzuknüpfen «über Stoffe zu Tragödien, über die Art, wie man die höhern Kräfte im Menschen erregen müsse».[315] Wusste er doch und hatte es auch – im 4. Brief *Über die ästhetische Erziehung des Menschen* – gesagt, dass in jedem Menschen ein höherer, idealischer Mensch lebt, den es zu erwecken und zu entwickeln gilt, um zuletzt in allen Regungen mit ihm übereinzustimmen.

Keineswegs aber ist die Ausbildung nur des Einzelnen das anzustrebende Ziel. Im 4. Brief *Über die ästhetische Erziehung des Menschen* wird der Blick nachdrücklich auf das Ganze der Menschheit gerichtet, dem der «schöne Künstler» ebenso zu dienen hat wie der «Staatskünstler». Ja, in diesem Zusammenhang wird das Augenmerk auf den «pädagogischen und politischen Künstler [gerichtet], der den Menschen zugleich zu seinem Material und zu seiner Aufgabe macht. Hier kehrt der Zweck in den Stoff zurück, und nur weil das Ganze den Teilen dient, dürfen sich die

Teile dem Ganzen fügen.» Anders gesagt: Wenn dem «strengen Ernst des Gesetzes» die moralische Würde, das Heilige der Individualität innewohnt, wird der «Staat der Not mit dem Staat der Freiheit zu vertauschen» sein, in dem das Heilsame des Ganzen nicht auf Kosten der Freiheit des Einzelnen, die Freiheit des Einzelnen nicht auf Kosten des Ganzen verwirklicht wird. In einem so zu gestaltenden «moralischen Bau der Gesellschaft» sieht Schiller die zentrale Aufgabe der Menschheitszukunft. Die ästhetische Erziehung hat sich dieser Zielsetzung einzufügen, mehr noch, sie hat sich ihr unterzuordnen.[316]

Als Karoline von Wolzogen im Jahre 1830 Schillers Leben darstellte, kam sie auf sein elementares Interesse am heilsamen Ausbau der Gesellschaft zu sprechen. «Für das Gute und Schöne im öffentlichen Leben», erinnert sie sich, «hatte er ein tiefes Gefühl, so wie für die Mängel desselben. Was er in seinem Posa dichtete, hätte er sein können. Er gefiel sich oft in dem Gedanken, im vorgerückten Alter zu einem Staatsamte tüchtig zu sein, und glaubte, es mit Interesse und Nutzen verwalten zu können.»

Ohne Frage barg Schiller einen «Staatskünstler» in sich, dem auch Goethe zutraute, dass er im «Staatsrat» seine außerordentlichen Fähigkeiten entfaltet haben würde. Als Goethe im September des Jahres 1828 einmal mehr auf den nach wie vor schmerzlich entbehrten Freund zu sprechen kam, meinte er gegenüber Eckermann: «Schiller erscheint hier, wie immer, im absoluten Besitz seiner erhabenen Natur; er ist so groß am Teetisch, wie er es im Staatsrat gewesen sein würde. Nichts geniert ihn, nichts engt ihn ein, nichts zieht den Flug seiner Gedanken herab; was in ihm von großen Ansichten lebt, geht immer frei heraus ohne Rücksicht und ohne Bedenken. Das war ein rechter Mensch, und so sollte man auch sein!»

In seiner im August 1789 gehaltenen und im folgenden Jahr veröffentlichten Vorlesung über die *Gesetzgebung des Lykurgus und Solon* spricht Schiller von der «Kunst, Menschen zu regieren», von der Drakon nichts verstanden habe. Wenn man nur begangenes Übel bestraft, verbessert man den Menschen nicht. «Einen Menschen aus den Lebendigen vertilgen, weil er etwas Böses begangen hat», erklärt Schiller, «heißt ebensoviel als einen Baum umhauen, weil eine seiner Früchte faul ist.» Ganz im Gegensatz dazu war Solon fähig, meint Schiller weiter, eine Gesetzgebung auszugestalten, die der heilsamen Entwicklung des einzelnen Atheners ebenso förderlich war wie der Polis. Früh bereits habe Solon die Dichtkunst ausgeübt, was ihm in der Folge sehr zustatten gekommen sei, «moralische Wahrheiten und politische Regeln in dieses gefällige Gewand zu kleiden. Sein Herz war empfindlich für Freude und Liebe; einige Schwachheiten seiner Jugend machten ihn umso nachsichtiger gegen die Menschen und gaben seinen Gesetzen das Gepräge von Sanftmut und Milde, das sie von den Satzungen des Drakon und Lykurgus so schön unterscheidet. Er war ferner noch ein tapferer Heerführer gewesen ... Damals war das Studium der Weisheit noch nicht wie jetzt von politischer und kriegerischer Wirksamkeit getrennt; der Weise war der beste Staatsmann, der erfahrenste Feldherr, der tapferste Soldat, seine Weisheit floss in alle Geschäfte seines bürgerlichen Lebens.» Solons Verfassung also verwandelte Athen in eine vollkommene Demokratie. Erstmalig war «das Volk souverän und nicht bloß durch Repräsentanten herrschte es, sondern in eigner Person und durch sich selbst».

Es ist zu spüren, mit welchem Anteil Schiller die Gestalt des Solon darstellt. In ihm selbst lebte etwas, das ihn in die Herzensnähe zu diesem Ahnherrn Platons rückt, der, «sobald seine Gesetze im Gange waren, eine Reise durch Kleinasien, nach den Inseln und nach Ägypten [unternahm], wo er sich mit den Weisesten seiner Zeit besprach, den königlichen Hof des Krösus in Lydien und den zu Sais in Ägypten besuchte.»

Weniger das Zeitbedingte der Schillerschen Darstellung mag uns interessieren als der eindringliche Duktus seines Vortrags. Andererseits sollte auch Schillers Leistung als Historiker nicht unterschätzt werden. Nicht ohne Grund erwog er eine Zeitlang, ob es nicht seine Aufgabe sei, der erste Geschichtsschreiber Deutschlands zu werden. Von Jugend auf hatte ihn Geschichte angezogen, soweit sie im Guten und Bösen von großen Gestalten berichtete. Und seine Tätigkeit als Historiker und Geschichtsphilosoph nahm innerhalb seines kurzen Lebens nahezu fünf Jahre in Anspruch. Als sie im Frühjahr 1795 mit der für die *Horen* geschriebenen *Belagerung von Antwerpen*, einem ebenso packend wie glänzend geschriebenen Meisterwerk, ausklang, lag Schillers erstes und äußerst erfolgreiches Auftreten als historischer Schriftsteller sogar fast sieben Jahre zurück. War doch bereits Ende Oktober 1788 seine *Geschichte des Abfalls der vereinigten Niederlande von der Spanischen Regierung* der Öffentlichkeit zugänglich.

Das von Schiller in diesem Zeitraum bewältigte Maß an Arbeit ist ungeheuer und hier nicht einmal in Umrissen darstellbar. Zudem ist seine wortschöpferische Ausdruckskraft beeindruckend. Aus der Fülle der von ihm geprägten Begriffe, die heute ganz selbstverständlich verwendet werden, sollen hier wenigstens einige genannt werden. Schiller spricht von:

Gemeingeist und Privatstand, von Staatenbund, Staatsinteresse, Staatensystem, Machtvollkommenheit, Wahlfreiheit, Beistandsversprechen, Selbstverteidigung, Selbsthilfe, Rechtssystem, Universalmonarchie, Nationalcharakter.[317]

Die zweite große historische Arbeit, die *Geschichte des Dreißigjährigen Krieges,* in der Schiller bereits die Gestalt des Wallenstein eindringlich umreißt, zeugt von einer genialen Erfassung historischer Vorgänge. Da Schillers weitgespannte Darstellung nicht als allgemein bekannt vorausgesetzt werden kann, sollen hier einige Auszüge folgen.

Gleich auf der ersten Seite des Ersten Buches lesen wir: «Die Regenten kämpften zu ihrer Selbstverteidigung und Vergrößerung; der Religionsenthusiasmus warb ihnen die Armeen und öffnete ihnen die Schätze ihres Volkes. Der große Haufe, wo ihn nicht Hoffnung der Beute unter ihre Fahnen lockte, glaubte für die Wahrheit sein Blut zu vergießen, indem er es zum Vorteil seiner Fürsten versprützte.»

Im Zweiten Buch heißt es von dem Friedländer: «Wallenstein hatte über eine Armee von beinahe hunderttausend Mann zu gebieten, von denen er angebetet wurde, als das Urteil der Absetzung ihm angekündigt werden sollte. Die meisten Offiziere waren seine Geschöpfe, seine Winke Aussprüche des Schicksals für den gemeinen Soldaten. Grenzenlos war sein Ehrgeiz, unbeugsam sein Stolz, sein gebieterischer Geist nicht fähig, eine Kränkung ungerochen zu erdulden. Ein Augenblick sollte ihn jetzt von der Fülle der Gewalt in das Nichts des Privatstandes herunterstürzen.»

Im Dritten Buch wird das Wesen Wallensteins mit den Worten umrissen: «Von einer glühenden Leidenschaft aufgerieben, während dass eine fröhliche Außenseite Ruhe und Müßiggang log, brütete er still die schreckliche Geburt der Rachbegierde und Ehrsucht zur Reife und näherte sich langsam, aber sicher dem Ziele. Erloschen war alles in seiner Erinnerung, was er durch den Kaiser geworden war; nur was er für den Kaiser getan hatte, stand mit glühenden Zügen in seinem Gedächtnis geschrieben. Seinem unersättlichen Durst nach Größe und Macht war der Undank des Kaisers willkommen, der seinen Schuldbrief zu zerreißen und ihn jeder Pflicht gegen den Urheber seines Glücks zu entbinden schien. Entsündigt und gerechtfertigt erschienen ihm jetzt die Entwürfe seiner Ehrsucht im Gewande einer rechtmäßigen Wiedervergeltung.» Gleichzeitig aber war Wallenstein auch wieder das Opfer kaiserlicher Unredlichkeit – «der Raub, der an ihm selbst verübt wurde, machte ihn zum Räuber.» Des Friedländers Charakter mit einem Satz umgreifend, schreibt Schiller wenig später: «Wallenstein war nichts, wo er nicht alles war; er musste entweder gar nicht oder mit vollkommener Freiheit handeln.»

Gegen Ende des Vierten Buches, bei der Schilderung der Ermordung des Herzogs von Friedland und des Schicksalsgeflechtes, das seinen Tod herbeiführte – es «wurde beinahe unter seinen Augen der Dolch geschliffen» –, spricht Schiller die Überzeugung aus, die «rächende Nemesis» habe beabsichtigt, «dass der Undankbare unter den Streichen des Undanks erliegen sollte». Schiller erkannte: Das von außen hereinbrechende Verhängnis und das aus dem eigenen Innern aufsteigende Unheil, Schicksals- und Charaktertragödie, erwiesen sich bei Wallenstein als ein Ganzes – «sein böser Genius hat ihn von selbst in die Hände der Rache geliefert». Und so endete «sein tatenreiches und außerordentliches Leben; durch Ehrgeiz emporgehoben, durch Ehrsucht gestürzt, bei allen seinen Mängeln noch groß und bewundernswert, unübertrefflich, wenn er Maß gehalten hätte. Die Tugenden des Herrschers und Helden, Klugheit, Gerechtigkeit, Festigkeit und Mut, ragen in seinem Charakter kolossalisch hervor; aber ihm fehlten die sanften Tugenden des Menschen.» Allerdings sollte doch auch nicht vergessen werden, gibt Schiller zu bedenken, dass keine der vorliegenden historischen Quellen unparteiisch ist; mehr noch, Wallensteins Feind hat seine Geschichte geschrieben: In Wahrheit fiel er «nicht weil er ein Rebell war, sondern er rebellierte, weil er fiel».

Lesen wir diese ebenso geschichtswissenschaftlich gründlichen wie faszinierenden Darlegungen Schillers auf dem Hintergrund seiner *Wallenstein*-Trilogie, dann gewahren wir die klarsichtige Intensität, die zuletzt in die Dichtung förderlich, allerdings auch hinderlich Einlass fand, weil Geschichtswissenschaft und Geschichtsphilosophie Schillers dramatisch-künstlerischen Bestrebungen keineswegs unmittelbar hilfreich waren. Weshalb Goethe im Juli 1827, wiederum zu Eckermann, sagen konnte: «Schillers Wallenstein ist so groß, dass in seiner Art zum zweitenmal nicht etwas Ähnliches vorhanden ist; aber Sie werden finden, dass eben diese beiden gewaltigen Hülfen, die Geschichte und Philosophie, dem Werke an verschiedenen Teilen im Wege sind und seinen reinen poetischen Sukzess hindern.»

Dem aus Urquellen der Kunst schöpfenden Goethe standen seine naturwissenschaftlichen Forschungen an keiner Stelle im Wege; vielmehr befruchteten sie seine Kunst, weil er sein Künstlertum in sein Naturbetrachten und Naturerkennen hineintrug. Schiller dagegen stand vor einem

Dilemma. Einerseits ist die Menschheitsgeschichte naturwissenschaftlich gar nicht behandelbar; andererseits war Schillers Künstlerschaft weit weniger ursprünglich. Aus der griechisch-heidnischen Strömung hervorgehend, setzte Goethe überaus harmonisch seine Entwicklung fort und erreichte eine zur höchsten Höhe aufsteigende Vollendung. Schillers mitgebrachte Stoßkraft entsprang nicht dem Urquell der Kunst, sondern hatte ihren Ursprung im Moralisch-Religiösen. Was auch seine gründliche Befassung mit Kants Moralphilosophie beförderte, mehr noch, notwendig machte.

Wiederum war es Goethe, der die Polarität von Kunst und Religion genau zu unterscheiden wusste. In den *Maximen und Reflexionen* sagt er: «Die Kunst ruht auf einer Art religiösem Sinn, auf einem tiefen unerschütterlichen Ernst; deswegen sie sich auch so gern mit der Religion vereinigt. Die Religion bedarf keines Kunstsinnes, sie ruht auf ihrem eigenen Ernst; sie verleiht aber auch keinen, so wenig sie Geschmack gibt.»

Im religiös-moralischen Erleben ist die Seele auf das Übersinnlich-Göttliche gerichtet. Im künstlerischen Schaffen waltet das Bestreben, das Sinnlich-Erscheinende – Formen, Farben, Töne, Laute, Bewegungen – so zu bearbeiten, so zu gestalten und umzugestalten, dass sie zu Offenbarungen des Übersinnlichen werden, das durch sie hindurch spricht. Deshalb bedarf die Religion des «Kunstsinnes» nicht, wie sie ihn nicht verleiht, so wenig sie einen ästhetischen Geschmack ausbildet.

Niemals hätte Goethe Briefe über die ästhetische Erziehung des Menschen schreiben können. Neigte Schiller zu einer Moralisierung der Kunst und damit zu einer Selbstentfremdung ihrer Mittel und Aufgaben, so tendierte Goethe, besonders im Alter, zu dem entgegengesetzten Extrem.

Das wird besonders deutlich an seiner *Nachlese zu Aristoteles' Poetik*, in welcher der etwa Siebenundsiebzigjährige die Behauptung aufstellt, dass es dem Dichter einer Tragödie unter gar keinen Umständen um «die entfernte Wirkung» gehen könne, die das Kunstwerk «auf den Zuschauer vielleicht machen würde». Zwar habe Aristoteles in der Politik ausgesprochen, «dass die Musik zu sittlichen Zwecken bei der Erziehung benutzt werden könnte»; Goethe aber weist diese Meinung weit von sich, indem er dagegenstellt: «Die Musik ... so wenig als irgend eine Kunst vermag auf Moralität zu wirken, und immer ist es falsch, wenn man solche Leistungen von ihnen verlangt. Philosophie und Religion vermögen das allein. Pietät und Pflicht müssen aufgeregt werden, und solche Erweckungen werden die Künste nur zufällig zulassen. Was sie aber vermögen und wirken, das ist eine Milderung roher Sitten, welche aber gar bald in Weichlichkeit ausartet.» Aufs entschiedenste den sittlich-erzieherischen Wert der Kunst bestreitend, führt Goethe gegen Ende seines Aufsatzes weiter aus: «Hat nun der Dichter an seiner Stelle seine Pflicht erfüllt, einen Knoten bedeutend geknüpft und würdig gelöst, so wird dann dasselbe in dem Geiste des Zuschauers vorgehen; die Verwicklung wird ihn verwirren, die Auflösung aufklären, er aber um nichts gebessert nach Hause gehen; er würde vielmehr, wenn er asketisch-aufmerksam genug wäre, sich über sich selbst verwundern, dass er ebenso leichtsinnig als hartnäckig, ebenso heftig als schwach, ebenso liebevoll als lieblos sich wieder in seiner Wohnung findet, wie er hinausgegangen.»

Eine schärfere Antithese zu Schillers Überzeugung lässt sich kaum aufstellen. Wollte der Vierundzwanzigjährige die Schaubühne zur moralischen Anstalt gemacht sehen; hielt der Fünfunddreißigjährige die ästhetische Erziehung der Menschheit für möglich und erstrebenswert; ja, hatte noch der Fünfundvierzigjährige auf dem Sterbelager Stoffe zu Tragödien im Sinn, mit denen er die höheren Seelenkräfte des Menschen erregen, mithin pädagogisch fördern wollte – so hatte Goethe im Greisenalter alle Hoffnung begraben, durch die Kunst moralisch-erzieherisch wirken zu können. Goethe und Schiller waren eben wirklich Geistesantipoden, deren Bund ein geistesgeschichtliches Phänomen erster Ordnung ist.

Schon Schillers für die Geburtstagsfeier der Reichsgräfin Franziska von Hohenheim angefertigte Festrede, die er höchstwahrscheinlich auch wirklich am 10. Januar 1779 in der Militärakademie gehalten hat, lässt deutlich werden, aus welchem religiös-moralischen Quell seine Entelechie schöpfte. Bereits der Titel ist aufschlussreich: *Gehört allzu viel Güte, Leutseligkeit und große Freigebigkeit im engsten Verstand zur Tugend?* Schiller führt aus, dass der Wert einer Tugend nur nach dem bemessen werden darf, woraus sie entspringt. Der Quellgrund jeder Tugend muss die Liebe sein, welcher «der scharf-sehende Verstand» stets beigegeben sein muss. Denn «Tugend ist das harmonische Band von Liebe und Weisheit». Ist doch das «höchste Urbild der Tugend» der Schöpfergott selbst, der unendliche Liebe mit unendlicher Weisheit in sich vereinigt. «So ist Tugend das harmonische Band von Liebe und Weisheit! So redet der Gesetzgeber aus dem Donner vom Sinai! – so der Gottmensch auf dem Tabor! – so Religion – Sittenlehre – Philosophie – und aller Weisen einstimmiger Mund!»

Wird schon in dieser ersten Festrede die Ethik der Stoa berührt und Marc Aurel der größte «unter den Fürsten der Vergangenheit» genannt, so verstärken sich die Hindeutungen auf die stoische Moralphilosophie im folgenden Jahr. Wieder hatte Schiller die Festrede zum Geburtstag der Reichsgräfin zu halten, wobei der Zwanzigjährige über die *Tugend in ihren Folgen betrachtet* zu sprechen hatte. Die treibende Kraft der irdischen Schöpfung, erklärte er nun, sei die Entwicklung ihres geistigen Teiles. Der Mensch soll dazu aufsteigen, mit dem Wesen des Unendlichen zusammenzuwachsen. Die erste Wirkung der Tugend ist «Vollkommenheit der Geisterwelt». Der moralischen Vervollkommnung zu dienen, muss deshalb das Bestreben jedes «denkenden Geistes» sein. Das einende Band aber ist allein die weisheitsvolle Liebe. Diese wird «dereinst neue Solone und Platone» entstehen lassen.

Was aber sind die Folgen der ausgeübten Tugend für den Einzelnen? Schiller antwortet: «Ruhe der Seele in allen Stürmen des Schicksals, Stärke des Geistes in allen Auftritten des Jammers, Selbstgewissheit in allen Zweifeln der Finsternis ... ein gleicher und unerschütterlicher Charakter gegen alle Vorfälle des menschlichen Lebens». Ein Charakter, der selbst den Schrecknissen «eines barbarischen Todes heiter entgegengeführt».

Das Unwesen der Cäsaren hingegen, insbesondere eines Nero und Domitian, betrachtet Schiller mit tiefem Schauder. Jene werden die «Stimme des Weltrichters» vernehmen, die für alle Tugendsamen zur «Stimme des rufenden Vaters» wird. Der Zwanzigjährige ist sicher: «Irdische Belohnungen verwehen – – Sterbliche Kronen flattern dahin – – die erhabensten Jubellieder verhallen über dem Sarg. – Aber diese Ruhe der Seele, Franziska, diese himmlische Heiterkeit, jetzt ausgegossen über Ihr Antlitz, laut, laut verkündet sie mir unendliche Belohnung der Tugend.»

Im selben Jahr (1780) verfasste Schiller seine Dissertation. Wiederum bezog er stoische Ideale in seine Überlegungen ein, sprach vom «Gleichmut eines Epiktet und Seneca». Seelenruhe in allen Schicksalsstürmen, Geistesstärke in allen Unbilden des Lebens gelte es zu erlangen.

Aber nicht nur in den frühen Zeugnissen, auch in den späteren Schriften Schillers begegnen uns stoische Urmotive: Das moralische Selbst des Menschen soll danach streben, sich aus dem Vergänglichen zu befreien; soll Unsittlichkeit als den Verlust der wahren Menschennatur begreifen; soll die Innerlichkeit gegenüber allem Äußerlichen zur höchsten Kraft steigern – soll sich durch keine Macht der Welt brechen lassen. Entsprechend heißt es in der Abhandlung *Über das Pathetische:* «Ein Erhabenes der Fassung ist jeder vom Schicksal unabhängige Charakter. ‹Ein tapferer Geist, im Kampf mit der Widerwärtigkeit›, sagt Seneca, ‹ist ein anziehendes Schauspiel selbst für die Götter.›» – Und in den kritischen Ausführungen *Über Bürgers Gedichte* erklärt Schiller: «Nur die heitre, die ruhige Seele gebiert das Vollkommene.» Emotionale Entladungen sind seelische Exzesse, die der Würde und Selbstbestimmung des Menschen abträglich sind. Weshalb Schiller sein eigenes Jugendwerk nunmehr als verfehlt betrachtet. Sein Streben nach «Klassizität», nach einer vollkommenen Umwandlung seiner poetischen Existenz ist wesentlich von stoischen Idealen mitbestimmt.

Noch in der letzten kunsttheoretischen Schrift, dem souverän gestalteten Essay *Über den Gebrauch des Chors in der Tragödie* (1803), fordert Schiller stoische Tugenden ein – «die schöne und hohe Ruhe, die der Charakter eines edlen Kunstwerkes sein muss. Denn das Gemüt des Zuschauers soll auch in der heftigsten Passion seine Freiheit behalten; es soll kein Raub der Eindrücke sein, sondern sich immer klar und heiter von der Rührung scheiden, die es erleidet.»

Nichts anderes fordert auch Epiktet, oder genauer gesagt: Er rät es an. Wer das Theater besucht, der möge seine innere Ruhe und Ausgeglichenheit auch als Zuschauer bewahren. «Tust du es», gehst du ins Theater, lehrt Epiktet, «so richte dein Augenmerk nur auf dich selbst; d.h. nimm, was vorgeht, ruhig hin … So wird deine innere Ruhe nicht gestört werden.»[318] Es ist auch die Überzeugung Schillers, dass sich der Zuschauer von der Bühnenhandlung nicht fortreißen lassen soll; vielmehr soll er «sich immer klar und heiter von der Rührung scheiden, die er erleidet».

Es dürfte angebracht sein, Epiktet an dieser Stelle einige Aufmerksamkeit zuteil werden zu lassen, ihm, der im ersten und zweiten christlichen Jahrhundert lebte und der heiteres Entbehren und Dulden lehrte. Geboren um 50 in dem kleinasiatischen Hierapolis (Phrygien), hatte Epiktet als Sklave in Rom früh viel auszustehen, ertrug jedoch sein Geschick mit heiterer Gelassenheit. Wegen seines feinsinnig-edlen Charakters unter Nero freigelassen, gründete er in Rom eine eigene Schule, in der er jahrzehntelang lehrte. Als der Christenverfolger Domitian, der in Schillers Augen den Untergang des Römischen Reiches mit herbeiführte, im Jahre 94 alle Philosophen aus Italien vertrieb, ging Epiktet nach Griechenland, wo er fortan in Nicopolis (Epirus) unter großem Zulauf lehrte, bis er dort vermutlich um 138 verstarb.

Der Bund

Nichts wäre von diesem Stoiker auf uns gekommen – er lehrte nur von Mund zu Ohr –, hätte nicht sein Schüler Arrian nach Stenogrammen die *Unterredungen* seines Lehrers aufgezeichnet und seine Lehrsätze ebenso wie seine Aussprüche in einem *Handbüchlein der Moral* zusammengefasst.

Epiktets Lehre nimmt ihren Ausgang von der Auffassung, dass wir zu unterscheiden haben, was in unserer Gewalt steht und was nicht: «In unserer Gewalt steht unser Denken, unser Tun, unser Begehren, unser Meinen – alles, was von uns selbst kommt. Nicht in unserer Gewalt steht unser Leib, unsere Habe, unser Ansehen, unsere äußere Stellung – alles, was nicht von uns selbst kommt. Was in unserer Gewalt steht, ist von Natur frei, es kann nicht gehindert und nicht gehemmt werden. Was nicht in unserer Gewalt steht, steht in fremden Händen und kann gehindert werden.» Wer das nicht zu berücksichtigen weiß, der wird viel Verdruss haben und wird «mit Gott und allen Menschen hadern». Ganz gewiss auch wird er «das verfehlen, wodurch allein Glück und innere Freiheit kommen».

Entweder wir tragen Verlangen nach den Gütern dieser Welt, oder wir wollen wahrhaft frei sein. Dann aber haben wir unsere Seele zu hüten, haben Acht zu geben, dass sie keinen Schaden nimmt – vor allem durch uns selbst, denn in uns steckt der Feind, der Verräter. «Der Philosoph erwartet allen Nutzen und allen Schaden von sich selber.» Er fügt sich in sein Geschick und «kennt, ein weiser Mann, das göttliche Gebot». Sein Selbst urständet in Gott.

«Von den Dingen hat Gott die einen in unsere Gewalt gegeben, die andern nicht. In unsere Gewalt gab er das Herrlichste und Erhabenste, wodurch er selbst glückselig ist: den Gebrauch der Vorstellungen. Wenn wir sie recht gebrauchen, bedeutet das für uns ein freies, leichtes, heiteres, beständiges Dasein; es bedeutet Recht, Gesetz und Selbstbeherrschung, überhaupt jede Tugend. Alles andere hat Gott nicht in unsere Gewalt gegeben. Wir müssen uns also in den Willen der Gottheit schicken und, indem wir so die Dinge unterscheiden, auf alle Weise erstreben, was in unsere Gewalt gegeben ist.»

Das Leben in Vorstellungen, das Leben in Gedanken, verbunden mit dem unbedingten Willen zur Tugend, zur Unterscheidung von Gut und Böse, ist für Epiktet der Quell der Freiheit, aber zugleich auch des Lebens in Gott – eines Lebens «voll Maß und Harmonie». Wobei Epiktet sehr genau unterscheidet zwischen den sich mit Gewalt ins Bewusstsein drängenden, also nicht freiwilligen, nicht willkürlichen Vorstellungen und der «Zustimmung, wodurch diese Vorstellungen als berechtigt anerkannt werden». Diese Zustimmung ist deshalb freiwillig, weil sie «auf bewusster Entscheidung des Menschen beruht». Die Freiheit erwächst nach Epiktets Erkenntnis mithin aus der bewussten Urteilsfähigkeit des menschlichen Geistes. Deshalb ist «das Herrlichste und Erhabenste» wesensgleich mit dem frei waltenden Bewusstsein.

In seiner Abhandlung *Über das Erhabene* betrachtet Schiller den freien Willen, so sahen wir bereits, als den «Geschlechtscharakter des Menschen»; dessen Vorzug «ist bloß, dass er mit Bewusstsein und Willen vernünftig handelt. Alle andern Wesen müssen; der Mensch ist das Wesen, welches will.»

Keineswegs anders sieht es Epiktet. Er sagt: «Es ist zweierlei: handeln und mit Bewusstsein handeln. Jenen hat die Gottheit nur verliehen, von dem Sinnenfälligen Gebrauch zu machen, uns aber, mit Bewusstsein zu handeln.» Gott hat uns unser Selbstbewusstsein verliehen. Wenn wir also nicht «unserer Natur und Anlage gemäß handeln, so werden wir unser Endziel nicht erreichen».

Hatte Schiller in der *Ankündigung der Rheinischen Thalia* erklärt: «Ich schreibe als Weltbürger, der keinem Fürsten dient. Frühe verlor ich mein Vaterland, um es gegen die große Welt einzutauschen» – so bezeichnet sich Epiktet, der gleichfalls früh seine Heimat verlor, ganz ebenso als «Weltbürger» und gibt zu bedenken: «Wer nun die Weltregierung aufmerksam betrachtet und gefunden hat, dass das größte, mächtigste und umfassendste Gemeinwesen dasjenige ist, das aus den Menschen und Gott gebildet wird, dass von ihm aller Lebenssame hergekommen, nicht nur der meines Vaters und Großvaters, sondern auch alles Lebendigen und vor allem aller vernünftigen Wesen, weil nur diese vermöge ihrer Vernunft zur Gemeinschaft mit Gott gelangen, – warum nennt der sich nicht einen Sohn Gottes?»

Nicht aber der seine Willkür auslebende Mensch ist frei. Denn, so Epiktet weiter, «Wahnsinn und Freiheit sind nicht dasselbe». Nur derjenige ist es, der in seiner vernunftbegabten Existenz seine Gottzugehörigkeit erfährt und seine Geisteskräfte demgemäß selbstverantwortlich anzuwenden weiß. Er erlebt, dass seine Seele «ganz eng mit Gott verbunden und innig vereinigt» ist. Folglich darf er auch allen andern sagen: «Gott ist in euch, und euer Schutzgeist ist euch nahe.» Denn der Mensch trägt einen Gott in sich; aber der Unselige weiß es nicht. Deshalb befleckt er diesen nur in seinem eigenen Innern wahrnehmbaren Gott mit unreinen Gedanken und schmutzigen Handlungen. Würde er doch nur einmal untersuchen, wer er ist, dann würde er bemerken: Zuerst ist er «ein Mensch, das heißt einer, der nichts Höheres hat als seinen freien Willen». Dieser aber ist das Göttliche in ihm.

Wir sehen, Epiktet und Schiller sind wesensverwandt. Obwohl sich Schiller mit diesem Stoiker offenbar nie gründlich befasst hat, handelte er doch in dessen Sinne, auch in jenen Jahren, als er nach der belastend-schwierigen Vollendung des *Don Carlos* sich einer grundlegenden Neuorientierung unterzog, die sein zehnjähriges Verstummen als Dramatiker zur Folge hatte. Rät doch Epiktet in einer seiner Unterredungen: «Zuerst musst du dir klar werden, was du sein willst, dann musst du demgemäß handeln.»

Wie wir bereits gesehen haben, wäre es aber verfehlt, in Schiller schlechthin einen neuzeitlichen Stoiker zu sehen. Die Grundverfassung seiner Seele beruht auf anderen Erfahrungen und Vorstellungen. Diese werden freigelegt, wenn wir eine bereits früher betrachtete Vorlesung vom Juni des Jahres 1789 berücksichtigen, die Schiller im September des folgenden Jahres überarbeitet im zehnten Heft seiner *Thalia* herausbrachte, unter dem Titel *Etwas über die erste Menschengesellschaft nach dem Leitfaden der Mosaischen Urkunde*. Der Gedankengang dieser Abhandlung sei hier noch einmal in knappen Zügen wiedergegeben.

Solange sich der Mensch als Pflanze und Tier entwickelte, also noch keine Vernunft besaß, stand die Vorsehung «gleich einer wachsamen Amme hinter ihm». Aber der Mensch sollte «aus der Vormundschaft des Naturtriebs» heraustreten; er sollte «frei und also moralisch» werden – «ein freier, vernünftiger Geist». Das besagt: Seit seiner Vertreibung aus der göttlich-geistigen Welt hat der Mensch die Aufgabe, sich zu einem «Paradies der Erkenntnis und der Freiheit» hinaufzuarbeiten. Gelingt ihm das, dann wird er dem «moralischen Gesetz in seiner Brust» zu folgen wissen. Die Natur musste den Menschen verstoßen, richtiger: Er selbst musste sich aus der Natur herauslösen und sich «auf den gefährlichen Weg zur moralischen Freiheit» begeben, trug er doch auf diese Weise «das moralische Übel» in die Schöpfung herein – «aber nur um das moralische Gute darin möglich zu machen». Durch die Vertreibung aus dem Garten Eden wurde zur Freiheit des Menschen, mithin zur «Moralität der erste entfernte Grundstein gelegt». Denn nur ein selbstverantwortliches

Wesen kann gut oder böse handeln. So wurde denn der Mensch «aus einem unschuldigen Geschöpf ein schuldiges, aus einem vollkommenen Zögling der Natur ein unvollkommenes moralisches Wesen, aus einem glücklichen Instrumente ein unglücklicher Künstler.»

Schillers gesamtes Vorstellungsleben also wächst aus der Paradieseslegende heraus. Die Urtragödie des Sündenfalls aber ist in seinen Augen die unabdingbare Voraussetzung für die Entwicklung eines moralischen Kosmos. Zwar wurde der Mensch aus einem unschuldigen Geschöpf ein schuldiger Schöpfer – «ein unglücklicher Künstler». Aber er wurde eben auch «aus einem Sklaven des Naturtriebs» ein selbstverantwortlich handelnder Geist, «aus einem Automat ein sittliches Wesen».

Damit aber war bei Schiller zugleich ein völlig neues Verständnis vom Wesen der Kunst und des Künstlertums verbunden. Die schöpferische Kraft des Menschen war nie zuvor derart konsequent als «unglücklich», als tragisch erlebt worden. Schiller macht als Kunstphilosoph wirklich in aller Tiefe Ernst mit der Paradieseslegende.

Wenige Monate vor der genannten Vorlesung über die erste Menschengesellschaft hatte Schiller sein philosophisches Gedicht *Die Künstler* veröffentlicht, das wir ebenfalls bereits in unsere Darlegungen einbezogen haben. In diesem Gedicht wendet sich Schiller geradezu beschwörend an die Künstlerschaft mit den Worten:

> Der Menschheit Würde ist in eure Hand gegeben,
> Bewahret sie!
> Sie sinkt mit euch! Mit euch wird sie sich heben!
> Der Dichtung heilige Magie
> Dient einem weisen Weltenplane,
> Still lenke sie zum Ozeane
> Der großen Harmonie!

Worin besteht aber nach Schiller dieser weise Weltenplan? Der Mensch soll «auf schwerem Sinnenpfad» sich selbst wieder hinaufarbeiten in die göttlich-geistige Welt, in seine Urheimat. Und die Künstler sollen dieser Zielsetzung dienen. Ist doch der Mensch innerhalb der Sinneswelt in Gefahr, sich endgültig in das Vergängliche zu verstricken. Indem die Künstler das Sinnliche so bearbeiten, so umgestalten, dass es den Schein des Göttlich-Geistigen annimmt, dient ihre «heilige Magie» einem weisheitsvollen Erziehungsplan, demzufolge der Mensch, nachdem er vom Übersinnlichen zum Sinnlichen herabgestiegen ist, vom Sinnlichen zum Übersinnlichen fortschreiten soll. Deshalb ruft Schiller den Künstlern mahnend zu, den Sinn ihres Tuns nicht aus den Augen zu verlieren:

> In die erhabne Geisterwelt
> Wahrt ihr der Menschheit erste Stufe!

Weitere Stufen werden zu beschreiten sein. Erst einmal jedoch gilt es, die künstlerischen Schaffenskräfte so anzuwenden, dass inmitten der Sinnenwelt der tröstliche, seelenstärkende Schein des Übersinnlichen aufleuchtet. Hat doch der göttliche Schöpfer, «der Erschaffende», den Menschen mit der Kunst begabt, damit er, der Gott-Verlassene, in seiner Verbannung des Übersinnlichen nicht völlig beraubt sei auf seinem universalgeschichtlich-tragischen Entwicklungsweg:

> Als der Erschaffende von seinem Angesichte
> Den Menschen in die Sterblichkeit verwies
> Und eine späte Wiederkehr zum Lichte
> Auf schwerem Sinnenpfad ihn finden hieß,
> Als alle Himmlischen ihr Antlitz von ihm wandten,
> Schloss sie, die Menschliche, allein
> Mit dem Verlassenen, Verbannten
> Großmütig in die Sterblichkeit sich ein.
> Hier schwebt sie, mit gesenktem Fluge,
> Um ihren Liebling, nah am Sinnenland,
> Und malt mit lieblichem Betruge
> Elysium auf seine Kerkerwand.

Vom einstigen Paradies durch die Sinneswelt führt der Weg zum «Paradies der Erkenntnis und der Freiheit». Dieser Entwicklung, diesem «weisen Weltenplane» hat der Künstler zu dienen. Seine schöpferischen Kräfte soll er der Kunst weihen, die den Menschen auf ihrem «Lichtpfad» wieder emporführen möchte «in die Sonnenbahn der Sittlichkeit».

Aus dem Wurzelgrund der Paradieseslegende wächst Schillers religiös-moralische Weltschau heraus wie auch sein Selbstverständnis als Künstler – «unter heilige Gewalt gegeben», dem «reifen Ziel der Zeiten» entgegenstrebend. So verstanden, gibt das Gedicht *Die Künstler* Einblick in Schillers Sanktuar.

«Die Paradieseslegende» – legt Rudolf Steiner dar – «führt den Menschen unmittelbar hin bis zu jenem Ausgangspunkt der Erdenentwickelung, wo der Mensch die erste Inkarnation noch nicht betreten hatte, oder wo er sie eben betritt, wo Luzifer an ihn herantritt, wo er noch vor der Gesamtentwicklung steht, wo er tatsächlich alle menschlichen Interessen in seine eigene Brust hereinnehmen kann. Die größtdenkbare Erziehungslegende, das größtdenkbare Erziehungsproblem liegt in der Paradieseserzählung, jener Erzählung, die den Menschen hinaufhebt zum Gesichtspunkt der ganzen Menschheit ... Wenn die Bilder der Paradieseslegende, so, wie wir sie zu begreifen versuchen, in die Menschenseele hineindringen, so wirkt das so, dass der Astralleib sich davon durchdringt und dass unter dem Einflusse dieses den Gesichtskreis über die ganze Erde erweiterten Menschenwesens der Astralleib auch das alles, was jetzt in seine Sphäre hereintritt, zu seinem Interesse machen darf. Er hat sich dazu erzogen, die Interessen der Erde als seine Interessen betrachten zu dürfen. Versuchen Sie, meine lieben Freunde, in vollem Ernst und in voller Würde zu betrachten, was eigentlich in einer solchen Legende für eine universelle pädagogische Kraft liegt, was für ein spiritueller Impuls in einer solchen Legende liegt.»[319]

Nachdem Schiller sein Gedicht *Die Künstler* auf der spirituellen Grundlage der Paradieseslegende gestaltet hatte, verstummte er als Dichter annähernd sieben Jahre. Und erst ein Jahr nach dem Bund mit Goethe, der seine künstlerisch-schöpferischen Kräfte neu belebte, entstanden Verse, die als der Beginn von Schillers klassisch-erhöhter Dichtung bezeichnet werden dürfen.

Die erste dichterische Arbeit nach den historischen und philosophischen Werken und der grundlegenden Neuorientierung aber war von Gedanken bestimmt, die wiederum von der universellen pädagogischen Kraft der Paradieseslegende durchdrungen sind. Beschwört doch das philosophische Gedicht *Die Ideale* – wir haben es bereits erwähnt – die lebengestaltenden Werte der Freundschaft und der unermüdlichen Tätigkeit als weltverwandelnde Kräfte. Diese Verse klingen aus mit den Worten:

> Beschäftigung, die nie ermattet,
> Die langsam schafft, doch nie zerstört,
> Die zu dem Bau der Ewigkeiten
> Zwar Sandkorn nur für Sandkorn reicht,
> Doch von der großen Schuld der Zeiten
> Minuten, Tage, Jahre streicht.

Der Bund

Das Gespräch

In Goethes *Märchen* begibt sich die von innen leuchtend gewordene grüne Schlange in den geheimnisvollen unterirdischen Rundtempel, um ihn, den sie bislang mit seinen Säulen und Figuren nur betasten konnte, in ihrem eigenen Licht zu betrachten. Wünscht sie doch, alle ihre bisherigen Sinneserfahrungen «noch zuletzt durch den Sinn des Auges zusammenzufassen und das, was sie nur mutmaßte, zu bestätigen».

Unverkennbar begegnet uns im Bilde der grünen Schlange ein Grundzug des Goetheschen Wesens. Und wir bemerkten bereits, dass uns hieraus zugleich das Geheimnis der zwölf Sinne entgegenleuchtet. Reicht doch die Wahrnehmungsfähigkeit der grünen Schlange vom Tastsinn über den Wort- und Gedankensinn bis zum Ichsinn.

Erstaunt und ehrfurchtsvoll – erzählt Goethe in seinem *Märchen* weiter – gewahrt die Schlange in einer glänzenden Nische das Bildnis eines ehrwürdigen goldenen Königs. Kaum hat sie es angeblickt, da beginnt es auch schon zu sprechen. Der König fragt sie, woher sie komme. «‹Aus den Klüften›, versetzte die Schlange, ‹in denen das Gold wohnt.› – ‹Was ist herrlicher als Gold?› fragte der König. ‹Das Licht›, antwortete die Schlange. ‹Was ist erquicklicher als Licht?› fragte jener. ‹Das Gespräch›, antwortete diese.»

Goethe und Schiller haben über den Zeitraum von zehn Jahren ein Gespräch von einzigartiger Dichte geführt. Die uns vorliegenden tausend Briefe, die selber die Qualität von Gesprächen haben, lassen uns etwas ahnen von dem Vielfachen aller mündlich geführten Gespräche. Kaum war der Bund zwischen ihnen geschlossen, da lud Goethe den Freund für zwei Wochen nach Weimar ein, wo er ihn liebevoll umsorgte. Und die nach jenen Septemberwochen des Jahres 1794 in dichter Folge zwischen Weimar und Jena hin und her gehenden Brief-Gespräche sind ein geistesgeschichtliches Ereignis unvergleichlicher Art. «Was ist *erquicklicher* als Licht?» fragt der goldene König im Gespräch mit der grünen Schlange. «Fahren Sie fort, mich zu *erquicken* und aufzumuntern!» ruft Goethe dem Freund am 5. Juli 1796 zu. Und zwei Tage später schreibt er ihm: «Herzlich danke ich Ihnen für Ihren *erquicklichen* Brief.» (Hervorhebungen durch den Autor)

In den ersten fünf Jahren der Freundschaft weilte Goethe oft, bisweilen

Das Gespräch

wochenlang, in Jena, und die Gespräche gingen dann zumeist vom späten Nachmittag bis tief in die Nacht. Schiller seinerseits war verständlicherweise seltener in Weimar. Als er dann dorthin zog, verlor der Briefwechsel an Bedeutung. Konnte doch nunmehr das meiste von Mund zu Ohr besprochen werden.

Schon diese wenigen Hinweise lassen ahnen, wie umfassend der Gedankenaustausch war über alles, was die Freunde verband und was sie trennte. Weshalb von nun an jedes ihrer Werke von diesem geheimen Blutkreislauf durchdrungen war.

Wiederholt hat Rudolf Steiner darauf aufmerksam gemacht, dass Goethes *Märchen* aus der Beschäftigung mit Schillers Briefen *Über die ästhetische Erziehung des Menschen* wie ein Komplementärbild herausgewachsen ist. Andererseits konnten diese Briefe erst zum Abschluss gebracht werden, nachdem Schiller seinen Bund mit Goethe geschlossen hatte: Schillers kunstphilosophisches Ringen um eine «Metaphysik des Schönen»[320] fand in Goethe seine Antwort.

Dem Herzog von Augustenburg hatte Schiller im Februar des Jahres 1793 noch geschrieben, dass er über die Prinzipien der Kunst nachdenke, weil er sich gegenwärtig außerstande sehe, die Kunst auszuüben, «wozu ein frischer und freier Geist gehört». Zwar sei er gegenwärtig zum «Philosophieren noch sehr unentschlossen», wolle aber versuchen, sich diesen Beruf zu geben, nachdem Kant, der ein «System der Ästhetik» für unmöglich halte, seine Kritik der ästhetischen Urteilskraft herausgebracht hätte. Schiller dagegen war überzeugt, dass nicht etwa nur das Wahre und das Gute, sondern auch das Schöne auf einem ewigen Fundament ruhen müsse; mit einem Wort: Wissenschaft, Kunst und Religion entsprangen für Schiller einer gemeinsamen Quelle.

In seinem Brief an den Augustenburger schreibt er weiter: «Der Umstand freilich, dass wir die Schönheit nur fühlen und nicht erkennen, scheint alle Hoffnung, einen allgemein geltenden Grundsatz für sie zu finden, niederzuschlagen, weil alles Urteil aus dieser Quelle ein Erfahrungsurteil ist.» Eine Erfahrung des Schönen aber, der, wie Kant meinte, keine Idee innewohnt, hielt Schiller für unmöglich. An ideenlose Erfahrungen im Bereich des Geschmacks, im Kraftfeld der Kunst wollte er nicht glauben. Warum sollte ausgerechnet für das Schöne kein «Gesetzbuch»[321] auffindbar sein? Solon hatte den Athenern Gesetze gegeben, die eine völlig neue Entwicklung einleiteten. Warum sollte es nicht «einen neuen Solon» geben, der die Ästhetik auf zukunftgemäße Ideale ausrichtete?! Jedes moralisch-religiöse Ideal hat «vor dem Richterstuhl reiner Vernunft» zu bestehen. Nicht anders – sagte sich Schiller – darf es mit ästhetischen Idealen sein. Das Schöne durfte nicht «bloß ein Erfahrungsurteil» bleiben: Die Kunst musste auf ehernen Grundlagen ruhen. Diese zu erschließen, um sein weiteres künstlerisches Schaffen zur «Klassizität» emporführen zu können, war Schillers Ziel.

Wenn wir das mit Goethe geführte berühmte Gespräch über Erfahrung und Idee nicht missverstehen wollen, das nach Goethes Aussage aus dem Jahre 1817 den Bund mit Schiller begründete, dann sind wir angehalten, den oben dargestellten Sachverhalt im Auge zu behalten. Der «gebildete Kantianer», den Goethe in Schiller sah, wies ebenso die Pflicht-Philosophie Kants zurück, wie er sich gegen dessen Auffassung stellte, im Ästhetischen gebe es nur subjektive Geschmacksurteile.

Vor diesem Hintergrund also gilt es, das Gespräch über die Urpflanze zu betrachten, um Schillers Äußerungen besser einordnen zu können, die Goethes «alten Groll» vorübergehend sogar neu erregten. Da dieses Gespräch jedoch die überraschende Wende brachte und in Goethes Augen – nicht freilich in denen Schillers, wie noch zu zeigen sein wird – den Freundesbund einleitete, sei es an dieser Stelle noch einmal vergegenwärtigt.

Am 20. Juli des Jahres 1794 hatten Goethe und Schiller an einer Tagung der Naturforschenden Gesellschaft in Jena als Ehrenmitglieder teilgenommen. Beim gemeinsamen Hinausgehen, das sich zufällig ergab, äußerte Schiller – wie Goethe 1817 berichtet – «sehr verständig und einsichtig und mir sehr willkommen», dass eine derart unzusammenhängende Naturbetrachtung den gutwilligen Laien keineswegs anziehen könne. Worauf Goethe entgegnete, selbst dem Eingeweihten bliebe sie vielleicht unheimlich; auch gebe es wohl noch eine andere Art, die Natur zu betrachten und sie «lebendig, aus dem Ganzen in die Teile strebend darzustellen».

Schiller jedoch konnte sich nicht vorstellen, dass bereits aus der sinnlichen Erfahrung eine ganzheitliche Betrachtungsweise hervorgehen könne, wie Goethe darlegte. Zu lange hatte Schiller vergeblich darum gerungen, die über jede Einzelerfahrung hinausweisende Idee des Schönen aufzufinden, um das Kunstschaffen seiner Zeit vor dem heraufziehenden Subjektivismus, der Willkür des sich selbst überlassenen Individuums, zu bewahren. Damit aber hatte er sich, der Zeittendenz gemäß, auf ein deduktivabstraktes Nachdenken über ästhetische Grundfragen eingelassen.

In einem Brief an Friedrich Rochlitz blickt Schiller im April des Jahres 1801 auf seine philosophischen Bemühungen zurück und meint, der Gang seines Geistes sei in der frühen Jenaer Zeit von außen her beeinflusst worden. «Die metaphysisch-kritische Zeitepoche», schreibt er, «ergriff auch mich; es regte sich das Bedürfnis nach den letzten Prinzipien der Kunst; und so entstanden jene Versuche, denen ich keinen höheren Wert geben darf und will, als dass sie eine Stufe meines Nachdenkens und Forschens bezeichnen, und eine vielleicht notwendige Entladung der metaphysischen Materie sind, die, wie das Blatterngift, in uns steckt und heraus muss.»

Im Jahre 1801 also, nach fast sieben Jahren der Freundschaft mit Goethe, dem Antipoden des Zeitalters der spekulativen Abstraktion, bezeichnet Schiller seine ästhetischen Deduktionen als «Blatterngift», dessen er sich entledigt habe. In seinem zweiundvierzigsten Lebensjahr rang er nur noch mit künstlerischen Gestaltungsproblemen, in dem Bestreben, seine dramatischen Dichtungen als immer neue Experimente zu gestalten, um das waltende Schicksal möglichst überzeugend erlebbar zu machen, in das der schuldige wie der unschuldige Mensch handelnd verstrickt ist.

Im Sommer des Jahres 1794 allerdings, als das große Gespräch mit Goethe stattfand, hatte Schiller sich der «metaphysischen Materie», dieses «Blatterngiftes», das tief in ihm steckte, noch nicht entledigt. Vielmehr trachtete er nach wie vor, die über jede bloße Erfahrung erhabene Idee des Schönen zu finden, um seine Kunst auf einem unzerstörbaren Fundament errichten zu können. Alle seine Gedanken umkreisen diese Thematik.

Ein solches philosophisch-abstraktes Bestreben wäre Goethe gewiss niemals in den Sinn gekommen. In Italien war er der Kunst ebenso wie der Natur im *anschauenden Erleben* begegnet. Nach umfassender Erfahrung, nach unermüdlicher Forschung war es ihm zuletzt auf Sizilien gelungen, die sinnlich-übersinnliche Urpflanze schauend zu erleben. Auf den gesicherten Grundlagen der Erfahrung hatte er den Bau seiner Naturwissenschaft wie seines künstlerischen Schaffens errichtet – seines an der antiken Schönheit bestätigten und befestigten Bekenntnisses. Bei Goethe war auf diese Weise alles aus einem Guss. Gehörten doch für ihn Natur und Kunst zusammen. Wie jede sinnliche Pflanze aus der Urpflanze herauswächst, nicht anders entsteht jedes einzelne Kunstwerk als sinnliche Erscheinung aus dem alles durchwebenden Urlicht der Welt.

Schiller dagegen ging weder von der Natur noch von dem Künstlerisch-Ästhetischen aus, sondern von dem Übersinnlich-Moralischen. Die griechische Art des Gleichgewichts von sinnlich-leiblichen und übersinnlich-geistigen Kräften, die Goethe mitbrachte, war Schiller wesensfremd. Weshalb er der Gefahr ausgesetzt war, alles Sinnliche, alles Natürliche auszublenden und die ganze Welt nur moralisch zu bewerten. Schillers Problem war die Sinnenwelt, die er als niederziehend empfand und vergeistigen wollte.

Vergegenwärtigen wir uns noch einmal: Moralische Ideen sind innerhalb der sinnlichen Welt nicht zu finden. Vom unsinnlich-abstrakten Denken aber können sie erfasst werden. Mehr noch, will der Mensch moralische Begriffe intellektuell-vollbewusst bilden, dann hat er von jeder sinnlichen Wahrnehmung abzusehen: Das wesenhaft Moralische urständet in der göttlich-geistigen Welt, weshalb die natürliche Umwelt dem Menschen keine ethischen Ideen liefert, die seine geistig-seelische Existenz sicherstellen. Die bloße Sinneswahrnehmung führt den Menschen vielmehr aus der göttlich-geistigen Welt heraus, in der er als moralisches Wesen beheimatet ist. Das konnten wir bereits ausführlich betrachten.

Schiller aber beging den Fehler, die ästhetische Frage auf eben die Weise lösen zu wollen, die für moralische Themen berechtigt ist. Unter ausdrücklicher Umgehung der Erfahrung wollte er die Idee des Schönen finden, als handle es sich um eine moralische Idee, während doch alle Kunst des sinnlichen Mediums zu ihrer Offenbarung bedarf, nicht anders als die sinnlich wahrnehmbare Natur.

Schillers problematisches Verhältnis zur sinnlich-natürlichen Welt stand seinem künstlerischen Schöpferwillen im Wege, obwohl dieser übermächtig war. Aus diesem Grunde konnte der Künstler in ihm sich erst voll entfalten, als sein Bund mit Goethe geschlossen war.

An dieser Stelle bleibt jedoch festzuhalten, dass Schiller im Sommer des Jahres 1794 nach wie vor darum rang, Kant zu widerlegen: Die Schönheit durfte kein bloßes Erfahrungs- und Geschmacksurteil sein.

Goethe hingegen war eine solche Problemstellung wesensfremd. Für ihn ruhte die Kunst auf demselben Urgrund wie die Natur. Er blieb bewahrt in der Ganzheit von Gott und Natur, von übersinnlicher und sinnlicher Wirklichkeit. Deshalb aber auch war er ein so hervorragender Repräsentant des künstlerischen Schaffens.

Im Jahre 1817 konnte Goethe denn auch berechtigterweise schreiben, Schiller habe «im höchsten Gefühl der Freiheit und Selbstbestimmung»

Das Gespräch

ein bedenkliches Verhältnis zur Natur gehabt. Anstatt dieselbe liebevoll zu betrachten, habe er sie mit einigen unzulänglichen Begriffen abgetan.

Umso erstaunlicher aber ist es, dass Goethe sich dennoch mit Schiller auf ein Gespräch über die aus dem Ganzen in die Teile strebende Natur einließ. Man stelle sich vor: Das Gespräch «lockte» ihn in Schillers Haus, wo er dem naturfernen Freiheitsdenker sein Heiligstes, die Metamorphose der Pflanzen, lebhaft vortrug. Er zeichnete sogar «eine symbolische Pflanze» vor Schillers Augen hin. Dieser nahm zwar «das alles mit großer Teilnahme, mit entschiedener Fassungskraft» auf. Aber dann schüttelte er den Kopf und sprach die Goethe verstörenden Worte: «Das ist keine Erfahrung, das ist eine Idee.»

Seit Jahren hatte Schiller die jeder Erfahrung überlegene Idee des Schönen vergeblich zu finden getrachtet. Nun sah er, dass Goethe die über jede Einzelerfahrung hinausweisende Idee der Pflanze entdeckt hatte.

Goethe hingegen missverstand Schiller im Sinne des Kantischen Ideen-Nominalismus der *Kritik der reinen Vernunft*, die Goethe sehr wohl kannte. Danach bleibt das «Ding an sich» unbekannt und unerforschbar, obwohl die vom Menschen gebildeten Ideen als Produkte seines Denkens vernünftig sind.

Wie anders jedoch Schiller Ideen erlebte, geht eindringlich aus seinem berühmten Geburtstagsbrief an Goethe vom 23. August 1794 hervor, den er vier Wochen nach dem nächtlichen Gespräch über die Urpflanze schrieb. Darin heißt es: «Die neulichen Unterhaltungen mit Ihnen haben meine ganze Ideenmasse in Bewegung gebracht, denn sie betrafen einen Gegenstand, der mich seit etlichen Jahre lebhaft beschäftigt. Über so manches, worüber ich mit mir selbst nicht recht einig werden konnte, hat die Anschauung Ihres Geistes (denn so muss ich den Totaleindruck Ihrer Ideen auf mich nennen) ein unerwartetes Licht in mir angesteckt. Mir fehlte das Objekt, der Körper, zu mehreren spekulativischen Ideen, und Sie brachten mich auf die Spur davon. Ihr beobachtender Blick, der so still und rein auf den Dingen ruht, setzt sie nie in Gefahr, auf den Abweg zu geraten, in den sowohl die Spekulation als die willkürliche und bloß sich selbst gehorchende Einbildungskraft sich so leicht verirrt. In Ihrer richtigen Intuition liegt alles und weit vollständiger, was die Analysis mühsam sucht.»

Schiller gelangte zur «Anschauung» des Goetheschen «Geistes», indem er dessen Ideen in einem Totaleindruck zusammenfasste. Goethes

Geistesantlitz schaute ihn an in der ideellen Reflexion – wie das Sonnenlicht vom Mond gespiegelt wird. In bildlosen Ideen erlebte Schiller Goethes Bilder und «schaute» er Goethes Geist – jenseits der Sinneserfahrung.

Und da Schillers abstrakte Erkenntnisform der seinen nicht Genüge tat und kantisch klang, regte sich denn in Goethe der alte Groll der Vorjahre. Aber er nahm sich zusammen und entgegnete nur, es sei ihm ganz recht, Ideen zu haben, ohne es zu wissen, und diese Ideen sogar noch mit Augen zu sehen.

Das Gespräch zog sich in die Länge. Es wurde «viel gekämpft», ohne dass einer von beiden nachgeben konnte. Noch dreiundzwanzig Jahre später erinnert sich Goethe an bestimmte Sätze Schillers, die ihn ganz unglücklich gemacht hatten, darunter den folgenden: «Wie kann jemals Erfahrung gegeben werden, die einer Idee angemessen sein sollte? denn darin besteht eben das Eigentümliche der Letzteren, dass ihr niemals eine Erfahrung kongruieren könne. – Wenn er das für eine Idee hielt, was ich als Erfahrung aussprach, so musste doch zwischen beiden irgend etwas Vermittelndes, Bezügliches obwalten!»

Goethe hat in späteren Jahren über den Streitpunkt des Gespräches im Schillerschen Sinne gedacht, insofern er in einem Brief nach dem Tode des Freundes schreibt: «Die Idee ist in der Erfahrung nicht darstellbar, kaum nachzuweisen; wer sie nicht besitzt, wird sie in der Erfahrung nirgends gewahr.»[322]

Auch heißt es 1818, also ein Jahr nach der Darstellung des *Glücklichen Ereignisses*, in dem Aufsatz *Bedenken und Ergebung* überraschend, dass dem Ganzen des Weltgebäudes «eine Idee zum Grunde liege, wornach Gott in der Natur, die Natur in Gott, von Ewigkeit zu Ewigkeit, schaffen und wirken möge. ... Hier treffen wir nun auf die eigene Schwierigkeit, die nicht immer klar ins Bewusstsein tritt, dass zwischen Idee und Erfahrung eine gewisse Kluft befestigt scheint, die zu überschreiten unsere ganze Kraft sich vergeblich bemüht. ... Endlich finden wir, bei redlich fortgesetzten Bemühungen, dass der Philosoph wohl möge recht haben, welcher behauptet, dass keine Idee der Erfahrung völlig kongruiere, aber wohl zugibt, dass Idee und Erfahrung analog sein können, ja müssen.»

Schiller hatte die Auffassung vertreten, keine Erfahrung sei der Idee kongruent, weil jede sinnliche Wahrnehmung weniger beinhaltet als die zu ihr gehörende Idee. Goethe erklärt nunmehr umgekehrt, keine Idee sei der Erfahrung kongruent. Ihm ist die Empirie im Sinne seiner Anschauungswissenschaft vorrangig wichtig. Steht er doch am Sinneswahrnehmungs-Pol. Wohingegen Schiller als Repräsentant der Begriffswissenschaft am Denk-Pol steht, von dem aus er hofft, in die rein geistige Welt gelangen zu können. Das Bestreben Goethes, durch die Sinne hindurch in den übersinnlichen Naturzusammenhang, in das göttlich-geistige Wirken innerhalb des physisch-ätherischen Kosmos einzudringen, interessiert Schiller im Grunde nicht, weil er das im Ich und in der Seele des Menschen waltende Göttliche als ein Moralisch-Religiöses auffinden will.

In seinem Aufsatz aus dem Jahre 1818 fügt Goethe gewichtig hinzu: «Die Schwierigkeit Idee und Erfahrung miteinander zu verbinden erscheint sehr hinderlich bei aller Naturforschung: die Idee ist unabhängig von Raum und Zeit, die Naturforschung ist in Raum und Zeit beschränkt, daher ist in der Idee Simultanes und Sukzessives innigst verbunden, auf dem Standpunkt der Erfahrung hingegen immer getrennt, und eine Naturwirkung, die wir der Idee gemäß als simultan und sukzessiv zugleich denken sollen, scheint uns in eine Art Wahnsinn zu versetzen. Der Verstand kann nicht vereinigt denken, was die Sinnlichkeit ihm gesondert überlieferte, und so bleibt der Widerstreit zwischen Aufgefasstem und Ideiertem immerfort unaufgelöst.»

Von entgegengesetzten Seiten trachteten Goethe und Schiller in die göttlich-geistige Welt hineinzugelangen. Schiller war überzeugt, dass nur von der Idee aus der Weg in die übersinnliche Welt gebahnt werden kann, weil jede Idee bereits über das bloß Erfahrungsmäßige der einzelnen Wahrnehmung erhaben ist. Goethe dagegen wollte nur von der Erfahrung aus die Brücke hinüberschlagen in das Reich der schönen weißen Lilie seines *Märchens*. Er konnte nicht einsehen, dass dieser Brückenbau aus zwei Abschnitten besteht, die – wie noch zu zeigen sein wird – mit der Spiritualisierung des Sinneswahrnehmungs-Pols und des eigenständigen Denk-Pols verbunden sind.

Deshalb aber auch konnte Goethe als Naturwissenschaftler das magische Ineinander von Gott und Natur, von Idee und Erfahrung, von Ewigkeit, Zeit und Raum nicht entschlüsseln. Nur im Märchenbild gelang ihm die dauerhafte Überbrückung vom Physisch-Räumlich-Zeitlichen zum Überräumlich-Überzeitlichen – zum Reich der schönen Lilie. Als Naturforscher hingegen wusste sich Goethe keinen anderen Rat, als sich «in die Sphäre der Dichtkunst» zu flüchten und «mit bescheidnem Blick der ewigen Weberin Meisterstück» zu schauen. Wie seine grüne Schlange am Anfang des *Märchens*, verstand Goethe vorübergehend eine Brücke über den

Astralstrom zu schlagen – in der Mittagshitze künstlerisch-intuitiver Naturbetrachtung. Anthroposophisch orientierte Geisteswissenschaft konnte Goethe noch nicht entwickeln, wenngleich er sie machtvoll vorbereitete – wie Schiller ein Vorkämpfer der michaelischen Freiheitsphilosophie war.

Gerade deshalb befand sich Schiller im Sommer 1794 in höchst misslicher Lage, die sich seit etwa sieben Jahren Schritt um Schritt vorbereitet hatte. Bereits die Fertigstellung des *Don Carlos* (1787) war, wie erwähnt, quälend-mühsam gewesen; der Abschluss des kunstphilosophischen Gedichtes *Die Künstler* (1789) äußerst beschwerlich. Denn als Künstler befand sich Schiller in einer nahezu unüberwindlichen Krise: Die jugendliche, glühend eruptive Art enthusiastisch-gewaltsamen Gestaltens war erstorben. Schiller ging durch die Todessphäre des Intellektes, der von nun an in seinem künstlerischen Schaffen sein Recht forderte.

In seinen *Schriften zur Literatur* sagt deshalb Goethe über den verstorbenen Freund: «Er hatte die Gabe, über das, was er vorhatte, ja soeben arbeitete, sich mit Freunden besprechen zu können. Ein wunderbares Nachgeben und Verharren lag in der Natur seines ewig reflektierenden Geistes, störte seine Produktion keineswegs, sondern regelte sie und gab ihr Gestalt.»[323]

Aber gerade auf dem Wege zu dieser Verbindung von intellektueller Reflexion und künstlerischem Schaffen ging Schiller durch eine gefährliche Lebenskrise, die nicht von ungefähr auch den Ausbruch seiner Krankheit beinhaltete. Noch Anfang September 1794 musste er Körner gestehen, der Plan zum *Wallenstein* mache ihm «angst und bange; denn ich glaube mit jedem Tag mehr zu finden, dass ich eigentlich nichts weniger als ein Dichter und dass höchstens da, wo ich philosophieren will, der poetische Geist mich überrascht. ... Was ich je im Dramatischen zur Welt gebracht, ist nicht sehr geschickt, mir Mut zu machen, und ein Machwerk wie der ‹Karlos› ekelt mich nunmehr an. ... Im eigentlichen Sinne des Wortes betrete ich eine ganz unbekannte, wenigstens unversuchte Bahn; denn im Poetischen habe ich seit drei, vier Jahren einen völlig neuen Menschen angezogen.»

Nun hatte Schiller jedoch seit *Die Künstler* gar nichts Poetisches mehr hervorgebracht. Den «neuen Menschen» hatte er folglich nur im Bereich intellektueller Ideenbildung angezogen, ohne schon zu wissen, wie er ihn als Künstler verwirklichen sollte. Stand doch gerade der Intellekt dem poetischen Geist im Wege, der allerdings auch seinerseits den klaren, scharfen Verstand fortwährend störte. Und so erlebte sich Schiller in

Das Gespräch

einem unentschiedenen Schwebezustand, «als eine Zwitterart zwischen dem Begriff und der Anschauung».[324] Gleichzeitig aber drängte sein ganzes Wesen zur Kunst – drängte mehr oder minder bewusst zu einem Bund mit Goethe.

Goethe seinerseits, isoliert und gelähmt in der von uns betrachteten Weise, strebte einen Ausgleich an mit dem philosophisch-orientierten Intellekt. Deshalb hatte er am 24. Juni 1794 an Fichte, der gerade seine Lehrtätigkeit in Jena aufgenommen hatte, geschrieben: «Was mich betrifft, werde ich Ihnen den größten Dank schuldig sein, wenn Sie mich endlich mit den Philosophen versöhnen, die ich nie entbehren und mit denen ich mich niemals vereinigen konnte.»

Goethe suchte die Versöhnung mit dem bildlos-philosophierenden Intellekt, hatte sie immer gesucht und zugleich niemals angestrebt; er empfand, dass er der Einwirkung des abstrakten Denkens bedurfte, wenn er auf seinem ureigenen Bild-Ideen-Weg weiter vorankommen wollte. Es war dann aber nicht Fichte, sondern, vier Wochen später, Schiller, der ihm als ein «gebildeter Kantianer» unerwartet freundschaftlich begegnete, weil er selbst der sonnenhaften Erwärmung und Belebung seines toten Intellektes bedurfte, um seinen weiteren Weg als Künstler finden zu können.

Es ist also nicht verwunderlich, dass Schiller als den Beginn des Bundes mit Goethe ein anderes Gespräch betrachtete. Denn – um es zu wiederholen – naturwissenschaftliche Fragen interessierten ihn nicht. Da er danach trachtete, seine Bahn als Künstler endlich fortsetzen zu können, erlebte er die gegenseitige Annäherung zwischen sich und Goethe während eines Gesprächs in Humboldts Wohnung, zwei Tage nach dem Streitgespräch über Erfahrung und Idee. Denn diese Unterredung hatte *Kunst-Fragen* zum Inhalt.

Am 1. September 1794 schreibt Schiller an Körner, er habe «einen sehr herzlichen Brief» von Goethe erhalten, der ihm nun endlich mit Vertrauen begegne: «Wir hatten vor sechs Wochen über Kunst und Kunsttheorie ein langes und breites gesprochen und uns die Hauptideen mitgeteilt, zu denen wir auf ganz verschiedenen Wegen gekommen waren. Zwischen diesen Ideen fand sich eine unerwartete Übereinstimmung, die um so interessanter war, weil sie wirklich aus der größten Verschiedenheit der Gesichtspunkte hervorging. Ein jeder konnte dem andern etwas geben, was ihm fehlte, und etwas dafür empfangen. Seit dieser Zeit haben diese Ideen bei Goethe Wurzel gefasst, und er fühlt jetzt ein Bedürfnis, sich an mich anzuschließen und den Weg, den er bisher allein und ohne Aufmun-

Der Bund

terung betrat, in Gemeinschaft mit mir fortzusetzen. Ich freue mich sehr auf einen für mich so fruchtbaren Ideenwechsel.»
Diese Darstellung deckt sich mit derjenigen Äußerung, die Schillers Geburtstagsbrief an Goethe zu entnehmen ist. In der «neulichen Unterredung», heißt es da, seien Inhalte zur Sprache gekommen, die ihn, Schiller, «seit etlichen Jahren» beschäftigten. Das aber waren kunst- und moralphilosophische, keinesfalls naturwissenschaftliche Themen.
Wir sehen: In Goethes Augen wurde der Bund geschlossen durch ein Gespräch über die *Metamorphose der Pflanzen;* für Schiller dagegen kam es zur ersten freundschaftlichen Annäherung durch das zwei Tage später geführte Gespräch über *Kunst und Schönheit.* Selbst der Beginn dieses Bundes wurde komplementär erlebt.

Von einem Blickpunkt aus, der bisher noch nicht berücksichtigt wurde, betrachtet Rudolf Steiner die polare Gegensätzlichkeit von Goethe und Schiller in den *Anthroposophischen Leitsätzen.*[325] Hier sollen Rudolf Steiners differenzierte, höchst erhellende Darlegungen wenigstens anklingen.
Der Mensch «steht im Erdenleben in zwei polarischen Gegensätzen». Auf der einen Seite ist er geistig-leiblich so organisiert, dass sich die «Kraft der Sinneswahrnehmung, der Gedächtnisfähigkeit und der Phantasiebetätigung» auswirkt. Auf der anderen Seite «ist der Mensch organisiert aus seinen vorangegangenen Erdenleben heraus. Diese Organisation ist ganz geistig-seelisch und lebt im Menschen durch Astralleib und Ich. Was sich an göttlich-geistigen Wesenheiten in diese Menschenwesenheit hineinlebt, dessen Wirkung leuchtet als Gewissensstimme und alles, was damit verwandt ist, im Menschen auf.» Denn was sich der Mensch aus früheren Erdenleben an moralischen Kräften mitbringt, das prägt seine Willenssphäre als reales moralisches Geschehen, in dem die Naturwirkungen des physisch-ätherischen Kosmos nicht auffindbar sind. Gehören doch Astralleib und Ich dem göttlich-geistigen Kosmos an. Das aber besagt, dass der Kosmos in sich selbst polarisiert ist, in einen moralischen und einen moralisch-neutralen Bereich.
Indem bei Goethe Sinneswahrnehmung, Gedächtnis und Phantasie die Organisation bestimmen, ist er dem physisch-ätherischen Kosmos hingegeben, der einen amoralischen Charakter aufweist. Indem bei Schiller der moralische Weltinhalt vorherrscht, mithin alles, was seine früheren Erdenleben in moralischer Hinsicht ausmachten, ist er dem Geistig-Seelischen hingegeben.

Das Gespräch

Goethes Verankerung in der physisch-ätherischen Natur und den in ihr wirkenden göttlich-geistigen Schöpfermächten, damit auch seiner Verbundenheit mit der bildenden Kunst, steht Schillers Verankerung in der ichhaft-astralischen Übernatur gegenüber, die ohne jeglichen Bezug zu den bildenden Künsten ist, vielmehr einzig und allein den seelisch-geistigen Menschen betrifft, dessen Wesen sich in der dramatischen Kunst als ein schicksalhaft-moralischer Prozess darlebt. Deshalb konnte Schiller am 18. März 1796 an Goethe schreiben: «Bei mir ist die Empfindung anfangs ohne bestimmten und klaren Gegenstand; dieser bildet sich erst später. Eine gewisse musikalische Gemütsstimmung geht vorher, und auf diese folgt bei mir erst die poetische Idee.» Schillers dichterische Gebilde wachsen aus einer musikalischen Seinssphäre heraus.[326] Diese aber birgt zugleich den realen moralischen Weltinhalt.

Aus dem Michael-Brief über «Gedächtnis und Gewissen» sei an dieser Stelle zusammenhängend zitiert, da er ausdrücklich den Gegensatz zwischen Schiller und Goethe berührt. Steiner schreibt:

«In der Phantasiebetätigung strebt die Denkorganisation an die Willensorganisation nahe heran. Es ist ein Untertauchen des Menschen in seine wachende Schlafsphäre des Willens. Es erscheinen daher bei Menschen, die in dieser Art organisiert sind, die Seelen-Inhalte wie Träume im Wachzustande. In Goethe lebte eine solche Menschen-Organisation. Daher spricht er davon, dass ihm Schiller seine dichterischen Träume deuten müsse.

In Schiller selbst war die andere Organisation wirksam. Er lebte aus dem heraus, was er sich aus den vorigen Erdenleben mitbrachte. Er musste zu einem starken Wollen den Phantasie-Inhalt suchen.

Auf Menschen, die nach der Phantasiesphäre hin veranlagt sind, sodass sich ihnen wie von selbst die Anschauung der sinnlichen Wirklichkeit in Phantasiebilder wandelt, zählt bei ihren Weltenabsichten die ahrimanische Macht. Sie meint, mit Hilfe solcher Menschen die Entwickelung der Menschheit von der Vergangenheit ganz abschneiden zu können, um sie in eine Richtung zu bringen, die *sie* will.

Auf Menschen, die nach der Willenssphäre hin organisiert sind, die aber die sinnliche Anschauung in Phantasiebilder aus innerer Liebe zur idealen Weltanschauung kräftig gestalten, zählt die luziferische Macht. Sie möchte die Menschheitsentwickelung durch solche Menschen ganz in den Impulsen der Vergangenheit erhalten. Sie könnte dann die

Menschheit vor dem Untertauchen in die Sphäre bewahren, in der die ahrimanische Macht überwunden werden muss.»

Jahrelang schürten Luzifer und Ahriman zwischen Schiller und Goethe einen abgründigen Hass und Groll, der sich in Goethe sogar während des großen Gespräches über Erfahrung und Idee noch einmal regte. Ahriman will den Menschen an die sinnliche Erfahrungssphäre anschmieden. Weshalb Goethe Mitte Juli 1798 in einem Brief an Schiller von dem «bösen Engel der Empirie» spricht, der ihn «mit Fäusten schlage». Luzifer dagegen will den Menschen aus der physisch-ätherischen Sphäre herauslösen und in ein körperloses Ideen-Leben hineinreißen. Weshalb der zweiundzwanzigjährige Schiller in seinem Gedicht *Melancholie* sagen konnte:

> Kühn durchs Weltall steuern die Gedanken,
> Fürchtet nichts – als seine Schranken.

Als Goethe und Schiller ihren Bund schlossen, waren sie in bewundernswerter Weise bestrebt, ihre «Zweiheit immer mehr in Einklang»[327] zu bringen, ihre Grenzen und Einseitigkeiten auszugleichen. Sie beschlossen, wie Goethe sich gelegentlich ausdrückte, mit einer Hand zusammenzuhalten und mit der andern so weit wie möglich zu reichen. Im gemeinsamen Vorwärtsschreiten erstrebten sie, eine aus zwei polarischen Gegensätzen entspringende Mitte zu erbilden – damit aber zugleich ein stets neu zu erringendes Gleichgewicht zwischen Luzifer und Ahriman. Auf diese Weise rangen sich Goethe und Schiller zur höchsten Höhe ihres komplementären Schaffens empor. Darüber leuchtete das Geheimnis ihrer Ergänzung auf.

Bald auch schufen die Freunde in ihrer grandiosen Gemeinschaftsarbeit an den *Xenien* viele Distichen zusammen: Oft hatte der eine den Gedanken und der andere gestaltete den Vers, oft war es umgekehrt; ja, der eine machte den ersten Vers, der andere den zweiten. Sodass Goethe noch im Dezember des Jahres 1828 zu Eckermann sagen konnte: «Wie kann nun da von Mein und Dein die Rede sein!»

Als Goethe den sorgsam gehüteten Briefwechsel mit Schiller herausbrachte, mehr als zwanzig Jahre nach dem Tode des Freundes, meinte er denn auch, diese Korrespondenz werde erst recht ihr «gemeinsames und unzertrennliches Wirken anschaulich und allgemein begreiflich machen, *dass einer ohne den andern nicht zu verstehen ist»*. (Hervorhebung durch den Autor)

Wieder war es Wilhelm von Humboldt, der aus unmittelbarer Anschauung heraus diesen Bund einfühlsam zu würdigen verstand. So schrieb er im Jahre 1830: «Der gegenseitige Einfluss dieser beiden großen Männer aufeinander war der mächtigste und würdigste. Jeder fühlte sich dadurch angeregt, gestärkt und ermutigt auf seiner eigenen Bahn, jeder sah klarer und richtiger ein, wie auf verschiedenen Wegen dasselbe Ziel sie vereinte. Keiner zog den andern in seinen Pfad herüber oder brachte ihn nur ins Schwanken im Verfolgen des eignen. Wie durch ihre unsterblichen Werke haben sie durch ihre Freundschaft, in der sich das geistige Zusammenstreben unlösbar mit den Gefühlen des Herzens verwebte, ein bis dahin nie gewesenes Vorbild aufgestellt.»

Morgensonne über der Frühlingserde

Für Schiller bedeutete der Freundesbund mit Goethe eine Belebung seines ganzen Wesens. Aber auch für Goethe begann «ein neuer Frühling, in welchem alles froh nebeneinander keimte und aus aufgeschlossenen Samen und Zweigen hervorging».[328]

Seit den Dezembertagen des Jahres 1794, als Goethe das Erste Buch von *Wilhelm Meisters Lehrjahren* Schiller in Druckbögen zur Lektüre sandte, war dessen Anteilnahme am Entstehen des Romans «die innigste und höchste».[329] Der sich über anderthalb Jahre erstreckende Briefwechsel zu dieser Dichtung ist ein kostbares Dokument geisterfüllter Freundschaft. Auch sind Schillers Betrachtungen zu diesem Werk nach wie vor höchst aufschlussreich.

Immer wieder bittet Goethe den Freund nachdrücklich, ihm zum *Wilhelm Meister* seinen «freundschaftlichen Rat nicht [zu] versagen».[330] Er sah sich durch Schillers «gütige kritische Sorgfalt» ermutigt, im Gestalten des Ganzen fortzufahren. Noch im Juni des Jahres 1796, als der Roman seiner Vollendung entgegenging, schrieb er an Schiller: «Meine ganze Zuversicht ruht auf Ihren Forderungen und Ihrer Absolution.»

Schiller seinerseits gab sich mit freudig auflebender Seele der Lektüre des *Wilhelm Meister* hin. Er sah sich, so schreibt er am 7. Januar 1795 dem Freund, «durch ein Gefühl geistiger und leiblicher Gesundheit» beschenkt. Erklären konnte er sich diese heilsame Wirkung nur aus der «ruhigen Klarheit, Glätte und Durchsichtigkeit, die auch nicht das Geringste zurücklässt, was das Gemüt unbefriedigt oder unruhig lässt, und die Bewegung desselben nicht weiter treibt, als nötig ist, um ein fröhliches Leben in dem Menschen anzufachen und zu erhalten.» Goethes reine Sonnennatur erwärmte und belebte Schillers Geist. Noch anderthalb Jahre später äußert er im gleichen Sinne, dass in dieser Dichtung «der Schmerz der Schein und die Ruhe die einzige Realität ist».[331] Goethe habe vermocht, fügt er hinzu, «in die Gegenwart einen höheren Geist, in die Ruhe und Heiterkeit einen poetischen Gehalt, eine unendliche Tiefe zu legen. Diese Tiefe bei einer ruhigen Fläche, die, überhaupt genommen, Ihnen so eigentümlich ist, ist ein vorzüglicher Charakterzug des gegenwärtigen Romans.»

Diese Tiefe bei einer ruhigen Fläche, die Goethes initiierter Seele eigen war, beschenkte und bestärkte Schiller im Wurzelgrund seiner Existenz und ging in seine großen klassischen Werke ein. Am 2. Juli 1796 schreibt er, es gehöre zu dem schönsten Glück seines Lebens, aus dieser reinen Quelle, die der Roman *Wilhelm Meister* für ihn ist, zu schöpfen. Er fährt fort: «... das schöne Verhältnis, das unter uns ist, macht es mir zu einer gewissen Religion, Ihre Sache hierin zu der meinigen zu machen, alles, was in mir Realität ist, zu dem reinsten Spiegel des Geistes auszubilden, der in dieser Hülle lebt, und so, in einem höheren Sinne des Wortes, den Namen Ihres Freundes zu verdienen.» Sah Schiller doch, «dass es dem Vortrefflichen gegenüber keine Freiheit gibt als die Liebe».

Im selben Brief sieht er voraus, dass der Roman *Wilhelm Meister*, dessen Wahrheit, schönes Leben und einfache Fülle ihn zuinnerst bewegt, «eine wichtige Krise» seines Geistes bewirken werde. Schiller fügt hinzu: «Ich verstehe Sie nun ganz, wenn Sie sagten, dass es eigentlich das Schöne, das Wahre sei, was Sie, oft bis zu Tränen, rühren könne. Ruhig und tief, klar und doch unbegreiflich wie die Natur, so wirkt es und so steht es da, und alles, auch das kleinste Nebenwerk [des Romans], zeigt die schöne Gleichheit des Gemüts, aus welchem alles geflossen ist.»

Schiller empfand Goethes geheimniserfülltes Wesen wie hereinragend aus einer zauberumwobenen Morgenfrühe der Kultur in eine grauverschattet-leichenbleiche Spätzeit, der er selbst als «sentimentalischer Dichter»[332] angehörte. Und so blickte er nicht nur im Betrachten Mignons und ihres Vaters, des Harfners, «in eine unergründliche Tiefe des Schicksals hinab». Der Freundschaftsbund selbst wurde ihm zu einem schicksalhaften Geschehen von unergründlicher Tiefe. Wohl auch deshalb sollte die Schicksalsfrage ihm als Dramatiker bald in einem völlig verwandelten Licht erscheinen.

Seinen großen Brief vom 2. Juli 1796 lässt Schiller ausklingen in die ergreifenden Worte: «Leben Sie jetzt wohl, mein geliebter, mein verehrter Freund! Wie rührt es mich, wenn ich denke, dass, was wir sonst nur in der weiten Ferne eines begünstigten Altertums suchen und kaum finden, mir in Ihnen so nahe ist. Wundern Sie sich nicht mehr, wenn es so wenige gibt, die Sie zu verstehen fähig und würdig sind.» Schiller erkannte: Goethes Wesensgeheimnis wies noch über die Antike hinaus – in leuchtende Fernen der Vorwelt.

Goethe hat Schillers einzigartige Liebe mit immer mehr sich vertiefender Neigung und Hingabe erwidert – obwohl er sich offensichtlich bewusst blieb, dass dieser Bund ein Unüberbrückbar-Gegensätzliches barg. Wie anders sollen wir verstehen, dass beide bis zum Ende das distanzierende «Sie» beibehielten, während uns im späteren Briefwechsel Goethes mit Zelter ganz mühelos selbstverständlich und entspannt das freundschaftliche «Du» begegnet. Man kann den Eindruck bekommen, dass sowohl Schiller als auch Goethe in ihrem Freundschaftsbund die Entfaltung eines *überpersönlichen* Menschentums erlebten.

Nach dreieinhalb Jahren befestigter, bewährter Freundschaft, am 6. Januar 1798, spricht Goethe rückhaltlos aus, was er Schiller verdankt. Seine Worte mögen hier noch einmal in Erinnerung gerufen werden: «Das günstige Zusammentreffen unserer beiden Naturen hat uns schon manchen Vorteil verschafft und ich hoffe, dieses Verhältnis wird immer gleich fortwirken. Wenn ich Ihnen zum Repräsentanten mancher Objekte diente, so haben Sie mich von der allzu strengen Beobachtung der äußeren Dinge und Ihrer Verhältnisse auf mich selbst zurückgeführt, Sie haben mich die Vielseitigkeit des innern Menschen mit mehr Billigkeit anschauen gelehrt, Sie haben mir eine zweite Jugend verschafft und mich wieder zum Dichter gemacht, welches zu sein ich so gut als aufgehört hatte.»

Vielgestaltig hat in Goethes weiteres Werk Einlass gefunden, was er Schiller verdankte. Vor allem hatte ihn dieser «anschauen gelehrt» den sinnlich unanschaubaren «inneren Menschen», der mit seiner moralischen Existenz rein geistigen Welten angehört und der nur eingehüllt erscheint in die Kräfte des physisch-ätherischen Kosmos. Diese Gewissheit sollte drei Jahrzehnte später der achtzigjährige Goethe im Gedicht *Vermächtnis* in die Worte fassen:

> Sofort nun wende dich nach innen,
> Das Zentrum findest du da drinnen,
> Woran kein Edler zweifeln mag.
> Wirst keine Regel da vermissen:
> Denn das selbständige Gewissen
> Ist Sonne deinem Sittentag.

Die Stimme des selbständigen Gewissens, des selbstverantwortlichen Menschen-Ich, die aus dem göttlich-geistigen Sonnenwesen, dem Urquell aller Sittlichkeit, in das Erdenleben hereindringt, nahm für Goethe Gestalt an in Schiller. Man möchte meinen, im zweiten Teil des *Faust* habe er des Freundes gedacht, wenn er im «Innern Burghof» den Chor die Worte sprechen lässt:

> Lass der Sonne Glanz verschwinden,
> Wenn es in der Seele tagt,
> Wir im eignen Herzen finden,
> Was die ganze Welt versagt.

Wurde Goethe durch Schiller wieder zum Dichter, so fand auch dieser – nach dem Abschluss der Briefe *Über die ästhetische Erziehung des Menschen* – durch Goethe zur Dichtung zurück. Im Sommer des Jahres 1795 entstanden für den *Musenalmanach* eine Reihe von Gedichten – erstmals in klassischer Form, mit ausgewogen-gegenständlicher Bildkraft. Und auch Schillers Gedankenlyrik erreichte ihren schwerelosen, formvollendeten Zenit. In dem philosophischen Gedicht *Das Ideal und das Leben* treffen wir auf die Verse:

> Jugendlich, von allen Erdenmalen
> Frei, in der Vollendung Strahlen
> Schwebet hier der Menschheit Götterbild.

Verklärung umwebt diese Worte. Wie überhaupt das ganze Gedicht «in geweihter Stille»[333] erlebt werden möchte. Aus der Todessphäre der abstrakten Spekulation ist Schiller verwandelt erstanden. Nun darf er sagen:

> Wenn, das Tote bildend zu beseelen,
> Mit dem Stoff sich zu vermählen,
> Tatenvoll der Genius entbrennt,
> Da, da spanne sich des Fleißes Nerve,
> Und beharrlich ringend unterwerfe
> Der Gedanke sich das Element.
> Nur dem Ernst, den keine Mühe bleichet,
> Rauscht der Wahrheit tief versteckter Born,
> Nur des Meißels schwerem Schlag erweichet
> Sich des Marmors sprödes Korn.

Solche Worte künden von Schillers männlich-herber Willensmacht. Goethe hingegen entbindet seine künstlerischen Gebilde dem mütterlichen Schoß der Gott-Natur, aus der er nie heraustritt. In besonnener und besonnter Stille wartet er geduldig, bis das, was unbewusst heranwuchs, ausgereift ist. Das gibt ihm, nach seinen eigenen Worten, den Vorteil, dass das in ihm reif Gewordene «gleichsam von selbst abfällt» und ihm «eine bequeme, überraschende Erscheinung gibt».[334]

Schiller dagegen kämpft bewusst mit den Mächten der Schwere und prägt dem widerstrebenden Stoff die ureigene Form ein: Der Geist siegt über den Widergeist. Und so beschwört Schiller, im selben Gedicht, die mythische Gestalt des Alcid, des Herkules, der, «tief erniedrigt zu des Feigen Knechte», das zwölffältige Verhängnis bezwingt und als einziger Heros nicht der Unterwelt verfällt. Siegreich hat er gekämpft,

> Bis der Gott, des Irdischen entkleidet,
> Flammend sich vom Menschen scheidet
> Und des Äthers leichte Lüfte trinkt.
> Froh des neuen, ungewohnten Schwebens,
> Fließt er aufwärts, und des Erdenlebens
> Schweres Traumbild sinkt und sinkt und sinkt.

So sehr Schillers Schaffen von intellektuellen Reflexionen durchzogen ist, so sehr erlebt er letztlich doch wie Goethe das Wirken des Schöpferischen als ein Unbewusstes – als einen «Regenstrom aus Felsenrissen», wie es in *Die Macht des Gesanges*, einem anderen Gedicht aus dem Sommer 1795, heißt. Das Felsgestein des Tagesbewusstseins springt auf und die Wasser des Lebens brechen herein. Vom Wanderer wird gesagt:

Der Bund

> Er hört die Flut von Felsen brausen,
> Doch weiß er nicht, woher sie rauscht:
> So strömen des Gesanges Wellen
> Hervor aus nie entdeckten Quellen.

Die Dichtkunst ist jenseits des intellektuellen Bewusstseins beheimatet, in unergründlichen Tiefen, wo die Menschenseele ihr verborgenes Leben unterhält. Sie webt in sinnenhaften Bildern, wie Goethe es darlebt und Schiller es nun bewusst anstrebt – obwohl es auch weiterhin sein vorrangiges Bestreben bleibt, dem Menschen durch die Kunst seine «Geisteswürde» zurückzugeben. Der von der Dichtkunst Ergriffene

> tritt in heilige Gewalt;
> Den hohen Göttern ist er eigen,
> Ihm darf nichts Irdisches sich nahn,
> Und jede andre Macht muss schweigen,
> Und kein Verhängnis fällt ihn an.

Wie fast ein Jahrsiebt zuvor in dem philosophischen Gedicht *Die Künstler*, beschwört Schiller auch jetzt die heilige Magie der Kunst, die das Ewige des Menschen aus den Fängen des Irdisch-Vergänglichen befreit – nun aber nicht mehr gedankenüberladen, sondern in schlichter, einheitlicher Gegenständlichkeit: Der Auftrag, die Sendung des Dichters besteht darin, dass er sich zum Träger des Göttlichen macht.

Sechs Jahre später wird Schiller diese Botschaft, dieses Erfülltsein von der Übermacht des Göttlich-Geistigen in der *Jungfrau von Orleans* Gestalt annehmen lassen. In ihren Worten tritt Schillers eigene kämpferische Seele vor uns hin (Prolog, 4. Auftritt):

> ...
> So ist des Geistes Ruf an mich ergangen,
> Mich treibt nicht eitles, irdisches Verlangen.
> Denn der zu Moses auf des Horebs Höhen
> Im feur'gen Busch sich flammend niederließ
> Und ihm befahl vor Pharao zu stehen,
> ...
> Er sprach zu mir aus dieses Baumes Zweigen:
> «Geh hin! Du sollst auf Erden für mich zeugen.
> ...»

Morgensonne über der Frühlingserde

> Ein Zeichen hat der Himmel mir verheißen,
> Er sendet mir den Helm, er kommt von ihm,
> Mit Götterkraft berühret mich sein Eisen,
> Und mich durchflammt der Mut der Cherubim.
> ...

Die Uraufführung dieser Schiller nach seinem eigenen Zeugnis aus dem Herzen geflossenen Tragödie fand mit größtem Erfolg im September des Jahres 1801 statt. Nur dreieinhalb Jahre hatte Schiller noch zu leben. Hinter ihm lag die Arbeit am *Wallenstein* und an der *Maria Stuart*, vor ihm die an der *Braut von Messina* und am *Wilhelm Tell*. Im Vollbesitz seiner Meisterschaft behandelte er nun jede Tragödie als ein in sich selbst gegründetes Gebilde. Durch Goethe war er darauf aufmerksam geworden, wie die Urpflanze in jeder einzelnen Pflanze eine eigenständige, wandlungsreiche Gestalt annimmt, weshalb ihr Begriff stets lebendig gehalten werden muss. Nichts anderes, sagte sich Schiller, ist mit jeder einzelnen Tragödie anzustreben: Sie ist ein individueller, dynamischer Ausdruck der Urtragödie.

Schillers Rückkehr zum Drama, dem Zentrum seines Lebenauftrags, hatte sich jedoch alles andere als mühelos gestaltet; insbesondere auch deshalb nicht, weil der Dichter sich mit der Entscheidung für den *Wallenstein* absichtlich den Weg zu allem abgeschnitten hatte, was ihn von den *Räubern* bis zum *Don Carlos* ausgemacht hatte. Glühende Intensität, jugendlich flammender Enthusiasmus und leidenschaftlich subjektive Stellungnahme für oder wider die Handlungsträger seiner Tragödien – diese emotionale Haltung ließ sich auf die Wallenstein-Thematik nicht übertragen. Der historisch vorgegebene Verlauf und das Prosaische der Charaktere hielten Schillers jugendliche «Trunkenheit» nieder; weit eher hatte er die «Trockenheit» der trivialen Inhalte zu fürchten, wie er am 28. November 1796 an Körner schrieb. Nur indem er mit der reinen Liebe des Künstlers vorging, durfte er hoffen, aus dem Extrem der glühenden Hitze nun nicht in das andere der eisigen Kälte zu fallen. Eine emotionsgeladene moralische Anstalt jedenfalls konnte das Theater für Schiller von nun an nicht mehr sein. Damit aber betrat er Goetheschen Boden.

Zwar galt seine uneingeschränkte persönliche Neigung im *Wallenstein* nach wie vor den beiden Liebenden, Max und Thekla, die sich als Schuldlose in die Tragödie der Schuldbeladenen verstrickt sehen; aber indem der

Dichter die Liebeshandlung erst zum Schluss gestaltete, übertrug er den von Sympathien und Antipathien unberührten, mit geradezu naturwissenschaftlich-nüchterner Objektivität behandelten Geist dieser gewaltigen Trilogie auch auf die Liebenden.

Mit alledem trachtete Schiller, sich selbst gemäß dem Goetheschen Vorbild zu einer auch im künstlerischen Schaffensprozess streng objektiven Geisteshaltung zu erziehen. In einem Brief zum *Wallenstein* schreibt er am 5. Januar 1798 dem Freund, es sei viel erstrebenswerter, «das Realistische zu idealisieren, als das Ideale zu realisieren». Und gewichtig fügt er hinzu: «Ich finde augenscheinlich, dass ich über mich selbst hinausgegangen bin, welches die Frucht unseres Umgangs ist; denn nur der vielmalige kontinuierliche Verkehr mit einer so objektiv mir entgegenstehenden Natur, mein lebhaftes Hinstreben darnach und die vereinigte Bemühung, sie anzuschauen und zu denken, konnte mich fähig machen, meine subjektiven Grenzen so weit auseinanderzurücken.» Das Geheimnis der Ergänzung von Goethe und Schiller nimmt also insbesondere in der *Wallenstein-Trilogie* Gestalt an.

Aber noch in einem anderen bedeutsamen Sinne unterscheidet sich der *Wallenstein* grundlegend von Schillers vorherigem dramatischen Schaffen: Das Schicksal wird in dieser Dichtung zu einer die Handlung in dunklen Tiefen bestimmenden, mitgestaltenden Macht; ja, das Schicksal erscheint – auf Goethes Rat hin in die Tragödie kunstreich hineinverwoben – als ein aus der Sternenwelt Hereinwirkendes.

In Schillers Jugenddramen handelt allein der Mensch. Aus seinen moralischen oder unmoralischen Motiven steigt alles auf, was den Verlauf des Geschehens bestimmt. Von Schicksalseinwirkungen ist nirgends die Rede. Karl und Franz Moor, Fiesko, Ferdinand und Luise, Don Carlos und Marquis Posa und alle anderen setzen das Drama nur aus ihren Charakteren heraus in Gang. So sehr lag dem jungen Schiller am Herzen, in seinen Tragödien die uneingeschränkte Eigenverantwortlichkeit des handelnden Menschen und am Ende das göttliche Gericht zu veranschaulichen, dass er dem undurchschaubaren Hereinwirken des Schicksals keinen Raum gab.

Dabei hatte er das Walten des Schicksals an sich selbst sehr wohl erfahren. Während die Jugenddramen entstanden, erlebte er höchst bewusst die Mächte der Hindernisse in seinem existenzbedrohenden Schicksal. Das geht beispielsweise aus dem Brief hervor, den der Dreiundzwanzigjährige an Andreas Streicher schrieb: «So bin ich doch der Narr des Schicksals! Irgend ein kindsköpfiger Teufel wirft mich wie ein Ball in dieser sublunarischen Welt herum.»

Wie Hiob sich von einem unbegreiflichen Unheil heimgesucht sieht, ohne es durch irgendeine ihm bewusste Tat bewirkt zu haben, so erfährt Schiller in diesen frühen Jahren sein Verderben; aber anders als Hiob setzt er sich mit aller Kraft zur Wehr – heimatlos, «ein Bürger des Universums, der jedes Menschengesicht in seine Familie aufnimmt und das Interesse des Ganzen mit Bruderliebe umfasst», wie er in der Ankündigung seiner *Rheinischen Thalia* 1784 schreibt. Seine Stimme jedoch, so schien es, verhallte ungehört.

Wenig später aber führt ihm das Geschick in Körner einen Menschen zu, dem er vertrauen kann. Von Mannheim aus schreibt er ihm am 22. Februar 1785: «Bis hierher haben Schicksale meine Entwürfe gehemmt. Mein Herz und meine Musen mussten zu gleicher Zeit der Notwendigkeit unterliegen. Es braucht nichts als eine solche Revolution meines Schicksals, dass ich ein ganz anderer Mensch – dass ich anfange Dichter zu werden.»

Mit der Ankunft in Leipzig, zwei Monate später, war dann auch wirklich ein tiefgreifender Schicksalsumschwung verbunden. Der Weg des Dichters aber, so wissen wir, blieb höchst beschwerlich, obwohl das Jahr 1790 – im Februar heiratete Schiller Charlotte von Lengefeld – einen ungewöhnlich hellen Schicksalsklang aufwies. Wiederum in einem Brief an Körner schreibt Schiller am 1. Februar: «Meinem künftigen Schicksal sehe ich mit heiterm Mut entgegen; da ich am erreichten Ziele stehe, erstaune ich selbst, wie alles doch über meine Erwartung gegangen ist. Das Schicksal hat die Schwierigkeiten für mich besiegt, es hat mich zum Ziele gleichsam getragen. Von der Zukunft hoffe ich alles. ... Zum Poeten machte mich das Schicksal; ich könnte mich, auch wenn ich noch so sehr wollte, von dieser Bestimmung nie weit verlieren.»

Ein Jahr später bereits sah sich Schiller jedoch in das Schicksalsgeflecht seiner ihn langsam tötenden Krankheit verstrickt. Im Dezember desselben Jahres richtete er an Jens Baggesen einen ergreifenden Brief, in dem wieder und wieder vom Schicksal die Rede ist. «Von der Wiege meines Geistes an bis jetzt, da ich dies schreibe», heißt es nun, «habe ich mit dem Schicksal gekämpft, und seitdem ich die Freiheit des Geistes zu schätzen weiß, war ich dazu verurteilt, sie zu entbehren.» Er beklagt die damit verbundene Unreife seiner frühen Werke und fährt fort: «Jedes unter so ungünstigen Umständen gelungene Produkt ließ mich nur desto empfindlicher fühlen, wie viele Keime das Schicksal in mir erdrückte.» Und nun: «Zu einer Zeit, wo das Leben anfing, mir seinen ganzen Wert zu zeigen, wo ich nahe daran war, zwischen Vernunft und Phantasie in mir ein zartes und ewiges Band zu knüpfen, wo ich mich zu einem neuen Unternehmen im Gebiete der Kunst gürtete, nahte sich mir der Tod. Diese Gefahr ging zwar vorüber, aber ich erwachte zum neuen Leben, um mit geschwächten Kräften und verminderten Hoffnungen den Kampf mit dem Schicksal zu wiederholen.»[334a]

Goethe, der vom Schicksal als dem Gesetz sprechen konnte, nach dem der Mensch angetreten und gediehen ist so, wie «die Sonne stand zum Gruße der Planeten», Goethe war es, der gleichsam in letzter Minute den Freund anregte, in die *Wallenstein-Tragödie* astrologische Bezüge einzuführen.

Überhaupt erlebte Goethe auch das Wesen des Schicksals komplementär zu Schiller, dem Tragiker, dessen größte Tragödie seine eigene Biographie war. Trotz aller bedrohlichen Hindernisse, die sich sehr wohl auch Goethe zeitlebens in den Weg stellten, betrachtete er sich als einen Liebling der Götter. «Wie ich das Schicksal anbete», schrieb er im Juli 1776 an Frau von Stein, «dass es so mit mir verfährt! – So alles zu rechter Zeit.» Und am 9. Dezember 1777 teilte er der Freundin aus dem Harz mit: «Gestern Liebste hat mir das Schicksal wieder ein Gros Kompliment gemacht.» Ein «Stück Gebürg» hatte sich gelöst. Einen Augenblick später hätte sich Goethe an der Stelle befunden, an der der Fels niederging, und seine «schwanke Person hätt es gleich niedergedrückt, und mit der völligen Last [von fünf bis sechs Zentnern] gequetscht». Dass es nicht geschah, erlebte der Achtundzwanzigjährige als ein Schicksalskompliment: Die in den Stoffestiefen waltenden Mächte und die ihnen dienenden Kräftewesen hatten ihm durch die gerade im rechten Moment niederrutschende Materie – wohlwollend zugewinkt.

In den Jahren der Arbeit am *Wallenstein* verband sich Schillers tragische Schicksalserfahrung in ihrer Naturlosigkeit mit Goethes Schicksalsverständnis. So wurde die Trilogie allein schon in diesem Sinne ein völlig neuartiges Werk, das in der gesamten dramatischen Kunst auch als ausdrücklich *historische* Tragödie nichts Vergleichbares kennt.

Zudem wird in diesem Drama das Schicksalsthema auf zwei Ebenen ausgeführt: in der *Handlungsstruktur*, die eine außerordentliche kompositionelle Dichte aufweist, und im *Reden* der Schicksalsträger, das deutlich macht, wie vage und widersprüchlich diese Thematik von allen erlebt wird.

Meint Wallenstein, sein Schicksal aus den Sternen ablesen zu können, so wird ihm entgegengehalten, nur in ihm selbst sei es zu finden, in seiner verwerflichen Zögerlichkeit ebenso wie in seiner mutigen Entschlusskraft. Meint Wallensteins Tochter Thekla eingangs (Die Piccolomini, III, 8): «Der Zug des Herzens ist des Schicksals Stimme» – so wird sie zuletzt, wie noch zu hören sein wird, sehr anders denken. Das Schicksal erscheint den Trägern der Handlung zum einen geheimnisvoll, gerecht und allgewaltig-weise, zum andern ungerecht, kalt und blind, ja unberechenbar, eifersüchtig, zwielichtig, tückisch und böse.

Wallenstein freilich wähnt sich im Besitz des Wissens um die Vorsehung; er betrachtet sich als einen in die Geheimwissenschaft der Astrologie Eingeweihten. Als solcher vertraut er nur einem Menschen: Octavio Piccolomini, der ihm durch die Sterne und ein Omen unzweideutig empfohlen worden war. Aber gerade er, der langjährige Freund, ist sein schlimmster Feind geworden, indem er ihn an den Kaiser verriet. Insgeheim hat dieser Wallenstein längst abgesetzt und Octavio zum Nachfolger bestellt. Als Wallenstein endlich davon Kunde erhält, legt man ihm nahe, den lügnerischen Sternen abzusagen. Worauf Wallenstein entgegnet (Wallensteins Tod, III, 9):

> Die Sterne lügen nicht, das aber ist
> Geschehen wider Sternenlauf und Schicksal.
> Die Kunst ist redlich, doch dies falsche Herz
> Bringt Lug und Trug in den wahrhaft'gen Himmel.
> Nur auf der Wahrheit ruht die Wahrsagung;
> Wo die Natur aus ihren Grenzen wanket,
> Da irret alle Wissenschaft.

In der nächsten Szene tritt Buttler auf, der Chef eines Dragonerregiments. Aus gekränkter Ehrsucht ist er entschlossen, Wallenstein zu beseitigen; und diesen Vorsatz wird er wahrmachen. Auch in ihm täuscht sich Wallenstein von Grund auf, indem er nun ihn, im Gegensatz zu dem tückischen Octavio, für einen Getreuen hält. Buttler umarmend, tröstet er sich selbst mit den Worten:

> Das Schicksal liebt mich noch, denn eben jetzt,
> Da es des Heuchlers Tücke mir entlarvt,
> Hat es ein treues Herz mir zugesendet.

Der Bund

Der dem sicheren Verhängnis ausgelieferte Wallenstein ist immer noch überzeugt, dass er «der Mann des Schicksals» ist. Buttler aber weiß es besser: In seinem abgründigen Hass sieht er den Dolch der «Schicksalsgöttin» *(Wallensteins Tod,* IV, 8):

> Nicht meines Hasses Trieb – Ich liebe
> Den Herzog nicht, und hab' dazu nicht Ursach –
> Doch nicht mein Hass macht mich zu seinem Mörder.
> Sein böses Schicksal ist's. Das Unglück treibt mich,
> Die feindliche Zusammenkunft der Dinge.
> Es denkt der Mensch die freie Tat zu tun,
> Umsonst! Er ist das Spielwerk nur der blinden
> Gewalt, die aus der eignen Wahl ihm schnell
> Die furchtbare Notwendigkeit erschafft.
> Was hälf's ihm auch, wenn mir für ihn im Herzen
> Was redete – Ich muss ihn dennoch töten.

In Buttlers Augen gibt es keine Freiheit, denn in jedem Fall ist der Mensch mit seinem Tun ein Vollstrecker des Schicksals. Gerade dadurch, dass Kälte, Stolz und Rachsucht die Gewissensstimme in Buttler zum Verstummen gebracht haben, kann er zum Werkzeug des Schicksals werden, das Wallensteins Tod will.

Während die Handelnden vom Schicksal *sprechen,* vollzieht sich die Handlung als dunkler Tiefenstrom des *realen* Schicksals. Dieses aber ist nun nicht mehr, wie in Schillers Jugenddramen, ein unzweideutig-erhabenes Gottesgericht. Wird doch der verräterische Octavio Piccolomini zum Schluss in den Fürstenstand erhoben.

Komplementär zum düsteren Willensgeflecht der Trilogie gestaltet Schiller jedoch die Liebenden Max und Thekla. Als Kinder der feindlichen Väter sehen sie sich schuldlos in den Strudel des Verhängnisses hineingerissen. Bevor Max Piccolomini sich mit seinen Reitern verzweifelt in den sinnlosen Tod stürzt, wendet er sich an Wallenstein, den seit früher Kindheit verehrten und geliebten väterlichen Freund, mit den Worten *(Wallensteins Tod,* III, 18):

> Unglücklich schwere Taten sind geschehn,
> Und eine Frevelhandlung fasst die andre
> In enggeschlossner Kette grausend an.
> Doch wie gerieten *wir,* die nichts verschuldet,

In diesen Kreis des Unglücks und Verbrechens?
Wem brachen wir die Treue? Warum muss
Der Väter Doppelschuld und Freveltat
Uns grässlich wie ein Schlangenpaar umwinden?
Warum der Väter unversöhnter Hass
Auch uns, die Liebenden, zerreißend scheiden?

Warum?! – Max Piccolomini stellt die Schicksalsfrage der Hiob-Tragödie; und er stellt sie ungleich quälender. Warum Hiob geprüft wird, wissen wir; zudem stirbt er «alt und lebenssatt». Im *Wallenstein* jedoch geht ein Jüngling zugrunde – die Schicksalsgewalten brechen wie ein glühender Lavastrom herein, der alles mit sich fortreißt, ohne dass wir den Grund kennen. Thekla klagt *(Wallensteins Tod,* IV, 12):

– Da kommt das Schicksal – Roh und kalt
Fasst es des Freundes zärtliche Gestalt
Und wirft ihn unter den Hufschlag seiner Pferde –
– Das ist das Los des Schönen auf der Erde!

Eindringlicher als in der *Walleinstein-Trilogie* konnte die Schicksalsfrage am Ende des 18. Jahrhunderts kaum gestellt werden. Übermächtig steht sie da an der Schwelle zum naturwissenschaftlichen Zeitalter, das nur mechanische Kausalzusammenhänge kennt und das Schicksalsthema als vor- und unwissenschaftlich abtut.

Aber noch ein anderes erreichte Schiller mit dem *Wallenstein*. So wie uns überall Spuren der Einflussnahme Goethes begegnen, so erscheint der Herzog von Friedland wie ein Gegenbild des Faust. Und allzu verwunderlich ist das auch nicht. Auf wiederholtes Drängen des Freundes hatte Goethe das sieben Jahre zuvor als Fragment veröffentlichte Werk gerade jetzt wieder vorgenommen, nachdem er Schillers Beurteilung des Vorliegenden eingeholt hatte.

Wie Faust mit Mephistopheles einen Pakt schließt, um die Magie des Teufels für sich zu nutzen, so trachtet Wallenstein, den «falschen Mächten» der Finsternis, «die unterm Tage schlimmgeartet hausen» *(Wallensteins Tod,* II, 2), ihre Schätze um jeden Preis zu entlocken. Er will nicht wissen, was die Welt im Innersten zusammenhält, zumal er glaubt, die Sternenschrift zu seinem Nutzen deuten zu können. Viel mehr zieht ihn die Begierde zur Erde, die nach seiner Überzeugung dem bösen Geist gehört, dem es «den Edelstein, das allgeschätzte Gold» zu entwenden gilt.

Der Bund

Nicht freilich das Gold der Weisheit, nicht den Edelstein des geprüften Menschentums, sondern den Schatz des gesättigten Willens zur Macht. Auf denselben Anspruch zu haben, ist Wallenstein zutiefst überzeugt. Wie die makabre Abwandlung eines Faust-Monologs aus dem *Urfaust* klingen die Worte, die er seinem Feldmarschall Illo, der nur Irdisch-Gemeines kennt, ins Gesicht sagt *(Die Piccolomini,* II, 6):

> Doch, was geheimnisvoll bedeutend webt
> Und bildet in den Tiefen der Natur,
> Die Geisterleiter, die aus dieser Welt des Staubes
> Bis in die Sternenwelt, mit tausend Sprossen,
> Hinauf sich baut, an der die himmlischen
> Gewalten wirkend auf und nieder wandeln –
> Die Kreise in den Kreisen, die sich eng
> Und enger ziehn um die zentralische Sonne –
> *Die* sieht das Aug' nur, das entsiegelte,
> Der hellgebornen, heitern Joviskinder.

Einundachtzigjährig hat Goethe in seinem Brief an Zelter geäußert, überall habe sich Schiller verhalten «gerade wie im Evangelium: Es ging ein Sämann aus zu säen». – Schiller selbst hat das Bild des Sämanns in einem seiner Epigramme gebraucht:

Der Sämann

> Siehe, voll Hoffnung vertraust du der Erde die goldenen Samen
> Und erwartest im Lenz fröhlich die keimende Saat.
> Nur in die Furche der Zeit bedenkst du dich Taten zu streuen,
> Die, von der Weisheit gesät, still für die Ewigkeit blühn?

Wallenstein scheint ähnlich zu denken. Auch er will ein Sämann sein, der die Zeiten der Aussaat und der Ernte kennt – während er in Wahrheit geistig-seelisch erblindet ist und, ein neuzeitlicher Ödipus, dem Unheil in die Arme läuft. Stolz und siegessicher verkündet er Illo gegenüber:

> Die himmlischen Gestirne machen nicht
> Bloß Tag und Nacht, Frühling und Sommer – nicht
> Dem Sämann bloß bezeichnen sie die Zeiten
> Der Aussaat und der Ernte. Auch des Menschen Tun

Morgensonne über der Frühlingserde

Ist eine Aussaat von Verhängnissen,
Gestreuet in der Zukunft dunkles Land,
Den Schicksalsmächten hoffend übergeben.

Ausgestattet mit einer charismatischen Machtfülle, erntet Wallenstein am Ende der Tragödie – den Tod. In grausiger Schicksalsironie verbindet sich der Tiefenstrom der Handlung mit den letzten Worten des mythisch anmutenden Helden *(Wallensteins Tod,* V, 5):

Ich denke einen langen Schlaf zu tun,
Denn dieser letzten Tage Qual war groß;
Sorgt, dass sie nicht zu zeitig mich erwecken.

Der Bund von Goethe und Schiller, die Gemeinsamkeit ihres Wirkens an der Schwelle zum 19. Jahrhundert, das alles Spirituelle liquidieren sollte, wird eindringlich erlebbar, wenn wir unseren Blick von der *Wallenstein-Trilogie* hinüberführen zu Goethes *Faust.*

In der zweiten Junihälfte des Jahres 1797 entschloss sich Goethe, nach längerer innerer Beschäftigung, die Arbeit am *Faust* wieder aufzunehmen. Am 22. Juni bat er Schiller, «die Sache einmal in schlafloser Nacht durchzudenken», und ihm alsdann mitzuteilen, welche Forderungen er an das Ganze machen würde, um ihm, Goethe, so seine «eigenen Träume als ein wahrer Prophet, zu erzählen und zu deuten». Ihr gemeinsames Balladenstudium habe ihn, bemerkt Goethe, «wieder auf diesen Dunst- und Nebelweg gebracht».

Gleich am nächsten Tag entgegnet Schiller, er sei zwar überrascht, dass Goethe sich nun wirklich entschlossen habe, den *Faust* wieder vorzunehmen, zumal er sich «zu einer Reise nach Italien gürte» (die dann wegen der politischen Unruhen nicht zustande kam). «Aber ich hab es einmal für immer aufgegeben», fügt Schiller hinzu, «Sie mit der gewöhnlichen Logik zu messen.» Auf Goethes Bitte eingehend, meint er: «So viel bemerke ich hier nur, dass der Faust, das Stück nämlich, bei aller seiner dichterischen Individualität, die Forderung an eine symbolische Bedeutsamkeit nicht ganz von sich weisen kann, wie auch wahrscheinlich ihre eigene Idee ist. Die Duplizität der menschlichen Natur und das verunglückte Bestreben, das Göttliche und das Physische im Menschen zu vereinigen, verliert man nicht aus den Augen.»

Schiller also sieht in Goethes Faust den Repräsentanten der Doppelnatur des Menschen. Damit aber hebt er die Faust-Gestalt in ein Urbild-

Der Bund

liches hinauf. Und Goethe wird diese Erkenntnis von dem bedrohlichen Auseinanderklaffen des vergänglichen und des idealischen Menschen in die Worte fassen (Erster Teil, Vor dem Tor):

> Zwei Seelen wohnen, ach! In meiner Brust,
> Die eine will sich von der andern trennen;
> Die eine hält, mit derber Liebeslust,
> Sich an die Welt mit klammernden Organen;
> Die andre hebt gewaltsam sich vom Dust
> Zu den Gefilden hoher Ahnen.

Wiederum unverzüglich antwortete Goethe: «Dank für Ihre ersten Worte über den wieder auflebenden Faust. Wir werden wohl in der Ansicht dieses Werkes nicht variieren, doch gibts gleich einen ganz andern Mut zur Arbeit, wenn man seine Gedanken und Vorsätze auch von außen bezeichnet sieht, und Ihre Teilnahme ist in mehr als Einem Sinne fruchtbar.»

Im Dezember desselben Jahres entstehen dann vermutlich bereits der «Prolog im Himmel» und die Paktszene, die Goethe als eine Wette des Faust mit Mephistopheles versteht. Diesem sichert Faust zu (Studierzimmer):

> Werd ich zum Augenblicke sagen:
> Verweile doch! du bist so schön!
> Dann magst du mich in Fesseln schlagen,
> Dann will ich gern zugrunde gehn!
> Dann mag die Totenglocke schallen,
> Dann bist du deines Dienstes frei,
> Die Uhr mag stehn, der Zeiger fallen,
> Es sei die Zeit für mich vorbei!

Mit dem «Prolog im Himmel» war nun aber der Faust neben Hiob gestellt, die nordische neben die althebräisch-jüdische Schicksalstragödie. Dabei bleibt freilich ein grundlegender Unterschied zu beachten: Weder verstrickt sich Hiob in Schuld, noch schließt er gar einen Vertrag mit Satan; Faust dagegen setzt sich bewusst dem Bösen aus, wird mehrfach schuldig und ringt dennoch Mephistopheles ein Gutes ab, das auf keinem anderen Wege zu erringen ist. Beide aber, Hiob wie Faust, wissen nicht, dass der Herr dem bösen Prinzip erlaubt hat, alles daran zu setzen, sie vom rechten Wege abzubringen. Und in beiden Fällen ist der Herr sicher, dass die Prüfung bestanden wird. Von Faust sagt er:

> Wenn er mir jetzt auch nur verworren dient,
> So werd ich ihn bald in die Klarheit führen.
> Weiß doch der Gärtner, wenn das Bäumchen grünt,
> Dass Blüt' und Frucht die künft'gen Jahre zieren.

Und als Mephistopheles daraufhin mit dem Herrn sogar wetten will, dass er seinen Knecht Faust verlieren werde, wenn er ihm erlaube, diesen seine «Straße sacht zu führen», bekommt er zur Antwort:

> Solang' er auf der Erde lebt,
> Solange sei dir's nicht verboten.
> Es irrt der Mensch, solang' er strebt.

Am Ende des zweiten Teiles des *Faust* erklingen diese Worte wundersam verwandelt aus dem Mund der Engel, die «schwebend in der höhern Atmosphäre, Faustens Unsterbliches» tragen (Bergschluchten):

> Gerettet ist das edle Glied
> Der Geisterwelt vom Bösen:
> Wer immer strebend sich bemüht,
> Den können wir erlösen.
> Und hat an ihm die Liebe gar
> Von oben teilgenommen,
> Begegnet ihm die selige Schar
> Mit herzlichem Willkommen.

Das Erdenleben des Menschen ist grundsätzlich in Irrtum befangen. Von Irrtum zu Irrtum aber vermag der Mensch doch so zu streben, dass er als ein zwar tragisches, aber edles Glied der göttlich-geistigen Welt gerettet werden kann.

In der *Akasha-Chronik* charakterisiert Rudolf Steiner diesen Schöpfungsplan mit den Worten: «Der ‹Mensch› muss durch die Selbstsucht durchgehen, um auf einer höheren Stufe wieder zur Selbstlosigkeit zu kommen, dann aber bei völlig hellem Bewusstsein.» Und an späterer Stelle sagt er von dem «Ich», es sei ein «Wesen, das von Augenblick zu Augenblick sich durch Irrtum und Illusion zu der Weisheit tastend hindurchringen muss».[335]

Diesen Urtypus des Menschseins repräsentiert Goethes Faust. Und Schiller – darauf hat Steiner mehrfach aufmerksam gemacht – ist es zu

DER BUND

verdanken, dass Faust, neben Hiob gestellt, zu einem Träger der Menschheitstragödie aufsteigen konnte.

Der Herr also erlaubt Mephistopheles, Faust zu versuchen:

> Nun gut, es sei dir überlassen!
> Zieh diesen Geist von seinem Urquell ab,
> Und führ' ihn, kannst du ihn erfassen,
> Auf deinem Wege mit herab,
> Und steh beschämt, wenn du bekennen musst:
> Ein guter Mensch in seinem dunklen Drange
> Ist sich des rechten Weges wohl bewusst.

Damit allerdings erfährt die Faust-Tragödie eine bedeutsame Einschränkung. Jene Abgründe des Bösen, die Johannes der Apokalyptiker und, in seiner Weise, auch Schiller kennt, werden von Goethe nicht aufgerissen: Er schildert den guten Menschen «in seinem dunklen Drange» – nicht aber den Menschen, der sich an die Mächte des Bösen verliert und dem zweiten, dem Seelentod entgegengeht. Nicht einmal die Ich-Sucht Wallensteins, der beredterweise sein Ideal in den römischen Cäsaren sieht, findet im Faust eine Entsprechung. Dieser bleibt im Goetheschen Sonnenkosmos aufgehoben – was aber nicht besagt, dass die unauslotbare Tiefe dieser Dichtung dadurch an urbildlicher Bedeutung einbüßen würde.

Auch darin unterscheidet sich Faust von Hiob, dass dieser der satanischen Macht nicht ansichtig wird, während Mephistopheles sich dem Faust recht bald zu erkennen gibt als

> Ein Teil von jener Kraft,
> Die stets das Böse will und stets das Gute schafft.

Aber sagt der Geist der Lüge hier tatsächlich wider Erwarten die Wahrheit? Oder begegnen wir in diesen Worten Goethes eigenem Bekenntnis? Jedenfalls hat Mephistopheles die Hoffnung noch keineswegs begraben, die göttliche Schöpfung zuletzt doch vernichten zu können. Unvermindert kämpft er für den Sieg des Bösen, das nach seiner Überzeugung das alleinige Gute ist. Weshalb er von sich sagt:

> MEPHISTOPHELES:
> Ich bin der Geist, der stets verneint!
> Und das mit Recht; denn alles, was entsteht,

> Ist wert, dass es zugrunde geht;
> Drum besser wär's, dass nichts entstünde.
> So ist denn alles, was ihr Sünde,
> Zerstörung, kurz das Böse nennt,
> Mein eigentliches Element.
>
> FAUST:
> Du nennst dich einen Teil, und stehst doch ganz vor mir?
>
> MEPHISTOPHELES:
> Bescheidne Wahrheit sprech' ich dir.
> Wenn sich der Mensch, die kleine Narrenwelt,
> Gewöhnlich für ein Ganzes hält –
> Ich bin ein Teil des Teils, der anfangs alles war,
> Ein Teil der Finsternis, die sich das Licht gebar,
> Das stolze Licht, das nun der Mutter Nacht
> Den alten Rang, den Raum ihr streitig macht,
> Und doch gelingt's ihm nicht, da es, so viel es strebt,
> Verhaftet an den Körpern klebt.
> Von Körpern strömt's, die Körper macht es schön,
> Ein Körper hemmt's auf seinem Gange,
> So, hoff' ich, dauert es nicht lange,
> Und mit den Körpern wird's zugrunde gehn.
>
> FAUST:
> Nun kenn' ich deine würd'gen Pflichten!
> Du kannst im Großen nichts vernichten
> Und fängst es nun im Kleinen an.
>
> MEPHISTOPHELES:
> Und freilich ist nicht viel damit getan.
> Was sich dem Nichts entgegenstellt,
> Das Etwas, diese plumpe Welt,
> So viel als ich schon unternommen,
> Ich wusste nicht ihr beizukommen …

Der Lügengeist ist verteufelt aufrichtig: Er ist Nihilist und sein Wille ist die Ver-Nichtung. Die Schöpfung hat er zwar bisher nicht beseitigen können, aber – was er verschweigt – er ist willens, wenigstens den geistig entwurzelten Faust zugrunde zu richten. Wir hingegen wissen, dass ihm auch dies nicht gelingen wird. Besteht doch die Tragödie des Faust lediglich darin, dass der gute Mensch «in seinem dunklen Drange» als ein «edles Glied der Geisterwelt» unvermeidlich schuldig wird. Die Tragödie des Seelentodes, der Vernichtung des Menschenwesens dichterisch zu gestalten, liegt Goethe fern. Die Sonnenweisheit des Hermes Trismegistos bestimmt sein Erleben.

Neben dieser Sonnenweisheit ist noch ein anderes in den *Faust* eingeflossen: Goethes rosenkreuzerische Einweihung. Daher kommt es, dass, nach einem Wort Rudolf Steiners, solche Werke wie *Faust* nicht Dichtungen wie andere Dichtungen sind. «Der ‹Faust› quillt gleichsam heraus aus dem ganzen Geiste der fünften nachatlantischen Kulturperiode; er weist weit über Goethe hinaus.»[336]

Zwei Initiationen sind bei Goethe zu unterscheiden. Zum einen brachte er aus früheren Erdenleben eine Einweihung mit, die bereits den Knaben veranlasste, seinen Sonnenkultus zu gestalten; zum anderen erfuhr der Neunzehnjährige während seiner lebensgefährlichen Erkrankung, die zu einer völligen Lockerung des Ätherleibes und einer großen seelischen Vertiefung führte, eine Initiation.[337]

Die mitgebrachte heidnische Einweihung Goethes begegnet uns noch in dem Fragment *Die Natur* aus dem Beginn der achtziger Jahre. In diesem Prosahymnus «lebt nichts von dem Christus Jesus. Darinnen lebt der Gott, der in der Natur angesehen werden kann.»[338] Und er lebt darin mit einer Unmittelbarkeit, die Goethe als einen Eingeweihten der uralten Isis-Mysterien ausweist. Diese Initiation wirkte also in ihm weiter «wahrhaftig und wirklich so tief, wie von der ägyptischen Priesterlippe es kam, wenn über die Isis gesungen worden ist. Wir dürfen nicht verkennen, wenn Tiefe waltet im neueren Geistesleben.»[339]

Von dieser mitgebrachten Spiritualität ist die neue rosenkreuzerische Einweihung streng zu unterscheiden. Sie wurde während der erwähnten Erkrankung «von geheimnisvoller Seite her in Frankfurt»[340] bewirkt. Und zwar so, dass nur «der erste Strahl von dem, was man in Wahrheit Initiation nennen kann, in Goethes Seele gelegt»[341] wurde, die diesen Inspirationskeim nun so in sich trug, dass er nur im Laufe vieler Jahre bewusst werden konnte. Erst in Italien ereignete sich «das Aufwachen auf einer höheren Stufe»:[342] Goethes Naturwissenschaft reifte aus als ein Sakramentalismus, der allein dazu befähigt, im Laufe von Jahrtausenden die materialistisch-agnostische Naturwissenschaft zu überwinden.[343] Dazu aber war bei Goethe eine durch Jahrzehnte gehende Einwirkung aus der übersinnlichen Welt erforderlich. Seine spirituelle Entwicklung erfolgte «durch einen regelrechten, aus den höheren Welten geleiteten Gang einer Initiation bis zu einer bestimmten Stufe hin».[344]

Zu alledem gehörte auch Goethes Vorübergehen an dem Hüter der Schwelle nach seiner Rückkehr aus Italien.[345] Dieses vollzog sich in einer jener Zeit gemäßen «stark unbewussten Weise, aber auch bis zu einem gewissen Grade bewussten Weise».[346] Und erst nach dieser Entwicklungsstufe reifte Goethes rosenkreuzerische Einweihung so weit aus, dass er im Sommer des Jahres 1795 das *Märchen* schreiben konnte. Siebenundzwanzig Jahre waren verstrichen, seitdem sich «der erste Strahl» der Initiation in Goethes Seele gesenkt und in derselben weitgehend unbewusst geruht hatte, bis er sich nun bildhaft-dichterisch entfalten konnte.

Im Januar 1919 wandte sich Rudolf Steiner an seine Zuhörer mit den Worten: «Und nun vergleichen Sie, wenn Sie sein [Goethes] Vorübergehen an dem Hüter im Beginn der neunziger Jahre des 18. Jahrhunderts ins Auge fassen, Worte, die wie die Anbetung der Isis im alten Ägypten klingen, in diesem Prosahymnus ‹Die Natur›, wo Goethe ganz heidnisch fühlt, mit demjenigen, was Ihnen entgegentritt in einer gewaltigen Imagination im ‹Märchen von der grünen Schlange und der schönen Lilie›: dann haben Sie den Goetheschen Weg aus dem Heidentum heraus in das Christentum. Aber da steht in Bildern dasjenige, was dann Goethe nach seinem Durchgang durch den Schwellenort war, nach seinem Vorbeigang an dem Hüter der Schwelle; das steht in Bildern da, die er selber intellektuell gedankenmäßig den Leuten nicht zergliedern konnte, die aber doch gewaltige Bilder sind.»[347]

Nun hat aber Goethe das *Märchen* unter dem unmittelbaren Einfluss von Schillers Briefen *Über die ästhetische Erziehung des Menschen* geschrieben. Diese Briefe konnte Schiller in den ersten Junitagen des Jahres 1795 abschließen. Zweieinhalb Monate später, am 24. August, besuchte Goethe den Freund und überreichte ihm das *Märchen* für die *Horen*. «Der ‹Prolog im Himmel› war noch nicht da. Also Faust war noch nicht hingestellt in jenen Kampf des Gottes mit dem Satan. Das kam erst dazu, als Goethe die Anregung von Schiller bekam, seinen Faust fortzusetzen.»[348]

Während sich in Goethes Leben die angedeuteten Verwandlungen ereigneten, vollzog sich gleichzeitig in der geistigen Welt ein hochbedeutsamer Vorgang: Michael entfaltete einen übersinnlichen Kultus in erhabenen

Imaginationen. Diese hatten sich herausentwickelt aus jenen inspirierten Inhalten, die Michael seit dem ersten Drittel des 15. Jahrhunderts in der von ihm eingerichteten übersinnlichen «Schule» gelehrt hatte als das Geistesgut der alten Mysterien, das es zu metamorphosieren galt, seitdem der Mensch am Beginn der Neuzeit mit Eigenintelligenz begabt worden war.

Von diesem michaelischen Lehrinhalt, der die himmlische Anthroposophie barg, gelangte in Goethes initiierte Seele «ein Miniaturbildchen» und gestaltete sich zu dem *Märchen*. Dieses ist also einerseits die reifste Frucht des gesamten Einweihungsweges, den Goethe seit der Frankfurter Zeit zurückgelegt hatte; andererseits ist es das «metamorphosierte, veränderte Miniaturbildchen»,[349] in dem der erhabene übersinnlich-reale Kultus abgebildet erscheint, den Michael um die Wende vom 18. zum 19. Jahrhundert in seiner Sphäre erstrahlen ließ.

Diese Eröffnungen Rudolf Steiners lassen sich nun mit Darstellungen verbinden, die er Ende 1924 in der Reihe der so genannten Michael-Briefe verfasste. «Gewaltig klingt das Wort», ist da zu lesen, «das Goethe gesprochen hat, als er Winckelmanns Wirken[350] in einem schönen Buche charakterisierte: ‹Wenn die gesunde Natur des Menschen als ein Ganzes wirkt, wenn er sich in der Welt als einem großen, schönen, würdigen und werten Ganzen fühlt, wenn das harmonische Behagen ihm ein reines, freies Entzücken gewährt; dann würde das Weltall, wenn es sich selbst em-pfinden könnte, als an sein Ziel gelangt, aufjauchzen und den Gipfel des eigenen Werdens und Wesens bewundern.› Was Lessing mit Feuergeistigkeit anregte, was in Herder den großen Weltblick beseelte: es klingt in diesem Goethewort. Und Goethes ganzes eigenes Schaffen ist wie allseitige Offenbarung dieses seines Wortes. Schiller hat in den ‹Ästhetischen Briefen› einen idealen Menschen geschildert, der so, wie es in diesem Worte klingt, das Weltall in sich trägt und es im sozialen Zusammenschluss mit anderen Menschen verwirklicht. Aber woher stammt *dieses* Menschenbild? Es leuchtet wie die Morgensonne über der Frühlingserde. Aber in die Menschenempfindung ist es aus der Betrachtung des griechischen Menschen eingezogen. Menschen hegten es mit starkem inneren Michael-Impuls; aber sie konnten diesen Impuls nur ausgestalten, indem sie den Seelenblick in die Vorzeit versenkten.»[351]

Versuchen wir die verschiedenen Darstellungen Rudolf Steiners, die wir vorstehend berühren konnten, miteinander in Einklang zu bringen, dann stoßen wir auf erhebliche Schwierigkeiten, auf unlösbar scheinende Widersprüche. Lessing, Herder, Goethe und Schiller waren mit einem *zukunftsvollen* «starken Michael-Impuls» ausgestattet, der insbesondere in Goethes *Märchen* lebt; und doch sehen sie sich gezwungen, den Blick nach *rückwärts* zu richten, weil die Gegenwartskultur aus der Inspirationssphäre Michaels herausgefallen war.

Der Habicht mit dem Spiegel

Zwar leuchtet das Menschenbild der deutschen Klassik «wie die Morgensonne über der Frühlingserde». Woher aber stammt dieses Menschenbild? So fragt Rudolf Steiner. Und er antwortet: Aus der Vorzeit. Indem Goethe das Wahrbild des Menschen erleben wollte, eilte er «doch zuletzt zur verglimmenden Verstandes- oder Gemütsseele. Er kann nur unbegrenzt viel von dieser in die Bewusstseinsseele in seiner umfassenden Naturanschauung herübertragen.»[352]

Das Morgenlicht des neuen Weltentages erscheint in dieser Darstellung Rudolf Steiners geheimnisvoll vermischt mit dem «verglimmenden» Abendrot des ausklingenden Weltentages, an dem noch die von Michael verwaltete kosmische Intelligenz in aufgeschlossene Menschenherzen Eingang finden konnte. Seit dem Anfang der Neuzeit aber ist der Mensch mit eigenständiger Intellektualität begabt. Und erst seit dem Beginn des neuen Michael-Zeitalters im letzten Drittel des 19. Jahrhunderts besteht die Möglichkeit, in die vergeistigten Kräfte der Bewusstseinsseele die von Michael umgewandelte Spiritualität der Vorzeit vollbewusst aufzunehmen. Weshalb Rudolf Steiner im Weiteren ausführt: «Michaels Vorbereitung seiner Mission für das Ende des neunzehnten Jahrhunderts strömt in kosmischer Tragik dahin.»

In der Goethe-Schiller-Zeit konnten die Menschen, auch wenn sie von einem starken inneren Michael-Impuls durchdrungen waren, aus der Bewusstseinsseele noch keine Kräfte freisetzen, um das Licht der Zukunft zu entzünden: Die Tragik Michaels übertrug sich auf sie. Ihre Aufgabe,

Michaels neue Erdenmission vorzubereiten, konnten sie nur erfüllen, indem sie aus dem versiegenden Brunnen der Vergangenheit schöpften.

Allein vor einem solchen Hintergrund sind die zahlreichen Äußerungen Rudolf Steiners verständlich, die seinen anderen Darstellungen der Goethe-Zeit so entschieden zu widersprechen scheinen. Hier seien nur einige weitere Beispiele genannt.

Im Januar und Februar des Jahres 1919 hielt Rudolf Steiner einen Zyklus von zwölf Vorträgen über den Goetheanismus als Umwandlungsimpuls und Auferstehungsgedanke. Auf der einen Seite betont er, der Goethe-Geist lasse sich nur finden «im ganzen Gang der Menschheitsentwickelung»,[353] ja, Goethe entzünde die Zukunftsimpulse, die wir brauchen. «Goethe muss als ein Lebendiger unter uns leben und weitergeführt und weitergedacht werden. Das Wichtigste im Goetheanismus steht nicht bei Goethe, weil Goethe innerhalb seiner Zeit nicht in der Lage war, es aus dem Geistigen in seine Seele hereinzubringen, weil überall nur Ansätze dazu da sind. Goethe fordert von uns, dass wir mit ihm arbeiten, mit ihm denken, mit ihm fühlen, dass wir seine Aufgabe, so wie wenn er überall hinter uns stünde und uns auf die Schulter klopfte und Rat erteilte, weiterführen. ... Der Weg muss durch anthroposophisch orientierte Geisteswissenschaft zu Goethe zurückgefunden werden.»[354] Ohne Anthroposophie, die aus ihren ureigenen Wurzeln herauswächst, ist ein gedeihlicher Weg hin zu dem Goethe-Geist nicht zu erschließen. Aber Goethes Entelechie ist mit der Anthroposophie so verbunden, dass sie dem spirituell Strebenden auf die Schulter klopfen und Rat erteilen kann. Weshalb Rudolf Steiner nie aufgehört hat, sich in Goethe zu vertiefen. – Andererseits heißt es im siebten Vortrag desselben Zyklus:

«Wenn man sich mit innerem Verständnis einlässt sowohl auf Schillers Ästhetische Briefe wie auf Goethes ‹Märchen von der grünen Schlange und der schönen Lilie›, so merkt man, dass da etwas von einer ungeheuren Geistigkeit drinnen ist, die seither die Menschheit verlassen hat. ... Denn diese Geistigkeit ist so nicht mehr da seit der Mitte des 19. Jahrhunderts. Das spricht nicht unmittelbar zum heutigen Menschen, das kann nur eigentlich sprechen durch das Medium der Geisteswissenschaft, die den Gesichtskreis erweitert, und die sich auch in Früheres wirklich einlassen kann. ... Ohne Geisteswissenschaft verstehen Sie Schiller und Goethe gar nicht. Jede ‹Faust›-Szene kann Ihnen das beweisen.

Der Habicht mit dem Spiegel

> ... Es ist in jener Zeit im Menschen noch der allerletzte Rest, der letzte Nachklang von der alten Geistigkeit. ... Bei Schiller und Goethe, bei ihren Zeitgenossen, waltete noch etwas von Nachklängen der alten, man darf sagen atavistischen Geistigkeit. Das geht ja nur langsam und allmählich verloren. Wenn man immer wieder den Zeitpunkt angibt, mit der Entstehung des Christentums sei die alte Geistigkeit zu Ende gewesen, so bedeutet das doch nur eine Etappe; der letzte Ausläufer liegt in dem, was um die Wende des 18. zum 19. Jahrhundert in solchen Hervorbringungen gelebt hat wie in den beiden heute angeführten. Es lebte im Menschen so, dass derjenige, der abstrakt dachte wie Schiller, in dem abstrakten Denken die Geistigkeit drinnen hatte, und bei dem, der vergeistigte Instinkte hatte wie Goethe, da lebte das in den vergeistigten Instinkten drinnen. ... Jetzt muss es auf geisteswissenschaftlichem Wege gesucht werden, jetzt muss der Mensch sich eben aus Freiheit zur Geistigkeit durchringen.»[355]

Das letzte, verglühende Abendlicht des alten atavistischen Mysterienwesens wurde in Goethe und Schiller und im Purpurglanz ihres Bundes wirksam, bevor im 19. Jahrhundert diese alte Geistigkeit durch den Tod ging, um in dem neuen vollbewusst-freien Mysterienwesen aufzuerstehen. Goethe und Schiller konnten «geistvolle, schöne Betrachtungen über die beste Selbsterziehung anstellen – es war eben der Nachklang des alten atavistischen Lebens, es war gewissermaßen ein Bild des alten atavistischen Lebens, aber es lebte nicht mehr richtige Impulsivität darin.»[356]

Der *ursprüngliche* Zusammenhalt des Einzelmenschen mit der Menschheit ist seit der Goethe-Schiller-Zeit endgültig verlorengegangen. «Es muss der Mensch erst wiederum gefunden werden in der Betrachtung der Außenwelt, in dem Hinblicken auf die Außenwelt. ... Wir müssen auf die menschliche Gesellschaft überhaupt, auf die Welt blicken und draußen uns selbst, den Menschen finden können.»[357]

Da das alte atavistische Menschenbild, das Goethe während seiner italienischen Reise im verglimmenden Licht der antiken Geistigkeit noch erlebte, seither seine Tragkraft endgültig eingebüßt hat, musste Rudolf Steiner im selben Vortrag hinzufügen: «Man darf heute Schiller, man darf Goethe im Sinne des Goetheanismus verstehen, aber nicht so, dass man bei Schiller und Goethe stehenbleibt, sondern dass man das Fruchtbare in ihnen gerade mit Hilfe dessen erkennt, was die Geisteswissenschaft heute bietet.»

Der Bund

Schon diese wenigen Ausführungen Rudolf Steiners – sie ließen sich beträchtlich vermehren[358] – lassen deutlich werden, mit welchen Schwierigkeiten wir uns konfrontiert sehen, wenn wir uns mit Goethe und Schiller befassen. Sie sind Repräsentanten einer alten Geistigkeit, die für immer dahingegangen ist, sind letzte Ausläufer, von denen aus keine geradlinige Fortsetzung möglich ist – ein letzter Nachklang, ein letzter Rest. Gleichzeitig lässt sich von ihnen aber auch das Gegenteil sagen. Beispielsweise sagt Steiner gelegentlich von Schillers Briefen *Über die ästhetische Erziehung des Menschen*, sie könnten «ein guter Weg sein zum Hineinmünden in das, was Sie finden in meiner Schrift ‹Wie erlangt man Erkenntnisse der höheren Welten?›; dazu könnten Schillers ‹Ästhetische Briefe› die Vorbereitung sein.»[359] Auch hörten wir ja, wie er Goethes und Schillers Menschenbild mit der Morgensonne verglich, die über der Frühlingserde aufleuchtet.

Ohne Rudolf Steiners Darstellungen des Michael-Mysteriums lassen sich seine widersprüchlich anmutenden Betrachtungen der deutschen Klassik nicht erschließen. Nur wenn wir bedenken, wie sich das atavistisch-instinktive Mysterienwesen in das vollbewusst-freie Mysterienwesen verwandelte – ein Vorgang, der sich vom ersten Drittel des 15. Jahrhunderts bis zum Ende des 19. Jahrhunderts erstreckte –, können die Widersprüche überbrückt werden. Dann verstehen wir auch, warum Rudolf Steiner von Goethe sagen kann: «Ein Flimmern und Schimmern von Bewusstem und Unbewusstem, von Erreichbarem und Unerreichbarem lebte gerade in Goethes Seele.»[360] Im selben Vortrag äußert Steiner im Zusammenhang mit Goethes *Märchen*: «Niemals habe ich wiederum den Weg verlassen, der immer weiter und weiter führen soll zum Verständnis Goethes an der Hand dieser gewaltigen Imaginationen.»

Im *Märchen* ist nun von einem Habicht die Rede. Dieser sitzt zuerst auf der Hand des Jünglings, der mit einem Brustpanzer angetan ist und dem ein Purpurmantel über die Schulter hängt, während er vor Sehnsucht nach der schönen Lilie vergeht, deren Kanarienvogel durch den Habicht getötet wurde. Nachdem der Jüngling durch die Berührung der schönen Lilie entseelt zu Boden gesunken ist und die grüne Schlange beschützend einen Kreis um seinen Leichnam gebildet hat, steigt der Habicht in die Höhe und fängt das *Abendrot* des ausklingenden Weltentages mit seiner Brust auf. Dieses alarmierende Zeichen ruft den Alten mit der Lampe herbei, der die weitere Wandlung in die Wege leitet. Er fordert den Habicht auf,

Der Habicht mit dem Spiegel

am nächsten Morgen die ersten Sonnenstrahlen aus der Höhe mit einem Spiegel hinabzusenden, um auf diese Weise die drei Dienerinnen der schönen Lilie, die gegen Mitternacht eingeschlafen sind, aufzuwecken. Der Spiegel aber gehört der schönen Lilie, die in ihm zuletzt ihr kummervolles Antlitz betrachtet hat, während ihr vor Schmerz die Stimme versagte. Nun aber soll die *aufgehende Sonne* von ihm zurückstrahlen.

In einer Reihe von Betrachtungen hat Rudolf Steiner aufgezeigt, dass der Jüngling in Goethes Märchen der idealisch-strebende Mensch ist – manche seiner Züge erinnern denn auch an Schiller –, während der Habicht das prophetische Bewusstsein verkörpert. Am 23. Februar 1905 legt Steiner hierzu dar: «Die Lilie trauert; denn das, was ihr der Vogel war, die Erinnerung an das Sinnliche, ist tot. Geistiges und sinnliches Reich gehören aber zusammen; Harmonie ist nur da, wo beide sich durchdringen. Eine neue Harmonisierung zwischen den beiden Reichen soll aber eintreten; darum muss das, was die Erinnerung an das Sinnliche ist, den Durchgang durch den Tod durchmachen, um dann neu zu ‹werden›.»[361]

Der Habicht des Jünglings, die prophetische Geisteskraft des idealischen Willens, hat den Kanarienvogel, die alte Form des Verbundenseins der Hellsichtigkeit mit der Sinneswelt, getötet, weil nur so eine neue Ganzheit des Übersinnlich-Sinnlichen eingeleitet werden kann. Im weiteren Verlauf des Märchens hebt sich der Habicht in die Höhen der Geisteswelt empor, um das letzte Licht der untergehenden Sonne von seiner Brust zurückstrahlen zu lassen und so dem höchsten Hierophanten, dem Alten mit der Lampe, anzuzeigen, dass nun die vom Tod zum Leben führende Wandlung an der Zeit sei. Am Morgen aber steigt der Habicht abermals auf, um das in Geisteshöhen bereits erlebbare Sonnenlicht des neuen Weltentages erweckend in die Seelen der drei Gespielinnen der Lilie zu senken – der drei Seelenkräfte des übersinnlichen Schauens.

Und so führt Rudolf Steiner im selben Vortrag aus: «Nicht mehr im Rückschauen, in der Erinnerung an alte Menschheitsgüter soll die Harmonisierung zwischen Sinnlichem und Geistigem gesucht werden, sondern im Hinschauen auf das Zukünftige. Der Habicht ist der Verkünder der Zukunft, das Prophetische. Er fängt die letzten Strahlen der untergehenden Sonne mit der purpurroten Brust auf. Das Zeichen führt den Alten mit der Lampe her, der die Verwandlung bewirkt und durch den alle zum Tempel der Initiation geführt werden. Der Habicht schwebt über diesem Tempel und wirft das Licht der neu aufgehenden Sonne hinein in den Tempel, sodass er von einem himmlischen Glanz erleuchtet ist.

DER BUND

So verbindet der Habicht einen untergehenden Weltentag mit einem neu aufgehenden Weltentag. Der Habicht ist dasjenige in der menschlichen Seele, das ahnend vorausspürt, was in der Zukunft Wirklichkeit werden soll.»

Fragment

Gegen Ende des Jahres 1797 fragte sich Goethe beim Lesen der *Ilias*, «ob nicht zwischen Hektors Tod und der Abfahrt der Griechen von der trojanischen Küste noch ein episches Gedicht inne liege».[362] Nachdem anfängliche Zweifel gewichen waren, entschloss er sich im März des folgenden Jahres, die *Achilleis* in acht Gesängen zu gestalten. Gründliche Studien schlossen sich an, darunter eine achtwöchige intensive Befassung mit der *Ilias*. Gleichzeitig las Goethe zahlreiche Werke über Homer, dazu archäologische und topographische Schriften über die trojanische Ebene. Im Mai folgte das Studium von Humboldts Abhandlung über die *Ilias*. Aber erst im März 1799 gestaltete Goethe den Ersten Gesang des Epos. Dem ungläubig erstaunten Schiller teilte er mit, er denke, bis zum Winter das Ganze abschließen zu können. Statt dessen blieb die Dichtung liegen – und wurde nie wieder vorgenommen.

Goethe, der Augenmensch, hatte geglaubt, lediglich auf der Grundlage eines ausgedehnten gelehrten Studiums, eines Bücherwissens, zwischen der *Ilias* und der *Odyssee* ein episches Gedicht im Stile Homers, dessen Formeln, Gleichnisse und Götter übernehmend, ansiedeln zu können. Nachdem es Goethe in *Hermann und Dorothea* gelungen war, bürgerliche Schicksale der Gegenwart überaus lebensvoll und anschauungsgesättigt zu besingen, meinte er zwei Jahre später, ein Kunstwerk schaffen zu können, das dem Zeitalter Homers ebenso Rechnung zu tragen vermöchte wie einer breiten Leserschaft des ausgehenden 18. Jahrhunderts.

Ende April 1799, mithin drei Wochen nach dem Abschluss des Ersten Gesanges der *Achilleis*, kündigte Goethe in einer Selbstanzeige das Erscheinen der *Propyläen* an. Diese von ihm herausgegebene periodische

FRAGMENT

Schrift, erklärte Goethe, hätte eine erfreulichere Gestalt angenommen, «wenn nicht am Ende des Jahrhunderts der alles bewegende Genius seine zerstörerische Lust besonders auch an Kunst und Kunstverständnis ausgeübt hätte. Wir wünschen, dass die Teile, die wir gerettet haben, da wir das Ganze aufgeben mussten, in diesen Zeiten der allgemeinen Auflösung wieder bindend für Künstler und Kunstfreunde werden mögen.»[363]

Die *Propyläen* wurden in jeder Hinsicht ein Misserfolg. Goethes Bestreben, der «allgemeinen Auflösung» seine klassische Kunstlehre kanonisch entgegenzustellen, scheiterte auf breiter Front. Wuchs sein Menschenbild aus den «verglimmenden» Kulturkräften der Antike heraus, so lieferten sich die meisten seiner naturwissenschaftlich orientierten Zeitgenossen an ein entgeistetes Denken aus, für das der seelisch-geistige Mensch gar nicht existiert.

Zwar klingt noch in der Schrift über *Winckelmann* (1805) «gewaltig» das Wort: «Wenn die gesunde Natur des Menschen als ein Ganzes wirkt, wenn er sich in der Welt als in einem großen, schönen und werten Ganzen fühlt, wenn das harmonische Behagen ihm ein reines, freies Entzücken gewährt; dann würde das Weltall, wenn es sich selbst empfinden könnte, als an sein Ziel gelangt, aufjauchzen und den Gipfel des eigenen Werdens und Wesens bewundern.» Wie genau Goethe jedoch wusste, dass er mit diesen Worten schon fast allein stand, ist den folgenden Sätzen aus demselben Aufsatz zu entnehmen, in denen er das antike Menschentum der Befindlichkeit seiner Zeitgenossen entgegenstellt. Goethe schreibt: «Alle hielten sich am Nächsten, Wahren, Wirklichen fest, und selbst ihre Phantasiebilder haben Knochen und Mark. Der Mensch und das Menschliche wurde am wertesten geachtet, und alle seine innern, seine äußern Verhältnisse zur Welt mit so großem Sinne dargestellt und angeschaut. Noch fand sich das Gefühl, die Betrachtung nicht zerstückelt, noch war jene kaum heilbare Trennung in der gesunden Menschennatur nicht vorhanden.» Dem stellte Goethe den von ihm gefeierten Archäologen und Kunstgelehrten gegenüber: «Eine solche antike Natur war, insofern man es nur von einem unserer Zeitgenossen behaupten kann, in Winckelmann wieder erschienen.»

Inmitten einer derart zerstückelten, von einer kaum heilbaren Trennung heimgesuchten Zeit war freilich weit mehr als Winckelmann Goethe selbst eine antike Natur, die als ein organisches Ganzes wirkte und «sich in der Welt als in einem großen, schönen und werten Ganzen» fühlte. Wobei allerdings Goethes Auffassung des antiken Menschentums – das sei nicht übersehen – jenes Unheil unberücksichtigt ließ, das nur durch das Mysterium von Golgatha ausheilbar war. Erkannte Goethe doch keineswegs, dass sich während der Antike – wie Steiner dies in den *Michael-Briefen* ausführt – «die fortwirkende Gefahr der schon urzeitlich veranlagten Herauslösung des Menschheitswesens aus dem Wesen des Göttlich-Geistigen erst voll geltend» machte.[364] Ein solches Bild der Antike, wie es Goethe vorschwebte, müsste aber «zuletzt Michaels Wirken entfallen und unter Luzifers Macht geraten», wenn es «nicht von der vergeistigten Kraft der Bewusstseinsseele erfasst würde».[365]

Auch an Goethes Bemühung derselben Jahre, für die bildende Kunst durch jährliche Ausschreibungen von Preisaufgaben eine neue Klassik zu begründen, wird die berührte Problematik anschaubar. Bis zu Schillers Tod wurde diese Zielsetzung der «Weimarer Kunstfreunde» durchgehalten. Die vorgegebenen Themen waren zumeist Homer entnommen: Aphrodite führt Paris Helena zu, Hektor nimmt Abschied, Achill und die Flussgötter, Odysseus und Polyphem.

Einer der abgewiesenen großen Maler dieser Zeit, Philipp Otto Runge, hat die Problematik schmerzlich wahrgenommen. Im Februar des Jahres 1802 schreibt er: «Die Kunstausstellung in Weimar und das ganze Verfahren dort nimmt nachgerade einen ganz falschen Weg, auf welchem es unmöglich ist, irgend etwas Gutes zu bewürken. Die Aufgabe des Achill auf Skyros, wie sie sie da geben, ist etwas Unerreichbares.» Seine Eindrücke zusammenfassend, erkennt Runge: «Wir sind keine Griechen mehr, können das Ganze schon nicht mehr so fühlen, wenn wir ihre vollkommenen Kunstwerke sehen, viel weniger selbst solche hervorbringen.»[366]

Nach *Hermann und Dorothea* hat Goethe seinerseits kein Kunstwerk vollendet, das seinem klassischen Kunstkanon entsprochen hätte. Der letzte Versuch dieser Art, *Pandora* aus dem Jahre 1808, blieb Fragment. Die *Wahlverwandtschaften* des folgenden Jahres zeigen gegenwartsgemäß zerstückelte menschliche Schicksalsbezüge auf und legen eine «kaum heilbare Trennung» frei. Die *Wanderjahre* schließlich sind ein nach allen Seiten offenes, fragmentarisches Kunstwerk, aus dem sich, wenn man wollte, weit eher ein antiklassischer Kanon entwickeln ließe. Auf jeden Fall aber ist dieser Roman ein Gegenentwurf zu dem in sich geschlossenen, hochklassischen Epos *Hermann und Dorothea*. Zwar hielt Goethe bis zuletzt an seinem uneingeschränkten Bekenntnis zur Antike fest – als Dichter ging er jedoch entgegengesetzte Wege.

Die bewusste Persönlichkeit und das unbewusst-überbewusste, eingeweihte Geistwesen Goethes, das mit gewaltigen Inspirationen erfüllt war, kamen nicht zur Deckung. Deshalb war es auch möglich, dass Goethe im Jahre 1819, als in Berlin eine Aufführung des Faust vorbereitet wurde, für den Erdgeist ein Transparent mit dem Haupte des Zeus von Otricoli vorschlug.

«Man möchte sagen», äußert Rudolf Steiner 1922 in einem Vortrag, «dass Goethe niemals den Erdgeist, der im Tatensturm, im Zeitenweben auf und ab wallt, in Zusammenhang bringen konnte mit dem Christus-Impuls, das ist in gewissem Sinne etwas, was wir als eine Art Tragik empfinden, die aber selbstverständlich dadurch gegeben ist, dass in jener Zeit menschlicher Entwickelung, in der Goethe stand, eben durchaus noch nicht die Bedingungen da waren, um das Mysterium von Golgatha in seinem Vollsinne zu empfinden.»[367]

In den kritischen Jahren um die Wende vom 18. zum 19. Jahrhundert, in denen zugleich der *Faust* gedieh, war Goethe bezeichnenderweise häufig von Krankheiten heimgesucht. Im Januar des Jahres 1801 war er erst nach neuntätiger Bewusstlosigkeit «von der nah-fernen Grenze des Totenreichs zurückgekehrt» – und nicht einmal gern. Frau von Stein berichtet, Goethe habe sich bei wiederkehrendem Bewusstsein nur eines «sonderbaren Gefühls erinnert, als wenn er etwas Ganzes gewesen wäre: eine Landschaft, so etwas Allgemeines. Wie er sein Individuum wieder fühlte, war ihm die Empfindung unglücklich.»[368]

Wenige Monate vor dieser lebensgefährlichen Erkrankung, im September des Jahres 1800, waren im altgriechischen Versmaß die ersten Partien der Helena-Tragödie entstanden. Die annähernd dreihundert Verse wurden sechsundzwanzig Jahre später in den Zweiten Teil des *Faust* aufgenommen und stellen seither den Beginn des dritten Aktes dar. Am ersten Arbeitstag, dem 12. September 1800, schrieb Goethe an Schiller: «Wirklich fühle ich nicht geringe Lust, eine ernsthafte Tragödie auf das Angefangene zu gründen.»

Aber erst im Jahre 1826 sollte Goethe den Entwurf wieder vornehmen. Die griechischen Stilelemente sogar noch verstärkend, erstrebte er den unmittelbaren Anschluss an den ältesten Tragiker, an Aischylos. In tausendsechshundert Verse fasste er nun ein beispielloses Geschehen: Dreitausend Jahre der Geistesgeschichte, von der Zeit des Trojanischen Krieges bis in die unmittelbare Gegenwart, gelangten zur dichterischen Darstellung – gleichzeitig aber auch intimste Schicksalserfahrungen Goethes.

Der Bund

Noch einmal steigt Helena aus dem Hades herauf. Sie vermählt sich mit Faust; und als ihr gemeinsamer Sohn Euphorion sich in jugendlichem Übermut dem Ikarus gleich in die Höhe schwingt und tödlich abstürzt, folgt Helena ihm wieder in die Unterwelt. Während ihr Körper verschwindet, hält Faust nur noch ihr Kleid und ihren Schleier, die leeren Formhüllen ihres Schönheitswesens, in den Armen. Da wendet sich Phorkyas (Mephistopheles) an Faust mit den höhnenden Worten:

> Halte fest, was dir von allem übrigblieb.
> Das Kleid, lass es nicht los. Da zupfen schon
> Dämonen an den Zipfeln, möchten gern
> Zur Unterwelt es reißen. Halte fest!
> Die Göttin ist's nicht mehr, die du verlorst,
> Doch göttlich ist's. Bediene dich der hohen,
> Unschätzbarn Gunst und hebe dich empor:
> Es trägt dich über alles Gemeine rasch
> Am Äther hin, solange du dauern kannst.
> Wir sehn uns wieder, weit, gar weit von hier.
>
> *Helenas Gewande lösen sich in Wolken auf,*
> *umgeben Faust, heben ihn in die Höhe*
> *und ziehen mit ihm vorüber.*

Die Wolke trägt Faust zuletzt auf einen Felsengipfel des Hochgebirges, wo sie sich teilt und ihn entlässt:

> FAUST *tritt hervor:*
> Der Einsamkeiten tiefste schauend unter meinem Fuß,
> Betret' ich wohlbedächtig dieser Gipfel Saum,
> Entlassend meiner Wolke Tragewerk, die mich sanft
> An klaren Tagen über Land und Meer geführt.

Die Wolke zieht nach Osten und erscheint Faust nunmehr wie ein «göttergleiches Frauenbild», «Junonen ähnlich, Leda, Helena» – Sinnbild aller griechischen Schönheit. Schließlich aber ruht es formlos im Osten

> Und spiegelt blendend flücht'ger Tage großen Sinn.

In wenige urmächtige Bilder bannt der siebenundsiebzigjährige Goethe Grundzüge der abendländischen Kulturentwicklung von Troja und Mykene bis in seine unmittelbare Gegenwart, bis hin zu Byron (Euphorion), der als Teilnehmer des griechischen Freiheitskampfes gefallen ist. Die Helena-Tragödie wird so zum Archetypus, in den der Dichter zugleich ureigenste Schicksalserfahrungen hineinverwebt.

Wie Faust hat Goethe «der Einsamkeiten tiefste» erlebt. Wie jener hatte er aus der geliebten mediterranen Welt in den Norden zurückzukehren, wo sein eigenes Liebesgeschick mit Gretchen in Frankfurt begonnen hatte.

Auf dem Gipfel des Hochgebirges steigt aus den Tiefen der Erinnerung vor Faust «ein zarter lichter Nebelstreif» empor und nimmt Gretchens Gestalt an, «jugenderstes, längstentbehrtes höchstes Gut» in seiner Brust belebend. Und er gewahrt:

> Wie Seelenschönheit steigert sich die holde Form,
> Löst sich nicht auf, erhebt sich in den Äther hin
> Und zieht das Beste meines Innern mit sich fort.

Nachdem Faust dem Nordmeer Land, Neuland abgewonnen hat und dabei ein letztes Mal schuldig geworden ist, erblindet er für die Sinnenwelt und schaut umso heller ein inneres, übersinnliches Licht. Die Helena-Tragödie ist versunken, so als wäre sie nie gewesen. Und Gretchens Seelenschönheit zieht die Entelechie des Faust nach dem Tod hinan – ihn «zu seligem Geschick dankend umzuarten».

Wiederholt hat Rudolf Steiner die Aufmerksamkeit seiner Zuhörer auf das grandiose Schlussbild des Faust gelenkt und darauf aufmerksam gemacht, dass es an das Vorherige keineswegs organisch angeschlossen, vielmehr nur «angeleimt»[369] ist; wie überhaupt der zweite Teil des Faust alles andere als ein in sich geschlossenes Kunstwerk darstellt, vielmehr ein Fragment, überall «morsch» und «brüchig»,[370] nur äußerlich vollendet – ein Tatbestand, der den unauslotbaren Tiefen dieses gewaltigen Werkes keinen Abbruch tut.

Steiner zeigt weiter, dass sich Goethe genötigt sag, das Schlussbild des fünften Aktes christlich ausklingen zu lassen, ohne dass er den Weg des Faust zum Christentum aufzuzeigen vermochte. Das Paulinische «Nicht ich, sondern der Christus in mir» vernimmt Faust nicht in seiner Seele. Er will «auf freiem Grund mit freiem Volke» stehen, ohne den Christus in der Seele zu erleben. Goethe war ehrlich: Er sagte nur, was er auch empfand. «Aber Goethe strebte nach etwas, was eigentlich erst erfüllt werden kann, wenn man sagt: Erkenne den Menschen durch Imagination, Inspiration, Intuition. – Dass das so ist, gibt demjenigen, der sich Goethe naht, das Gefühl, dass in Goethes Ringen, in Goethes Streben eigentlich viel mehr ist, als sich dann irgendwie ausgelebt hat.»[371]

Goethe konnte eben noch «nicht zur selbständigen Imagination kommen».[372] Deshalb auch war es ihm unmöglich, das Schlusstableau des Faust aus der eigenen Anschauung heraus zu gestalten: Er griff auf mittelalterlich-christliche Traditionen zurück.

Das ist der eine Aspekt, auf den Steiner hinweist. Ein anderer bezieht sich auf den ganzen zweiten Teil dieser Dichtung; und diesen betrachtet er im Zusammenhang mit Schiller. So führt er in dem für unsere Untersuchungen besonders wichtigen Vortrag über das «Ringen Goethes und Schillers in der Zeit des über die alte Geistigkeit siegenden Intellektualismus» seinen Zuhörern hypothetisch vor Augen, was geschehen wäre, wenn Schiller, der bei seinem Tode noch ein junger Mann war, weitergelebt hätte. «Die ‹Malteser› hatte er im Pulte; den ‹Demetrius› arbeitete er eben aus. Im Zusammenhang mit Goethe entwickelte sich gerade die höchste Geistigkeit in ihm, die erst bei beiden zusammen lebt. Es riss der Faden. Was Goethe anstrebte, was er nicht vermochte, man sieht es, wenn man den zweiten Teil des ‹Wilhelm Meister›, wenn man die ‹Wahlverwandtschaften› nimmt. Goethe strebte überall danach, den Menschen einzugliedern in einen großen geistigen Zusammenhang. Allein konnte er es nicht mehr. Schiller war ihm genommen.»[373]

Vielleicht kann man, so Steiner, gerade an dem, was der Faust nicht beinhaltet, am besten veranschaulichen, in welche Richtung sich die Geistesentwicklung der Menschheit bewegte. Nach Goethes Tod riss der spirituelle Faden gänzlich ab. Aber bereits siebenundzwanzig Jahre vorher war durch den Tod Schillers eine bedrohliche Situation eingetreten. Hatte doch Goethe Schiller gebraucht, «um Faust, den er zuerst als Persönlichkeit gestaltet hat, hineinzustellen in ein großes umfassendes Weltentableau. Man kann fühlen, was Goethe vielleicht noch aus dieser Faust-Philosophie gemacht hätte, wenn er Schiller nicht so früh verloren hätte.»[374]

Diese Aussage Rudolf Steiners kann nicht tief genug gefasst werden: Im Bunde mit Goethe entwickelte sich bei Schiller jene höchste Geistigkeit, «die erst bei beiden zusammen lebt». Nach Schillers Tod sah sich Goethe ebendieser über ihm wie über dem Freunde aufleuchtenden Geistigkeit beraubt – das Geheimnis ihrer Ergänzung hatte sich von Goethe zurückgezogen.

Fragment

Schiller selbst aber war mitten im Aufbruch zu höheren Stufen seines Schaffens abberufen worden. Nach dem Abschluss des *Wallenstein* war er im Sturmschritt vorangekommen. Bereits Mitte Juni des Jahres 1800 hatte das Läuterungsdrama *Maria Stuart* seine Uraufführung erlebt. Wiederum nur ein gutes Jahr später konnte die Tragödie der göttlichen Berufung, *Die Jungfrau von Orleans*, uraufgeführt werden. Und bereits im Frühjahr 1803 folgte *Die Braut von Messina*.

In diesem kurzen Zeitraum hatte der Dramatiker Schiller einen weiten Weg zurückgelegt. Die Charakter- und Schicksalstragödie des *Wallenstein* war aus dem zeitnahen Geschichtsboden des Dreißigjährigen Krieges herausgewachsen. Danach befreite sich Schiller in drei energischen Schritten von dem weitgehend historischen Bezug und von dem Bestreben, das Ideelle aus dem Reellen heraus zu entwickeln, was ihn willentlich in Goethes Gebiet hinübergeführt hatte, in der Überzeugung, dass ein solches Verfahren weit ratsamer sei, als von dem Ideellen zum Reellen gelangen zu wollen. Indem Schiller nun aber die tragische Handlung der *Braut von Messina* selber erfand, indem er von der Idee zu ihrer künstlerischen Ausführung strebte, hatte er sich von Goethe wieder weit entfernt – obwohl er sich andererseits gerade mit dieser Tragödie am weitesten der Antike und insofern auch Goethes Intentionen angenähert hatte.

Nachdem im *Wallenstein* das Ödipus-gemäße Omen in Gestalt des Sternenglaubens zur Auswirkung gelangt war, waren es in der *Braut von Messina* zwei einander widersprechende prophetische Träume, die sich zuletzt beide als zutreffend erwiesen, ohne dass ihre Schicksalsgewalt den Ablauf der Handlung erhellt hätte. Auch ohne die Träume würde das Drama keinen anderen Verlauf nehmen.

Darüber hinaus entbehrt die von Schiller erfundene Handlung jener Überzeugungskraft, die das dichte Gefüge des *Wallenstein* aufweist. Der Dichter legte offenkundig wenig Wert auf die Wahrscheinlichkeit des Geschehens. Vielmehr wollte er die Grundidee des tragischen Schicksals zweier feindlicher Brüder, die ahnungslos ihre Schwester lieben, dramatisieren und der Aischyleischen wie Sophokleischen Tragödie so weit wie möglich annähern. Dabei entfaltete er eine gewaltige Sprache. Insbesondere seine Lyrik erreichte in den Chören dieser Dichtung ihren höchsten Gipfel. Ein Beispiel (Vers 1994 – 2002):

> Leicht verschwindet der Taten Spur
> Von der sonnenbeleuchteten Erde,

> Wie aus dem Antlitz die leichte Gebärde –
> Aber nichts ist verloren und verschwunden,
> Was die geheimnisvoll waltenden Stunden
> In den dunkel schaffenden Schoß aufnahmen –
> Die Zeit ist eine blühende Flur,
> Ein großes Lebendiges ist die Natur,
> Und alles ist Frucht und alles ist Samen.

Solche Worte über das Wesen der Natur gemahnen an Goethe. Aber auch hier sollten wir uns nicht täuschen. Heißt es doch in dem Essay *Über den Gebrauch des Chors in der Tragödie*, den Schiller dem Trauerspiel voranstellte: «Die Natur selbst ist nur eine Idee des Geistes, die nie in die Sinne fällt. Unter der Decke der Erscheinungen liegt sie, aber sie selbst kommt niemals zur Erscheinung. Bloß der Kunst des Ideals ist es verliehen, oder vielmehr, es ist ihr aufgegeben, diesen Geist des Alls zu ergreifen und in einer körperlichen Form zu binden.»

Mit Goethes Naturanschauung hat eine solche Auffassung rein gar nichts zu tun. Niemals hätte dieser die Natur «eine Idee des Geistes» nennen können – und schon gar nicht «nur eine Idee des Geistes, die nie in die Sinne fällt». Für Goethe war die sinnliche Wahrnehmung aufs engste und innigste mit der übersinnlichen Erfahrung alles Natürlichen verbunden. Von der sinnlichen Naturoffenbarung wollte er zu ihrem göttlich-geistigen Wesen erlebnisgesättigt aufsteigen.

Schiller hingegen vermeinte, den «Geist des Alls» *denken* und so als ein Übersinnlich-Ideelles erfassen zu können. Seinen moralischen Idealismus wollte er auf die Erfassung der Natur übertragen. Während Goethe zu einer gewissen Geringschätzung des Denkens neigte und *Offenbarungserkenntnis* anstrebte, neigte Schiller zu einer extremen Unterschätzung der Sinneserfahrung und glaubte, nur vom Denken, vom Ideenmäßigen, von der *Vernunfterkenntnis* aus in die übersinnliche Welt, in den «Geist des Alls», in die ideale Natur emporsteigen zu können. Dabei bemerkte er nicht, dass sein abstrakter Idealismus der übersinnlich-wesenhaften Natur gar nicht ansichtig wurde, indem er ein Unsinnlich-Ideelles, ein durchaus Naturloses als «ein großes Lebendiges», als Natur bezeichnete.

Dasselbe Unanschaulich-Ideenmäßige fand auch in die Konstruktion des Handlungsverlaufs der *Braut von Messina* Einlass. In die dramatischen Strukturen der Tragödien des Aischylos und Sophokles ragen noch mythische Schaukräfte und Mysterieninhalte hinein, beispielsweise wenn der Chor die kollektiven Seelenkräfte des Geschehens zur Auswirkung bringt. Schillers intellektuell-unmythisches Tagesbewusstsein überdeckt diesen Tiefenstrom. Auch wird der Chor von ihm seines ganzheitlichen Seelengrundes beraubt und in Seelenzerreißungen hineingeführt, indem der Dichter ihn immer wieder in widerstreitende Chöre aufteilt. – Nicht weniger wird die Klage der Königin Isabella problematisch, wenn sie, die alles versucht hat, um das drohende Verhängnis abzuwenden, ausruft:

> Alles dieses
> Erleid ich schuldlos, doch bei Ehren bleiben
> Die Orakel und gerettet sind die Götter.

Mögen auf Sizilien vorübergehend antikes, maurisches und christliches Religionsbekenntnis, wie Schiller postuliert, nebeneinander wirksam gewesen sein (was aber höchst fraglich ist) – weder eine Griechin oder Römerin noch eine Mohammedanerin oder gar eine Christin hätte solche Worte jemals sagen können. Als Schiller die Klage Isabellas gestaltete, hatte die Menschheit die Schwelle zum 19. Jahrhundert überschritten und war damit einer Schicksalsbetrachtung bedürftig, die Schillers tiefe Ratlosigkeit durch eine okkulte Karma-Forschung aufgehoben hätte.

In Schillers letztem Drama, dem Schauspiel *Wilhelm Tell*, das mit größtem Erfolg im März des Jahres 1804, einen Monat nach seiner Vollendung, uraufgeführt wurde, fehlt jeder Bezug zur Antike. Goethe, der die Tellsage vorübergehend in ein Epos verwandeln wollte, hatte den Stoff an Schiller abgetreten, der nun zu Goethe zurückpendelte. Indem, fern aller Briefe über eine ästhetische Erziehung des Menschen, ein *Natur*volk darzustellen war, näherte sich Schiller mehr denn je dem Wurzelgrund des Goetheschen Wesens. Indem andererseits dieses Volk sich durch Gessler, den eiskalten, tyrannischen Reichsvogt, seiner Freiheit beraubt sah und dagegen rebellierte, wurde zugleich Schillers eigener Wesensgrund aktiviert. Nachdem Tell, dessen Individualität in sich selbst gegründet ist und gerade deshalb für alle zu handeln weiß, Gessler getötet hat, wird er sagen: «Gerächt hab ich die heilige Natur, die du geschändet.» Das klingt goethisch und bezeichnet doch vor allem die heilige Natur des freien Menschen-Ich im Geiste Schillers.

Die neuartige, kraftvoll-einfache Sprache des *Tell* lässt ahnen, dass der Dichter sich keineswegs am Ende, vielmehr am Anfang einer Entwicklung befand, in der sein schöpferisches Wesen auf einer höheren Ebene mit dem Goetheschen Gegenpol zusammenzuwirken begann. Umso verständlicher erscheint es, dass Goethe nach Schillers Tod vorübergehend bestrebt war, den *Demetrius* zu vollenden.

Wie sehr sich Schiller in der letzten Schaffenszeit darum bemühte, Goethes Erlebnisform in die eigene zu integrieren, wird auch daran deutlich, dass er, insbesondere seit dem *Tell*, das Augenerlebnis der Zuschauer zu berücksichtigen trachtete. Im *Demetrius* lautet eine Regieanweisung (II, 2): «Eine weite und lachende Ferne öffnet sich, man sieht einen schönen Strom durch die Landschaft ausgegossen, die von dem jungen Grün der Saaten belebt ist.» Auch für des Demetrius' «Einzug in Moskau» dachte sich Schiller eine ungewöhnliche Fülle von Augeneindrücken. Unter anderm vermerkt er: «Näher und in den Kulissenstücken unterscheidet man Zuschauer aus Fenstern und Dächern und Gerüsten.» Die Theaterbesucher sollten als Zuschauer auf der Bühne im Hintergrund sogar gemalte Menschen erblicken, die ihrerseits dem Einzug zuschauten.

Hatte Schiller im *Wallenstein* reflektierenden und retardierenden Momenten eine bedeutsame Funktion zugedacht – sie sollten das Publikum in Freiheit setzen –, so vermied er im *Demetrius* diese Stilmittel. Die ungeheure dramatische Schlagkraft, die schicksalhafte Intensität des Geschehens entfaltet sich, vor allem im Handlungszenit, wo Demetrius erkennen muss, dass er gar nicht der Zar ist, für den er sich vorübergehend hielt, mit ungehinderter, sogar wortloser Wucht. Die Mutter des ermordeten Demetrius weist ihn, das Opfer einer abgründig-infamen Intrige, aufs entschiedenste ab. Mit höchster Meisterschaft gestaltet der Dichter diese Tragödie menschlicher Selbstfindung, eingebunden in die historischen Gegebenheiten der Schicksalsspannung zwischen Russland und Polen.

Schiller hat sich während der Vorarbeiten zum *Demetrius* gefragt, was gegen und was für die Wahl dieses Stückes sprach. Er notierte sich: «Gegen das Stück lässt sich anführen: 1. Dass es eine Staatsaktion ist. 2. Dass es abenteuerlich und unglaublich ist. 3. Dass es fremd und ausländisch ist. 4. Die Menge und Zerstreutheit der Personen schadet dem Interesse. 5. Die Größe und der Umfang, dass es kaum zu übersehen. 6. Die Schwierigkeit, es zu exekutieren auf dem Theater. 7. Die Unregelmäßigkeit in Absicht auf Zeit und Ort. 8. Die Größe der Arbeit.» – «Für das Stück spricht: 1. Die Größe des Vorwurfs [Entwurfs] und das Ziel. 2. Das Interesse der Hauptperson. 3. Viele glänzende dramatische Situationen. 4. Beziehung auf Russland. 5. Der neue Boden, auf dem es spielt. 6. Dass das meiste davon schon erfunden ist. 7. Dass es ganz Handlung ist. 8. Dass es viel für die Augen hat.»

Das Fragment des *Demetrius* und auch andere Fragmente wie *Die Gräfin von Flandern, Elfride, Das Schiff, Die Braut in Trauer* lassen deutlich werden, wie machtvoll Schillers schöpferischer Wille einer Zukunft entgegenstrebte, die weit über das Vorliegende hinausweist. So plante er unter anderem, in den *Seestücken* erdumgreifende Themen zu behandeln. Für *Das Schiff* und die darin zu gestaltenden Schicksale machte er sich selbst bewusst: «Aufzufinden ist ein Punctum saliens, aus dem alle sich entwickeln, um welche sich alle natürlich anknüpfen lassen, ein Punkt also, wo sich Europa, Indien, Handel, Seefahrten, Schiff, Land, Wildheit, Kultur, Kunst und Natur etc. darstellen lässt.» Und in den Aufzeichnungen zu dem *Seestück* lesen wir: «Europa und die neue Welt stehen gegeneinander.» Oder: «Die neue Natur, Bäume, Luftton, Gebäude, Tiere, Kleidertrachten.» Ferner: «Szenen für das Auge, voll Handlung und Bewegung.»

Eine besondere Bedeutung unter den Fragmenten aber kommt den *Maltesern* zu. Vom Sommer 1788 bis zum Mai 1801 begleitete Schiller der zuletzt weit gediehene Entwurf, in dem der Opferwille einer Ordensrittergemeinschaft als ein seelisch-geistiger Reinigungsprozess veranschaulicht werden sollte – als eine «zum höchsten Moralischen hinaufgeläuterte spezifische Ordenstugend».[375] In Wahrheit also ging es Schiller in dieser Tragödie um die Selbstverwirklichung einer Mysteriengemeinschaft, die in dem Großmeister verkörpert erscheint, mit dem sich Schillers Wesensstiefen identifizierten.

Rudolf Steiner hat wiederholt darauf hingewiesen, dass Schiller *Die Malteser* erst dann hätte vollenden können, wenn er zum Anschauen der übersinnlichen Welt aufgestiegen wäre. In dem Vortrag über «Das Suchen des Zugangs zur geistigen Welt aus der modernen Seelenverfassung heraus»[376] führt er aus, dass Goethe und Schiller in einer Zeit lebten, in der ein solcher Zugang noch nicht auffindbar war. «Schiller namentlich hätte bei seinem philosophischen Streben, wenn er länger gelebt hätte – man sieht es aus dem Malteser-Fragment –, zweifellos, wenn er dieses Drama zu Ende geführt hätte, sich einen Blick verschafft in die Art und Weise, wie gerade innerhalb eines solchen Ordens wie dem Johanniter- oder Malteserorden oder dem Templerorden, wie da die geistigen Welten mitgewirkt haben in den Taten der Menschen. Aber es war eben Schiller nicht gegönnt, seine ‹Malteser› als fertiges Drama vor die Welt hinzustellen, er ist zu früh gestorben. Goethe hingegen konnte nicht bis zu einem wirklichen Ergreifen der geistigen Welt vorrücken, daher wendet er sich zurück.» Der Schluss des *Faust* ist deshalb auch, so Steiner, nicht der Ausdruck eigenständiger übersinnlicher Wahrnehmung des nachtodlichen Lebens, sondern ein metamorphosierter katholischer Bildkultus.

Trachtete Schiller aus dem modernen Ideenleben heraus in das Geistige durchzubrechen, so wollte Goethe den Wahrnehmungspol spiritualisieren und von da aus die Brücke in die übersinnliche Welt schlagen. Aber Goethe «strauchelte, als er von dem bloßen Pflanzlich-Lebendigen zu dem Tierisch-Empfindenden hinaufsteigen will. Er kommt noch an die Imagination heran, nicht aber mehr an die Inspiration.»[377]

Physisches und Ätherisches erscheinen bei der Pflanze als sinnlich-übersinnliche Ganzheit. Alles Seelische hingegen ist übersinnlicher Natur und verweist auf das Vorgeburtliche. Goethe aber wollte im Erkenntnisvorgang den Boden der Sinneswelt nicht preisgeben, weshalb er im geisteswissenschaftlichen Sinne nicht zur Inspiration aufsteigen konnte.

Dagegen hoffte Schiller, von dem neuzeitlichen Intellektualismus aus das Übersinnliche zu erfassen, das keine sinnlichen Grundlagen beinhaltet. Er strauchelte, als er vom reinen Denken zum Schauen aufsteigen wollte. «Sowohl Schiller wie Goethe strebten im Grunde in die geistige Welt hinein von entgegengesetzten Seiten, aber sie konnten nicht hinein.»[378]

Darin also besteht die geistesgeschichtliche Tragik des Bundes von Goethe und Schiller, dass er Fragment bleiben musste. Ihren Gegensatz hätten die Freunde erst dann überbrücken können, wenn der eine zur Imagination, der andere zur Inspiration gelangt wäre. So aber konnten sie das Trennende nur ausgleichen «durch das Großmenschliche, das in beiden lebte».[379]

Vielleicht wird das zutiefst Schmerzliche dieses Tatbestandes am erschütterndsten wahrnehmbar an zwei Briefen Schillers, die Einblick gewähren in seine Grundstimmung der letzten Lebensjahre. Den einen Brief richtete er am 17. Februar / 3. März 1803 an Wilhelm von Humboldt, der als preußischer Gesandter in Rom weilte. Den anderen schrieb er am 20. März 1804 an seinen Schwager Wilhelm von Wolzogen, der von dem Herzog Carl August nach Petersburg entsandt worden war.

Humboldt gegenüber beklagt Schiller den trostlosen Zustand in der gesamten Poesie jener Tage und fügt hinzu: «An ein Zusammenhalten zu einem guten Zweck ist nicht zu denken, jeder steht für sich und muss sich seiner Haut wie im Naturstande wehren.» Mit anderen Worten, auch der ursprüngliche Zusammenhalt von Schiller und Goethe war tiefgreifend gestört. Weshalb Schiller denn auch fortfährt: «Es ist zu beklagen, dass Goethe sein Hinschlendern so überhandnehmen lässt und, weil er abwechselnd alles treibt, sich auf nichts energisch konzentriert. Er ist jetzt ordentlich zum Mönch geworden und lebt in einer bloßen Beschaulichkeit. ... Seit einem Vierteljahr hat er, ohne krank zu sein, das Haus, ja nicht einmal die Stube verlassen. ... Wenn Goethe noch einen Glauben an die Möglichkeit von etwas Gutem und eine Konsequenz in seinem Tun hätte, so könnte hier in Weimar noch manches realisiert werden, in der Kunst überhaupt und besonders im Dramatischen. Es entstünde noch etwas und die unselige Stockung würde sich geben. Allein kann ich nichts machen, oft treibt es mich, mich in der Welt nach einem anderen Wohnort und Wirkungskreis umzusehen; wenn es nur irgendwo leidlich wäre, ich ginge fort.»

Im selben Brief blickt Schiller auf die Jahre 1794 und 1795 zurück, in denen Humboldt in Jena weilte; und er gesteht dem teuren Freund, dass dieser ihm fehle «und dass ich mich aus Mangel einer seelischen Geistesberührung, als damals zwischen uns war, um soviel älter geworden fühle».

Zwar hatte Schiller fünf Monate später Humboldt zu berichten, dass Goethe in jener Zeit völliger Zurückgezogenheit *Die natürliche Tochter* als ein bewundernswertes Kunstwerk gestaltet hatte; aber er musste hinzufügen, auch ihm habe Goethe «wie der ganzen Welt ein Geheimnis daraus gemacht». Der intensiv-befruchtende Austausch der ersten fünf Jahre des Freundesbundes war durch Goethes «unselige Stockung» einer tiefgreifenden Störung gewichen. Weshalb es Schiller nicht etwa nur gelegentlich, sondern oft danach trieb, sich nach einem anderen Wirkungskreis umzusehen.

Im März des Jahres 1804 hatte sich Schillers Lage so sehr verschärft, dass er an Wolzogen schrieb, es gefalle ihm in Weimar «mit jedem Tage schlechter, und ich bin nicht willens, in Weimar zu sterben. ... Es ist überall besser als hier, und wenn es meine Gesundheit erlaubte, so würde ich mit Freuden nach dem Norden ziehn.»

Tatsächlich unternahm Schiller wenig später eine Reise nach Berlin. Am 13. Mai kam es zu einer Audienz bei der Königin Luise, die ihn nach Berlin zu ziehen wünschte. Vier Tage später reiste Schiller mit seiner Frau nach Potsdam zu einem zwanglosen Frühstück beim Königspaar in Sanssouci. Zwar kam es dann doch nicht zu einer Übersiedlung in die preußische Hauptstadt, vor allem auch deshalb nicht, weil der Weimarer Herzog das jährliche Gehalt beträchtlich erhöhte und weil Schillers Verbundenheit mit Goethe neue Nahrung erhielt. Aber dass Schiller nicht willens gewesen war, in Weimar zu sterben, offenbart das Ausmaß der Krisis, die seinen Bund mit Goethe über einen beträchtlichen Zeitraum hin beschwert hatte.

So war es denn wirklich «das Großmenschliche, das in beiden lebte», das den Bund letztendlich zusammenhielt, während der polarische Gegensatz nicht wirklich überbrückt werden konnte.

Es erscheint an dieser Stelle ratsam, Betrachtungen in Erinnerung zu rufen, die auch für unsere weiteren Erwägungen von größter Bedeutung sind. Im Juli 1922 stellt Rudolf Steiner dar, wie sich in der abendländischen Geistesgeschichte zwei entgegengesetzte Strömungen herausbildeten, die zuletzt in Goethe und Schiller hart aufeinanderprallten.[380]

Steiner schildert, wie im 9. Jahrhundert ganz besonders der Kampf wütete «um das Verhältnis der Menschenseele zur übersinnlichen Welt». In früheren Zeiträumen waren Sinneserfahrungen und Begriffsbildungen ineinander verwoben. Der Mensch konnte das Geistige erleben, «das durch die Sinneserscheinungen durchschaute: Er sah mit den Sinneserscheinungen Geistiges.» Zunehmend aber trennte sich das Leben in abstrakten Begriffen von dem Konkreten, das «immer mehr zum bloß Äußerlich-Sinnlichen» wurde. Auf diesem Hintergrund wurden im 9. Jahrhundert und in der Folgezeit «furchtbare Seelenkämpfe» ausgetragen. Zuletzt begegneten sich die beiden Strömungen «in dem Gegensatz zwischen Goethe und Schiller». Und dieser Gegensatz war es, der nur durch das «Großmenschliche» ausgeglichen werden konnte, das den Freundesbund trug. Denn weder Schiller noch Goethe konnten aus ihrer Seelenverfassung heraus in die geistige Welt hineinkommen.

In Schiller treffen wir auf die «Ausläufer der scholastischen Vernunfterkenntnis-Strömung». Dagegen hat Goethe «sich um diese *Vernunfterkenntnis* nicht viel gekümmert. Er war eigentlich viel mehr angeregt durch die *Offenbarungserkenntnis*». Goethe hielt sich ans Schauen. Er hätte, so Steiner, «ein alter Gott-Schauer oder ein Schauer der übersinnlichen Welten werden können. Auf dem Wege dahin war er schon, nur hat er nicht hinauf gekonnt. Er kam bloß bis zur Anschauung des Übersinnlichen in der Pflanzenwelt. Sodass er, als er die Pflanzenwelt verfolgte, schon nebeneinander Spirituelles und Sinnliches verfolgte, wie es auch in den alten Einweihungsmysterien war; aber er bleib bei der Pflanze stehen.» Selbst in seinem *Märchen*. Denn die weibliche Hauptgestalt, die schöne Lilie, «führt in Wahrheit ein Pflanzendasein».

Was also Goethe und Schiller gebraucht hätten, um ihren Bund in aller Tiefe schließen zu können, «das wäre bei Goethe das Heraufheben aus der Imagination zur Inspiration gewesen, bei Schiller das Beleben der abstrakten Begriffe mit der imaginativen Welt. Dann erst hätten sie völlig zusammenkommen können.» Veranlagt jedenfalls waren beide dazu, «sich in die Welt des Geistes hineinzubegeben».

Es war Rudolf Steiner vorbehalten, die beiden polaren Strömungen, die Vernunfterkenntnis und die Offenbarungserkenntnis, auf einer neuen, höheren Entwicklungsstufe wieder miteinander zu verbinden, sodass das Geheimnis der Ergänzung von Goethe und Schiller in ihm seine volle Verwirklichung fand. Durch Rudolf Steiner konnten die Grundlagen für eine neue Mysterienkultur gelegt werden, für die Goethe und Schiller in ihrem tragisch-fragmentarischen Freundschaftsbund vorbereitend gerungen und gekämpft haben.

Für eine neue Mysterienkultur

Ende April des Jahres 1886 brachte der fünfundzwanzigjährige Rudolf Steiner seine *Grundlinien einer Erkenntnistheorie der Goetheschen Weltanschauung* zum Abschluss. Darin war zu lesen: «Der Mensch hat sich uns als der Mittelpunkt der Weltordnung erwiesen. Er erreicht als Geist die höchste Form des Daseins und vollbringt im Denken den vollkommensten Weltprozess. Nur wie er die Sachen beleuchtet, so sind sie wirklich. Das ist eine Ansicht, der zufolge der Mensch die Stütze, das Ziel und den Kern seines Daseins in sich selbst hat. Sie macht den Menschen zu einem sich selbst genugsamen Wesen. Er muss in sich den Halt finden für alles, was an ihm ist. Also auch für seine Glückseligkeit. Soll ihm die letztere werden, so kann er sie nur sich selbst verdanken. Jede Macht, die sie ihm von außen spendete, verdammte ihn damit zur Unfreiheit.»

In jenen Tagen, in denen Rudolf Steiner die *Grundlinien einer Erkenntnistheorie* abschloss, lernte er die junge Dichterin Marie Eugenie delle Grazie kennen, deren Gemüt nihilistisch-pessimistisch und demgemäß zutiefst antigoethisch gestimmt war.[381] Wirkte in Goethes Fragment *Die Natur* seine ganz und gar nicht prometheisch gestimmte altägyptische Isis-Einweihung nach, so war delle Grazies im Mai des Jahres 1886 erschienenes Gedicht *Die Natur* ein Spiegelbild des materialistischen Zeitgeistes. Die zweiundzwanzigjährige Dichterin sah in der Natur ein allesverschlingendes Ungeheuer, das uns «an Staub und Verwesung» kettet und uns Ideale vorgaukelt, die nichts als Blendwerk sind: «So stürmen in lechzender Eile und toller Jagd wir dahin, bis tückisch die Kraft uns verlässt.»[382]

Alsbald verfasste Rudolf Steiner ein Sendschreiben an delle Grazie, dem er den Titel *Die Natur und unsere Ideale* gab. Es ist deshalb von höchster Bedeutung, weil in dieser Zeit in Steiner die ersten Gedanken zu seiner siebeneinhalb Jahre später in Weimar abgeschlossenen *Philosophie der Freiheit* reiften, wie er dies in seiner Autobiographie erwähnt, wo Kernsätze des Sendschreibens ausdrücklich als «die Urzelle dieses Buches»[383] bezeichnet werden.

Dem nihilistischen Pessimismus delle Grazies stellt Steiner sein eigenes Bekenntnis entgegen, das getragen ist von der innerseelischen Erfahrung der Wirklichkeit unserer Ideale, denen die Todesmächte der Natur nichts anzuhaben vermögen; denn die in unserem Geist aufleuchtenden Ideale «sind eine Welt für sich». Diese kann durch eine gütige oder mörderische Natur weder gefördert noch gehindert werden. Ja, die Freiheit des Menschenwesens wäre dahin, wenn sie ein Werk der Natur wäre. «Wo bliebe die göttliche Freiheit», fragt Steiner, «wenn die Natur uns, gleich unmündigen Kindern, am Gängelbande führend, hegte und pflegte? Nein, sie muss uns alles *versagen,* damit, wenn uns Glück wird, dies ganz das Erzeugnis unseres freien Selbstes ist. Zerstöre die Natur täglich, was wir bilden, auf dass wir uns täglich aufs neue des Schaffens freuen können! *Wir wollen nichts* der Natur, uns selbst *alles* verdanken!»[384]

Mit solchen prometheischen Worten weist Rudolf Steiner das materialistisch-nihilistische Weltbild seiner Zeit zurück. Zugleich aber künden sie von einer ebenso großen Goethe-Ferne wie Schiller-Nähe. Denn nichts will auch dieser der Natur, alles sich selbst verdanken. Goethe hat sich später von seinem *Prometheus* mit Schauder distanziert. Insbesondere der Schluss des Gedichts ist Steiner wie Schiller sehr nahe. Prometheus will *alles sich selbst* verdanken, während der spätere Goethe alles aus den Händen der Natur entgegennehmen will: «Sie mag mit mir schalten. Sie wird ihr Werk nicht hassen. Ich sprach nicht von ihr. Nein, was wahr ist und was falsch ist, alles hat sie gesprochen. Alles ist ihre Schuld, alles ist ihr Verdienst.» So tönt es uns aus dem Fragment *Die Natur* entgegen. Während Schiller erlebt, dass sich der Mensch nur dadurch auf eigene Füße stellen kann, dass er sich aus der Vormundschaft der Natur befreit, um «den gefährlichen Weg zur moralischen Freiheit» beschreiten zu können. Nur deshalb wurde der Mensch «aus einem unschuldigen Geschöpf ein schuldiges, aus einem vollkommenen Zögling der Natur ein unvollkommenes moralisches Wesen, aus einem glücklichen Instrument ein unglücklicher Künstler. ... aus einem Sklaven des Naturtriebs ein freihandelndes Geschöpf, aus einem Automat ein sittliches Wesen.»[385]

Die «Urzelle» der *Philosophie der Freiheit* weist nicht auf die Goethesche, wohl aber auf die Schillersche Weltanschauung zurück. «Oh, wir sollten doch endlich zugeben», ruft Rudolf Steiner denn auch in seinem Sendschreiben aus, «dass ein Wesen, das sich selbst erkennt, nicht unfrei sein kann!» Wir sind keine «willenlosen Sklaven» der Naturgesetze, wir sind freie Geister, die aus dem Quellgrund ihrer höchsten Ideale leben.

Von 1880 bis etwa zum Jahre 1895 rang Rudolf Steiner um die rechte Ausgestaltung der Freiheitsidee. Von Anfang an sah er in dem Freiheitsproblem das Fundamentalthema der seelisch-geistigen Existenz des Menschen. Auf diesem Hintergrund gilt es auch zu verstehen, warum Steiner eine von aller Gefolgschaft freie philosophische Lehrtätigkeit in Jena anstrebte, an jenem Ort also, wo ein Jahrhundert zuvor der deutsche Idealismus seine höchste Strahlkraft entfaltet hatte.

An früherer Stelle[386] haben wir betrachtet, in welchem Zusammenhang das hierarchische Sonnenwesen Philosophie seine Jahrtausende umspannende Ausgestaltung erfahren hat. Seit den Anfängen der griechischen Gedankenentwicklung erzog dieses Wesen die abendländische Menschheit zur schrittweisen Entfaltung der Selbständigkeit. Indem der Gedanke die Menschenseele gleichsam einmauerte, sah sich bereits Empedokles an eine entseelte Natur ausgeliefert.[387] Mit einem Wort, das Gedankenleben löste den Menschen aus dem Naturorganismus heraus und führte ihn dadurch stufenweise dem Freiheitserlebnis entgegen.

Als mit dem Beginn der Neuzeit die Bewusstseinsseele sich zu entwickeln begann, sah sich der Mensch vollständig aus dem Naturzusammenhang herausgetrieben und mit seinem Intellekt auf sich selbst gestellt. «Denn im Grunde arbeitet alles wissenschaftliche Streben der neueren Zeit mit den wissenschaftlichen Denkermitteln, welche der Loslösung des selbstbewussten Ich von der wahren Wirklichkeit dienen. Und die Stärke und Größe der neueren Wissenschaft, namentlich der Naturwissenschaft, beruht auf der rückhaltlosen Anwendung dieser Denkmittel.»[388]

Ausgegangen war – so konnten wir an früherer Stelle sehen[389] – diese Entwicklung von Manu, der das Erleben bildloser Vorstellungen des Göttlichen einleitete. Sein Schüler Zarathustra begann dann in der urpersischen Kulturepoche damit, die Bild-Erfahrungen des alten Hellsehens in das Netz bildloser Begriffe zu transponieren. Während dessen Schüler Hermes Trismegistos die bildgesättigte Sonnenweisheit des Lehrers in der heidnischen Mysterienströmung impulsierte, war es Moses aufgegeben, das Kommen des Christus dadurch vorzubereiten, dass er den bildlosen Intellekt als Mondenspiegel des «Ich bin der Ich-bin» ausbildete. Als dann der «Spiegelbelag»[390] der bildlosen Reflexion voll ausgebildet war, vollzog sich die Fleischwerdung des Logos, das Mysterium von Golgatha, in dem die Lebenskraft der *Bilder-Strömung* und die Abstraktionskraft der *Intellekt-Strömung* versöhnt wurden.

Das Wesen Philosophie aber, das sich seit der Zeitenwende mit dem Zentralmysterium der Erde verbunden hatte, verfolgte weiter seine Aufgabe, den Menschen mittels der abstrakten Gedankenentwicklung auf eigene Füße zu stellen. Deshalb erlebte Thomas von Aquino in der Vernunfterkenntnis das unerlöste Denken, in der christlichen Offenbarung die spirituelle Erlösungskraft – wobei er getragen war von der Sehnsucht, dass das Mysterium von Golgatha auch der unerlösten menschlichen Vernunft zugänglich sein möge – aufleuchtend im diamantenen, kristallklaren begrifflichen Denken.[391]

Seit dem ersten Drittel des fünfzehnten Jahrhunderts aber vollzog sich zunächst gerade das Gegenteil: Der tote Intellekt griff Platz in der Menschenseele, die sich dadurch zugleich in die Gottesleere versetzt sah, in die tote Natur. Denn nur dadurch konnte der Mensch Eigenintelligenz und Freiheit erlangen, dass er in seinem reinen Denken der unerlösten Vernunft teilhaftig wurde, mit der er sich außerhalb der göttlich-geistigen Welt und damit zugleich auch außerhalb der belebten, beseelten und geisterfüllten Natur erlebte.

Für eine neue Mysterienkultur

Demgemäß führt Rudolf Steiner in einem Vortrag aus: «Wir haben es seit dem 15. Jahrhundert immer mehr und mehr gebracht zu einer Art Weltanschauung des Toten, zu einer Weltanschauung, welche nicht imstande ist, das Lebendige zu durchdringen. Das hängt zusammen mit der ganzen Erziehung, welche die Menschheit im Beginne dieses fünften nachatlantischen Zeitraumes durchmachen soll. Die Menschheit soll dahin kommen, innere Freiheitskraft zu entwickeln, Selbstbewusstsein zu entwickeln. Das kann sie nur, wenn sie sich von der Natur losreißt. Aber von der Natur losreißen heißt, sich zusammenschmieden mit den Kräften, die erkennend allein das Tote auffassen. Alle unsere Begriffe, alle unsere Vorstellungen, die heute die eigentlichen Zivilisationsvorstellungen sind, gehen auf das Tote. Und derjenige, der heute nicht selbst tot wird ... der empfindet in dem Suchen dieser Prinzipien zwar ein Hinneigen zu dem, was den Menschen frei macht, aber gleichzeitig, ich möchte sagen, den Abgrund des Toten.»[392]

Insbesondere in den *Michael-Briefen* hat Rudolf Steiner dargestellt, warum der Mensch für die Ausbildung seiner Bewusstseinsseele die Beziehung zu dem Toten, zu dem bloß Irdischen brauchte. In diesem aber trifft er notwendig auf die ahrimanischen Mächte, deren einziges Ideal Maß, Zahl und Gewicht ist und die damit zugleich den vollen Gegensatz zu den göttlich-geistigen Mächten bilden. Zwar verkörpert Ahriman den kalten Hass auf alle Freiheitsentfaltung; doch dadurch, dass er die Ausbildung toter, abstrakter Begriffe und Ideen im reinen Denken des Menschen ermöglicht – die Grundlage auch der *Philosophie der Freiheit* Rudolf Steiners –, dient er wider seinen Willen der Entwicklung des freien Menschentums. Daher konnte Steiner sagen: «Nur solche Ideen für die äußere Naturerkenntnis setzte ich in meiner ‹Philosophie der Freiheit› voraus, wie man sie notwendig hat, um auch eine Dampfmaschine zu begreifen. Aber man muss, um eine Dampfmaschine zu begreifen, zwar seinen ganzen Menschen ablegen, aber nicht das Letzte, das reine Denken.»[393]

Rudolf Steiner machte Ernst damit, die anthroposophisch orientierte Geisteswissenschaft aus denjenigen Denkkräften herauszuringen, «welche der Loslösung des selbstbewussten Ich von der wahren Wirklichkeit dienen». Denn nicht nur die moderne Naturwissenschaft beruht auf der rückhaltlosen Anwendung dieser Denkmittel, sondern – in ihrer Art – auch die philosophische Fundamentalschrift Rudolf Steiners als Grundlegung der Anthroposophie. Ist doch das sinnlichkeitsfreie reine Denken im Sinne der *Philosophie der Freiheit* die erste selbständige übersinnliche Erfahrung des Menschengeistes, der von diesem sicheren Ausgangspunkt aus, von dem Erlebnis seines freien Ich, zu weiteren übersinnlichen Erfahrungen aufsteigt, in die er das Urerlebnis seines zur Freiheit gelangten Geistes hineinträgt – auf diese Weise eine neue Mysterienkultur veranlagend. Denn das Instinktiv-Atavistische des vormaligen Mysterienwesens wurde auf dem Evolutionswege ausgelöscht und darf in seiner alten Form nicht wieder aufleben; sonst würde das Freiheitsbewusstsein alsbald wieder ausgelöscht: «Eine ‹Fortsetzung› des alten Geist-Erkennens ist nicht möglich. Es müssen die Seelenkräfte, indem die Bewusstseinsseele sich in ihnen entfaltet, ihre erneuerte elementare, unmittelbar lebendige Verbindung mit der Geist-Welt erstreben. Anthroposophie will dieses Erstreben sein.»[394]

Die Entwicklung des freien Selbstbewusstseins kann also nur in einer Weltsphäre veranlagt werden, die wie ein Leichnam aus dem göttlichgeistigen Weltenwesen herausgesunken ist. Der gegenwärtige, nach Maß, Zahl und Gewicht berechenbare Makrokosmos ist erstorben. Ursprünglich war er *wesenhaft* belebt. Dann ging er in einen Zustand über, in dem er nur noch eine *Offenbarung* des Göttlich-Geistigen war. Danach sank er so weit aus dem Wesenhaften heraus, dass er lediglich eine *Wirkung* desselben darstellte. Zuletzt löste er sich so umfassend von dem göttlichgeistigen Urgrund ab, dass er zur *Werk-Welt* geworden ist. Zwar ist die physisch sichtbare Natur insgesamt «dies gottgewirkte Werk des Göttlichen und überall Abbild der göttlichen Wirksamkeit», aber sie ist deshalb doch nicht weniger eine «Gott-leergewordene Welt», in die der Mensch versetzt wurde, um als «Gott-durchdrungenes Wesen in einer nicht Gott-durchdrungenen Welt»[395] seine Freiheit erlangen und in sein freies Ich-Organ den Christus aufnehmen zu können, der sich durch seinen Tod, seine Auferstehung und Himmelfahrt mit der Menschheitsentwicklung verbunden hat – als wahrer Geist der Erde den Keim des neu auflebenden Makrokosmos ausgestaltend.

Goethe hat die «Gott-leergewordene Welt» nicht betreten; eine tote Materie kennt er nicht.[396] Wohl betrachtete er die Natur, trat aber nie aus ihr heraus. Stets war er «Ort für Ort im Innern»[397] und gewahrte, wie es in *Epirrhema* heißt:

> Nichts ist drinnen, nichts ist draußen:
> Denn was innen, das ist außen.

Auf diese Weise erfuhr Goethe sein Geistwesen als ein lebendurchpulstes Glied der Gott-Natur. Mit tiefem Schauder hätte er sich vermutlich abgewandt, wenn er Steiners Worte vernommen hätte: «Wir wollen nichts der Natur, uns selbst alles verdanken!» – so wie er Schiller gegenüber empfand, dieser sei «im höchsten Gefühl der Freiheit und Selbstbestimmung ... undankbar gegen die große Mutter» gewesen.[398]

Gerade deshalb ist Goethe nicht nur der Geistesantipode jeder Freiheitsphilosophie, sondern auch der modernen Naturwissenschaft, deren exakte Erkenntnismethode ausschließlich auf das gottleere Tote gerichtet ist – und zwar mittels des gottleeren Intellekts, den Rudolf Steiner in seine Freiheitsphilosophie hineinimprägniert hat, um die anthroposophische Geisteswissenschaft auf dem ehernen Fundament des Freiheitsmysteriums errichten zu können.

Und so legt Steiner 1923 in einem Vortrag dar: «Anthroposophie will zunächst sein eine Erkenntnis der geistigen Welt, welche sich durchaus an die Seite stellen kann dem, was wir heute in einer so großartigen Weise als Naturwissenschaft haben. Sie will sich an die Seite stellen dieser Naturwissenschaft sowohl durch wissenschaftliche Gewissenhaftigkeit, wie auch dadurch, dass derjenige, der in ernster Weise nicht bloß Anthroposophie in sein Gemüt aufnehmen, sondern sie aufbauen will, dass der vor allen Dingen durchgegangen sein muss durch alle die strengen und ernsten Methoden, welche die Naturwissenschaft heute übt.»[399]

Wieder und wieder hat Steiner betont, dass er kein Gegner der naturwissenschaftlich exakten *Erkenntnis,* wohl aber derjenigen naturwissenschaftlichen *Gesinnung* sei, die die Wirklichkeitsschicht des Anorganisch-Toten und seine Erfassung durch das an die Sinne gebundene abstrakte Denken dogmatisch als die allein existierende ansieht.

Zwar hat sich die Menschheit durch die bereits im 8. vorchristlichen Jahrhundert veranlagte neuzeitliche Naturwissenschaft von dem göttlich-geistigen Urgrund losgerissen und in Kopernikus, Galilei, Newton den Punkt erreicht, wo die Natur nur noch als ein geistloser Mechanismus erscheint; aber diese Entwicklungsstufe des menschlichen Geistes, dieser geistige Tod des denkenden Menschen musste erfahren werden – um der Freiheit willen. Hatte Newton «sich selbst losgerissen von dem Durchdrungensein mit dem Göttlich-Geistigen»[400] und war er damit zum Repräsentanten einer Weltanschauung geworden, deren innerlichster Widersacher Goethe war, so blieb es Rudolf Steiner vorbehalten, dieses tote Denken dadurch neu zu beleben, dass er es im Sinne seiner *Philosophie der Freiheit* vollbewusst mit moralischen Intuitionen durchdrang und dadurch den Auferstehungsquell des lebendigen Denkens in die menschliche Eigenintelligenz einfließen ließ.

Unmittelbar bevor Steiner in dem genannten Vortrag aus dem Jahr 1923 hervorhebt, dass Anthroposophie sich der großartigen neuzeitlichen Naturwissenschaft – dem Gegenpol des Goetheanismus – nicht entgegen, vielmehr an die Seite stellt, geht er auf Goethe ein. «Diese Anthroposophie», so Steiner, «ist mir lebendig hervorgegangen aus einer Hingabe an Goethes Weltanschauung und an Goethes ganzes Wirken seit eigentlich schon mehr als vier Jahrzehnten.» Anthroposophie hat sich entwickelt «durch Erleben dessen, was in Goethe liegt, und durch Wachsenlassen in bescheidener Weise des von Goethe Angeführten». Aus diesem Grunde durfte der Dornacher Bau nach Goethe benannt werden – «als eine Art Dankbarkeit gegenüber dem, was man aus Goethe gewinnen kann, als ein Akt der Huldigung gegenüber der alles überragenden Persönlichkeit Goethes. Nicht als ob etwa das, was unmittelbar in Goethe gegeben ist, am besten oder am schönsten im Dornacher Goetheanum gepflegt werden sollte, sondern weil anthroposophische Weltanschauung für ihre Entstehung den tiefsten Dank fühlt gegenüber dem, was durch Goethe in die Welt gekommen ist.»

Anthroposophie ist weiterentwickelter Goetheanismus – obwohl Goethe der Geistesantipode dessen ist, was in der *Philosophie der Freiheit* als sinnlichkeitsfreies reines Denken zur Wirkung gelangte. Anders gesagt: Obwohl Rudolf Steiner in seiner Freiheitsphilosophie jene wissenschaftlichen Gedankenkräfte integrierte, «welche der Loslösung des selbstbewussten Ich von der wahren Wirklichkeit dienen», und folglich die rückhaltlose Handhabung der intellektuellen Todeskräfte in die selbstbewusste Geistesforschung einband, jener Kräfte, die Goethe mit allen ihm zu Gebote stehenden Seelenkräften mied, sah Steiner in Goethe ausdrücklich den Vater der Geisteswissenschaft. Entsprechend legt er in einem andern Vortrag dar, dass «in dem Goetheanismus geradezu der Impuls für alles Geisteswissenschaftliche liegt. Aus Goethe kann alles Geisteswissenschaftliche entwickelt werden. ... Und nicht nur Jahrhunderte, Jahrtausende werden nötig sein, um vieles zu ergründen, was in Goethe liegt.»[401]

Die Tiefenkräfte der Entelechie Goethes wirkten im ganzen Gang der Menschheitsentwicklung und strahlen ein in eine Jahrtausende umspannende Zukunft. Weshalb Rudolf Steiner hinzufügt: «Der richtig verstandene Goethe führt schon zur Geisteswissenschaft. Geisteswissenschaft ist nur ausgebildeter Goetheanismus.»

Der Begründer der Anthroposophie betrachtete Goethe gerade deshalb als Vater der Geistesforschung, weil dessen Glaubensbekenntnis der neuzeitlichen Bewusstseinsform zuinnerst widersprach. Diese sieht sich herausgelöst aus der Natur und der göttlich-geistigen Welt und kann erst dann den Rückweg in die übersinnliche Welt antreten, wenn sich der Abgrund überbrücken lässt. Goethe dagegen erlebte sich mit keinem Atemzug außerhalb des Kosmos, außerhalb der Gott-Natur. Starrt der neuzeitliche Mensch auf die Schale des Weltwesens, ohne den Kern erfassen zu können, so wusste Goethe:

> Natur hat weder Kern
> Noch Schale,
> Alles ist sie mit einemmale ...

In jeder Erscheinung schaut Goethe eine Äußerung, eine Offenbarung des ewigen Wesens; alles Sinnliche ist für ihn mit dem Übersinnlichen verwachsen. In dem sinnlich-übersinnlichen Licht, den sinnlich-sittlichen Farben, den sinnlich-übersinnlichen Formen und Formverwandlungen gewahrt er das Wirken göttlicher Schöpfermächte.

«Geisteswissenschaft», so Rudolf Steiner, «will in dieser Beziehung nichts anderes als, ich möchte sagen, ein Kind Goethes sein, sie will dasjenige, was Goethe so fruchtbar in die Welt der äußeren Naturerscheinungen eingeführt hat, sodass er den Geist in der Natur finden konnte, auch auf die Seelenerscheinungen ausdehnen, wodurch diese selbst unmittelbar in reges Leben kommen und das innere Geistige offenbaren, jenes Geistige, das im Menschen selber als dessen ewiger unsterblicher Wesenskern lebt.»[402]

In widersprüchlich scheinenden Formulierungen hat Rudolf Steiner einerseits immer wieder betont, dass Anthroposophie «nur ausgebildeter Goetheanismus» sei; andererseits hat er kaum weniger oft darauf aufmerksam gemacht, dass Goethe auf unvollendetem Wege Halt gemacht habe, weshalb «keine geradlinige Fortsetzung»[403] von Goethe zur Anthroposophie vorliege. Goethes Naturwissenschaft und die Inhalte seines *Märchens* konnten aus diesem Grunde auch nicht zusammenwachsen.[404]

Zwar wurde in Goethes Naturanschauung der Brückenbau von der sinnlichen zur übersinnlichen Welt in einer ersten Etappe angelegt, nicht aber zuende geführt. Goethe blieb beim sinnlich-übersinnlichen Anschauen des Pflanzenwesens stehen und schilderte nur in prophetischen Märchenbildern die Gesamtentwicklung des schauenden Bewusstseins, bei dem es in einer zweiten Zwischenstufe darum geht, zum sinnlichkeitsfreien Denken mit derselben Anschauungskraft aufzusteigen, die Goethe am Naturerleben entwickelt hat. «Bis zu der Anschauung des in sich selbst lebenden und waltenden Geistes wollte er nicht gehen. Eine ‹geistgemäße› Naturerkenntnis bildete er aus. Vor einer reinen Geist-Erkenntnis machte er Halt, um die Wirklichkeit nicht zu verlieren.»[405] Das Denken ebenso lebensvoll anzuschauen wie den in der Materie wirkenden Geist, vermied Goethe; er schreckte davor zurück, kristallklare, scharf geprägte, gedanklich durchsichtige Aussagen zu machen.[406] Er wollte seine Seele in vergeistigten Instinkten bewahren, wollte sie beschützen vor den Todesmächten des Intellektes, wie er überhaupt jeder Auseinandersetzung mit dem Tode auswich, wo nur immer es möglich war. Goethe versenkte seinen Geist in den Lebensquell der Welt.

Rudolf Steiner hingegen verband sich mit der intellektuellen Todessphäre, um aus ihr das sinnlichkeitsfreie schauende Geistesleben zu entbinden. Bereits als Knabe und Jüngling war er ohne Wenn und Aber in das naturwissenschaftlich-technische Zeitalter hineingewachsen. Und als er von Wien für annähernd sieben Jahre nach Weimar ging, erkannte er, dass die Goethe-Zeit zwar ein Höhepunkt der abendländischen Kulturentwicklung war, zu einem weiteren Fortschritt jedoch ein ganz neuer Einschlag von der geistigen Seite her notwendig war. «Es lässt sich in den Bahnen, die bisher im Geistigen eingeschlagen worden sind, nicht fortgehen, ohne zurückzukommen. Goethe ist eine Höhe, aber auf derselben nicht ein Anfang, sondern ein Ende. Er zieht die Folgen aus einer Entwickelung, die bis zu ihm geht, in ihm ihre vollste Ausgestaltung findet, die aber nicht weiter fortgesetzt werden kann, ohne zu viel ursprünglicheren Quellen des geistigen Erlebens zu gehen, als sie in dieser Entwickelung enthalten sind. – In dieser Stimmung schrieb ich an dem letzten Teile meiner Goethe-Darstellungen.»[407]

Im Zentrum der Bestrebungen Rudolf Steiners stand von vornherein die «Verständigung des menschlichen Bewusstseins mit sich selbst».[408] Deshalb machte er auch mit einer Abhandlung über dieses Thema sein Doktorexamen, von dem aus ein gerader Weg zu seiner *Philosophie der*

Freiheit führt. In seiner Autobiographie kam Steiner nachdrücklich auf seine Überzeugung zu sprechen, nur auf der Grundlage eines keine sinnlichen Wahrnehmungsinhalte reflektierenden Denkens zu der wahren Wirklichkeit gelangen zu können. «Innerlich erlebt war die Aufgabe», heißt es da, «die ich mir in meiner Doktorarbeit stellte: ‹eine Verständigung des menschlichen Bewusstseins mit sich selbst› herbeizuführen. Denn ich sah, wie der Mensch erst dann verstehen konnte, was die wahre Wirklichkeit in der äußeren Welt ist, wenn er die wahre Wirklichkeit in sich selbst geschaut hat.»[409] Entzündet der Mensch in seinem Ich die Selbst-Erfahrung des reinen Geistwesens, dann erst kann er das der äußeren Welt zugrunde liegende Göttlich-Geistige wesenhaft erfahren.

Auch mit dieser Auffassung erweist sich Rudolf Steiner als ein polarischer Gegensatz zu Goethe, als ein Repräsentant eben jener Vernunfterkenntnis-Strömung, die zuvor Schiller in seinem Bund mit Goethe ausgewirkt hatte. In seinem *Lebensgang* legt Steiner denn auch dar: «Schillers Geist machte, als er seine ‹Briefe zur Förderung der ästhetischen Erziehung des Menschen› schrieb, die philosophische Epoche seiner Geistesentwickelung durch. Die ‹Verständigung des menschlichen Bewusstseins mit sich selbst› war eine ihn aufs stärkste beschäftigende Seelenaufgabe.»[410]

1920 geht Steiner in einem Vortrag auf diese ihn in Wien und Weimar seinerseits aufs stärkste beschäftigenden philosophischen Inhalte im Zusammenhang mit den Grundforderungen der modernen Naturwissenschaft ein. Dieselbe Disziplin, die in der Mathematik und in der analytischen Mechanik Anwendung findet, benötigt der Geisteswissenschafter, wenn er heruntersteigt «in die Tiefen des Bewusstseins, um da herauszuholen Anschauungen darüber, was eigentlich dieses Bewusstsein ist».[411] Aus demselben Grunde, führt er weiter aus, habe er von Anfang an versucht, «den Pol des Bewusstseins gegenüber dem Materiepol» zu charakterisieren. «Der Materiepol erfordert eine Ausgestaltung der Goetheschen Naturanschauung. Der Bewusstseinspol war nicht so leicht einfach aus dem Goetheanismus heraus zu erreichen.» Hat doch «Goethe, der mehr auf die äußere Natur hin organisiert war, gerade vor dem ein gewisses Zurückschrecken gefühlt, was hinunterleiten soll in die Tiefen des Bewusstseins selber, vor einem bis zu seiner höchsten, reinsten Ausgestaltung getriebenen Denken.»

Die moderne Naturwissenschaft ist am *Materiepol* auf das Physisch-Tote gerichtet. Auf der Grundlage entgeistigter Sinneserfahrungen bildet sie exakte Erkenntnisse aus, die Steiner nicht zurückweist, vielmehr weitergeführt sieht im Goetheanismus, der mit ebendieser Exaktheit das Ätherisch-Lebendige zu erforschen bestrebt ist. Die anthroposophisch orientierte Geisteswissenschaft entwickelt dieselben Erkenntniskräfte ihrerseits am *Bewusstseinspol.* Sie gelangt zu einem reinen Anschauen des sinnlichkeitsfreien Denkens, zu einem exakten Erfassen des im reinen Denken willenhaft lebenden Ich, der ewigen Individualität des Menschen, einem Erleben also, das stufenweise durch Imagination, Inspiration und Intuition zur Kommunion mit der geistigen Wahrnehmungswelt aufsteigt.

Der neuzeitliche Erkenntnisweg geht von der modernen Naturwissenschaft aus und führt über den Goetheanismus zum Ergreifen des sinnlichkeitsfreien Denkens und von da aus zur anthroposophischen Geisteswissenschaft, in der sich der Brückenbau vom Sinnlichen zum Übersinnlichen vollendet: Als freier Geist betritt nunmehr der Mensch die göttlichgeistige Welt, in der er erkennt, wie Michael «der eigentlich geistige Held der Freiheit» ist.[412]

Die Prophetie des Goetheschen *Märchens* hat sich nunmehr erfüllt. Aus unbewussten Felsentiefen ist der uralte Mysterienbau in das Sonnenlicht des taghellen, freien Bewusstseins emporgestiegen, und die Einweihung des idealischen Menschen-Ich in die Mysterienkultur der Zukunft ist vollzogen. Durch das Opfer der grünen Schlange, die Metamorphose des Erfahrungsprinzips, verbindet nun eine dauerhafte Brücke die beiden Länder; die sinnliche und die übersinnliche Welt erweisen sich als *ein* Reich. Von diesem darf gesagt werden:

> Nichts ist drinnen, nichts ist draußen:
> Denn was innen, das ist außen.

Und doch ist die zukünftige Bewusstseinsart letztlich eine andere als die Goethes. Denn Goethe hat die Natur und sich niemals gesondert. Den Erkenntnisweg, der an den Abgrund des Todes heranführt, über den der Mensch springen muss, um ein freies Wesen zu werden, hat Goethe nicht beschritten. Er ist noch immer im Innern der Gott-Natur und nicht *wieder* in sie eingedrungen; er wurde nicht aus ihr heraus in die neuzeitliche Gottleere versetzt. Der Mensch des neuen Zeitalters kann in die geistige Welt aber nur *von außen* eindringen.

«Während früher aus dem Menschen heraufgestiegen ist, was ihn innerlich mit Geistig-Seelischem durchleuchtet hat, ist er jetzt an einem höchsten Punkt angekommen, sodass er ins Leere sich hineinentwickeln kann. Was jetzt nicht mehr an seinem Leibe haftet, muss, weiterentwickelt, dazu führen, dass der Mensch in eine geistige Welt von außen eindringt.»[413]

Von außen in die geistige Welt einzudringen, war Goethe nicht gegeben. Brachte er sich doch eine Organisation mit, die mit seinem Inkarnationsgeheimnis aufs engste verbunden ist. Bereits bei seiner Geburt war es zu einer starken Lockerung des Ätherleibes gekommen.[414] Diese verstärkte sich während seiner lebensgefährlichen Erkrankung in Frankfurt, als sich seine rosenkreuzerische Initiation vollzog und sein eigentümliches Leben in Bildern beförderte, das mit der in Bildern webenden Natur immer enger zusammenwuchs.

Goethes Organisation war mithin so beschaffen, dass er fort und fort die Welt in sich, sich in der Welt erlebte. Zusätzlich wurde diese ihm eigentümliche Art der Erfahrung durch das «pflanzliche Bewusstsein» der Mitternachtsstunde des Daseins befördert, das Goethe besonders intensiv in seine Inkarnation hereintrug. «Es ist so», zeigt Steiner auf, «dass man wirklich an ihm das Urständen merkt in diesem Gebiete, das gerade in der Mitte dieses Lebenslaufes des Menschen zwischen dem Tod und einer neuen Geburt liegt.»[415] Goethe ist «eigentlich niemals richtig ganz zur Welt gekommen», ist «nie recht geboren worden», weshalb er auch «nicht im wirklichen Sinne ein Physiker» werden konnte. «Er ist nämlich halb tot zur Welt gekommen und ganz schwarz am Körper. Also auch da liegt nicht ein so robustes Hereinkommen in die Welt vor, sondern eine Art halbtotes Hereinkommen in die Welt.» Aber gerade deshalb konnte Goethe in der *Metamorphose der Pflanzen* seine größte Leistung erbringen.

Goethe erlebte die Sinneswelt als einen metamorphosierten Bereich der übersinnlichen Welt – was sie in Wahrheit auch ist. Mit anderen Worten: Goethes sinnliches Wahrnehmen blieb übersinnlich belebt. Damit aber wies seine Organisation auf die Erlebnisform des Angehörigen der urpersischen Kulturepoche zurück, in der «alle Erkenntnis des Menschen in den Sinnen» lebte.[416]

Die entgöttlichte, entgeistete Sinneserfahrung der physischen Welt, von der die modernen Naturwissenschaft ausgeht, hat Goethe nicht kennengelernt, weshalb er seinen Kampf gegen Newton mit polemischer Schärfe führte. Seine Naturwissenschaft weist aber gerade wegen ihrer Beschaffenheit zugleich in eine Zukunft, in der die Menschheit zum imaginativen Erleben aufgestiegen sein wird. Konnte sich Goethe doch so stark in die Sinnes-Wahrnehmung versenken, dass er am Materiepol zu *Offenbarungserkenntnissen* aufstieg und schauend im Ätherisch-Geistigen lebte, in imaginationsartigen Bildern, die mit den Sinnesbildern verschmolzen, während die sinnlichkeitsfreien reinen Gedanken unberücksichtigt blieben.

Rudolf Steiners Organisation hingegen war ganz auf die Ausbildung von hellsichtiger *Vernunfterkenntnis* angelegt. Die sinnlich wahrnehmbare Natur gelangte in die von Steiner erlebte Geisteswelt ursprünglich kaum hinein. Vielmehr musste er sich den Blick für die sinnliche Außenwelt mühsam anerziehen.[417] Erst um sein fünfunddreißigstes Lebensjahr, als er im Begriff war, Weimar zu verlassen, um nach Berlin zu gehen, bahnte sich der grundlegende Wandel an, der ihn in die Nähe zu Goethe rückte: Es wurden ihm die Sinneserfahrungen am Materiepol als unersetzliche Qualitäten wichtig. Vorher lebte Steiner ungleich mehr in sinnlichkeitsfreien reinen Begriffen und Ideen denn in begrifflos-reinen Wahrnehmungen. Nicht aber in der Art Schillers und auch nicht in der Art Fichtes, Schellings und Hegels – nicht in *abstrakten* Begriffen und Ideen, sondern überleuchtet von der Gnade des hellseherischen Hineinblickens in die geistige Welt. Dabei erkannte Steiner, dass jede Idee dem Übersinnlich-Wesenhaften ebenso zugehört wie der Schatten, den ein Mensch wirft, diesem selbst.

Rudolf Steiners am Bewusstseinspol errungene Vernunfterkenntnis beinhaltete demnach eine übersinnliche Erfahrungsform, die ihrerseits über die normale Organisation eines neuzeitlichen Menschen hinausweist. Was Goethe am Materiepol dargelebt hatte, fand seine Ergänzung in dem, was Steiner am Bewusstseinspol vollzog: Seine Anschauung beruhte «auf ‹mystischem› Ideen-Erleben», wie er dies im XI. Kapitel seines *Lebensganges* ausführt.

Damit sah sich Rudolf Steiner zwei Aufgaben gegenüber. Einerseits hatte er seinen Erkenntnisweg mit dem Goetheschen zusammenzuschließen, andererseits sein Erkenntnisleben vor dem philosophisch-naturwissenschaftlichen Forum seiner Zeit zu rechtfertigen. Aus dieser umfassenden Zielsetzung wuchs Rudolf Steiners Anthroposophie als eine geistige Schöpfung ersten Ranges heraus, in der die Chymische Hochzeit mit der Mystischen Hochzeit verbunden erscheint.

Der Bund zwischen Goethe und Schiller war Fragment geblieben. Die geistige Welt konnte in die Vernunfterkenntnis des gewöhnlichen Bewusstseins noch nicht hereinragen. Aber auch durch Offenbarungserkenntnis ließen sich die geistigen Welten noch nicht erforschen. Indem Goethe und Schiller «mit starkem inneren Michael-Impuls»[418] eine Verbindung von Geistesschau und Geistesfreiheit erstrebten, wurden sie zu Repräsentanten der neuzeitlichen Menschheitstragik. Über ihrem selbstlosen Freundesbund jedoch leuchtete ein sie vereinendes «neues Wesen»[419] auf, das dem neuen Michael-Zeitalter entgegenstrebte.

Als Rudolf Steiner am Michaelstag des Jahres 1890 von Wien nach Weimar reiste und sodann sieben Jahre dort tätig war, erlebte er, wie «noch der Geist Goethes und Schillers über allem»[420] ruhte. Während dieses Zeitraums brachte der dreiunddreißigjährige Rudolf Steiner seine *Philosophie der Freiheit* zum Abschluss – das Fundament der Anthroposophie, in der das Geheimnis der Ergänzung von Goethe und Schiller sich erfüllte.

ANHANG

Anmerkungen

Nachweise mit Vortragsdatum und GA-Nr. beziehen sich auf das im Rudolf Steiner Verlag, Dornach erscheinende Gesamtwerk Rudolf Steiners.

1 Goethe, zitiert nach Fritz Martini: *Deutsche Literaturgeschichte*, S. 285.
2 Schiller an Wilhelm von Humboldt, Jena, am 21. März 1796.
3 Vortrag vom 4. November 1916; in *Das Karma des Berufes des Menschen in Anknüpfung an Goethes Leben*, GA 172.
4 Vortrag vom 28. Januar 1905; in *Über Philosophie, Geschichte und Literatur*, GA 51.
5 Vortrag vom 25. September 1916; in *Innere Entwickelungsimpulse der Menschheit. Goethe und die Krisis des neunzehnten Jahrhunderts*, GA 171.
6 Novalis an Schiller in Jena, Teplitz, am 23. Juli 1798.
7 Vortrag vom 12. Januar 1919, in *Der Goetheanismus, ein Umwandlungsimpuls und Auferstehungsgedanke*, GA 188. – In der *Geheimwissenschaft im Umriss* (GA 13) wird der Hüter der Schwelle mit dem Doppelgänger zusammengeschaut. Letzterer ist «ein Bild aller der Hindernisse, welche sich der Entwickelung des ‹höheren Selbst› entgegenstellen. Man wird wahrnehmen, welche Last man an dem gewöhnlichen Selbst schleppt.» (26. Auflage, 1955, S. 388f.)
8 Reisetagebuch für den Freundeskreis. Rom, am 2. Dezember 1786.
9 Schiller an Körner, am 20. August 1788.
10 Frau von Stein an Charlotte von Lengefeld, am 29. März 1789.
11 In *Glückliches Ereignis* (1817): «... ich vermied Schillern, der sich in Weimar aufhaltend, in meiner Nachbarschaft wohnte.»
12 Siehe hierzu Rosario Assunto: *Die Theorie des Schönen im Mittelalter*, Du Mont, Köln 1982.
13 Schiller an Körner, am 13. Oktober 1789.
14 G. E. Lessing: *Die Erziehung des Menschengeschlechts*, § 76.
15 *Die Rätsel der Philosophie*, GA 18 (Ausgabe Stuttgart 1955), S. 173f.
16 Vortrag vom 24. Mai 1924; in *Die Philosophie des Thomas von Aquino*, GA 74, S. 88f.
17 Siehe Raymund Schmidt: *Immanuel Kant, Die drei Kritiken*, Stuttgart 1975, S. 509.

18 Die Vorlesung wurde wahrscheinlich um den 23./24. Juni 1789 gehalten. Erschienen ist sie 1790, im 11. Heft der *Thalia*, unter dem Titel «Etwas über die erste Menschengesellschaft nach dem Leitfaden der Mosaischen Urkunde», *Sämtliche Werke*, 4. Bd., S. 768.
19 Novalis an Reinhold, Grosek, am 5. Oktober 1791. – Hervorhebungen durch den Autor.
20 Vortrag vom 29. Juli 1922; in *Das Geheimnis der Trinität*, GA 214.
21 Die Übersetzung folgt hier Emil Bock.
22 Vortrag vom 27. Dezember 1922; in *Der Entstehungsmoment der Naturwissenschaft in der Weltgeschichte und ihre seitherige Entwickelung*, GA 326.
23 Vortrag vom 25. Dezember 1922; ebenda.
24 Schiller: *Etwas über die erste Menschengesellschaft nach dem Leitfaden der Mosaischen Urkunde*.
25 Goethe: *Ferneres in meinem Verhältnis zu Schiller*, 22. August 1825.
26 Vortrag vom 4. November 1916; in *Das Karma des Berufes des Menschen in Anknüpfung an Goethes Leben*, GA 172.
27 «Goethe, der Schauende, und Schiller der Sinnende», Aufsatz aus dem Jahr 1922; in *Der Goetheanumgedanke inmitten der Kulturkrisis der Gegenwart*, GA 36, S. 128 u. 131.
28 Goethe an Schlichtegroll, am 30. Januar 1812.
29 Schiller, *Die Kraniche des Ibykus*.
30 «Michaels Leid über die Menschheitsentwickelung vor der Zeit seiner Erdenwirksamkeit»; in *Anthroposophische Leitsätze. Der Erkenntnisweg der Anthroposophie – Das Michael-Mysterium*, GA 26.
31 *Faust II*, Finstere Galerie, Vers 6204f.
32 Am 23. Februar 1823, nach Kanzler von Müller.
33 Ebenda.
34 Ebenda.
35 *Wilhelm Tischbeins Idyllen*, Prosaabschnitt zum 9. Gedicht, 1821.
36 Goetheanum, Freie Hochschule für Geisteswissenschaft, Ausblick auf das Arbeitsjahr 1982 – 1983, S. 1ff.
37 Vortrag vom 9. April 1923; in *Was wollte das Goetheanum und was soll die Anthroposophie?* GA 84.
38 Vortrag vom 24. April 1917; in *Bausteine zu einer Erkenntnis des Mysteriums von Golgatha*, GA 175.
39 Vortrag vom 6. Februar 1913; in *Die Mysterien des Morgenlandes und des Christentums*, GA 144.
40 Siehe Teil IV, Kap. «Der sich selbst erschuf» und «Hermes Trismegistos».

ANMERKUNGEN

41 Noten und Abhandlungen zum West-östlichen Divan, Ältere Perser.
42 Siehe Hamburger Ausgabe, Bd. 1, S. 724.
43 Schiller: *Über die ästhetische Erziehung des Menschen in einer Reihe von Briefen*, 4. Brief.
44 Schiller: *Über das Pathetische*.
45 Schiller: *Kallias oder über die Schönheit*, Briefe an Gottfried Körner, Jena, den 25. Januar 1793. – Hervorhebung durch Schiller.
46 Goethe an den König Ludwig I. von Bayern, am 18. Oktober 1829.
47 Schiller: *Über die ästhetische Erziehung des Menschen*, 19. Brief.
48 Siehe hierzu Rudolf Steiner: Erster Michael-Brief «Im Anbruch des Michael-Zeitalters»; in *Anthroposophische Leitsätze. Der Erkenntnisweg der Anthroposophie – Das Michael-Mysterium*, GA 26.
49 Gedicht «Unbegrenzt» aus dem Buch Hafis des *West-östlichen Divan*.
50 Goethe, *Ferneres in Bezug auf mein Verhältnis zu Schiller*, 1825.
51 Vortrag vom 28. Januar 1905; in *Über Philosophie, Geschichte und Literatur*, GA 51.
52 Aristoteles: *Hauptwerke*, Stuttgart 1968, S. 49.
53 Ebenda, S. 283.
54 *Anthroposophische Leitsätze*, 1. Leitsatz, GA 26.
55 *Die Philosophie der Freiheit*, GA 4, S. 256.
56 *Die Rätsel der Philosophie*, GA 18; darin: «Skizzenhaft dargestellter Ausblick auf eine Anthroposophie», S. 616.
57 Siehe auch Otto Palmer: *Rudolf Steiner über seine Philosophie der Freiheit. Monographie eines Buches*, Stuttgart 1966.
58 Aristoteles, *Hauptwerke*, Stuttgart 1968, S. 43.
59 *Die Philosophie der Freiheit*, GA 4, S. 256.
60 «Was offenbart sich, wenn man in die vorigen Leben zwischen Tod und neuer Geburt zurückschaut?» in *Anthroposophische Leitsätze*, GA 26».
61 Schiller: *Etwas über die erste Menschengesellschaft nach dem Leitfaden der mosaischen Urkunde*.
62 Schiller: *Über die ästhetische Erziehung des Menschen*, 6. Brief.
63 *Die Philosophie der Freiheit*, GA 4, S. 161 u. 168.
64 Ebenda, S. 166.
65 Ebenda.
66 Friedrich Schiller: *Über das Erhabene*.
67 *Die Philosophie der Freiheit*, GA 4, S. 170.
68 Ebenda, S. 172.
69 Ebenda, S. 179.
70 *Die Rätsel der Philosophie*, GA 18, S. 616.

71 Ebenda, S. 27.
72 Ebenda, S. 58f.
73 Ebenda, S. 60.
74 Ebenda, S. 621.
75 Vortrag vom 10. Januar 1915; in *Wege der geistigen Erkenntnis und der Erneuerung künstlerischer Weltanschauung*, GA 161.
76 *Die Philosophie der Freiheit*, GA 4, S. 256f.
77 Siehe Rudolf Grosse, *Das Wesen Anthroposophie*, Dornach 1982 S. 57.
78 Ebenda, S. 69.
79 *Die Rätsel der Philosophie*, GA 18, S. 60.
80 *Fragment* (Aus dem Tiefurter Journal 1783).
81 *Die Rätsel der Philosophie*, GA 18, S. 27.
82 «Philosophie und Anthroposophie», in dem gleichnamigen Band, Gesammelte Aufsätze 1904 – 1918, GA 35, S. 85.
83 Vortrag vom 21. Februar 1918; in *Das Ewige in der Menschenseele*, GA 67.
84 Schiller an Goethe, am 31. August 1794.
85 Vortrag vom 10. Januar 1915; in *Wege der geistigen Erkenntnis und der Erneuerung künstlerischer Weltanschauung*, GA 161.
86 Ebenda.
87 Vortrag vom 23. März 1923; in *Die Impulsierung des weltgeschichtlichen Werdens durch geistige Mächte*, GA 222.
88 Ebenda.
89 Ebenda.
90 Vortrag vom 13. Nov. 1908; in *Die Beantwortung von Welt- und Lebensfragen durch Anthroposophie*, GA 108.
91 Vortrag vom 28. Juli 1924; in *Esoterische Betrachtungen karmischer Zusammenhänge. Dritter Band: Die karmischen Zusammenhänge der anthroposophischen Bewegung*, GA 237.
92 Vortrag vom 8. August 1924; ebenda.
93 Vortrag vom 28. Juli 1924; ebenda.
94 Ebenda.
95 Vortrag vom 24. Mai 1920; in *Die Philosophie des Thomas von Aquino*, GA 74.
96 Siehe Otto Palmer: *Rudolf Steiner über seine Philosophie der Freiheit*, Stuttgart 3. Aufl. 1984, S. 144.
97 Vortrag vom 4. Mai 1905 über «Schiller und die Gegenwart»; in *Ursprung und Ziel des Menschen. Grundbegriffe der Geisteswissenschaft*, GA 53.

ANMERKUNGEN

98 Vortrag vom 18. März 1923; in *Die Impulsierung des weltgeschichtlichen Geschehens durch geistige Mächte*, GA 222.
99 Ebenda.
100 Vortrag vom 12. Dezember 1911; in *Wege zu einem neuen Baustil*, GA 286.
101 Ebenda.
102 Vortrag vom 30. Januar 1923; in *Anthroposophische Gemeinschaftsbildung*, GA 257.
103 Schiller: *Über naive und sentimentalische Dichtung*, Kap. «Idylle».
104 «Im Anbruch des Michael-Zeitalters», in *Anthroposophische Leitsätze*, GA 26, S. 60.
105 «Michaels Leid über die Menschheitsentwickelung vor der Zeit seiner Erdenwirksamkeit»; ebenda, S. 154.
106 Ebenda, S. 151f.
107 Ebenda, S. 154.
108 Ebenda, S. 153f.
109 Goethe: *Italienische Reise*, Venedig, 8. Oktober 1786.
110 Ebenda.
111 Goethe: *Italienische Reise*, Zweiter römischer Aufenthalt, Frascati, 28. September 1787.
112 *Nausikaa-Fragment*.
113 Schiller: *Über die ästhetische Erziehung des Menschen*, 11. Brief.
114 Siehe dazu insbesondere den Vortrag vom 22. November 1919; in *Die Sendung Michaels*, GA 194.
115 *Aus der Akasha-Chronik*, Kap. «Übergang der vierten in die fünfte Wurzelrasse», GA 11, S. 55.
116 Vortrag vom 23. Mai 1921; in *Die Naturwissenschaft und die weltgeschichtliche Entwickelung der Menschheit seit dem Altertum*, GA 325.
117 Ebenda.
118 Vortrag vom 13. August 1908; in *Welt, Erde und Mensch*, GA 105.
119 Schiller: *Über Anmut und Würde*.
120 Vortrag vom 7. Dezember 1909: in *Die tieferen Geheimnisse des Menschheitswerdens im Lichte der Evangelien*, GA 117.
121 Vortrag vom 3. September 1910; in *Das Matthäus-Evangelium*, GA 123.
122 Schiller: *Die Sendung Moses*.
123 Vortrag vom 3. September 1910; in *Das Matthäus-Evangelium*, GA 123.
124 Vortrag vom 20. Mai 1908; in *Das Johannes-Evangelium*, GA 103.
125 Vortrag vom 7. November 1910; in *Exkurse in das Gebiet des Markus-Evangeliums*, GA 124.

126 Ebenda.
127 Ebenda.
128 Vortrag vom 22. September 1912; in *Das Markus-Evangelium*, GA 139.
129 Vortrag vom 29. Mai 1913; in *Die okkulten Grundlagen der Bhagavad Gita*, GA 146.
130 Ebenda.
131 Lat. com-promittere «sich gegenseitig versprechen» (die Entscheidung eines Rechtsstreites einem selbstgewählten Schiedsrichter überlassen).
132 *Wie erlangt man Erkenntnisse der höheren Welten?* «Nachwort zum achten bis elften Tausend», GA 10, S. 220.
133 Vortrag vom 13. November 1909; in *Die tieferen Geheimnisse des Menschheitswerdens im Lichte der Evangelien*, GA 117.
134 *Mein Lebensgang*, Kap. XXX, GA 28, S. 402.
135 Vortrag vom 30. Juli 1922; in *Das Geheimnis der Trinität*, GA 214.
136 Ebenda.
137 Vortrag vom 30. Januar 1923; in *Anthroposophische Gemeinschaftsbildung*, GA 257.
138 Ebenda.
139 Vortrag vom 30. Juli 1922; in *Das Geheimnis der Trinität*, GA 214.
140 Schiller an Goethe, am 2. Juli 1796.
141 Vortrag vom 1. April 1921; in *Die Verantwortung des Menschen für die Weltentwickelung*, GA 203.
142 *Die Philosophie der Freiheit*, GA 4, S. 172.
143 Vortrag vom 18. April 1909, abends; in *Geistige Hierarchien und ihre Widerspiegelung in der physischen Welt*, GA 110.
144 *Die Geheimwissenschaft im Umriss*, GA 13, S. 415f.
145 Siehe Teil I, Kap. «Der idealische Mensch».
146 Vortrag vom 18. April 1909, abends; in *Geistige Hierarchien und ihre Widerspiegelung in der physischen Welt*, GA 110.
147 Vortrag vom 14. September 1922; in *Die Philosophie, Kosmologie und Religion in der Anthroposophie*, GA 215.
148 Ebenda.
149 Ebenda.
150 Goethe: *A. v. Joch, Über Belohnung und Strafen nach türkischen Gesetzen.*
151 Goethe: *Ein Wort für junge Dichter.*
152 Goethe: *Dichtung und Wahrheit*, III, 12.
153 Spinoza: *Ethik*, I. Teil, Von Gott, Begriffsbestimmungen. – Stuttgart 1976.

Anmerkungen

154 48. Lehrsatz.
155 Ebenda, I. Teil, Anhang.
156 Spinoza an G. H. Schuller, Herbst 1674.
157 68. Lehrsatz.
158 36. Lehrsatz, Folgesatz.
159 Ebenda.
160 Unter Spinozas frühen Schriften findet sich eine «Abhandlung über die Läuterung des Verstandes und über den Weg, auf welchem er am besten zur wahren Erkenntnis der Dinge geführt wird».
161 V. Teil, 42. Lehrsatz.
162 Ebenda, I. Teil, Begriffsbestimmung.
163 Goethe: *Sprüche in Prosa* (Nr. 482); kommentiert und herausgegeben von Rudolf Steiner, Stuttgart 1999.
164 Vortrag vom 23. Mai 1921; in *Die Naturwissenschaft und die weltgeschichtliche Entwickelung der Menschheit seit dem Altertum*, GA 325.
165 Spinoza: *Ethik*, I. Teil, Begriffsbestimmung.
166 Hermann Kees: *Totenglauben und Jenseitsvorstellungen der alten Ägypter*, Pyramidenspruch 273/ll74, Berlin 1983, S. 94. – Hervorhebung durch den Autor.
167 *Anthroposophische Leitsätze*, 107. Leitsatz, GA 26, S. 86f.
168 *Die Philosophie der Freiheit*, Kap. «Das Denken im Dienste der Weltauffassung», GA 4, S. 47.
169 Spinoza: *Ethik*, IV. Teil, 68. Lehrsatz.
170 *Die Philosophie der Freiheit*, Kap. «Das bewusste menschliche Handeln», GA 4, S. 19.
171 *Goethes Weltanschauung*, Kap. «Hegel und Goethe», GA 6.
172 Vortrag vom 1. Februar 1916; in *Notwendigkeit und Freiheit im Weltengeschehen und im menschlichen Handeln*, GA 166.
173 Goethe: *Sprüche in Prosa* (Nr. 2); kommentiert und herausgegeben von Rudolf Steiner, 2. Aufl. Stuttgart 1999.
174 Goethe: *Zur Geologie, Aphoristisch*.
175 Goethe zu Eckermann, am 27. Dezember 1826.
176 «Die Chymische Hochzeit des Christian Rosenkreutz», in *Philosophie und Anthroposophie*, GA 35, S. 341.
177 Ebenda, S. 381.
178 Goethe: *Der Adler und die Taube*.
179 Goethe: *Sprüche in Prosa* (Nr. 815), kommentiert und herausgegeben von Rudolf Steiner, Stuttgart 1999.
180 Ebenda, Nr. 810.

181 Goethe: *In Betrachtung von Schillers Schädel.*
182 «Über Goethe und sein Verhältnis zum Rosenkreuzertum»; in *Die Tempellegende und die Goldene Legende*, GA 93, S. 294f.
183 Vgl. dazu Spinoza: *Ethik*, I. Teil, 29. Lehrsatz.
184 Goethes *Studie nach Spinoza* liegt uns nur in der Handschrift Charlotte von Steins vor. Sie wurde ihr offensichtlich von Goethe diktiert.
185 Goethe an Jacobi, Weimar, am 6. Januar 1813.
186 *Faust*, II. Teil, 5. Akt, Tiefe Nacht.
187 «Die Chymische Hochzeit des Christian Rosenkreutz», in *Philosophie und Anthroposophie*, GA 35, S. 341.
188 Ebenda.
189 Vortrag vom 1. August 1924; in *Esoterische Betrachtungen karmischer Zusammenhänge*, Dritter Band, GA 237.
190 Vortrag vom 7. November 1910; in *Exkurse in das Gebiet des Markus-Evangeliums*, GA 124.
191 Ebenda.
192 Vortrag vom 28. Juli 1924; in *Esoterische Betrachtungen karmischer Zusammenhänge*, Dritter Band, GA 237.
193 Vortrag vom 7. November 1910; in *Exkurse in das Gebiet des Markus-Evangeliums*, GA 124.
194 Ebenda.
195 Vortrag vom 17. November 1923, nachmittags; in *Der übersinnliche Mensch anthroposophisch erfasst*, GA 231.
196 Siehe Teil I, *Die Offenbarung der Gott-Natur.*
197 Vortrag vom 6. Juli 1915; in *Menschenschicksale und Völkerschicksale*, GA 157.
198 *Die Schwelle der geistigen Welt*, Kap. «Von dem Erkennen der geistigen Welt», GA 17, S. 18f.; vgl. auch das Nachwort, S. 95ff.
199 *Wie erlangt man Erkenntnisse der höheren Welten?* Kap. «Die Erlangung der Kontinuität des Bewusstseins», GA 10, S. 173f.
200 Vortrag vom 1. Oktober 1921; in *Anthroposophie als Kosmosophie – Erster Teil: Wesenszüge des Menschen im irdischen und kosmischen Bereich*, GA 207.
201 *Theosophie*, Kap. «Das Geisterland», GA 9, S. 122f..
202 Immanuel Kant: *Die drei Kritiken*, Stuttgart 1975. – *Die Kritik der Urteilskraft.* 2. Teil: *Die Kritik der teleologischen Urteilskraft.* Kap. «Teleologie als System».
203 Kap. «Die Teleologie, ein subjektives aber notwendiges Erklärungsprinzip».

204 Als «Kopernikus und Kepler der organischen Welt» bezeichnet Rudolf Steiner Goethe. In Goethe: *Naturwissenschaftliche Schriften*. Mit Einleitungen, Fußnoten und Erläuterungen im Text herausgegeben von Rudolf Steiner, GA 1a, S. LXXIII.
205 Kap. «Ein intuitiver, ursprünglicher Verstand als oberste Weltursache».
206 Insel-Verlag, 1. Bd., S. 524f. (Erläuterungen zu *Hermann und Dorothea*)
207 Goethe: *Der Versuch als Vermittler von Objekt und Subjekt*.
208 Goethe: *Vorspiel zur Eröffnung des Weimarischen Theaters 1807*.
209 Goethe: *Farbenlehre*, Schlusswort des Didaktischen Teils.
210 «Goethe als Vater der Geistesforschung», Vortrag vom 21. Februar 1918; in *Das Ewige in der Menschenseele. Unsterblichkeit und Freiheit*, GA 67.
211 Vortrag vom 7. Februar 1913; in *Die Mysterien des Morgenlandes und des Christentums*, GA 144.
212 Vortrag vom 23. September 1924; in *Esoterische Betrachtungen karmischer Zusammenhänge*, Vierter Band, GA 238.
213 Vortrag vom 9. Juni 1924; in *Esoterische Betrachtungen karmischer Zusammenhänge*, Fünfter Band, GA 239.
214 Vortrag am 18. Juli 1924; in *Der pädagogische Wert der Menschenerkenntnis und der Kulturwert der Pädagogik*, GA 310.
215 Vortrag vom 23. März 1916; in *Aus dem mitteleuropäischen Geistesleben*, GA 65.
216 Vortrag vom 5. Februar 1913, in *Wege zu einem neuen Baustil*, GA 286.
217 Vortrag vom 28. Juni 1914; ebenda.
218 Vortrag vom 11. Januar 1919; in *Der Goetheanismus, ein Umwandlungsimpuls und Auferstehungsgedanke*, GA 188.
219 «Goethes Geistesart in ihrer Offenbarung durch sein ‹Märchen von der grünen Schlange und der Lilie»›, Aufsatz aus dem Jahr 1918, in *Goethes geheime Offenbarung ... Gesammelte Vorträge aus den Jahren 1904, 1905, 1908 und 1909 und dem Aufsatz aus dem Jahr 1918*, Dornach 1982, S. 19.
220 Vortrag vom 16. Februar 1905; in *Goethes geheime Offenbarung ...*, Dornach 1982, S. 96.
221 «Goethes Geistesart in ihrer Offenbarung durch sein ‹Märchen von der grünen Schlange und der Lilie›»; ebenda, S. 20.
222 Ebenda, S. 19.
223 Ebenda, S. 16f.
224 Ebenda, S. 17.
225 Vortrag vom 1. Januar 1913; in *Die Bhagavad Gita und die Paulusbriefe*, GA 142.

226 Teil III, Kap. «Bilderwebende Wirklichkeit», S. 200f.
227 Vortrag vom 1. Oktober 1921; in *Anthroposophie als Kosmosophie, Erster Teil*, GA 207.
228 Vortrag vom 11. April 1914; in *Inneres Wesen des Menschen und Leben zwischen Tod und neuer Geburt*, GA 153.
229 Vortrag vom 15. August 1924; in *Das Initiaten-Bewusstsein*, GA 243.
230 Siehe Teil I, Kap. «Die Offenbarung der Gott-Natur».
231 Siehe Teil I, Kap. «Der idealische Mensch».
232 Vgl. Teil I, Kap. «Der idealische Mensch», S. 76.
233 Vortrag vom 18. November 1923; in *Der übersinnliche Mensch anthroposophisch erfasst*, GA 231.
234 Vortrag vom 15. Oktober 1921; in *Anthroposophie als Kosmosophie, Erster Teil*, GA 207.
235 Galileo Galilei: *Dialog über die beiden hauptsächlichen Weltsysteme, das ptolemäische und das kopernikanische*, Leipzig 1891, S. 59.
236 Francis Bacon (Baco von Verulam): *Neues Organon*, Leipzig 1870, S. 46ff.
237 Ebenda, S. 59f.
238 Ebenda, S. 74.
239 Ebenda, S. 76f.
240 Ebenda, S. 155.
241 Ebenda, S. 119.
242 Vgl. Hamburger Goethe-Ausgabe, Bd. 13, S. 539 – 555.
243 Goethe: *Sprüche in Prosa*, Nr. 366.
244 «Von der Natur zur Unternatur»; in *Anthroposophische Leitsätze*, GA 26. – Vgl. Christoph Lindenberg: *Rudolf Steiner. Eine Biografie*, Band 2, Stuttgart 1997, S. 978f.
245 Vortrag vom 17. September 1916; in *Innere Entwicklungsimpulse der Menschheit. Goethe und die Krisis des neunzehnten Jahrhunderts*, GA 171.
246 Vortrag vom 21. Oktober 1916; ebenda.
247 Vortrag vom 30. November 1919; in *Die Sendung Michaels*, GA 194.
248 Vortrag vom 23. Oktober 1922; in *Geistige Zusammenhänge in der Gestaltung des menschlichen Organismus*, GA 218.
249 Goethe an Cotta, am 30. Mai 1824.
250 «Goethe, der Schauende, und Schiller, der Sinnende», Aufsatz aus dem Jahr 1922; in *Der Goetheanumgedanke inmitten der Kulturkrisis der Gegenwart*, GA 36.
251 Zitiert nach Fritz Martini: *Deutsche Literaturgeschichte*, 18. Aufl. 1983.

ANMERKUNGEN

252 Goethe an Christian Heinrich Schlosser, am 26. Februar 1815.
253 Goethe, Insel-Verlag, 6. Bd., S. 143f.
254 Vortrag vom 4. November 1916; in *Das Karma des Berufes des Menschen in Anknüpfung an Goethes Leben*, GA 172.
255 Vortrag vom 28. Januar 1905; in *Über Philosophie, Geschichte und Literatur*, GA 51.
256 Goethe an den Kanzler von Müller, am 24. Mai 1828, 13. Bd., S. 48.
257 Goethe an Nees von Esenbeck, am 27. September 1826.
258 Siehe Teil I, Kap. «Die Offenbarung der Gott-Natur», S. 62.
259 Vortrag vom 7. Februar 1913; in *Die Mysterien des Morgenlandes und des Christentums*, GA 144.
260 Winfried Barta: *Untersuchungen zum Götterkreis der Neunheit*, München 1973, S. 28.
261 Erik Hornung, *Tal der Könige*, Zürich und München 1982, S. 184.
262 Hermann Kees, *Totenglauben und Jenseitsvorstellungen der alten Ägypter*, Pyr. 476/79, Berlin 1983, S. 71.
263 Mohamed I. Moursi, *Die Hohenpriester des Sonnengottes von der Frühzeit Ägyptens bis zum Ende des Neuen Reiches*, Inschrift des Tjenti (ß 10), München 1972, S. 169f.
264 Jan Assmann, *Sonnenhymnen in thebanischen Gräbern*, Mainz 1983, S. 139.
265 Ebenda, u.a. S. 38.
266 Mohamed I. Moursi, *Die Hohenpriester des Sonnengottes*, München 1972, S. 170.
267 Goethe, *Faust*, Prolog im Himmel.
268 Goethe, *Vermächtnis*.
269 Jan Assmann, *Sonnenhymnen in thebanischen Gräbern*, Mainz 1983, S.129.
270 Ebenda, S. 265.
271 Emma Brunner-Traut, *Lebensweisheit der Ägypter*, Freiburg, Basel, Wien 1985, S. 120.
272 Silvia Wiebach, *Die ägyptische Scheintür*, Hamburg 1981, S. 103.
273 Siehe das gleichnamige Gedicht.
274 *Dichtung und Wahrheit*, Zweiter Teil, Achtes Buch, S. 35 ff.
275 Vortrag vom 11. September 1908; in *Ägyptische Mythen und Mysterien*, GA 106.
276 Goethe: *Geheimschrift*, im Buch Suleika des *West-östlichen Divan*.
277 Mohamed I. Moursi, *Die Hohenpriester des Sonnengottes von der Frühzeit Ägyptens bis zum Ende des Neuen Reiches*, München 1972, S. 169.

278 «Die Psychologie der Künste», Vortrag vom 9. April 1921; in *Kunst und Kunsterkenntnis*, GA 271.
279 Johannes Bertram, *Die Urweisheit der alten Ägypter*, Hamburg 1954, S. 61.
280 Goethe: *Dornburg, September 1828*.
281 Vortrag vom 2. September 1910; in *Das Matthäus-Evangelium*, GA 123. – Die folgende Darstellung bezieht sich auf diesen Vortrag.
282 Vortrag vom 14. Dezember 1908; in *Die Beantwortung von Welt- und Lebensfragen durch Anthroposophie*, GA 108.
283 Vortrag vom 9. März 1911; in *Antworten der Geisteswissenschaft auf die großen Fragen des Daseins*, GA 60.
284 Vortrag vom 23. Mai 1921; in *Esoterische Betrachtungen karmischer Zusammenhänge*, Erster Band, GA 235.
285 Vortrag vom 14. Dezember 1908; in *Die Beantwortung von Welt- und Lebensfragen durch Anthroposophie*, GA 108,.
286 Vortrag vom 1. Januar 1920; in *Weltsilvester und Neujahrsgedanken*, GA 195.
287 Vortrag vom 20. September 1909; in *Das Lukas-Evangelium*, GA 114.
288 Vortrag vom 14. Dezember 1908; in *Die Beantwortung von Welt- und Lebensfragen durch Anthroposophie*, GA 108.
289 Vortrag vom 11. Januar 1919; in *Der Goetheanismus, ein Umwandlungsimpuls und Auferstehungsgedanke*, GA 188.
290 Vortrag vom 18. Dezember 1920; in *Die Brücke zwischen der Weltgeistigkeit und dem Physischen des Menschen*, GA 202.
291 Vortrag vom 6. Januar 1923; in *Der Entstehungsmoment der Naturwissenschaft in der Weltgeschichte und ihre seitherige Entwickelung*, GA 326.
292 Vortrag vom 11. Januar 1919; in *Der Goetheanismus, ein Umwandlungsimpuls und Auferstehungsgedanke*, GA 188.
293 Vortrag vom 3. November 1917; in *Geisteswissenschaftliche Erläuterungen zu Goethes «Faust», Band II: Das Faust-Problem*, GA 273.
294 Friedrich Burschell: *Schiller*, Hamburg 1968, S. 37.
295 Vortrag vom 10. Juni 1924; in *Esoterische Betrachtungen karmischer Zusammenhänge*, Fünfter Band, GA 239.
296 Friedrich Schiller, *Sämtliche Werke*, 3. Band, München 81989.
297 Schiller: *Eine großmütige Handlung*, erschienen 1782.
298 Vortrag vom 3. November 1917; in *Geisteswissenschaftliche Erläuterungen zu Goethes «Faust», Band II: Das Faust-Problem*, GA 273.
299 Vortrag vom 30. Juni 1908; in *Die Apokalypse des Johannes*, GA 104.
300 *Wie erlangt man Erkenntnisse der höheren Welten?* Kap. «Der zweite Hüter der Schwelle», GA 10.

ANMERKUNGEN

301 Vortrag vom 28. Juni 1908; in *Die Apokalypse des Johannes*, GA 104.
302 Vortrag vom 23. März 1910; in *Geisteswissenschaft als Erkenntnis der Grundimpulse sozialer Gestaltung*, GA 199.
303 Ebenda.
304 *Drei Schritte der Anthroposophie. Philosophie – Kosmologie – Religion* (Früherer Titel: Kosmologie, Religion, Philosophie), Kap. X: Das Erleben des Willensteils der Seele Ö, GA 25.
305 Vortrag vom 23. September 1921; in *Anthroposophie als Kosmosophie – Erster Teil: Wesenszüge des Menschen im irdischen und kosmischen Bereich*, GA 207.
306 Vortrag vom 25. Januar 1920; in *Architektur, Plastik und Malerei des Ersten Goetheanum*, Dornach 1982.
307 Schiller: *Über die tragische Kunst*.
308 Vgl. dazu Hans Werner: Friedrich Schiller, ein Saturnmensch; in *Schicksal in wiederholten Erdenleben*, 4. Band, Dornach 1986, S. 84.
309 Ebenda, S. 76.
310 *Schillers Leben dokumentarisch*, Frankfurt a.M./Wien/Zürich 1967, S. 159.
311 Ebenda, S. 193.
312 Schiller an Körner, Jena, den 25. Januar 1793.
313 Schiller: *Tragödie und Komödie*. Aus dem Nachlass.
314 Vortrag vom 4. Mai 1905, in *Ursprung und Ziel des Menschen*, GA 53.
315 Karoline von Wolzogen, in *Schillers Leben dokumentarisch*, Frankfurt a. M. / Wien / Zürich 1967, S. 766.
316 *Schillers Leben dokumentarisch*, S. 433.
317 Vgl. Friedrich Burschell: *Schiller*, Hamburg 1968.
318 Epiktet: *Handbüchlein der Moral und Unterredungen*, hrsg. von Heinrich Schmidt, Stuttgart 1973, S. 27.
319 Vortrag vom 26. März 1913, in *Welche Bedeutung hat die okkulte Entwickelung des Menschen für seine Hüllen – physischen Leib, Ätherleib, Astralleib – und sein Selbst?* GA 145.
320 Schiller an Goethe, am 7. Januar 1795.
321 Schiller an den Herzog von Augustenburg, am 13. Juli 1793.
322 Goethe: *Leben und Welt in Briefen*, München/Wien 1978, S. 394.
323 Zitiert aus *Wallenstein. From the German of Frederick Schiller*. Artemis-Gedenkausgabe, Zürich 1977, S. 954f.
324 Schiller an Goethe, am 31. August 1794.
325 *Anthroposophische Leitsätze*, GA 26. – Darin insbesondere die Leitsätze 171 bis 176, sowie die Michael-Briefe «Des Menschen Sinnes- und Denk-Organisation» und «Gedächtnis und Gewissen».

ANHANG

326 Zu Steiners Hinweis auf die Polarität von Goethe und Novalis im Zusammenhang mit dem Plastischen und Musikalischen siehe Vortrag vom 9. April 1921; in *Kunst und Kunsterkenntnis*, GA 271.

327 Goethe an Schiller, am 17. Mai 1797.

328 *Der Briefwechsel zwischen Goethe und Schiller*, Artemis, Zürich 1964, S. 1019.

329 Goethe: *Tag- und Jahreshefte (1795)*.

330 Goethe an Schiller, am 6. Dezember 1794.

331 Schiller an Goethe, am 28. Juni 1796.

332 Schiller: *Über naive und sentimentalische Dichtung*.

333 Schiller an Wilhelm von Humboldt, am 9. August 1795.

334 Erklärungen zu *Hermann und Dorothea*, Insel-Verlag, 1. Band, S. 525.

334a Siehe hierzu den Vortrag vom 18. Juli 1924; in *Der pädagogische Wert der Menschenerkenntnis und der Kulturwert der Pädagogik*, GA 310. – Rudolf Steiner führt in diesem Vortrag aus: «Schiller wird von vornherein in einen Lebenszusammenhang hineingestellt, der eine fortwährende Disharmonie zeigt zwischen seinem Seelisch-Geistigen und seinem Körperlich-Physischen.» Fortwährend musste Schiller «gegen das Karma anstürmen, und die Art, wie er anstürmte, wird sich erst wieder im folgenden Erdenleben ausleben». Lagen doch bei Schiller Hindernisse vor «für das Ausleben des Karma». Schiller «trug, wenigstens bis zu einem gewissen Grade, die Bedingungen zu Initiation in sich. Aber was er so in sich trug, das konnte wegen seines anderen Karma nicht herauskommen; es verkrampfte sich, verkrampfte sich auch seelisch.» Zweifellos war Schiller prädestiniert, «Hochspirituelles aus sich herauszubringen», aber es wurde innerlich wie äußerlich «zurückgestaut». – Indem Rudolf Steiner sich in Schillers nachtodlichen Seelenweg vertiefte, gewahrte er «geistige Inspirationen in Hülle und Fülle aus der geistigen Welt heraus. Da habe wir den Grund, warum Schiller in der Mitte der vierziger Jahre sterben musste. Er konnte einfach ... mit seinem Seelisch-Geistigen, das tief drinnen stand im spirituellen Dasein, nicht in seine Körperlichkeit hinein.

335 *Aus der Akasha-Chronik*, GA 11, S. 82 und 215.

336 Vortrag vom 5. November 1916; in *Das Karma des Berufes des Menschen in Anknüpfung an Goethes Leben*, GA 172.

337 Ebenda.

338 Vortrag vom 11. Januar 1919; in *Der Goetheanismus, ein Umwandlungsimpuls und Auferstehungsgedanke*, GA 188.

339 Ebenda.

Anmerkungen

340 Vortrag vom 28. August 1909, vormittags; in *Der Orient im Lichte des Okzidents*, GA 113.
341 Ebenda.
342 Vortrag vom 5. November 1916; in *Das Karma des Berufes des Menschen in Anknüpfung an Goethes Leben*, GA 172.
343 Vortrag vom 25. September 1916; in *Innere Entwicklungsimpulse der Menschheit. Goethe und die Krisis des neunzehnten Jahrhunderts*, GA 171.
344 Vortrag vom 26. Oktober 1908; in *Die Beantwortung von Welt- und Lebensfragen durch Anthroposophie*, GA 108.
345 Siehe Teil I, Kap. «Seelenprüfung», S. 15.
346 Vortrag vom 12. Januar 1919; in *Der Goetheanismus, ein Umwandlungsimpuls und Auferstehungsgedanke*, GA 188.
347 Ebenda.
348 Vortrag vom 25. Februar 1922; in *Alte und neue Einweihungsmethoden*, GA 210.
349 Vortrag vom 16. September 1924; in *Esoterische Betrachtungen karmischer Zusammenhänge*, Vierter Band, GA 238.
350 Goethe: *Winckelmann* (1805). – Schiller konnte von diesem Aufsatz noch Kenntnis nehmen.
351 «Michaels Leid über die Menschenentwickelung vor der Zeit seiner Erdenwirksamkeit»; in *Anthroposophische Leitsätze*, GA 26.
352 Ebenda.
353 Vortrag vom 11. Januar 1919; in *Der Goetheanismus, ein Umwandlungsimpuls und Auferstehungsgedanke*, GA 188.
354 Vortrag vom 12. Januar 1919; ebenda.
355 Vortrag vom 24. Januar 1919; ebenda.
356 Ebenda.
357 Ebenda.
358 Siehe zum Beispiel: Vortrag vom 23. Dezember 1922; in *Das Verhältnis der Sternenwelt zum Menschen und des Menschen zur Sternenwelt*, GA 219. – Vortrag vom 8. Juni 1923; in *Das Künstlerische in seiner Weltmission*, GA 276. – Vortrag vom 25. Februar 1922; in *Alte und neue Einweihungsmethoden*, GA 210. – Im zuletzt genannten Vortrag heißt es: «Das ist nun eigentlich das Charakteristische der Stellung Schillers und Goethes in der Geistesentwickelung der Menschheit, dass ihr Auftreten, ihre wichtigste Wirksamkeit in eine Zeit fällt, in welcher die alte Geistigkeit dahingegangen war, und aus dem neuen Intellektualismus noch nicht die lebendige Geistigkeit hervorsprießen konnte. ... Das Ringen Goethes

und Schillers gerade in ihrer allerbedeutsamsten Zeitepoche besteht darin, nun doch in diesem Übergangszeitalter eine irgendwie befriedigende Seelenverfassung zu erringen, die auch dichterisch produktiv sein konnte. Am klarsten, am intensivsten tritt das gerade hervor in dem Zusammenarbeiten zwischen Goethe und Schiller.»

359 Vortrag vom 24. Oktober 1920; in *Die neue Geistigkeit und das Christus-Erlebnis des zwanzigsten Jahrhunderts*, GA 200.
360 Vortrag vom 12. Januar 1919; in *Der Goetheanismus, ein Umwandlungsimpuls und Auferstehungsgedanke*, GA 188.
361 Vortrag vom 23. Februar 1905; in *Ursprung und Ziel des Menschen. Grundbegriffe der Geisteswissenschaft*, GA 53.
362 Goethe an Schiller, Weimar, den 23. Dezember 1797.
363 Hamburger Ausgabe, Band 12, S. 591.
364 «Weihnachtsbetrachtung: Das Logos-Mysterium»; in *Anthroposophische Leitsätze*, GA 26.
365 «Dritte Betrachtung: Michaels Leid über die Menschheitsentwickelung vor der Zeit seiner Erdenwirksamkeit»; ebenda.
366 Philipp Otto Runge: *Schriften. Fragmente, Briefe*, Berlin 1938, S. 12.
367 Vortrag vom 19. Februar 1922; in *Alte und neue Einweihungsmethoden*, GA 210.
368 *Goethe in vertraulichen Briefen seiner Zeitgenossen*, 1. Band, Berlin 1918, S. 690. – Siehe auch Emil Staiger: *Goethe*, 2. Band, Zürich 1970, S. 366.
369 Vorträge vom 18. und 19. Februar 1922; in *Alte und neue Einweihungsmethoden*, GA 210.
370 Vortrag vom 12. Januar 1919; in *Der Goetheanismus, ein Umwandlungsimpuls und Auferstehungsgedanke*, GA 188.
371 Vortrag vom 19. Februar 1922; in *Alte und neue Einweihungsmethoden*, GA 210.
372 «Das Ringen Goethes und Schillers in der Zeit des über die alte Geistigkeit siegenden Intellektualismus», Vortrag vom 25. Februar 1922; ebenda.
373 Ebenda.
374 Ebenda.
375 Schiller: *Grundidee der Hauptgestalt*. Niederschrift wohl zwischen 1797 und 1799. 3. Band, S. 186.
376 Vortrag vom 26. Februar 1922; in *Alte und neue Einweihungsmethoden*, GA 210.
377 Vortrag vom 29. Juli 1922; in *Das Geheimnis der Trinität*, GA 214.
378 Ebenda.

ANMERKUNGEN

379 Ebenda.
380 Vortrag vom 29. Juli 1922; in *Das Geheimnis der Trinität,* GA 214. – Siehe auch Teil I, Kap. «Eine ungeheure Kluft», S. 31f.
381 Vgl. *Mein Lebensgang,* Kap. VII. GA 28.
382 Zitiert nach *Rudolf Steiner. Erster Band: Die Jugendzeit Rudolf Steiners in Österreich 1861 – 1890.* Mit einem Vorwort und einem biografischen Anhang von Wilhelm Rath, Verlag die Kommenden, Freiburg 1971.
383 Rudolf Steiner selbst zitiert diese «Kernsätze» aus seiner frühen Schrift in *Mein Lebensgang,* GA 28, im VII. Kapitel.
384 Ebenda.
385 Schiller: *Etwas über die erste Menschengesellschaft nach dem Leitfaden der mosaischen Urkunde.*
386 Siehe Teil II, Kap. «Das Wesen Philosophie», S. 88ff.
387 *Die Rätsel der Philosophie,* GA 18, S. 60 (Ausgabe Stuttgart 1955).
388 Ebenda, S. 603.
389 Siehe Teil II, Kap. «Du sollst dir kein Bild machen», S. 134f.
390 Vortrag vom 11. April 1914; in *Inneres Wesen des Menschen und Leben zwischen Tod und neuer Geburt,* GA 153.
391 Vortrag vom 24. Mai 1920; in *Die Philosophie des Thomas von Aquino,* GA 74. Hier heißt es: «In dieser Goetheschen Weltanschauung liegt der Anfang dessen, was eigentlich, nur mit Frontänderung nach der Naturwissenschaft hin, aus dem Thomismus werden muss, indem er sich heraufhebt zu der Entwicklungshöhe der Gegenwart, indem er eine wirkliche Entwickelungsströmung wird.» Und etwas später: «Es lebt, indem sie sich entzündet an dem Goetheanismus, die thomistische Philosophie, die im 13. Jahrhundert noch eine abstrakte Gestalt hatte, in unserer Gegenwart als Geisteswissenschaft weiter.»
392 Vortrag vom 25. Januar 1920; in *Der Baugedanke des Goetheanum,* GA 289.
393 Vortrag vom 7. Mai 1922: «Das technische Zeitalter, die ‹Philosophie der Freiheit› und die neue Christus-Erkenntnis»; in *Menschliches Seelenleben und Geistesstreben im Zusammenhang mit Welt- und Erdentwickelung,* GA 212. – Siehe auch Otto Palmer: *Rudolf Steiner über seine «Philosophie der Freiheit». Monographie eines Buches,* Stuttgart 1966, S. 145.
394 «Die geschichtlichen Erschütterungen beim Heraufkommen der Bewusstseinsseele»; in *Anthroposophische Leitsätze,* GA 26.
395 «Menschheitszukunft und Michael-Tätigkeit»; ebenda.
396 *Goethes Weltanschauung,* GA 6, S. 74.
397 Goethe: *Allerdings.*

398 Goethe: *Glückliches Ereignis*, 1817.
399 Vortrag vom 9. April 1923; in *Was wollte das Goetheanum und was soll die Anthroposophie?* GA 84.
400 Vortrag vom 27. Dezember 1922; in *Der Entstehungsmoment der Naturwissenschaft in der Weltgeschichte und ihre seitherige Entwickelung*, GA 326.
401 Vortrag vom 25. September 1916; in *Innere Entwickelungsimpulse der Menschheit. Goethe und die Krisis des neunzehnten Jahrhunderts*, GA 171.
402 Ebenda.
403 Vortrag vom 17. Juni 1923; in *Die Geschichte und die Bedingungen der anthroposophischen Bewegung im Verhältnis zur anthroposophischen Gesellschaft*, GA 258.
404 Ebenda.
405 *Mein Lebensgang*, Kap. XVIII, GA 28, S. 258.
406 *Goethes Weltanschauung*, Einleitung, GA 6.
407 *Mein Lebensgang*, Kap. XIII, GA 28, S. 184f.
408 Ebenda, Kap. IX, S. 153.
409 Ebenda, Kap. XII, S. 177.
410 Ebenda, Kap. XII, S. 179.
411 Vortrag vom 30. September 1920; in *Grenzen der Naturerkenntnis*, GA 322.
412 Vortrag vom 13. Januar 1924; in *Die Weltgeschichte in anthroposophischer Beleuchtung und als Grundlage der Erkenntnis des Menschengeistes*, GA 233.
413 Vortrag vom 24. Mai 1921; in *Die Naturwissenschaft und die weltgeschichtliche Entwickelung der Menschheit seit dem Altertum*, GA 325.
414 Vortrag vom 8. Oktober 1921; in *Anthroposophie als Kosmosophie – Erster Teil: Wesenszüge des Menschen im irdischen und kosmischen Bereich*, GA 207.
415 Ebenda.
416 «Gnosis und Anthroposophie»; in *Anthroposophische Leitsätze*, GA 26.
417 *Mein Lebensgang*, Kap. XXII, GA 28, S. 316.
418 «Michaels Leid über die Menschheitsentwickelung vor der Zeit seiner Erdenwirksamkeit»; in *Anthroposophische Leitsätze*, GA 26.
419 Vortrag vom 28. Januar 1905; in *Über Philosophie, Geschichte und Literatur*, GA 51.
420 *Mein Lebensgang*, Kap. XIX, GA 28, S. 280.

Verzeichnis der einbezogenen Werke

GOETHE

Achilleis
Allerdings
Anschauende Urteilskraft
Aristoteles' Poetik
Bedenken und Ergebung
Bedeutende Förderung durch ein einziges geistreiches Wort
Campagne in Frankreich
Das Märchen
Dem Physiker
Der Bräutigam
Der Bürgergeneral
Der Fischer
Der Groß-Coptha
Der Versuch als Vermittler von Objekt und Subjekt
Dichtung und Wahrheit
Die Aufgeregten
Die Geheimnisse
Die Metamorphose der Pflanzen
Die Natur
Die natürliche Tochter
Die Reise der Söhne Megaprazons
Die Wahlverwandtschaften
Dornburg. September 1828
Egmont
Ein gleiches
Einfache Nachahmung der Natur, Manier, Stil
Eins und alles
Einwirkung der neueren Philosophie
Elegie
Epigramme
Epilog auf Schillers «Glocke»
Epirrhema
Erlkönig
Farbenlehre
Faust I
Faust II
Für ewig
Ganymed
Geheimschrift
Geheimster Wohnsitz
Gesang der Geister über den Wassern
Geschichte meiner botanischen Studien
Götz von Berlichingen
Groß ist die Diana der Epheser
Hermann und Dorothea
Im ernsten Beinhaus war's
Iphigenie auf Tauris
Mahomets Gesang
Mailied
Maximen und Reflexionen
Morphologie
Nachlese zu Aristoteles' Poetik
Nausikaa
Pandora
Parabase
Paria
Prometheus
Prooemion

Anhang

Propyläen
Römische Elegien
Schwebender Genius über der
　Erdkugel
Selige Sehnsucht
Shakespeare und kein Ende
Spiraltendenz der Vegetation
Studie nach Spinoza
Symbolum
Tag- und Jahreshefte
Tagebuch der italienischen Reise
Tischbeins Idyllen
Torquato Tasso
Über den Granit
Unbegrenzt
Urfaust

Urworte. Orphisch
Venetianische Epigramme
Vermächtnis
Vermächtnis altpersischen Glaubens
Wär' nicht das Auge
Was wär ein Gott
Wenn im Unendlichen
Werther
West-Östlicher Divan
Wilhelm Meisters Lehrjahre
Wilhelm Meisters Wanderjahre
Willkommen und Abschied
Winckelmann und sein Jahrhundert
Xenien
Zueignung

Verzeichnis der einbezogenen Werke

Schiller

Absalon
Agrippina
Ausgang aus dem Leben
Belagerung von Antwerpen
Brutus und Cäsar
Das Ehrwürdige
Das Höchste
Das Ideal und das Leben
Das Schiff
Das Seestück
Das Siegesfest
Demetrius
Der Abend
Der Sämann
Der Sämann
Der Spaziergang
Der Verbrecher aus verlorener Ehre
Die Braut von Messina
Die Christen
Die Gesetzgebung des Lykurgus
   und Solon
Die Götter Griechenlands
Die Horen
Die Huldigung der Künste
Die Ideale
Die Johanniter
Die Jungfrau von Orleans
Die Kraniche des Ibykus
Die Künstler
Die Macht des Gesanges
Die Malteser
Die Polizei
Die Prinzessin von Celle
Die Räuber
Die Schaubühne als eine moralische
   Anstalt betrachtet

Die Sendung Moses
Die Tugend in ihren Folgen
   betrachtet
Die Worte des Glaubens
Die Worte des Wahns
Don Carlos
Eine großmütige Handlung
Etwas über die erste Menschen-
   gesellschaft nach dem Leitfaden
   der mosaischen Urkunde
Fiesko
Gehört allzuviel Güte, Leutseligkeit
   und große Freigebigkeit im
   engsten Verstand zur Tugend?
Geschichte des Dreißigjährigen
   Kriegs
Kabale und Liebe
Kallias oder über die Schönheit
Kolumbus
Maria Stuart
Melancholie
Moses
Musenalmanach
Philosophische Briefe
Resignation
Rheinische Thalia
Rosamunde oder Die Braut der
   Hölle
Schöne Individualität
Thalia
Theosophie des Julius
Tragödie und Komödie
Über Anmut und Würde
Über Bürgers Gedichte
Über das Erhabene
Über das Pathetische

Über den Gebrauch des Chors in der Tragödie
Über den Grund des Vergnügens an tragischen Gegenständen
Über den moralischen Nutzen ästhetischer Sitten
Über die ästhetische Erziehung des Menschen in einer Reihe von Briefen
Über die tragische Kunst
Über naive und sentimentalische Dichtung
Versuch über den Zusammenhang der tierischen Natur des Menschen und seiner geistigen
Wallenstein
Was heißt und zu welchem Ende studiert man Universalgeschichte
Wilhelm Tell
Xenien
Zenit und Nadir
Zeus und Herkules

Literaturverzeichnis

I. Goethe

Eckermann, Johann Peter: *Gespräche mit Goethe*, Wiesbaden 1955.
Goethe – Briefwechsel mit Schiller, Zürich und Stuttgart ²1964.
Goethe – Leben und Welt in Briefen, München und Wien 1978.
Goethe: *Sprüche in Prosa*, kommentiert und herausgegeben von Rudolf Steiner, Stuttgart 2. Aufl. 1999.
Goethes Briefe an Charlotte von Stein, Leipzig 1928.
Goethes Briefe, Hamburger Ausgabe in 4 Bänden, Hamburg; I: ²1968, II: ²1968, III: ¹1965, IV: ²1976.
Goethes Tagebuch der italienischen Reise, Berlin 1921.
Goethes Werke, ausgewählt von Emil Staiger, Wiesbaden 1959.
Goethes Werke, Hamburger Ausgabe in 14 Bänden, München 1981.
Kanzler Friedrich von Müller, *Unterhaltungen mit Goethe*, München 1982.

II. Schiller

Friedrich Schiller – Sämtliche Werke, 5 Bände, München ⁸1989.
Schillers Briefe, Königstein/Taunus, 1983.
Schillers Leben dokumentarisch, Frankfurt/Main, Wien, Zürich 1967.
Schillers Selbstcharakteristik, Frankfurt am Main und Hamburg 1959.

Anhang

III. Rudolf Steiner

Zitiert wird die bibliographische Nummer des Bandes (= GA); die benutzte Ausgabe wird durch eine in Klammern gesetzte Jahreszahl angegeben. – Im Folgenden sind die Bände genannt, aus denen zitiert wurde.

GA 1a   J. W. Goethe: Naturwissenschaftliche Schriften. Mit Einleitungen, Fußnoten und Erläuterungen im Text herausgegeben von Rudolf Steiner. 1884 – 1897. (1982)
GA 2   Grundlinien einer Erkenntnistheorie der Goetheschen Weltanschauung, mit besonderer Rücksicht auf Schiller. 1886. (1960)
GA 4   Die Philosophie der Freiheit. 1894. (1962)
GA 6   Goethes Weltanschauung. 1897. (1948)
GA 9   Theosophie. Einführung in übersinnliche Welterkenntnis und Menschenbestimmung. 1904. (1955)
GA 10   Wie erlangt man Erkenntnisse der höheren Welten? 1904 / 1905. (1961)
GA 11   Aus der Akasha-Chronik. 1904 – 1908. (1961)
GA 13   Die Geheimwissenschaft im Umriss. 1910. (1955)
GA 16   Ein Weg zur Selbsterkenntnis des Menschen. 1912. (1956)
GA 17   Die Schwelle der geistigen Welt. 1913. (1956)
GA 18   Die Rätsel der Philosophie. 1914. (Ausgabe Stuttgart 1955)
GA 22   Goethes Geistesart. 1918. (1956)
GA 25   Kosmologie, Religion und Philosophie. 1922. (1956; Neuer Titel: Drei Schritte der Anthroposophie. Philosophie – Kosmologie – Religion.)
GA 26   Anthroposophische Leitsätze. 1924 – 1925. (1962)
GA 28   Mein Lebensgang. 1923 – 1925. (1957)
GA 35   Philosophie und Anthroposophie. Gesammelte Aufsätze 1904 – 1918. (1965)
GA 36   Der Goetheanumgedanke inmitten der Kulturkrisis der Gegenwart. Gesammelte Aufsätze 1921 – 1925. (1961)
GA 40   Wahrspruchworte. 1900 – 1925. (1969)
GA 51   Über Philosophie, Geschichte und Literatur. 1901 – 1905. (1983)
GA 53   Ursprung und Ziel des Menschen. 1904/1905. (1981)
GA 60   Antworten der Geisteswissenschaften auf die großen Fragen des Daseins. 1910. (1983)
GA 65   Aus dem mitteleuropäischen Geistesleben. 1915/1916. (1962)

Literaturverzeichnis

GA 67 *Das Ewige in der Menschenseele.* 1918. (1962)
GA 74 *Die Philosophie des Thomas von Aquino.* 1920. (1967)
GA 84 *Was wollte das Goetheanum und was soll die Anthroposophie?* 1923/1924. (1961)
GA 93 *Die Tempellegende und die Goldene Legende.* 1904–1906. (1979)
GA 103 *Das Johannes-Evangelium.* 1908. (1962)
GA 104 *Die Apokalypse des Johannes.* 1908. (1954)
GA 105 *Welt, Erde und Mensch.* 1908. (1960)
GA 106 *Ägyptische Mythen und Mysterien.* 1908. (1960)
GA 108 *Die Beantwortung von Welt- und Lebensfragen durch Anthroposophie.* 1908/1909. (1970)
GA 110 *Geistige Hierarchien und ihre Widerspiegelung in der physischen Welt.* 1909. (1972)
GA 113 *Der Orient im Lichte des Okzidents.* 1909. (1960)
GA 114 *Das Lukas-Evangelium.* 1909. (1955)
GA 117 *Die tieferen Geheimnisse des Menschheitswerdens im Lichte der Evangelien.* 1909. (1966)
GA 123 *Das Matthäus-Evangelium.* 1910. (1971)
GA 124 *Exkurse in das Gebiet des Markus-Evangeliums.* 1910/1911. (1963)
GA 139 *Das Markus-Evangelium.* 1912. (1976)
GA 142 *Die Bhagavad Gita und die Paulusbriefe.* 1912/1913. (1960)
GA 144 *Die Mysterien des Morgenlandes und des Christentums.* 1913. (1960)
GA 145 *Welche Bedeutung hat die okkulte Entwickelung des Menschen für seine Hüllen (physischer Leib, Ätherleib, Astralleib) und sein Selbst?* 1913. (1957)
GA 146 *Die okkulten Grundlagen der Bhagavad Gita.* 1913. (1962)
GA 153 *Inneres Wesen des Menschen und Leben zwischen Tod und neuer Geburt.* 1914. (1959)
GA 157 *Menschenschicksale und Völkerschicksale. Schicksalsbildung und Leben nach dem Tode.* 1914/1915. (1960)
GA 161 *Wege der geistigen Erkenntnis und der Erneuerung künstlerischer Weltanschauung.* 1915. (1980)
GA 166 *Notwendigkeit und Freiheit im Weltengeschehen und im menschlichen Handeln.* 1916. (1960)
GA 171 *Innere Entwicklungsimpulse der Menschheit. Goethe und die Krisis des neunzehnten Jahrhunderts.* 1916. (1964)
GA 172 *Das Karma des Berufes des Menschen in Anknüpfung an Goethes Leben.* 1916. (1964)

GA 175 *Bausteine zu einer Erkenntnis des Mysteriums von Golgatha.* 1917 (1982)
GA 188 *Der Goetheanismus, ein Umwandlungsimpuls und Auferstehungsgedanke.* 1919. (1982)
GA 194 *Die Sendung Michaels.* 1919. (1962)
GA 195 *Weltsilvester und Neujahrsgedanken.* 1919/1920. (1986)
GA 199 *Geisteswissenschaft als Erkenntnis der Grundimpulse sozialer Gestaltung.* 1920. (1967)
GA 200 *Die neue Geistigkeit und das Christus-Erlebnis des zwanzigsten Jahrhunderts.* 1920. (1980)
GA 202 *Die Brücke zwischen der Weltgeistigkeit und dem Physischen des Menschen. Die Suche nach der neuen Isis, der göttlichen Sophia.* 1920. (1980)
GA 203 *Die Verantwortung des Menschen für die Weltentwickelung durch seinen geistigen Zusammenhang mit dem Erdplaneten und der Sternenwelt.* 1921. (1978)
GA 207 *Anthroposophie als Kosmosophie. Erster Teil.* 1921. (1972)
GA 210 *Alte und neue Einweihungsmethoden.* 1922. (1967)
GA 212 *Menschliches Seelenleben und Geistesstreben im Zusammenhang mit Welt- und Erdentwickelung.* 1922. (1978)
GA 214 *Das Geheimnis der Trinität.* 1922. (1970)
GA 215 *Die Philosophie, Kosmologie und Religion in der Anthroposophie.* 1922. (1962)
GA 218 *Geistige Zusammenhänge in der Gestaltung des menschlichen Organismus.* 1922. (1972)
GA 219 *Das Verhältnis der Sternenwelt zum Menschen und des Menschen zur Sternenwelt. Die geistige Kommunion der Menschheit.* 1922. (1966)
GA 222 *Die Impulsierung des weltgeschichtlichen Geschehens durch geistige Mächte.* 1923. (1966)
GA 231 *Der übersinnliche Mensch, anthroposophisch erfasst.* 1923. (1962)
GA 233 *Die Weltgeschichte in anthroposophischer Beleuchtung und als Grundlage der Erkenntnis des Menschengeistes.* 1923. (1963)
GA 235 *Esoterische Betrachtungen karmischer Zusammenhänge. Band 1.* 1924. (1958)
GA 237 *Esoterische Betrachtungen karmischer Zusammenhänge. Band 2.* 1924. (1975)
GA 238 *Esoterische Betrachtungen karmischer Zusammenhänge. Band 4.* 1924. (1965)

GA 239 *Esoterische Betrachtungen karmischer Zusammenhänge.* Band 5. 1924. (1975)
GA 243 *Das Initiatenbewusstsein.* 1924. (1969)
GA 257 *Anthroposophische Gemeinschaftsbildung.* 1923. (1983)
GA 258 *Die Geschichte und die Bedingungen der anthroposophischen Bewegung im Verhältnis zur Anthroposophischen Gesellschaft.* 1923. (1959)
GA 271 *Kunst und Kunsterkenntnis.* 1888/1909/1918/1920/1921. (1961)
GA 273 *Geisteswissenschaftliche Erläuterungen zu Goethes «Faust».* Band 2. 1916/1917/1918/1919. (1931)
GA 276 *Das Künstlerische in seiner Weltmission.* 1923. (1961)
GA 286 *Wege zu einem neuen Baustil. «Und der Bau wird Mensch».* 1911/1913/1914/1923/1924. (1982)
GA 289 *Der Baugedanke des Goetheanum.* Band 1. 1920/1921. (1982)
GA 310 *Der pädagogische Wert der Menschenerkenntnis und der Kulturwert der Pädagogik.* 1924. (1965)
GA 322 *Grenzen der Naturerkenntnis.* 1920. (1981)
GA 325 *Die Naturwissenschaft und die weltgeschichtliche Entwickelung der Menschheit seit dem Altertum.* 1921. (1969)
GA 326 *Der Entstehungsmoment der Naturwissenschaft in der Weltgeschichte und ihre seitherige Entwickelung.* 1922/1923. (1977)

IV. Schriften über Goethe und Schiller

Burschell, Friedrich: *Schiller,* Hamburg 1968.
Friedenthal, Richard: *Goethe – Sein Leben und seine Zeit,* München 1963.
Hahn, Herbert: *Der Lebenslauf als Kunstwerk,* Stuttgart 1966.
Hiebel, Friedrich: *Goethe – Die Erhöhung des Menschen,* Bern und München 1961.
Humboldt, Wilhelm von: *Über Schiller und den Gang seiner Geistesentwicklung,* Stuttgart 1958.
Lauer, Hans Erhard: *Der Kulturimpuls der deutschen Klassik. Urbild und Erdengestalt,* Schaffhausen 1974.
Martini, Fritz: *Deutsche Literaturgeschichte,* Stuttgart [18]1984.

Meyer, Rudolf: *Goethe – Der Heide und der Christ*, Stuttgart ²1965.
Müller, Günther: *Kleine Goethe-Biographie*, Frankfurt, Bonn ⁴1963.
Pyritz, Hans: *Goethe-Studien*, Köln und Graz 1962.
Schadewaldt, Wolfgang: *Goethe-Studien – Natur und Altertum*, Zürich und Stuttgart 1963.
Schuchhardt, Wolfgang: *Schicksal in wiederholten Erdenleben*, Band 4, Dornach 1986.
Spranger, Eduard: *Goethe – Seine geistige Welt*, Tübingen 1967.
Staiger, Emil: *Goethe*, 3 Bände, Zürich.
    1. Bd. 4., unveränderte Auflage 1964.
    2. Bd. 4., unveränderte Auflage 1970.
    3. Bd. 2., unveränderte Auflage 1963.
Storz, Gerhard: *Der Dichter Friedrich Schiller*, Stuttgart 1959.
Wilpert, Gero von: *Schiller-Chronik*, Stuttgart 1958.

Personenregister

Abraham   135, 137 ff., 142, 275, 282
Agrippina   297 f.
Aischylos   383, 387 f.
Albertus Magnus   96
Anselm von Canterbury   93
Aristoteles   22 ff., 79-82, 92, 140 ff., 196, 285, 330
Arrian   334
Augustenburg, Friedrich Christian Erbprinz von Schleswig-Holstein-Augustenburg   25, 29, 151, 341
Augustinus   92, 278
Augustus   297

Bacon, Francis (Baco von Verulam)   187, 235 ff.
Baggesen, Jens   361
Basilius Valentinus   180
Baumgarten, Alexander Gottlieb   23
Böhme, Jakob   122, 125
Brühl, M. P. von   168
Bürger, Gottfried August   117, 333
Byron, Lord George Gordon   385

Carl August, Herzog von Sachsen-Weimar   255, 392, 394
Cartesius s. Descartes, René
Claudius   297

Dalberg, Reichsherr Karl Theodor Maria von   40
Dante Alighieri   42

David   52
Demetrius   10
Descartes, René   91
Drakon   326 f.
Domitian   332 f.

Eckermann, Johann Peter   9, 43, 102, 124, 164, 255, 317, 326, 329, 352
Empedokles   89, 97, 397
Epiktet   311, 332-336

Falk, Johannes Daniel   190
Fichte, Johann Gottlieb   28, 101, 349, 408

Galilei, Galileo   234, 236 f., 401
Giordano Bruno   93
Giotto di Bondone   125
Grazie, Marie Eugenie delle   396
Grosse, Rudolf   61 f.

Hahn, Herbert   10
Haller, Albert von   100
Hafis   75
Hegel, Georg Wilhelm Friedrich   93, 95, 101 f., 408
Heinroth, Johann Christ. Friedrich August   174 f.
Heisenberg, Werner   56
Heraklit   262
Herder, Johann Gottfried   15, 18, 103, 170, 187-191, 267, 374 f.
Hermes Trismegistos   10, 13, 62,

209, 264 ff., 271-275, 278, 287, 290, 372, 398
Hesiod 89
Hiob 283, 285 ff., 289, 316, 361, 365, 368, 370
Hohenheim, Reichsgräfin Franziska von 152, 331 f.
Holbach, Baron Paul Thiry von 43
Homer 116, 380, 382
Humboldt, Wilhelm von 28, 35, 102, 106, 111, 118, 126, 132, 257, 279, 290, 299, 318, 349, 353, 380, 392 f.

Jacobi, Friedrich Heinrich 16, 44-47, 49, 186, 224
Jesus von Nazareth 147, 225, 290
Johannes, Evangelist 298, 302
Johannes, Apokalyptiker 370

Kant, Immanuel 23 ff., 27-31, 34 f., 38 ff., 100 f., 105, 201 ff., 282, 330, 341 f., 344 f.
Karl-Eugen, Herzog von Württemberg 294
Kepler, Johann 202
Klopstock, Friedrich Gottlieb 23
Knebel, Henriette von 317
Knebel, Karl Ludwig von 18 f., Kopernikus, Nikolaus 202, 401
Körner, Christian Gottfried 18 f., 21, 24, 28, 319, 348 f., 359, 361
Krösus 327

Lamettrie, Julien Offray de 43
Leibniz, Gottfried Wilhelm 93
Lengefeld, Charlotte von 19, 361
Lessing, Gotthold Ephraim 23, 27, 133, 324 f., 374 f.

Loder, Justus Christian 187 f.
Locke, John 237
Luise, Königin von Preußen 393
Lykurgus 326 f.

Mahr 223
Manu, Noah 134 ff., 140, 195, 265, 398
Marc Aurel 311, 332
Melchisedek 137
Mendelsohn, Moses 23
Merikare 262
Meyer, Johann Heinrich 317
Moses 13, 51 f., 129-132, 135 f., 138 f., 142, 151, 273-278, 282 ff., 287, 290, 398
Müller, Kanzler Friedrich von 57, 185, 217

Nero 297, 332 f.
Newton, Isaak 38, 202, 237 f., 401, 407
Nietzsche, Friedrich 9
Nostradamus 180, 187
Noah s. Manu
Novalis 15, 30 f., 130, 267 f.

Ödipus 286 f.
Oeser, Friederike 180, 194

Palladio 122
Paracelsus 180, 224
Paulus 34, 37, 46, 49, 99, 179, 385
Perikles 285
Plato 210
Platon 22, 92, 140, 234 f., 327
Plotin 278
Plutarchs 131
Polyklet 190

Personenregister

Ranofer 263
Raphael (Raphaelo Santi) 121,
Reinhold, Karl Leonhard 24, 28, 30
Riedel, Joh. Anton 18
Rochlitz, Joh. Friedrich 343
Rosenkreutz, Christian 176 f., 179, 183, 191
Runge, Philipp Otto 382

Schart, Frau von 18
Schlegel, August Wilhelm und Friedrich von 9
Schelling, Friedrich Wilhelm Josef 101, 408
Schmid, Karl 9 f.
Schopenhauer, Arthur 29
Schubart, Christian Friedrich Daniel 294
Schubarth, Karl Ernst 178
Schultz, Christoph Friedrich Ludwig 103
Scotus Erigena 91 f.
Seneca 297, 311, 332 f.
Shakespeare, William 55
Solon 20, 262, 283 f., 326 f., 341
Sophokles 16, 286, 387 f.
Spinoza 47, 93, 103, 121 f., 164 ff., 168-173

Stein, Charlotte von 18 ff., 122, 187, 191, 222, 224 f., 362, 383
Streicher, Andreas 361

Tacitus 297
Thomas von Aquino 23, 93, 96, 102, 398
Thot / Thot-Hermes
  s. Hermes Trismegistos
Thukydides 285

Voß, Johann Heinrich 321
Vulpius, Christiane 17
Wallenstein, Albrecht Eusebius Wenzel von (Herzog von Friedland) 328 f., 363 ff., 367, 370
Weizsäcker, Carl Friedrich von 237 ff.
Welling, Georg von 180
Wieland, Christoph Martin 18, 126
Winckelmann, Johann Joachim 23, 125, 247, 381
Wolzogen, Karoline von 320, 326
Wolzogen, Wilhelm Friedrich Ernst von 392 f.

Zarathustra 13, 62, 138, 140 f., 194, 264 f., 271-274, 290, 398
Zelter, Karl Friedrich 15, 42, 58, 87, 247 f., 355, 366

Johann Wolfgang Goethe

SPRÜCHE IN PROSA

Herausgegeben und kommentiert von Rudolf Steiner,
280 Seiten, gebunden mit Schutzumschlag

Goethes *Sprüche in Prosa* – die heute meist unter dem Titel *Maximen und Reflexionen* bekannt sind – gehören unbestritten zu den bedeutendsten Aphorismensammlungen der Weltliteratur. Sie stellen die Summe von Goethes Erfahrungen, Erlebnissen und Einsichten dar. In ihnen spiegelt sich die intensive Beschäftigung des Dichters mit Fragen der Natur, der Kunst, der Wissenschaft, der Lebensführung und der Menschenkenntnis.

«Ich hoffe, ein Bild der Persönlichkeit Goethes, so weit sie sich in diesen Sprüchen darlebt, durch meine Ausgabe geliefert zu haben ... Die Zusammenfassung der Einzelheiten seines Wesens zu einem Bilde seiner Persönlichkeit scheint mir das Wichtige.» *Rudolf Steiner*

DAS MÄRCHEN

Mit einem Aufsatz «Goethes Geistesart in ihrer Offenbarung
durch sein Märchen» von Rudolf Steiner
79 Seiten, Leinen

DIE METAMORPHOSE DER PFLANZEN

Mit Anmerkungen und einer Einleitung von Rudolf Steiner
78 Seiten, kartoniert

VERLAG FREIES GEISTESLEBEN

Frank Teichmann

DIE ÄGYPTISCHEN MYSTERIEN

Quellen einer Hochkultur.
308 Seiten mit 190 farbigen und
schwarzweißen Abbildungen,
gebunden mit Schutzumschlag

Die Ägyptologen der Gegenwart beginnen mehr und mehr, das «esoterische Ägypten» zu entdecken. Die Religion des alten Ägypters wird wieder ernst genommen. Woher aber stammen all die zahlreichen Inspirationen der ägyptischen Kultur und Kunst, woher stammen die Bilder und Texte, was sind die Quellen dieser Kultur?
Zum ersten Mal wird in diesem Buch anhand der zahlreichen Text- und Bildzeugnisse und durch hervorragende Schwarzweiß- und Farbfotos ein tiefer Einblick in die speziellen Inhalte und Methoden der altägyptischen Einweihungspraxis gegeben. Wenn man diese Mysterien wirklich ernst nimmt, ergeben sich daraus zahlreiche Erhellungen und Verständnismöglichkeiten dessen, was man bisher nur als Zeugnisse einer großartigen Kultur bestaunen, aber nicht wirklich verstehen konnte.

VERLAG FREIES GEISTESLEBEN

RUDOLF STEINERS
«PHILOSOPHIE DER FREIHEIT»

Eine Menschenkunde des höheren Selbst.
Herausgegeben von Karl-Martin Dietz. Mit Beiträgen
von Martin Basfeld, Karl-Martin Dietz, Wolf-Ulrich Klünker,
Thomas Kracht, Christoph Lindenberg, Dietrich Rapp,
Günter Röschert, Frank Teichmann.
296 Seiten, kartoniert

Rudolf Steiner vertrat in seiner *Philosophie der Freiheit* einen «ethischen Individualismus», der die Freiheit als Charakteristikum des menschlichen Handelns in Einklang mit einer sich selbst verstehenden Naturwissenschaft sieht und für den es keinen Dualismus von Erkenntnis und Moral gibt. Die sittlichen Impulse des Menschen sind demnach wie alles natürlich Gegebene *in* der Welt. «Der ethische Individualismus ist somit die Krönung des Gebäudes, das Darwin und Haeckel für die Naturwissenschaft erstrebt haben. Er ist vergeistigte Entwickelungslehre auf das sittliche Leben übertragen.» (Rudolf Steiner)

Die acht Originalbeiträge dieses Bandes zu Schwerpunkten der *Philosophie der Freiheit* sind aus Forschungskolloquien hervorgegangen. Die Autoren greifen die fundamentalen Ideen Steiners auf, versuchen sie aus der Verständigung des Bewusstseins mit sich selbst, der Selbsterkenntnis des Menschen, zu begründen und für das Verständnis der Gegenwart weiter zu entwickeln. Dabei zeigt sich, dass mit der *Philosophie der Freiheit* kein abgeschlossenes philosophisches System gegeben ist, sondern ein Weg der inneren Erfahrung und Schulung, auf dem das geistige Wesen des Menschen zur Geburt kommt.

VERLAG FREIES GEISTESLEBEN